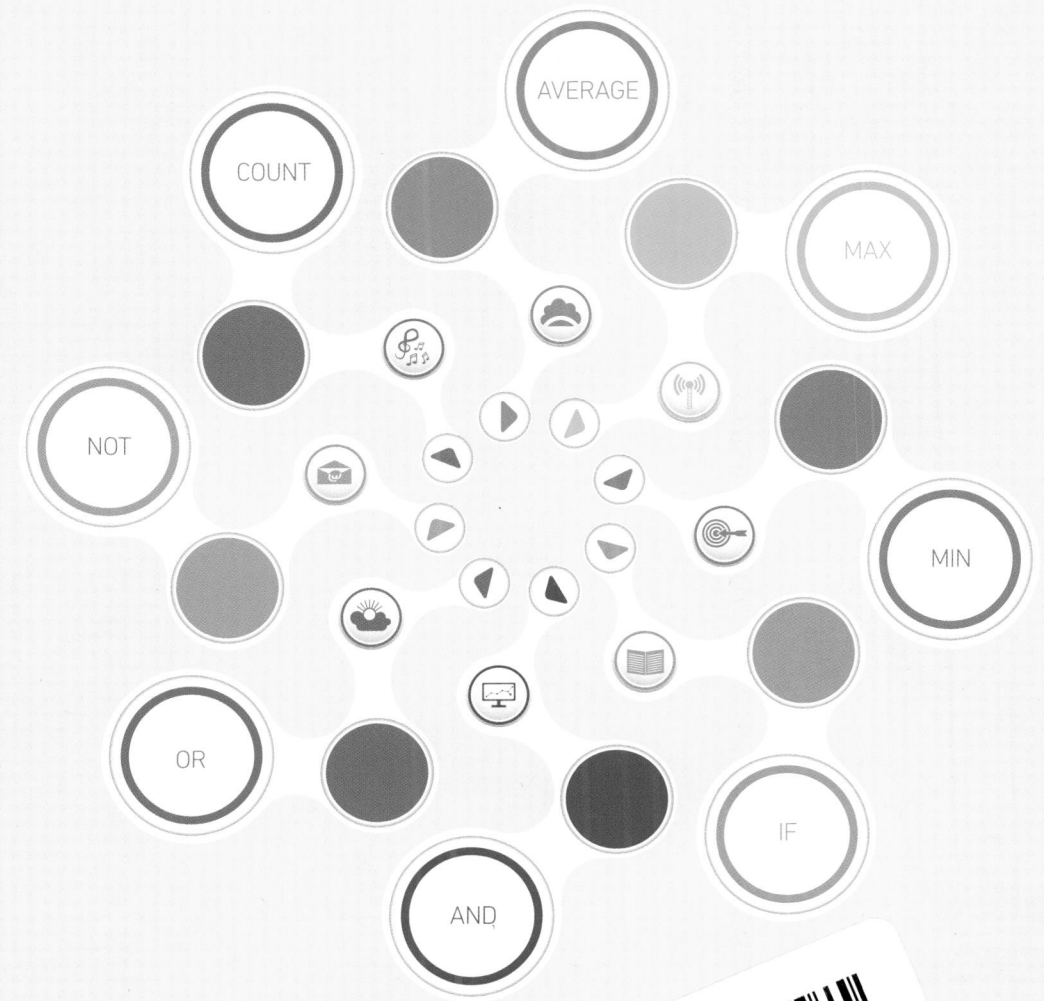

든든한
EXCEL
2016

이유정

조점란

이윤미

저

KB021274

ᐅD 연두에디션
Edition

든든한
EXCEL
2016

발행일	2019년 1월 21일 초판 1쇄
	2022년 2월 25일 초판 2쇄
지은이	이유정 · 조점란 · 이윤미
펴낸이	심규남
기 획	염의섭 · 이정선
표 지	이경은 ｜ **본 문** 이경은
펴낸곳	연두에디션
주 소	경기도 고양시 일산동구 동국로 32 동국대학교 산학협력관 608호
등 록	2015년 12월 15일 (제2015-000242호)
전 화	031-932-9896
팩 스	070-8220-5528
ISBN	979-11-88831-17-3
정 가	21,000원

이 책에 대한 의견이나 잘못된 내용에 대한 수정정보는 연두에디션 홈페이지나 이메일로 알려주십시오.
독자님의 의견을 충분히 반영하도록 늘 노력하겠습니다.
홈페이지 www.yundu.co.kr

엑셀은 직장이나 대학뿐만 아니라 사회 어느 곳에서도 한번은 접하게 되는 필수적인 컴퓨터 프로그램입니다. 이 책은 초보자 뿐 아니라 대학 컴퓨터 교양과목의 모든 학습자들이 쉽게 이해하고 바로 적용해 볼 수 있도록 간결하고 명확한 설명과 예제를 제공하는 실습 중심의 엑셀 교재입니다.

이 책의 저자들은 이전에 오피스 프로그램에 대한 저서 경험이 있고 다년간 대학에서 엑셀 강의를 진행해왔기 때문에 학생들의 눈높이에서 꼭 필요한 내용이 무엇인지, 어떻게 하면 쉽고 빠르게 습득할 수 있는지 누구보다 잘 파악하고 있습니다. 이러한 경험을 바탕으로 완성된 책이기에 대학을 비롯한 엑셀 강의에 최적화된 교재입니다. 이 책은 다양한 예제를 제공하고 있어 강의 교재로의 역할 뿐만 아니라 실무에 바로 활용하고자 하는 모든 분들께 쉽고 빠른 학습의 길을 안내할 것입니다.

이 책은 엑셀의 핵심적인 내용을 모두 포함하고 있으며, 총 13장으로 구성되어 있습니다. 각 장의 본문은 기초적인 내용부터 중급 수준의 내용까지 간결하고 명확한 설명을 포함하고 있으며 실습을 통해 쉽게 자신의 것으로 소화할 수 있도록 하였습니다. 기본 프로젝트를 통해 각 장에서 배운 핵심 기능을 다시 한 번 익히며, 응용 프로젝트와 심화 프로젝트를 통해 보다 심화된 사용법을 익힐 수 있도록 하였습니다. 마지막 장에서는 종합문제를 수록하여 그동안 배운 기능을 모두 아우르고 최종 점검할 수 있도록 하였습니다.

책의 목차에 맞춰 시간을 조금만 투자해서 차근차근 따라하다 보면 엑셀의 수많은 기능을 만날 수 있습니다. 이 책을 통해 단순히 기능을 아는 것을 넘어 자신의 업무에 어떻게 적용시킬지 고민하며 학습하다 보면 여러분은 어느덧 진정한 엑셀 고수가 되어 있을 것입니다.

끝으로 이 책이 완성되기 까지 많은 도움을 주신 연두 에디션 관계자 분들께 깊이 감사드리며, 이 책이 엑셀을 배우고자 하는 분들의 앞길을 환히 밝혀주는 한줄기 등불이 되기를 진심으로 바랍니다.

2019년 1월
저자 일동

각 Chapter는 기본 이론과 프로젝트, 실습문제로 이루어져 있다. 기본 이론에서는 엑셀의 각 기능에 대한 기본적인 사용법을 익힌다. 프로젝트와 실습문제는 기본, 응용, 심화 단계로 난이도가 나누어져 있어 기본 이론에서 습득한 내용을 수준별로 적용하고 점검해 볼 수 있다.

기본 이론
각 기능에 대한 필수적인 이론을 설명하며, 예제를 통해 확인할 수 있다.

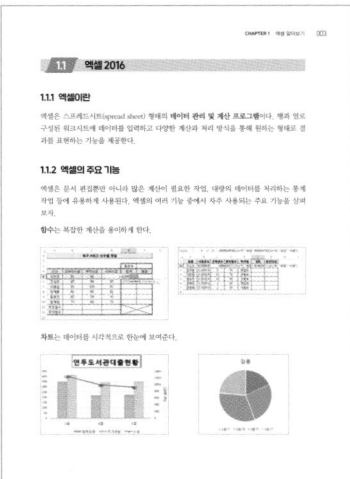

참고
필수적인 이론 외에 알아두면 좋은 기능을 참고로 설명한다.

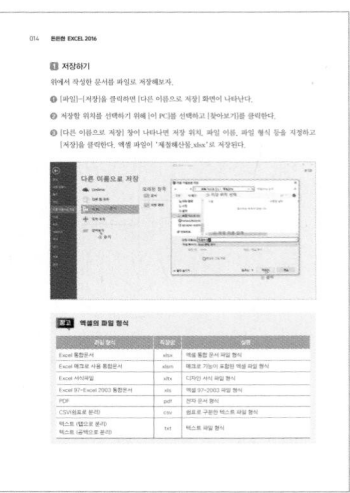

TIP
이해를 돕기 위해 부가적인 설명이 필요한 부분은 TIP으로 제공한다.

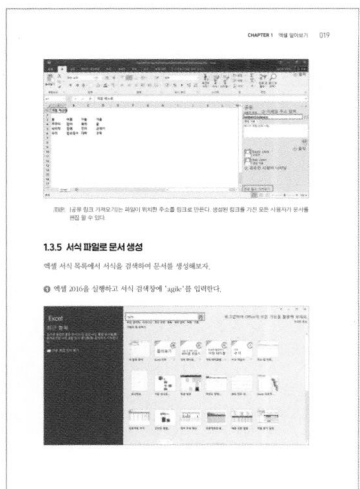

기본프로젝트
기본 예제를 통해 엑셀의 기본 기능을 Step 별로 학습한다.

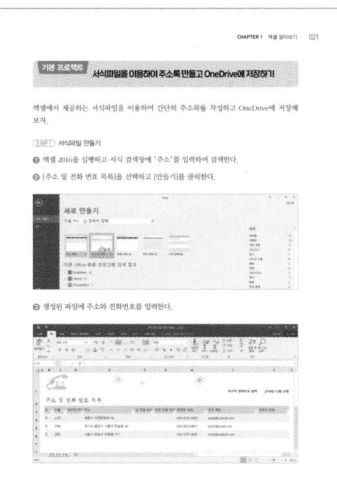

응용프로젝트
응용 예제를 통해 엑셀의 다양한 기능을 Step 별로 학습한다.

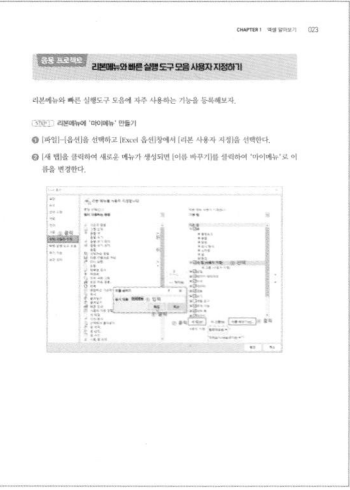

심화 프로젝트
심화 예제를 통해 엑셀의 고급 기능을
Step 별로 학습한다.

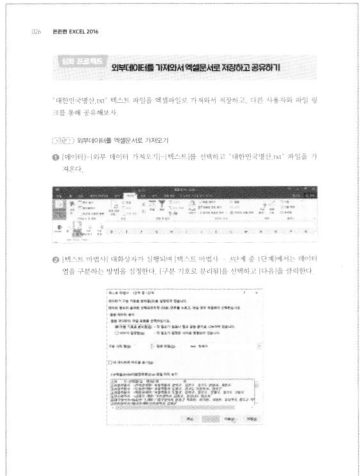

Summary
각 Chapter의 핵심적인 내용을 간략하게
요약 정리한다.

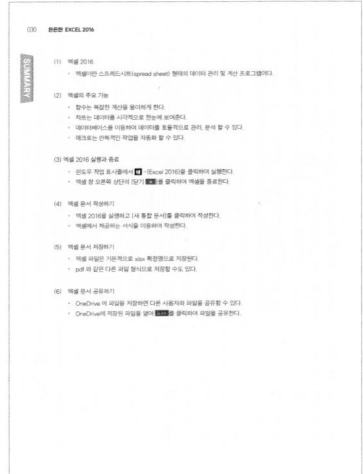

기본 실습문제
기본 예제를 직접 풀어보면서 엑셀의
기본 기능을 복습한다.

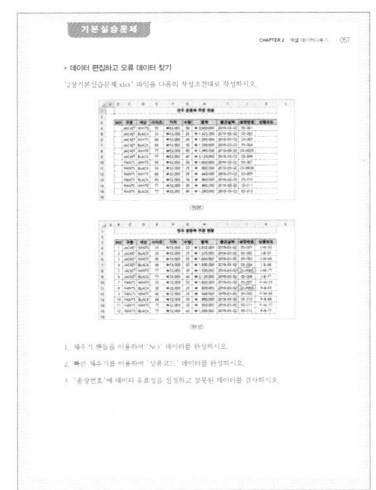

응용실습문제
응용 예제를 직접 풀어보면서 엑셀의
다양한 기능을 복습한다.

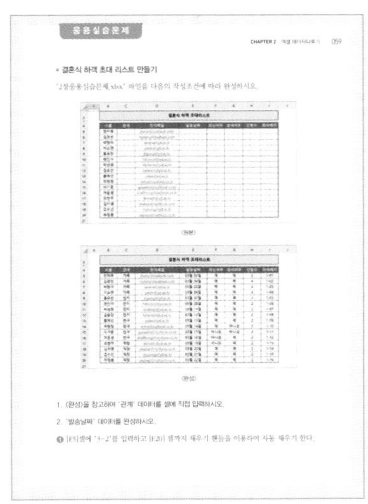

심화실습문제
심화 예제를 직접 풀어보면서 엑셀의
고급 기능을 복습한다.

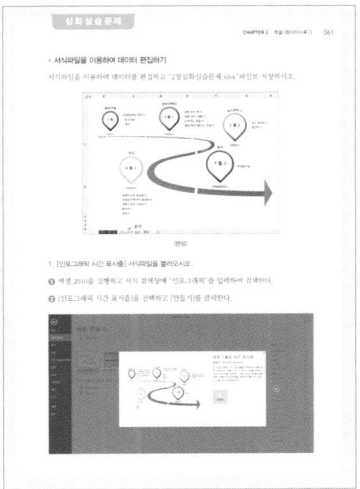

종합실습
모든 Chapter가 끝나면 종합 실습을 통해
그동안 배운 엑셀의 모든 기능을
종합적으로 점검한다.

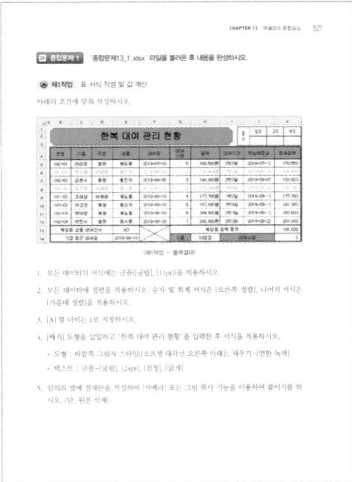

강의 계획서(3시수 기준)

16주 수업의 3시간 시수를 기준으로 전체 Chapter를 학습하는 것을 목표로 한다. 본 교재는 학습자의 이해 정도에 따른 다양한 실습 문제를 제공하여, 수준별 맞춤 학습이 가능하다.

학습자는 수업 시간 내에 해당 Chapter의 기본 내용을 본문 실습문제를 통하여 학습 한 후 '기본프로젝트'를 따라 복습한다. 학습자의 이해 수준에 따라 '응용프로젝트', '심화프로젝트'를 단계별로 학습하면 학습의 효과를 배가시킬 수 있다. 그 후, '기본실습문제', '응용실습문제', '심화실습문제'에 대한 단계별 실습을 권장한다.

교수자는 1주 3시간 중 2시간 이내에 본문에 수록된 실습 예제를 활용하여 실습을 진행한다. 나머지 1시간 이내에서 학습자의 이해도에 따라 '기본프로젝트', '응용프로젝트', '심화프로젝트' 중 1개 이상의 프로젝트를 통하여 해당 Chapter의 내용을 학습자가 모두 숙지하도록 진행한다. 그리고 학습자의 이해도에 따라 '기본실습문제', '응용실습문제', '심화실습문제' 중 일부, 또는 단계별로 수업시간 내에 풀게 하거나 과제로 제출하게 한다.

주	Chapter	강의내용
1	1. 엑셀 알아보기	새로워진 엑셀2016 소개 , 엑셀 화면 구성 및 기본 사용법, 엑셀 문서의 실행, 저장, 종료, 공유
2	2. 엑셀 데이터 다루기	다양한 형식의 데이터 입력, 데이터 자동 채우기와 사용자 지정목록 정의, 데이터 유효성 검사, 중복데이터 제거 기능
3	3. 엑셀 문서 만들기	셀과 셀 서식, 표서식, 워크시트 그림, 도형, 스마트 아트 개체 삽입 및 편집
4	3. 엑셀 문서 만들기 4. 수식 및 기본 함수	조건부 서식 및 셀 규칙 관리 기본 수식 입력, 연산자의 종류, 셀 참조의 유형
5	4. 수식 및 기본 함수	이름 지정 및 관리, 자동함수, 함수마법사
6	5. 함수 I	수학/삼각함수 , 통계함수, 텍스트함수
7	5. 함수 I	논리함수, 날짜/시간함수, 중첩함수
8	중간고사	
9	6.함수 II	찾기/참조함수, 데이터 베이스함수, 재무함수
10	7.차트	차트 삽입, 차트 종류, 차트 편집, 차트의 구성요소, 스파크라인차트
11	8.데이터 관리하기	데이터베이스 구성 및 정렬, 부분합, 데이터 추출
12	9.데이터 분석	피벗 테이블, 피벗차트, 슬라이서 삽입
13	10.가상분석 및 데이터 통합	목표값 찾기, 시나리오 작성 및 관리, 예측 시트, 데이터 통합
14	11. 문서의 자동화 12. 창 관리 및 인쇄하기	매크로 기록, 작성, 저장, 삭제 창 관리 기능, 다양한 인쇄 옵션 및 미리보기
15	13.엑셀2016 종합실습	종합문제 1 종합문제 2
16	기말고사	

강의 계획서(2시수 기준)

16주 수업의 2시간 시수를 기준으로 수업을 진행할 때에는 기본 주요내용에 충실히 학습하는 것을 목표로 한다. 본 교재는 학습자의 이해 정도에 따른 다양한 실습 문제를 제공하여, 수준별 맞춤 학습이 가능하다.

학습자는 수업 시간 내에 해당 Chapter의 내용을 본문 실습문제를 통하여 학습한다. 본문의 내용은 '기본프로젝트'를 따라 복습한다. 학습자의 이해 수준에 따라 '응용프로젝트', '심화프로젝트'를 단계별로 학습하면 학습의 효과를 배가시킬 수 있다. 그 후, '기본실습문제', '응용실습문제', '심화실습문제'에 대한 단계별 실습을 권장한다.

교수자는 1주 2시간 이내에 본문 예제를 활용하여 기본 기능을 중점으로 수업을 진행하고, '기본프로젝트'를 통하여 해당 Chapter의 기본 내용을 학습자가 모두 숙지하도록 한다. 그 외에 학습자의 이해도에 따라 '기본실습문제', '응용실습문제', '심화실습문제' 중 일부, 또는 단계별로 수업시간 내에 풀게 하거나 과제로 제출하게 하는 것을 권장한다.

주	Chapter	강의내용
1	1. 엑셀 알아보기	새로워진 엑셀2016 소개 , 엑셀 화면 구성 및 기본 사용법, 엑셀 문서의 실행, 저장, 종료, 공유
2	2. 엑셀 데이터 다루기	다양한 형식의 데이터 입력, 데이터 자동 채우기와 사용자 지정목록 정의, 데이터 유효성 검사, 중복데이터 제거 기능
3	3. 엑셀 문서 만들기	셀과 셀 서식, 표서식, 워크시트 그림, 도형, 스마트 아트 개체 삽입 및 편집
4	3. 엑셀 문서 만들기 4. 수식 및 기본 함수	조건부 서식 및 셀 규칙 관리 기본 수식 입력, 연산자의 종류, 셀 참조의 유형
5	4. 수식 및 기본 함수	이름 지정 및 관리, 자동함수, 함수마법사
6	5. 함수 I	수학/삼각함수 , 통계함수, 텍스트함수
7	5. 함수 I	논리함수, 날짜/시간함수, 중첩함수
8	중간고사	
9	6.함수 II	찾기/참조함수, 데이터 베이스함수, 재무함수
10	7.차트	다양한 차트 종류와 차트 삽입, 차트 편집
11	7.차트	차트의 구성요소와 편집, 스파크라인차트
12	8.데이터 관리하기	데이터베이스 구성 및 정렬, 부분합, 데이터 추출
13	9.데이터 분석	피벗 테이블, 피벗차트, 슬라이서 삽입
14	10.가상분석 및 데이터 통합	목표값 찾기, 시나리오 작성 및 관리, 예측 시트, 데이터 통합
15	11. 문서의 자동화 12. 창 관리 및 인쇄하기	
16	기말고사	

CHAPTER 5 함수 I   169

엑셀 알아보기

C H A P T E R 1

학습목표

- 엑셀의 주요 기능과 새로워진 엑셀2016을 알아보자.

- 엑셀의 화면구성 및 기본적인 사용법을 알아보자.

- 엑셀로 문서를 작성하여 저장해보자.

엑셀 2016

1.1.1 엑셀이란

엑셀은 스프레드시트(spread sheet) 형태의 **데이터 관리 및 계산 프로그램**이다. 행과 열로 구성된 워크시트에 데이터를 입력하고 다양한 계산과 처리 방식을 통해 원하는 형태로 결과를 표현하는 기능을 제공한다.

1.1.2 엑셀의 주요 기능

엑셀은 문서 편집뿐만 아니라 많은 계산이 필요한 작업, 대량의 데이터를 처리하는 통계 작업 등에 유용하게 사용된다. 엑셀의 여러 기능 중에서 자주 사용되는 주요 기능을 살펴보자.

함수는 복잡한 계산을 용이하게 한다.

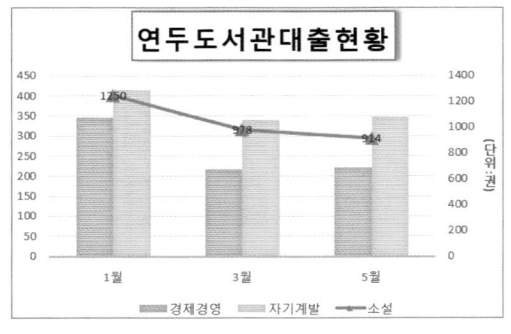

차트는 데이터를 시각적으로 한눈에 보여준다.

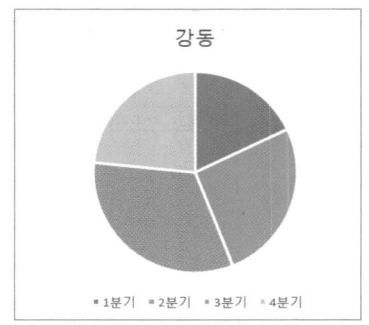

데이터베이스를 이용하여 데이터를 효율적으로 관리, 분석 할 수 있다. **정렬**과 **필터**를 이용하여 원하는 정보를 쉽게 찾을 수 있으며, **부분합**, **데이터 통합**, **피벗 테이블** 등과 같은 기능을 통해 데이터를 효과적으로 분석할 수 있다.

	A	B	C	D	E	F
1	컴퓨터활용 성적 처리					
3	학년	이름	중간고사	기말고사	과제점수	총점
4	1학년	박세희	72	77	90	77.6
5	1학년	윤상현	98	87	90	92
6	1학년	이국기	58	69	80	66.8
7	1학년	이민현	45	69	90	63.6
8	1학년 최대값		98	87		
9	1학년 평균		68.25	75.5		
10	2학년	김경희	75	67	50	66.8
11	2학년	박은경	98	74	100	88.8
12	2학년	이명섭	65	74	0	55.6
13	2학년	이지유	100	90	70	90
14	2학년 최대값		100	90		
15	2학년 평균		84.5	76.25		
16	3학년	김유리	76	85	60	76.4
17	3학년	최민지	84	94	80	87.2

〈부분합〉

	A	B	C	D	E
1	성별	(모두)			
2					
3	합계 : 기본급	열 레이블			
4	행 레이블	과장	대리	부장	사원
5	기획부	₩6,600,000	₩1,800,000	₩2,500,000	₩13,500,000
6	영업부	₩6,600,000	₩1,800,000		₩1,500,000
7	총무부				₩9,000,000
8					

〈피벗 테이블〉

매크로는 반복적인 작업을 자동화 할 수 있다.

	A	B	C	D	E	F	G	H
1	아마추어 남자 골프대회 성적							
2	NO.	이름	1ROUND	2ROUND	3ROUND	4ROUND	최종합계	순위
3	9	육완민	-5	-3	-2	-1	-11	1
4	8	유병주	1	1	3	1	6	2
5	11	김병창	3	1	1	1	6	2
6	1	신화용	5	2	3	-2	8	4
7	7	이한욱	4	5	-3	5	11	5
8	2	이택민	6	4	3	4	17	6
9	4	최병언	8	2	4	3	17	6
10	10	이민재	3	7	-1	8	17	6
11	6	김근대	10	3	5	3	21	9
12	3	최영만	8	3	4	10	25	10
13	5	이성철	10	8	5	4	27	11

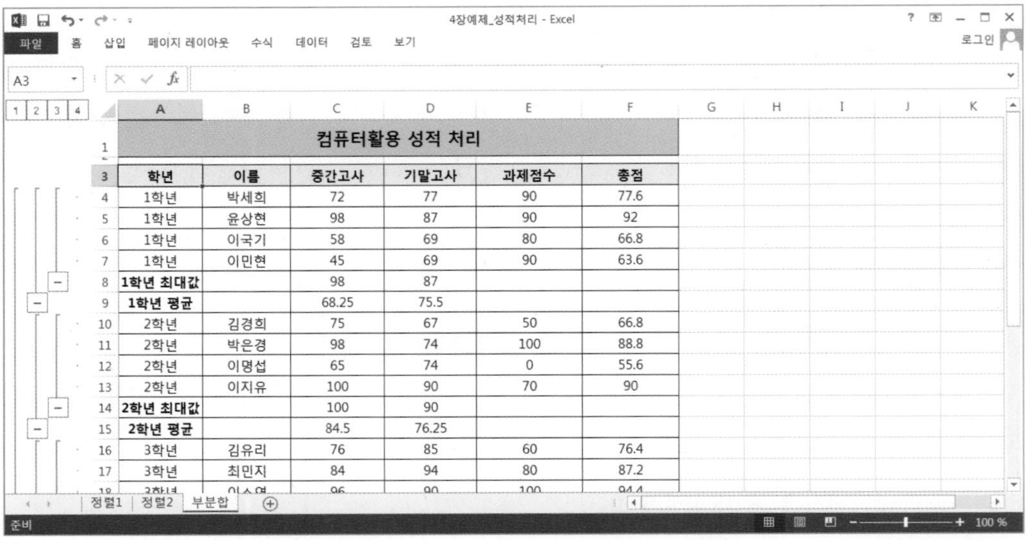

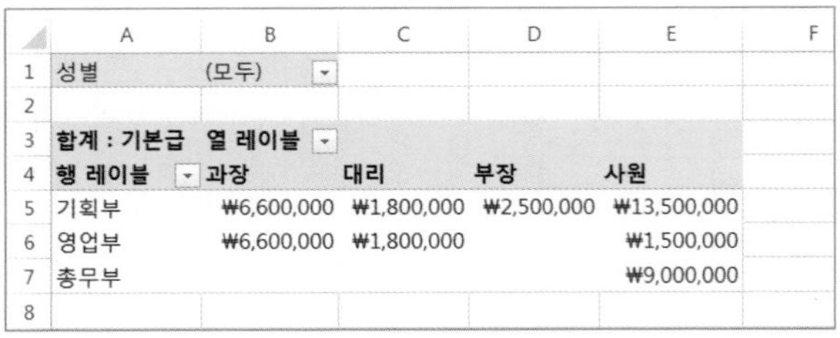

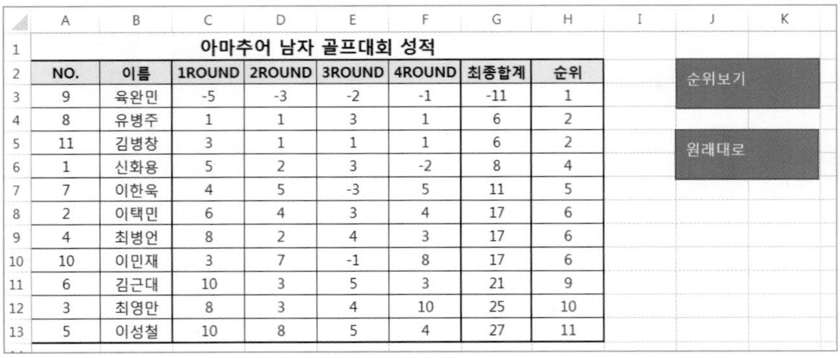

1.1.3 엑셀2016의 새로운 기능

엑셀 2016은 기존의 문서 편집 기능에 강력한 데이터 분석 기능과 파일공유를 통한 협업기능이 추가되었다. 새로 추가된 엑셀의 기능을 살펴보자.

1 도움말 및 스마트 조회 사용하기

[설명] 메뉴를 통해 도움말 검색 및 스마트 조회 기능을 사용할 수 있다.

■ 도움말 조회하기

[설명] 메뉴에 '함수'를 입력하고 ['함수'에 대한 도움말]을 클릭하면 검색 결과가 [Excel 2016 도움말] 창에 나타난다.

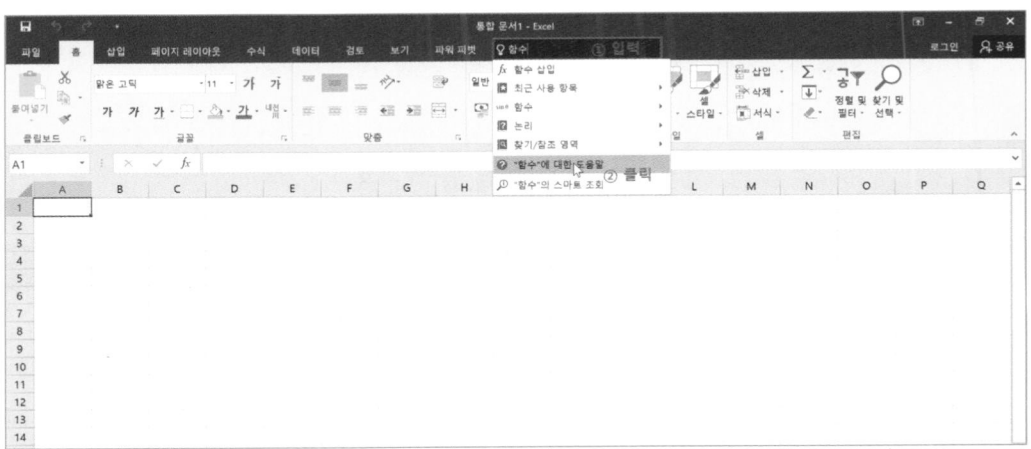

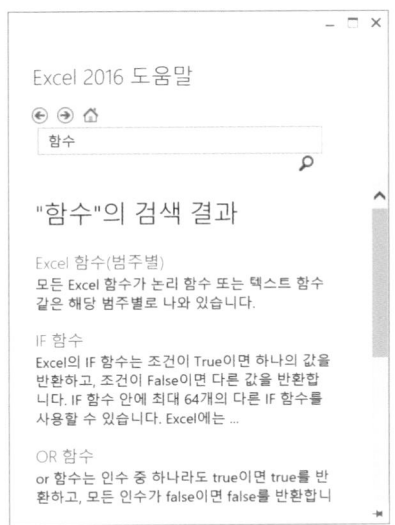

■ 스마트 조회 사용하기

[설명] 메뉴에 '함수'를 입력하고 ['함수'의 스마트 조회] 클릭하면 오른쪽 스마트 조회 창에 인터넷 검색 결과가 나타난다. 스마트 조회는 검색 키워드를 빙(Bing), 위키피디아, 기타 웹 검색을 통해 결과를 보여준다.

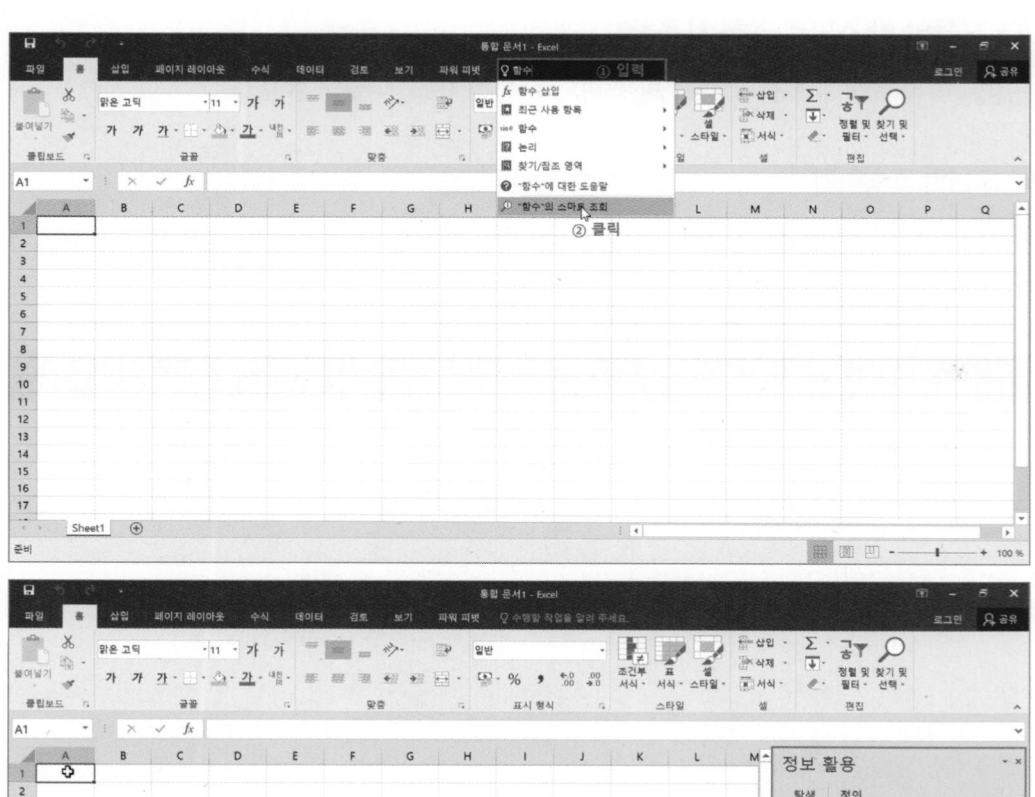

2 공유하기

공유기능은 다른 사람들과 파일을 공유하여 작업할 수 있도록 해주는 기능이다. 공유기능을 이용하려면 먼저 OneDrive에 파일을 저장해야 한다. OneDrive에 저장한 파일을 열고 [공유]를 선택하여 이메일 주소를 입력하면 해당 사용자와 파일을 공동으로 수정하고 편집할 수 있다.

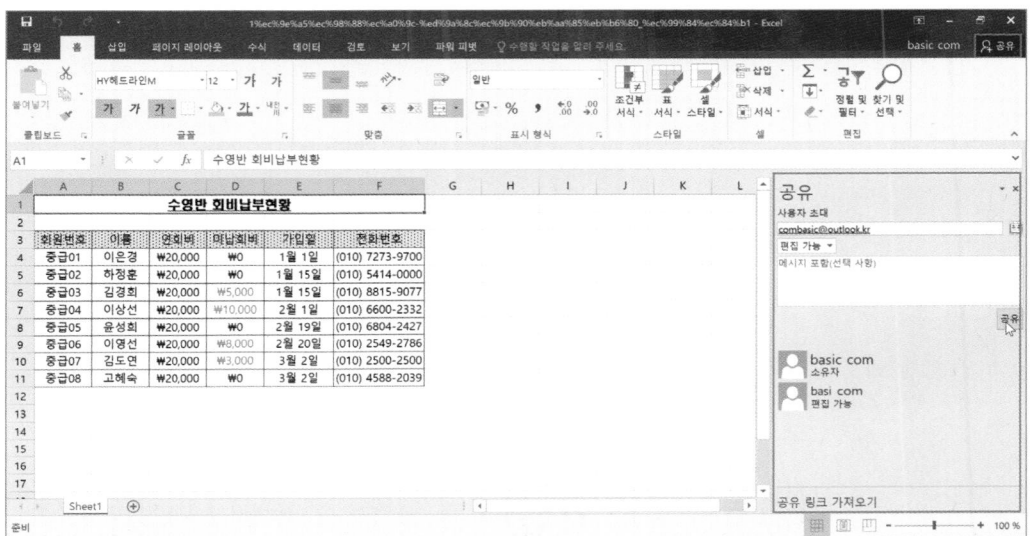

3 차트

계층구조를 시각화하는 트리맵, 선버스트 차트, 통계 분석에 사용되는 히스토그램, 파레토, 상자수염 차트, 손익계산서 등에 사용되는 폭포차트 등의 새로운 차트가 추가되었다.

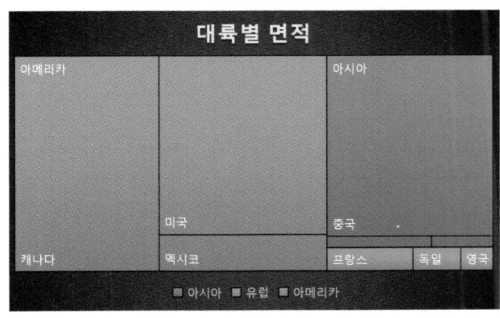

〈트리맵 차트〉

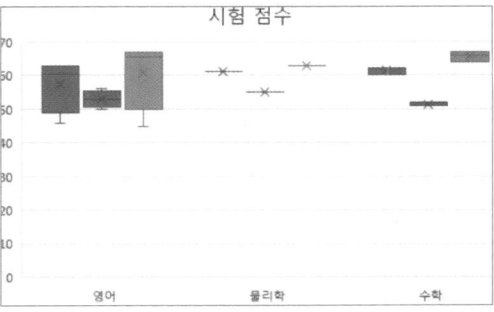

〈상자수염 차트〉

4 기타 추가 기능

예측시트는 시간에 따른 데이터가 있을 경우 미래 값을 예측해주는 기능이다.

잉크수식은 펜을 통해 수학식을 입력할 수 있는 기능이다.

$$\begin{pmatrix} 0 \\ 0 \end{pmatrix} = c_1 \begin{pmatrix} 3 \\ 1 \end{pmatrix} + c_2 \begin{pmatrix} 1 \\ 2 \end{pmatrix}$$

1.2 엑셀 2016 시작하기

1.2.1 엑셀 2016 실행과 종료

최근 가장 널리 쓰이는 운영체제인 윈도우10에서 엑셀 2016을 실행해보자.

1 엑셀 2016 실행하기

윈도우 작업 표시줄에서 ⊞ - [Excel 2016]을 클릭한다.

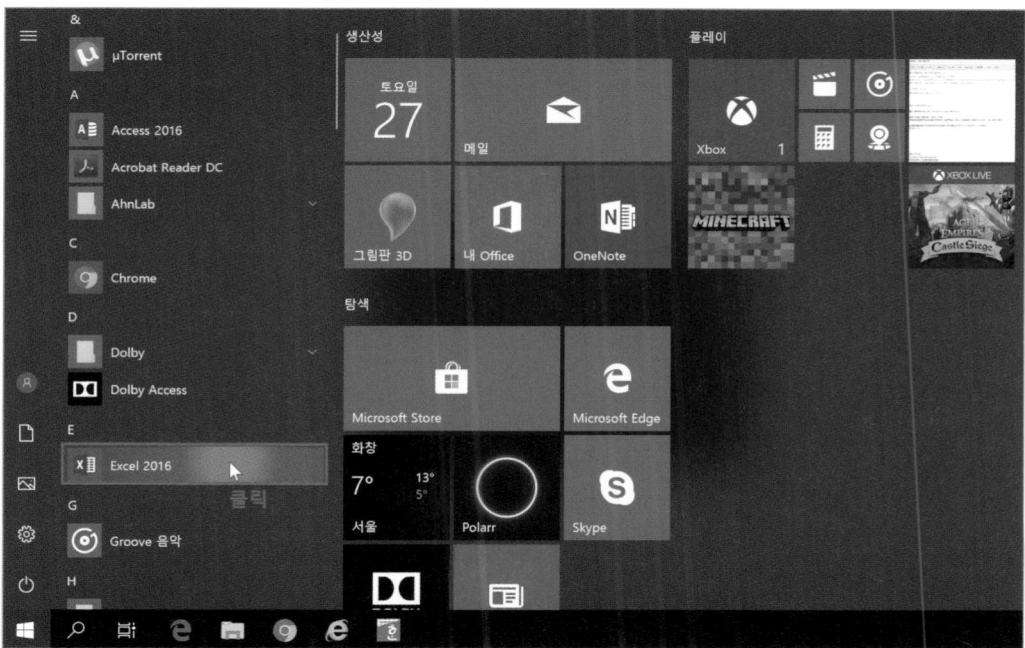

2 엑셀 2016 종료하기

엑셀 2016을 종료하는 방법은 여러 가지가 있다.

- [파일]-[닫기]를 클릭한다.
- 엑셀 창 오른쪽 상단의 [닫기 ✕]를 클릭한다.
- 단축키 [Alt]+[F4]를 누른다.

1.2.2 엑셀 2016 화면 구성

엑셀 2016에서 제공되는 다양한 기능을 수행시키기 위해서 각 구성요소의 명칭과 기능을 살펴보자.

1 엑셀 2016 화면

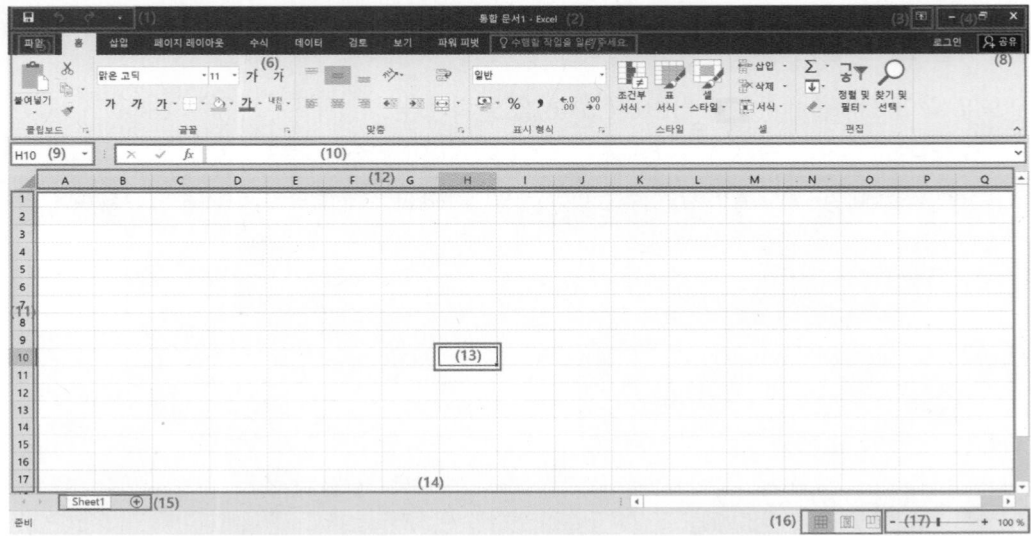

(1) 빠른 실행 도구 모음 : 자주 사용하는 도구들을 모아둔 메뉴이며 원하는 도구를 추가, 제거할 수 있다.

(2) 제목 표시줄 : 현재 작업 중인 문서의 이름이 표시된다.

(3) 리본 메뉴 표시 옵션 : 리본 메뉴의 표시 여부를 설정한다.

(4) 창 조정 : 엑셀 창을 최소화, 최대화하거나 종료한다.

(5) 파일 메뉴 : 정보, 새로 만들기, 열기, 저장, 다른 이름으로 저장, 인쇄, 공유, 옵션 등의 하위 메뉴가 있다.

(6) 리본 메뉴 : 홈, 삽입, 페이지 레이아웃, 수식, 데이터, 검토, 보기 등 7개의 탭으로 구성되며, 각 탭은 기능별 그룹으로 다시 구분된다.

(7) 설명 : 엑셀의 모든 명령이나 도움말을 키워드로 검색할 수 있다.

(8) 공유 : 다른 사용자와 공동으로 문서를 수정하고 편집할 수 있다.

(9) 이름 상자 : 현재 셀 포인터가 위치한 셀의 주소를 표시한다.

(10) 수식 입력 줄 : 현재 선택된 셀의 값과 수식이 표시되고, 셀 내용을 편집할 때 이용한다.

(11) 행 머리글 : 1, 2, 3 순으로 행 번호가 표시되며 1,048,576 행까지 있다.

(12) 열 머리글 : A, B, C 순으로 열 번호가 표시되며, XFD 열까지 16,384개가 있다.

(13) 셀 포인터 : 현재 작업 중인 셀을 가리킨다.

(14) 워크시트 : 데이터를 입력하고 편집하는 작업 공간이며, 여러 셀로 구성된다.

(15) 시트 탭 : 워크시트의 이름을 표시하며, 이동 및 추가가 가능하다. 시트는 최대 255개까지 추가할 수 있다.

(16) 페이지 보기 : 워크시트의 보기 모드를 [기본], [페이지 레이아웃보기], [페이지 나누기 미리보기]로 전환할 수 있다.

(17) 확대/축소 : 워크시트의 크기를 확대, 축소한다.

2 메뉴 다루기

엑셀은 기본적으로 사용하는 기능을 리본 메뉴, 빠른 실행 도구 모음으로 제공하며, 사용자 편의에 맞게 메뉴를 편집하여 새로운 구성도 가능하다.

[파일]-[옵션]-[리본 사용자 지정]에서 리본 메뉴를 구성할 수 있다.

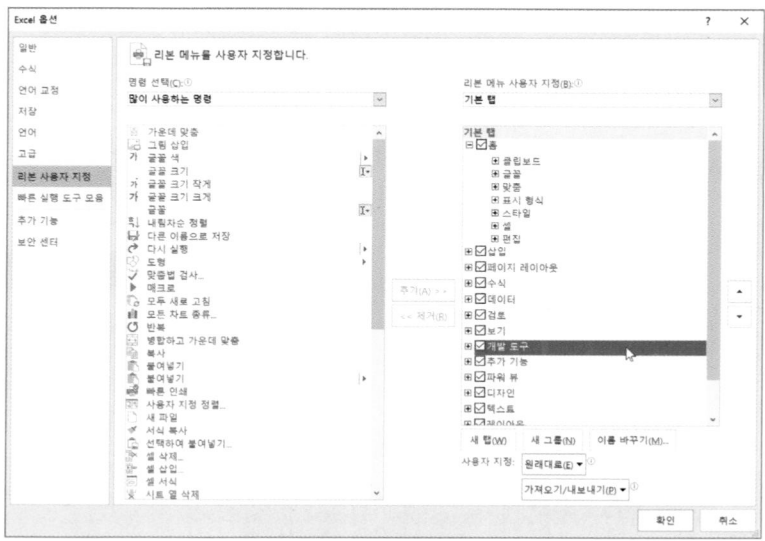

〈리본 메뉴 사용자 지정 설정화면〉

[파일]-[옵션]-[빠른 실행 도구 모음]에서 자주 사용하는 메뉴를 등록하여 사용할 수 있다.

〈빠른 실행 도구 모음 사용자 지정 설정화면〉

엑셀 기본 화면의 [빠른 실행 도구 모음]에서도 간단히 메뉴를 추가 할 수 있다. [오름차순 정렬]을 등록해보자.

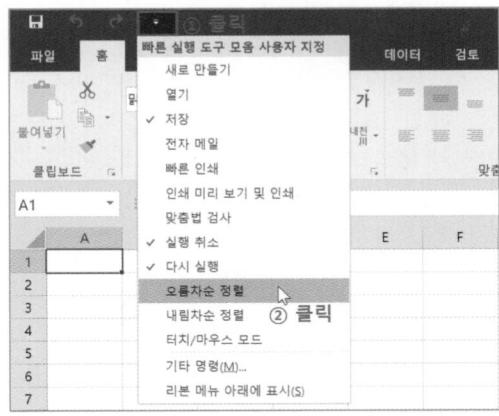

〈결과 화면〉

1.3 엑셀 파일 다루기

1.3.1 문서 작성

새 엑셀 문서를 생성하고 기본적인 데이터 입력을 실습해보자.

❶ 엑셀 2016을 실행하고 [새 통합 문서]를 클릭한다. 새로운 워크시트가 생성된다.

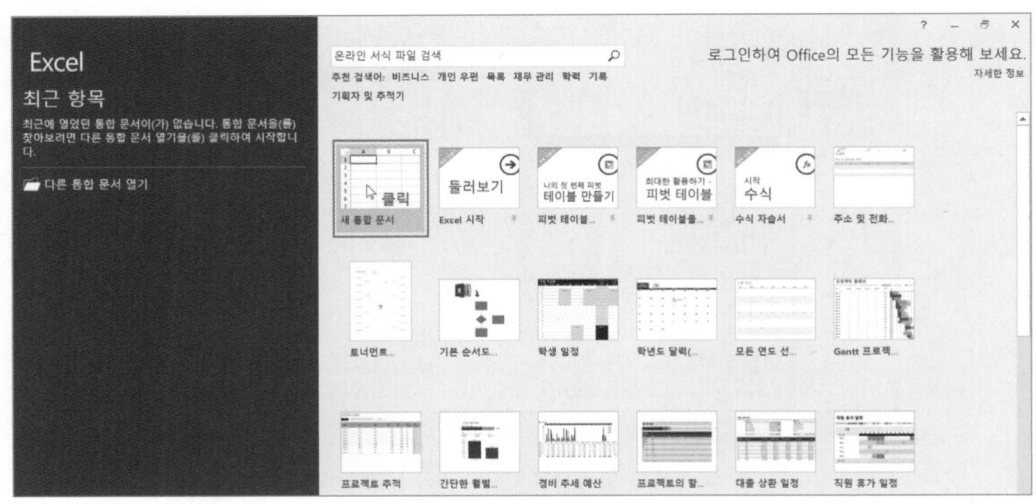

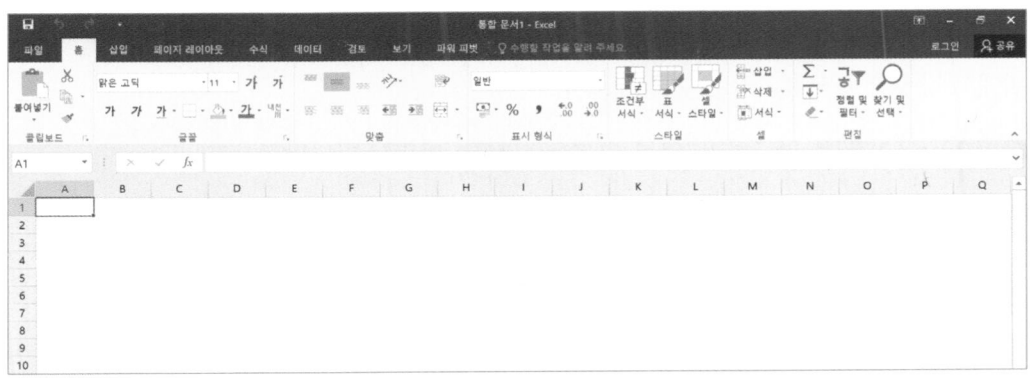

❷ [A1]셀을 클릭하고 '제철 해산물'을 입력한다.

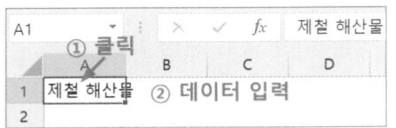

> TIP 셀 이름은 셀이 교차하는 열 문자와 행 번호의 조합으로 이루어진다. [A1]셀은 [A]열과 [1]행이 교차하는 위치의 셀을 말한다.

❸ [A3]셀을 클릭하고 '봄'을 입력한 후 [Enter]를 누른다. 다음 셀에 '쭈꾸미', '바지락', '도미'를 차례대로 입력한다.

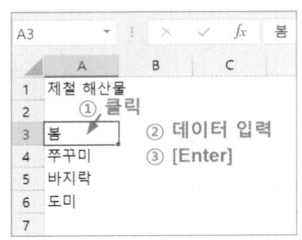

❹ 동일한 방법으로 '여름', '가을', '겨울'을 다음과 같이 입력해보자.

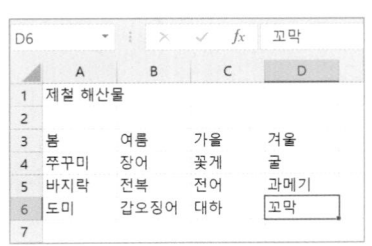

1.3.2 파일 저장

엑셀 2016에서는 통합문서를 컴퓨터에 바로 저장할 수도 있고, 인터넷이 연결된 경우에는 마이크로소프트사의 클라우드 서비스인 **OneDrive**에 저장할 수도 있다. 또한 엑셀로 작성된 파일은 파일 형식을 변경하여 다른 포맷의 파일로 저장도 가능하다.

1 저장하기

위에서 작성한 문서를 파일로 저장해보자.

❶ [파일]-[저장]을 클릭하면 [다른 이름으로 저장] 화면이 나타난다.

❷ 저장할 위치를 선택하기 위해 [이 PC]를 선택하고 [찾아보기]를 클릭한다.

❸ [다른 이름으로 저장] 창이 나타나면 저장 위치, 파일 이름, 파일 형식 등을 지정하고
[저장]을 클릭한다. 엑셀 파일이 '제철해산물.xlsx'로 저장된다.

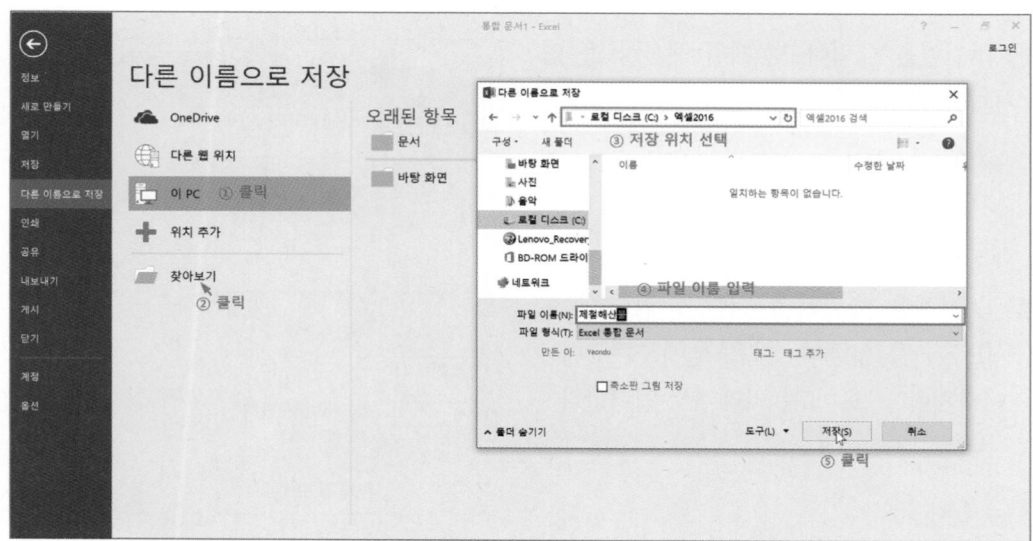

참고 엑셀의 파일 형식

파일 형식	확장명	설명
Excel 통합문서	xlsx	엑셀 통합 문서 파일 형식
Excel 매크로 사용 통합문서	xlsm	매크로 기능이 포함된 엑셀 파일 형식
Excel 서식파일	xltx	디자인 서식 파일 형식
Excel 97-Excel 2003 통합문서	xls	엑셀 97-2003 파일 형식
PDF	pdf	전자 문서 형식
CSV(쉼표로 분리)	csv	쉼표로 구분한 텍스트 파일 형식
텍스트 (탭으로 분리) 텍스트 (공백으로 분리)	txt	텍스트 파일 형식

2 pdf 파일로 저장하기

PDF(Portable Document Format)는 서로 다른 응용프로그램으로 작성된 자료를 교환하기 위하여 만들어진 전자 문서 표준 형식이다. 다양한 포맷의 문서도 PDF 파일 형식으로 변환시키면 문서의 원본 그대로 읽고 프린트 할 수 있다.

위에서 작성한 '제철해산물.xlsx' 문서를 '제철해산물.pdf' 파일로 저장해보자.

❶ [파일]-[다른 이름으로 저장]을 클릭하면 [다른 이름으로 저장] 창이 나타난다.

❷ [다른 이름으로 저장] 창에서 저장할 위치를 선택하고 [파일 형식]을 [PDF]로 선택한다.

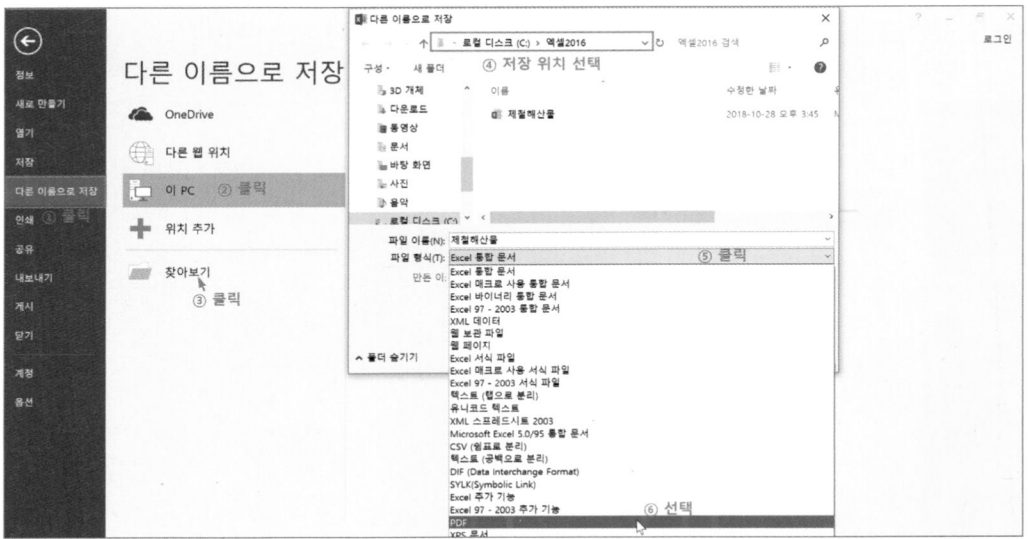

❸ [저장]을 클릭하면 '제철해산물.pdf' 파일이 나타난다.

> **TIP** PDF로 저장된 파일은 어도비리더를 통해 볼 수 있다. 어도비리더(Adobe Reader)는 ADOBE 웹사이트에서 다운이 가능하며 PDF 파일의 보기와 인쇄를 지원한다.

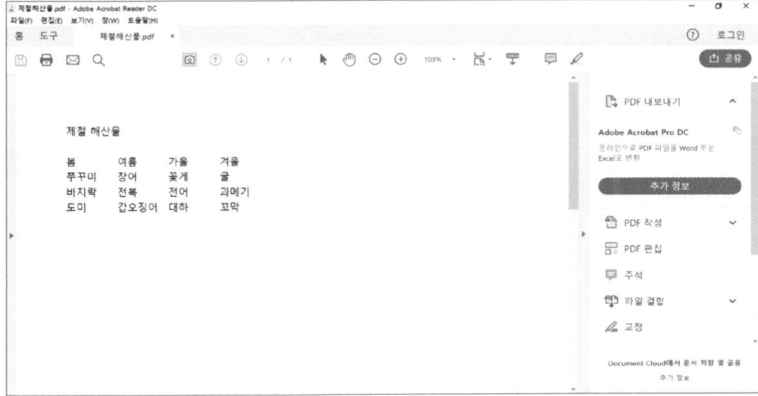

3 OneDrive에 파일 저장하기

마이크로소프트의 계정을 사용하는 사용자는 **OneDrive** 저장 공간을 이용할 수 있다. OneDrive에 파일을 저장하면 다른 사용자와 파일을 공유할 수 있고 언제 어디에서나 파일 수정이 가능하다. OneDrive를 이용하려면 http://www.live.com에 로그인되어 있어야 한다. 마이크로소프트에 계정이 있으면 이메일 주소와 암호를 입력하여 로그인하고, 계정이 없으면 새 계정을 만들어서 사용할 수 있다.

OneDrive에 '제철해산물.xlsx' 파일을 저장해보자.

❶ [파일]-[다른 이름으로 저장]을 클릭하면 [다른 이름으로 저장] 화면이 나타난다.

❷ [OneDrive]-[로그인]을 선택하여 Microsoft Live 서비스에 로그인한다.

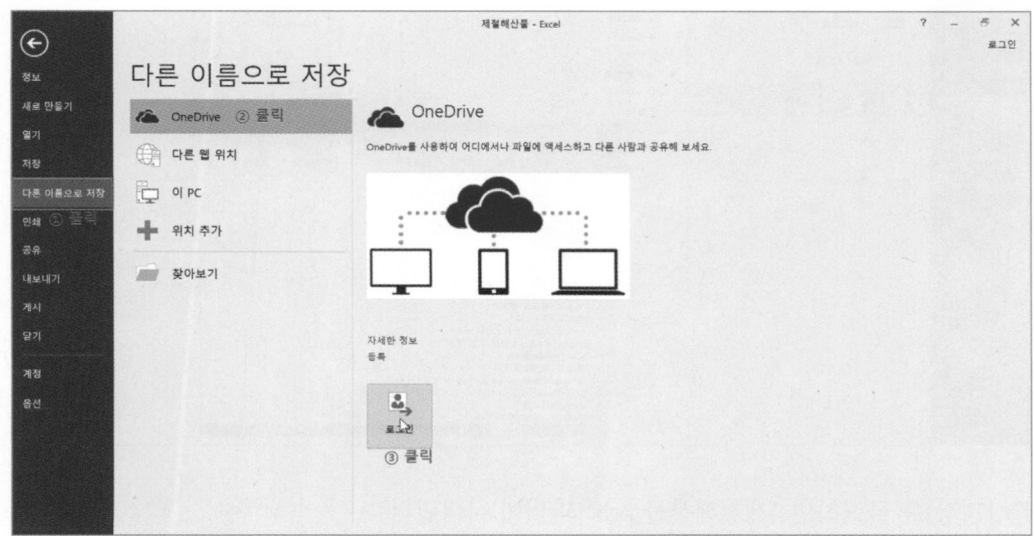

❸ 로그인이 되면 [OneDrive-개인]을 선택하여 OneDrive의 저장하고자 하는 위치에 파일을 저장한다.

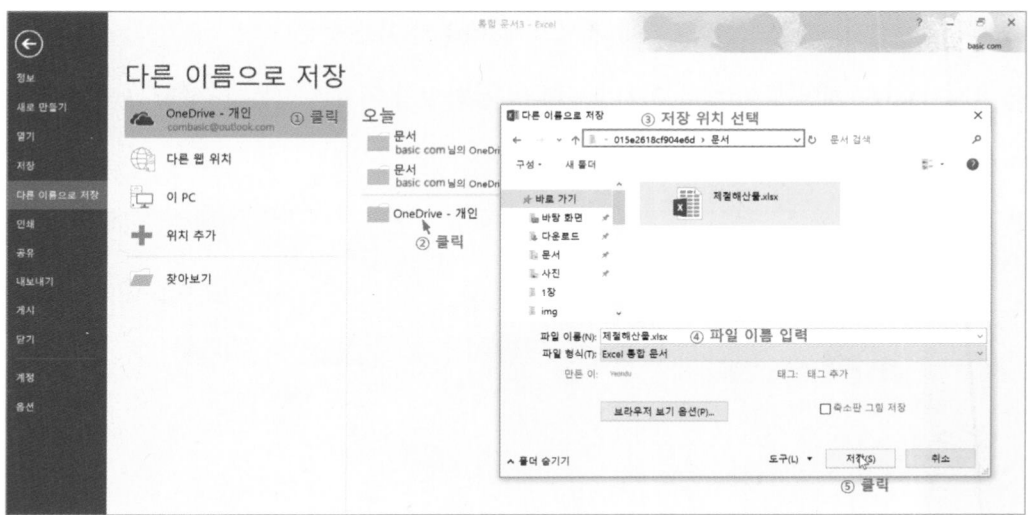

1.3.3 파일 열기

컴퓨터에 저장되어 있는 엑셀 파일을 열어보자.

❶ [파일]-[열기] 메뉴를 선택하거나 키보드로 [Ctrl]+[O]를 누른다. [찾아보기]를 클릭하면 [열기] 창이 나타난다.

❷ 파일을 선택하고 [열기]를 클릭한다.

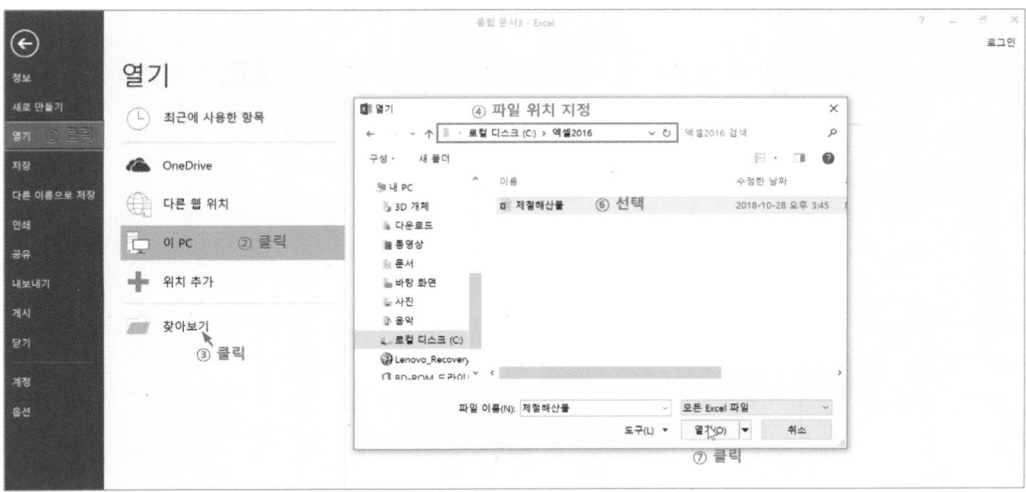

OneDrive에 저장되어 있는 엑셀 파일을 열어보자. OneDrive를 이용하려면 http://www. live.com에 로그인되어 있어야 한다.

❶ [파일]-[열기] 메뉴를 선택하거나 키보드로 [Ctrl]+[O]를 누른다.

❷ [OneDrive-개인]를 선택하고 저장되어 있는 파일의 위치를 찾는다. 해당 파일을 더블 클릭한다.

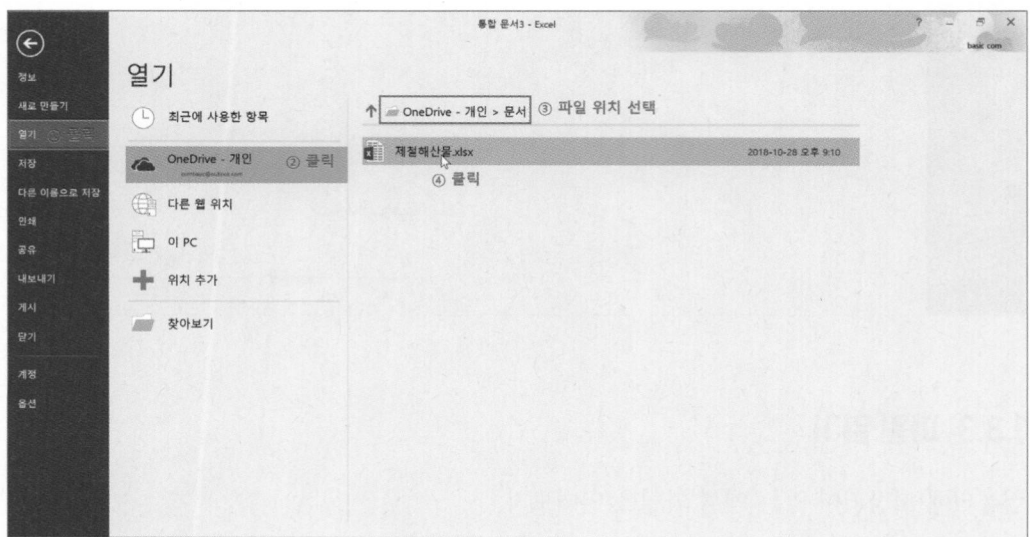

1.3.4 파일 공유

OneDrive 저장되어 있는 '제철해산물.xlsx' 파일을 다른 사용자와 공유해보자.

❶ OneDrive에 저장된 파일을 열어 다른 사용자와 공유하기 위해 공유 를 클릭한다.

❷ 엑셀 화면 우측에 [공유]창이 나타나면 공유할 사용자의 이메일 주소를 추가하고 [공 유]를 클릭한다.

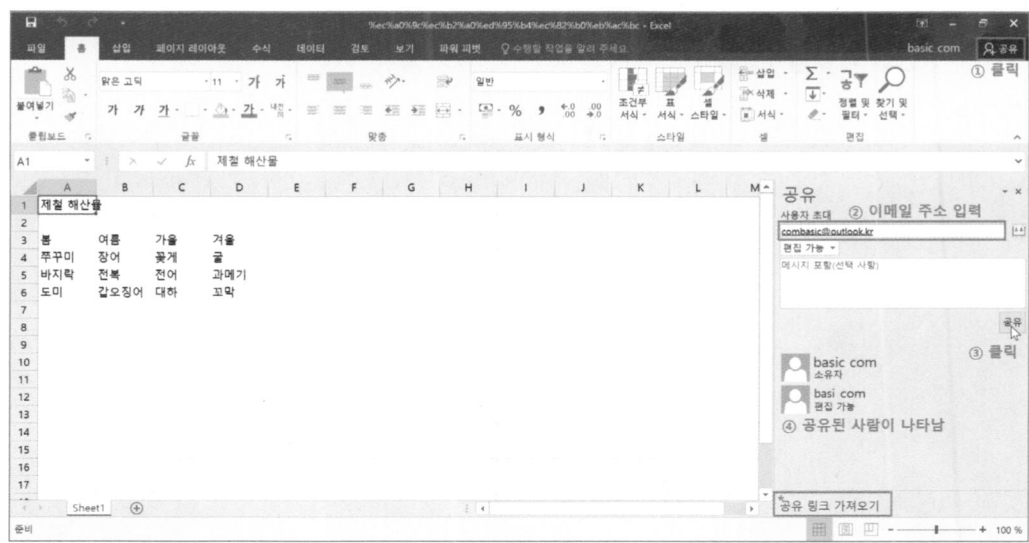

> **TIP** [공유 링크 가져오기]는 파일이 위치한 주소를 링크로 만든다. 생성된 링크를 가진 모든 사용자가 문서를 편집 할 수 있다.

1.3.5 서식 파일로 문서 생성

엑셀 서식 목록에서 서식을 검색하여 문서를 생성해보자.

❶ 엑셀 2016을 실행하고 서식 검색창에 'agile'를 입력한다.

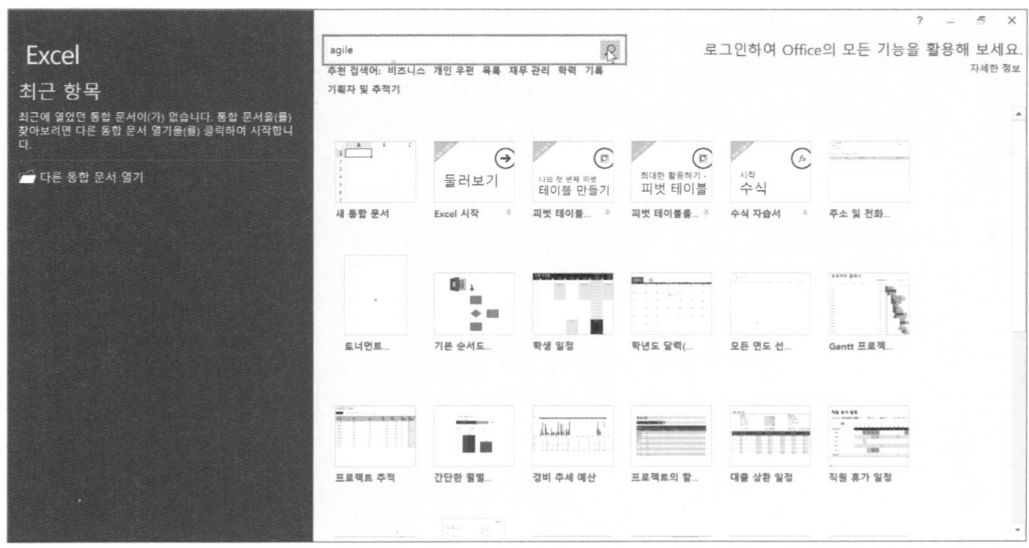

❷ 해당 서식에 대한 설명 창이 뜨면 [만들기]를 클릭하여 문서를 생성한다. 'Agile 로드 맵' 서식이 적용된 새 문서가 만들어진다.

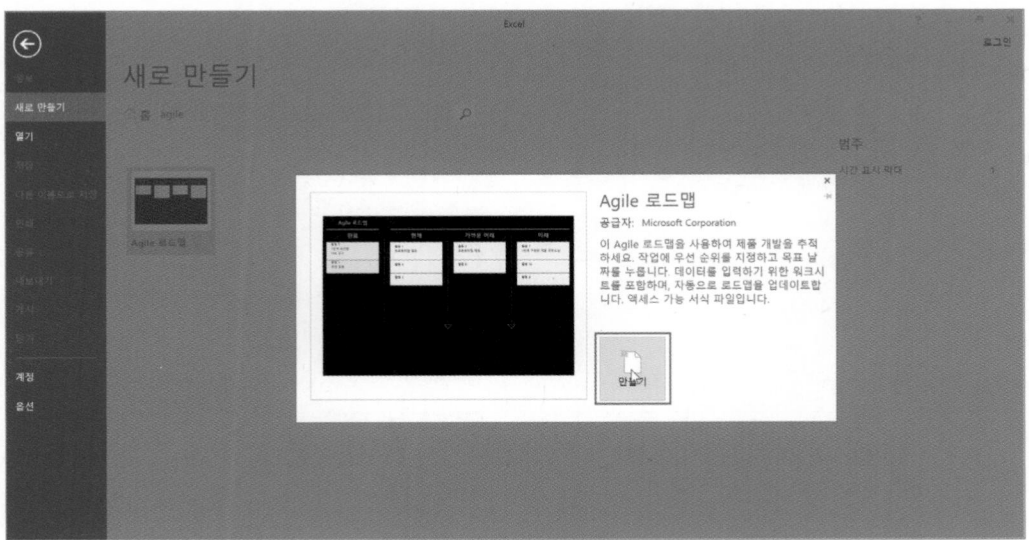

단축키	설명	단축키	설명
참고 **알아두면 유용한 단축키**			
[Ctrl] + [S]	저장하기	[Ctrl] + [O]	파일열기
[Ctrl] + [C]	복사하기	[Ctrl] + [X]	잘라내기
[Ctrl] + [V]	붙여넣기	[Ctrl] + [A]	모두 선택하기
[Ctrl] + [Z]	실행취소	[Ctrl] + [F]	찾기
[Ctrl] + [P]	인쇄 미리보기	[Ctrl] + [E]	빠른 채우기
[Ctrl] + [Home]	[A1] 셀로 이동	[Ctrl] + [End]	워크시트의 마지막 데이터 셀 선택
[Ctrl] + [Shift] + [End]	마지막 데이터까지 범위 영역 선택	[Ctrl] + [~]	입력된 수식 보기
[Alt] + [F4]	현재창 닫기	[Alt] + [Enter]	한셀에 두 줄 입력
[F2]	셀을 편집모드로 전환	[F4]	수식 입력 상태에서 셀의 주소를 절대참조로 변환

기본 프로젝트 서식파일을 이용하여 주소록 만들고 OneDrive에 저장하기

엑셀에서 제공하는 서식파일을 이용하여 간단히 주소록을 작성하고 OneDrive에 저장해 보자.

STEP 1 서식파일 만들기

❶ 엑셀 2016을 실행하고 서식 검색창에 '주소'를 입력하여 검색한다.

❷ [주소 및 전화 번호 목록]을 선택하고 [만들기]를 클릭한다.

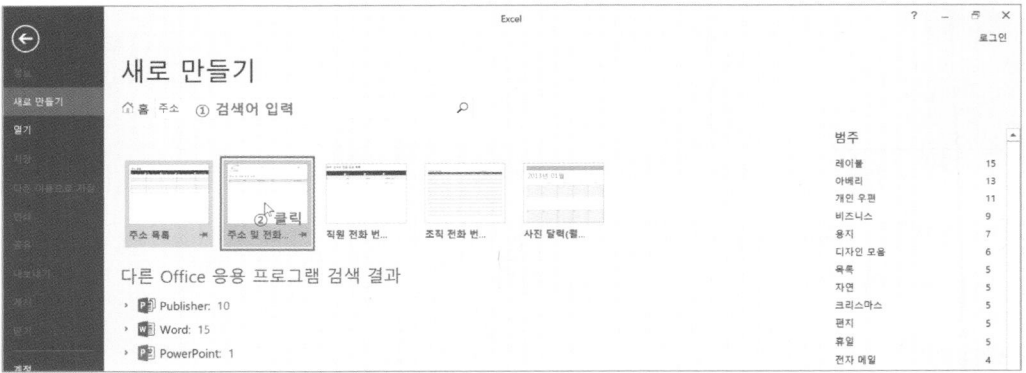

❸ 생성된 파일에 주소와 전화번호를 입력한다.

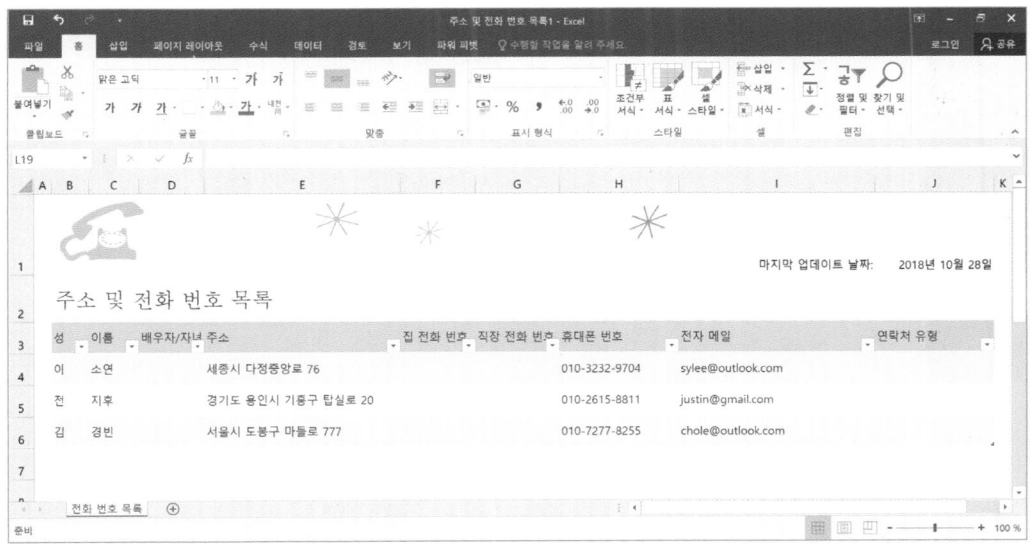

STEP 2) OneDrive에 저장하기

❶ [파일]-[저장]-[OneDrive]-[로그인]을 클릭하여 자신의 계정으로 로그인한다.

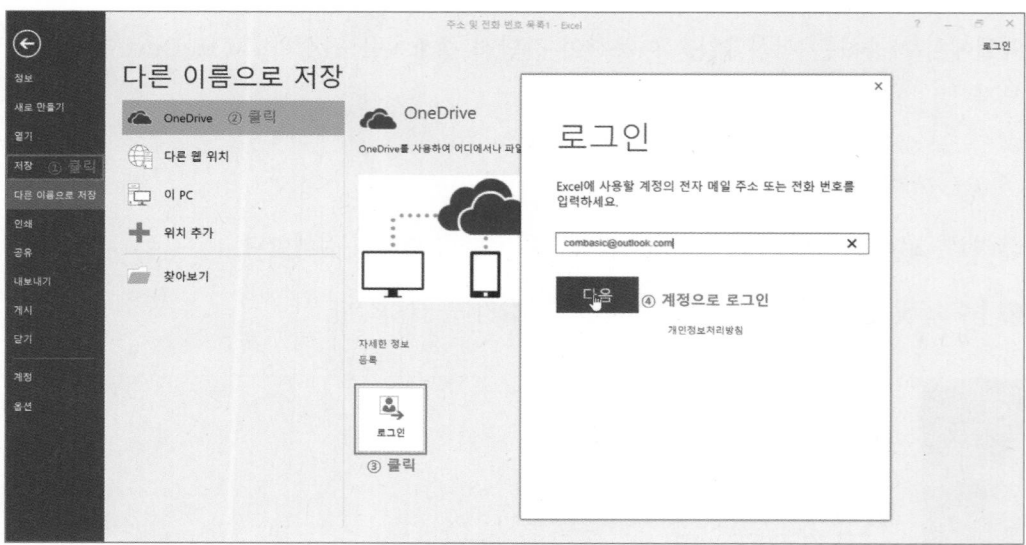

❷ 로그인 후, [OneDrive-개인]을 클릭하여 저장하고자 하는 폴더를 선택한다. 파일이름을 '주소록'으로 변경하여 파일을 저장한다.

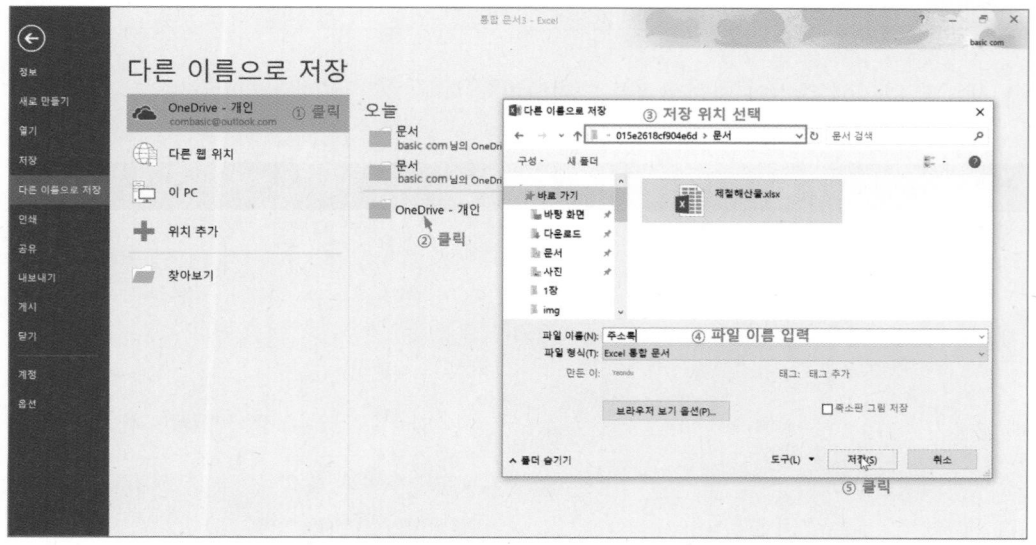

TIP   공용으로 사용하는 컴퓨터에서는 개인정보 보호를 위해 반드시 **로그아웃** 하는 것을 잊지 말자.

응용 프로젝트 **리본메뉴와 빠른 실행 도구 모음 사용자 지정하기**

리본메뉴와 빠른 실행도구 모음에 자주 사용하는 기능을 등록해보자.

(STEP 1) 리본메뉴에 '마이메뉴' 만들기

❶ [파일]–[옵션]을 선택하고 [Excel 옵션]창에서 [리본 사용자 지정]을 선택한다.

❷ [새 탭]을 클릭하여 새로운 메뉴가 생성되면 [이름 바꾸기]를 클릭하여 '마이메뉴'로 이름을 변경한다.

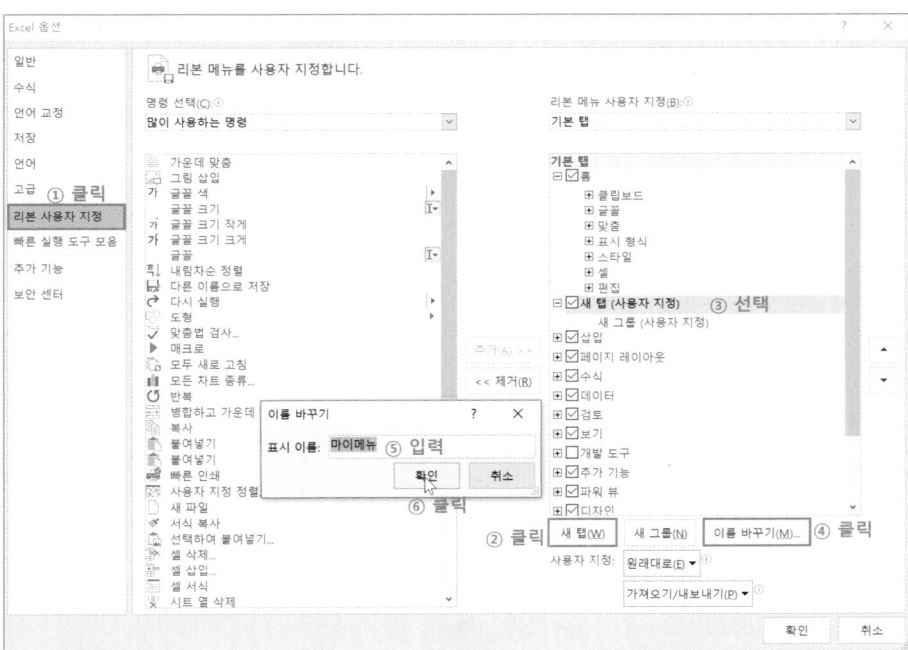

❸ 같은 방법으로 [새 그룹]을 추가하고 이름을 '서식', '인쇄'로 변경해보자.

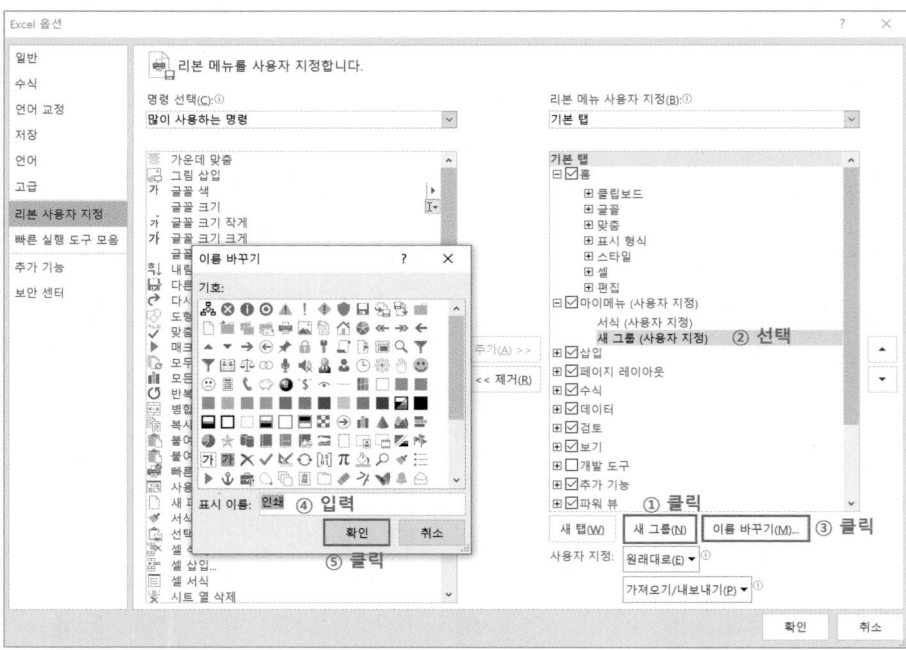

❹ 생성된 [서식] 그룹에는 [셀서식], [서식복사] 명령을 추가하고 [인쇄] 그룹에는 [인쇄 미리 보기 및 인쇄], [인쇄 영역 설정], [빠른 인쇄] 명령을 추가한다.

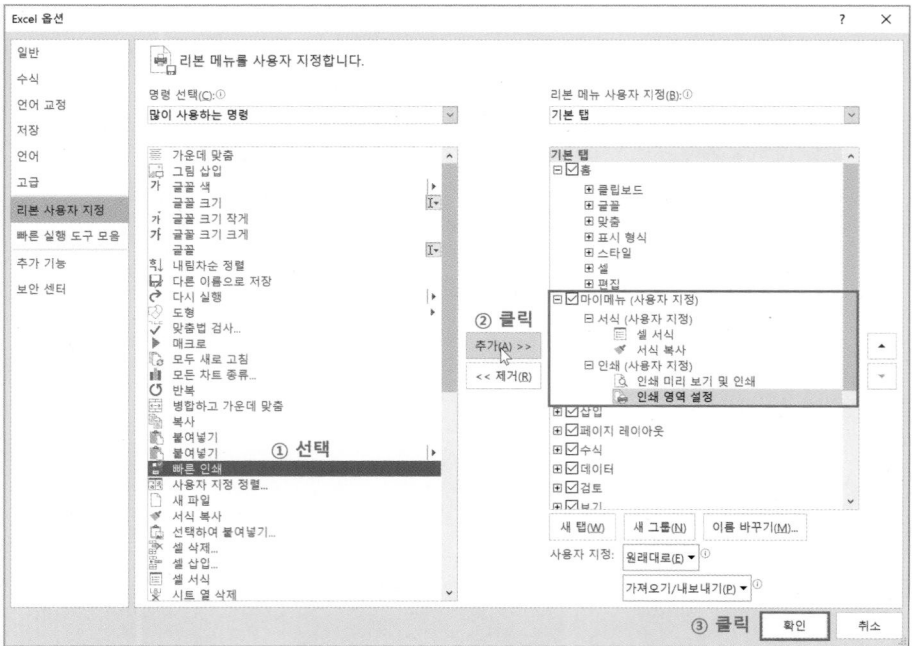

STEP 2 빠른 실행 도구 모음에 '카메라' 명령 추가하기

❶ [파일]-[옵션]을 선택하고 [Excel 옵션]창에서 [빠른 실행 도구 모음]을 선택한다.

❷ [Excel 옵션]창에서 [리본 메뉴에 없는 명령] 선택하고 [카메라]를 선택한다.

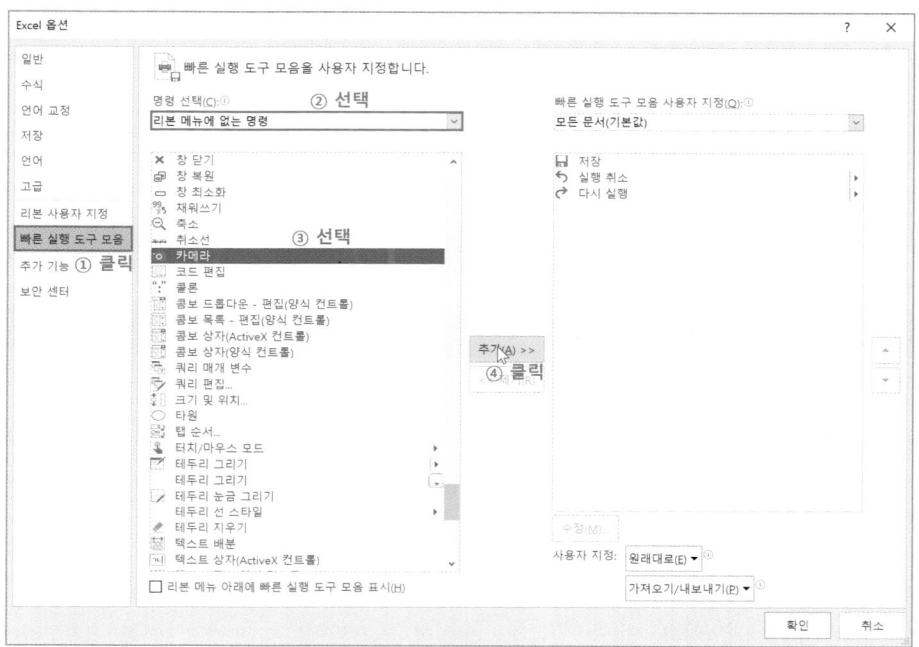

❸ 리본메뉴에 [마이메뉴], 빠른 실행 도구 모음에는 [카메라] 명령이 추가되었다.

TIP 공용으로 사용하는 컴퓨터에서는 다른 사람의 편의를 위해 **[Excel 옵션] 창에서 새로 추가한 메뉴를 제거**하도록 하자.

외부데이터를 가져와서 엑셀문서로 저장하고 공유하기

'대한민국명산.txt' 텍스트 파일을 엑셀파일로 가져와서 저장하고, 다른 사용자와 파일 링크를 통해 공유해보자.

(STEP 1) 외부데이터를 엑셀문서로 가져오기

❶ [데이터]–[외부 데이터 가져오기]–[텍스트]를 선택하고 '대한민국명산.txt' 파일을 가져온다.

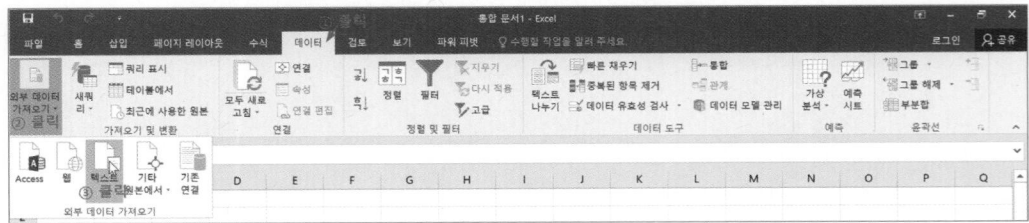

❷ [텍스트 마법사] 대화상자가 실행되며 [텍스트 마법사 – 3단계 중 1단계]에서는 데이터 열을 구분하는 방법을 설정한다. [구분 기호로 분리됨]을 선택하고 [다음]을 클릭한다.

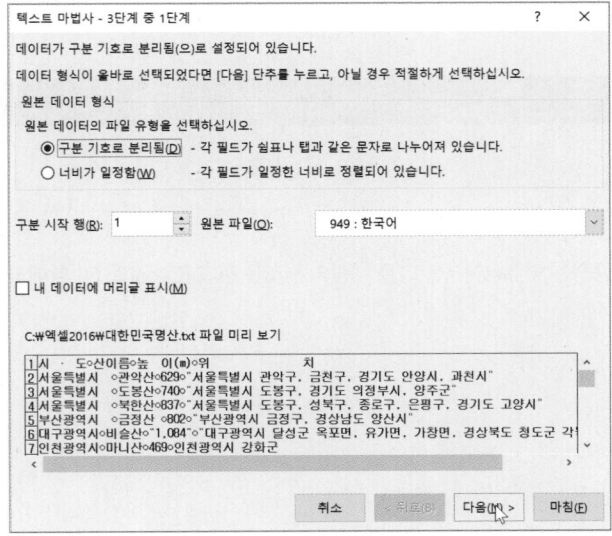

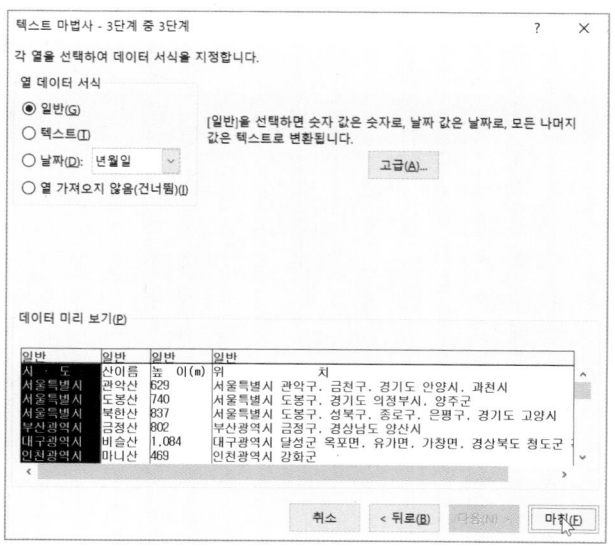

❸ [텍스트 마법사 – 3단계 중 2단계]에서는 열을 구분할 기호를 설정한다. [탭]을 선택하고 [다음]을 클릭한다.

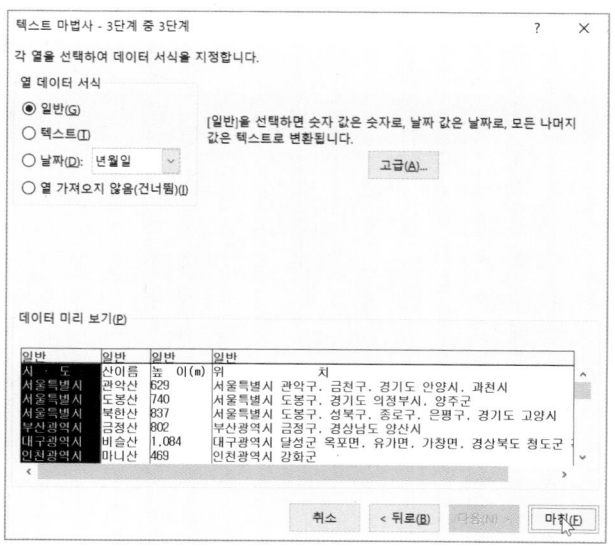

❹ [텍스트 마법사 – 3단계 중 3단계]에서는 열의 데이터 서식을 지정한다. [일반]을 선택하고 [마침]을 클릭한다.

❺ [데이터 가져오기] 창에서 [기존 워크시트]를 선택하고 [확인]을 클릭한다.

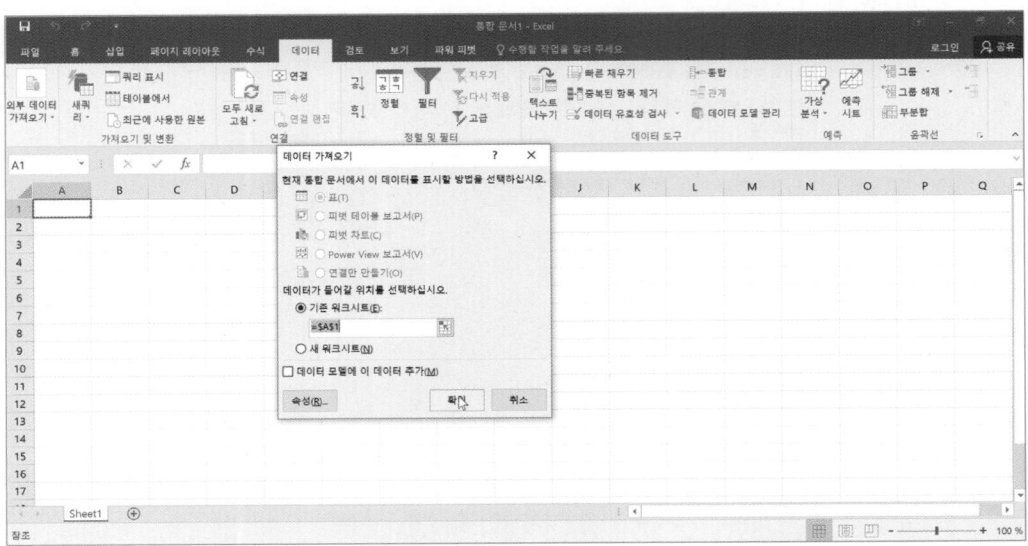

❻ 생성된 엑셀파일을 OneDrive에 '대한민국명산.xlsx' 파일로 저장한다.

(STEP 2) 다른 사용자와 파일링크로 공유하기

❶ [공유]–[공유 링크 가져오기]를 클릭한다.

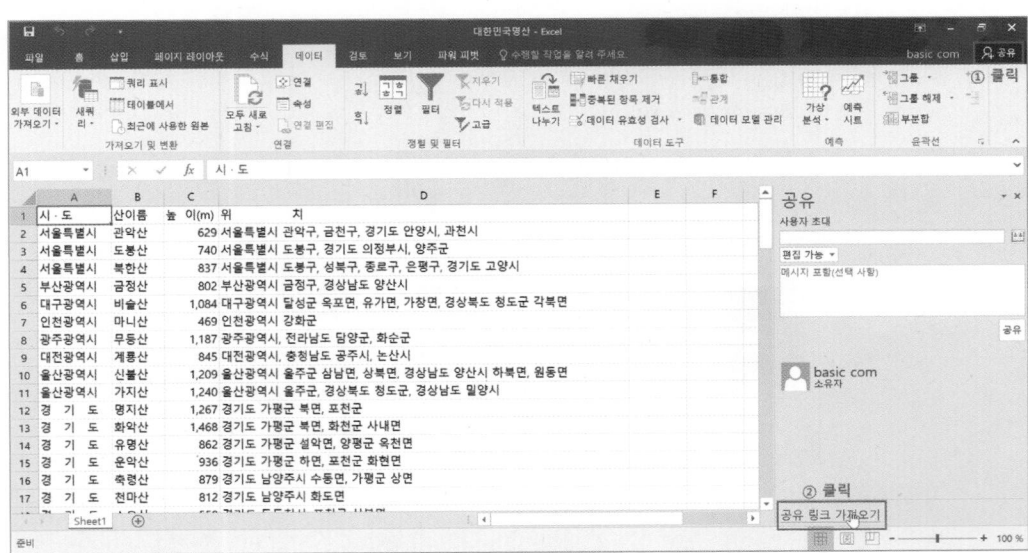

❷ [편집 링크 만들기]를 클릭하고 생성된 링크를 [복사]한다.

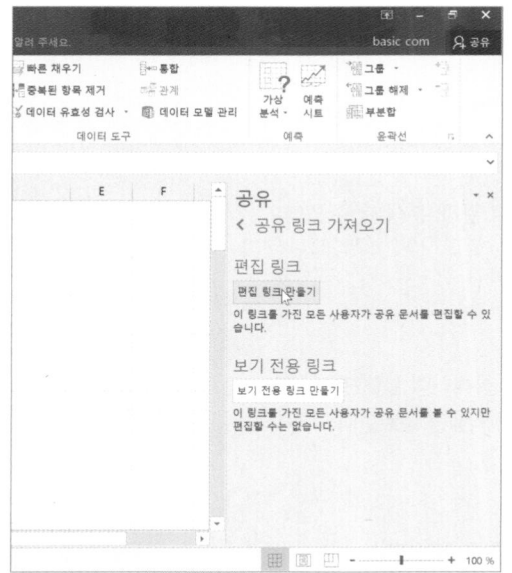 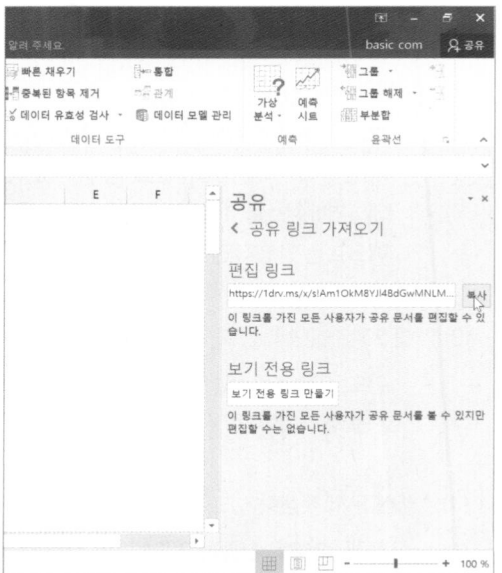

❸ 복사된 링크 주소를 이메일이나 게시판 등에 공유하면 다수의 사용자와 문서 편집이 가능하다.

(1) 엑셀 2016

- 엑셀이란 스프레드시트(spread sheet) 형태의 데이터 관리 및 계산 프로그램이다.

(2) 엑셀의 주요 기능

- 함수는 복잡한 계산을 용이하게 한다.
- 차트는 데이터를 시각적으로 한눈에 보여준다.
- 데이터베이스를 이용하여 데이터를 효율적으로 관리, 분석 할 수 있다.
- 매크로는 반복적인 작업을 자동화 할 수 있다.

(3) 엑셀 2016 실행과 종료

- 윈도우 작업 표시줄에서 ⊞ -[Excel 2016]을 클릭하여 실행한다.
- 엑셀 창 오른쪽 상단의 [닫기 ✕]를 클릭하여 엑셀을 종료한다.

(4) 엑셀 문서 작성하기

- 엑셀 2016을 실행하고 [새 통합 문서]를 클릭하여 작성한다.
- 엑셀에서 제공하는 서식을 이용하여 작성한다.

(5) 엑셀 문서 저장하기

- 엑셀 파일은 기본적으로 xlsx 확장명으로 저장된다.
- pdf 와 같은 다른 파일 형식으로 저장할 수도 있다.

(6) 엑셀 문서 공유하기

- OneDrive 에 파일을 저장하면 다른 사용자와 파일을 공유할 수 있다.
- OneDrive에 저장된 파일을 열어 🔲 공유 를 클릭하여 파일을 공유한다.

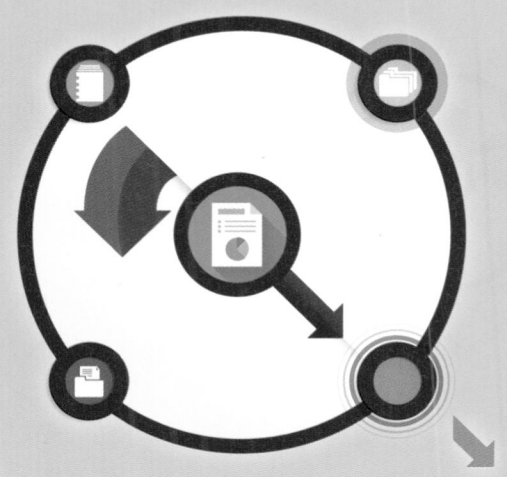

엑셀 데이터 다루기

C H A P T E R 2

학습목표

■ 다양한 형식의 데이터를 입력해보자.

■ 자동 채우기와 사용자 지정 목록을 통하여 데이터를 입력해보자.

■ 데이터 유효성 검사와 중복 데이터 제거 기능 사용법을 알아보자.

2.1 데이터 입력하기

2.1.1 데이터의 종류

엑셀의 데이터는 영문, 한자, 특수 문자와 같이 계산이 불가능한 **문자 데이터**와 숫자, 날짜, 시간과 같이 계산이 가능한 **수치 데이터**로 구분할 수 있다. 문자 데이터나 숫자 데이터를 셀에 입력하려면 셀을 직접 선택해서 입력하거나 수식 입력 줄을 이용하여 입력할 수 있다.

1 문자 데이터

영문, 한글, 한자, 특수 문자 등의 데이터가 있고, 기본적으로 셀의 왼쪽부터 채워진다. 하나의 셀에 두 줄 이상 입력하고자 할 때는 [Alt]+[Enter] 누른다.

- [한/영]을 이용하여 한글 모드와 영문 모드 사이를 전환한다.
- 특수 문자는 [삽입]-[기호] 그룹-[기호]를 클릭하여 나타나는 [기호] 창에서 원하는 문자를 선택하여 입력한다. 한글 자음과 [한자]를 이용해서 입력할 수도 있다.

- 한자는 [검토]-[언어] 그룹-[한글/한자 변환]를 이용하여 변환하거나, [한자]를 이용하여 입력한다.

참고 한글 자음과 [한자]를 이용한 특수 문자표		
자음	하위집합	특수문자
ㄱ+[한자]	일반문장부호	! ' , ^ _ l° ‥ ∥ ~ ¿
ㄴ+[한자]	한중일기호 및 문장부호	〃 ( )〈〉『』【 】〔〕
ㄷ+[한자]	수학연산자	+ − 〈 ± ≠ ∞ ∴ ≒
ㄹ+[한자]	한중일호환 (단위기호)	$ % ₩ ℃ ‰ ㎖ ㎢ ㎳²
ㅁ+[한자]	도형, 기타기호	# & *◎ → = ▶ ▩
ㅂ+[한자]	상자 그리기 기호	─ │ ┌ ┘ └ ├
ㅅ+[한자]	한중일 괄호 문자	㉠ ㉡ ㉢ ㈎ ㈏ ㈐ (ㄱ)(가)
ㅇ+[한자]	괄호 영숫자	ⓐ ⓑ ⓒ ① ② ③ (a)(1)
ㅈ+[한자]	숫자형식(로마, 아라비아숫자)	0 1 2 ⅰ ⅱ ⅲ Ⅰ Ⅱ Ⅲ
ㅊ+[한자]	숫자형식(분수, 위첨자, 아래첨자)	½ ⅓ ⅔ ¹ ² ⁿ ₁ ₂ ₃
ㅋ+[한자]	한글호환자모	ㄱ ㄲ ㄳ ㄹ ㅀ ㅃ ㅍ ㅞ
ㅌ+[한자]	한글호환자모	ㄴ ㄸ ㄵ ㅁ ㅄ ㅃ ㅎ ㅒ
ㅍ+[한자]	반자 및 전자	ABCDE abcde
ㅎ+[한자]	그리스어 및 콥트어	$ABΓΔEΘΛΞΠΣΦXΨΩαδ$

2 숫자 데이터

숫자 데이터는 '0, 1, 2'와 같은 숫자와 '+, −, 마침표(.), 쉼표(,), %, $, ₩' 기호를 함께 입력할 수 있으며, 기본적으로 셀의 오른쪽부터 채워진다.

3 날짜/시간 데이터

날짜 데이터는 년, 월, 일순으로 하이픈(−) 또는 슬래시(/)로 구분하여 입력한다. 시간은 시, 분, 초순으로 콜론(:)으로 구분하여 입력한다. 날짜나 시간 데이터도 수치 데이터이므로 셀의 오른쪽부터 채워진다.

> TIP [Ctrl] + [;] : 현재 날짜가 채워진다.
> [Ctrl] + [:] : 현재 시간이 채워진다.

2.1.2 데이터 입력

다음과 같이 다양한 종류의 데이터를 입력해보자.

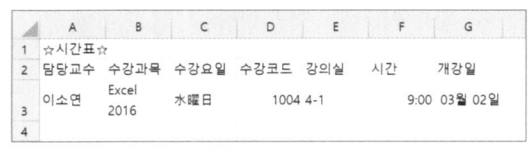

〈결과 화면〉

1 문자 데이터 입력하기

엑셀 2016을 실행하고 문자 데이터를 입력해보자.

❶ [A2:G2] 범위에 아래와 같이 항목을 입력한다.

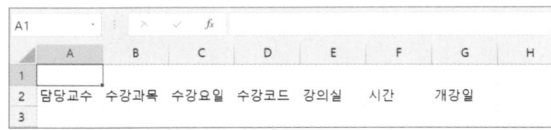

❷ [A1]셀을 클릭하고 [삽입]-[기호] 그룹-[기호]를 선택한다. [기호] 창에서 [하위 집합]은 [기타 기호]-[☆]를 선택하고 [삽입]을 클릭한다. 기호가 삽입되면 [기호] 창을 닫는다. 삽입한 '☆' 뒤에 '시간표'를 입력한다.

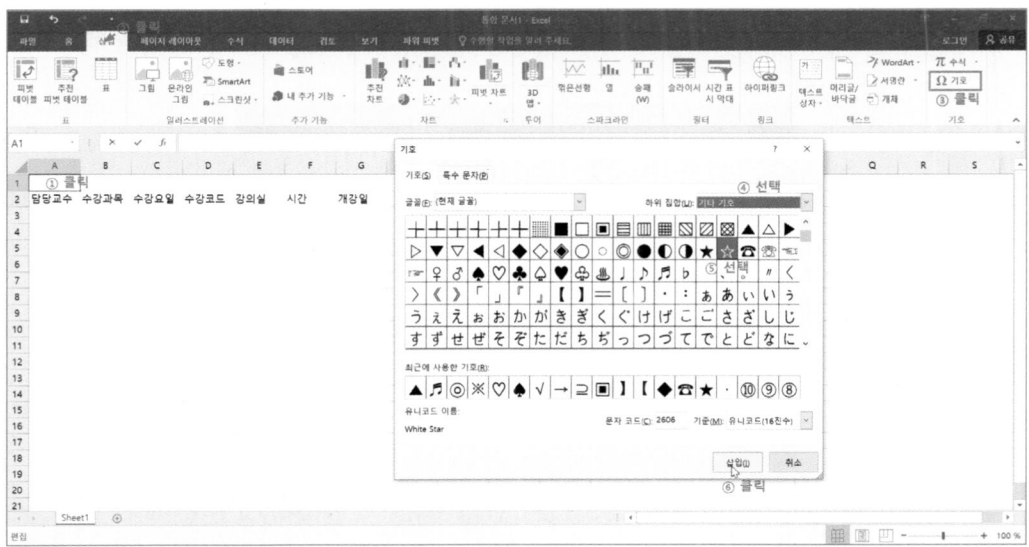

❸ 한글 자음과 [한자]를 이용하여 보다 빠르게 특수문자를 삽입할 수도 있다. [A1]셀의 '☆시간표' 뒤에 'ㅁ'을 입력하고 [한자]를 누른다. 'ㅁ'과 관련된 특수문자들이 풀다운 메뉴로 나타나면 '☆'를 클릭한다.

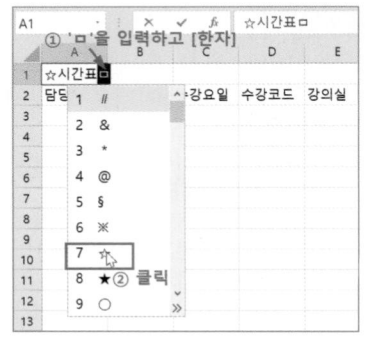

❹ [A3]셀에 '이소연'을 입력한다.

셀 안에서 줄 바꿈을 해보자.

❺ [B3]셀에 'Excel'을 입력하고 [Alt]+[Enter]를 누른 다음 '2016'을 입력한다. 'Excel' 다음 행에 '2016'이 입력된다.

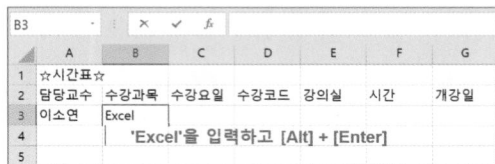
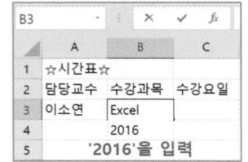

한글을 한자로 변환해보자.

❻ [C3]셀에 '수요일'을 입력하고 [검토]−[언어] 그룹−[한글/한자 변환]을 클릭한다. [한글/한자 변환] 창에서 한자를 선택하고 [변환]을 누른다.

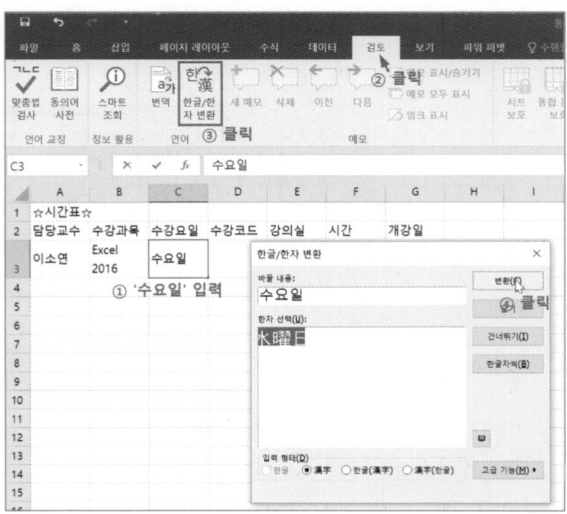

2 숫자 데이터 입력하기

숫자 데이터를 입력해보자.

❶ [D3]셀에 '1004'를 입력한다.

숫자를 문자 데이터로 입력해보자.

> **TIP** 숫자 앞에 작은 따옴표(') 기호를 함께 입력하면 문자 데이터로 인식한다.

❷ [E3]셀에 ' '4-1 '을 입력한다.

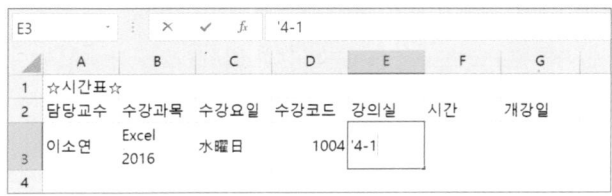

3 날짜/시간 데이터 입력하기

시간 데이터를 입력해보자.

❶ [F3]셀에 '09:00'을 입력한다.

날짜 데이터를 입력해보자.

❷ [G3]셀에 '3-2'를 입력한다. 날짜로 자동 인식되며 날짜 표시 형식에 따라 '03월 02
일'로 표시된다.

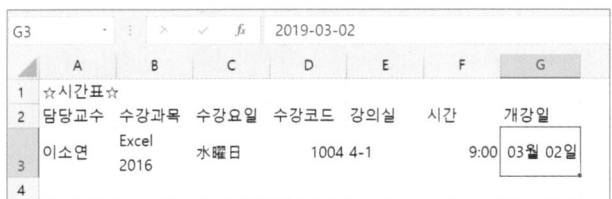

2.2   데이터 자동 채우기

2.2.1 자동 채우기 기능

자동 채우기란 셀에 직접 데이터를 입력하지 않고 **채우기 핸들**(⬚⊞)을 이용하여 현재
셀에 입력된 내용을 인접한 다른 셀에 복사하는 기능이다. 동일한 문자나 숫자를 복사하
거나, 숫자를 일정 크기만큼 증가 또는 감소하며 채워넣거나, 셀 주소를 자동으로 변경하
여 수식을 복사하고자 할 때 유용하게 사용된다.

다음과 같이 자동 채우기를 통해 데이터를 복사해보자.

	A	B	C	D	E
1	문자	문자+숫자	숫자1개	숫자2개	
2	엑셀	엑셀2016	2016	1	
3	엑셀	엑셀2017	2016	5	
4	엑셀	엑셀2018	2016	9	
5	엑셀	엑셀2019	2016	13	
6	엑셀	엑셀2020	2016	17	
7	엑셀	엑셀2021	2016	21	
8					

〈결과 화면〉

❶ 문자 데이터 자동 채우기

엑셀 2016을 실행하고 문자 데이터를 자동 채우기로 채워보자.

❶ 워크시트에 다음과 같이 데이터를 입력한다.

	A	B	C	D	E
1	문자	문자+숫자	숫자1개	숫자2개	
2	엑셀	엑셀2016	2016	1	
3				5	
4					

❷ [A2]셀을 클릭하고 채우기 핸들을 [A7]셀까지 드래그 한다. 동일한 문자 데이터가 복
사된다.

2 숫자 데이터 자동 채우기

문자와 숫자로 이루어진 데이터를 자동 채우기를 해보자.

❶ [B2]셀을 클릭하고 채우기 핸들을 [B7]셀까지 드래그 한다.

❷ 문자는 동일하게 복사되고 숫자는 1씩 증가하며 채워진다.

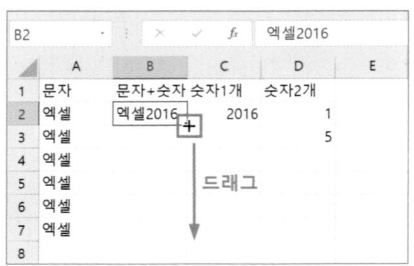 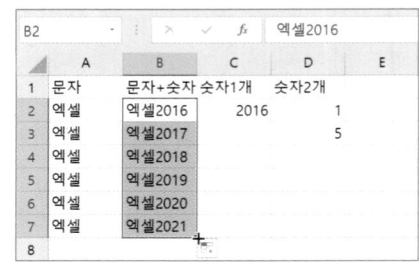

숫자 데이터가 있는 셀을 하나만 선택하여 자동 채우기를 해보자.

❸ [C2]셀을 클릭하고 채우기 핸들을 [C7]셀까지 드래그 한다.

❹ 숫자 데이터가 있는 셀 하나만 선택한 경우에는 동일한 숫자가 복사된다.

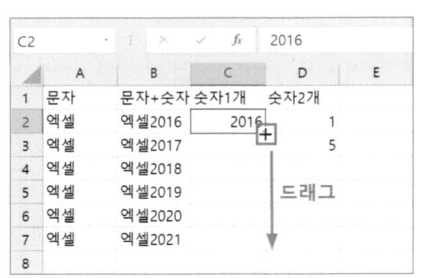 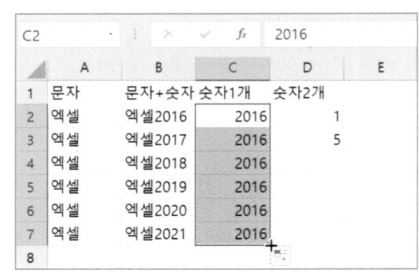

숫자 데이터가 있는 셀을 두 개 선택하여 자동 채우기를 해보자.

❺ [D2:D3]을 범위로 지정하고 채우기 핸들을 [D7]셀까지 드래그 한다.

❻ 숫자 데이터가 있는 셀 두 개를 선택한 경우에는 두 숫자의 차이만큼 증가 또는 감소하며 채워진다. 선택된 두 셀의 차가 3이므로 3씩 증가된 값으로 채워진다.

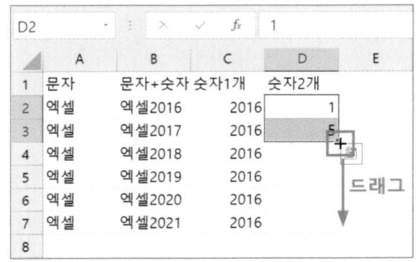

2.2.2 빠른 채우기 기능

빠른 채우기는 입력되어 있는 데이터의 규칙이나 패턴을 분석하여 인접한 셀에 적합한 형태로 데이터가 자동으로 채워지는 기능이다. 규칙 또는 패턴에 따른 빠른 채우기 기능을 통해 하나의 셀에 있는 데이터를 쉽게 분리하거나 원하는 형식의 데이터로 변경할 수 있다.

빠른 채우기 기능을 통해 다음과 같이 데이터를 수정해보자. '원본'에서 처음과 마지막 문자만 분리하여 대문자를 소문자로 바꾸고자 한다.

	A	B	C
1	원본	수정	
2	ABC	ac	
3	DEF	df	
4	GHI	gi	
5	JKL	jl	
6	MNO	mo	
7	PQR	pr	
8			

〈결과 화면〉

❶ 워크시트에 다음과 같이 데이터를 입력한다.

❷ [B2]셀에 'ac'를 입력한다.

❸ [B3]셀에서 빠른 채우기 단축키 [Ctrl]+[E]를 실행한다. '원본'과 '수정'의 패턴을 분석하여 'df' , 'gi', 'jl', 'mo', 'pr' 데이터가 차례대로 채워진다.

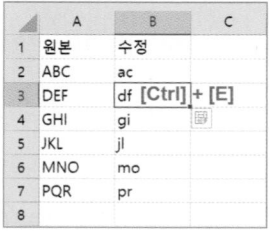

참고 **자동 채우기 옵션 기능**

- 셀 복사 : 원본 셀의 내용과 서식이 모두 복사된다.
- 연속 데이터 채우기: 원본 셀의 서식과 함께 연속된 데이터가 채워진다.
- 서식만 채우기 : 원본 셀의 서식만 채워진다.
- 서식 없이 채우기 : 원본 셀의 서식은 제외하고 데이터 내용만 채워진다.
- 빠른 채우기 : 입력되어 있는 데이터의 패턴을 분석하여 데이터가 채워진다.

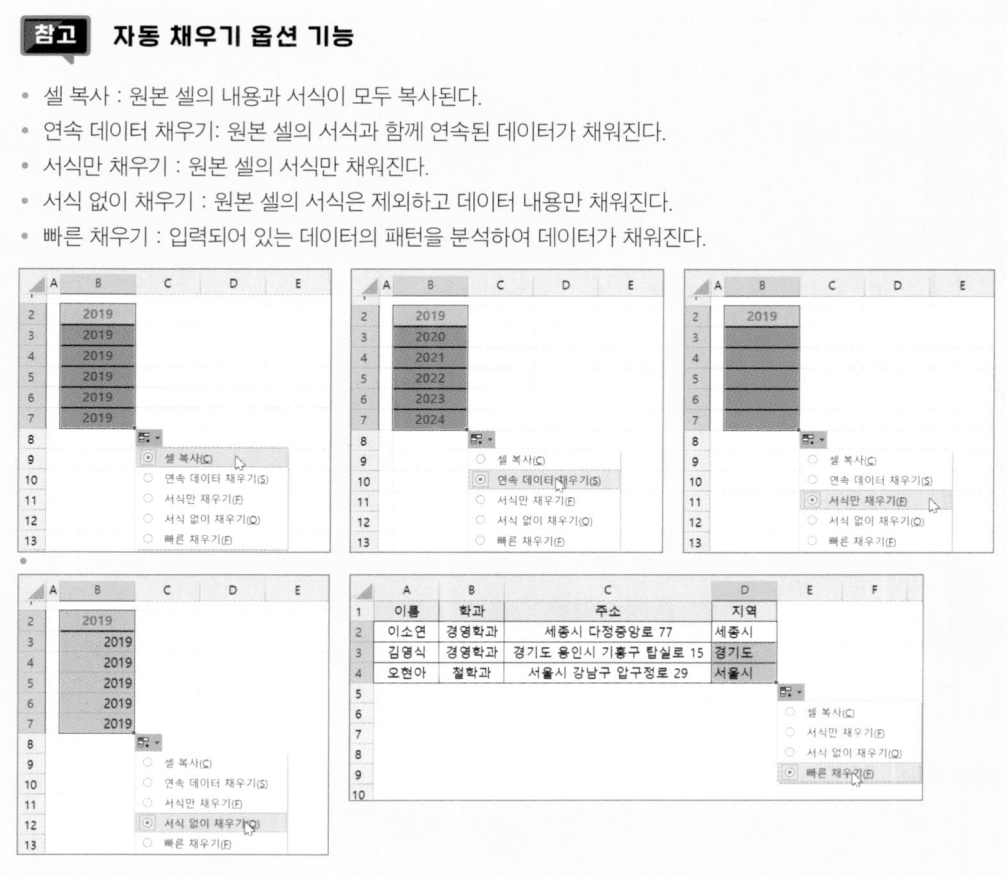

2.2.3 사용자 지정 목록

자주 사용하는 데이터 목록을 사용자 지정 목록으로 등록하여 데이터 자동 채우기 시에
이용할 수 있다. 엑셀에서 기본적으로 제공하는 사용자 지정 목록은 수정이 불가능하지만
추가로 등록한 사용자 지정 목록은 자유롭게 수정이 가능하다.

다음과 같이 사용자 지정 목록으로 자동 채우기 해보자.

	A	B	C	D	E	F	G
1	Jan	일	일월	자	갑자	봄	
2	Feb	월	이월	축	을축	여름	
3	Mar	화	삼월	인	병인	가을	
4	Apr	수	사월	묘	정묘	겨울	
5	May	목	오월	진	무진	봄	
6							
7							

〈결과 화면〉

1 사용자 지정 목록으로 자동 채우기

엑셀에서 제공하는 기본 사용자 지정 목록을 이용해서 채우기를 해보자.

❶ 워크시트에 아래와 같이 데이터를 입력
한다.

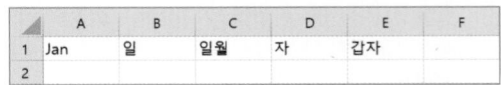

❷ [A1:E1]을 범위로 선택하고 채우기 핸들을 이용하여 [E5]셀까지 자동 채우기 한다. 엑
셀에서 제공하는 기본 사용자 지정 목록으로 자동 채우기 된다.

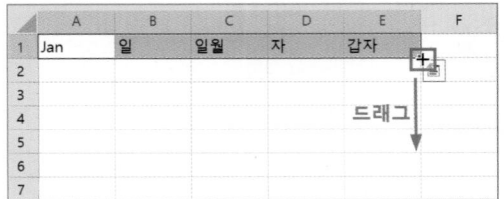
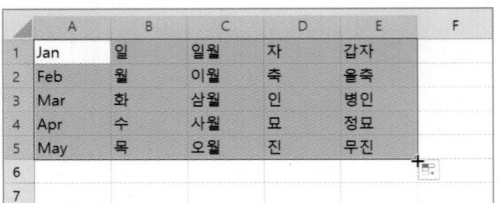

2 사용자 지정 목록을 추가하여 자동 채우기

'봄, 여름, 가을, 겨울'을 사용자 지정 목록으로 등록해보자.

❶ [파일]-[옵션]을 클릭한다. [Excel 옵션] 창에서 [고급]-[사용자 지정 목록 편집]을 클
릭한다.

❷ [사용자 지정 목록] 창이 나타난다. 새로운 목록을 추가하려면 [사용자 지정 목록]에서 [새 목록]을 클릭한다.

❸ [목록 항목]에 '봄', '여름', '가을', '겨울'을 차례로 입력하고 [추가]를 누른다. [목록 항목]에서 추가하고자 하는 데이터 목록은 [Enter]로 구분해야 한다.

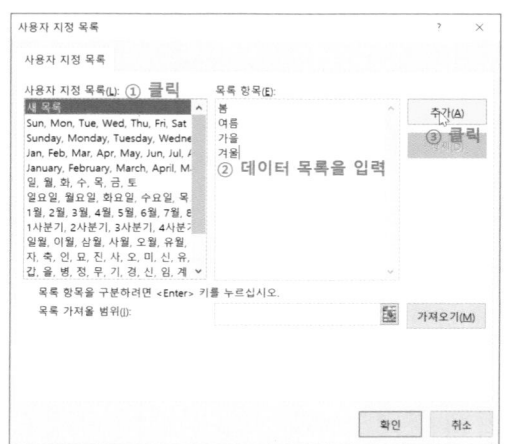 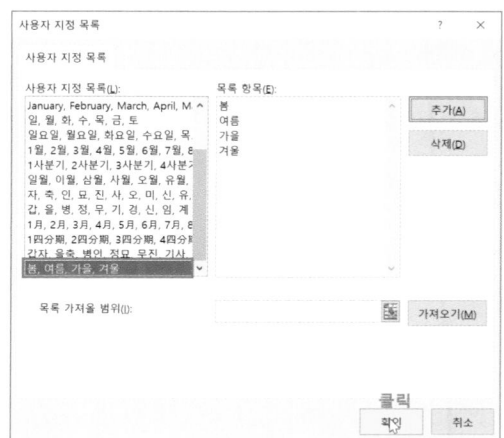

❹ [F1]셀에 '봄'을 입력한다. 채우기 핸들을 [F5]셀까지 드래그 한다.

❺ [사용자 지정 목록]에 추가된 '봄, 여름, 가을, 겨울' 순서로 자동 채우기 된다.

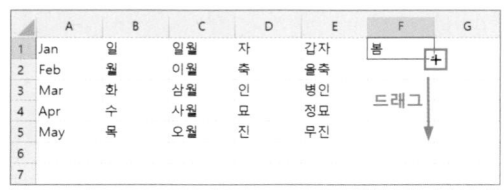 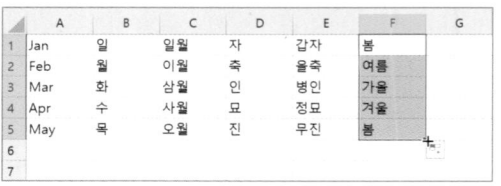

> **참고** 자동 완성 기능

엑셀에서는 데이터 입력을 용이하게 하기 위해 자동 완성 기능을 제공한다. 자동 완성 기능은 입력하는 문자가 현재 열의 다른 셀 문자 데이터와 첫 글자가 동일하면 그 데이터의 나머지 글자까지 자동으로 표시해주는 기능이다. 자동 완성 기능을 사용하려면 [Enter]를 누르고, 사용하지 않으려면 계속해서 글자를 입력하면 된다. 자동 완성 기능을 사용하지 않으려면 [파일]-[옵션]-[고급]을 클릭하고 [Excel 옵션] 창에서 [셀 내용을 자동 완성] 옵션을 체크 해제하면 된다.

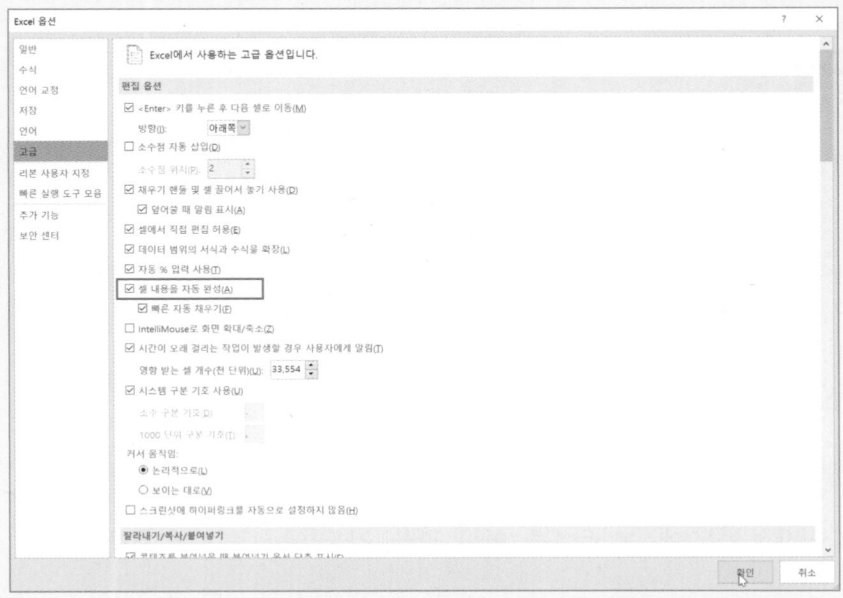

2.3 데이터 유효성 검사하기

2.3.1 데이터 유효성 검사 기능

셀에 입력되는 숫자, 날짜, 문자 데이터의 종류나 범위를 지정하여, 범위를 벗어난 데이터의 입력을 제한할 수 있다. 이는 잘못된 데이터의 입력을 사전에 차단하는 것으로 지정된 범위를 벗어나면 에러 메시지를 나타내며 입력이 되지 않는다. 이미 입력되어 있는 데이터에도 데이터 유효성 검사를 적용하면 유효하지 않은 셀에 오류 표시가 나타나게 할 수 있다.

2.3.2 유효성 조건 설정

다음과 같이 유효성 검사 규칙을 설정해보자.

	A	B	C	D	E	F
1	숫자유효성설정 (50~100사이값)	날짜유효성설정 (2019년만)	목록유효성설정 (목록참조)			
2	50	2019-01-01	엑셀		목록	
3	75	2019-05-05	워드		엑셀	
4	100	2019-12-31	파워포인트		워드	
5	80	2019-10-03	엑셀		파워포인트	
6						

〈결과 화면〉

1 숫자 유효성 조건 설정하기

[A2:A5] 범위에 50에서 100사이의 숫자만 입력되도록 설정해보자.

❶ [A2:A5]를 범위로 지정하고 [데이터]–[데이터 도구] 그룹–[데이터 유효성 검사]를 클릭한다.

❷ [데이터 유효성] 창에서 [제한 대상]을 [정수]로 선택하고 [최소값]은 '50', [최대값]은 '100'을 입력한다.

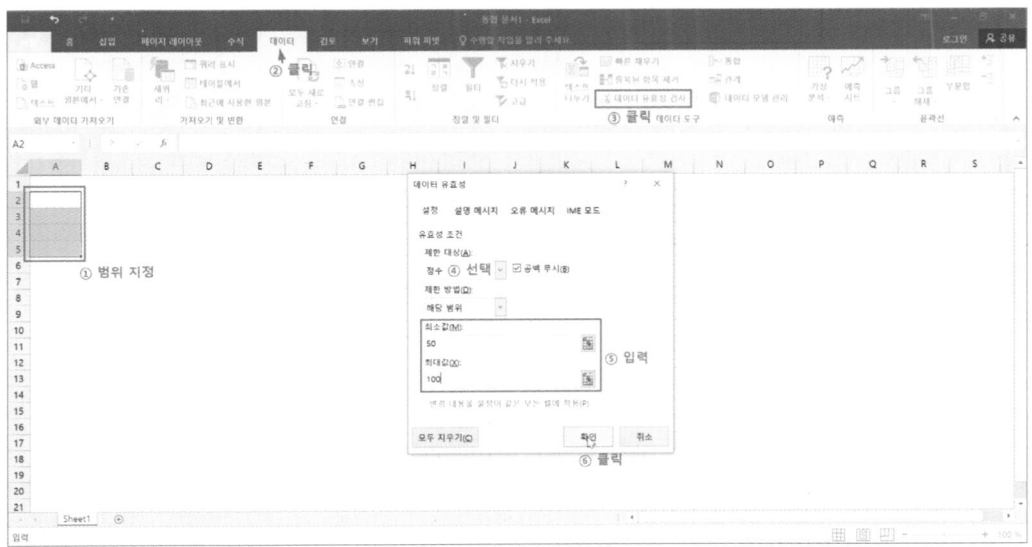

❸ [A2]셀에는 '50', [A3]셀에는 '75', [A4]셀에는 '100'을 입력하고 [A5]셀에는 '5'를 입력해보자. 해당 범위를 벗어난 데이터를 입력하면 에러 메시지를 나타내며 데이터는 입력되지 않는다.

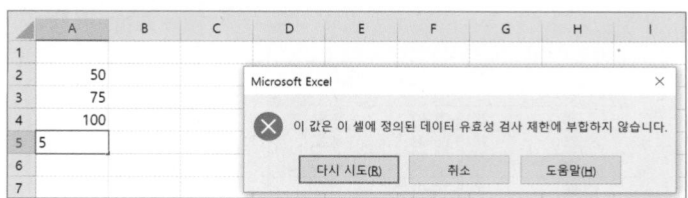

2 날짜 유효성 조건 설정하기

[B2:B5] 범위에 2019년도 날짜만 입력되도록 설정해보자.

❶ [B2:B5]를 범위로 지정하고 [데이터]−[데이터 도구] 그룹−[데이터 유효성 검사]를 클릭한다.

❷ [데이터 유효성] 창에서 [제한 대상]을 [날짜]로 선택하고 [시작 날짜]는 '2019-1-1', [끝 날짜]는 '2019-12-31'을 입력한다.

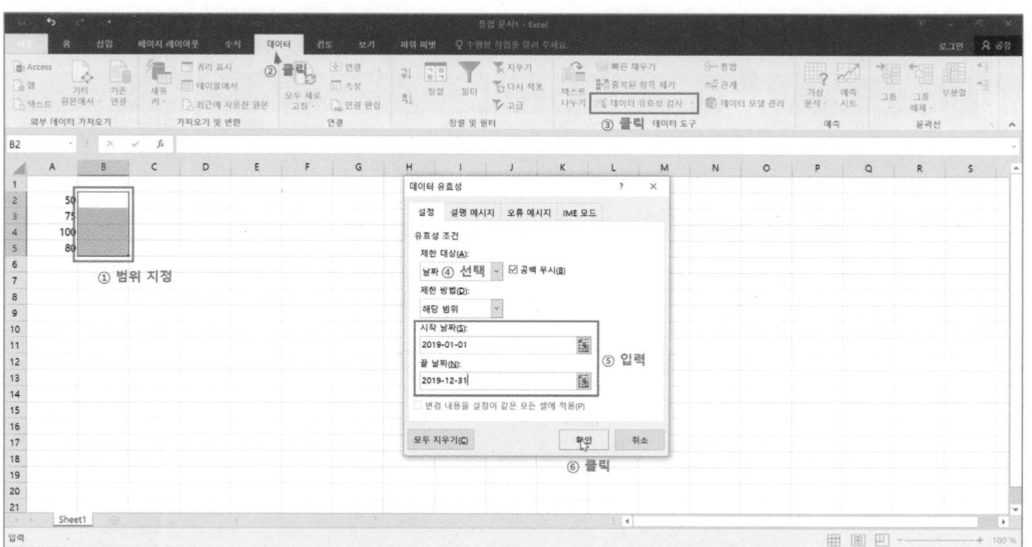

❸ [B2]셀에는 '19-1-1', [B3]셀에는 '19-5-5', [B4]셀에는 '19-12-31'을 입력하고 [B5]셀에는 '18-10-03'을 입력해보자. 해당 범위를 벗어난 데이터는 에러 메시지를 나타내며 입력되지 않는다.

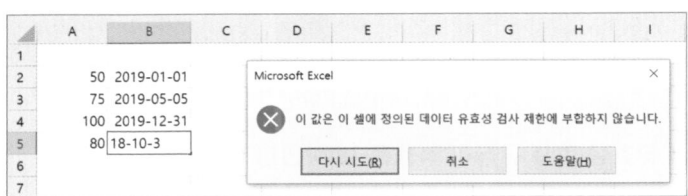

❸ 목록 유효성 조건 설정하기

[C2:C5] 범위에 [E3:E5] 데이터 목록의 값만 입력되도록 설정해보자.

❶ [E3:E5] 범위에 데이터 목록을 만든다. [E3]셀에는 '엑셀', [E4]셀에는 '워드', [E5]셀에는 '파워포인트'를 입력해보자.

❷ [C2:C5]를 범위로 지정하고 [데이터]-[데이터 도구] 그룹-[데이터 유효성 검사]를 클릭한다.

❸ [데이터 유효성] 창에서 [제한 대상]을 [목록]으로 선택하고 [원본]은 [E3:E5]를 지정한다.

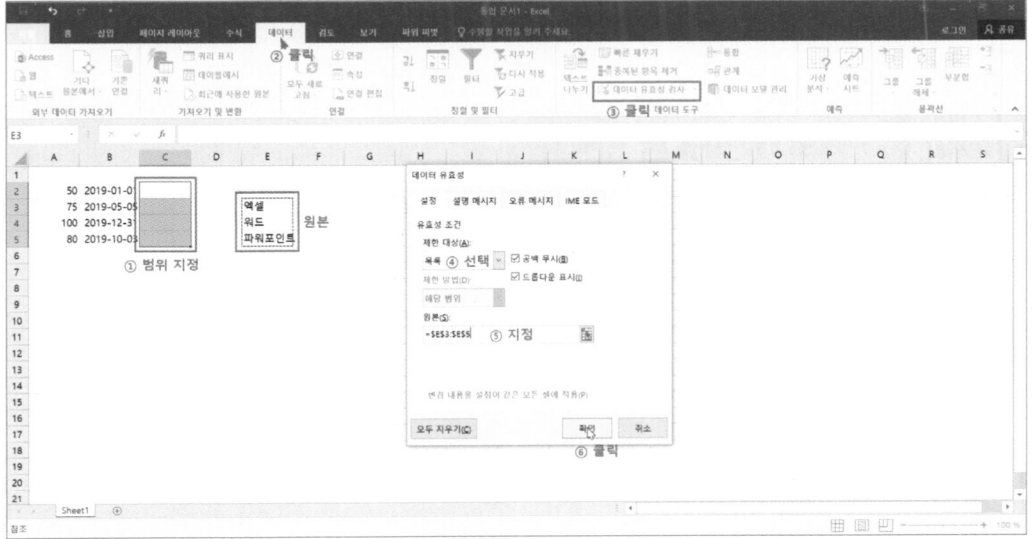

❹ [C2]셀을 클릭하면 목록단추가 표시된
   다. 목록에서 입력하고자 하는 데이터를
   선택하며, 목록 외의 데이터는 입력되지
   않는다.

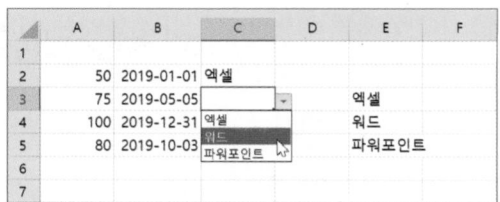

참고   데이터 유효성 검사 규칙이 적용된 셀 확인하기

❶ [홈]-[편집] 그룹-[찾기 및 선택]-[데이터 유효성 검사]를 클릭한다.

❷ 데이터 유효성이 적용된 모든 셀이 블록으로 지정된다.

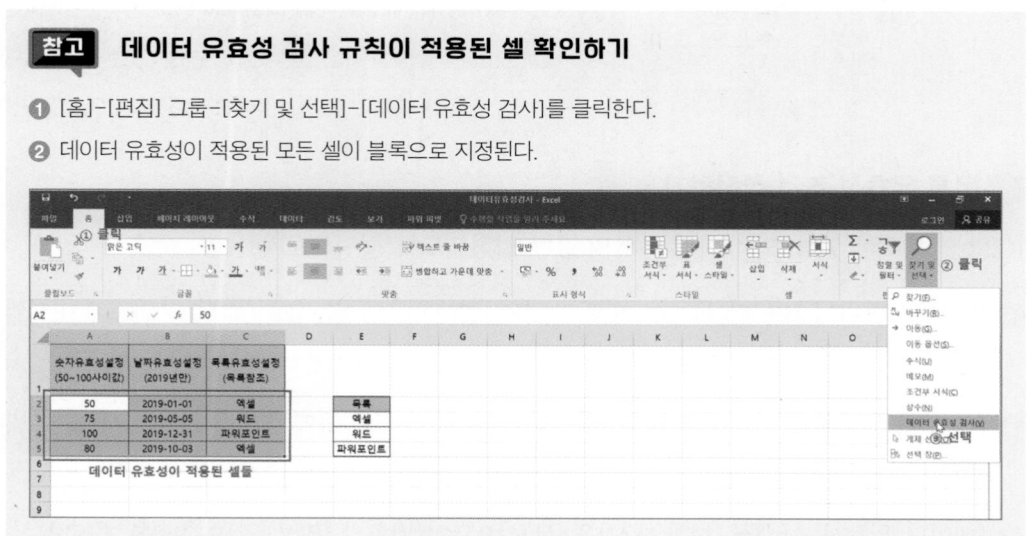

2.4 중복 데이터 제거하기

데이터를 입력하다 보면 종종 같은 데이터가 입력되어 있는 경우가 있다. 중복된 데이터가
있으면 데이터 분석 시에 잘못된 결과가 나올 수도 있기 때문에 제거해주는 것이 좋다. 중
복된 항목 제거 기능으로 중복 데이터를 제거해보자.

'2장예제_중복데이터제거.xlsx' 파일을 이용하여 중복 데이터를 제거해보자.

❶ 데이터 목록 내의 셀을 클릭하고 [데이터]–[데이터 도구] 그룹–[중복된 항목 제거]를 클릭한다.

❷ [중복된 항목 제거] 창에서 중복 값이 있는 [열]을 선택하고 [확인]을 클릭한다.

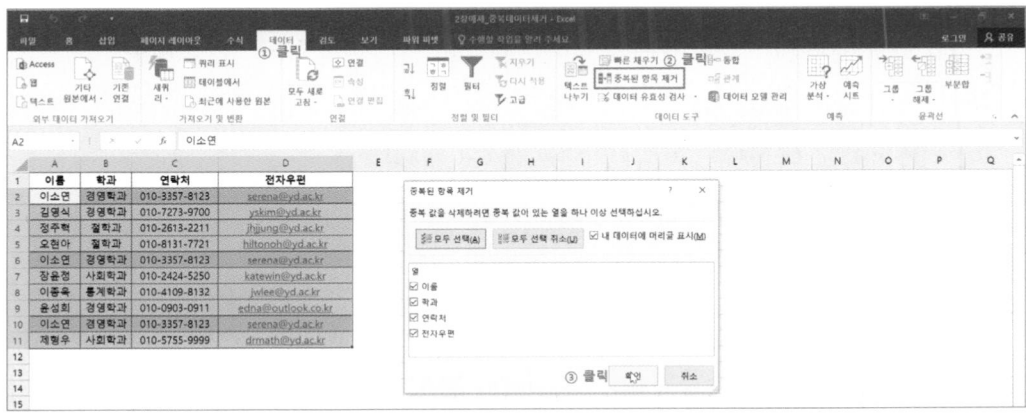

❸ 1개의 데이터만 남고 중복된 2개의 데이터는 제거된다.

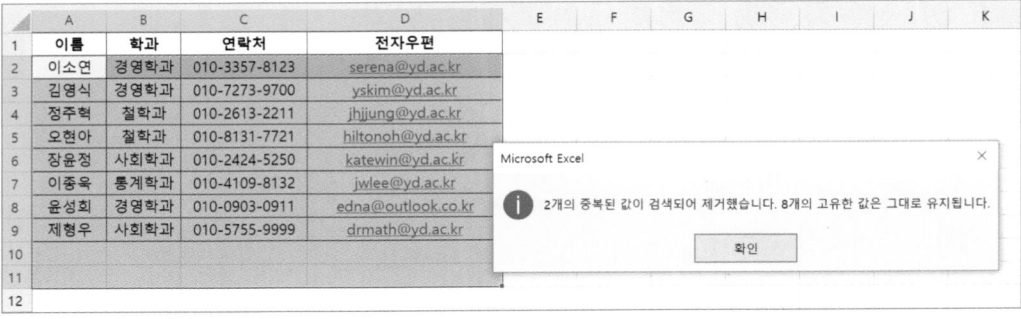

데이터를 입력하고 데이터 유효성 설정하기

다양한 형식의 데이터를 입력해보고 데이터 유효성을 설정해보자.

	A	B	C	D	E	F	G
1	철인3종경기						
2	경기	수영 (km)	자전거 (km)	마라톤 (km)	평균소요 시간	도전 여부	
3	인터내셔널	1.5	40	10	2:00		
4	스프린트	750	20	5	1:15	√	
5	장거리	1.9	90	21	5:30		
6	철인경기	3.8	180	42.195	9:00		
7							

〈결과 화면〉

STEP 1　데이터 입력하기

❶ 엑셀 2016을 실행하여 다음과 같이 데이터를 입력한다.

	A	B	C	D	E	F	G
1	철인3종경기						
2	경기						
3	인터내셔널						
4	스프린트						
5	장거리						
6	철인경기						
7							
8							

STEP 2　셀 안에서 줄 바꿈 하기

❶ [B2]셀에 '수영'을 입력하고 [Alt]+[Enter]를 누른다. 계속해서 '(km)'을 입력하고 [Enter]를 누른다.

	A	B	C
1	철인3종경기		
2	경기	수영	
3	인터내셔널	[Alt] + [Enter]	
4	스프린트		
5	장거리		
6	철인경기		
7			

	A	B	C
1	철인3종경기		
2	경기	수영 (km)	
3	인터내셔널		
4	스프린트		
5	장거리		
6	철인경기		

❷ 같은 방법으로 [C2], [D2], [E2], [F2] 셀에 다음과 같이 데이터를 입력해보자.

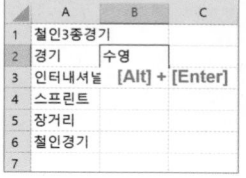

	A	B	C	D	E	F	G
1	철인3종경기						
2	경기	수영 (km)	자전거 (km)	마라톤 (km)	평균소요 시간	도전 여부	
3	인터내셔널						
4	스프린트						
5	장거리						
6	철인경기						
7							

(STEP 3) 양수만 입력되도록 데이터 유효성 설정하기

❶ [B3:D6]을 범위로 지정하고 [데이터]-[데이터 도구] 그룹-[데이터 유효성 검사]-[데이터 유효성 검사]를 선택한다.

❷ [데이터 유효성] 창에서 [제한대상]은 [정수], [제한 방법]에는 '>', [최소값]은 '0'을 입력하고 [확인]을 누른다.

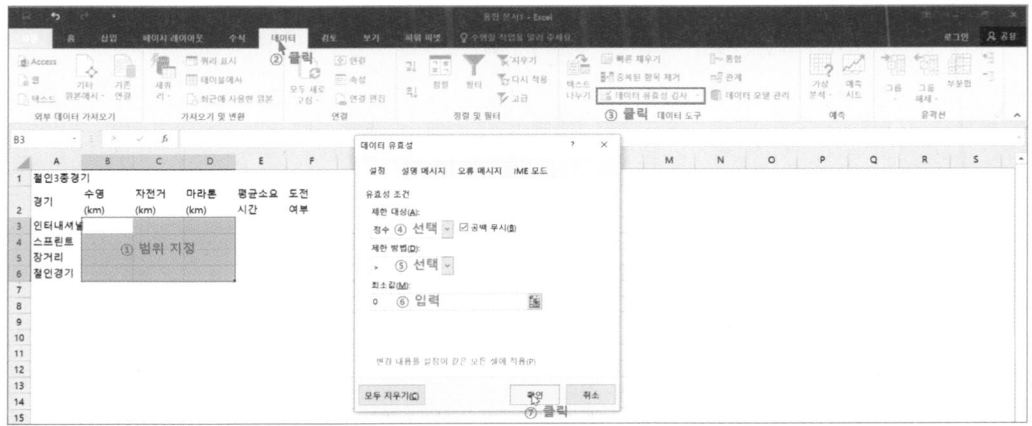

❸ [B3:D6] 범위에 다음과 같이 데이터를 입력해보자.

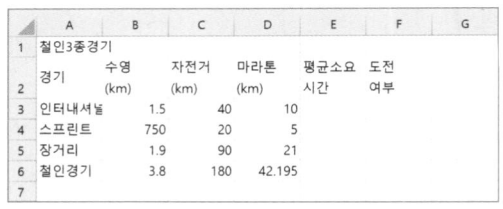

TIP   0이하의 데이터 값이 입력되면 에러 메시지를 나타내며 입력되지 않는다.

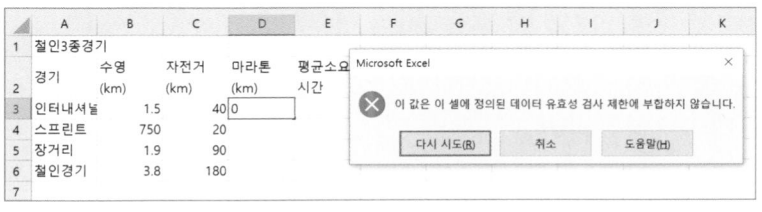

STEP 4 시간 데이터, 특수 기호 입력하기

❶ [E3]셀부터 [E6]셀까지 차례대로 '2:00', '1:15', '5:30', '9:00'을 입력한다.

❷ [F4]셀을 클릭하고 [ㄷ]+[한자]를 눌러 '√'를 선택한다.

	A	B	C	D	E	F	G	H	I	J
1	철인3종경기									
2	경기	수영 (km)	자전거 (km)	마라톤 (km)	평균소요 시간	도전 여부				
3	인터내셔널	1.5	40	10	2:00					
4	스프린트	750	20	5	1:15	ㄷ [ㄷ] + [한자]				
5	장거리	1.9	90	21						
6	철인경기	3.8	180	42.195						

특수문자 선택 팔레트:

1	+	≤	∂	∵	∪	∮
2	-	≥	∇	∫	∩	Σ
3	<	∞	≡	∬	∧	∏
4	=	∴	≒	∈	∨	
5	>	♂	≪	∋	¬	
6	±	♀	≫	⊆	⇒	
7	×	∠	√ 클릭	⊇	⇔	
8	÷	⊥	∽	⊂	∀	
9	≠	⌒	∝	⊃	Ǝ	≪

응용 프로젝트   **빠른 채우기와 중복된 항목 제거 기능으로 데이터 편집하기**

'2장응용프로젝트.xlsx' 파일을 빠른 채우기 기능으로 데이터를 편집하고 중복 데이터도 제거해보자.

이름	학과	주민등록번호	연락처	기존전자우편	주소	주민등록번호수정	전자우편수정	도로명
이소연	경영학과	010510-4210619	010-3357-8123	serena@yd.ac.kr	세종시 다정중앙로 77	010510-4******	serena@outlook.com	다정중앙로 77
김영식	경영학과	000903-3160317	010-7273-9700	yskim@yd.ac.kr	경기도 용인시 기흥구 탑실로 15	000903-3******	yskim@outlook.com	탑실로 15
정주혁	철학과	990427-1180216	010-2613-2211	jhjjung@yd.ac.kr	경기도 수원시 영통구 봉명로 157	990427-1******	jhjjung@outlook.com	봉명로 157
오현아	철학과	980614-2000101	010-8131-7721	hiltonoh@yd.ac.kr	서울시 강남구 압구정로 29	980614-2******	hiltonoh@outlook.com	압구정로 29
김도헌	심리학과	000717-1010804	010-6692-8240	dodono@yd.ac.kr	서울시 서초구 서초중앙로 200	000717-1******	dodono@outlook.com	서초중앙로 200
장윤정	사회학과	980123-2081415	010-2424-5250	katewin@yd.ac.kr	서울시 동대문구 이문로 37	980123-2******	katewin@outlook.com	이문로 37
이종욱	통계학과	990226-1030215	010-4109-8132	jwlee@yd.ac.kr	서울시 도봉구 마들로 656	990226-1******	jwlee@outlook.com	마들로 656
윤성희	경영학과	000812-4645228	010-0903-0911	edna@outlook.co.kr	대구시 동구 아양로 206	000812-4******	edna@outlook.com	아양로 206
안성규	철학과	000310-3924511	010-3535-0070	guraahn@outlook.co.kr	부산시 동구 중앙대로 207	000310-3******	guraahn@outlook.com	중앙대로 207
홍종인	심리학과	010901-3052201	010-1252-1253	jinsilhong@outlook.co.kr	서울시 동작구 흑석로 85	010901-3******	jinsilhong@outlook.com	흑석로 85
제형우	사회학과	001214-3080513	010-5755-9999	drmath@yd.ac.kr	서울시 서초구 신반포로 194	001214-3******	drmath@outlook.com	신반포로 194
우해정	심리학과	001004-4402002	010-8282-9494	seastar@outlook.co.kr	대전시 중구 중앙로 215	001004-4******	seastar@outlook.com	중앙로 215
송민경	통계학과	001108-4025006	010-7275-0279	mysong@yd.ac.kr	서울시 종로구 종로 55	001108-4******	mysong@outlook.com	종로 55
이한민	사회학과	001027-3220815	010-9291-6169	sapsap@outlook.co.kr	세종시 달빛1로 158	001027-3******	sapsap@outlook.com	로 158
권미욱	심리학과	000927-4024002	010-9030-0023	okok@yd.ac.kr	서울시 영등포구 경인로 102	000927-4******	okok@outlook.com	경인로 102

〈결과 화면〉

(STEP 1) 주민등록번호 뒷자리 6자리를 '*'로 수정하기

❶ [G2] 셀에 '010510-4******'을 입력한다.

❷ [G3] 셀에 빠른 채우기 단축키 [Ctrl]+[E]를 누른다.

❸ [C3:C20]의 주민등록번호형식이 동일한 형식으로 한꺼번에 변경되어 [G3:G20]에 채워진다.

STEP 2   전자우편 주소를 '@outlook.com'로 수정하기

❶ [H2]셀에 'serena@outlook.com'을 입력한다.

❷ [H3]셀에 [Ctrl]+[E]를 누른다.

STEP 3   도로명 주소만 나타내기

❶ [I2]셀에 '다정중앙로 77'을 입력한다.

❷ [I3]셀에 [Ctrl]+[E]를 누른다.

이름	학과	주민등록번호	연락처	기존전자우편	주소	주민등록번호수정	전자우편수정	도로명
이소연	경영학과	010510-4210619	010-3357-8123	serena@yd.ac.kr	세종시 다정중앙로 77	010510-4******	serena@outlook.com	다정중앙로 77
김영식	경영학과	000903-3160317	010-7273-9700	yskim@yd.ac.kr	경기도 용인시 기흥구 탑실로 15	000903-3******	yskim@outlook.com	탑실로 15
정주혁	철학과	990427-1180216	010-2613-2211	jhjjung@yd.ac.kr	경기도 수원시 영통구 봉영로 157	990427-1******	jhjjung@outlook.com	봉영로 157
오현아	철학과	980614-2000101	010-8131-7721	hiltonoh@yd.ac.kr	서울시 강남구 압구정로 29	980614-2******	hiltonoh@outlook.com	압구정로 29
김도헌	심리학과	000717-1010804	010-6692-8240	dodono@yd.ac.kr	서울시 서초구 서초중앙로 200	000717-1******	dodono@outlook.com	서초중앙로 200
장윤정	사회학과	980123-2081415	010-2424-5250	katewin@yd.ac.kr	서울시 동대문구 이문로 37	980123-2******	katewin@outlook.com	이문로 37
이종욱	통계학과	990226-1030215	010-4109-8132	jwlee@yd.ac.kr	서울시 도봉구 마들로 656	990226-1******	jwlee@outlook.com	마들로 656
윤성희	경영학과	000812-4645228	010-0903-0911	edna@outlook.co.kr	대구시 동구 아양로 206	000812-4******	edna@outlook.com	아양로 206
안성규	철학과	000310-3924511	010-3535-0070	guraahn@outlook.co.kr	부산시 동구 중앙대로 207	000310-3******	guraahn@outlook.com	중앙대로 207
홍종인	심리학과	010901-3052201	010-1252-1253	jinsilhong@outlook.co.kr	서울시 동작구 흑석로 85	010901-3******	jinsilhong@outlook.com	흑석로 85
제형우	사회학과	001214-3080513	010-5755-9999	drmath@yd.ac.kr	서울시 서초구 신반포로 194	001214-3******	drmath@outlook.com	신반포로 194
우해정	심리학과	001004-4402002	010-8282-9494	seastar@outlook.co.kr	대전시 동구 중앙로 215	001004-4******	seastar@outlook.com	중앙로 215
송민경	통계학과	001108-4025006	010-7275-0279	mysong@yd.ac.kr	서울시 종로구 종로 55	001108-4******	mysong@outlook.com	종로 55
이한민	사회학과	001027-3220815	010-9291-6169	sapsap@outlook.co.kr	세종시 달빛1로 158	001027-3******	sapsap@outlook.com	로 158
김영식	경영학과	000903-3160317	010-7273-9700	yskim@yd.ac.kr	경기도 용인시 기흥구 탑실로 15	000903-3******	yskim@outlook.com	탑실로 15
장윤정	사회학과	980123-2081415	010-2424-5250	katewin@yd.ac.kr	서울시 동대문구 이문로 37	980123-2******	katewin@outlook.com	이문로 37
안성규	철학과	000310-3924511	010-3535-0070	guraahn@outlook.co.kr	부산시 동구 중앙대로 207	000310-3******	guraahn@outlook.com	중앙대로 207
권미옥	심리학과	000927-4024002	010-9030-0023	okok@yd.ac.kr	서울시 영등포구 경인로 102	000927-4******	okok@outlook.com	경인로 102
이종욱	통계학과	990226-1030215	010-4109-8132	jwlee@yd.ac.kr	서울시 도봉구 마들로 656	990226-1******	jwlee@outlook.com	마들로 656

STEP 4 중복 데이터 제거하기

❶ [데이터]−[데이터 도구] 그룹−[중복된 항목 제거]를 클릭한다.

❷ [중복된 항목 제거] 창에서 [이름], [주민등록번호] 열만 체크하여 선택하고 [확인]을 클릭한다.

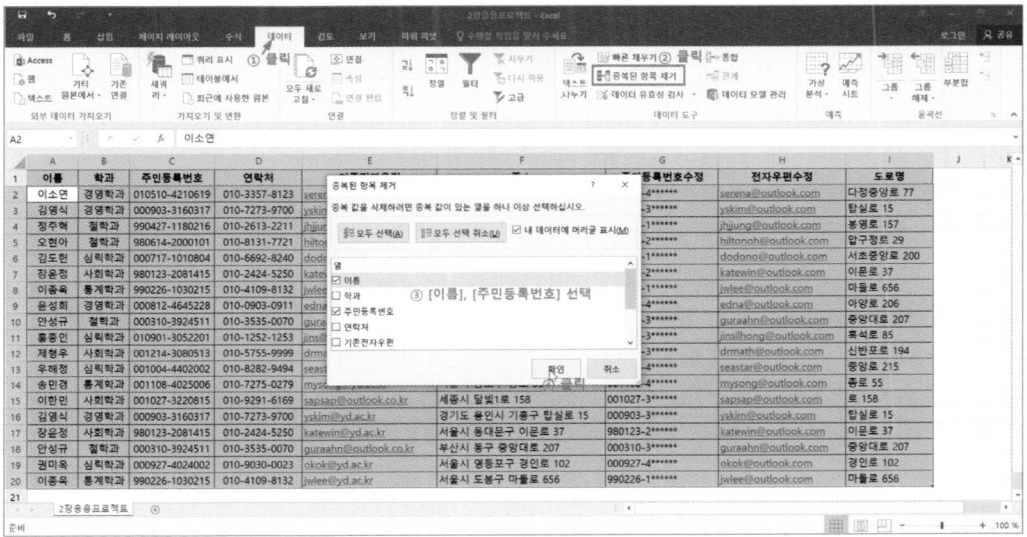

❸ 중복된 데이터가 제거된다.

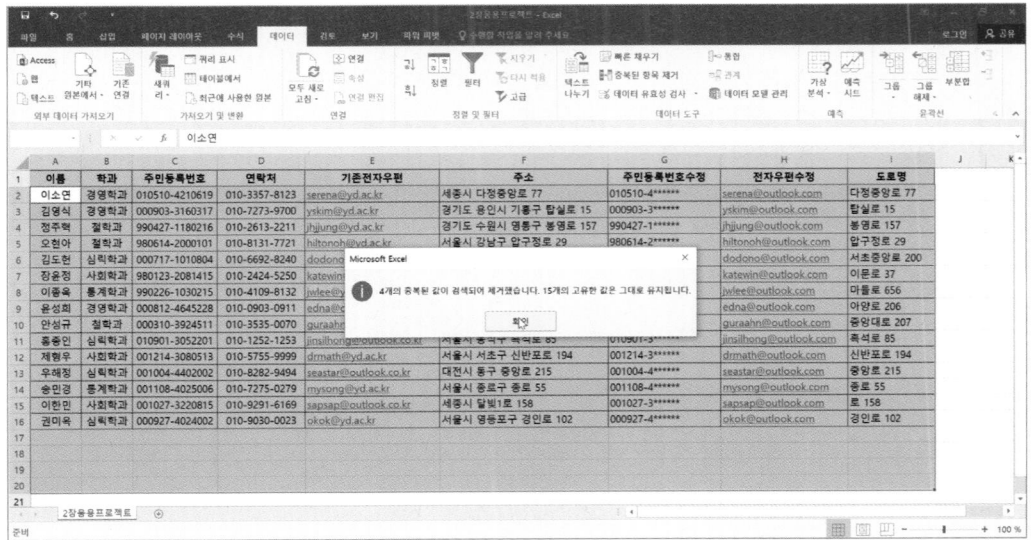

(1)   데이터 입력하기

- 엑셀의 데이터는 계산이 불가능한 문자 데이터와 숫자, 날짜, 시간과 같은 계산이 가능한 수치데이터로 구분할 수 있다.
- 문자 데이터 : 영문, 한글, 한자, 특수 문자 등의 데이터를 말하며 데이터 입력 시 셀의 왼쪽부터 채워진다.
- 숫자 데이터 : 0, 1, 2와 같은 숫자는 데이터 입력 시 셀의 오른쪽부터 채워진다. 숫자를 문자 데이터로 나타내려면 작은 따옴표(') 와 함께 사용한다.
- 날짜 데이터 : 년, 월, 일 순으로 하이픈(-), 또는 슬래시(/)로 구분하여 입력하며, 셀의 오른쪽부터 채워진다.
- 시간 데이터 : 시, 분, 초 순으로 콜론(:)으로 구분하여 입력하며, 셀의 오른쪽부터 채워진다.

(2)   데이터 자동 채우기

- 자동 채우기는 채우기 핸들을 이용하여 데이터를 편리하게 입력한다. 문자 데이터를 자동 채우기 하면 동일한 내용이 복사되지만, 수치 데이터는 선택 영역의 패턴에 의해 값이 증가 또는 감소하며 채워진다. 자동 채우기 기능은 수식 입력 시 유용하게 사용된다.
- 빠른 채우기는 데이터의 규칙이나 패턴을 분석하여 데이터가 자동으로 채워지는 기능이다.
- 자주 사용하는 데이터 목록은 사용자 지정 목록으로 제공하며, 필요시 데이터 목록을 추가할 수 있다.

(3)   데이터 유효성 검사하기

- 잘못된 데이터의 입력을 사전에 차단하기 위해 데이터 유효성 검사 기능을 이용한다.
- 정수, 소수점, 목록, 날짜, 수식 등 모든 값에 대해 데이터 입력 제한을 지정할 수 있다.

(4)   중복 데이터 제거하기

- 중복된 제거 항목 기능으로 중복 데이터를 제거한다.

■ 데이터 편집하고 오류 데이터 찾기

'2장기본실습문제.xlsx' 파일을 다음의 작성조건대로 작성하시오.

NO	구분	색상	사이즈	가격	수량	합계	출고날짜	송장번호	상품코드
	JACKET	WHITE	55	₩53,000	50	₩ 2,650,000	2019-03-02	03-001	
	JACKET	BLACK	55	₩53,000	25	₩ 1,325,000	2019-03-02	03-002	
	JACKET	WHITE	66	₩53,000	20	₩ 1,060,000	2019-03-02	03-003	
	JACKET	BLACK	66	₩53,000	30	₩ 1,590,000	2019-03-02	03-004	
	JACKET	WHITE	77	₩53,000	30	₩ 1,590,000	2019-03-02	03-0005	
	JACKET	BLACK	77	₩53,000	40	₩ 2,120,000	2019-03-02	03-006	
	PANTS	WHITE	55	₩32,000	50	₩ 1,600,000	2019-03-02	03-007	
	PANTS	BLACK	55	₩32,000	25	₩ 800,000	2019-03-02	03-0008	
	PANTS	WHITE	66	₩32,000	20	₩ 640,000	2019-03-02	03-009	
	PANTS	BLACK	66	₩32,000	30	₩ 960,000	2019-03-02	03-010	
	PANTS	WHITE	77	₩32,000	30	₩ 960,000	2019-03-02	03-011	
	PANTS	BLACK	77	₩32,000	40	₩ 1,280,000	2019-03-02	03-012	

〈원본〉

연두 운동복 주문 현황

NO	구분	색상	사이즈	가격	수량	합계	출고날짜	송장번호	상품코드
1	JACKET	WHITE	55	₩53,000	50	₩ 2,650,000	2019-03-02	03-001	J-W-55
2	JACKET	BLACK	55	₩53,000	25	₩ 1,325,000	2019-03-02	03-002	J-B-55
3	JACKET	WHITE	66	₩53,000	20	₩ 1,060,000	2019-03-02	03-003	J-W-66
4	JACKET	BLACK	66	₩53,000	30	₩ 1,590,000	2019-03-02	03-004	J-B-66
5	JACKET	WHITE	77	₩53,000	30	₩ 1,590,000	2019-03-02	03-0005	J-W-77
6	JACKET	BLACK	77	₩53,000	40	₩ 2,120,000	2019-03-02	03-006	J-B-77
7	PANTS	WHITE	55	₩32,000	50	₩ 1,600,000	2019-03-02	03-007	P-W-55
8	PANTS	BLACK	55	₩32,000	25	₩ 800,000	2019-03-02	03-0008	P-B-55
9	PANTS	WHITE	66	₩32,000	20	₩ 640,000	2019-03-02	03-009	P-W-66
10	PANTS	BLACK	66	₩32,000	30	₩ 960,000	2019-03-02	03-010	P-B-66
11	PANTS	WHITE	77	₩32,000	30	₩ 960,000	2019-03-02	03-011	P-W-77
12	PANTS	BLACK	77	₩32,000	40	₩ 1,280,000	2019-03-02	03-012	P-B-77

〈완성〉

1. 채우기 핸들을 이용하여 'NO' 데이터를 완성하시오.

2. 빠른 채우기를 이용하여 '상품코드' 데이터를 완성하시오.

3. '송장번호'에 데이터 유효성을 설정하고 잘못된 데이터를 검사하시오.

❶ [J4:J15]을 범위로 지정하고 [데이터]–[데이터 도구] 그룹–[데이터 유효성 검사]를 클릭 한다.

❷ [데이터 유효성] 창에서 다음과 같이 설정한다.

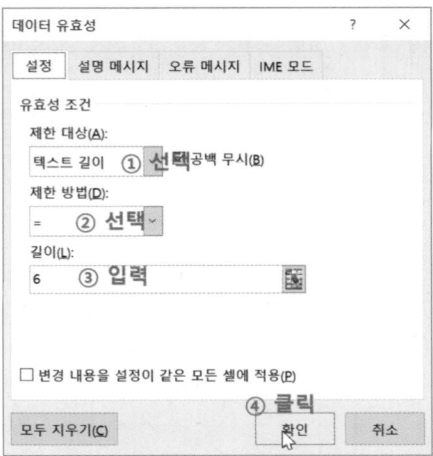

❸ [데이터]–[데이터 도구] 그룹–[데이터 유효성 검사]–[잘못된 데이터]를 클릭하면 잘못 된 데이터가 나타난다.

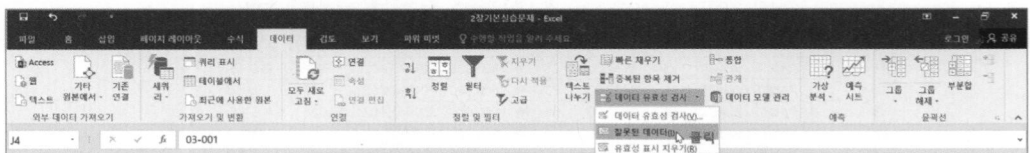

■ 결혼식 하객 초대 리스트 만들기

'2장응용실습문제.xlsx' 파일을 다음의 작성조건에 따라 완성하시오.

	A	B	C	D	E	F	G	H	I	J
2				결혼식 하객 초대리스트						
4		이름	관계	전자메일	발송날짜	회신여부	참석여부	인원수	좌석배치	
5		전지후		jhooo@outlook.com						
6		김경빈		mybiny@outlook.com						
7		박현아		serena@yd.ac.kr						
8		이소연		yskim@yd.ac.kr						
9		홍유찬		jhjjung@yd.ac.kr						
10		현진아		hiltonoh@yd.ac.kr						
11		박성회		dodono@yd.ac.kr						
12		김승찬		katewin@yd.ac.kr						
13		황예인		jwlee@yd.ac.kr						
14		우현정		edna@outlook.co.kr						
15		이기준		guraahn@outlook.co.kr						
16		어윤영		jinsilhong@outlook.co.kr						
17		오현주		drmath@yd.ac.kr						
18		김지영		seastar@outlook.co.kr						
19		조수인		mysong@yd.ac.kr						
20		하정훈		sapsap@outlook.co.kr						
21										

〈원본〉

	A	B	C	D	E	F	G	H	I	J
2				결혼식 하객 초대리스트						
4		이름	관계	전자메일	발송날짜	회신여부	참석여부	인원수	좌석배치	
5		전지후	가족	jhooo@outlook.com	03월 02일	예	예	2	1-01	
6		김경빈	가족	mybiny@outlook.com	03월 04일	예	예	4	1-02	
7		박현아	가족	serena@yd.ac.kr	03월 05일	예	예	4	1-03	
8		이소연	가족	yskim@yd.ac.kr	03월 06일	예	예	4	1-04	
9		홍유찬	친지	jhjjung@yd.ac.kr	03월 07일	예	예	2	1-05	
10		현진아	친지	hiltonoh@yd.ac.kr	03월 08일	예	예	2	1-06	
11		박성회	친지	dodono@yd.ac.kr	03월 11일	예	예	2	1-07	
12		김승찬	친지	katewin@yd.ac.kr	03월 12일	예	예	2	1-08	
13		황예인	친구	jwlee@yd.ac.kr	03월 13일	예	예	2	1-09	
14		우현정	친구	edna@outlook.co.kr	03월 14일	예	아니오	2	1-10	
15		이기준	친구	guraahn@outlook.co.kr	03월 15일	아니오	아니오	2	1-11	
16		어윤영	친구	jinsilhong@outlook.co.kr	03월 18일	아니오	예	2	1-12	
17		오현주	직장	drmath@yd.ac.kr	03월 19일	아니오	예	2	1-13	
18		김지영	직장	seastar@outlook.co.kr	03월 20일	예	예	2	1-14	
19		조수인	직장	mysong@yd.ac.kr	03월 21일	예	예	2	1-15	
20		하정훈	직장	sapsap@outlook.co.kr	03월 22일	예	예	2	1-16	
21										

〈완성〉

1. 〈완성〉을 참고하여 '관계' 데이터를 셀에 직접 입력하시오.

2. '발송날짜' 데이터를 완성하시오.

❶ [E5]셀에 '3-2'를 입력하고 [E20] 셀까지 채우기 핸들을 이용하여 자동 채우기 한다.

❷ [자동 채우기 옵션]을 클릭하여 [평일 단위 채우기]클릭한다.

3. '회신여부', '참석여부'에 '예', '아니오' 값만 입력되도록 데이터 유효성 검사를 설정하시오.

❶ [F5:G20]을 범위로 지정하고 [데이터]–[데이터 도구] 그룹–[데이터 유효성 검사]를 클릭한다.

❷ [데이터 유효성] 창에서 다음과 같이 설정하고 〈완성〉을 참고하여 데이터를 입력한다.

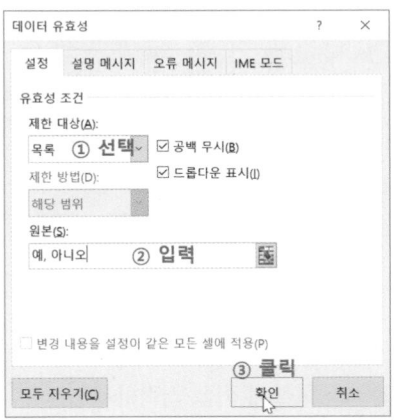

4. 〈완성〉을 참고하여 '인원수' 데이터를 셀에 직접 입력하시오.

5. '좌석배치' 데이터를 완성하시오.

❶ [I5]셀에 ' '1-01'를 입력하고 채우기 핸들을 이용하여 [I20]까지 자동 채우기 한다.

■ 서식파일을 이용하여 데이터 편집하기

서식파일을 이용하여 데이터를 편집하고 '2장심화실습문제.xlsx' 파일로 저장하시오.

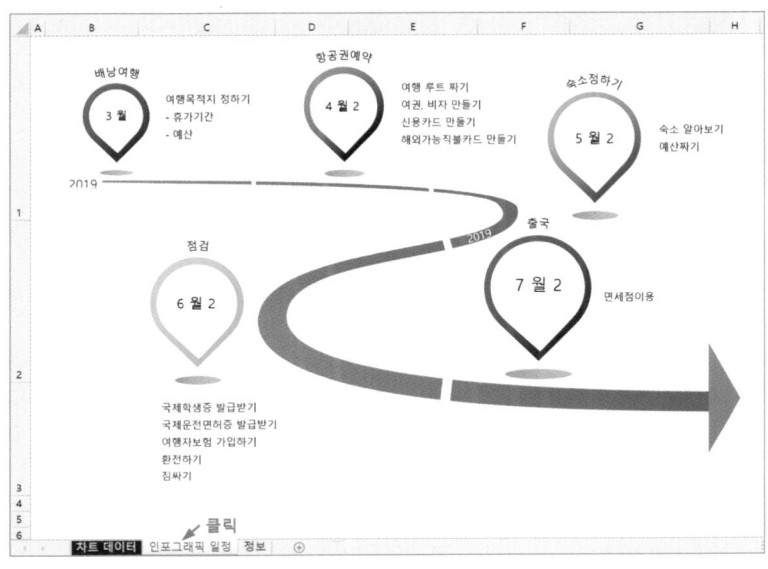

〈완성〉

1. [인포그래픽 시간 표시줄] 서식파일을 불러오시오.

❶ 엑셀 2016을 실행하고 서식 검색창에 '인포그래픽'를 입력하여 검색한다.

❷ [인포그래픽 시간 표시줄]을 선택하고 [만들기]를 클릭한다.

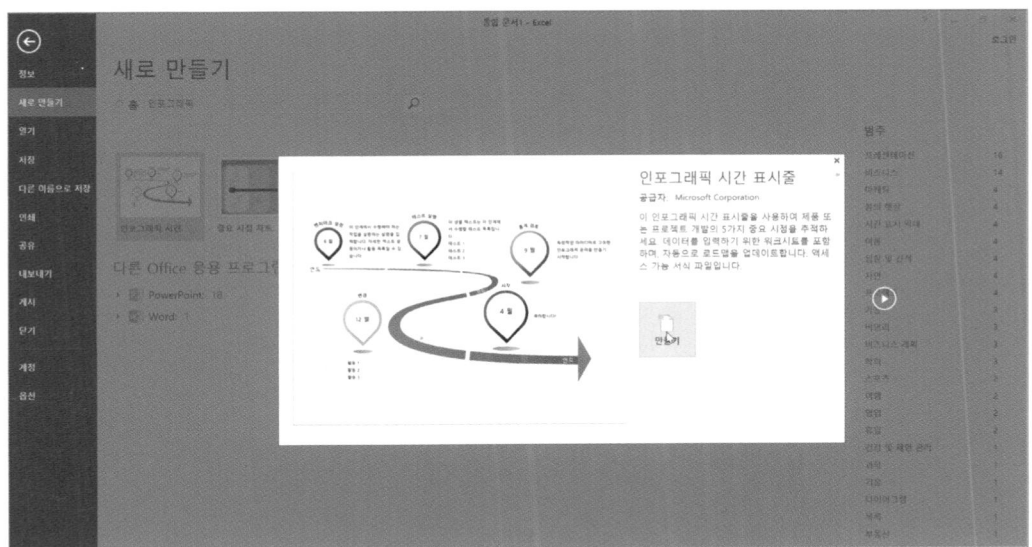

2. 다음과 같이 날짜 데이터를 수정하시오.

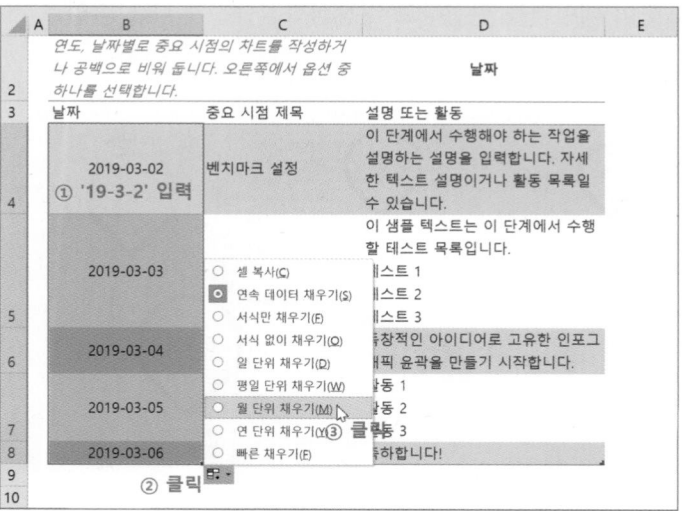

3. 다음과 같이 데이터를 수정하시오.

인포그래픽 차트 데이터
연도, 날짜별로 중요 시점의 차트를 작성하거
나 공백으로 비워 둡니다. 오른쪽에서 옵션 중
하나를 선택합니다.

날짜   데이터 편집

날짜	중요 시점 제목	설명 또는 활동
2019-03-02	배낭여행	여행목적지 정하기 - 휴가기간 - 예산
2019-04-02	항공권예약	여행 루트 짜기 여권, 비자 만들기 신용카드 만들기 해외가능직불카드 만들기
2019-05-02	숙소정하기	숙소 알아보기 예산짜기
2019-06-02	점검	국제학생증 발급받기 국제운전면허증 발급받기 여행자보험 가입하기 환전하기 짐싸기
2019-07-02	출국	면세점이용

CHAPTER **3**

엑셀 문서 만들기

C H A P T E R 3

학습목표

■ 엑셀의 기본단위인 셀과 셀 서식에 대해 알아보자.

■ 시트를 편집하는 방법을 알아보고, 시트에 다양한 개체를 삽입해보자.

■ 조건에 따라 셀 서식이 적용되는 조건부 서식에 대해 알아보자.

3.1   셀 다루기

3.1.1 셀

엑셀에서 문서 작성과 데이터 입력 등의 작업은 **셀(Cell)** 단위로 이루어진다. 모든 셀은 각각 고유한 **이름(주소)**을 가진다. 기본적으로 셀 이름(주소)은 셀이 교차하는 열 문자와 행번호의 결합으로 이루어지며, 필요한 경우 새로운 이름으로 정의할 수도 있다. 선택된 셀은 테두리가 굵게 표시되며 셀의 이름(주소)이 이름상자에 나타난다.

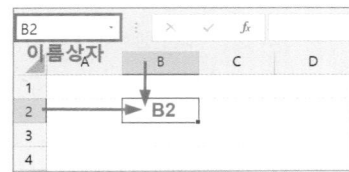

1 셀 범위 지정하기

연속된 여러 셀을 범위로 지정해보자.

❶ [B2]셀을 클릭하고 [C4]셀까지 드래그 한다. 또는 [B2]셀을 클릭하고 [Shift]를 누른 채 [C4]셀을 클릭하여도 결과는 같다.

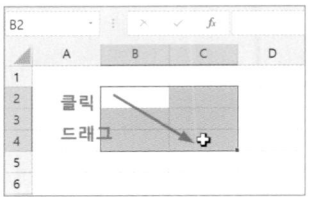

> **TIP** [B2:C3]에서 ':' 의미는 [B2]셀부터 [C3]셀까지의 범위라는 뜻이다.

비연속적인 여러 셀을 범위로 지정해보자.

❶ [Ctrl]를 누른 채 [A1], [B2], [C3], [C4]셀을 클릭한다.

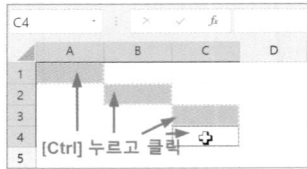

행 전체, 열 전체, 시트 전체를 범위로 지정해보자.

❶ 행 번호를 클릭하면 해당 행 전체가 범위로 지정된다.

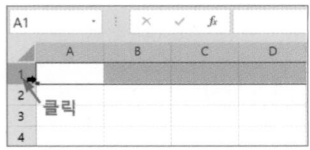

❷ 열 문자를 클릭하면 해당 열 전체가 범위로 지정된다.

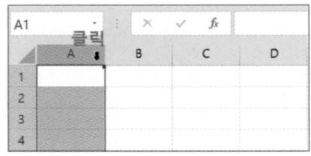

❸ [Ctrl]+[A]를 누르면 워크시트 전체가 범위로 지정된다. 행과 열이 교차하는 버튼을 클릭하여도 결과는 같다.

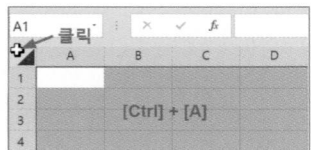

2 셀 편집하기

'3장예제_수강과목.xlsx' 파일을 이용하여 셀 편집을 해보자.

데이터 내용을 수정해보자.

❶ [C4]셀을 더블클릭하여 커서가 나타나면 '엑셀' 뒤에 커서를 위치한 후 '2016'을 입력한다.

❷ '엑셀' 데이터가 '엑셀2016'으로 수정된다.

C4		엑셀2016 ← 데이터 수정 가능				

	과목코드	과목명	담당교수	강의요일	강의실	강의시간
1			1학기 교양 과목			
3	과목코드	과목명	담당교수	강의요일	강의실	강의시간
4	A-1	엑셀2016	더블클릭 후 '2016' 입력			3
5	A-3	경영과학				2
6	B-1	대학국어	전제춘	수	차201	2
7	B-2	대학영어	강윤호	화	차302	2
8	C-1	국제금융론	이소연	화/목	대101	3
9	C-11	심리통계학	황선미	월/수	대101	3
10	C-3	경제지리학	서선애	목	대104	2
11	C-4	응용해석	정재성	목	대207	2
12	C-42	사회조직론	이은우	금	대202	3

TIP 셀을 선택하고 데이터를 입력하면 셀에 작성되어 있던 기존의 데이터는 사라지고 새로운 내용으로 작성된다. 셀에 작성되어 있던 데이터 일부를 수정하려면 셀을 마우스로 더블 클릭하거나 [F2]를 누른 후, 커서가 나타나면 데이터를 입력하거나 수정한다. 수식 입력 줄에서도 데이터를 수정할 수 있다.

[C8], [C11]셀에 적용된 서식을 삭제해보자.

❶ [Ctrl]를 누른 채 [C8], [C11]셀을 클릭한다.

❷ [홈]–[편집] 그룹–[지우기]–[서식 지우기]를 클릭하면 적용된 서식이 삭제된다.

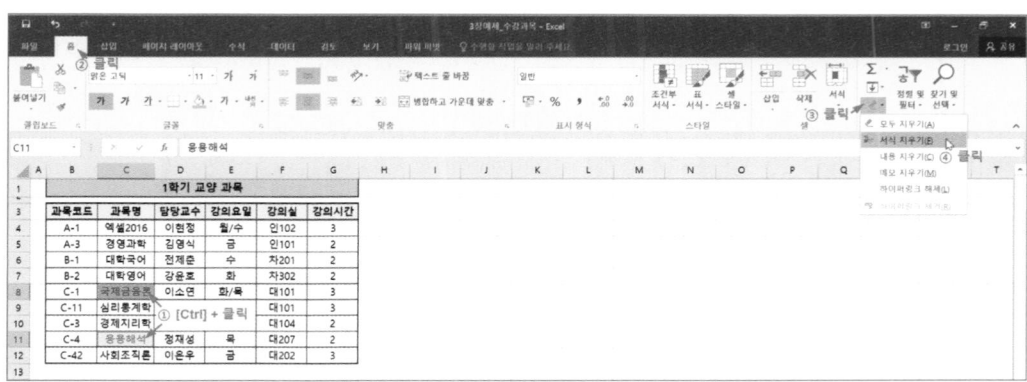

> **TIP** 입력된 데이터를 삭제하려면 [Delete]키를 누른다. [Delete]키를 누르면 셀의 데이터만 삭제된다. 셀에 적용된 괘선, 글꼴, 색상 등의 서식과 함께 데이터를 지우기 위해서는 [홈]–[편집] 그룹–[지우기]–[모두 지우기]를 이용한다.

'과목명' 데이터 범위를 복사해서 붙여넣기 해보자.

❶ [C3:C12]를 범위로 지정하고 [Ctrl]+[C]를 누른다. 선택한 범위가 복사된다.

❷ [I3]셀을 클릭하고 [Ctrl]+[V]를 한다. 복사한 데이터가 붙여넣기 된다.

	과목코드	과목명	담당교수	강의요일	강의실	강의시간		과목명
4	A-1	엑셀2016	이현정	월/수	인102	3		엑셀2016
5	A-3	경영과학	김영식	금	인101	2		경영과학
6	B-1	대학국어	전제준	수	차201	2		대학국어
7	B-2	대학영어	강윤호	화	차302	2		대학영어
8	C-1	국제금융론	이소연	화/목	대101	3		국제금융론
9	C-11	심리통계학	황선미	월/수	대101	3		심리통계학
10	C-3	경제지리학			대104	2		경제지리학
11	C-4	응용해석			대207	2		응용해석
12	C-42	사회조직론	이은우	금	대202	3		사회조직론

> **TIP** 셀 범위를 [복사]하면 선택 영역이 점선의 복사 영역으로 지정된다. 복사 영역으로 지정되어 있는 동안에는 [Ctrl]+[V]로 계속해서 붙여넣기가 가능하다. 복사 영역을 해제하려면 [Esc]를 누른다.

붙여넣기 한 '과목명' 데이터 범위를 이동해보자.

❶ [I3:I12]를 범위로 지정하고 [Ctrl]+[X]로 잘라 내기한다.

❷ [J3]셀을 클릭하고 [Ctrl]+[V]로 붙여넣기 하면 데이터가 이동된다.

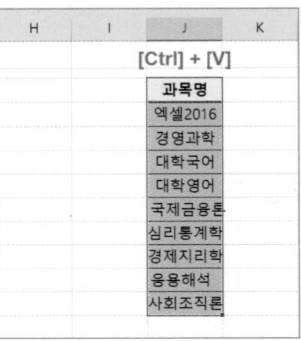

TIP 셀 범위를 지정하고 경계선에 마우스 포인터를 가져가면 개체 이동 포인터(⬚)로 바뀐다. 이때 개체 이동 포인터를 마우스로 드래그 하면 선택한 범위의 셀이 이동한다.

참고 붙여넣기 옵션

복사한 셀을 [Ctrl]+[V]로 붙여넣기 하면 복사된 셀의 오른쪽 아래에 [붙여넣기 옵션] 단추가 생긴다. [붙여넣기 옵션]을 이용하여 복사된 셀을 여러 가지 형식으로 붙여넣기 할 수 있다.

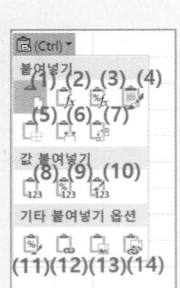

(1) 붙여넣기 : 모든 셀 내용과 서식을 붙여넣기 한다.
(2) 수식 : 수식 입력 줄에 입력된 수식만 붙여넣기 한다.
(3) 수식 및 숫자서식 : 셀의 수식 및 숫자 서식만 붙여넣기 한다.
(4) 원본서식유지 : 원본 서식 그대로 붙여넣기 한다.
(5) 테두리 없음 : 테두리를 제외하고 셀에 적용된 서식과 셀 내용을 모두 붙여넣기 한다.
(6) 원본 열 너비 유지 : 원본의 열 너비를 그대로 유지한 채 붙여넣기 한다.
(7) 바꾸기 : 열과 행을 서로 바꾸어 붙여넣기 한다.
(8) 값 : 셀에 표시된 값으로만 붙여넣기 한다.
(9) 값 및 숫자서식 : 숫자 서식은 유지하고 수식은 계산 결과(값)로 변환된다.

(10) 값 및 원본서식 : 원본 서식은 유지하고 수식은 계산 결과(값)로 변환된다.

(11) 서식 : 복사한 데이터에 포함된 서식을 모두 붙여넣기 한다.

(12) 연결하여 붙여넣기 : 원본 데이터가 수정되면 붙여넣기 한 데이터도 함께 수정된다.

(13) 그림 : 복사한 데이터를 그림으로 붙여넣기 한다.

(14) 연결된 그림 : 복사한 데이터를 그림으로 붙여 넣지만, 원본 데이터와 연결되어 있어 데이터 수정이 가능하다.

3.1.2 셀 서식

셀 서식을 이용하면 데이터를 효과적으로 표현할 수 있다. 셀에 입력된 데이터에 대해 글꼴이나 맞춤 형식, 통화나 날짜와 같은 표시 형식을 지정할 수 있고, 셀 자체에 대해 배경색이나 테두리와 같은 서식도 설정할 수 있다. [홈] 탭의 [글꼴], [맞춤], [표시형식] 메뉴를 이용하거나 [셀 서식] 창을 띄워서 서식을 지정할 수 있다.

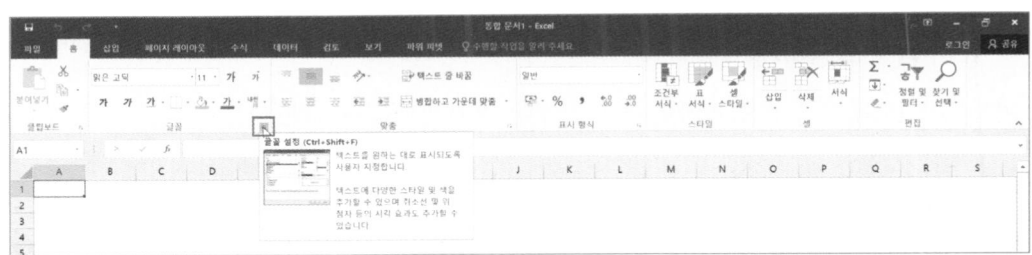

〈홈 탭 메뉴창〉

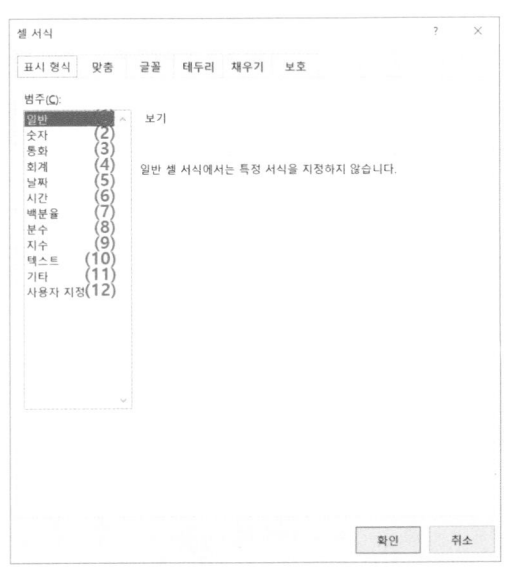

〈셀 서식 창〉

(1) 일반 : 특정 서식을 적용하지 않고 그대로 표시한다.

(2) 숫자 : 소수 자릿수, 천 단위 콤마 표시, 음수 표현 형식을 지정할 수 있다.

(3) 통화 : 소수 자릿수, 천 단위 콤마 표시, 음수 표현 형식을 지정할 수 있다.

(4) 회계 : 소수 자릿수 지정, 통화 기호를 삽입할 수 있다.

(5) 날짜 : 날짜 형식을 선택할 수 있다.

(6) 시간 : 시간 형식을 선택할 수 있다.

(7) 백분율 : 소수 자릿수 지정, 백분율 (%) 기호를 삽입할 수 있다.

(8) 분수 : 소수를 분수 형식으로 나타낸다.

(9) 지수 : 수치 데이터를 지수 형식으로 나타낸다.

(10) 텍스트 : 수치 데이터를 문자열 형식으로 지정한다.

(11) 기타 : 우편번호, 전화번호 등 특수한 데이터의 서식을 지정한다.

(12) 사용자 지정 : 사용자가 원하는 표시 형식을 지정할 수 있다.

'3장예제_동아리회원명부.xlsx' 파일을 이용하여 다음과 같이 다양하게 셀 서식을 적용해
보자.

	번호	이름	기록	회비	등록일	연락처	나이	특기사항
웰니스(Wellness) 수영 동아리								
	1	이민정	58.21	₩50,000	2018년 3월 20일 화요일	(010) 1252-1253	22세	접영
	2	이은경	-35.70	₩50,000	2018년 3월 20일 화요일	(010) 5755-9999	21세	접영
	3	김경희	11.12	₩20,000	2018년 9월 3일 월요일	(010) 8282-9494	22세	자유형
	4	이상선	93.35	₩50,000	2018년 10월 12일 금요일	(010) 7275-0279	22세	자유형
	5	홍유진	0.00	₩50,000	2019년 3월 4일 월요일	(010) 2424-5250	20세	배영
	6	윤성희	4.23	₩10,000	2019년 3월 4일 월요일	(010) 3535-0070	21세	배영
	7	하정훈	-2.45	₩30,000	2019년 3월 4일 월요일	(010) 9030-0023	20세	자유형
	8	이영선	15.34	₩5,000	2019년 3월 5일 화요일	(010) 4109-8132	21세	접영
	9	김영애	-2.11	₩20,000	2019년 3월 5일 월요일	(010) 7273-9700	21세	평영
	10	고혜숙	2.10	₩10,000	2019년 3월 15일 금요일	(010) 2613-2211	21세	평영
	11	권인원	23.10	₩20,000	2019년 3월 20일 수요일	(010) 8281-0012	20세	평영
	12	권오경	12.55	₩50,000	2019년 4월 2일 화요일	(010) 2190-0012	19세	자유형
	13	이한민	-2.00	₩30,000	2019년 4월 2일 화요일	(010) 1144-0145	20세	평영

〈결과 화면〉

1 표시 형식 설정하기

'기록' 데이터를 소수점 둘째자리까지, 음수는 빨간색으로 표시해보자.

❶ [C4:C16]을 범위로 지정하고 [홈]−[표시 형식] 그룹에서 ⌐ 를 클릭한다.

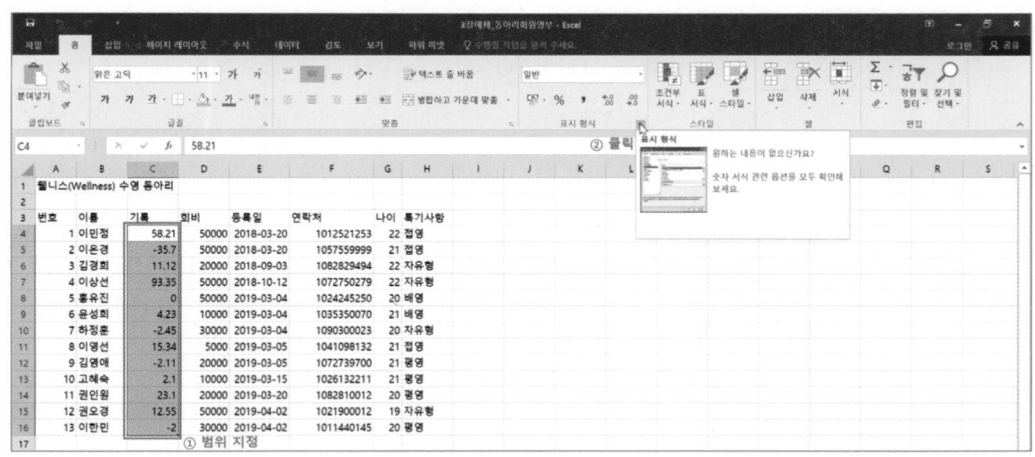

TIP 표시 형식을 지정하고자 할 때 범위를 지정하고 마우스 오른쪽 클릭하여 [셀 서식]을 클릭하여도 된다.

❷ [셀 서식] 창에서 [숫자]를 클릭하고 [소수 자릿수]는 '2'를 입력한다. [음수]는 [−1,234.10]을 선택한다.

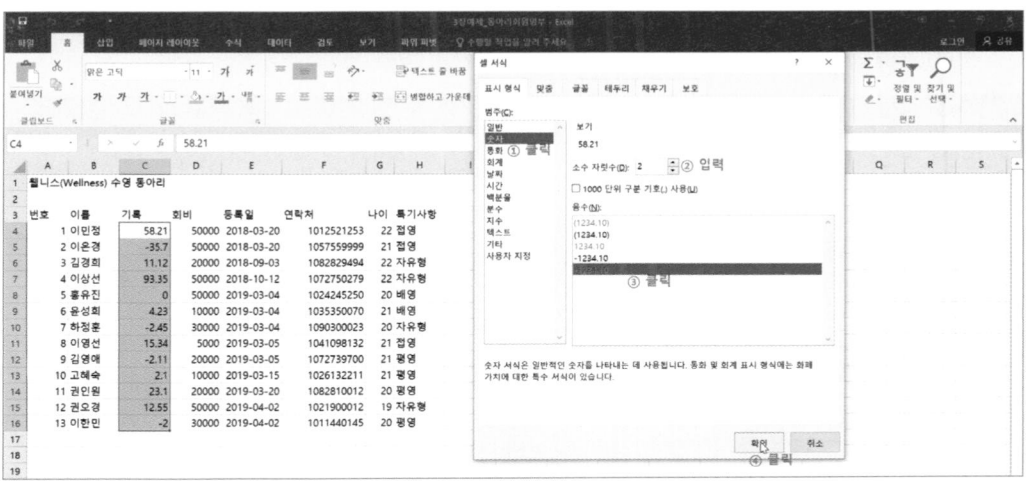

'회비' 데이터에 통화(₩) 기호를 함께 나타내보자.

❶ [D4:D16]을 범위로 지정하고 [셀 서식] 창을 불러온다.

❷ [셀 서식] 창에서 [통화]를 클릭하고 [기호]는 [₩], [음수]는 [−₩1,234]를 선택한다.

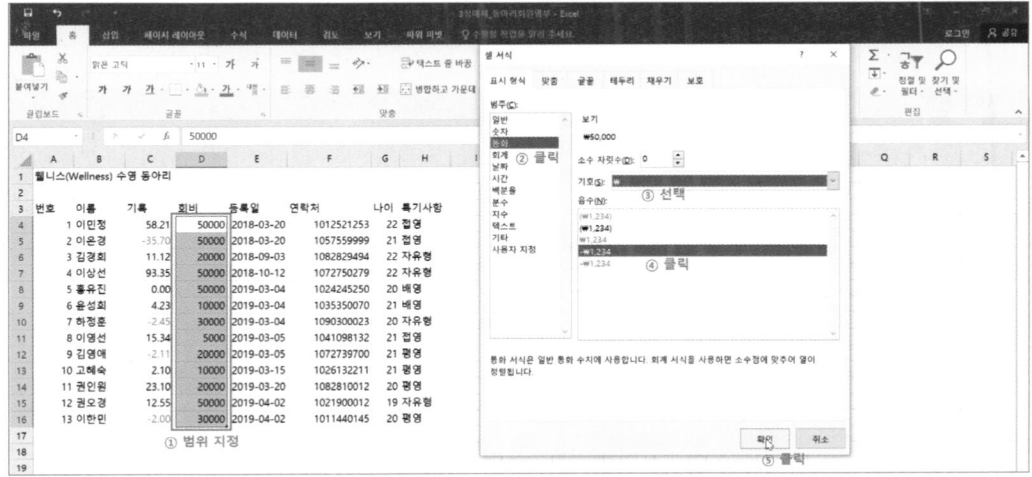

'등록일'의 날짜 형식을 변경해보자.

❶ [E4:E16]을 범위로 지정하고 [셀 서식] 창을 불러온다.

❷ [셀 서식] 창에서 [날짜]를 클릭하고 [형식]으로는 [*2012년 3월 14일 수요일]을 선택한다.

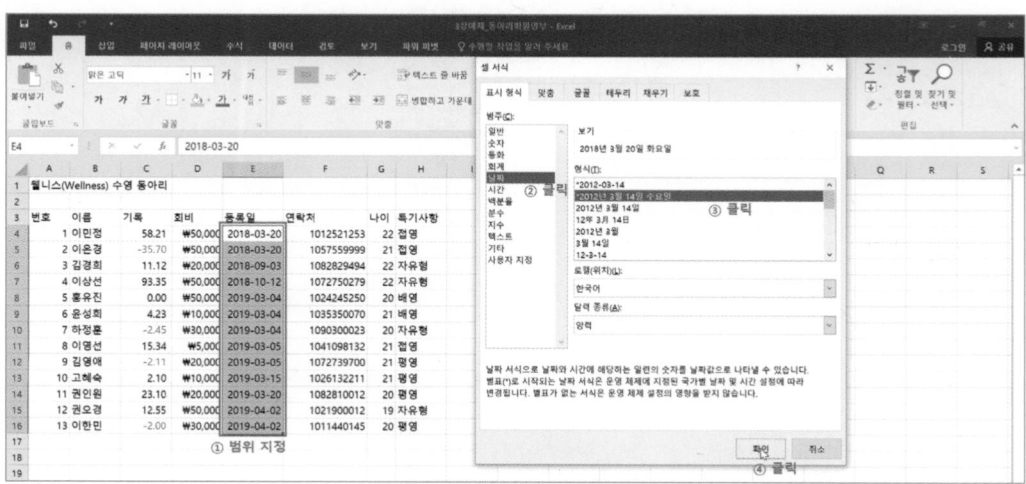

기타 다양한 표시 형식으로 데이터를 표현해보자.

❶ [F4:F16]을 범위로 지정하고 [셀 서식] 창을 불러온다.

❷ [셀 서식] 창에서 [기타]를 클릭하고 [전화 번호 (국번 4자리)] 형식을 선택한다.

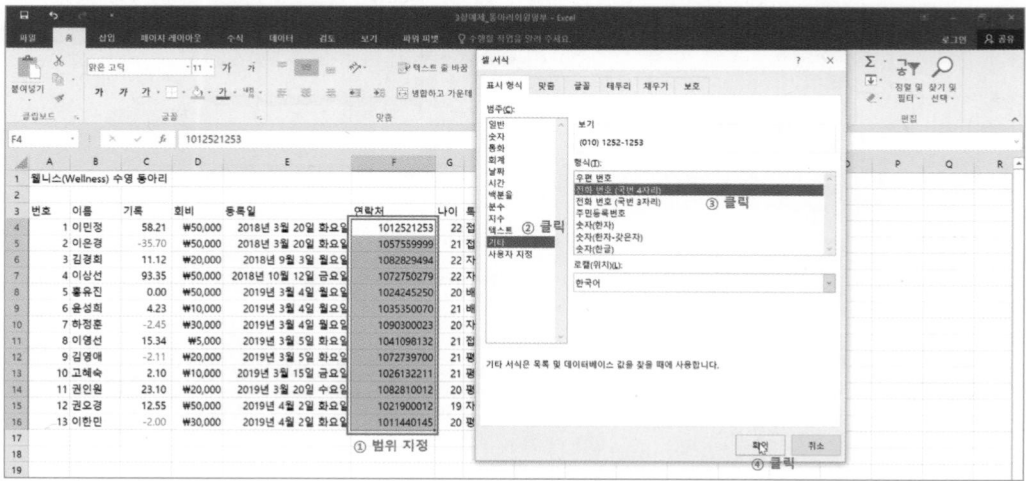

사용자 지정 표시 형식을 이용하여 '나이'를 '22세'와 같은 형식으로 나타내어 보자.

❶ [G4:G16]을 범위로 지정하고 [셀 서식] 창을 불러온다.

❷ [셀 서식] 창에서 [사용자 지정]을 클릭하고 [형식]에 ' #"세" '를 입력한다.

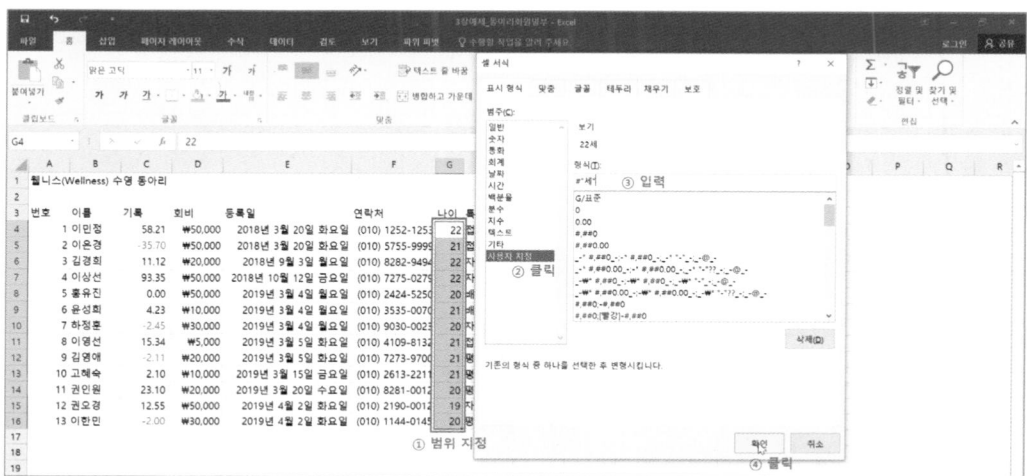

❸ 나이가 '22세', '21세'와 같은 형식으로 표시된다.

| 참고 | 사용자 지정 표시 형식 |

종류	설명	예		
		표시 형식	입력	결과
G/표준	숫자를 일반 표시형식으로 지정			
#	숫자의 자릿수를 표시 (필요 없는 자릿수는 제외)			
0	숫자의 자릿수를 표시 (필요 없는 자릿수에는 0을 표시)	000	12	012
?	숫자의 자릿수를 표시 (필요 없는 자릿수는 공백으로 표시)	???	12	□12
.	소수점 구분기호	#.#	12.34	12.3
,	천 단위 구분기호	#,###	1234	1,234
[ ]	색상이나 조건 지정	[파랑]#	12	12
;	둘 이상의 표시형식을 구분	[파랑]#;[빨강]-#	-12	-12
@	문자의 자리 표현 (특정한 문자 붙여서 표시)	@"등급"	A	A등급
" "	임의의 문자열 삽입			
*	*뒤에 입력한 문자를 반복표시	@*a	A	Aaaa

종류	설명	예		
		표시 형식	입력	결과
yy	날짜에서 두자리로 연도를 표시	yy	2019-03-02	19
mm	날짜에서 두자리로 월을 표시	mm	2019-03-02	03
dd	날짜에서 두자리로 일을 표시	dd	2019-03-02	02
hh	시간을 두자리로 표시	hh	9:30:25 am	09
mm	분을 두자리로 표시	hh:mm	9:30:25 am	09:30
ss	초를 두자리로 표시	ss	9:30:25 am	25
am/pm	오전, 오후를 표시	am/pm	9:30:25 am	am

2 맞춤 서식 설정하기

맞춤 서식에는 [텍스트 맞춤], [방향], [텍스트 조정], [텍스트 방향] 등의 옵션이 있고, [텍스트 맞춤]에서는 가로/세로 방향의 텍스트 위치와 들여쓰기를 설정할 수 있고, [방향]에서는 텍스트의 회전 각도를 설정할 수 있다. [텍스트 조정]에서는 [텍스트 줄 바꿈], [셀에 맞춤], [셀 병합] 기능을 선택할 수 있다.

셀을 병합해보고 모든 데이터는 가운데 정렬해보자.

❶ [A1:H1]을 범위로 지정하고 [셀 서식] 창을 불러온다.

❷ [셀 서식] 창의 [맞춤] 탭에서 [텍스트 맞춤]을 [가로], [세로] 모두 [가운데]를 선택하고 [셀 병합]을 체크한다.

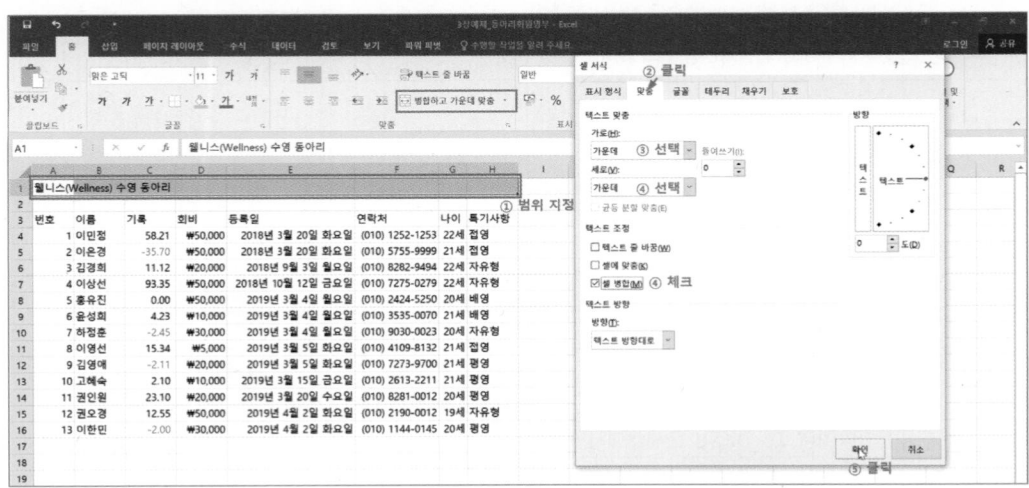

TIP   [홈]-[맞춤] 그룹-[병합하고 가운데 맞춤]을 클릭해도 결과는 같다.

❸ [A1:H1]의 범위가 [A1]셀로 셀 병합이 되며, 데이터는 가운데 정렬이 된다.

❹ [A3:H16]을 범위로 지정하고 [홈]–[맞춤] 그룹–[가운데 맞춤]을 클릭한다. 선택한 범위의 모든 데이터들이 각각 가운데로 정렬된다.

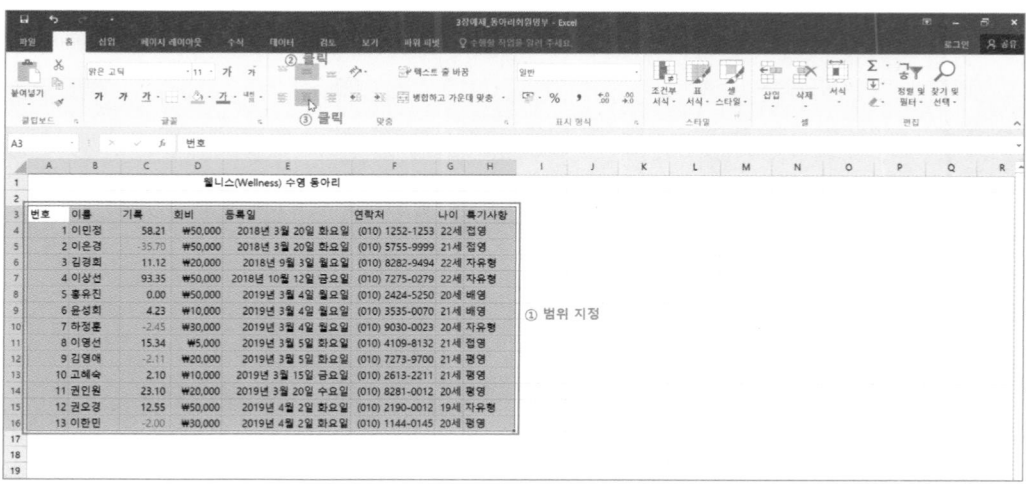

3 글꼴 / 테두리 / 채우기 설정하기

셀에 입력된 텍스트의 글꼴을 설정해보자.

❶ [A1]셀을 선택하고 [셀 서식] 창을 불러온다.

❷ [셀 서식] 창의 [글꼴] 탭에서 [글꼴]은 [HY견고딕], [글꼴 스타일]은 [굵게], [크기]는 [12], [밑줄]은 [이중실선]으로 선택한다.

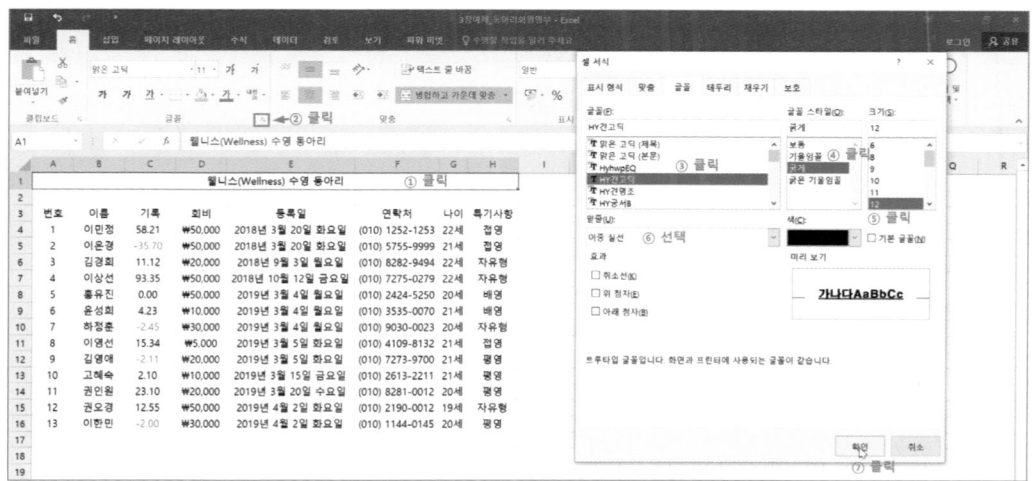

셀에 테두리를 설정해보자.

❶ [A3:H16]을 범위로 지정하고 [셀 서식] 창을 불러온다.

❷ [셀 서식] 창의 [테두리] 탭에서 [선]은 [실선], [윤곽선], [안쪽]을 클릭한다. 설정한 테두리 서식이 선택 범위의 모든 셀들에 적용된다.

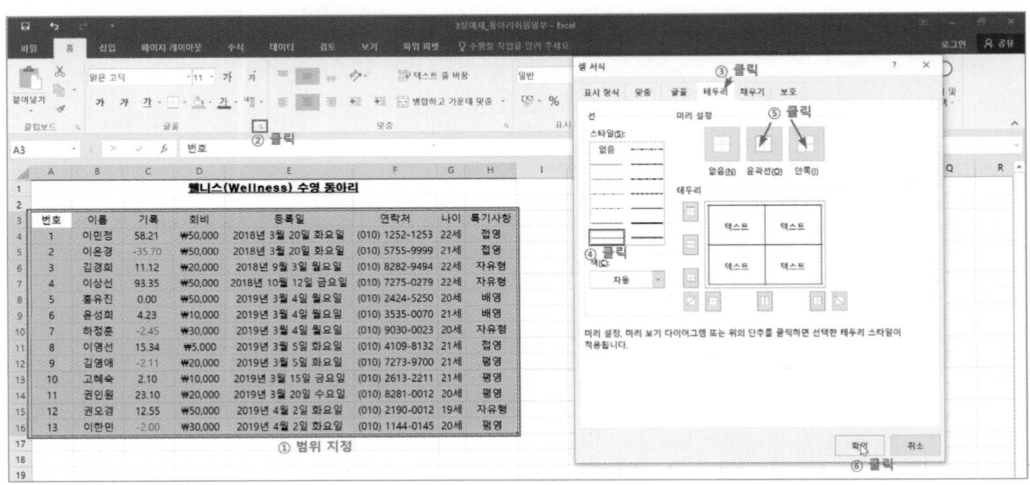

TIP [홈]-[글꼴] 그룹-[모든 테두리]를 클릭해도 결과는 같다.

셀에 배경과 무늬를 설정해보자.

❶ [A3:H3]을 범위로 지정하고 [셀 서식] 창을 불러온다.

❷ [셀 서식] 창의 [채우기] 탭에서 다음과 같이 [배경색]과 [무늬 스타일]을 지정한다.

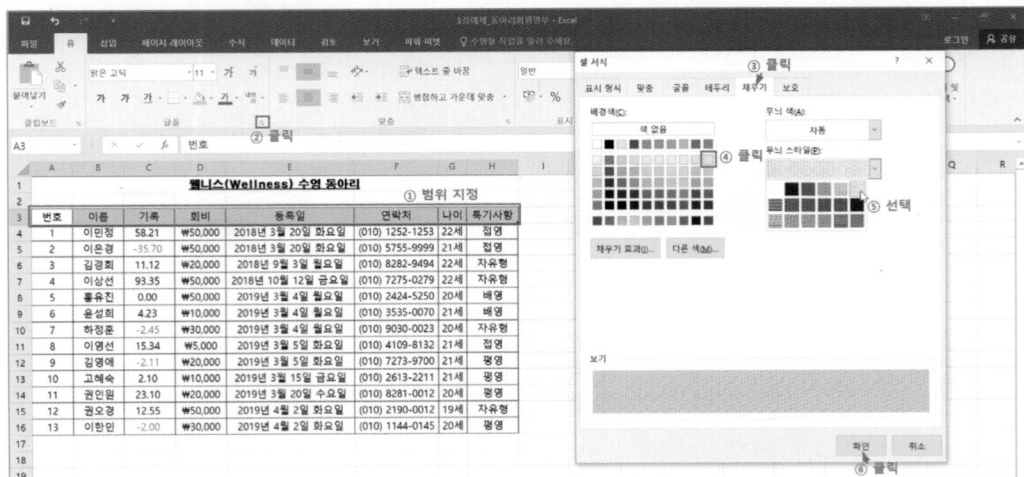

❸ 선택한 범위의 셀들에 배경색과 무늬 스타일이 적용된다.

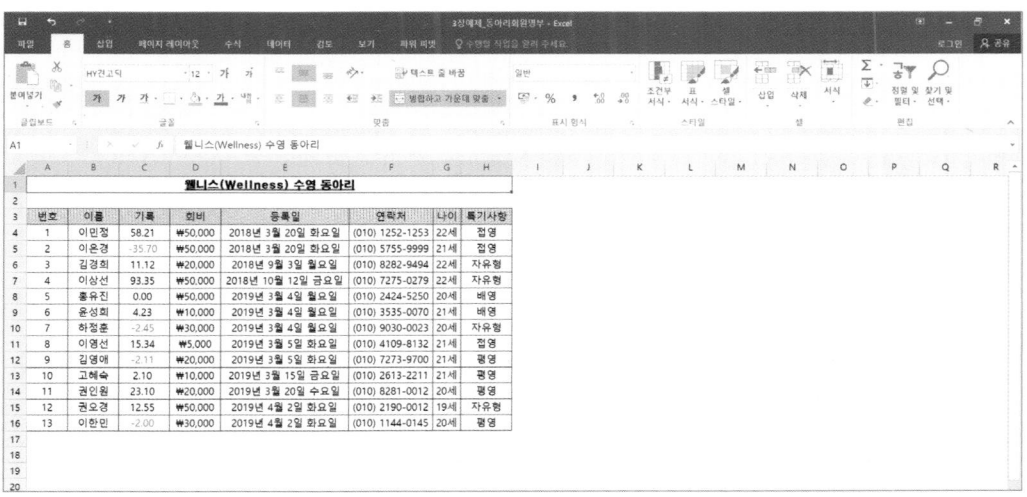

3.1.3 셀 스타일과 표 서식

셀 스타일은 미리 정의해둔 글꼴, 글자 속성, 셀 배경색, 무늬, 서식, 숫자 형식 등의 셀 서식을 한 번에 적용할 수 있는 기능으로 엑셀에서는 다양한 종류의 셀 스타일을 기본으로 제공하고 있다. **표 서식**은 표 머리글이나 행들 간의 색 구분과 같은 표 단위의 서식을 빠르게 적용할 때 사용할 수 있다.

'3장예제_동아리회원명부2.xlsx' 파일을 이용하여 다음과 같이 [셀 스타일]과 [표 서식]으로 문서를 꾸며보자.

번호	이름	기록	회비	등록일	연락처	나이	특기사항
			웰니스(Wellness) 수영 동아리				
1	이민정	58.21	₩50,000	2018년 3월 20일 화요일	(010) 1252-1253	22세	접영
2	이온경	-35.70	₩50,000	2018년 3월 20일 화요일	(010) 5755-9999	21세	접영
3	김경희	11.12	₩20,000	2018년 9월 3일 월요일	(010) 8282-9494	22세	자유형
4	이상선	93.35	₩50,000	2018년 10월 12일 금요일	(010) 7275-0279	22세	자유형
5	홍유진	0.00	₩50,000	2019년 3월 4일 월요일	(010) 2424-5250	20세	배영
6	윤성희	4.23	₩10,000	2019년 3월 4일 월요일	(010) 3535-0070	21세	배영
7	하정훈	-2.45	₩30,000	2019년 3월 4일 월요일	(010) 9030-0023	20세	자유형
8	이영선	15.34	₩5,000	2019년 3월 5일 화요일	(010) 4109-8132	21세	접영
9	김영애	-2.11	₩20,000	2019년 3월 5일 화요일	(010) 7273-9700	21세	평영
10	고혜숙	2.10	₩10,000	2019년 3월 15일 금요일	(010) 2613-2211	21세	평영
11	권인원	23.10	₩20,000	2019년 3월 20일 수요일	(010) 8281-0012	20세	평영
12	권오경	12.55	₩50,000	2019년 4월 2일 화요일	(010) 2190-0012	19세	자유형
13	이한민	-2.00	₩30,000	2019년 4월 2일 화요일	(010) 1144-0145	20세	평영

〈결과 화면〉

1 셀 스타일로 꾸미기

❶ [A1]셀을 클릭하고 [홈]-[스타일] 그룹-[셀 스타일]-[강조색2]를 클릭한다.

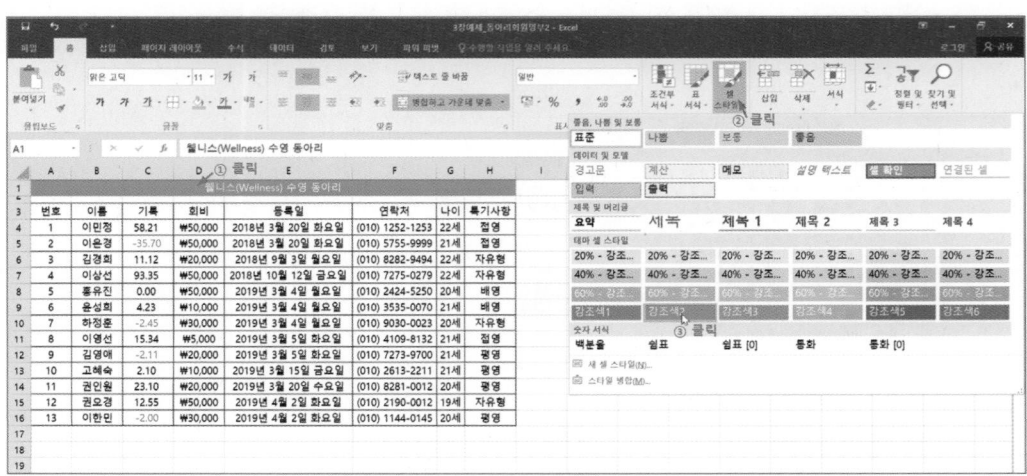

❷ [A1]셀에 [강조색2] 셀 스타일이 적용된다.

2 표 서식으로 꾸미기

❶ [A3:H16]을 범위로 지정하고 [홈]-[스타일] 그룹-[표 서식]-[표 스타일 보통 3]을 선택한다. 표 서식이 적용된다.

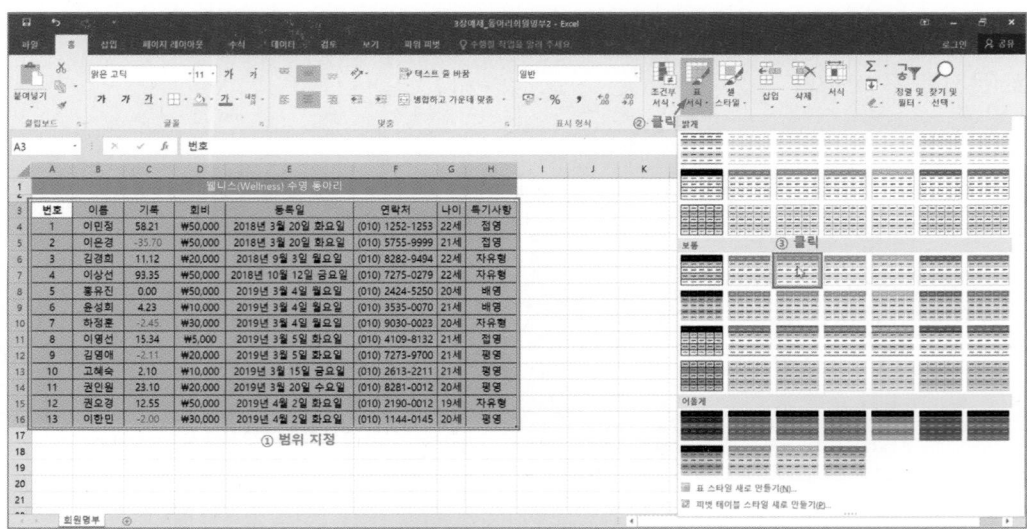

❷ [표 서식] 창에서 [머리글 포함]을 체크하고 [확인]을 클릭한다.

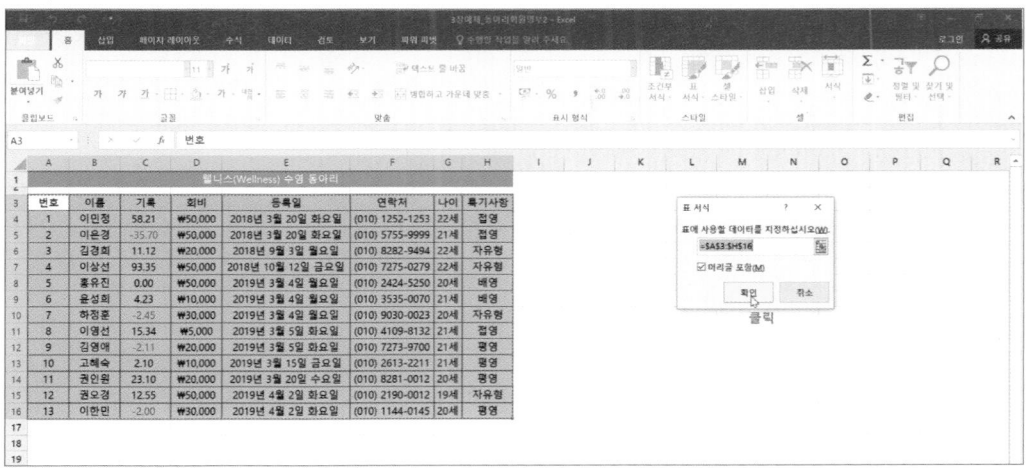

❸ [디자인]-[도구] 그룹-[범위로 변환]을 클릭하고 메시지 창에서는 [예]를 클릭한다.

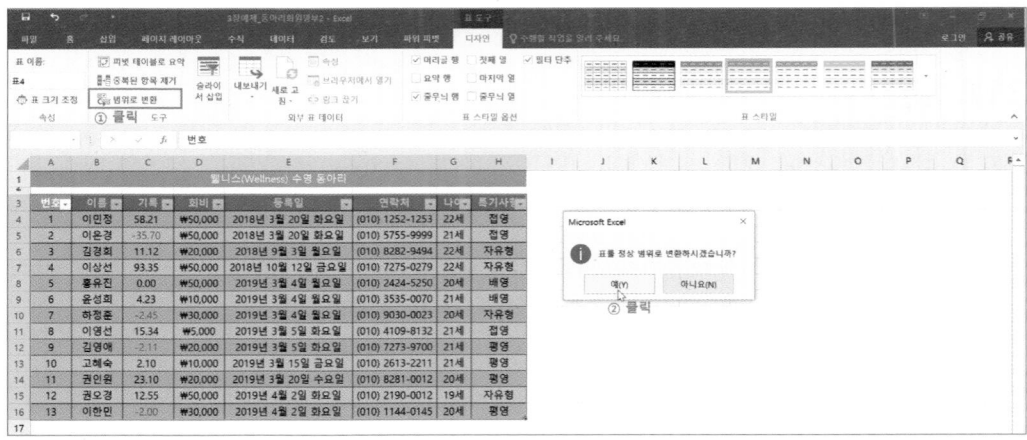

TIP [범위로 변환]은 선택된 표에서 자동 필터 기능과 같은 표 단위의 서식을 제거하는 기능이다. 셀 배경색
이나 글꼴과 같은 셀 서식은 그대로 유지된다.

❹ 표 서식은 삭제되고 셀 서식은 유지된다.

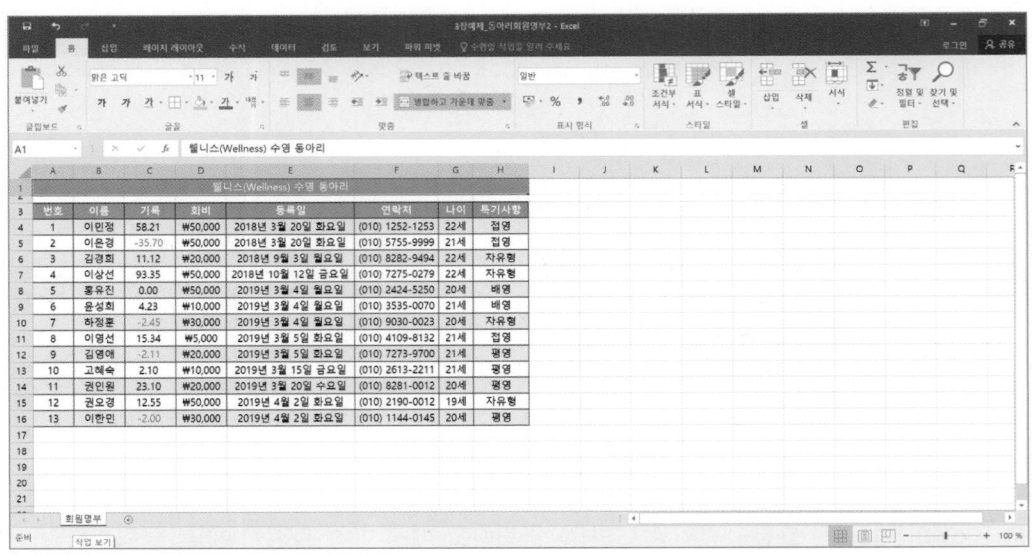

3.1.4 메모

메모를 이용하면 셀에 대한 부가적인 설명을 추가할 수 있다. 셀에 직접 설명을 입력하면 표 내용이 복잡해져서 사용자가 데이터 값에 집중해서 보기가 힘들다. 이런 경우에 메모를 이용해서 부연 설명을 추가해두면 필요한 경우에만 표시하도록 하여 데이터 관리를 원활하게 할 수 있다. 메모의 삽입, 삭제, 표시 방법 등을 알아보자.

위에서 작성한 '3장예제_동아리회원명부2.xlsx' 파일에 다음과 같이 메모를 삽입해보자.

1 　메모 삽입하기

[C3]셀에 메모를 삽입해보자.

❶ [C3]셀을 클릭하고 [검토]−[메모] 그룹−[새 메모]를 클릭한다.

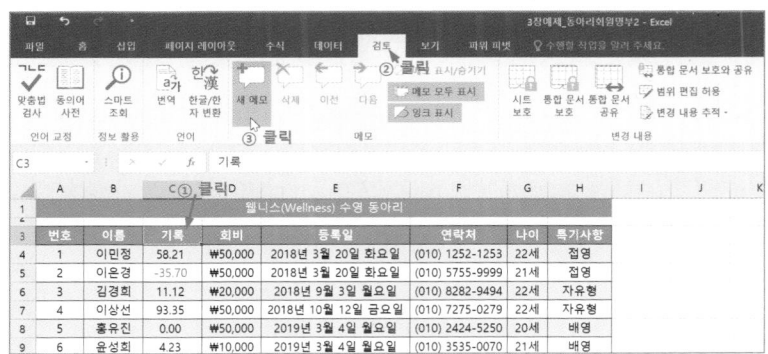

❷ 메모가 나타나면 '개인 혼영(100m) 남자:1분 30초, 여자 1분 40초 기준'을 입력하고 임의의 셀 [A1]을 클릭한다.

❸ 메모가 삽입되면 셀의 오른쪽 상단에 빨간색 표시가 생긴다. 마우스 포인터를 메모가 삽입된 곳에 가져가면 메모가 나타난다.

2 메모 표시/숨기기

메모가 항상 나타나도록 설정해보자.

❶ [C3]셀을 클릭하고 [검토]–[메모] 그룹–[메모 표시/숨기기]를 클릭한다.

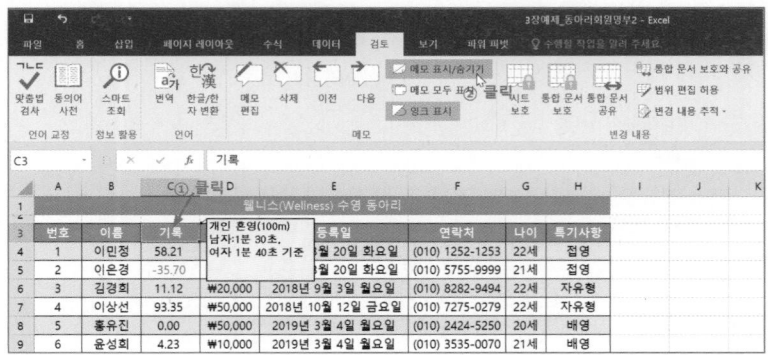

❷ 메모가 항상 표시된다.

> **TIP**   [검토]–[메모] 그룹–[메모 표시/숨기기]를 한 번 더 클릭하면 메모가 숨겨진다. 삽입된 메모를 삭제하려
> 면 해당 셀을 클릭하고 [검토]–[메모] 그룹–[삭제]를 선택한다.

3.2   워크시트 다루기

3.2.1 워크시트

워크시트는 데이터를 입력하고 편집하는 작업 공간이다. 하나의 통합 문서는 하나 이상의
워크시트를 갖는다. 입력 데이터의 종류와 특징에 따라 워크시트 이름과 탭 색상을 지정해
두면 데이터의 구분이 용이하여 효율적인 관리가 가능하다. 워크시트의 삽입, 삭제, 복사,
이름 변경 등의 워크시트 다루는 방법을 알아보자.

참고 기본 워크시트 개수 바꾸기

엑셀 2016에서는 기본적으로 [Sheet1]을 제공한다. [파일]-[옵션]-[일반]에서 [포함할 시트 수] 항목에서 기본 시트의 수를 변경할 수 있다.

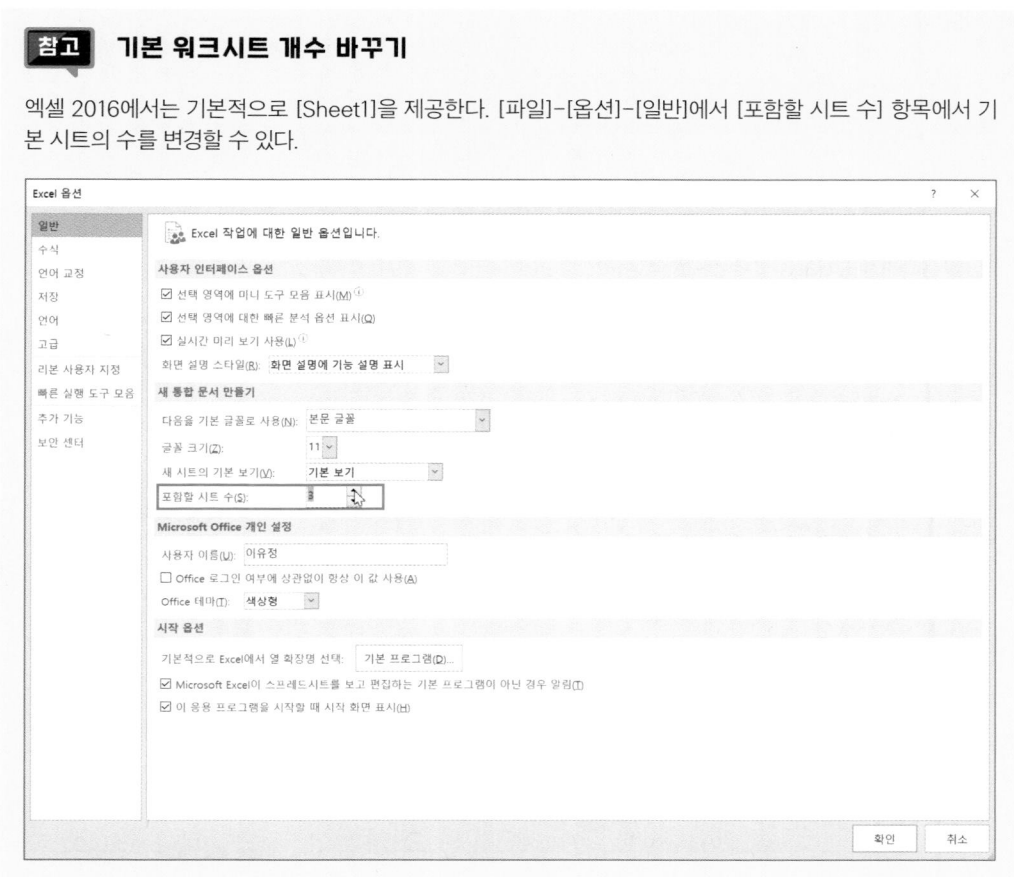

다음과 같이 시트를 삽입하고 이동시켜보자.

〈결과 화면〉

1 시트 삽입/삭제하기

새로운 워크시트를 삽입해보자.

❶ [새 시트 단추 (⊕)]를 3번 클릭한다.

❷ 새로운 시트 3개가 삽입된다.

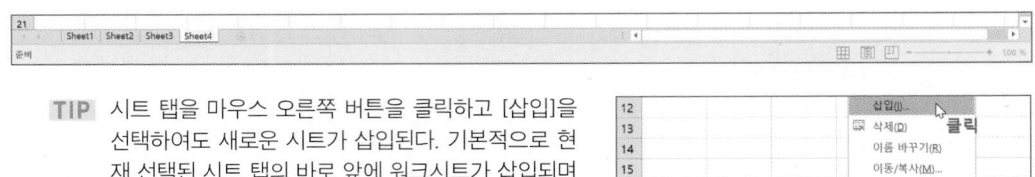

> TIP 시트 탭을 마우스 오른쪽 버튼을 클릭하고 [삽입]을 선택하여도 새로운 시트가 삽입된다. 기본적으로 현재 선택된 시트 탭의 바로 앞에 워크시트가 삽입되며 최대 255개의 시트를 삽입할 수 있다.

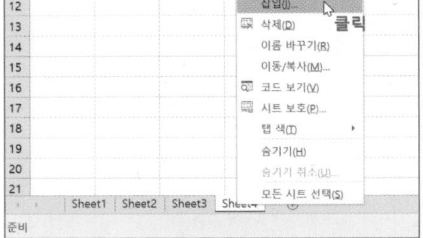

시트를 삭제해보자.

❶ [Sheet4] 시트 탭에 마우스 오른쪽 버튼을 클릭하고 [삭제]를 클릭한다.

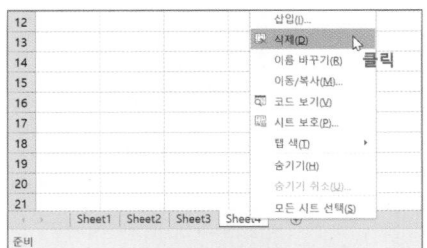

❷ [Sheet4] 시트가 삭제된다.

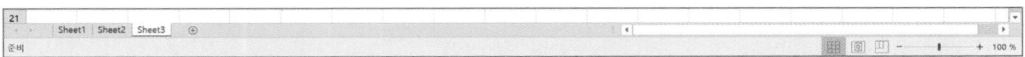

2 시트 이름 바꾸기

시트의 이름을 변경해보자.

❶ [Sheet1] 시트 탭에 마우스 오른쪽 버튼을 클릭하고 [이름 바꾸기]를 클릭한다.

> TIP [Sheet1]을 더블 클릭하여도 이름 변경이 가능하다.

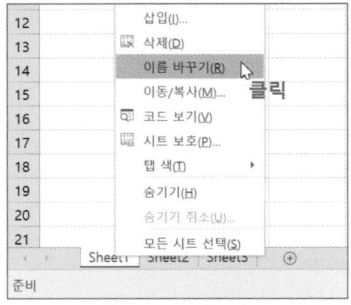

❷ [Sheet1] 이름을 '1월'로 입력한다.

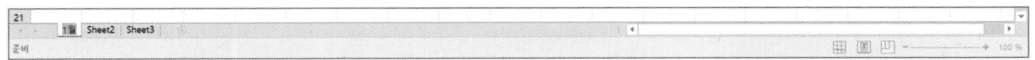

❸ 같은 방법으로 [Sheet2]는 '2월', [Sheet3]은 '3월'로 변경해보자.

> TIP   워크시트의 이름은 최대 31자를 넘지 않아야 하며, ' / ', ' ? ', ' * ', ' , ' 와 같은 문자는 함께 사용할 수 없다.

3 시트 복사/이동하기

[1월] 시트를 복사해보자.

❶ [1월] 시트 탭을 마우스 오른쪽 버튼을 클릭하고 [이동/복사]를 클릭한다.

❷ [이동/복사] 창에서 [복사본 만들기]를 선택한다.

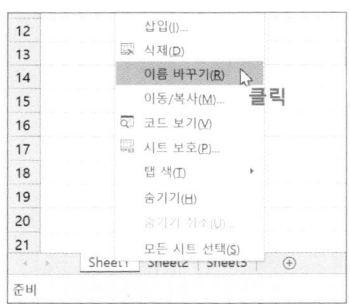
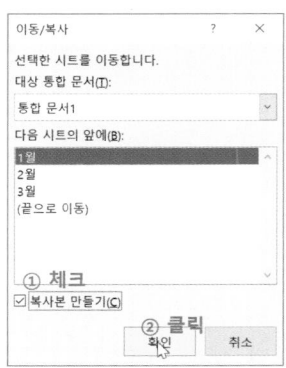

❸ [1월] 시트 앞에 [1월(2)] 시트가 추가된다.

[1월 (2)] 시트를 이동해보자.

❶ [1월 (2)] 시트 탭에 마우스 오른쪽 버튼을 클릭하고 [이동/
복사]를 클릭한다.

❷ [이동/복사] 창에서 [(끝으로 이동)]을 선택한다.

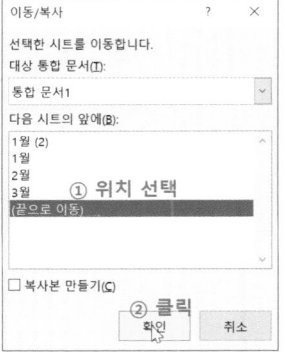

❸ [1월 (2)] 시트가 제일 마지막으로 이동된다.

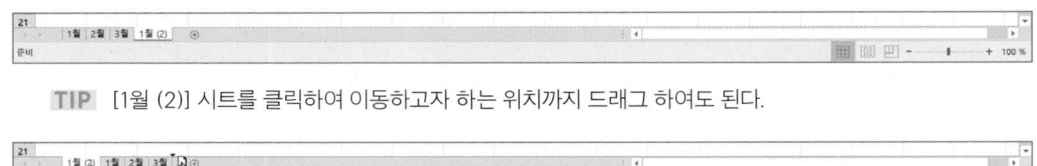

> TIP [1월 (2)] 시트를 클릭하여 이동하고자 하는 위치까지 드래그 하여도 된다.

참고 새로운 통합 문서로 이동/복사하기

새로운 통합 문서나 다른 엑셀 통합문서로 이동/복사 하려면 [이동/복사] 창의 [대상 통합 문서]를 이동하고자 하는 문서로 지정하면 된다.

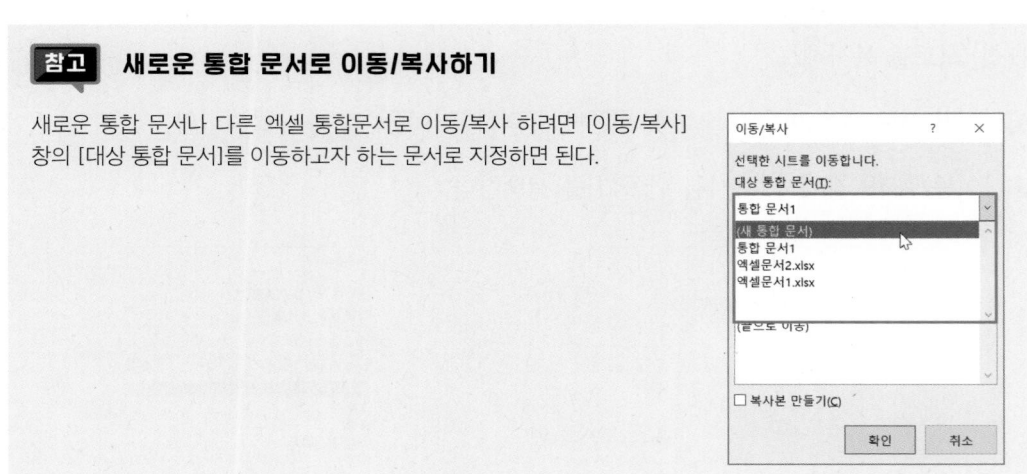

---

4 시트 탭 색상 바꾸기

[1월] 시트 탭의 색상을 변경해보자.

❶ [1월] 시트 탭에 마우스 오른쪽 버튼을 클릭하고 [탭 색]을 클릭한다.

❷ [테마 색] 창에서 [파랑]을 선택한다. 시트 탭의 색상이 바뀐 것을 확인할 수 있다.

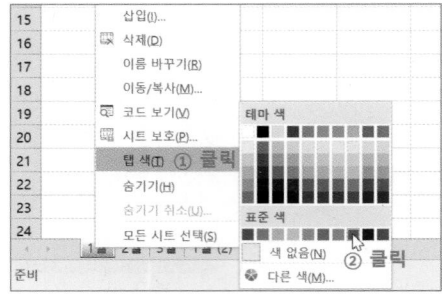

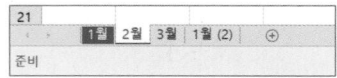

3.2.2 행과 열

셀에 입력한 데이터의 양이 많은 경우 데이터가 가려져서 보이지 않게 되므로 행과 열의 크기를 조절할 필요가 있다. 행 높이와 열 너비를 지정하는 방법과 행과 열을 삽입, 삭제하고 숨기는 방법을 알아보자.

'3장예제_달력.xlsx' 파일을 이용하여 다음과 같이 행과 열을 설정해보자.

1 행과 열 크기 조정하기

행 높이를 지정해보자.

❶ [3:7]행을 범위로 지정하고 마우스 오른쪽 버튼을 클릭하여 [행 높이]를 클릭한다.

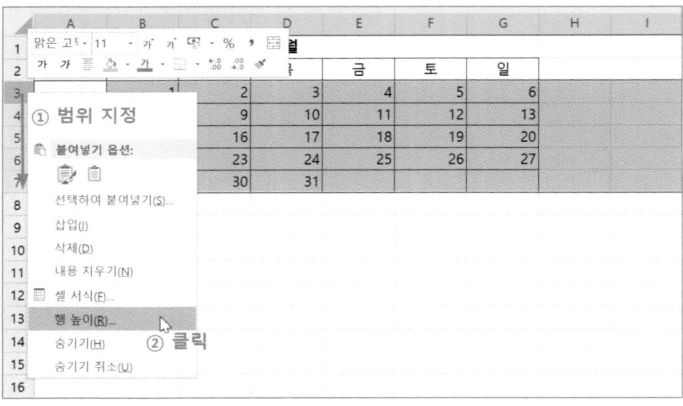

❷ [행 높이] 창에서 '55'를 입력한다.

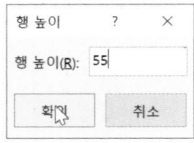

❸ [3]행에서 [7]행은 행 높이가 '55'로 고정된다.

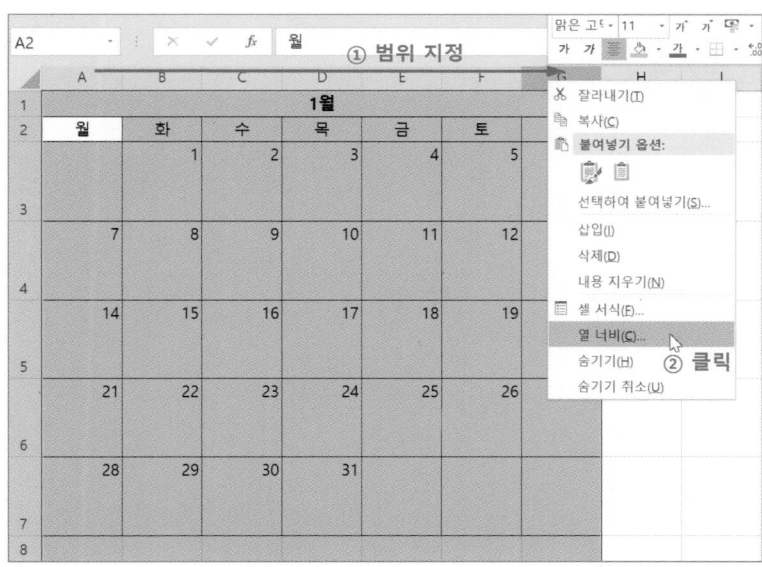

열 너비를 지정해보자.

❶ [A:G] 열을 범위로 지정하고 마우스 오른쪽 버튼을 클릭하여 [열 너비]를 클릭 한다.

❷ [열 너비] 창에서 '15'를 입력한다.

❸ [A]열부터 [G]열까지 [열 너비]가 '15'로 고정된다.

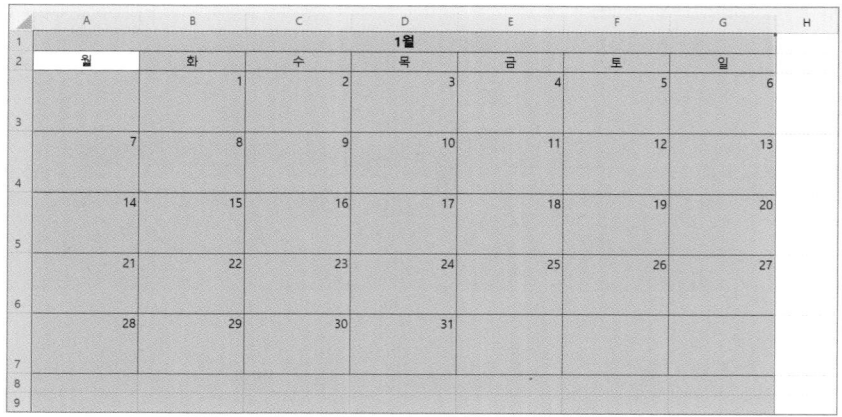

참고 **마우스로 행 높이/ 열 너비 조절하기**

입력한 데이터 양이 많아서 셀에 제대로 표시되지 않을 때 마우스를 이용하여 간단히 행 높이나 열 너비를 조절할 수 있다. 행이나 열 머리글의 경계에 마우스를 가져가면 마우스 포인터가 (✛) 로 바뀐다. 이때 더블 클릭하면 셀 안에 있는 데이터가 모두 보이도록 행과 열이 조절된다.

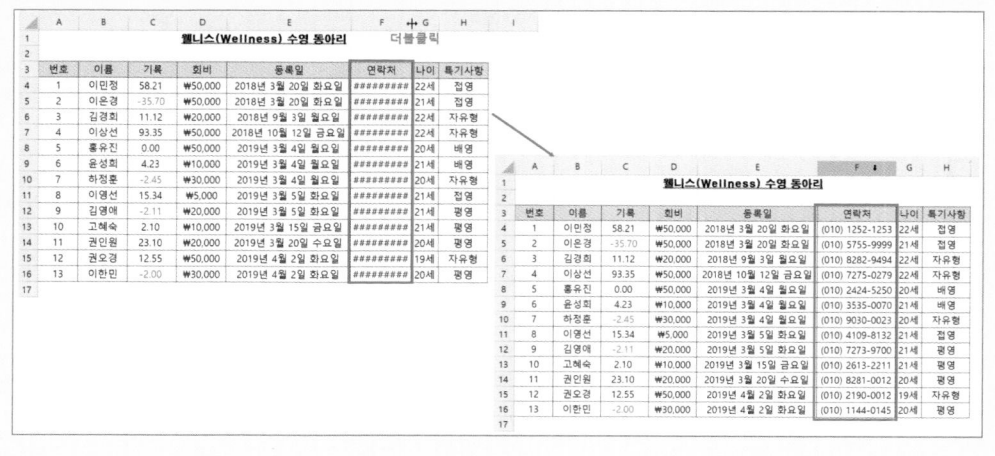

2 행과 열 삽입/삭제하기

[2]~[3]행과 [A]열을 삽입해보자.

❶ [2:3]행을 범위로 지정한다. 마우스 오른쪽 버튼을 클릭하고 [삽입]을 클릭한다.

❷ 새로운 2개의 행이 삽입된다.

❸ [A]열을 선택한다. 마우스 오른쪽 버튼을 클릭하고 [삽입]을 클릭한다. 새로운 열이 삽입된다.

[3]행을 삭제해보자.

❶ [3]행을 선택한다. 마우스 오른쪽 버튼을 클릭하고 [삭제]를 클릭한다.

❷ [3]행이 삭제된다.

3 행과 열 숨기기

데이터가 일시적으로 사용되지는 않지만 완전 삭제해서는 안 될 경우 [숨기기] 기능을 이용하면 편리하다.

[A] 열을 숨겨보자.

❶ [A] 열을 선택한다. 마우스 오른쪽 버튼을 클릭하고 [숨기기]를 클릭한다.

❷ [A] 열이 숨겨진다.

[A] 열 숨기기를 취소해보자.

❶ [B]열과 행 머리글 열을 함께 범위로 지정한다.
   마우스 오른쪽 버튼을 클릭하고 [숨기기 취소]
   를 클릭한다.

❷ 숨겨졌던 [A]열이 다시 나타난다.

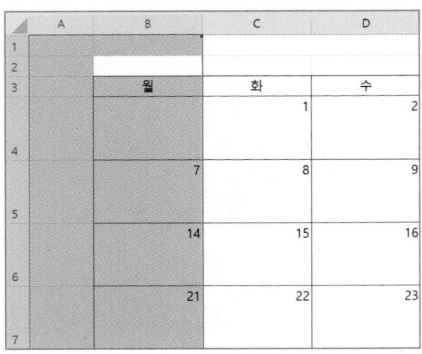

참고 화면에 보이는 셀만 복사하기

셀이 숨겨져 있는 상태에서 범위로 지정하여 복사하면 숨겨진 셀도 함께 복사된다. 화면에 보이는 셀만 복사하려면 [이동 옵션] 창을 이용한다.

❶ [C, D, E, G, H] 열이 숨겨져 있는 [A3:F16]을 범위로 지정하고 [홈]-[편집] 그룹-[찾기 및 선택]-[이동 옵션]을 클릭한다.

❷ [이동 옵션] 창에서 [화면에 보이는 셀만]을 선택한다.

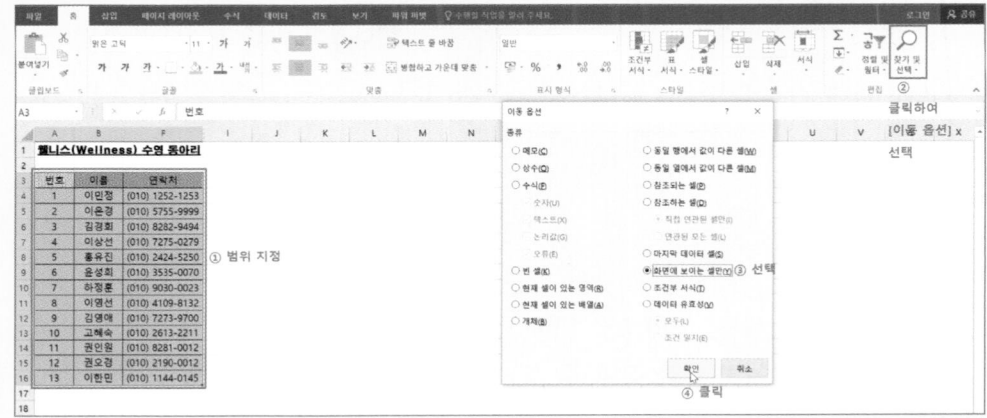

❸ [Ctrl]+[C]로 복사하고 [J3]셀을 클릭한 후 [Ctrl]+[V]로 붙여넣기를 실행한다. 숨겨진 셀은 제외하고 화면에 보이는 셀만 복사된다.

3.2.3 개체 삽입

워크시트에 **그림, 도형, 스마트 아트** 등 다양한 개체를 삽입할 수 있다. 삽입된 개체는 셀에 입력된 데이터와는 관련이 없는 독립적인 개체이며, 자유롭게 크기나 위치를 조절할 수 있다. 워크시트에 도형과 스마트 아트를 삽입해보자.

① 도형 삽입하기

도형을 삽입하고 크기와 모양을 변경해보자.

❶ [삽입]–[일러스트레이션] 그룹–[도형]–
[별 및 현수막]–[물결]을 클릭하여 도형
을 삽입한다. 같은 방법으로 [모서리가
둥근 직사각형] 도형도 삽입한다.

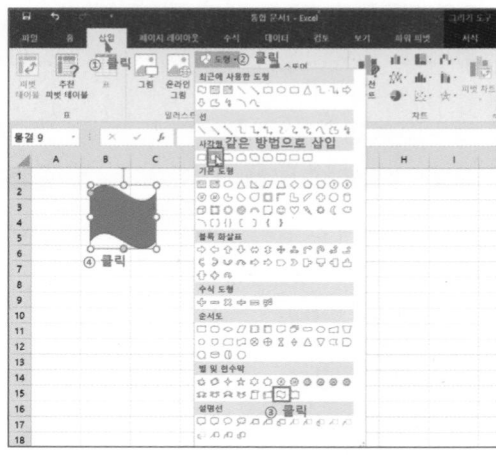

❷ 도형의 크기조정 핸들, 모양조정 핸들,
회전 핸들 이용하여 다음과 같이 두 도
형의 크기와 모양을 변경해보자.

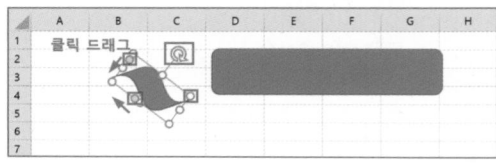

참고 **도형 조절점**

- 크기조정 핸들 : 도형을 선택하면 크기조정 핸들이 나타난다. 크기조정 핸들을
드래그하여 도형의 크기를 줄이거나 늘릴 수 있다.

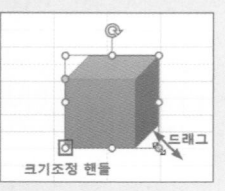

- 모양조정 핸들 : 도형을 선택하면 노란색의 모양조정 핸들이 나타난다. 모양조
정 핸들을 드래그하여 도형의 모양을 변경할 수 있다.

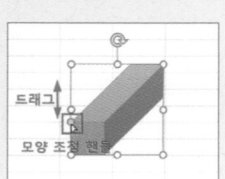

- 회전 핸들 : 도형을 선택하면 도형 위에 회전 핸들이 나타난다. 회전 핸들을 드
래그하여 도형을 회전 할 수 있다.

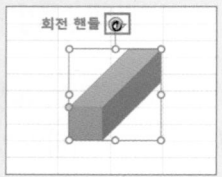

도형이 삽입되면 도형을 편집할 수 있는 [그리기 도구]-[서식] 메뉴가 나타난다. 도형에 다양한 서식을 적용해보자.

❶ 물결 도형을 선택하고 [그리기 도구]-[서식]-[도형 스타일] 그룹에서 [미세효과 – 황금색, 강조4] 스타일과 [도형 효과]-[입체효과]-[딱딱한 가장자리] 입체효과를 적용한다.

❷ 모서리가 둥근 직사각형을 선택하고 [그리기 도구]–[서식]–[도형 스타일] 그룹에서 [미
세효과 – 녹색, 강조6] 스타일과 [도형 효과]–[그림자]–[오프셋 아래쪽] 그림자 효과
를 적용한다.

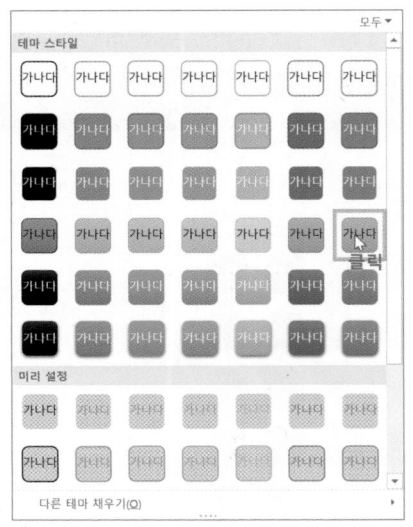 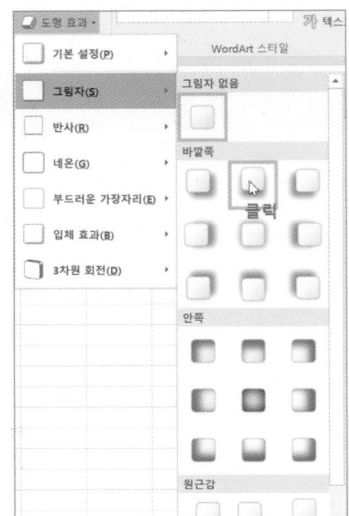

❸ 도형에 '4차 산업혁명 주요기술'을 입력하고 [홈]–[글꼴] 그룹에서 글꼴 크기는 [16],
[굵게]를 클릭한다. [홈]–[맞춤] 그룹에서 [가운데 맞춤]을 클릭하여 글자의 위치를 도
형의 가운데로 맞춤한다.

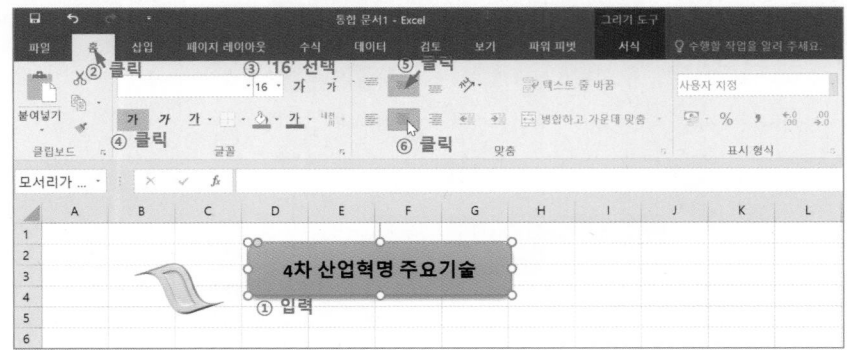

도형을 정렬해보자.

❶ 물결 도형을 복사하여 붙여넣기 하고 [그리기 도구]–[서식]–[정렬] 그룹–[회전]–[좌우
대칭]을 클릭한다.

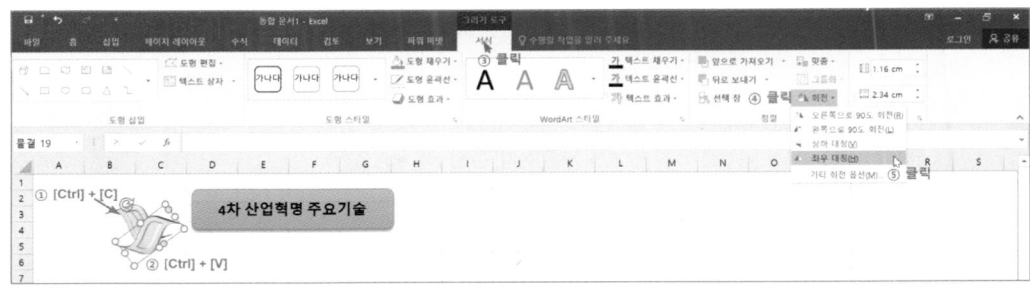

❷ 3개의 도형을 적절히 배치하고 나서 [Ctrl]를 이용하여 모두 선택한다. [그리기 도구]-[서식]-[정렬] 그룹-[맞춤]-[위쪽 맞춤]과 [가로 간격을 동일하게]를 클릭한다.

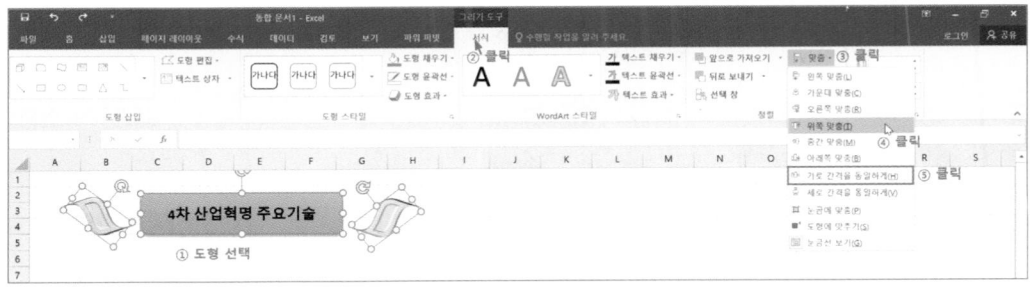

TIP   [Alt]를 누르고 도형을 삽입하면 셀에 맞춰서 삽입된다.

2 스마트아트 삽입하기

데이터를 다이어그램 형태로 시각적으로 표현하고자 할 때 스마트아트 기능을 사용하면 편리하다.

스마트아트를 삽입해보자.

❶ [삽입]-[일러스트레이션] 그룹-[SmartArt]-[목록형]-[그룹화된 목록형]을 클릭한다.

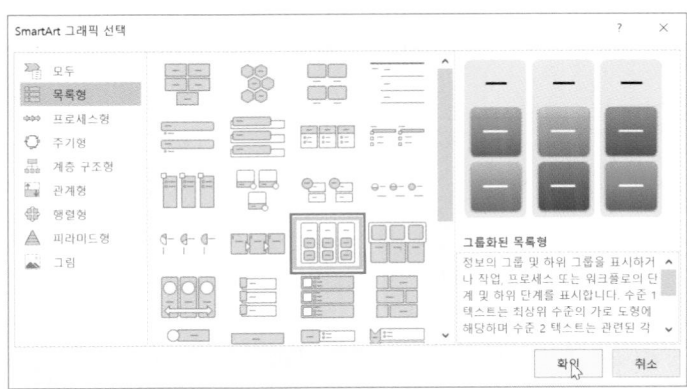

스마트아트가 삽입되면 스마트아트를 편집할 수 있는 [SmartArt 도구]-[디자인]/[서식] 메뉴가 나타난다. 스마트아트에 서식을 적용하고 편집해보자.

❶ 스마트아트를 선택하고 [SmartArt 도구]-[디자인]-[SmartArt 스타일] 그룹-[색 변경]-[색상형-강조색]을 클릭한다.

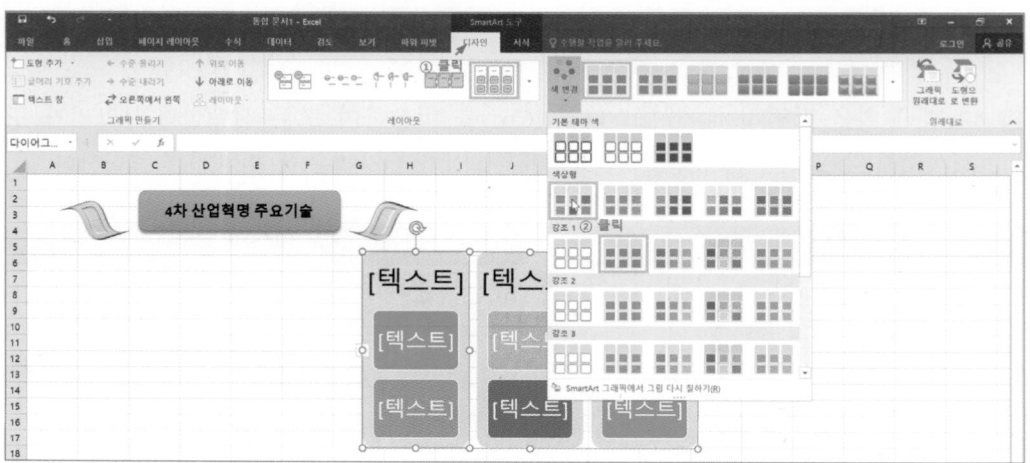

❷ [SmartArt 도구]-[디자인]-[그래픽 만들기] 그룹-[도형 추가]를 클릭하여 원하는 위치에 도형 추가도 할 수 있다.

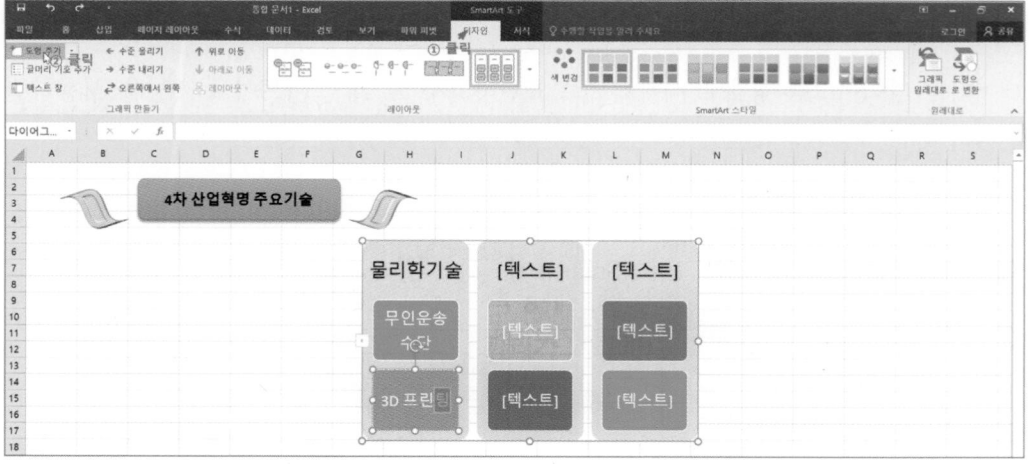

❸ 도형을 추가하여 다음과 같이 데이터를
완성하고 위치도 이동해보자.

3.3 조건부 서식

조건부 서식이란 지정한 범위의 셀 중 조건에 맞는 셀에 대해서만 서식을 적용하는 기능이
다. 조건부 서식을 이용하면 원하는 데이터를 보다 쉽게 찾아낼 수 있고 데이터의 분포나
변화를 한 눈에 파악하는 데 도움이 된다.

'3장예제_상반기실적.xlsx' 파일을 이용하여 다음과 같이 조건부 서식을 적용해보자.

사원번호	사원명	부서명	상기목표	상기실적	달성율
2017001	이소연	산업영업부	₩ 85,000	₩ 98,000	115%
2017101	황인율	영업1부	₩ 84,000	₩ 31,000	37%
2018201	김승찬	영업2부	₩ 31,000	₩ 66,000	213%
2017301	심지민	전략영업부	₩ 45,000	₩ 12,000	27%
2017401	안현자	해외영업부	₩ 50,000	₩ 50,000	100%
2017002	김미정	산업영업부	₩ 2,500	100	4%
2018001	장혜정	산업영업부	₩ 1,500	₩ 3,000	200%
2018102	박혜련	영업1부	₩ 9,800	₩ 15,000	153%
2018101	김명현	영업1부	₩ 20,000	₩ 8,620	43%
2018202	박현아	영업2부	₩ 13,200	₩ 16,700	127%
2017302	홍유찬	전략영업부	₩ 32,000	₩ 31,100	97%
2017402	김영숙	해외영업부	₩ 71,000	₩ 68,200	96%
2018301	이종욱	전략영업부	₩ 21,000	₩ 34,000	162%
2018401	최현진	해외영업부	₩ 31,200	₩ 41,000	131%
2018002	김아름	산업영업부	₩ 41,200	₩ 4,010	10%
2019001	강중배	산업영업부	₩ 41,500	₩ 56,200	135%
2018402	이한영	해외영업부	₩ 51,500	₩ 25,890	50%
2019401	손훈길	해외영업부	₩ 61,000	₩ 34,100	56%
2019301	박미경	전략영업부	₩ 81,300	₩ 98,100	121%
2018004	김경빈	산업영업부	₩ 14,000	₩ 20,500	146%
2017403	이현주	해외영업부	₩ 27,000	₩ 18,300	68%
2019002	최아람	산업영업부	₩ 5,900	₩ 6,350	108%
2019201	김종화	영업2부	₩ 8,120	₩ 9,200	113%
2019101	문혜령	영업1부	₩ 22,000	₩ 20,100	91%
2018403	조해나	해외영업부	₩ 82,000	₩ 67,100	82%
2018003	박지영	산업영업부	₩ 91,200	₩ 72,100	79%

상반기 실적표

단위 : 만원

〈결과 화면〉

3.3.1 셀 강조 규칙과 상위/하위 규칙

1 셀 강조 규칙 지정하기

셀 강조 규칙을 이용하면 조건에 해당하는 셀을 보다 쉽게 찾아 낼 수 있다. 규칙은 [보다 큼], [보다 작음], [텍스트 포함]과 같은 비교 연산자를 통해 지정한다.

'해외'를 포함하는 데이터에 셀 강조 규칙을 적용해보자.

❶ [D] 열 전체를 범위로 지정한다. 조건부 서식은 규칙을 적용하고자 하는 범위를 먼저 지정한 후 규칙을 설정한다.

❷ [홈]–[스타일] 그룹–[조건부 서식]–[셀 강조규칙]–[텍스트 포함]을 클릭한다.

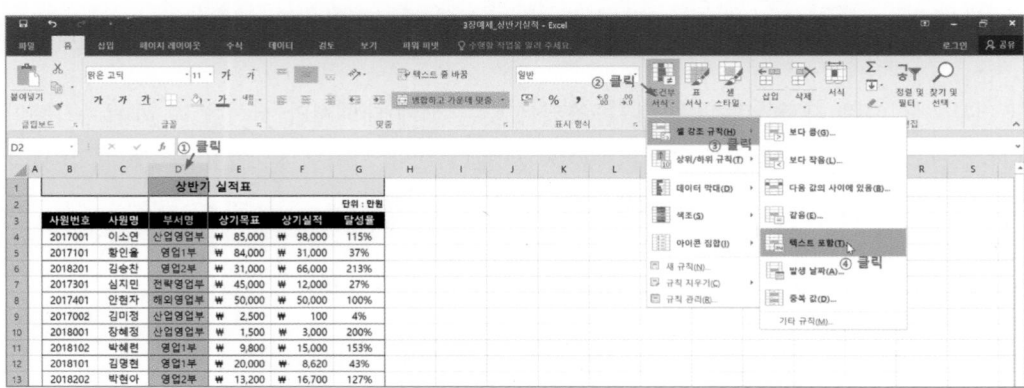

❸ [텍스트 포함] 창에서 '해외'를 입력하고 [진한 빨강 텍스트가 있는 연한 빨강 채우기] 서식을 선택한다. '해외'라는 텍스트를 포함한 셀의 배경색이 연한 빨강, 텍스트는 진한 빨강색으로 강조 표시된다.

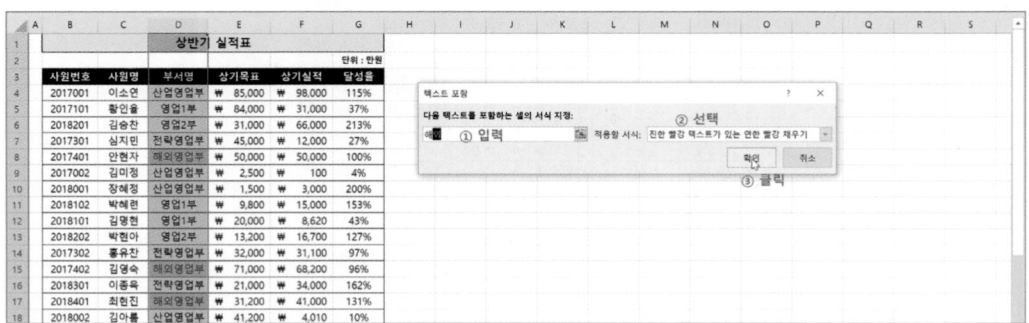

② 상위/하위 규칙 지정하기

상위/하위 규칙을 이용하면 셀 범위 내의 값들 중 [상위 10개 항목], [하위 10개 항목], [평균 초과] 등과 같은 순위 규칙을 적용하여 원하는 데이터를 강조 표시할 수 있다.

'상위 10개 항목' 상위/하위 규칙을 적용해보자.

❶ [E] 열을 클릭하여 범위로 지정하고 [홈]-[스타일] 그룹-[조건부 서식]-[상위/하위 규칙]-[상위 10개 항목]을 클릭한다.

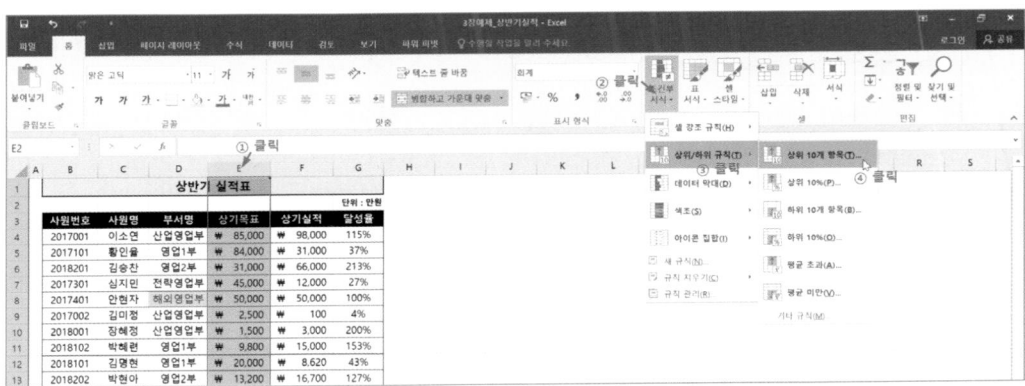

❷ [상위 10개 항목] 창에서 적용할 서식을 [진한 노랑 텍스트가 있는 노랑 채우기] 서식을 선택한다. [E] 열의 데이터 중 상위 10개 항목에 [진한 노랑 텍스트가 있는 노랑 채우기] 서식이 적용된다.

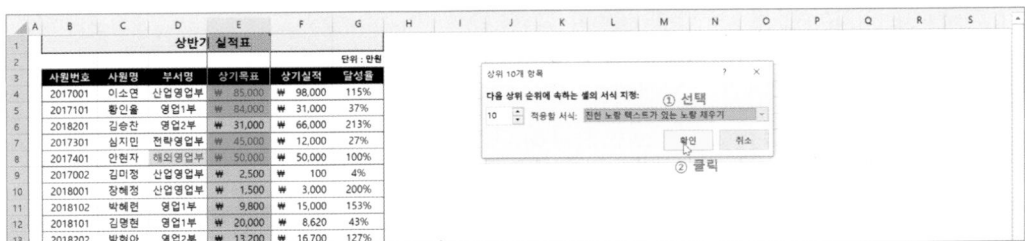

3.3.2 데이터 막대 / 색조 / 아이콘 집합

① 데이터 막대 서식 지정하기

데이터 막대를 이용하면 데이터 값의 크기에 따라 셀 배경에 막대 그림이 나타난다. 선택한 셀 범위의 데이터를 시각적으로 비교하고자 할 때 유용하다.

'빨강 데이터 막대' 서식을 적용해보자.

❶ [F] 열을 클릭하여 범위로 지정하고 [홈]−[스타일] 그룹−[조건부 서식]−[데이터 막
대]−[빨강 데이터 막대]를 선택한다. 데이터 값이 막대 모양으로 나타나며, 막대의 길
이가 길수록 큰 값을 나타낸다.

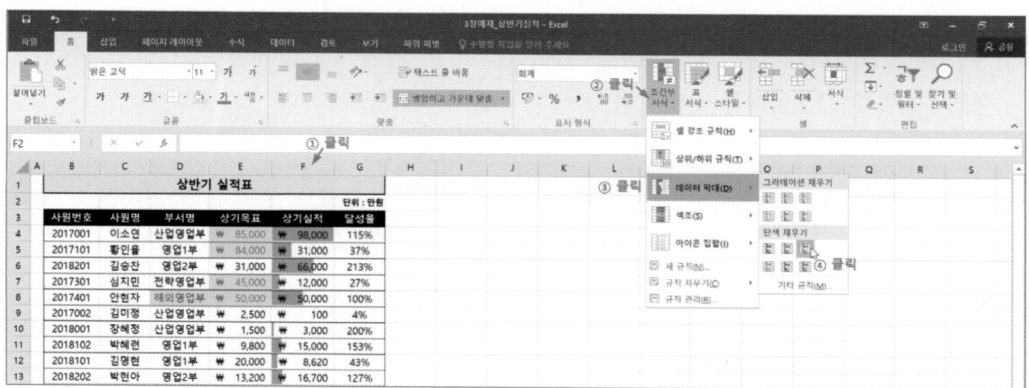

2 색조 / 아이콘 집합 서식 지정하기

색조 서식은 데이터 막대와 유사하게 선택 범위의 데이터 간에 시각적인 비교를 하는 데
도움이 되며, 2색조 또는 3색조 그라데이션으로 데이터 값을 표현한다. 아이콘 집합 서식
은 선택 범위의 데이터를 중간 값과 중간보다 높은 값, 중간보다 낮은 값으로 분류하여 아
이콘으로 표시함으로써 데이터의 분포와 변화를 파악하는 데 도움이 되는 기능이다.

색조 서식을 적용해보자.

❶ [G] 열을 클릭하여 범위로 지정하고 [홈]−[스타일] 그룹−[조건부 서식]−[색조]−[녹색−
흰색 색조]를 선택한다. 제일 짙은 녹색이 가장 큰 값을 나타낸다.

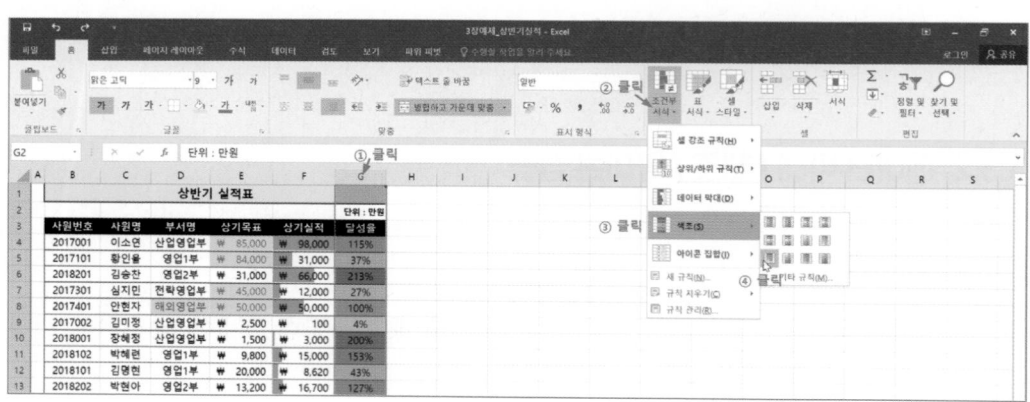

아이콘 집합 서식을 적용해보자.

❶ [G] 열을 클릭하여 범위로 지정하고 [홈]-[스타일] 그룹-[조건부 서식]-[아이콘 집합]-[3방향 화살표]를 선택한다. 중간 값, 중간보다 높은 값, 중간보다 낮은 값을 기준으로 3개의 화살표로 표시된다.

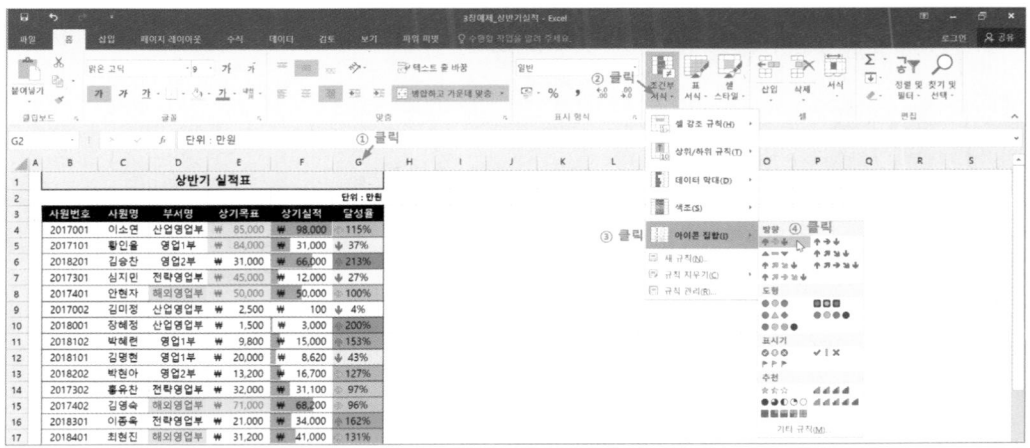

3.3.3 수식을 사용한 조건부 서식

수식을 사용하면 다양한 조건을 지정할 수 있고, 조건을 만족하는 셀뿐만 아니라 해당 셀을 포함한 행이나 열에 동시에 서식을 적용할 수 있다. 단, 범위로 영역을 지정할 때는 머리글 행은 제외해야 하며 서식을 적용하고자 하는 범위만 선택하여야 한다. 특정 열에 대해서 조건을 비교하고자 할 때는 수식 입력 시 셀 주소를 '$E4'와 같이 열 문자는 고정시키고 행 번호는 풀어주어야 한다.

'사원번호'가 '2019000' 초과인 모든 행에 대해 [굵은 기울임꼴], [자주] 글꼴 서식을 적용해보자.

❶ 머리글 행을 제외한 [B4:G29]를 범위로 지정한다.

❷ [홈]-[스타일] 그룹-[조건부 서식]-[새 규칙]을 클릭한다.

❸ [새 서식 규칙] 창에서 [수식을 사용하여 서식을 지정할 셀 결정]을 선택한다.

❹ '=$B4>2019000'을 입력한다. 선택 범위에서 [B] 열에 있는 모든 행에 대해 조건 비교를 할 것이므로 '$B4'와 같이 열 문자만 고정한다.

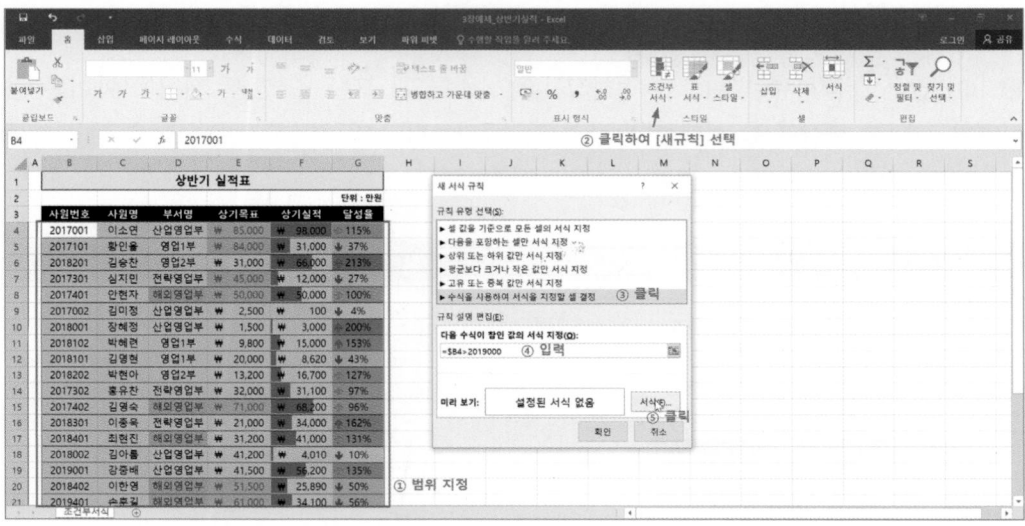

❺ [서식]을 클릭하여 [셀 서식] 창에서 [굵은 기울임꼴], [자주]로 글꼴 스타일과 색을 설정한다.

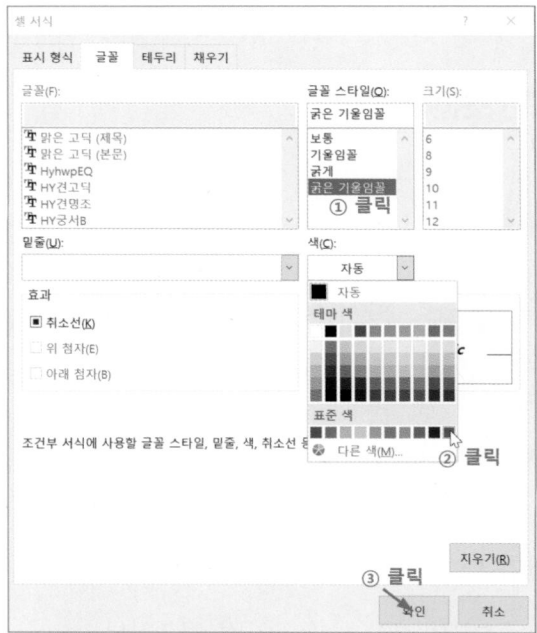

❻ '사원번호'가 '2019000' 초과인 모든 행에 대해 지정한 글꼴 서식이 적용된다.

3.3.4 규칙 관리

[규칙 관리] 메뉴를 통해 적용된 모든 규칙을 확인할 수 있으며, 새 규칙을 생성하거나 기존 규칙을 편집하고 삭제할 수 있다.

1 규칙 편집하기

[상위 10] 규칙을 [상위 5]로 수정해보자.

❶ [홈]─[스타일] 그룹─[조건부 서식]─[규칙 관리]를 선택한다.

❷ [조건부 서식 규칙 관리자] 창에서 [현재 워크시트]를 선택한다. 현재 시트에 적용된 조건부 서식이 모두 나타난다.

❸ [상위 10]을 선택하고 [규칙 편집]을 클릭한다.

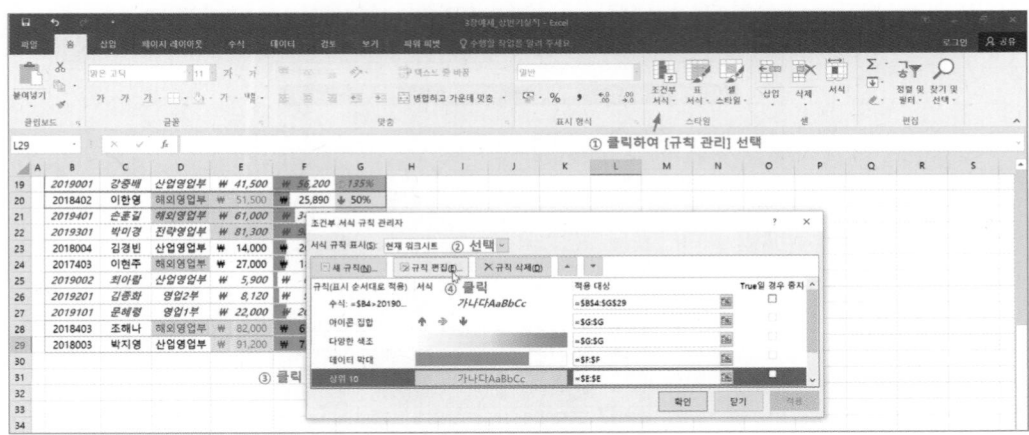

❹ [서식 규칙 편집] 창에서 '5'로 값을 수정한다.

❺ 데이터 값 중에서 상위 5개의 값에만 서식이 적용된다.

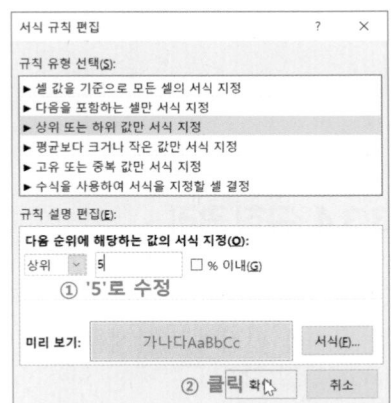

2 규칙 삭제하기

[아이콘 집합] 규칙을 삭제해보자.

❶ [조건부 서식 규칙 관리자] 창에서 [아이콘 집합] 규칙을 선택하고 [규칙 삭제]를 클릭한다.

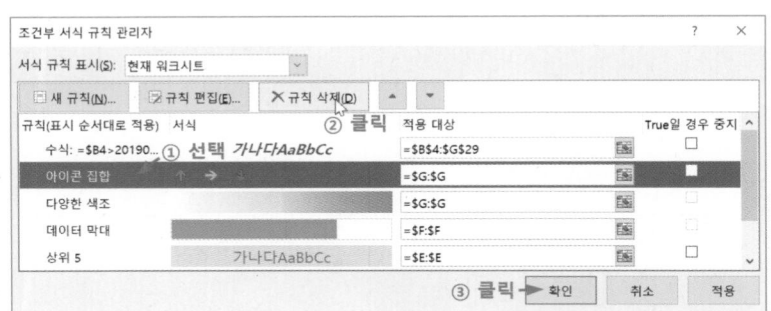

❷ [아이콘 집합] 조건부 서식이 삭제되어 [G] 열의 아이콘이 사라진다.

사원번호	사원명	부서명	상기목표	상기실적	달성율
			상반기 실적표		
					단위 : 만원
2017001	이소연	산업영업부	₩ 85,000	₩ 98,000	115%
2017101	황인율	영업1부	₩ 84,000	₩ 31,000	37%
2018201	김승찬	영업2부	₩ 31,000	₩ 66,000	213%
2017301	심지민	전략영업부	₩ 45,000	₩ 12,000	27%
2017401	안현자	해외영업부	₩ 50,000	₩ 50,000	100%
2017002	김미정	산업영업부	₩ 2,500	₩ 100	4%
2018001	장혜정	산업영업부	₩ 1,500	₩ 3,000	200%
2018102	박혜련	영업1부	₩ 9,800	₩ 15,000	153%
2018101	김명현	영업1부	₩ 20,000	₩ 8,620	43%
2018202	박현아	영업2부	₩ 13,200	₩ 16,700	127%
2017302	홍유찬	전략영업부	₩ 32,000	₩ 31,100	97%
2017402	김영숙	해외영업부	₩ 71,000	₩ 68,200	96%
2018301	이종욱	전략영업부	₩ 21,000	₩ 34,000	162%
2018401	최현진	해외영업부	₩ 31,200	₩ 41,000	131%
2018002	김아름	산업영업부	₩ 41,200	₩ 4,010	10%
2019001	강중배	산업영업부	₩ 41,500	₩ 56,200	135%
2018402	이한영	해외영업부	₩ 51,500	₩ 25,890	50%
2019401	손훈길	해외영업부	₩ 61,000	₩ 34,100	56%

기본 프로젝트   **셀 서식, 셀 스타일, 표 서식을 이용하여 문서 만들기**

'3장예제_기본프로젝트.xlsx' 파일을 셀 서식, 셀 스타일, 표 서식을 이용하여 다음과 같이 문서를 완성해보자.

이름	키	몸무게	달리기	윗몸일으키기(회/1분)	팔굽혀펴기(회/1분)
				기초 체력 테스트	
차무현	172m	60.9kg	0.00	42	45
이한민	182m	67.3kg	-1.50	77	63
김석찬	179m	80.0kg	-3.00	61	72
김지철	181m	91.0kg	2.10	34	20
정재화	187m	78.0kg	-4.20	59	50
이명섭	165m	80.1kg	3.50	29	37
안성규	169m	71.3kg	3.62	32	55
이창화	173m	73.1kg	0.30	47	59
김영식	184m	77.7kg	-3.12	61	61
전제준	170m	81.0kg	2.90	53	53
이도현	171m	75.9kg	2.61	36	51
손훈길	175m	59.8kg	3.92	13	15
김세찬	159m	72.6kg	4.50	24	28
송국섭	176m	60.0kg	0.00	58	50
소요섭	174m	69.4kg	-0.02	42	34
이한영	171m	80.5kg	0.66	39	57
정재성	177m	82.6kg	1.80	40	54
홍종인	180m	75.8kg	2.03	46	52

〈결과 화면〉

(STEP 1) 사용자 지정 서식으로 표시 형식 지정하기

❶ [B] 열을 클릭하여 범위로 지정하고 [셀 서식] 창을 불러온다.

❷ [셀 서식] 창에서 [사용자 지정]을 클릭하고 [형식]에 '#"m"'을 입력한다. 숫자 데이터와 함께 'm'이 표시된다.

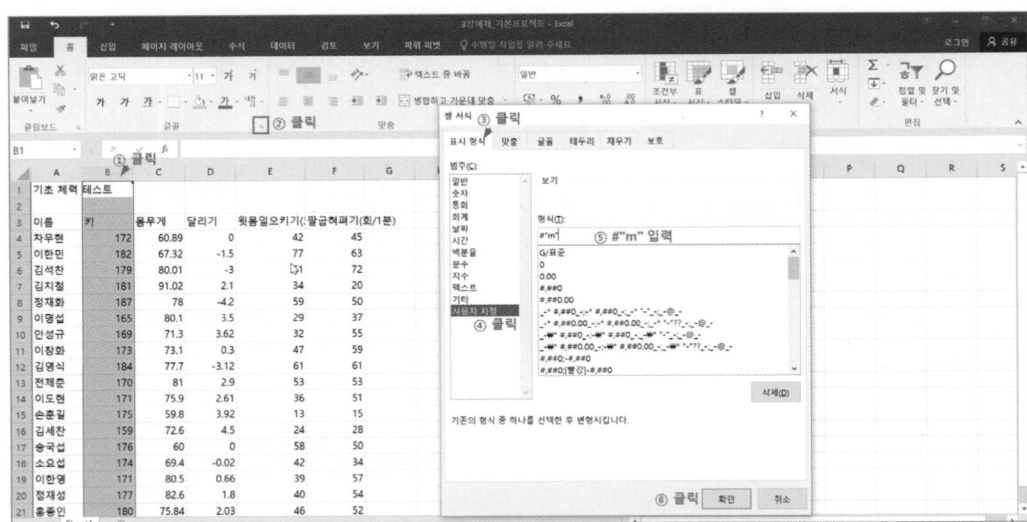

❸ [C] 열을 클릭하여 범위로 지정하고 [셀 서식] 창을 불러온다.

❹ [셀 서식] 창에서 [사용자 지정]을 클릭하고 [형식]에 '0.0"kg"'을 입력한다. 'kg'과 함께 소수점 첫째 자리까지 숫자 데이터가 표시된다.

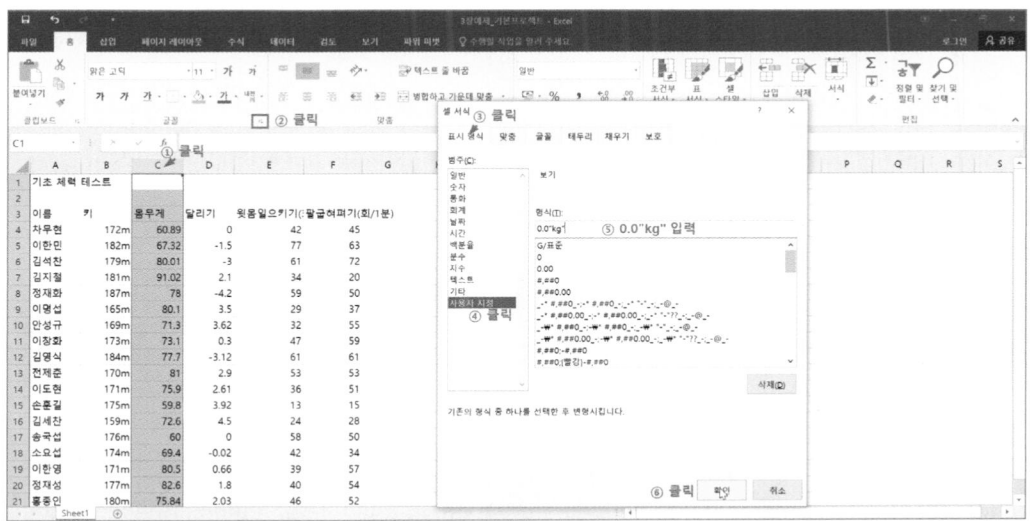

STEP 2 숫자 데이터 서식 지정하기

❶ [D] 열을 클릭하여 범위로 지정하고 [셀 서식] 창을 불러온다.

❷ [셀 서식] 창에서 [숫자]를 클릭하고 [소수 자릿수]는 '2', [음수]는 [−1234.10]을 선택한다. 음수는 빨간색, 소수점 둘째자리까지 숫자 데이터가 표시된다.

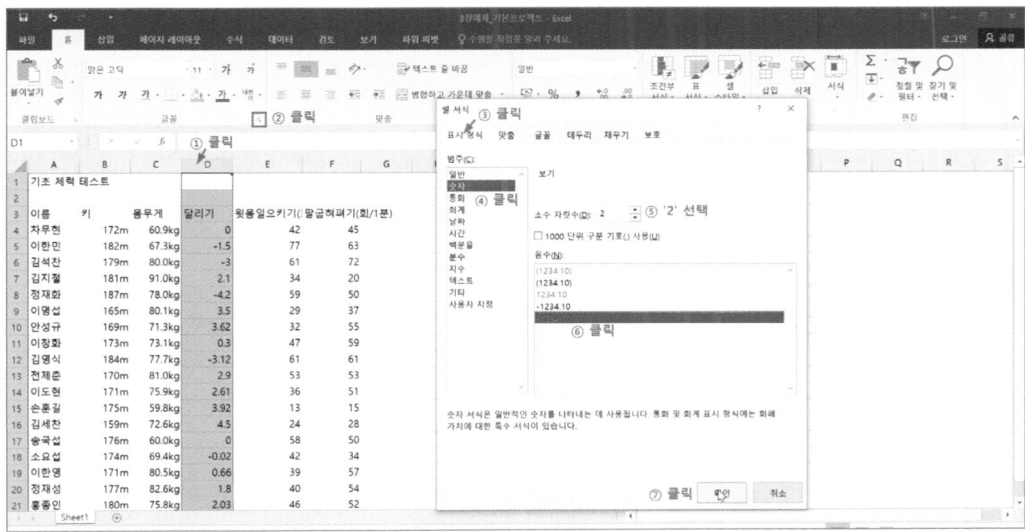

(STEP 3) 메모 삽입하고 크기 조정하기

❶ [D3] 셀을 클릭하고 [검토]–[메모] 그룹–[새 메모]를 클릭한다.

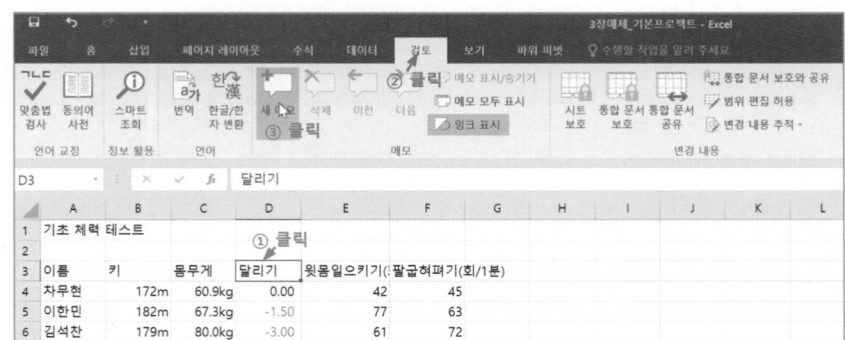

❷ 메모가 나타나면 '100m 15초 기준'을 입력하고 조절점을 드래그하여 크기를 조정한다.

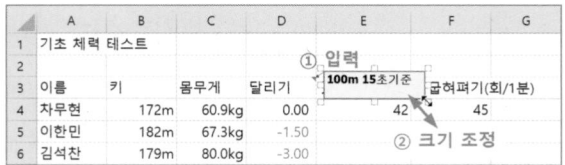

(STEP 4) 셀 병합하고 셀 스타일 적용하기

❶ [A1:F1]을 범위로 지정하고 [홈]–[맞춤] 그룹–[병합하고 가운데 맞춤]을 클릭한다.

❷ [홈]–[스타일] 그룹–[셀 스타일]–[제목 1]을 선택한다.

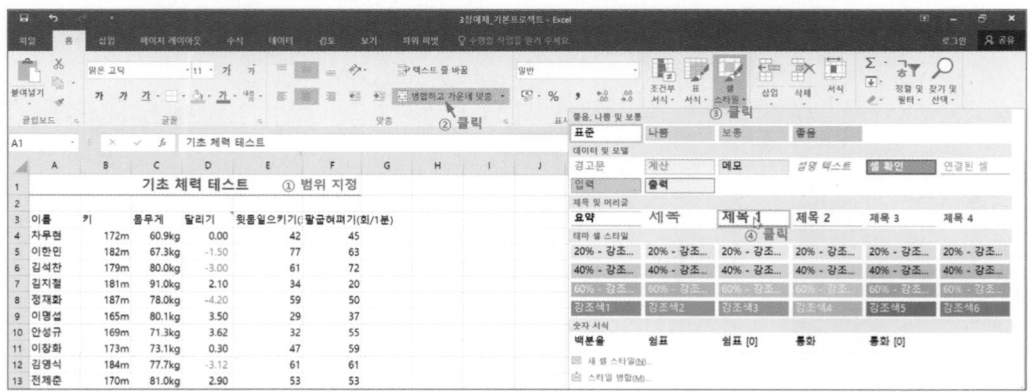

STEP 5   표 서식 적용하기

❶ [A3:F21]을 범위로 지정하고 [홈]–[스타일] 그룹–[표 서식]–[표 스타일 밝게 13]을 선택한다.

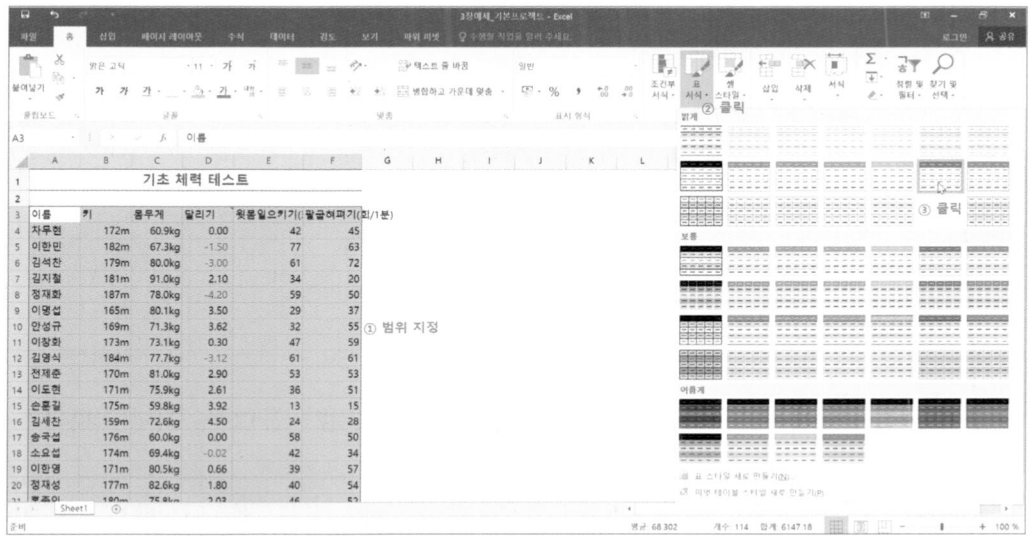

❷ [표 서식] 창에서 [확인]을 클릭하면 표 서식 기능이 적용된다.

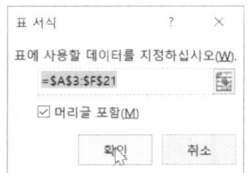

❸ [표 도구]–[디자인]–[도구] 그룹–[범위로 변환]을 선택하여 일반 표 형식으로 변환한다.

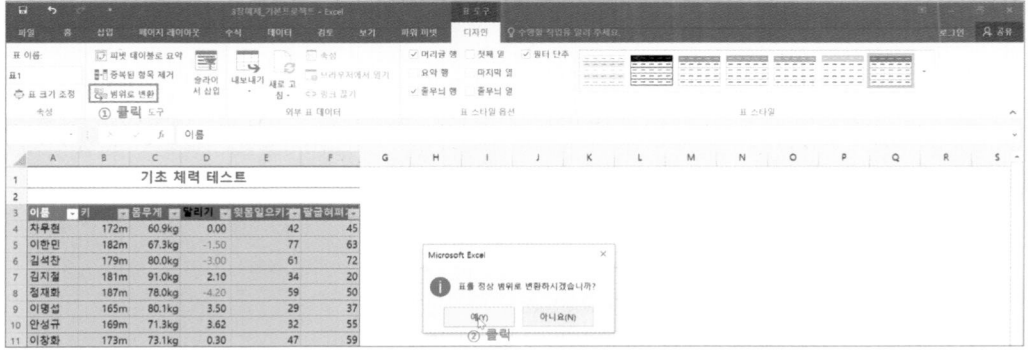

❹ [A3:F21]을 범위로 지정하고 [홈]–[맞춤] 그룹–[가운데 맞춤]을 선택하여 데이터를 가
  운데로 정렬한다.

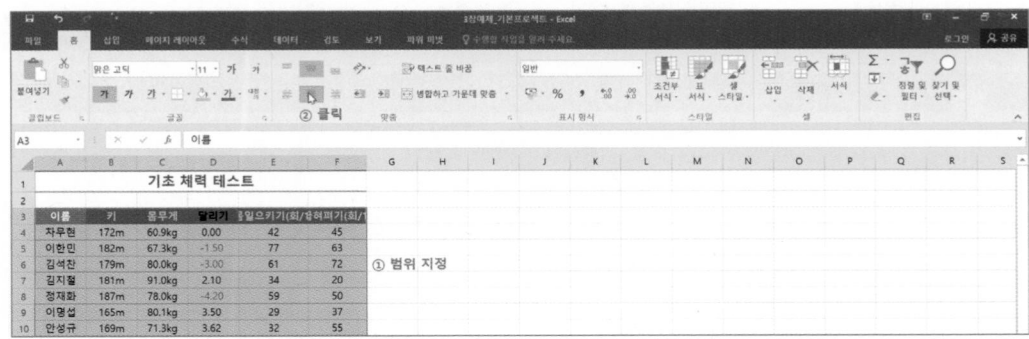

(STEP 6) 행 높이와 열 너비 변경하기

❶ [2]행을 선택하고 마우스 오른쪽 버튼을
  클릭하여 [행 높이]를 클릭한다.

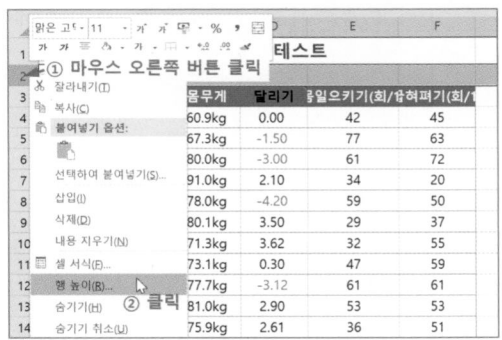

❷ [행 높이] 창에서 '10'을 입력한다. [행 높이]가 '10'으로 고정된다.

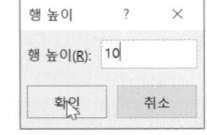

❸ [E:F]를 범위로 지정하고 열 머리글의 경계에 마우스를 가져간다. 마우스 포인터를 더
  블 클릭하여 열 너비를 조정한다.

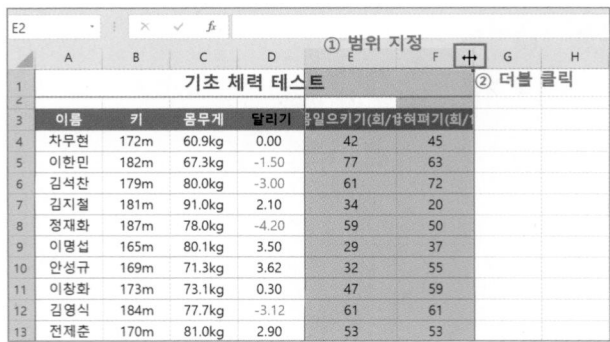

STEP 7 조건부 서식 적용하기

❶ [E4:E21]을 범위로 지정한다. [홈]-[스타일] 그룹-[조건부 서식]-[셀 강조규칙]-[보다 큼]을 클릭한다.

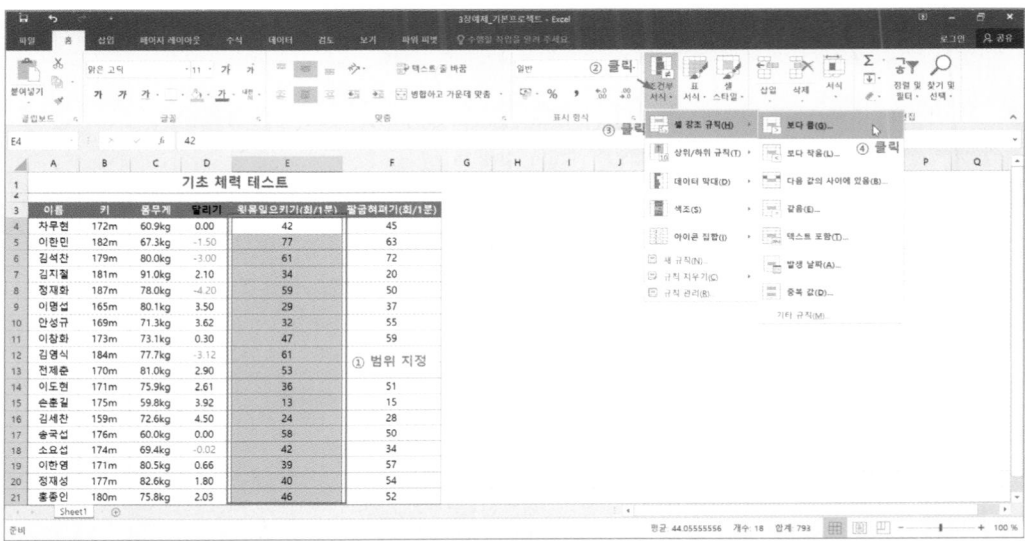

❷ [보다 큼] 창에서 '55'를 입력하고 [진한 빨강 텍스트가 있는 연한 빨강 채우기] 서식을 선택한다. '55' 보다 큰 데이터는 적용된 서식으로 표시된다.

❸ [F4:F21]을 범위로 지정한다. [홈]–[스타일] 그룹–[조건부 서식]–[상위/하위 규칙]–[상위 10%]를 클릭한다.

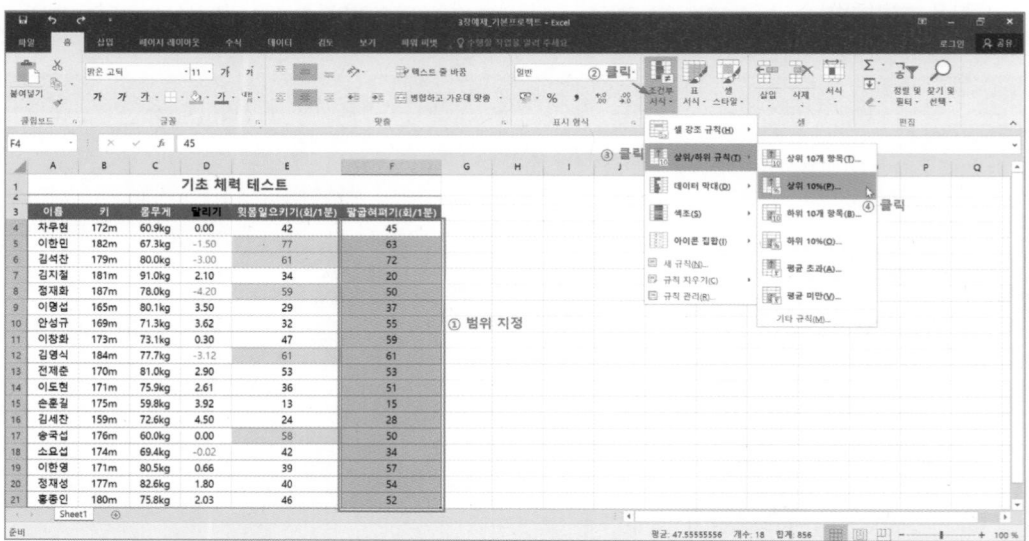

❹ [상위 10%] 창에서 '20'을 입력하고 [진한 녹색 텍스트가 있는 녹색 채우기] 서식을 선택한다. 상위 20% 데이터는 적용된 서식으로 표시된다.

STEP 8 시트 이름 바꾸고 복사하기

❶ [Sheet1] 시트 탭을 더블 클릭하고 '3월'을 입력한다.

❷ [3월] 시트 탭을 마우스 오른쪽 버튼을 클릭하고 [이동/복사]를 클릭한다.

❸ [이동/복사] 창에서 [(끝으로 이동)], [복사본 만들기]를 선택한다.

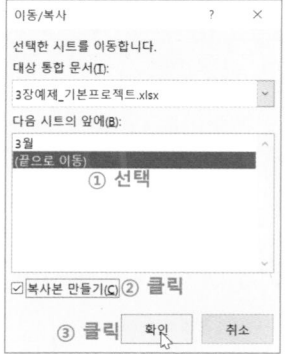

❹ 복사된 [3월 (2)] 시트를 [4월]로 시트 이름을 변경한다.

응용 프로젝트   **셀 서식, 조건부 서식의 다양한 기능을 이용하여 문서 만들기**

'3장예제_응용프로젝트.xlsx' 파일을 다음과 같이 다양한 서식을 적용하여 완성해보자.

(STEP 1) 사용자 지정 서식으로 표시 형식 지정하기

❶ [A5:A29]를 범위로 지정하고 [셀 서식] 창을 불러온다.

❷ [셀 서식] 창에서 [사용자 지정]을 클릭하고 [형식]에 '[파랑]00-0000'을 입력한다. 숫
자 데이터가 지정한 형식대로 표시된다.

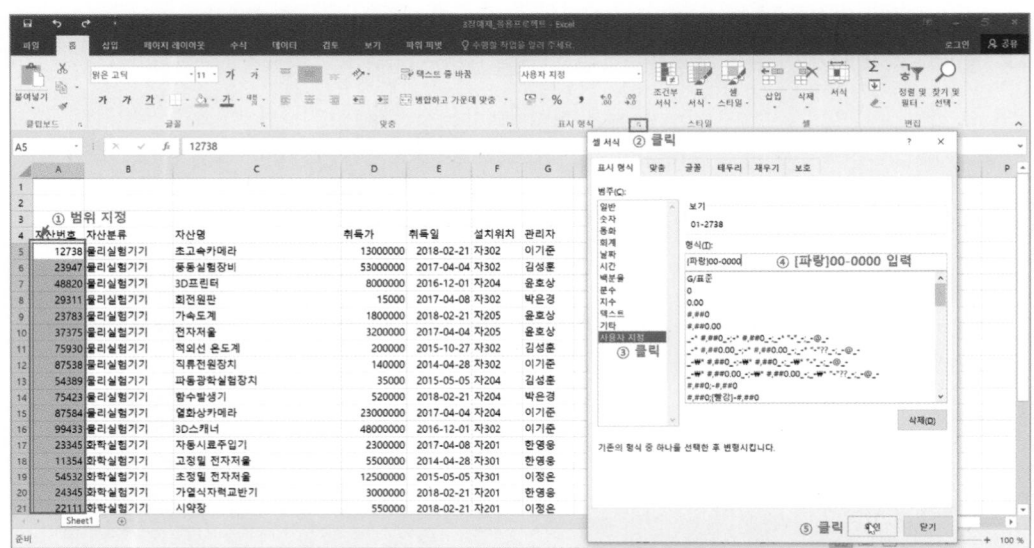

❸ [F5:F29]를 범위로 지정하고 [셀 서식] 창을 불러온다.

❹ [셀 서식] 창에서 [사용자 지정]을 클릭하고 [형식]에 '@"호"'를 입력한다. 문자 데이터 뒤에 '호'가 함께 표시된다.

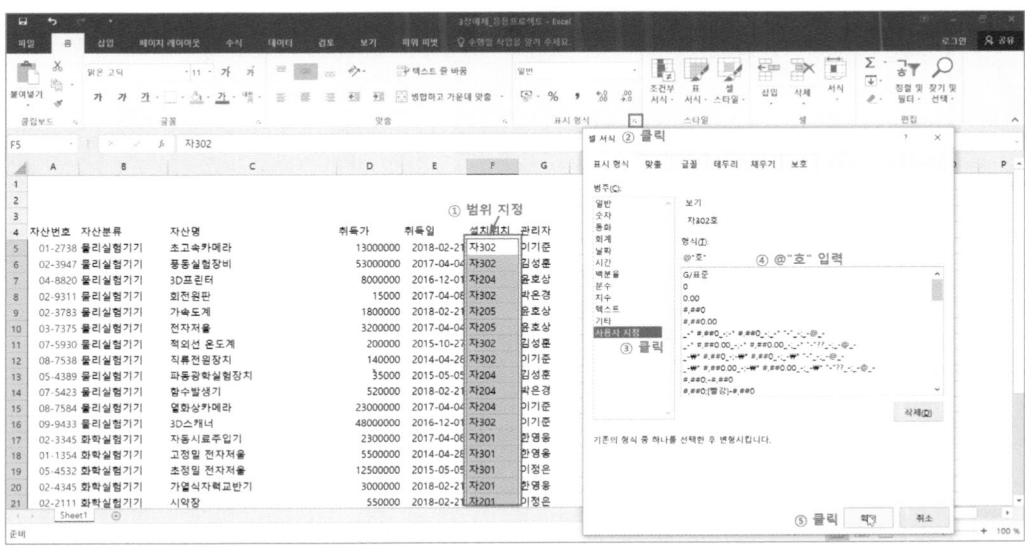

(STEP 2) 통화 데이터 서식 지정하기

❶ [D] 열을 클릭하여 범위로 지정하고 [홈]–[표시 형식] 그룹–[ ]–[₩ 한국어]를 클릭한다. 지정한 통화기호(₩)가 데이터와 함께 표시된다.

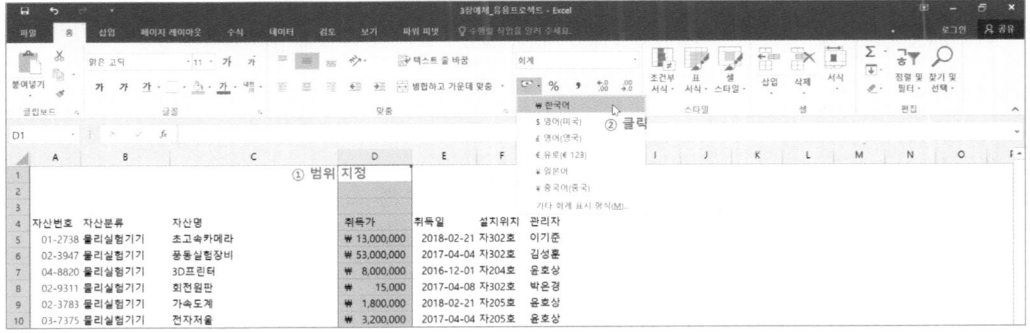

❷ [.00]를 두 번 클릭하여 소수점 이하 자리를 보이지 않게 한다.

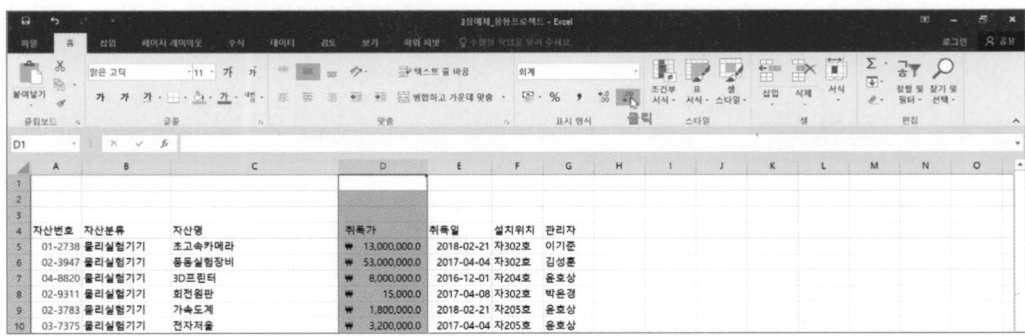

(STEP 3) 날짜 데이터 서식 지정하기

❶ [E] 열을 클릭하여 범위로 지정하고 [셀 서식] 창을 불러온다.

❷ [셀 서식] 창에서 [날짜]를 클릭하여 형식을 [2012년 3월]로 선택한다. 지정한 날짜 형식으로 데이터가 표시된다.

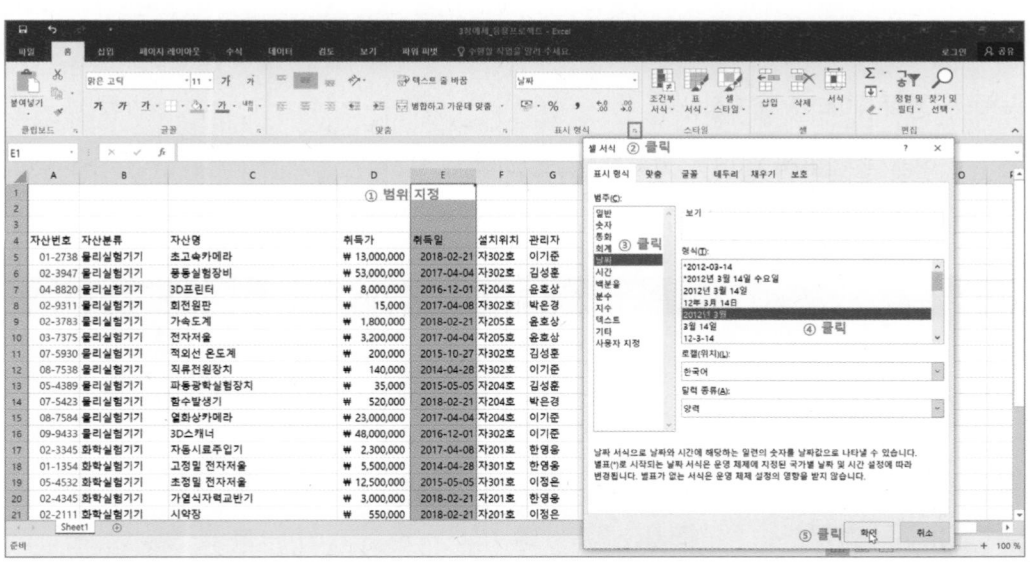

TIP 숫자, 날짜 서식은 숫자데이터에만 적용되고 문자데이터에는 영향이 없다.

STEP 4 테두리 서식 지정하기

❶ [A4:G29]를 범위로 지정하고 [셀 서식] 창을 불러온다.

❷ [셀 서식] 창에서 [테두리]를 클릭하여 그림과 같이 테두리를 지정하고 [홈]-[맞춤] 그룹-[가운데 맞춤]을 선택하여 데이터를 정렬한다.

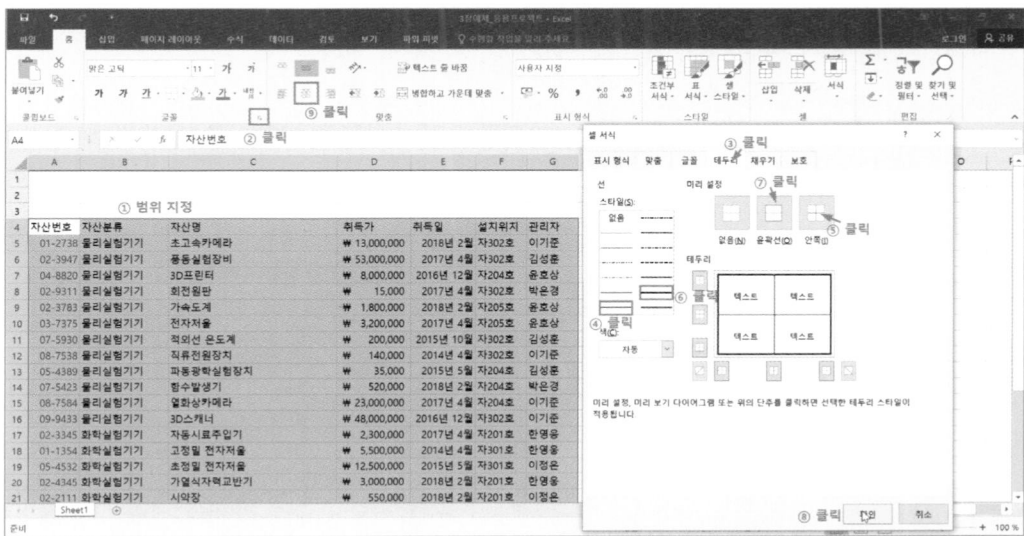

❸ [A4:G4]를 범위로 지정하고 [홈]-[글꼴] 그룹에서 [▢]-[아래쪽 이중 테두리]와 [▨]-[녹색, 강조6, 80% 더 밝게] 서식을 지정해보자.

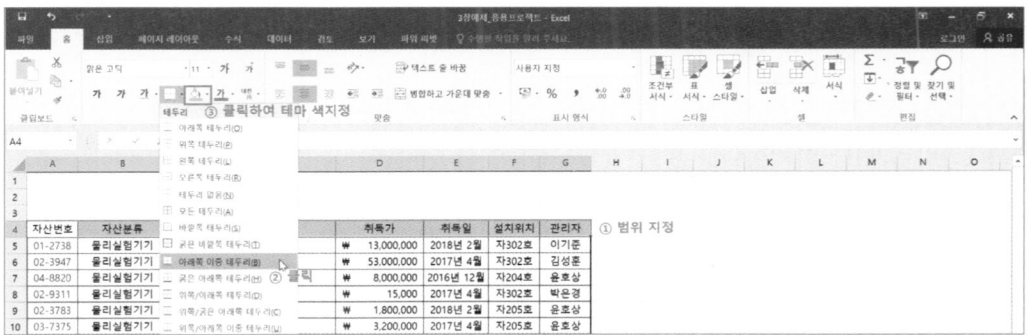

STEP 5　도형 삽입하고 편집하기

❶ [삽입]−[일러스트레이션] 그룹−[도형]−[별 및 현수막]−[위로 구부러진 리본]을 클릭하여 도형을 삽입한다. 도형을 삽입할 때 [Alt]를 누르고 [A1:G3]영역에 위치하도록 드래그 하여 삽입한다.

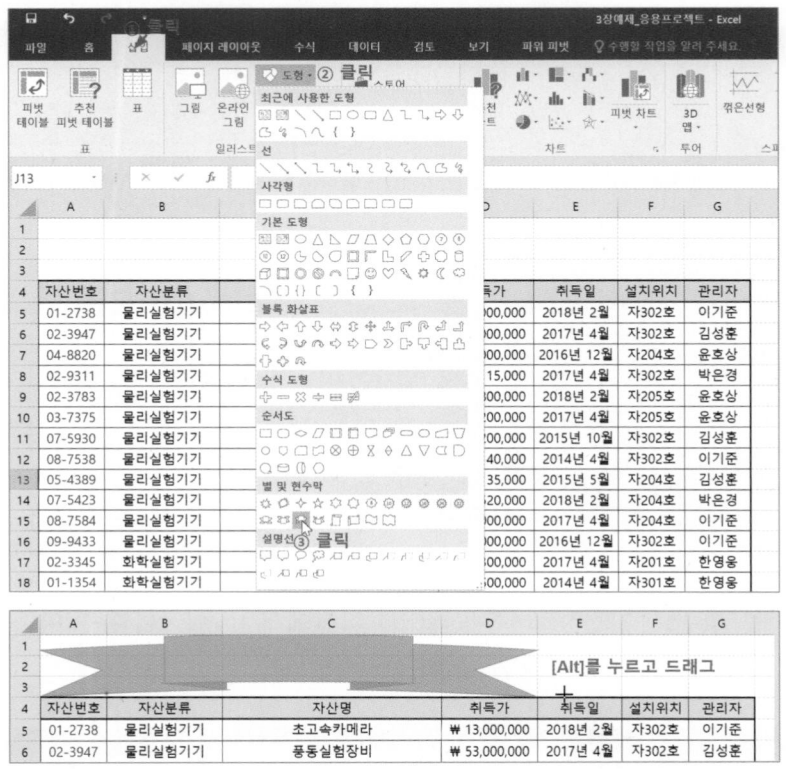

❷ 삽입한 도형에 '실험실 보유 자산 현황'을 입력하고 [홈]−[글꼴] 그룹에서 글꼴 크기는 [16], [굵게]를 클릭한다. [홈]−[맞춤] 그룹에서 [가운데 맞춤]을 클릭하여 글자의 위치를 도형의 가운데로 맞춤하고, [색 윤곽선 − 녹색, 강조6] 도형 스타일을 적용한다.

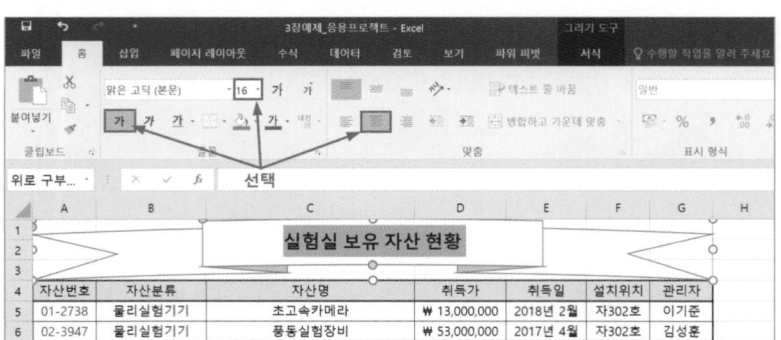

❸ 도형의 크기조정 핸들, 모양조정 핸들 이용하여 적절히 도형의 크기와 모양을 변경해
보자.

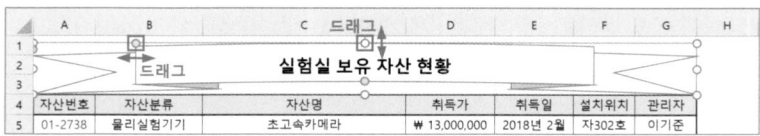

STEP 6 데이터 막대 조건부서식 적용하기

❶ [D]열을 클릭하여 범위로 지정하고 [홈]–[스타일] 그룹–[조건부 서식]–[데이터 막
대]–[빨강 데이터 막대]를 선택한다. 데이터 값이 막대 모양으로 나타나며, 막대의 길
이가 길수록 큰 값을 나타낸다.

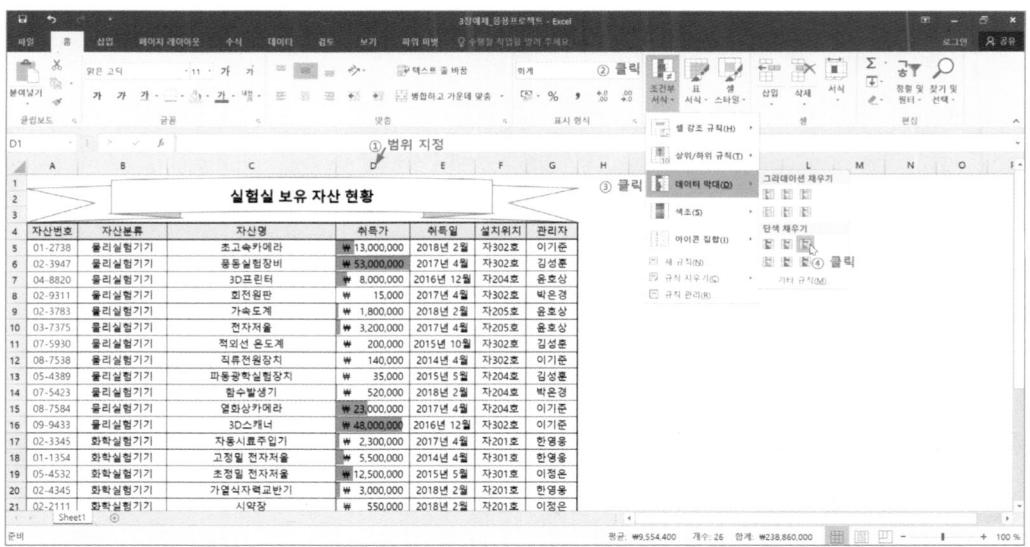

STEP 7 조건에 맞는 모든 행에 서식 적용하기

관리자가 '박은경'인 모든 행에 [굵은 기울임꼴], [자주] 서식을 적용하여 보자.

❶ 서식을 적용할 범위로 머리글 행을 제외한 [A5:G29]를 지정한다. [홈]-[스타일] 그룹-[조건부 서식]-[새 규칙]을 클릭한다.

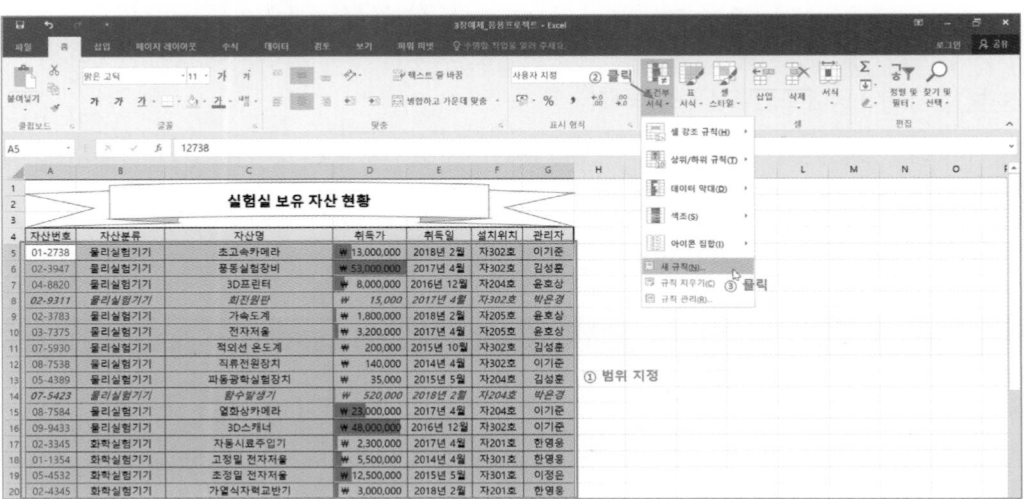

❷ [새 서식 규칙] 창에서 [수식을 사용하여 서식을 지정할 셀 결정]을 선택한다.

❸ '=$G5="박은경"'을 입력한다. 선택 범위에서 [G] 열에 있는 모든 행에 대해 조건 비교를 할 것이므로 '$G5'와 같이 열 문자만 고정한다.

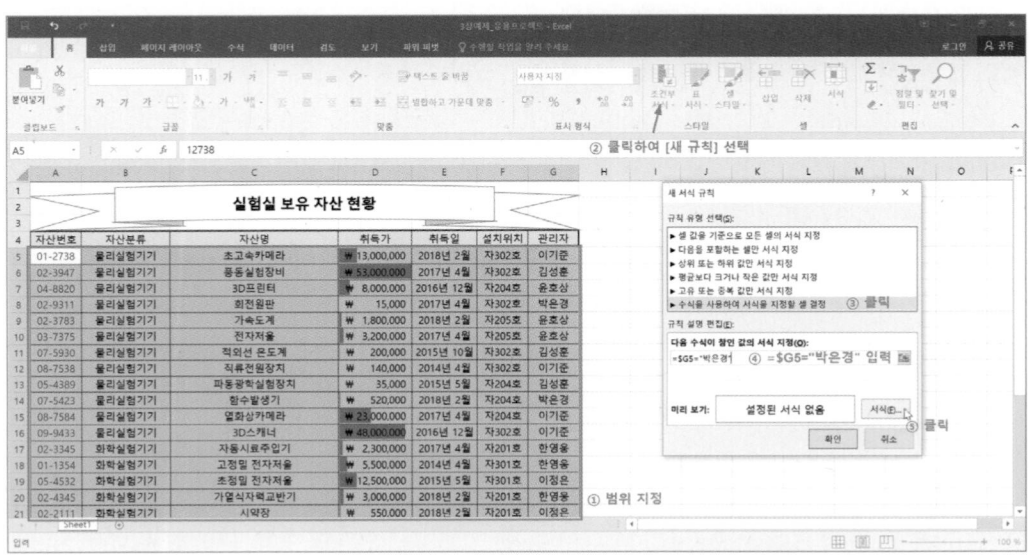

❹ [서식]을 클릭하여 [셀 서식] 창에서 [굵은 기울임꼴], [자주]로 글꼴 스타일과 색을 설정한다.

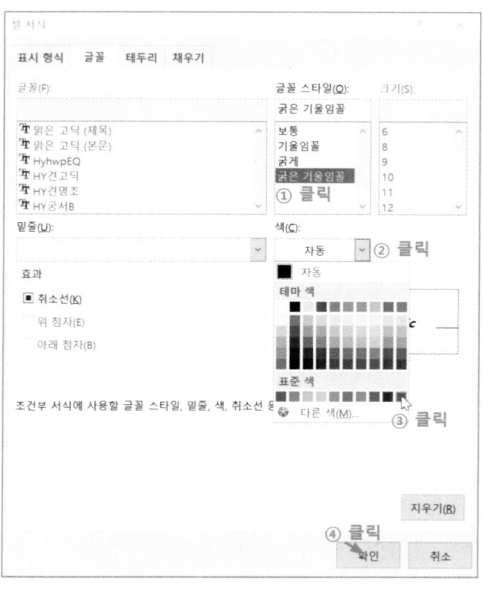

(1) 셀 다루기

- 모든 셀은 각각 고유한 이름을 가지며, 기본적으로 열 문자와 행 번호의 결합으로 이루어진다.
- 셀 서식을 이용하여 데이터를 효과적으로 표현할 수 있으며, 데이터에 대해서는 글꼴, 맞춤 형식 등을, 셀 자체에 대해서는 배경색이나 테두리와 같은 서식을 설정할 수 있다.
- 엑셀에서 기본적으로 제공하는 셀 스타일과 표 서식을 통해 빠르고 편리하게 서식을 적용할 수 있다.
- 셀에 메모를 삽입하여 부가적인 설명을 추가할 수 있다.

(2) 워크시트 다루기

- 워크시트는 데이터를 입력하고 편집하는 작업 공간이다.
- 워크시트에서 시트의 삽입, 삭제, 복사, 이름변경이 가능하다.
- 행과 열은 크기를 조정할 수 있고, 삽입, 삭제, 숨기기도 할 수 있다.
- 워크시트에 도형, 스마트아트 등의 개체도 삽입할 수 있다.

(3) 조건부 서식

- 조건부 서식이란 지정한 범위의 셀 중 조건에 맞는 셀만 서식이 적용되는 기능이다.
- 셀 강조 규칙, 상위/하위 규칙, 데이터 막대, 색조, 아이콘 집합이 있으며 수식을 사용하여 서식을 지정할 수도 있다.

기본실습문제

■ 셀서식으로 문서 꾸미기

'3장기본실습문제.xlsx' 파일을 다음의 작성조건에 따라 완성하시오.

날짜	내역	결재금액	윤호	소연	도현	연우	지후	계	윤호	소연	도현	연우	지후	결재
				가족별 참여인원						가족별 지출금액				
2019-04-05	점심식사 - 한정식	187000	4	3	3	2	1	13	57538.5	43153.846	43153.8	28769.2	14384.62	소연
2019-04-05	장보기	55000	1	1	1	1	1	5	11000	11000	11000	11000	11000	윤호
2019-04-05	저녁식사 - 바비큐	215000	4	3	3	2	1	13	66153.8	49615.385	49615.4	33076.9	16538.46	소연
2019-04-05	숙소	430000	1	1	1	1	1	5	86000	86000	86000	86000	86000	소연
2019-04-05	탁구 게임	30000	2	2	1	1	1	7	8571.43	8571.4286	4285.71	4285.71	4285.714	도현
2019-04-06	아침식사 - 뷔페	140000	4	3	3	2	2	14	40000	30000	30000	20000	20000	도현
2019-04-06	수영장	280000	4	3	3	2	2	14	80000	60000	60000	40000	40000	지후
2019-04-06	점심식사	84000	4	3	3	2	2	14	24000	18000	18000	12000	12000	연우
2019-04-06	카페	32000	2	2	2	1	1	8	8000	8000	8000	4000	4000	연우
2019-04-06	저녁식사 - 감자탕	160000	1	1	1	1	1	5	32000	32000	32000	32000	32000	지후
2019-04-06	볼링 게임	30000	4	2	1	1	2	10	12000	6000	3000	3000	6000	연우
가족별 사용금액									425264	352340.66	345055	274132	246208.8	
기 지출 금액									55000	832000	170000	146000	440000	
정산									370264	-479659.3	175055	128132	-193791	

〈원본〉

날짜	내역	결재금액	윤호	소연	도현	연우	지후	계	윤호	소연	도현	연우	지후	결재
	지출내역			가족별 참여인원						가족별 지출금액				
4월 5일	점심식사 - 한정식	₩187,000	4명	3명	3명	2명	1명	13명	₩57,538	₩43,154	₩43,154	₩28,769	₩14,385	소연
4월 5일	장보기	₩55,000	1명	1명	1명	1명	1명	5명	₩11,000	₩11,000	₩11,000	₩11,000	₩11,000	윤호
4월 5일	저녁식사 - 바비큐	₩215,000	4명	3명	3명	2명	1명	13명	₩66,154	₩49,615	₩49,615	₩33,077	₩16,538	소연
4월 5일	숙소	₩430,000	1명	1명	1명	1명	1명	5명	₩86,000	₩86,000	₩86,000	₩86,000	₩86,000	소연
4월 5일	탁구 게임	₩30,000	2명	2명	1명	1명	1명	7명	₩8,571	₩8,571	₩4,286	₩4,286	₩4,286	도현
4월 6일	아침식사 - 뷔페	₩140,000	4명	3명	3명	2명	2명	14명	₩40,000	₩30,000	₩30,000	₩20,000	₩20,000	도현
4월 6일	수영장	₩280,000	4명	3명	3명	2명	2명	14명	₩80,000	₩60,000	₩60,000	₩40,000	₩40,000	지후
4월 6일	점심식사	₩84,000	4명	3명	3명	2명	2명	14명	₩24,000	₩18,000	₩18,000	₩12,000	₩12,000	연우
4월 6일	카페	₩32,000	2명	2명	2명	1명	1명	8명	₩8,000	₩8,000	₩8,000	₩4,000	₩4,000	연우
4월 6일	저녁식사 - 감자탕	₩160,000	1명	1명	1명	1명	1명	5명	₩32,000	₩32,000	₩32,000	₩32,000	₩32,000	지후
4월 6일	볼링 게임	₩30,000	4명	2명	1명	1명	2명	10명	₩12,000	₩6,000	₩3,000	₩3,000	₩6,000	연우
가족별 사용금액									₩425,264	₩352,341	₩345,055	₩274,132	₩246,209	
기 지출 금액									₩55,000	₩832,000	₩170,000	₩146,000	₩440,000	
정산									₩370,264	-₩479,659	₩175,055	₩128,132	-₩193,791	

〈완성〉

1. [B6:B16]의 날짜 표시 형식을 [3월 14일]로 설정하시오.

2. [D6:D16], [K6:O19]의 범위에 통화(₩) 표시를 함께 나타내고, 음수는 빨간색으로 나타내시오.

3. [E6:J16]에 데이터와 함께 '명'을 함께 나타내시오.
   [셀서식]–[표시 형식]–[사용자 지정]에서 ' #"명" ' 입력한다.

4. 〈완성〉을 참조하여 [B2:P2], [B4:D4], [E4:J4], [K4:O4], [P4:P5], [E17:J17], [E18:J18], [E19:J19]의 범위를 '병합하고 가운데 맞춤' 하시오.

   TIP   [Ctrl]를 누른 채 각 범위를 지정하고 '병합하고 가운데 맞춤'을 클릭하면 한 번에 서식이 적용된다.

5. 〈완성〉을 참조하여 테두리, 글꼴, 색 서식을 지정하시오.

6. 2행의 행 높이는 '25', 3행의 행 높이는 '5'로 고정하시오.

7. 완성된 표를 가로 [가운데 맞춤], 세로 [가운데 맞춤] 정렬하고 데이터가 보이도록 열 너비를 조정하시오.

응용실습문제

■ 셀서식, 조건부 서식을 이용하여 문서 꾸미기

'3장응용실습문제.xlsx' 파일을 다음의 작성조건에 따라 완성하시오.

	A	B	C	D	E	F
1						
2						
3	구분			2017	2018	2019
4	신규채용 인력	개발직		24	25	23
5		관리직		16	23	14
6	사업실적	주력제품 판매		2241000000	4518000000	5261000000
7		정부연구사업	산업부	145000000	115000000	922000000
8			과기부	141000000	647000000	600000000
9			환경부		250000000	
10			국토부	189000000	958000000	163000000
11			기타부처	313000000	305000000	320000000
12		엔지니어링서비스	공공	164000000	230000000	284000000
13			산업계	444000000	697000000	423000000
14		디자인 사업	웹사이트	134000000	141000000	156000000
15			제품디자인	220000000	289000000	360000000
16			기타	12000000	52000000	28000000
17		계		5682000000	12609000000	7825000000
18						

〈원본〉

	A	B	C	D	E	F
1	연두전자 인력 및 실적 현황					
2						
3	구분			2017 년도	2018 년도	2019 년도
4	신규채용 인력	개발직		24명	25명	23명
5		관리직		16명	23명	14명
6	사업실적	주력제품 판매		₩2,241 백만원	₩4,518 백만원	₩5,261 백만원
7		정부연구사업	산업부	₩145 백만원	₩115 백만원	₩922 백만원
8			과기부	₩141 백만원	₩647 백만원	₩600 백만원
9			환경부		₩250 백만원	
10			국토부	₩189 백만원	₩958 백만원	₩163 백만원
11			기타부처	₩313 백만원	₩305 백만원	₩320 백만원
12		엔지니어링서비스	공공	₩164 백만원	₩230 백만원	₩284 백만원
13			산업계	₩444 백만원	₩697 백만원	₩423 백만원
14		디자인 사업	웹사이트	₩134 백만원	₩141 백만원	₩156 백만원
15			제품디자인	₩220 백만원	₩289 백만원	₩360 백만원
16			기타	₩12 백만원	₩52 백만원	₩28 백만원
17		계		₩5,682 백만원	₩12,609 백만원	₩7,825 백만원
18						

〈완성〉

1. [D3:F3]의 데이터 뒤에 '년도'를 입력하여 데이터를 수정하시오.

2. [D4:F5]의 데이터와 함께 '명'을 함께 나타내시오.
   [셀서식]–[표시 형식]–[사용자 지정]에서 ' #"명" ' 입력한다.

3. [D6:F17]의 데이터는 천 단위 구분기호와 "백만원"을 함께 나타내시오.
   [셀서식]–[표시 형식]–[사용자 지정]에서 ' ₩#,###,, "백만원" ' 입력한다.

   TIP   #,###, (천단위 구분기호는 표시하고 뒤의 3자리는 표시하지 않음)
         #,###,, (천단위 구분기호는 표시하고 뒤의 6자리는 표시하지 않음)

4. 〈완성〉을 참조하여 [A3:C3], [A4:A5], [B4:C4], [B5:C5], [A6:A17], [B6:C6], [B7:B11], [B12:B13], [B14:B16], [B17:C17]의 범위를 [병합하고 가운데 맞춤]하시오.

5. 〈완성〉을 참조하여 테두리, 글꼴, 색 서식을 지정하고 데이터를 가로 [가운데 맞춤], 세로 [가운데 맞춤]으로 정렬하시오.

6. [삽입]-[일러스트레이션] 그룹-[도형]-[모서리가 둥근 직사각형]을 클릭하여 도형을 삽입하고 '연두전자 인력 및 실적 현황'을 입력하시오.

7. 〈완성〉을 참조하여 도형을 적절히 배치하고 도형의 서식, 글꼴의 크기와 색을 지정하시오.

8. [D6:F6]에 [빨강 데이터 막대] 조건부 서식을 적용하시오.
   [D6:F6]을 범위로 지정하고 [홈]-[스타일] 그룹-[조건부 서식]-[데이터 막대]-[빨강 데이터 막대]를 선택한다.

9. [D7:F16]에 [주황 데이터 막대] 조건부 서식을 적용하시오.
   [D7:F16]을 범위로 지정하고 [홈]-[스타일] 그룹-[조건부 서식]-[데이터 막대]-[주황 데이터 막대]를 선택한다.

10. [D17:F17]에 [빨강 데이터 막대] 조건부 서식을 적용하시오.
    [D17:F17]을 범위로 지정하고 [홈]-[스타일] 그룹-[조건부 서식]-[데이터 막대]-[빨강 데이터 막대]를 선택한다.

2 [선택 영역에서 만들기]로 이름 만들기

[선택 영역에서 만들기]는 선택한 영역의 첫 행, 왼쪽 열, 끝 행, 오른쪽 열의 이름(값)을 사용하여 자동적으로 이름을 정의할 수 있다.

❶ '행 이름' 또는 '열 이름'을 포함하여 이름을 지정할 범위[A3:D9]를 선택한다.

❷ [수식]탭-[정의된 이름]그룹-[선택 영역에서 만들기]를 클릭한다.

❸ [선택영역에서 이름 만들기] 창에서 '첫 행'만 체크한다. '첫 행'은 표의 첫 번째 행인 머릿글 행을 의미하며, 첫 번째 행의 값 인 '이름', '수학', '과학', '합계'로 각 열의 이름이 자동으로 정의된다.

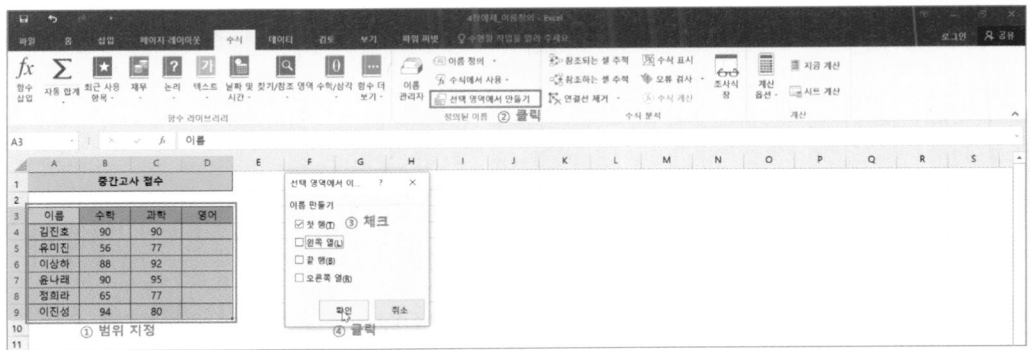

❹ [이름상자]를 클릭하면 정의된 이름을 살펴볼 수 있다. 이름상자의 정의된 '이름'명을 클릭하면 해당 영역으로 이동한다.

4.2.2 이름 관리

만들어진 이름은 [이름 관리자] 창을 이용하여 수정하거나 삭제할 수 있다. [수식]–[정의된 이름] 그룹–[이름 관리자]를 클릭하면 [이름 관리자] 창이 나타난다.

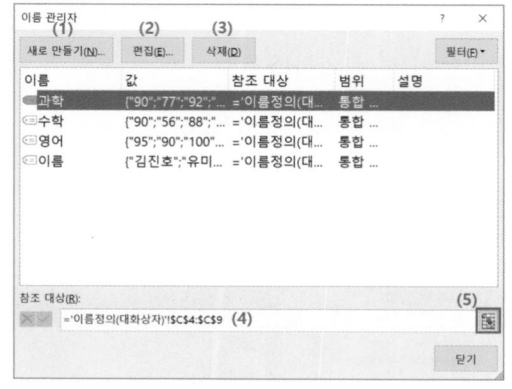

(1) 새로 만들기 : 새 이름을 정의한다.
(2) 편집: 이름을 수정한다.
(3) 삭제: 선택한 이름을 삭제한다.
(4) 참조대상 : 선택한 이름의 참조영역을 확인하고, 이름의 범위를 수정할 수 있다.
(5) 대화상자 축소 : '이름관리자' 창을 축소하여 가려진 워크시트내의 셀 범위를 선택할 수 있다.

〈이름관리자 창〉

4.2.3 이름과 수식사용

이름을 수식에 사용하는 방법은 정의된 이름을 직접 입력하거나, [수식]–[정의된 이름] 그룹–[수식에서 사용]을 사용한다.

이름을 이용하여 합계를 구해보자.

〈결과 화면〉

❶ [D4]셀을 선택한다.

❷ [수식]-[정의된 이름]그룹-[수식에서 사용]-[과학] 항목을 클릭한다.

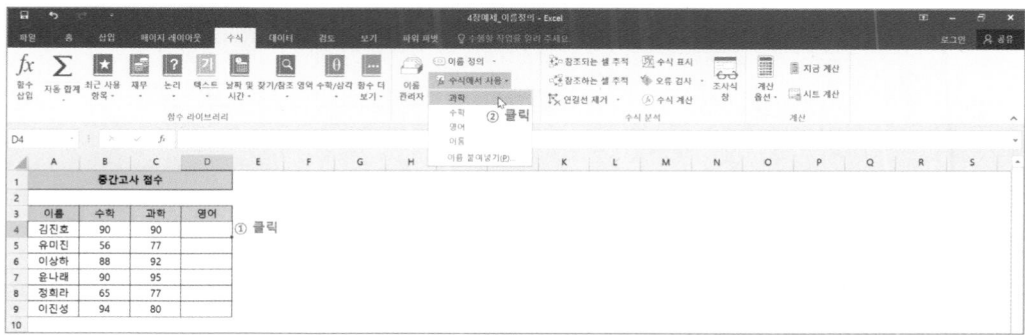

❸ 더하기 연산자 (+)와 '수학' 항목을 클릭하여 '=과학+수학' 수식을 완성한다.

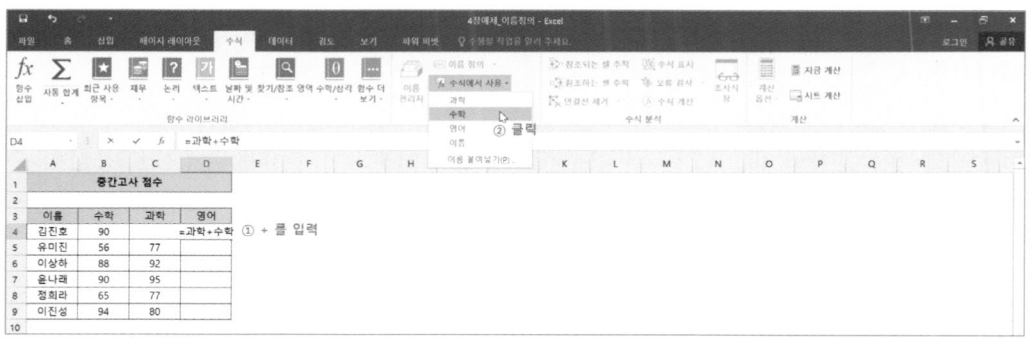

❹ [D9]까지 채우기 핸들을 드래그하여 수식을 복사한다.

4.3 셀 참조

엑셀의 모든 셀은 열 번호와 행 번호가 조합된 주소를 가진다. 수식을 입력할 때 값을 직접 입력하지 않고, 데이터가 있는 셀 주소를 사용하는 것이 셀 참조이다. 셀 참조를 이용하면 참조하는 셀의 데이터가 변경되었을 때 수식의 결과도 자동 변경되는 장점이 있으며, 자동 채우기 기능을 사용할 수 있어서 많은 양의 데이터를 신속하게 처리할 수 있다.

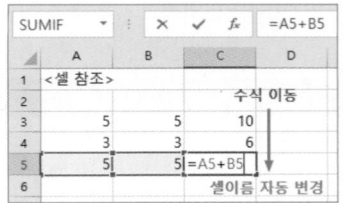

4.3.1 셀 참조의 종류

셀 참조에는 상대 참조, 절대 참조, 혼합 참조가 있다.

1 상대 참조

엑셀의 기본적인 셀 참조 유형이다. [A1] 또는 [B1]과 같이 표시되며, 수식을 다른 위치로 복사하면 바뀐 셀의 위치에 따라 참조하는 셀 주소도 자동으로 바뀐다.

'4장예제_수식과참조.xlsx' 파일의 [상대참조_절대참조]시트에서 상대 참조를 이용하여 수량과 단가를 곱해 가격을 구해보자.

	A	B	C	D	E	F
1			[연두식품 납품내역]			
2						
3					제조날짜	2019-04-10
4						
5	음식	단위	수량	단가	가격	유통기한
6	우유	1000ml	10	1,500	15,000	
7	요구르트	개	15	3,000	45,000	
8	캔커피	200ml	5	6,000	30,000	
9	두부	200g	5	2,000	10,000	
10	핫바	100g	1	1,000	1,000	

〈결과화면〉

❶ 수식을 입력할 [E6]셀을 선택한다.

❷ '='를 입력하고 '수량'을 의미하는 [C6]셀을 클릭한다. 곱하기 연산자 '*'를 입력하고 단가를 의미하는 [D6]셀을 클릭한다.

❸ '=C6*D6' 수식이 완성된다.

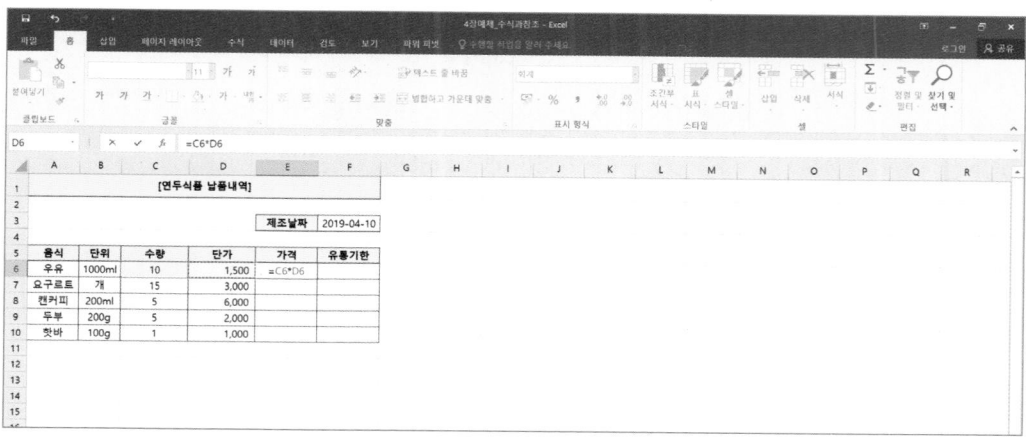

❹ [E10]셀까지 채우기 핸들을 드래그하여 수식을 복사한다. 상대 참조이므로 행별로 참조 위치가 자동 변경되어 수식이 계산된다.

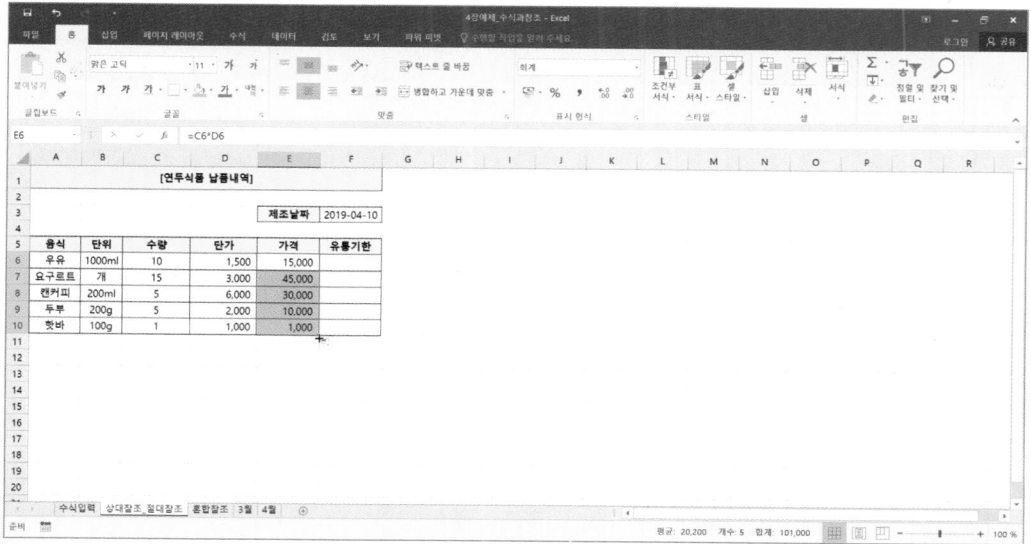

2 절대 참조

절대 참조는 특정 셀의 위치를 고정하고자 할 때 사용한다. '$A$1'과 같이 열 번호와 행 번호 앞에 '$' 기호를 붙여 참조한다. 수식이 이동해도 참조하는 셀 주소는 변경되지 않는다.

'4장예제_수식과참조.xlsx' 파일의 [상대참조_절대참조] 시트에서 절대 참조를 이용하여 유통기한을 구해보자. 유통기한은 제조날짜로부터 7일 후로 계산하도록 한다.

A	B	C	D	E	F
			[연두식품 납품내역]		
				제조날짜	2019-04-10
음식	단위	수량	단가	가격	유통기한
우유	1000ml	10	1,500	15,000	2019-04-17
요구르트	개	15	3,000	45,000	2019-04-17
캔커피	200ml	5	6,000	30,000	2019-04-17
두부	200g	5	2,000	10,000	2019-04-17
핫바	100g	1	1,000	1,000	2019-04-17

〈결과화면〉

❶ 수식을 입력 할 [F6]셀을 선택한다.

❷ '='를 입력하고 '제조날짜'를 의미하는 [F3]셀을 클릭한다. [F3]셀을 절대 참조로 고정하기 위해 [F4]키를 누르고, 유통기한 '7'일후를 나타내기 위해 '+7'을 입력한다.

❸ '$F$3+7' 수식이 완성된다.

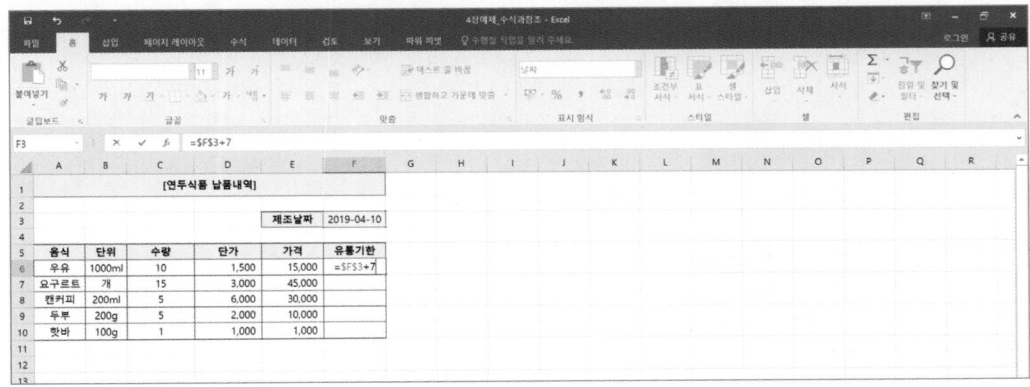

❹ [F10]셀까지 채우기 핸들을 드래그하여 수식을 복사한다. 절대 참조이므로 다른 행에 복사된 수식도 동일한 위치인 [F3]셀을 참조한다.

❸ 혼합 참조

'$A1' 또는 'A$1'과 같이 열 번호나 행 번호 중 한쪽에만 '$' 기호를 붙여 참조한다. 수식을 다른 위치로 복사하면 '$'가 입력된 쪽의 값은 고정되지만 다른 쪽의 값은 셀의 위치에 따라 자동으로 변경된다.

'4장예제_수식과참조.xlsx'의 [혼합참조]시트에서 혼합 참조를 이용하여 구구단표를 만들어보자.

〈결과 화면〉

❶ [혼합참조]시트에서 [B4]셀에 '='를 입력하고 [A4]셀을 클릭한다. [F4]키를 연속해서 세 번 눌러주면 '$A4'와 같이 되며 [A]열을 고정한다.

❷ '*'를 입력하고 [B3]셀을 클릭한다. [F4]키를 연속해서 두 번 눌러주면 'B$3'과 같이 되며 3행을 고정한다. '=$A4*B$3' 수식이 완성된다.

❸ [I12]셀까지 채우기 핸들을 드래그하여 수식을 복사한다. 혼합 참조이므로 [A]열의 각 행과 [3]행의 각 열이 서로 곱해져서 구구단이 완성된다.

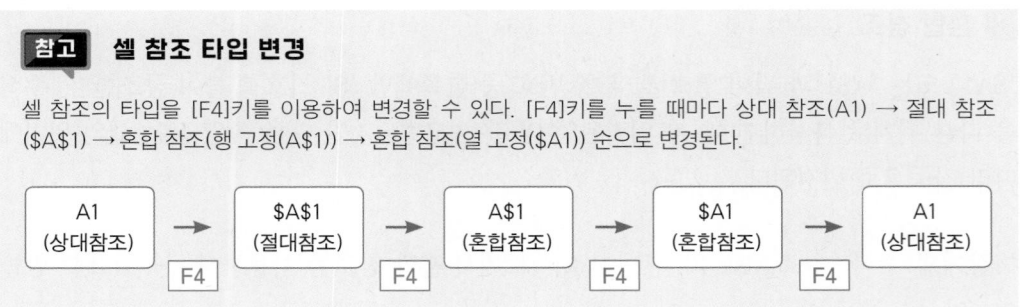

| 참고 | 셀 참조 타입 변경 |

셀 참조의 타입을 [F4]키를 이용하여 변경할 수 있다. [F4]키를 누를 때마다 상대 참조(A1) → 절대 참조($A$1) → 혼합 참조(행 고정(A$1)) → 혼합 참조(열 고정($A1)) 순으로 변경된다.

4.3.2 다른 시트에서 셀 참조

같은 워크시트 내의 셀뿐 아니라 다른 워크시트의 셀도 참조할 수 있으며 '[=해당워크시트이름!참조하려는 셀위치]'와 같이 표현하여 참조한다. 워크시트 시트명의 첫글자가 숫자로 시작하거나 밑줄(_)이나 점(.)을 제외한 특수문자, 공백이 포함되면 '[='용돈 기입장'!A1]'와 같이 ' '(작은 따옴표)로 워크시트 이름을 묶어준다.

'4장예제_수식과참조.xlsx' 파일의 [4월]시트에서 '4월 전월이월금'을 [3월] 시트에서 참조해보자.

❶ [4월]시트의 [C4]셀을 클릭하고 '='를 입력한다.

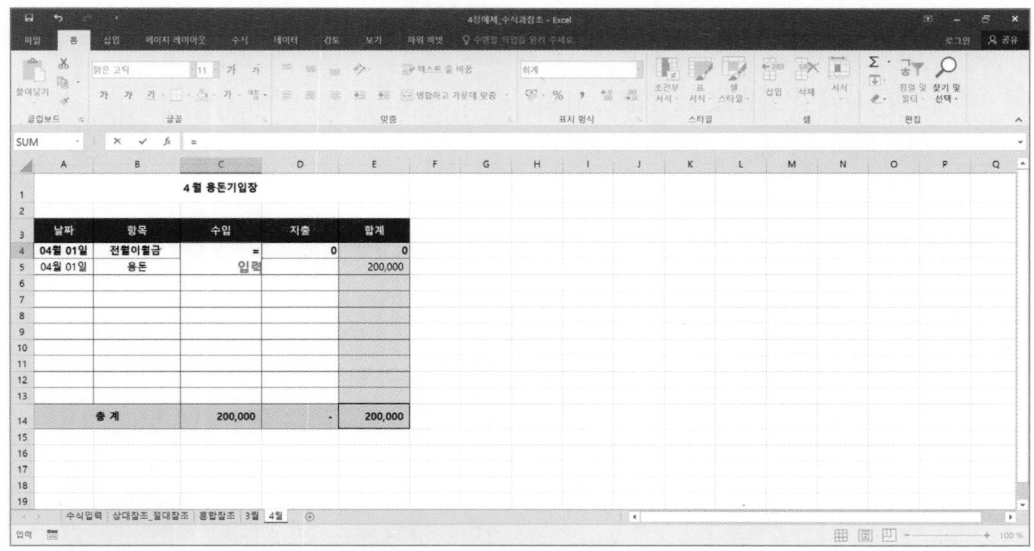

❷ [3월]시트의 잔액을 의미하는 [E14]셀을 클릭하고 [Enter]를 누른다.

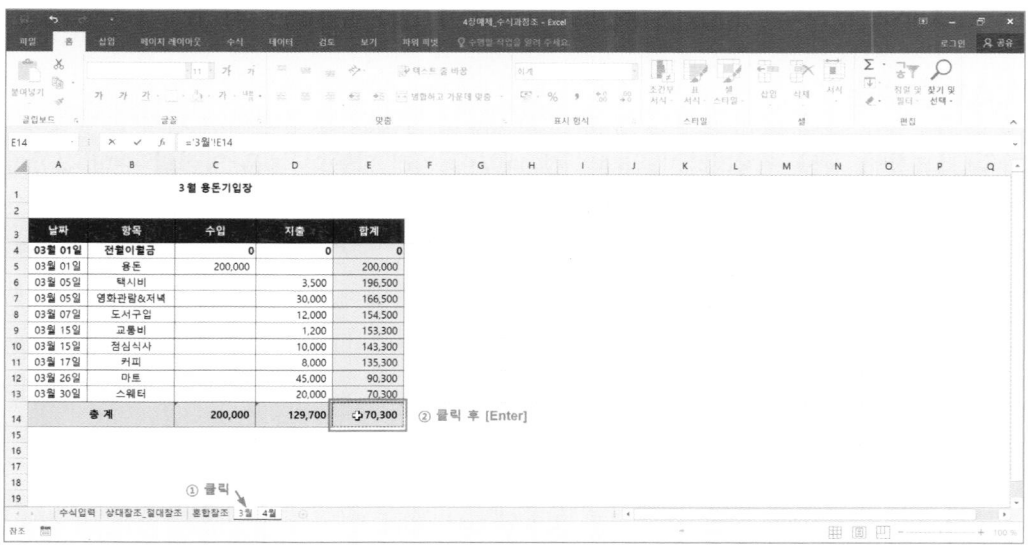

❸ [4월]시트의 [C4]셀에 동일한 내용이 표시되는 것을 확인할 수 있다. 다른 시트의 셀을 참조하는 경우, 참조되는 셀 주소의 시트 이름은 느낌표 기호('!')로 구분된다.

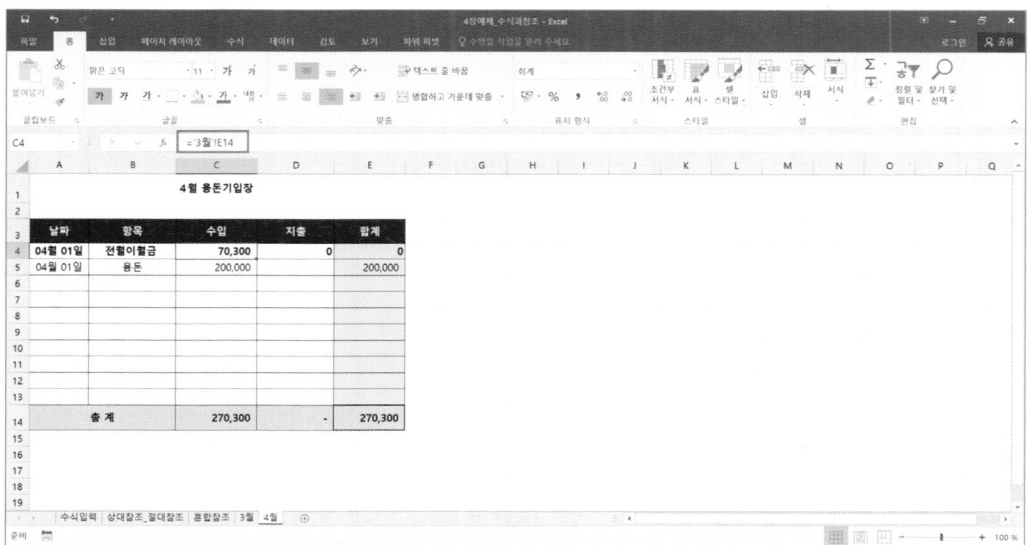

4.4   함수 사용하기

4.4.1 함수란

함수란 복잡한 계산을 처리하기 위해 엑셀 내부에 **미리 만들어 놓은 일련의 수식 집합**이다. 복잡하고 어려운 수식을 함수를 사용하면 편리하게 계산할 수 있다.

함수는 다음과 같은 형식을 가진다. 반드시 **등호로 시작**해야 하며, **함수 이름**을 쓰고 괄호 안에 함수에서 요구하는 인수들을 입력한 후 괄호를 닫는다. 함수이름과 괄호 사이에는 공백이 없어야한다.

=함수이름(인수1, 인수2, 인수3, ...)

(1)   (2)   (3)   (4)   (5)

(1)   등호 : 수식이 시작됨을 나타낸다.
(2)   함수이름 : 함수라이브러리에 정의된 함수의 이름을 입력한다.
(3)   괄호 : 함수의 시작과 끝을 한 쌍으로 나타낸다. 괄호 안에는 계산에 사용될 인수들을 묶어준다.
(4)   인수 : 함수 계산에 필요한 입력 값을 말한다. 함수에 따라서 사용하는 인수의 종류와 개수는 다르며 상수, 셀 참조, 함수 등이 사용된다.

인수 종류	사용 예
상수	=SUM(10,20,30)
셀 참조	=SUM(A1,C1,E1), =SUM(A1:E1)
함수	=SUM(SUM(10, 20, 30), SUM(A1:E1))

(5)   쉼표 : 하나 이상의 인수를 사용할 경우, 쉼표로 인수를 구별한다.

4.4.2 자동 합계 기능

자동 합계 기능은 합계(SUM), 평균(AVERAGE), 숫자 개수(COUNT), 최대값(MAX), 최소값(MIN) 등과 같이 자주 사용하는 함수를 간편하게 사용하도록 도와준다.

[홈]-[편집] 그룹-[Σ자동합계] 또는 [수식]-[함수 라이브러리] 그룹-[Σ자동합계]를 이용한다.

'4장예제_자동합계함수.xlsx'의 [자동합계함수]시트에서 자동 합계 함수를 사용해보자.

	A	B	C	D	E	F
1			축구 A리그 선수별 평점			
2						
3					총선수	6
4	선수	고구려신문	백제신문	신라신문	합계	평균
5	이한민	90	95	85	270	90
6	안성규	85	90	90	265	88.33333
7	이명섭	95	100	90	285	95
8	정재화	85	95	85	265	88.33333
9	홍종인	60	50	70	180	60
10	정재성	70	80	75	225	75
11	최고점수		95	100	90	
12	최저점수		60	50	70	

〈결과화면〉

1 합계 구하기(SUM())

'이한민' 선수의 신문사별 평점의 합계를 구하기 위해 [E5]셀을 클릭한다.

❶ [홈]-[편집] 그룹-[∑자동합계]-[∑합계]를 선택한다.

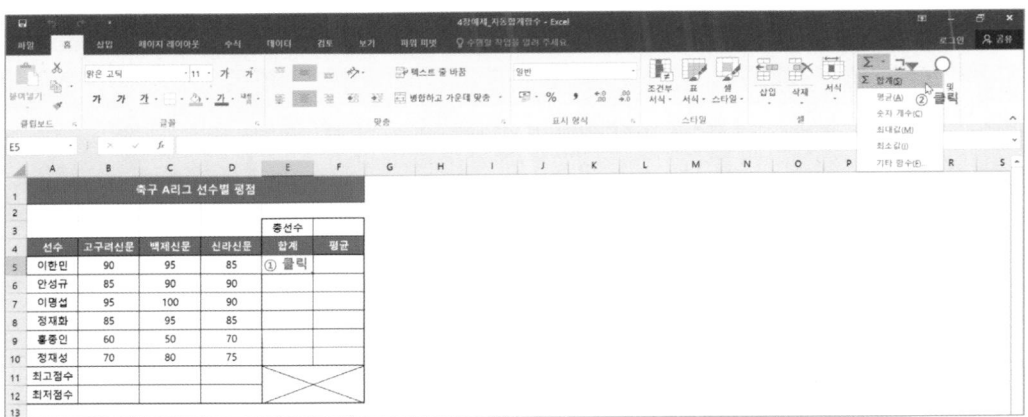

❷ 합계를 구할 범위로 [B5:D5]를 지정하고 [Enter]를 누른다.

❸ [E10]셀까지 채우기 핸들을 드래그하여 각 선수의 평점의 '합계'를 완성한다.

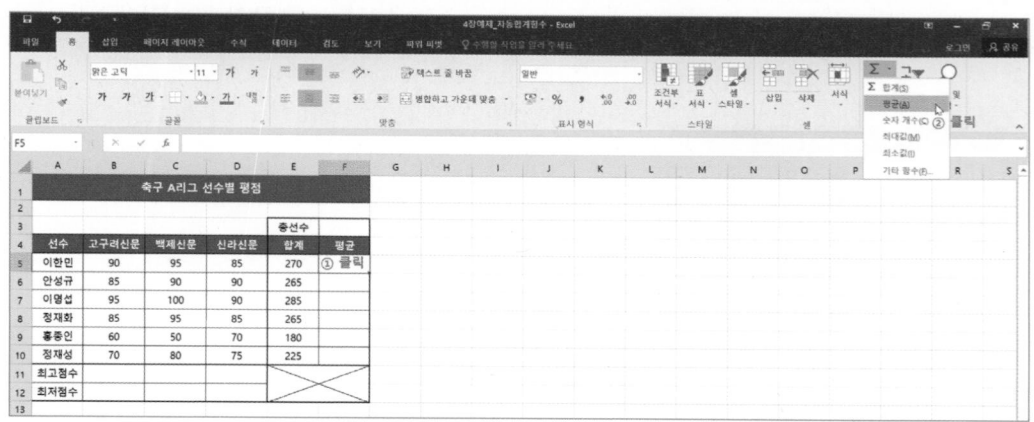

2 평균 구하기(AVERAGE())

'이한민' 선수의 신문사별 평점의 평균을 구해보자.

❶ [F5]셀을 클릭한 후, [홈]-[편집] 그룹-[Σ자동합계]-[평균]을 선택한다.

❷ 평균을 구할 범위로 [B5:D5]를 지정하고 [Enter]를 누른다.

❸ [F10]셀까지 채우기 핸들을 드래그하여 각 선수의 평점의 '평균'을 완성한다.

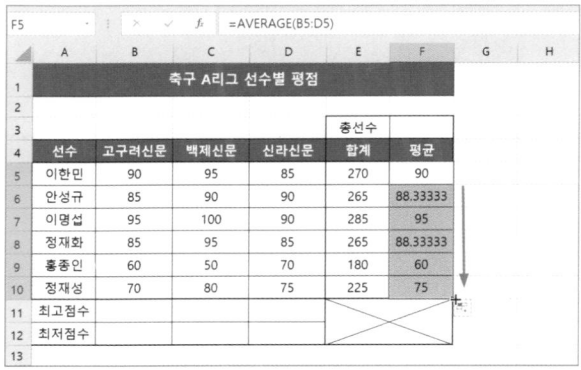

③ 인원수 구하기(COUNT())

'A리그'에 출전한 선수의 수를 구해보자.

❶ [F3]셀을 클릭 한 후, [홈]-[편집] 그룹-[Σ자동합계]-[숫자 개수]를 선택한다.

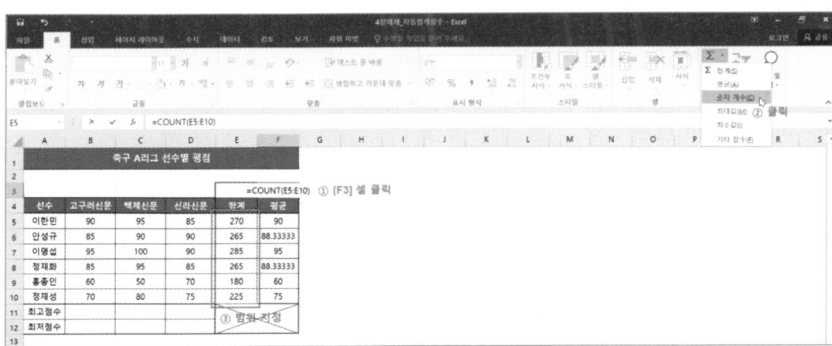

❷ 개수를 세기 위한 범위로 [B5:B10]을 지정하고 [Enter]를 누른다.

> **TIP**   COUNT()는 숫자가 들어있는 셀의 개수를 구해주는 함수이므로 반드시 숫자 데이터가 있는 셀을 범위
> 로 선택한다.

4 최대값 구하기(MAX())

'고구려신문'의 선수별 평점 중 최고점수를 구해보자.

❶ [B11]셀을 클릭한 후, [홈]-[편집] 그룹-[Σ자동합계]-[최대값]을 선택한다.

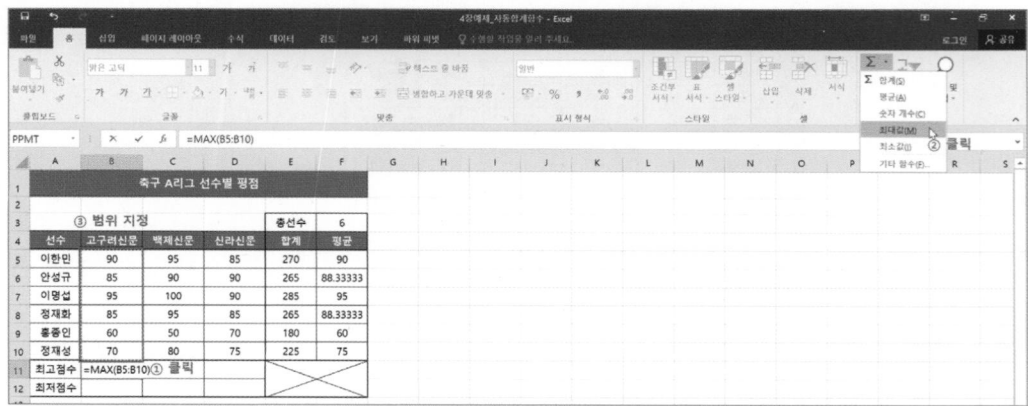

❷ 최대값을 구할 범위로 [B5:B10]을 지정하고 [Enter]를 누른다.

❸ [D11]셀까지 오른쪽으로 채우기 핸들을 드래그하여 신문사별 '최고점수'를 완성한다.

5 최소값 구하기(MIN())

'고구려신문'의 선수별 평점 중 최저점수를 구해보자.

❶ [B12]셀을 클릭한 후, [홈]-[편집] 그룹-[Σ자동합계]-[최소값]을 선택한다.

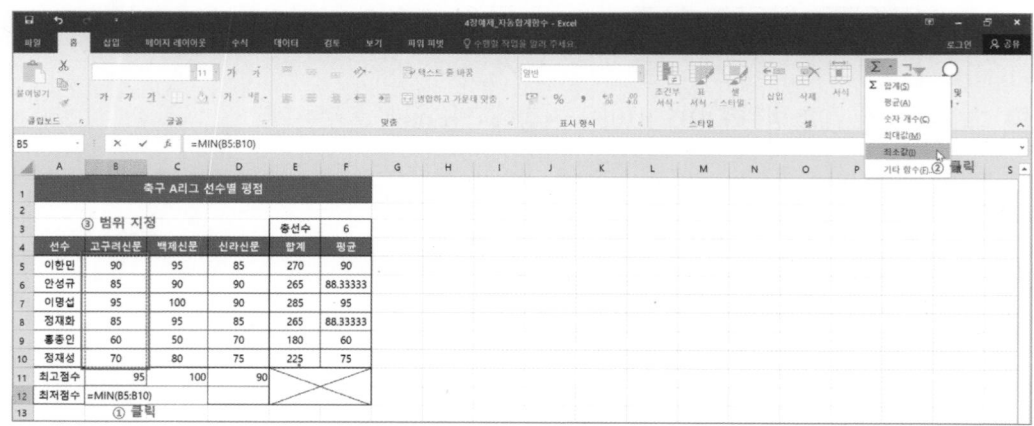

❷ 최소값을 구할 범위로 [B5:B10]을 지정하고 [Enter]를 누른다.

❸ [D12]셀까지 오른쪽으로 채우기 핸들을 드래그하여 신문사별 '최저점수'를 완성한다.

4.4.3 함수 라이브러리와 함수 마법사

자동 합계 기능 이외의 다양한 함수를 이용하기 위해서는 함수마법사나 함수 라이브러리를 사용한다.

1 함수 라이브러리

함수는 미리 약속되어 있는 계산식의 모음이다 [수식]-[함수 라이브러리] 그룹에는 기본적인 함수부터 분야별 전문적인 함수까지 약 350여개가 넘는 함수가 있으며, 범주로 구분되어 있어 필요한 함수를 쉽게 찾아 쓸 수 있다.

각 함수는 재무, 논리, 텍스트, 날짜 및 시간, 찾기/참조 영역, 수학/삼각, 통계, 공학, 정육면체, 정보, 호환성, 웹 함수의 범주로 나눠진다.

〈함수라이브러리 종류〉

이름	설명
함수삽입	함수마법사를 호출하여 함수를 사용한다.
자동합계	[홈] - [편집]그룹 - [자동합계]기능과 동일
최근사용항목	최근에 사용한 함수들을 표시
재무	재무 계산을 위한 함수 FV, PMT, IPMT, PPMT
논리	논리식을 구성하는함수 IF, AND, OR, NOT
텍스트	문자열 처리를 위한 함수 LEFT, RIGHT, MID, STR
날짜 및 시간	날짜와 시간을 구하는 함수 YEAR, MONTH, DAY, DATE, TODAY, NOW
찾기/참조영역	목록이나 범위를 참조하여 구하는 함수 VLOOKUP, HLOOKUP, CHOOSE
수학/삼각	수학 계산을 위한 함수 SUM ,SUMIF, ROUND, ROUNDUP, ROUNDOWN, PRODUCT, SUMPRODUCT
함수추가	통계, 공학, 정육면체, 정보, 호환성, 웹 함수

2 함수마법사 사용

함수 마법사를 사용하면 함수에 필요한 조건과 인수를 쉽게 적용할 수 있다.

[함수마법사] 창은 [수식]-[함수라이브러리]그룹-[함수 삽입]을 선택하거나, 수식 입력줄
의 함수삽입(f_x)을 클릭하면 나타난다.

'4장예제_자동합계함수.xlsx' 파일의 [함수마법사]시트에서 함수마법사를 사용해 보자.

■ 함수 선택

❶ [D12]셀을 선택, 함수삽입(f_x)을 클릭한다.

❷ [함수마법사] 창에서 [범주 선택]-[수학/삼각]을 선택한 후, [SUM]함수를 선택한다. 이
  때, 목록 아래에 함수에 대한 설명이 표시되어 함수사용에 도움을 준다.

> **TIP** 범주를 모르는 경우 [모두]를 선택하면, 함수 이름이 알파벳 순으로 나열되어 있어 원하는 함수를 찾기
> 가 수월하다.

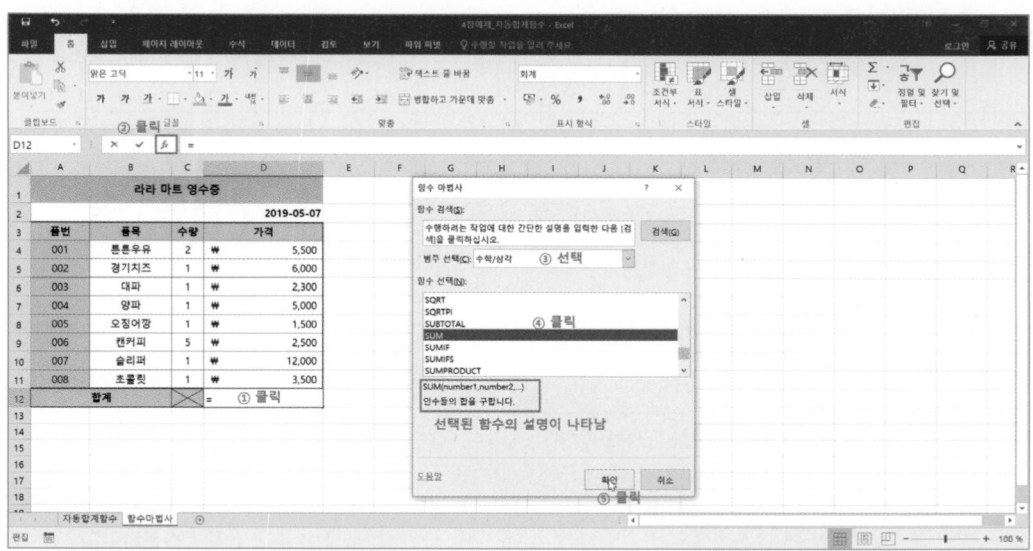

■ **인수 입력**

❶ 함수에 필요한 인수는 직접 내용을 입력하거나, 셀 이름 또는 셀 범위를 선택한다.

❷ [D4:D11]까지 '가격'의 범위를 선택한다.

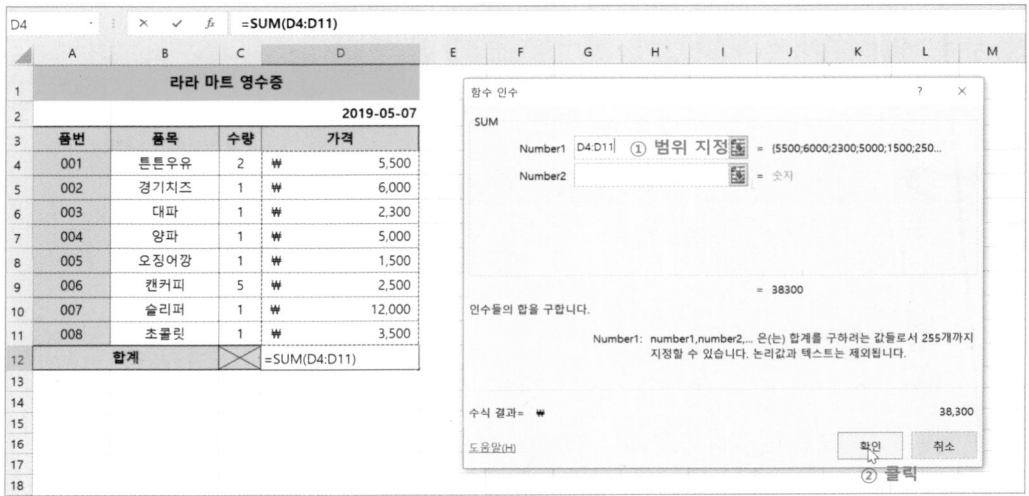

■ **함수 수정**

함수식이 포함된 셀을 더블클릭하여 직접 수정하거나, 수식 입력 줄의 해당 함수를 클릭한 후, 함수삽입(fx)을 클릭하면 나타나는 함수마법사 창에서 수정할 수 있다.

기본 프로젝트   세일판매내역서 작성하기

'4장기본프로젝트_세일판매내역서.xlsx' 파일을 이용하여 세일판매내역서를 완성해보자.

제품번호	제품명	정가	상시 판매금액	상시 판매갯수	바겐세일 판매금액	바겐세일 판매갯수	총판매액		
					작 성 일	2019년 04월 30일			
					상시 할인율	10%			
					바겐세일 할인율	30%			
90007	그릇(소)	15,000	13,500	10	10,500	15	292,500	판매제품 목록수	12
90008	원형 접시(소)	12,000	10,800	3	8,400	10	116,400	최대판매금액	577,600
90009	포크(소)	2,000	1,800	5	1,400	12	25,800	최소판매금액	25,800
90010	포크(대)	3,000	2,700	5	2,100	8	30,300		
90011	숟가락(소)	2,500	2,250	8	1,750	23	58,250		
90012	숟가락(대)	3,000	2,700	8	2,100	20	63,600		
90013	버터 나이프(소)	3,000	2,700	4	2,100	15	42,300		
90014	버터 나이프(대)	3,500	3,150	4	2,450	12	42,000		
90015	식탁보(6x6 inch)	28,000	25,200	5	19,600	8	282,800		
90016	식탁보(6x8 inch)	35,000	31,500	7	24,500	12	514,500		
90017	식탁보(8' 원형)	40,000	36,000	4	28,000	7	340,000		
90018	식탁보(6' 원형)	38,000	34,200	6	26,600	14	577,600		
	총 합계		166,500	69	129,500	156	2,386,050		
	총 평균		13,875	6	10,792	13	198,838		

〈결과화면〉

STEP 1 사용자 지정 서식 입력하기

❶ [G3]셀을 선택하고 '2019/4/30'을 입력한다.

❷ [G3]셀을 선택하고 [홈]-[표시형식]그룹의 [표시형식]단추 🖪를 클릭한다.

❸ [셀 서식] 창의 [사용자 지정]-[형식]에서 'yyyy"년" mm"월" dd"일"'로 날짜를 지정한다.

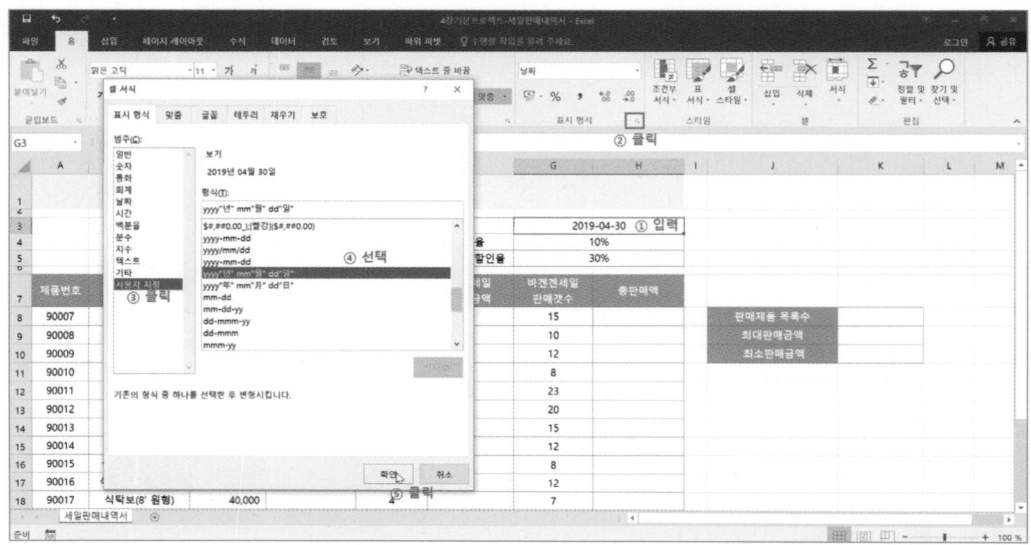

STEP 2 직접 수식 입력하기

'상시 할인율'과 '바겐세일 할인율'을 이용하여 '상시판매금액', '바겐세일판매금액', '총판매액'을 계산하여 보자.

❶ '상시판매금액'은 '정가-(정가*상시할인율)'이다.

❷ [D8]셀을 선택한 후, '=C8-(C8*$G$4)'을 입력한다. '상시할인율'[G4]은 [F4]키를 눌러 절대참조로 고정시킨다.

❸ 수식이 완성된 후 [D19]셀까지 채우기 핸들로 수식을 복사한다. [$G$4]은 고정되고 [C8]은 상대 참조이므로 행별로 참조 위치가 자동 변경되어 수식이 계산된다.

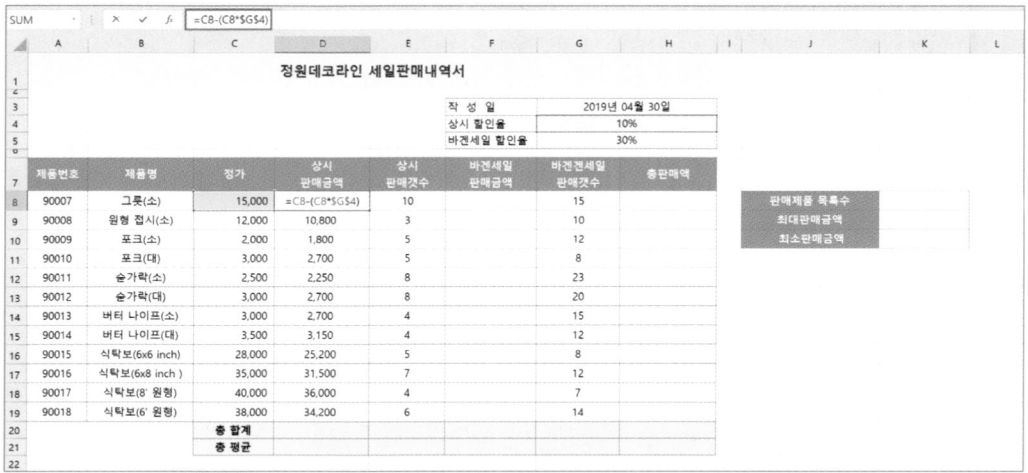

❹ '바겐세일판매금액'은 '정가-(정가*바겐세일 할인율)'이다. [F8]셀을 선택한 후, '=C8-(C8*$G$5)'을 직접 입력한다. '바겐세일할인율'[G5]는 [F4]키를 눌러 절대참조로 고정시킨다.

❺ 수식이 완성된 후 [F19]셀까지 채우기 핸들을 드래그하여 '바겐세일판매금액'을 완성한다.

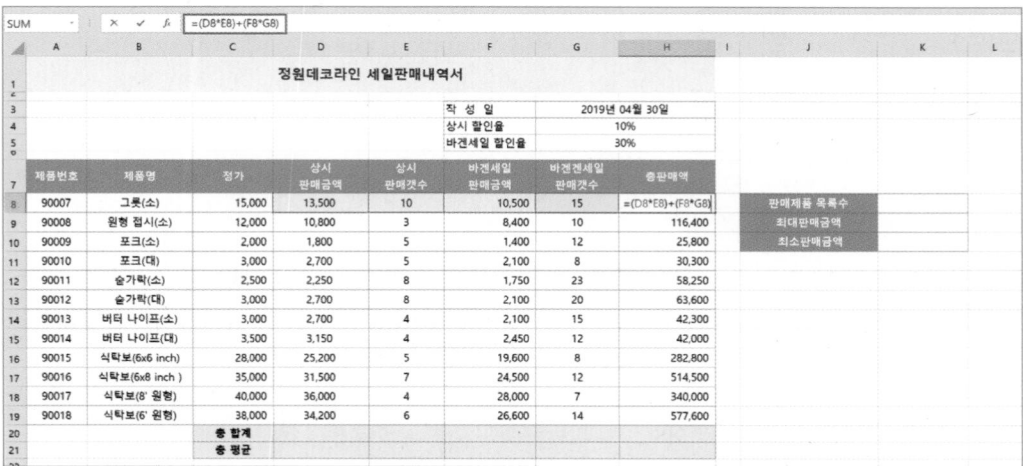

❻ '총판매액'은 '상시판매금액×상시판매갯수 + 바겐세일판매금액×바겐세일판매갯수'이다. [H8]셀을 선택한 후, '=(D8*E8)+(F8*G8)'을 직접 입력한다.

❼ [H19]셀까지 채우기 핸들을 드래그하여 '총판매액'을 완성한다.

STEP 3 항목별 합계, 평균값 구하기

자동합계 기능을 이용하여 항목별 '총 합계'와 '총 평균'을 구하여 보자.

❶ [D20]셀을 선택하고 [홈]탭–[편집]그룹–[Σ자동합계]–[합계]를 선택한다. 인수의 범위를 [D8:D19]으로 지정한다.

❷ [H20]셀까지 채우기 핸들을 오른쪽으로 드래그하여 각 항목별 '총 합계'를 완성한다.

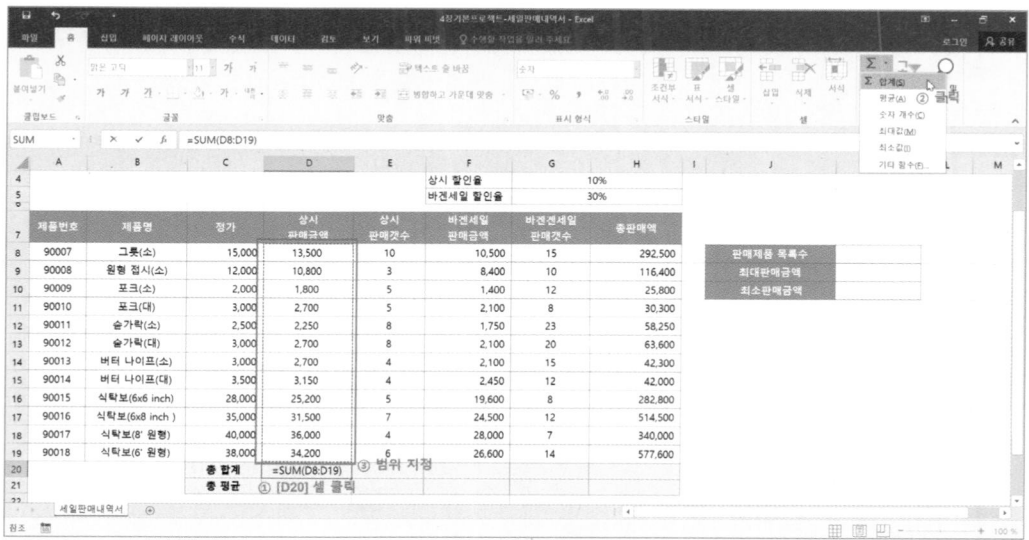

❸ '총 평균'을 구하기 위해 [D21]셀을 선택하고 [홈]탭–[편집]그룹–[Σ자동합계]–[평균]를 선택한다. 인수의 범위를 [D8:D19]까지 지정한다.

❹ [H21]셀까지 채우기 핸들을 오른쪽으로 드래그하여 각 항목별 '총 평균'을 완성한다.

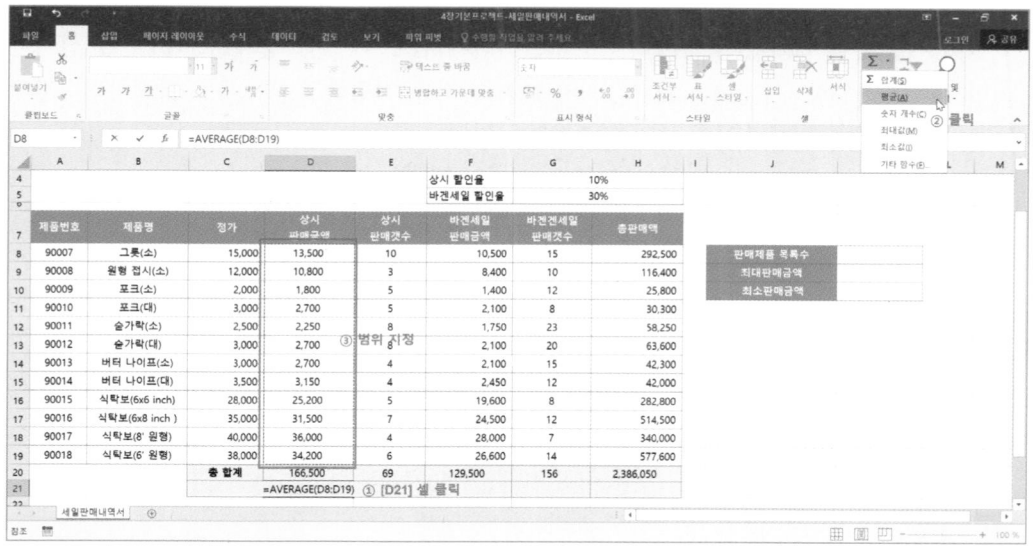

STEP 4　제품수, 최대값, 최소값 구하기

함수마법사를 이용하여 판매 제품 목록수를 구해보자.

❶ [K8]셀을 클릭하고, 수식 입력줄의 함수삽입(𝑓𝑥)을 클릭한다.

❷ 함수 마법사 창에서 [COUNT]를 선택한 후, [Value1]에 [A8:A19] 범위로 지정하면 '제품번호'의 숫자 데이터가 있는 셀의 개수가 세어지고 제품 목록수가 구해진다.

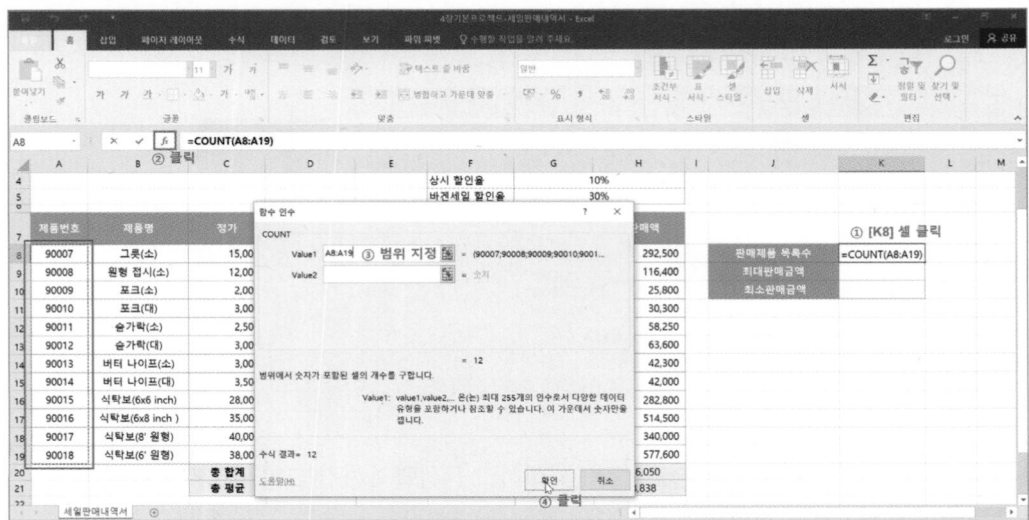

최대판매금액과 최소판매금액을 구해보자.

❸ [K9]셀을 클릭하고, 함수 삽입(𝑓𝑥)을 클릭하여 함수 마법사 창에서 [MAX]를 선택한다. 함수 인수창의 [Number1]에 [H8:H19] 범위를 지정하고 [확인]을 클릭하면 '최대판매금액'이 구해진다.

❸ 수식 입력줄에 완성된 수식이 '=가격-(가격*$H$3)'라 표시된다. 채우기 핸들을 [D15]
까지 드래그하여 나머지 셀에 수식을 복사한다.

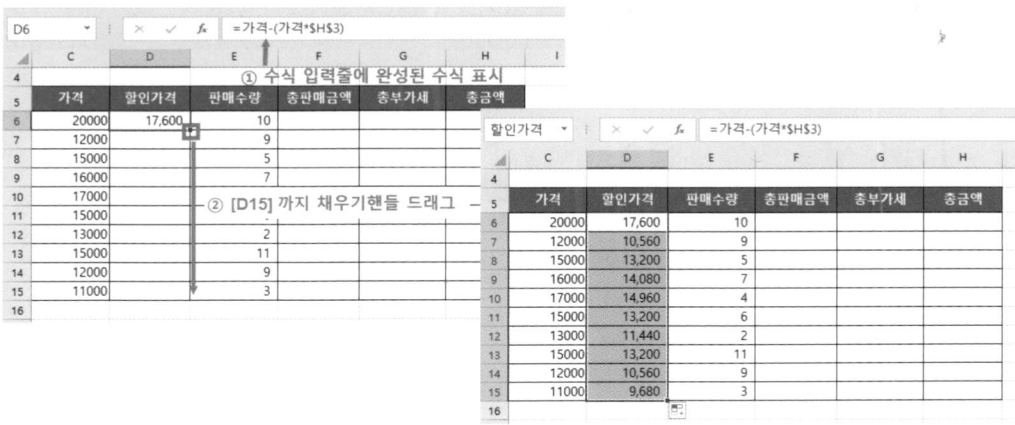

TIP 수식 직접 입력하기
[D6] 셀을 클릭하고 수식을 '=가격-(가격*$H$3)'으로 직접 입력해도 된다.

❹ [F6]셀에 '=할인가격*판매수량'을 입력하고 [F15]셀까지 채우기 핸들을 드래그하여
'총판매금액'을 완성한다.

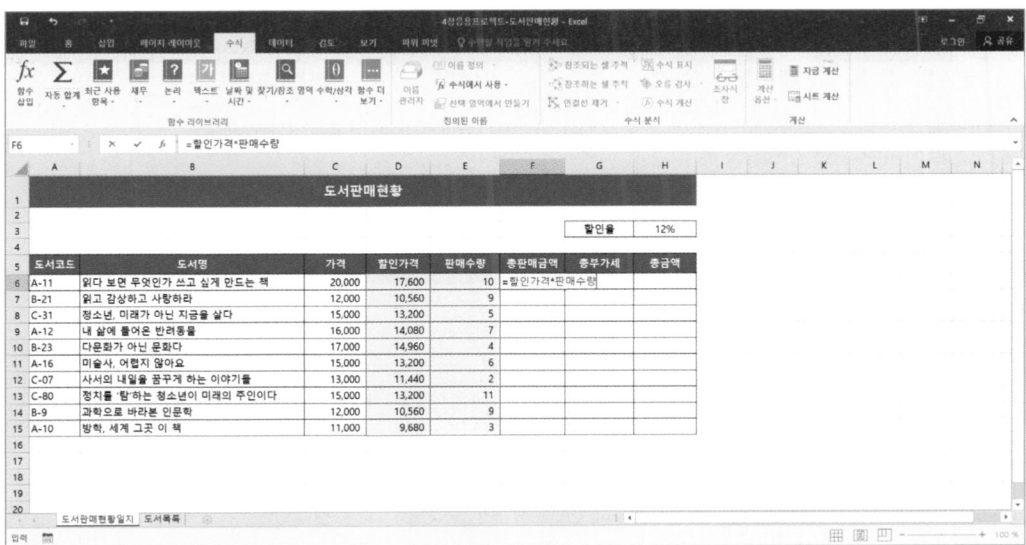

❺ '총부과세'는 [G6]셀에 '=총판매금액*0.1'을 입력하고 [G15]셀까지 채우기 핸들을 드래그하여 '총부과세'를 완성한다.

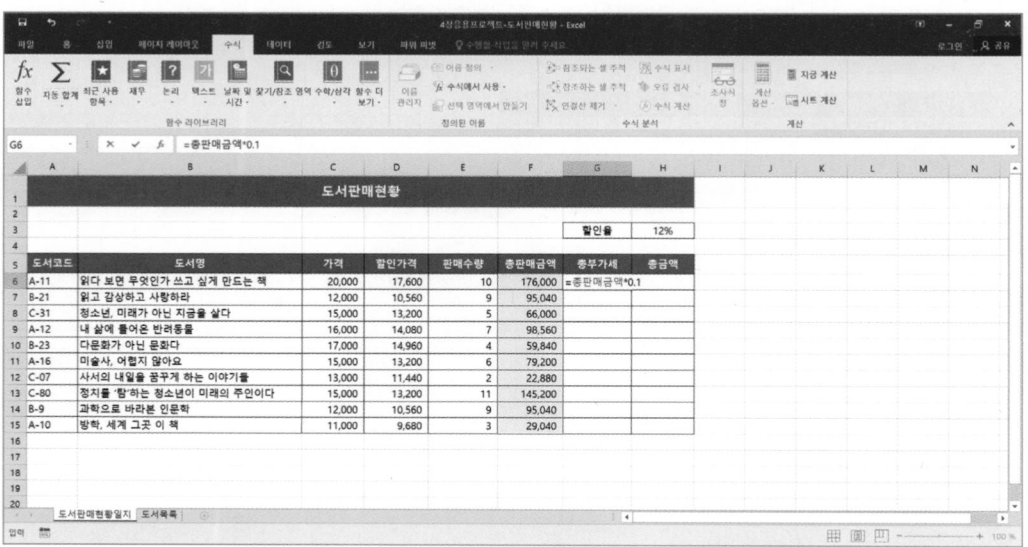

❻ [H6]셀에 '=총판매금액+총부과세'를 입력하고 [H15]셀까지 채우기 핸들을 드래그하여 '총금액'을 완성한다.

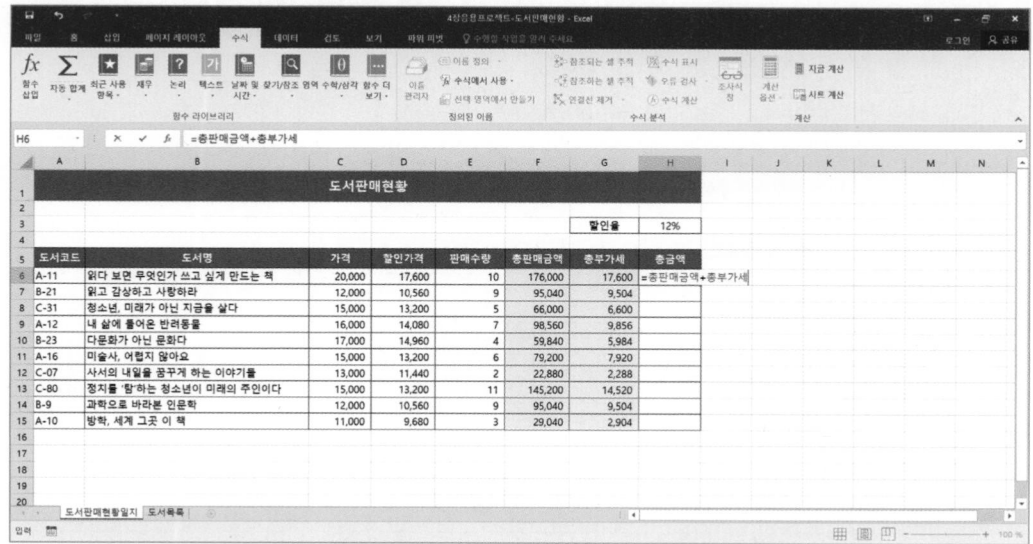

(1) 수식과 연산자

수식은 셀 주소나 숫자, 연산자를 조합하여 작성하며, 등호(=)나 '+', '−' 기호로 시작한다.
연산자는 수식의 한 요소로 계산할 값들의 관계를 정하며, 산술, 비교, 텍스트, 참조 연산자가 있다.

(2) 셀 참조

상대 참조, 절대 참조, 혼합 참조가 있다. 셀 참조는 [F4]키를 눌러 참조 형태를 변경할 수 있다.

- 상대참조 : 엑셀의 기본적인 셀 참조 유형이다. 수식이 이동되면 바뀐 셀의 위치에 따라 참조하는 셀 주소도 자동적으로 바뀐다.
- 절대참조 : 특정 셀의 위치를 고정하고자 할 때 사용한다. 수식이 이동해도 참조하는 셀 주소는 변경되지 않는다.
- 혼합참조 : '$A1' 또는 'A$1'과 같이 열 번호나 행 번호 중 고정하고자 하는 한쪽에만 '$' 기호를 붙여 참조한다.

(3) 이름 정의

셀이나 셀 범위에 이름을 지정하여 수식에 사용하면, 수식을 이해하는데 도움이 된다.

(4) 함수

함수란 복잡한 계산을 처리하기 위해 엑셀 내부에 미리 만들어놓은 일련의 수식 집합이다.
함수는 반드시 등호로 시작해야 한다.

(5) 자동합계 함수

자동 합계 기능은 합계(SUM), 평균(AVERAGE), 숫자 개수(COUNT), 최대값(MAX), 최소값(MIN) 등과 같이 자주 사용하는 함수를 간편하게 사용하도록 도와준다.
[홈]−[편집] 그룹−[Σ자동합계] 또는 [수식]−[함수 라이브러리] 그룹−[Σ자동합계]를 이용한다.

(6) 함수라이브러리와 함수 마법사

자동합계 기능이외의 다양한 함수를 사용하기 위해서는 함수라이브러리나 함수 마법사를 사용한다.

■ 거래명세서 만들기

'4장기본실습_거래명세서.xlsx' 파일을 다음의 조건대로 완성하시오.

〈원본〉

〈완성〉

1. [거래명세서]시트를 이용하여 다음의 조건에 따라 문서의 서식을 결정하시오.

- [1:17]행 : [맑은 고딕], '11pt', 행 높이는 '20'
- [A5:I5] : [병합하고 가운데 맞춤], 셀 스타일은 [제목], 행 높이는 '40'
- [F7:I7], [F8:I8], [F9:I9] : '굵은 아래쪽 테두리', 테두리 선 색은 [진한 청록, 강조1]
- [B11:C11]~[B16:C16], [H11:I11]~[H17:I17] : [병합하고 가운데 맞춤]
- [A11:I17] : 모든 테두리, [A11:I11], [A17:I17] : 셀 스타일은 [강조색1]

- '단가', '수량', '금액' 등 금액에 해당하는 셀은 그림을 참고하여 [셀 서식]-[숫자]-
  [천 단위 구분 기호]를 지정하시오.

2. '금액[F12:F16]=단가*수량'으로 직접 수식을 이용하여 계산하시오.

3. '부가세[G12:G16]= 금액*0.1'로 직접 수식을 이용하여 계산하시오

4. '총금액[H12:H16]= 금액+부가세'로 직접 수식을 이용하여 계산하시오.

5. '총판매금액[D17]'은 '금액'[F12:F18]의 합, '세액'[F17]은 '부가세'[G12:G16]의 합이
   다. SUM()함수를 이용하여 계산하시오.

6. '이월잔금[B17]'은 '2월 거래명세서'시트의 '지급금액'을 가져와서 표시하시오.

8. '지급금액[H17]'= '이월잔금+총판매금액+세액'으로 계산하시오.

9. 그 밖의 서식은 문서 모양과 같이 지정하여 완성하시오.

■ 1분기 실적 현황보고서 만들기

'4장응용실습_1분기실적현황.xlsx' 파일을 다음의 조건대로 완성하시오.

	A	B	C	D	E	F	G	H	I	J
1			**2019년 제일물산 영업1팀 1분기 실적현황**							
2										
3						1인 판매목표		20,000,000		
4						수당지급비율		7%		
5										
6		사원이름	1분기 실적 현황 (단위: 원)				실적수당	실적달성율		1팀영업사원수
7			1월	2월	3월	합계				
8		이진아	2,000,000	359,200	2,520,000					1사분기 최고 실적달성율
9		유경아	6,024,500	6,925,000	9,090,030					
10		최문성	3,920,000	1,992,000	7,256,000					1사분기 최저 실적달성율
11		최유정	180,300	180,300	9,670,020					
12		김문수	3,259,000	4,201,000	3,530,000					최고 실적수당과 최저 실적수당의 차이
13		이민자	420,500	520,000	209,000					
14		정세종	8,267,000	7,201,090	8,004,200					
15		정찬유	520,000	352,000	505,000					
16		하태율	1,039,000	5,120,000	267,000					
17		김진성	2,565,000	901,900	1,520,000					
18		박찬휘	9,800,200	6,256,000	9,223,000					
19		이건	3,020,050	4,002,000	6,392,000					
20		윤정주	4,025,050	5,050,000	102,500					
21		**1분기실적 합계**								
22		**1분기실적 평균**								

〈원본〉

	B	C	D	E	F	G	H	I	J	K
1			**2019년 제일물산 영업1팀 1분기 실적현황**							
2										
3						1인 판매목표		20,000,000		
4						수당지급비율		7%		
5										
6		사원이름	1분기 실적 현황 (단위: 원)				실적수당	실적달성율		1팀영업사원수
7			1월	2월	3월	합계				13
8		*이진아*	*2,000,000*	*359,200*	*2,520,000*	*4,879,200*	*341,544*	*24%*		1사분기 최고 실적달성율
9		유경아	6,024,500	6,925,000	9,090,030	22,039,530	1,542,767	110%		126%
10		최문성	3,920,000	1,992,000	7,256,000	13,168,000	921,760	66%		1사분기 최저 실적달성율
11		최유정	180,300	180,300	9,670,020	10,030,620	702,143	50%		6%
12		김문수	3,259,000	4,201,000	3,530,000	10,990,000	769,300	55%		최고 실적수당과 최저 실적수당의 차이
13		*이민자*	*420,500*	*520,000*	*209,000*	*1,149,500*	*80,465*	*6%*		
14		정세종	8,267,000	7,201,090	8,004,200	23,472,290	1,643,060	117%		1,689,079
15		*정찬유*	*520,000*	*352,000*	*505,000*	*1,377,000*	*96,390*	*7%*		
16		하태율	1,039,000	5,120,000	267,000	6,426,000	449,820	32%		
17		*김진성*	*2,565,000*	*901,900*	*1,520,000*	*4,986,900*	*349,083*	*25%*		
18		박찬휘	9,800,200	6,256,000	9,223,000	25,279,200	1,769,544	126%		
19		이건	3,020,050	4,002,000	6,392,000	13,414,050	938,984	67%		
20		윤정주	4,025,050	5,050,000	102,500	9,177,550	642,429	46%		
21		**1분기실적 합계**	45,040,600	43,060,490	58,288,750	146,389,840				
22		**1분기실적 평균**	3,464,662	3,312,345	4,483,750	11,260,757	788,253	56%		

〈완성〉

1. '1분기 실적 현황 단위(원)'의 '1월', '2월', '3월', '합계'는 이름으로 정의 하시오.

   • [정의된 이름]-[선택영역에서 만들기], 숫자일 경우 앞에 '_'가 표시된다.(예: '_1월')

2. '1분기 실적 현황 단위(원)'의 '합계'[F8:F20]는 정의된 이름을 이용하여 계산하시오.

3. '실적수당 = 합계×수당지급비율(7%)'로 '실적수당'[G8:G20]을 계산하시오

4. '실적달성율='합계/1인판매목표'로 1분기 '실적달성율'[H8:H20]을 계산하시오

5. '1분기실적 합계'[C21:F21]는 SUM() 함수를 이용하여 계산하시오.

6. '1분기실적 평균'[C22:H22]은 AVERAGE() 함수를 이용하여 계산하시오.

7. '1팀영업사원수'[J7]를 COUNTA() 함수를 이용하여 구하시오.

   TIP COUNTA() 함수는 문자와 숫자가 저장된 셀의 개수를 세는 함수이다.

8. '1사분기 최고 실적달성율'[J9]을 MAX() 함수를 이용하여 구하시오.

9. '1사분기 최저 실적달성율'[J11]을 MIN() 함수를 이용하여 구하시오.

10. '최고 실적수당'과 '최저 실적수당'의 금액의 차이[J13]를 구하시오.

11. '실적 달성률'이 30%미만인 사원에 대하여 [조건부 서식]을 이용하여 [기울임꼴], [진한 빨강]으로 표시하시오

    • [조건부 서식]-[새 규칙]-[수식을 사용하여 서식을 지정할 셀 결정]
    • =$H8<30%

12. 그 밖의 서식은 문서 모양과 같이 지정하여 완성하시오.

CHAPTER 5

함수 I

CHAPTER 5

학습목표

■ 수학/삼각함수, 통계함수, 텍스트함수, 논리함수, 날짜/시간함수에 대해 알아보자.

■ 여러 함수들을 중첩하여 사용하는 방법을 알아보자.

5.1   수학/삼각 함수

수학/삼각 함수는 숫자를 이용하여 총합, 반올림, 곱하기 등의 다양한 수학 계산과 사인, 코사인, 로그 등의 삼각함수를 처리하는 함수이다.

5.1.1 합을 구하는 함수

인수들의 합을 구하는 함수로는 sum()과 sumif() 함수가 있다. sumif() 함수는 조건에 맞는 데이터의 합을 구한다.

■ SUM()

함수 형식	SUM(number1,number2, ...)
설 명	인수들의 합계를 구한다.
인 수	• number1, number2 : 합계를 구하려는 숫자 또는 셀 참조 범위
사용 예시	=SUM(A2:A10) : [A2:A10] 범위에 있는 값들의 합을 구한다.

■ SUMIF()

조건(criteria)은 텍스트, 논리 기호, 수학 기호가 포함된 경우 큰따옴표(" ")로 묶는다.

함수 형식	SUMIF(range, criteria, sum_range)
설 명	지정된 범위에서 주어진 조건에 맞는 셀들의 합을 구한다.
인 수	• range : 조건을 적용할 셀 참조 범위 • criteria : 어떤 셀을 합산할지 결정하는 조건 (숫자, 수식, 셀 참조 또는 텍스트 문자열) • sum_range : 값을 실제로 구할 셀 참조 범위
사용 예시	=SUMIF(A3:A7, ">=90", F3:F7) : [A3:A7] 범위에서 조건이 90 이상인 값을 [F3:F7] 범위에서 찾아 합을 구한다.

'5장예제_기본함수.xlsx' 파일의 [SUMIF] 시트에서 SUM()과 SUMIF() 함수를 이용하여 각 지점의 '1분기' ~ '4분기'의 '판매수량'과 종류별 '판매수량'의 합을 구해보자.

지점명	종류	1분기	2분기	3분기	4분기	판매수량		종류	판매수량
서초점	와플	100	120	90	95	405		와플	740
명동점	치즈	70	80	125	110	385		치즈	800
동대문점	와플	80	85	88	82	335		모카	397
노원점	치즈	90	100	95	130	415			
개포점	모카	88	79	90	140	397			

〈결과 화면〉

1 SUM() 함수

[G4:G8] 영역에 각 지점의 '1분기' ~ '4분기'의 '판매수량'을 구해보자.

❶ [G4] 셀을 클릭하고 [수식]-[함수라이브러리] 그룹-[수학/삼각]-[SUM]을 선택한다.

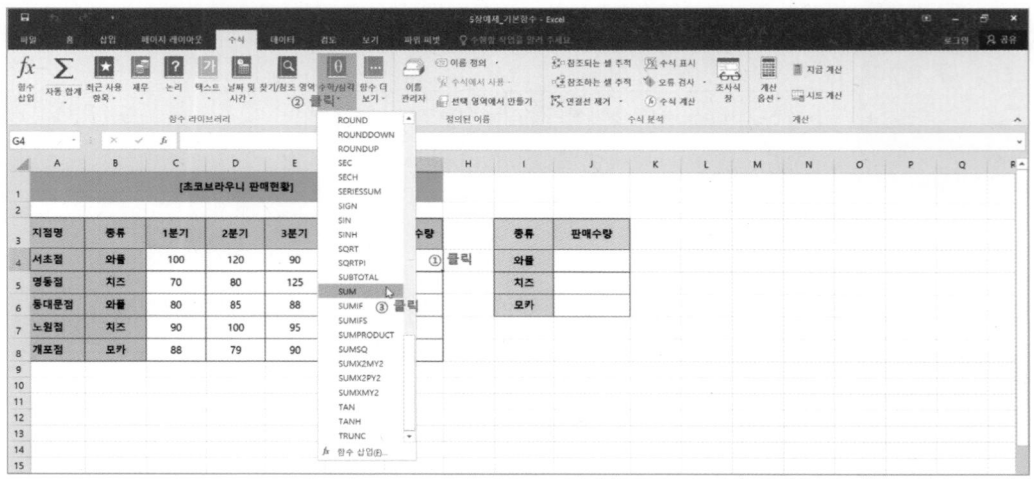

❷ [함수 인수] 창에서 [Number1]에 [C4:F4]를 범위로 지정하면 수식 입력 줄에 수식이 '=SUM(C4:F4)' 로 표시된다. [확인]을 클릭한다.

❸ [G4] 셀에 '서초점'의 '1분기'~'4'분기'의 '판매수량'이 표시되면 [G4] 셀의 채우기 핸들을 [G8] 셀까지 드래그한다.

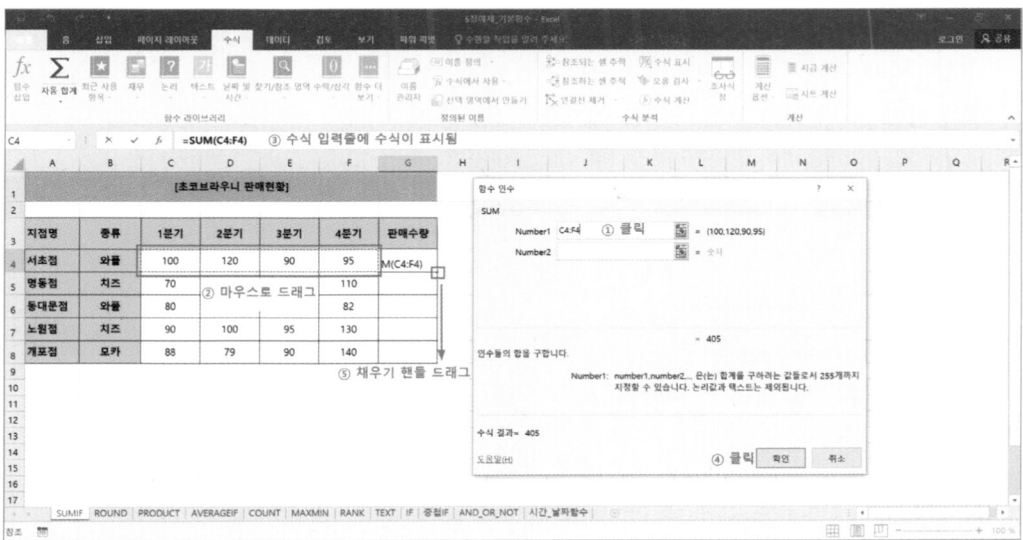

❹ [G4]의 수식이 [G8]까지 복사되고 각 지점의 '판매수량'이 표시된다.

2 SUMIF() 함수

[J4:J6] 영역에 종류별 '판매수량'의 합을 구해보자.

❶ [J4] 셀을 클릭하고 [수식]−[함수라이브러리] 그룹−[수학/삼각]−[SUMIF]를 선택한다.

❷ [함수 인수] 창에서 [Range]에 [B4:B8]을 범위로 지정한 후, [F4]를 누르면 셀 주소가
   절대 참조 유형인 [$B$4:$B$8]으로 바뀐다.

❸ [Criteria]에 [I4]를 클릭한다.

❹ [Sum_range]에 [G4:G8]을 범위로 지정한 후, [F4]를 누르면 셀 주소가 절대 참조 유
형인 [$G$4:$G$8]으로 바뀌고 수식입력줄에 '=SUMIF($B$4:$B$8,I4,$G$4:$G$8)'라
표시된다. [확인]을 클릭하면 [J4]에 '와플'의 '판매수량'의 합이 표시된다.

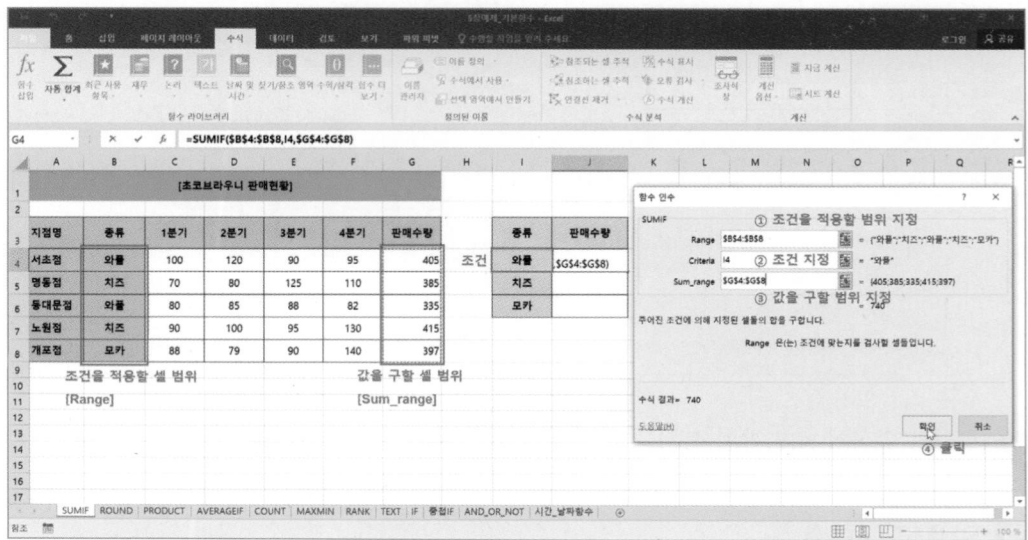

❺ [J4] 셀의 채우기 핸들을 [J6] 셀까지 드래그하면 종류별 '판매수량'의 합이 표시된다.

5.1.2 자릿수 지정함수 – ROUND(), ROUNDUP(), ROUNDDOWN() 함수

특정 자릿수를 기준으로 올림, 내림, 반올림한 값을 구한다.

■ ROUND()

함수 형식	ROUND(number, num_digits)
설 명	숫자를 반올림하여 지정한 자릿수까지 표시한다.
인 수	number : 반올림하려는 수 또는 셀 참조 범위, number_digits : 표시하고자 하는 자릿수
사용 예시	=ROUND(23.7825, 2) –> 23.78 : 23.7825을 소수점 2자리까지 나타나도록 소수 3자리에서 반올림한다. =ROUND(23.7825, 0): –> 24 : 23.7825을 정수로 나타내기 위해 소수 1자리에서 반올림한다. =ROUND(23.7825, –1) –> 20 : 23.7825를 일의 자리에서 반올림한다.

■ ROUNDUP()

함수 형식	ROUNDUP(number, num_digits)
설 명	숫자를 올림하여 지정한 자릿수까지 표시한다.
인 수	number : 반올림하려는 수 또는 셀 참조 범위, number_digits : 표시하고자 하는 자릿수
사용 예시	=ROUNDUP(23.7825, 2) -〉23.79 : 23.7825을 소수점 2자리까지 나타나도록 소수 3자리에서 올림한다.

■ ROUNDDOWN()

함수 형식	ROUNDDOWN(number, num_digits)
설 명	숫자를 내림하여 지정한 자릿수까지 표시한다.
인 수	number : 반올림하려는 수 또는 셀 참조 범위 number_digits : 표시하고자 하는 자릿수
사용 예시	=ROUNDDOWN(23.7825, 3) : 23.7825을 소수점 3자리까지 나타나도록 소수 4자리에서 내림한다.

참고 **ROUND, ROUNDUP, ROUNDDOWN 함수의 자릿수**

소수점 이하에 대해서는 1, 2, 3과 같이 양수로 자릿수를 표시하고, 소수점 이상에 대해서는 0, -1, -2,-3와 같이 자릿수를 표시한다.

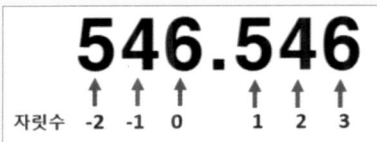

예: =ROUND(546.536, -1)는 일의 자리에서 반올림하여 십의 자리까지 표시하므로 550을 반환한다.

'5장예제_기본함수.xlsx' 파일의 [ROUND] 시트에서 다음과 같이 ROUND(), ROUNDUP(), ROUNDDOWN() 함수를 이용하여 수식을 작성해보자.

입력	자릿수	ROUND	ROUNDUP	ROUNDDOWN
3456.654	-2	3500	3500	3400
3456.654	-1	3460	3460	3450
3456.654	0	3457	3457	3456
3456.654	1	3456.7	3456.7	3456.6
3456.654	2	3456.65	3456.66	3456.65

〈결과 화면〉

❶ [C4] 셀을 클릭하고 [수식]–[함수라이브러리] 그룹–[수학/삼각]–[ROUND]를 클릭한다.

❷ [함수 인수] 창에서 [Number]에 [A4]를 클릭하고, [Num_digits]에서 [B4]를 클릭하면 수식입력줄에 '=ROUND(A4, B4)'라 표시된다. [확인]을 클릭하면 [C4] 셀에 자릿수에 따라 반올림한 값이 구해진다.

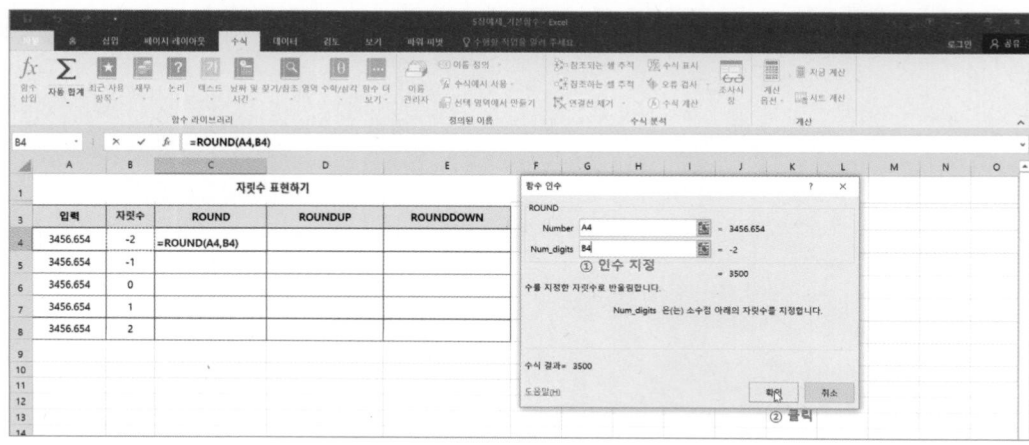

❸ [C4] 셀의 수식을 복사하기 위해 [C4]의 채우기 핸들을 [C8] 셀까지 드래그한다.

❹ 동일한 방법으로 ROUNDUP(), ROUNDDOWN() 함수를 적용해보고 결과 값을 비교해 보자.

5.1.3 인수들의 곱을 구하는 함수

PRODUCT()는 인수와 인수를 곱하며, SUMPRODUCT()는 대응하는 인수끼리의 곱셈의 합을 구하는 함수이다.

■ PRODUCT()

함수 형식	PRODUCT(number1, number2, …)
설 명	인수들의 곱셈을 구한다.
인 수	• number1, number2 : 곱셈을 구하려는 숫자 또는 셀 참조 범위
사용 예시	=PRODUCT()(A1:B5) : [A1:B5] 범위의 대응하는 인수끼리 곱한다.

■ SUMPRODUCT()

함수 형식	SUMPRODUCT(array1, array2, array3, …)
설 명	인수들의 곱셈의 합을 구한다.
인 수	• number1, number2 : 곱셈의 합을 구하려는 숫자 또는 셀 참조 범위
사용 예시	=SUMPRODUCT(B4:B8,C4:C8) : [B4:B8] 범위와 [C4:C8] 범위에서 대응되는 인수의 곱의 합을 구한다.

'5장예제_기본함수.xlsx' 파일의 [PRODUCT] 시트에서 PRODUCT(), SUMPRODUCT() 함수를 이용하여 수식을 작성해보자.

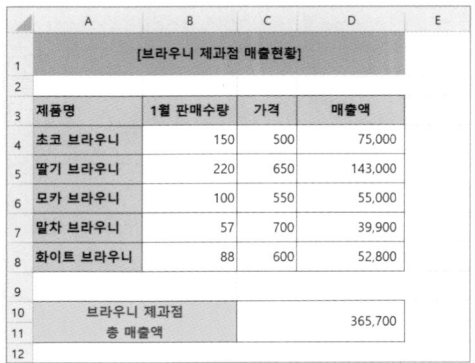

〈결과 화면〉

1 PRODUCT() 함수

[D4:D8] 영역에 매출액을 구해보자. '매출액'은 '1월 판매수량 × 가격'이다.

❶ [D4] 셀을 클릭하고 [수식]-[함수라이브러리] 그룹-[수학/삼각]-[PRODUCT]를 선택한다.

❷ [함수 인수] 창에서 [Number1]에 [B4:C4]를 지정하면 수식 입력줄에 '=PRODUCT(B4:C4)'로 표시된다. [확인]을 클릭한다.

❸ [D4]의 채우기 핸들을 [D8] 셀까지 드래그하면 나머지 셀에도 '매출액' 수식이 복사된다.

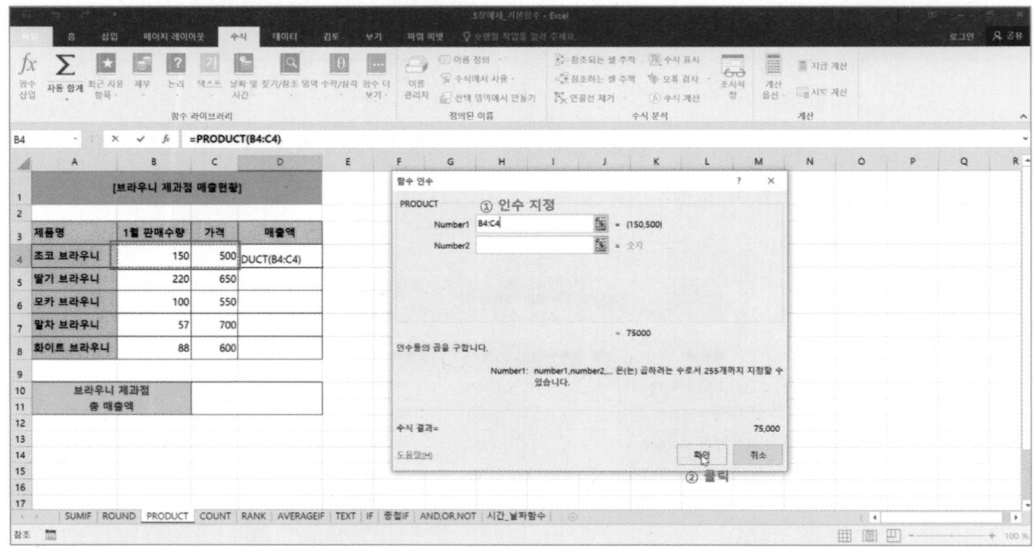

2 SUMPRODUCT() 함수

[C10]에 '브라우니 제과점 총 매출액'을 구해보자.

❶ [C10] 셀을 클릭하고 [수식]-[함수라이브러리] 그룹-[수학/삼각]-[SUMPRODUCT]를 클릭한다.

❷ [함수 인수] 창에서 [Array1]에 [B4:B8], [Array2]에 [C4:C8]을 범위로 지정하면 수식 입력줄에 '=SUMPRODUCT(B4:B8,C4:C8)' 라 표시된다. [확인]을 클릭한다.

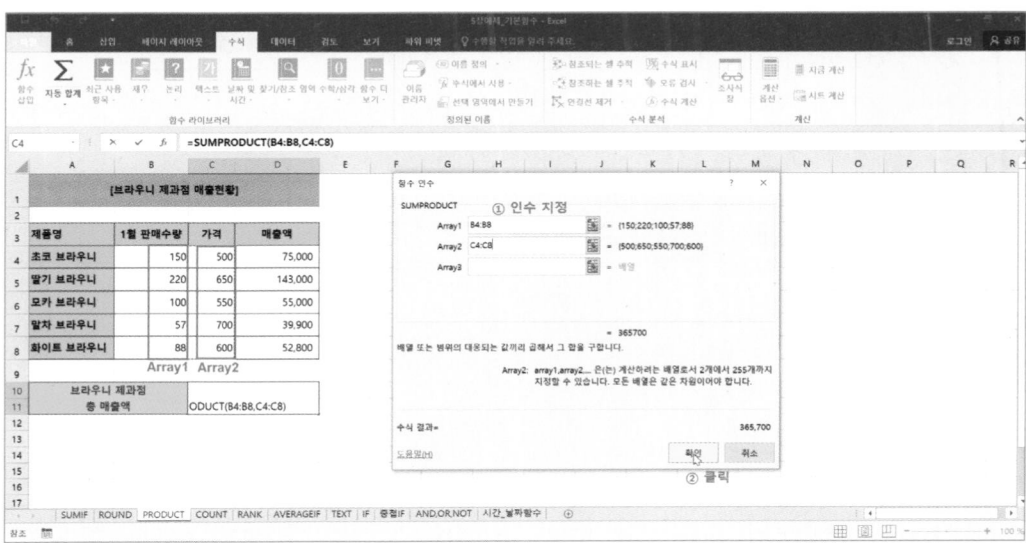

❸ [C10]에 총매출액이 표시된다.

5.2   통계 함수

통계 함수는 데이터의 값을 통계적으로 분석할 수 있는 함수이며, [수식]-[함수라이브러리] 그룹-[함수 더 보기]-[통계]에서 선택한다.

5.2.1 평균을 구하는 함수

인수들의 평균을 구하는 함수는 AVERAGE(), AVERAGEIF() 함수가 있다. AVERAGEIF() 함수는 조건에 맞는 데이터의 평균을 구한다.

■ AVERAGE()

함수 형식	AVERAGE(number1, number2,...)
설 명	인수들의 평균을 구한다.
인 수	• number1, number2 : 평균을 구하려는 숫자 또는 셀 참조 범위
예 시	=AVERAGE(A1:A20) : [A1:A20] 범위의 평균을 구한다.

■ AVERAGETIF()

함수 형식	AVERAGETIF()(range, criteria, sum_range)
설 명	지정된 범위에서 주어진 조건에 맞는 셀들의 평균을 구한다.
인 수	• range : 조건을 적용할 셀 참조 범위 • criteria : 어떤 셀을 합산할지 결정하는 조건 (숫자, 수식, 셀 참조 또는 텍스트 문자열) • sum_range : 값을 실제로 구할 셀 참조 범위
사용 예시	=AVERAGEIF(A3:A7,"서초점",F3:F7) : [A3:A7] 범위의 조건이 '서초점'에 해당하는 값을 [F3:F7]범위에서 찾아 평균을 구한다.

'5장예제_기본함수.xlsx' 파일의 [AVERAGEIF] 시트에서 AVERAGEIF()를 사용하여 부서별 평균 수령액을 구해보자.

사번	이름	성별	직책	부서	급여	보너스	수령액			
				연두 물산 급여 지급내역						
사번	이름	성별	직책	부서	급여	보너스	수령액		수령액 평균	4,356,250
A613100	이경미	여	팀장	영업부	3,500,000	1,750,000	5,250,000		영업부 평균 수령액	4,200,000
C013210	주혜진	여	사원	영업부	2,500,000	1,250,000	3,750,000		관리부 평균 수령액	4,668,750
A013301	한민우	남	사원	영업부	2,500,000	1,250,000	3,750,000		자재부 평균 수령액	4,200,000
A014500	이경식	남	사원	영업부	2,850,000	1,425,000	4,275,000			
C013052	최윤서	여	대리	영업부	2,650,000	1,325,000	3,975,000			
B013112	윤수석	남	팀장	관리부	4,200,000	2,100,000	6,300,000			
B013348	장정아	여	팀장	자재부	3,800,000	1,900,000	5,700,000			
A013301	이지남	남	대리	관리부	2,900,000	1,450,000	4,350,000			
A014500	강경식	남	사원	관리부	2,850,000	1,425,000	4,275,000			
C013058	조유선	여	사원	관리부	2,500,000	1,250,000	3,750,000			
B013122	윤수석	남	사원	자재부	2,400,000	1,200,000	3,600,000			
B013483	이미자	여	사원	자재부	2,200,000	1,100,000	3,300,000			

〈결과 화면〉

1 AVERAGE() 함수

'수령액'의 평균을 [K2]에 구해보자.

❶ [K2] 셀을 클릭하고 [수식]–[함수라이브러리] 그룹–[함수 더 보기]–[통계]–[AVERAGE]를 선택한다.

❷ [함수 인수] 창의 [Number1]에 [H3:H14]를 범위로 지정하면, 수식 입력줄에 수식 '=AVERAGE(H3:H14)'이 나타나며 [K2]에 수령액의 평균이 계산된다.

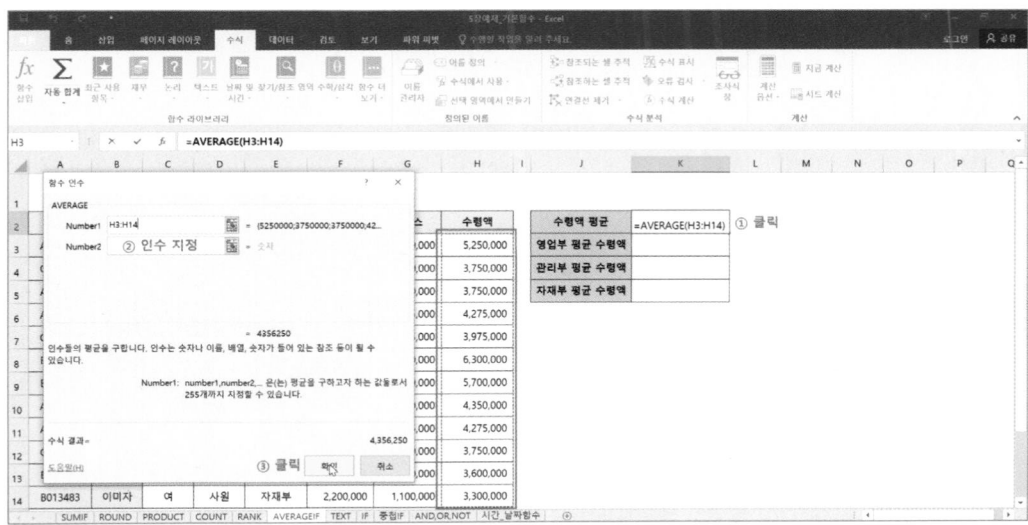

2 AVERAGEIF() 함수

'부서'와 '수령액' 데이터를 이용하여 부서별 평균 수령액을 구해보자.

❶ [K3] 셀을 클릭하고 [수식]-[함수라이브러리] 그룹-[함수 더 보기]-[통계]-[AVERAGEIF]를 선택한다.

❷ [함수 인수] 창에서 [Range]에 부서[E3:E14]를 범위로 지정한다.

❸ [Criteria]에 "영업부"를 입력한다.

❹ [Sum_range]에 [H3:H14]를 범위로 지정한다. 수식 입력줄에는 =AVERAGEIF(E3:E14, "영업부",H3:H14)라 표시되며 '영업부'에 해당하는 '수령액'의 평균이 구해진다.

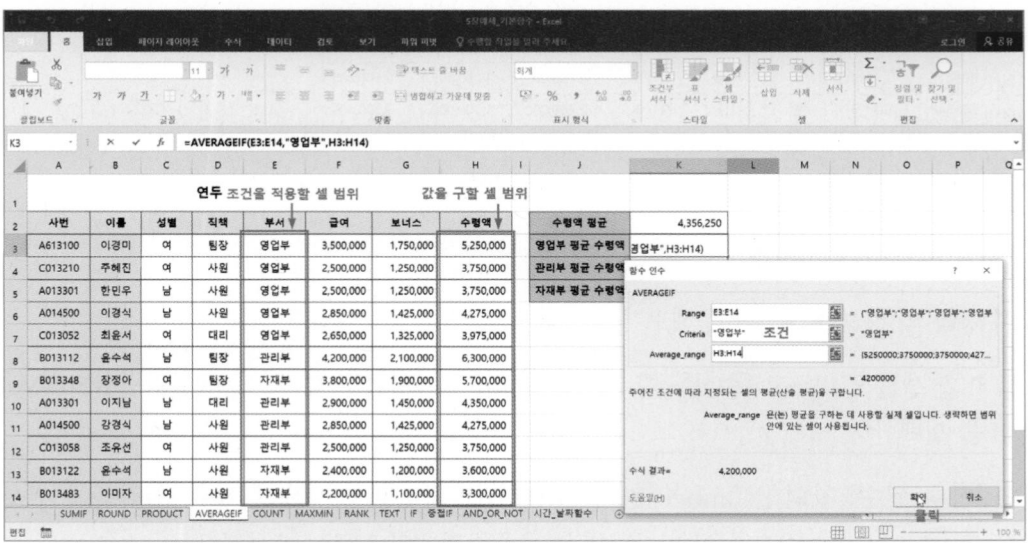

❺ 같은 방법으로 '관리부', '자재부'의 평균 수령액을 구해보자.

5.2.2 셀의 개수를 세는 함수

셀의 데이터 형식에 따라 개수를 세는 COUNT 함수 사용이 구분된다. 데이터 형식이 숫자
이면 COUNT(), 문자나 숫자이면 COUNTA() 함수를 사용하며, 데이터가 없는 빈 셀의 개
수는 COUNTBLANK(), 조건에 맞는 셀의 개수를 구하려면 COUNTIF() 함수를 사용한다.

■ COUNT()

함수 형식	COUNT(value1, [value2], …)
설 명	숫자가 입력된 셀의 개수를 구한다.
인 수	• value1, value2 : 개수를 세려는 셀 참조 범위
사용 예시	=COUNT(A1:A20) : [A1:A20] 범위에서 숫자가 입력된 셀의 개수를 구한다.

■ COUNTA()

함수 형식	COUNTA(value1, [value2], …)
설 명	숫자, 문자 등 데이터가 있는 셀의 개수를 구한다.
인 수	• value1, value2 : 개수를 세려는 셀 참조 범위
사용 예시	=COUNTA(A1:A20) : [A1:A20] 범위에서 데이터가 들어있는 셀의 개수를 구한다.

■ COUNTBLANK()

함수 형식	COUNTBLANK(range)
설 명	비어있는 셀의 개수를 구한다.
인 수	• range : 빈 셀의 개수를 세려는 셀 참조 범위
사용 예시	=COUNTBLANK(A1:A20) : [A1:A20] 범위에서 비어있는 셀의 개수를 구한다.

■ COUNTIF()

함수 형식	COUNTIF(range, criteria)
설 명	지정한 범위 내에서 조건에 맞는 셀의 개수를 구한다.
인 수	• range : 셀의 개수를 세려는 셀 참조 범위 • criteria : 어떤 셀의 개수를 셀지 결정하는 조건 (숫자, 수식, 셀 참조 또는 텍스트 문자열)
사용 예시	=COUNTIF(A1:A5,"합격") : [A1:A5] 범위에서 데이터 값이 '합격'인 셀의 개수를 구한다.

'5장예제_기본함수.xlsx' 파일의 [COUNT] 시트에서 COUNT(), COUNTA(), COUNTBLANK(), COUNTIF() 함수를 이용하여 수식을 작성해보자.

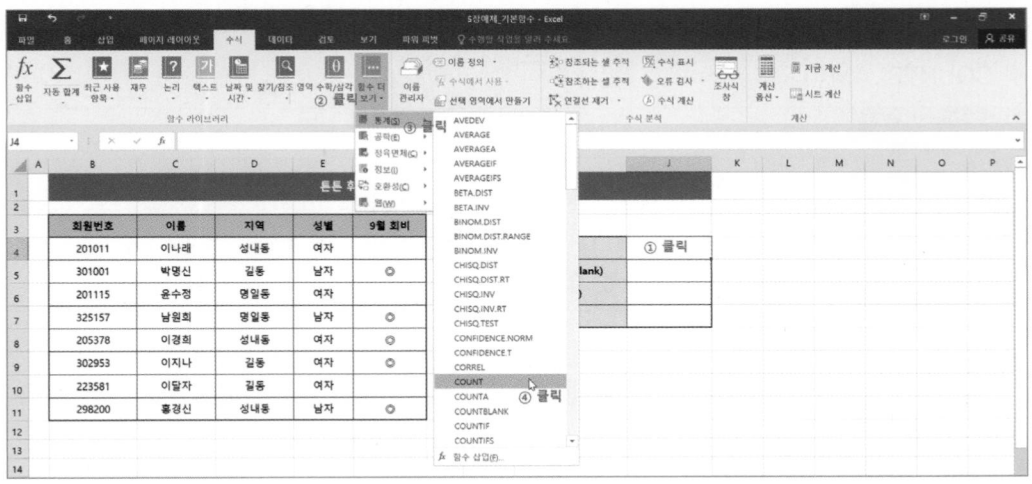

〈결과 화면〉

1 COUNT() 함수

'회원번호'가 입력된 셀의 개수를 세어 회원 수를 표시해보자.

❶ [J4] 셀을 클릭하고 [수식]–[함수라이브러리] 그룹–[함수 더 보기]–[통계]–[COUNT]를 선택한다.

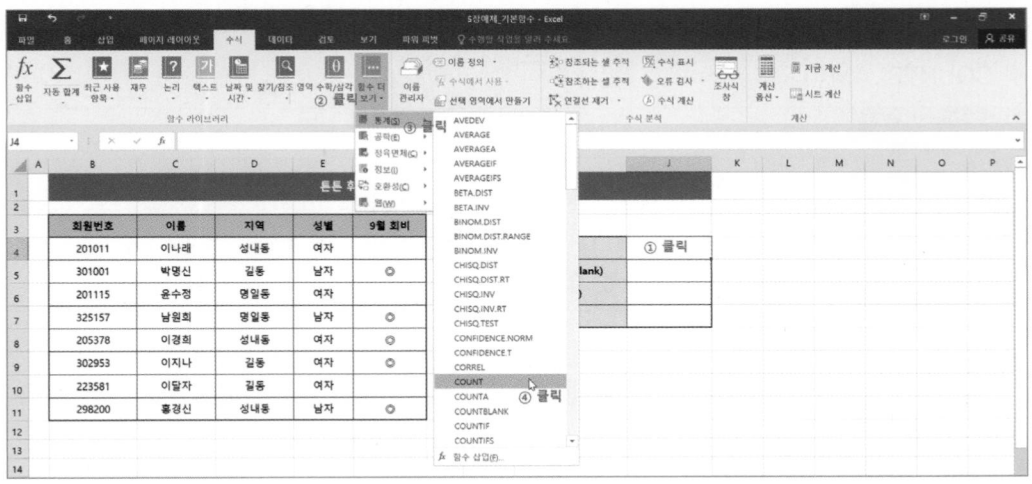

❷ [함수 인수] 창에서 [Value1]에 [B4:B11]을 범위로 지정하면 수식 입력줄에'=COUNT (B4:B11)'라 표시되며 [J4]에 회원수가 표시된다.

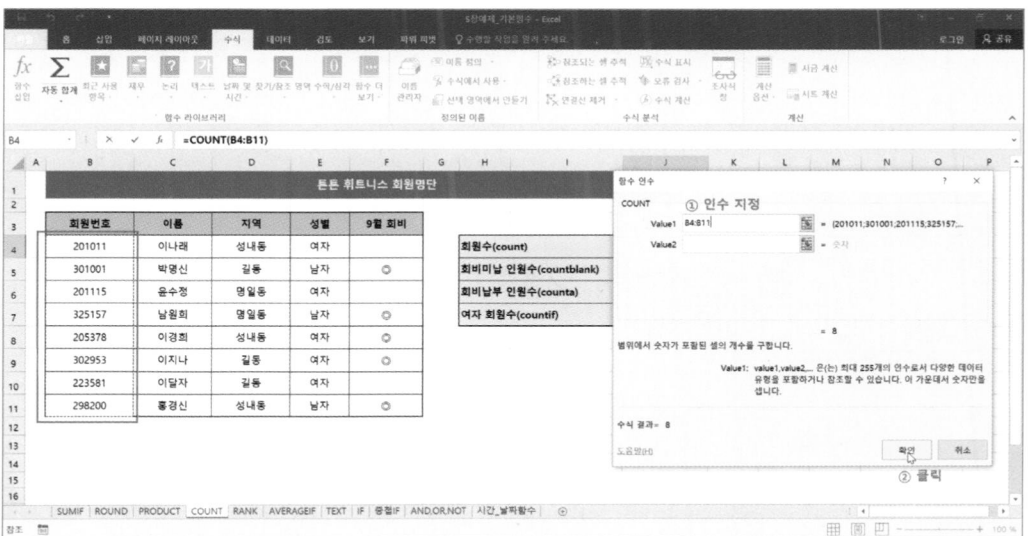

2 COUNTBLANK() 함수

'9월회비'에서 비어있는 셀의 개수를 세어 회비를 미납한 회원의 수를 구해보자.

❶ [J5] 셀을 클릭하고 [수식]-[함수라이브러리] 그룹-[함수 더 보기]-[통계]-[COUNT-BLANK]를 선택한다.

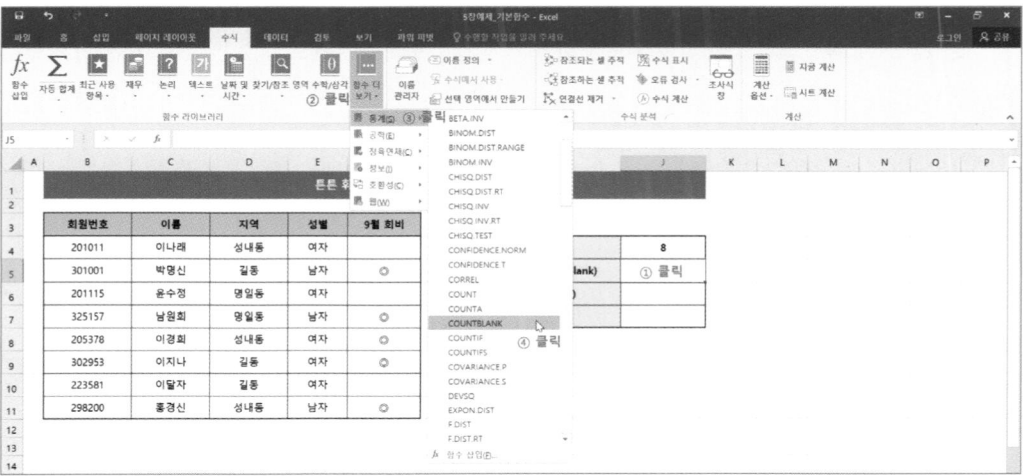

❷ [함수 인수] 창에서 [Range]에 [F4:F11]을 범위로 지정하면 수식 입력줄에
'=COUNTBLANK(F4:F11)'라 표시되며 [J5]에 빈 셀의 개수를 센 결과가 표시된다.

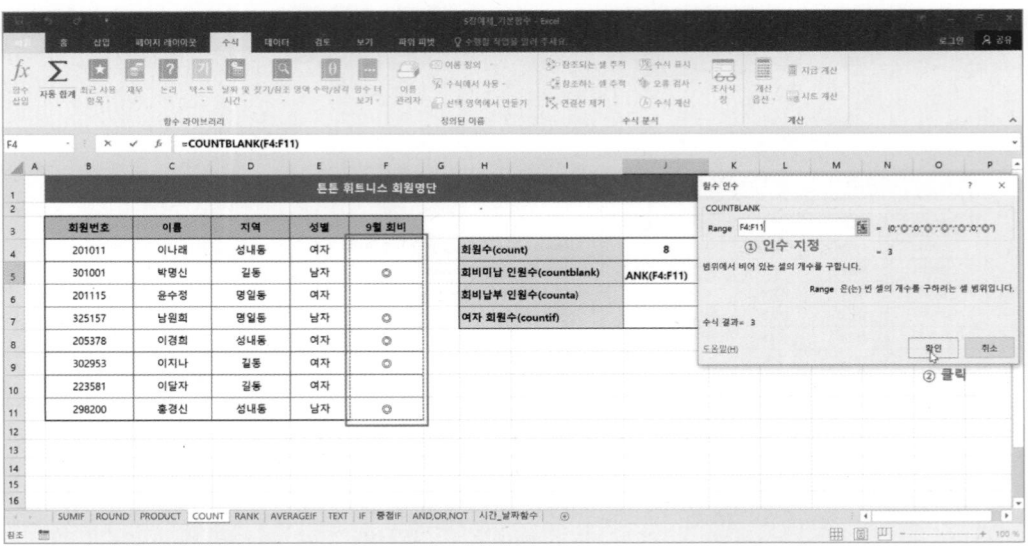

3 COUNTA() 함수

'9월회비'에서 '◎'가 입력된 셀의 개수를 세어 9월 회비를 납부한 회원 수를 구해보자.

❶ [J6] 셀을 클릭하고 [수식]–[함수라이브러리] 그룹–[함수 더 보기]–[통계]–[COUNTA]
를 선택한다.

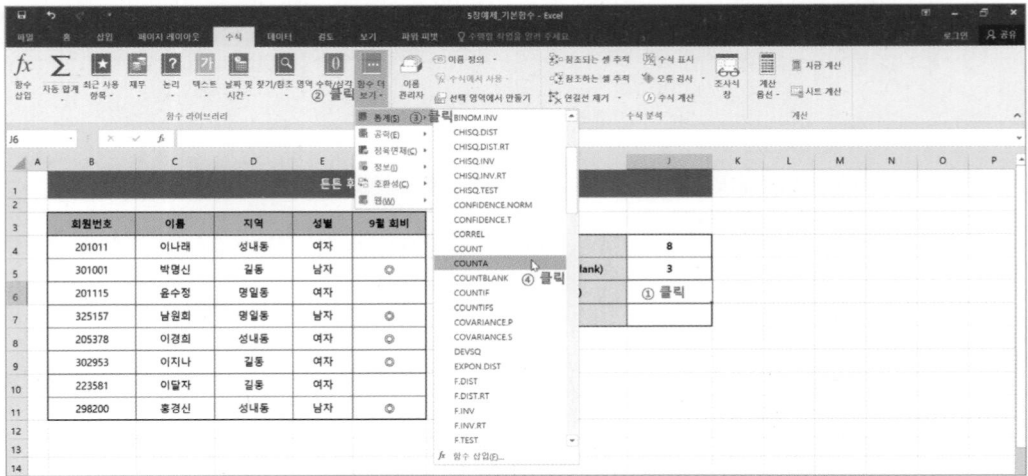

❷ [함수 인수] 창에서 [Value1]에 [F4:F11]을 범위로 지정하면 수식 입력줄에 '=COUNTA(F4:F11)'라 표시되고 '◎'가 입력된 셀의 개수가 [J6]에 표시된다.

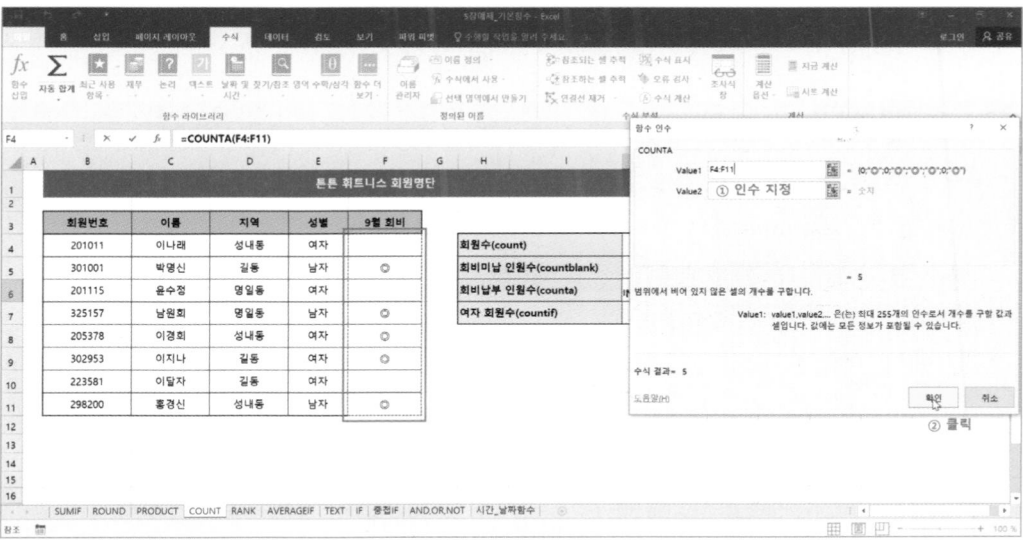

4 COUNTIF() 함수

'성별'에서 '여자' 회원의 수를 세어 표시해보자.

❶ [J7] 셀을 클릭하고 [수식]-[함수라이브러리] 그룹-[함수 더 보기]-[통계]-[COUNTIF]를 선택한다.

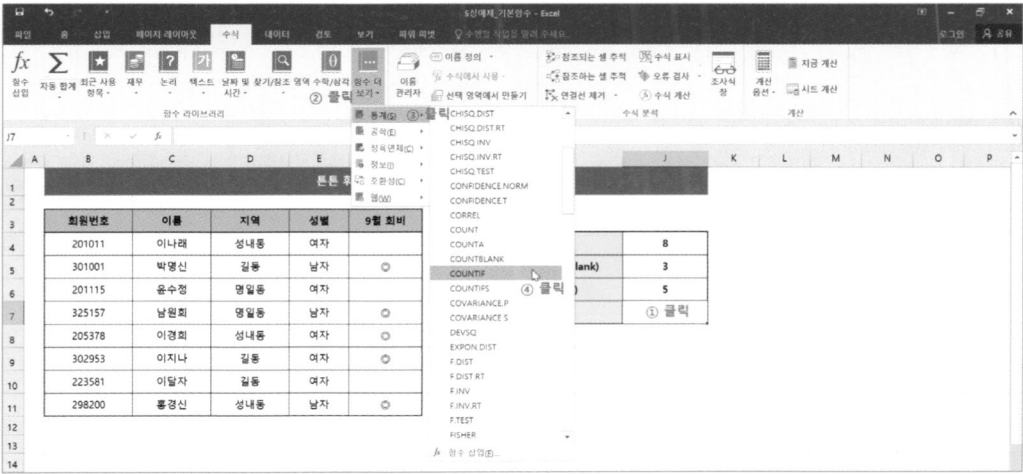

❷ [함수 인수] 창에서 [Range]에 [E4:E11]을 범위로 지정하고, [Criteria]에 "여자" 를 입력한다. 이때, 텍스트는 반드시 " "(큰 따옴표)로 묶어준다. 수식 입력줄에 '=COUNTIF(E4:E11,"여자")'라 표시되며 '성별'에서 '여자'의 개수를 센 결과가 [J7] 에 표시된다.

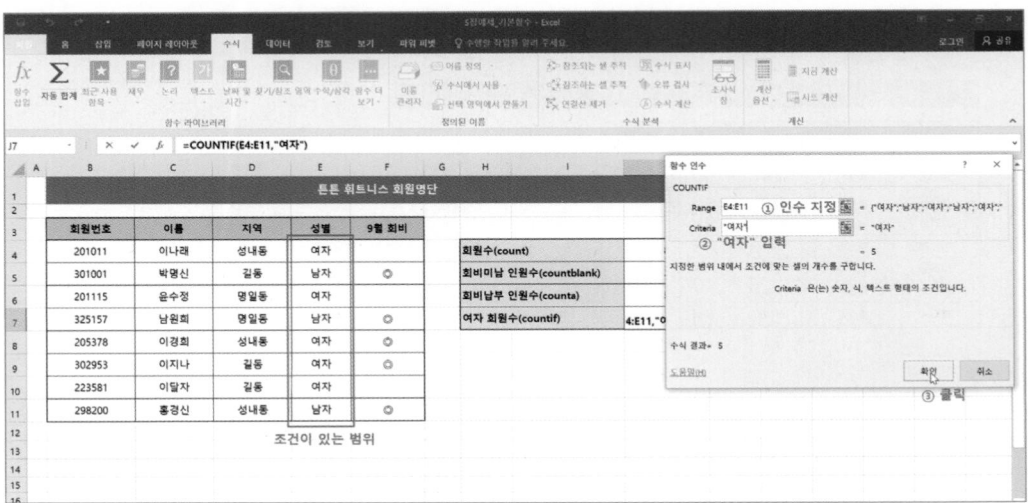

5.2.3 최대 최소 값을 구하는 함수

MAX()는 인수 중에서 가장 큰 값을 반환하고 MIN()은 가장 작은 값을 반환한다.

■ MAX()

함수 형식	MAX(number1, number2, …)
설 명	인수들 중에서 제일 큰 값을 구한다.
인 수	number1, number2 : 최대 값을 구하려는 숫자 또는 셀 참조 범위
예 시	=MAX(A1:A5) : A1:A5 범위에 있는 값 중 가장 큰 값을 구한다.

■ MIN()

함수 형식	MIN(number1, number2, …)
설 명	인수들 중에서 제일 작은 값을 구한다.
인 수	number1, number2 : 최소 값을 구하려는 숫자 또는 셀 참조 범위
예 시	=MIN(A1:A5) : [A1:A5] 범위에 있는 값 중 가장 작은 값을 구한다.

'5장예제_기본함수.xlsx'파일의 [MAXMIN] 시트에서 MAX(), MIN() 함수를 이용하여 수식을 작성해보자.

	스터디룸 이용 현황			
			기본시간	2시간
관리번호	규모	인원수	시간	사용요금
1	소형	4	2	10,000
2	중형	10	4	50,000
3	소형	2	2	5,000
4	중형	15	6	112,500
5	대형	20	8	200,000
최대값		20	8	200,000
최소값		2	2	5,000

〈결과 화면〉

1 MAX() 함수

인원수, 시간, 사용요금의 최대값을 구하여 [C10:E10]에 표시해보자.

❶ [C10] 셀을 클릭하고 [수식]-[함수라이브러리] 그룹-[함수 더 보기]-[통계]-[MAX]를 선택한다.

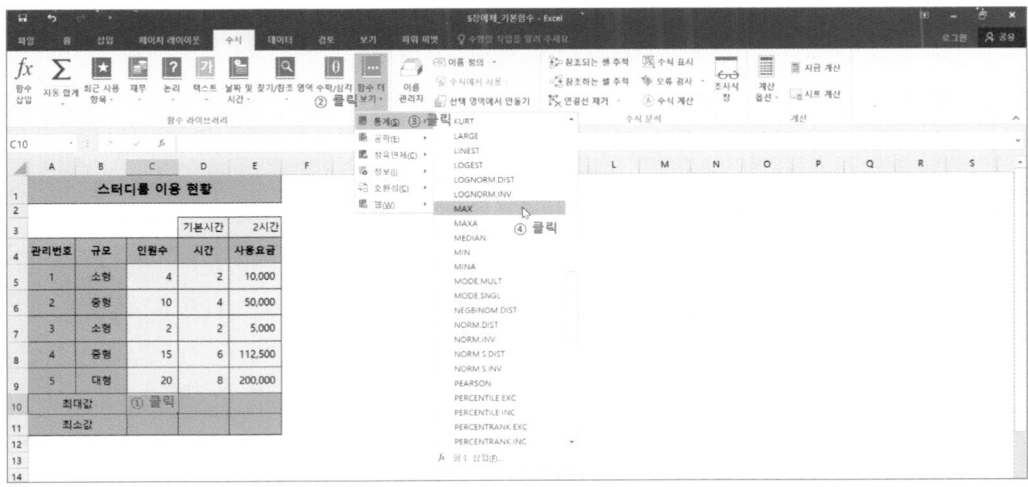

❷ [함수 인수] 창에서 [Number1]에 [C5:C9]를 범위로 지정하면 수식 입력줄에 '=MAX(C5:C9)'라 표시되며 최대값을 구한 결과가 [C10]에 표시된다.

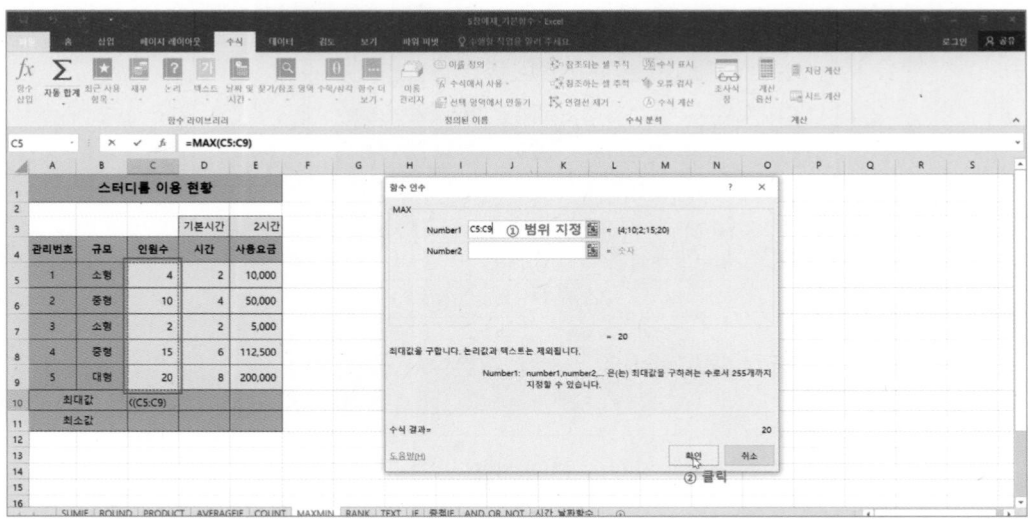

❸ '시간'[D10], '사용요금'[E10]에 수식을 복사하기 위해 [C10]의 채우기 핸들을 [E10]까지 드래그한다.

2 MIN() 함수

인원수, 시간, 사용요금의 최소값을 구하여 [C11:E11]에 표시해보자.

❶ [C11] 셀을 클릭하고 [수식]-[함수라이브러리] 그룹-[함수 더 보기]-[통계]-[MIN]를 선택한다.

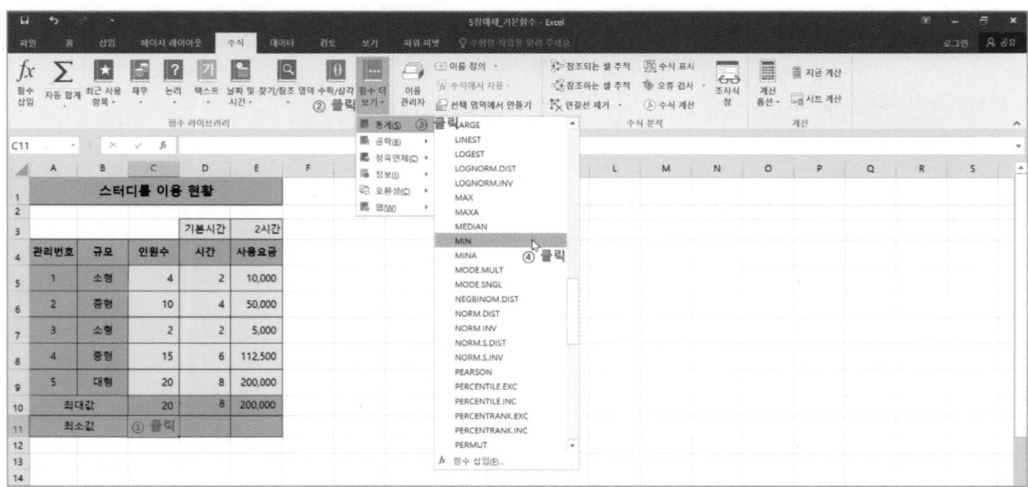

❷ [함수 인수] 창에서 [Number1]에 [C5:C9]를 범위로 지정하면 수식 입력줄에 '=MIN(C5:C9)'라 표시되며 최소값을 구한 결과가 [C11]에 표시된다.

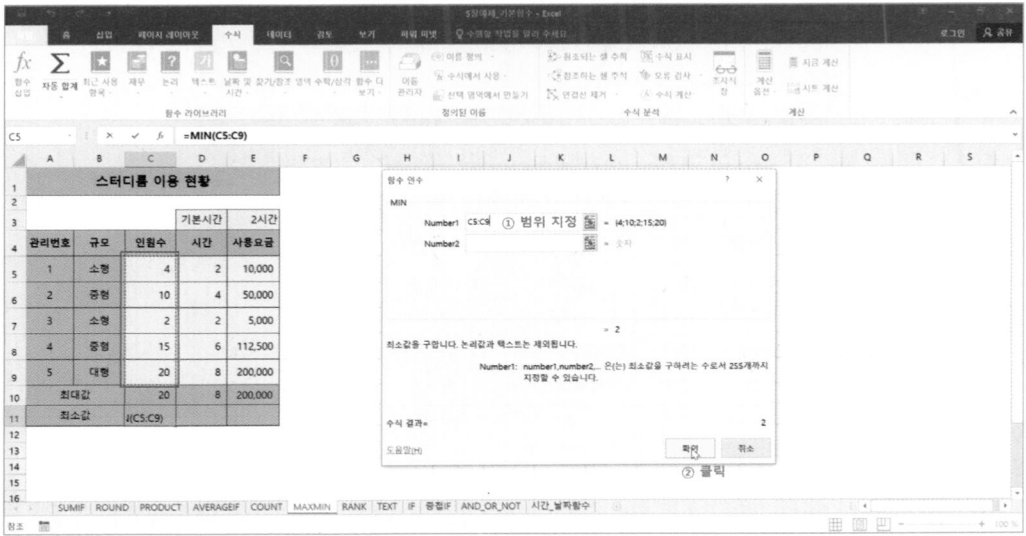

❸ '시간'[D11], '사용요금'[E11]에 수식을 복사하기 위해 [C11]의 채우기 핸들을 [E11]까지 드래그한다.

5.2.4 순위를 구하는 함수 – RANK.EQ() 함수

엑셀 2010 버전 이후부터 RANK() 함수가 RANK.EQ(), RANK.AVG()로 세분화되었다. 이전 버전과 같은 RANK()함수를 사용하고자 한다면 RANK.EQ()를 이용하면 된다.

■ RANK.EQ()

함수 형식	RANK.EQ(number, ref, order)
설 명	비교 범위에서 대상 셀의 순위를 구한다.
인 수	• number: 순위를 구하려는 대상 셀 • ref : 비교 범위 • order: 순위를 결정하는 방법 (생략하거나 '0'을 입력하면 내림차순, '1'을 입력하면 오름차순으로 순위 결정)
사용 예시	=RANK.EQ(A3,$A$2:$A$6,1) : [A3]의 값이 [A2:A6] 범위에서 오름차순으로 정렬했을 때 몇 위에 해당하는지 나타낸다.

'5장예제_기본함수.xlsx' 파일의 [RANK] 시트에서 RANK.EQ() 함수를 사용하여 선호도 순위를 구해보자.

관광지	지역	대표볼거리	대표먹을거리	선호 인원수	순위
		국내 관광지 외국인 관광객 선호도 조사			
우도	제주도	해안 둘레길	땅콩아이스크림	52,350	5
불국사	경주	첨성대, 석굴암	산채비빔밥	75,300	2
한국민속촌	용인	농악놀이, 전통혼례	더덕구이	33,580	7
한라산	제주도	한라산	흑돼지두루치기	62,300	4
창경궁	서울	창경궁	불고기백반	80,750	1
땅끝마을	파주	등대, 케이블카	전라도한정식	32,051	8
남이섬	춘천	메타세콰이어 숲	향어회	65,200	3
전주한옥마을	전주	한옥	콩나물국밥	48,150	6

〈결과 화면〉

국내 관광지의 '선호인원수'를 이용하여 관광지 순위를 내림차순으로 구해보자.

❶ [F4] 셀을 클릭하고 [수식]−[함수라이브러리] 그룹−[함수 더 보기]−[통계]−[RANK. EQ]를 선택한다.

❷ [함수 인수] 창에서 [Number]에 [E4] 셀을 클릭한다.

❸ [Ref]에 [E4:E11]를 범위로 지정한 후 [F4]를 눌러 절대 참조로 변환한다. [Order]에 '0'을 입력하거나 생략하여 내림차순으로 지정하면 수식 입력줄에 수식 '=RANK. EQ(E4,$E$4:$E$11,0)'이 표시되며 [E4]의 '선호인원수'의 순위가 [F4] 셀에 표시된다.

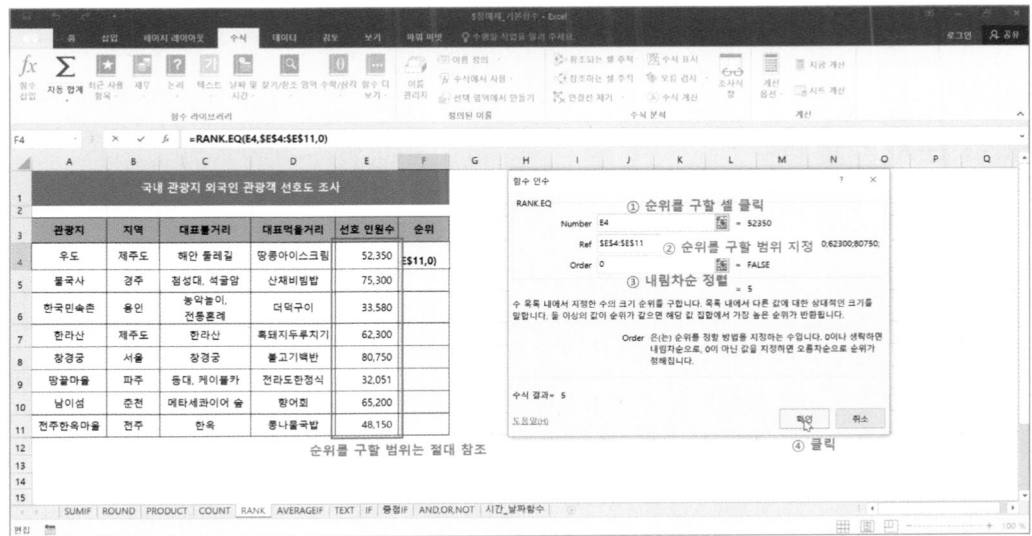

TIP RANK.EQ() 함수는 순위가 같은 수가 여러 개이면 최상위 순위가 반환된다.

❹ [F4]의 채우기 핸들을 [F11]까지 드래그하여 나머지 셀의 순위를 구한다.

참고 **RANK.EQ() 함수의 범위 지정**

RANK.EQ() 함수를 이용하여 여러 목록의 순위를 구할 때, [Ref]의 인수는 반드시 절대 참조로 지정해야 한다. 절대 참조로 범위를 지정하지 않은 상태에서 수식을 복사하게 되면 셀의 위치가 바뀌어 [Ref] 인수의 참조 범위가 달라진다.

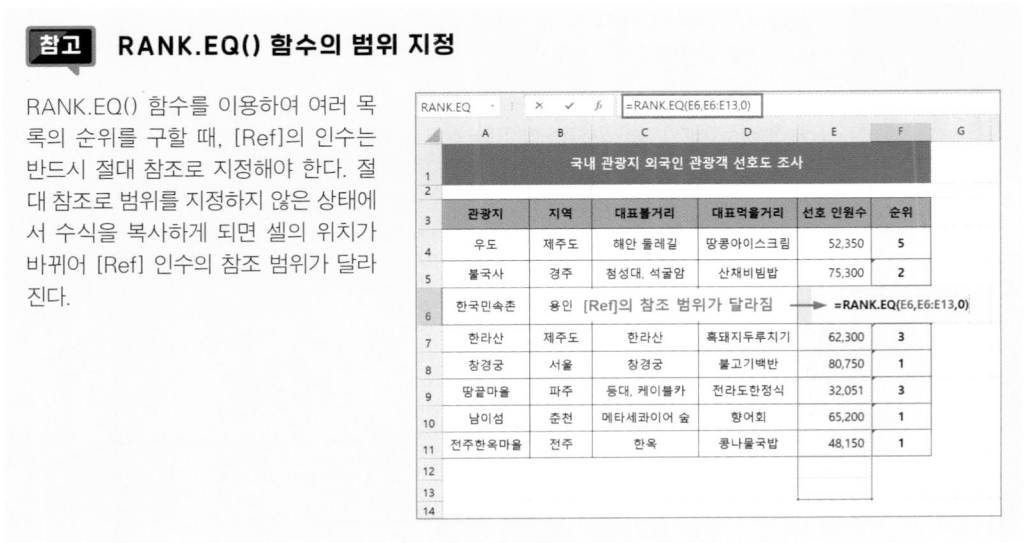

5.3 텍스트 함수

문자열 일부를 추출하거나, 문자를 반복하여 표시하는 등 텍스트 데이터를 처리하는 함수이며 LEFT(), MID(), RIGHT(), REPT() 함수가 있다.

5.3.1 문자 추출 함수

■ LEFT()

함수 형식	LEFT(text, num_chars)
설 명	문자열의 왼쪽부터 지정한 개수만큼 문자를 추출한다.
인 수	• text : 추출하려는 문자가 들어 있는 텍스트 문자열 또는 셀 참조 범위 • num_chars : 왼쪽부터 추출할 문자 개수
사용 예시	=LEFT("대한민국만세",2) → '대한' : "대한민국만세"의 왼쪽부터 2개의 문자를 추출한다.

■ MID()

함수 형식	MID(text, start_num, num_chars)
설 명	문자열의 지정한 자리(start_num)부터 지정한 개수만큼 문자를 추출한다.
인 수	• text : 추출하려는 문자가 들어 있는 텍스트 문자열 또는 셀 참조 범위 • start_num : 추출할 문자열의 첫 번째 위치 • num_chars : 지정된 위치부터 추출할 문자
사용 예시	=MID("대한민국만세",3, 2) → '민국' : "대한민국만세"의 3번째 자리부터 2개의 문자를 추출한다.

■ RIGHT()

함수 형식	RIGHT(text, num_chars)
설 명	문자열의 오른쪽부터 지정한 개수만큼 문자를 추출한다.
인 수	• text : 추출하려는 문자가 들어 있는 텍스트 문자열 또는 셀 참조 범위 • start_num : 추출할 문자열의 첫 번째 위치
사용 예시	=RIGHT("대한민국만세",2) → '만세' : "대한민국만세"의 오른쪽부터 2개의 문자를 추출한다.

'5장예제_기본함수.xlsx' 파일의 [TEXT] 시트에서 다음과 같이 LEFT(), MID(), RIGHT(), REPT() 함수를 이용하여 수식을 작성해보자.

평점	학교정보	지역(LEFT)	학교명(MID)	학교분류(RIGHT)	평점(REPT)
			전국 시설 우수 학교		
10	서울자운초등학교	서울	자운	초등학교	★★★★★★★★★★
10	대전율곡고등학교	대전	율곡	고등학교	★★★★★★★★★★
10	전남곡면초등학교	전남	곡면	초등학교	★★★★★★★★★★
9	인천마들고등학교	인천	마들	고등학교	★★★★★★★★★
9	경기광명고등학교	경기	광명	고등학교	★★★★★★★★★
9	서울온곡초등학교	서울	온곡	초등학교	★★★★★★★★★
8	서울군영고등학교	서울	군영	고등학교	★★★★★★★★
8	경기누리초등학교	경기	누리	초등학교	★★★★★★★★
8	충청사랑고등학교	충청	사랑	고등학교	★★★★★★★★
7	제주광장초등학교	제주	광장	초등학교	★★★★★★★

〈결과 화면〉

1 LEFT() 함수

'학교정보' 데이터의 왼쪽에서 2문자를 추출하여 '지역'을 표시해보자.

❶ [C4] 셀을 클릭하고 [수식]–[함수라이브러리] 그룹–[텍스트]–[LEFT]를 선택한다.

❷ [함수 인수] 창에서 [Text]에 [B4]를 입력하고 [Num_chars]에 '2'를 입력한다.

❸ 지정된 문자열의 왼쪽에서 2글자가 추출되어 [C4]에 표시된다.

❹ [C4]의 채우기 핸들을 [C13] 셀까지 드래그하여 나머지 셀에 지역을 표시한다.

2 MID() 함수

'학교정보' 데이터의 3번째 위치에서 2문자를 추출하여 '학교명'을 표시해보자.

❶ [D4] 셀을 클릭하고, [수식]-[함수라이브러리] 그룹-[텍스트]-[MID]를 선택한다.

❷ [함수 인수] 창에서 [Text]에 [B4]를, [Start_num]에 '3'을, [Num_chars]에 '2'를 입력한다. [B4]의 문자열에서 3번째 위치부터 2글자가 추출되어 [D4]에 표시된다.

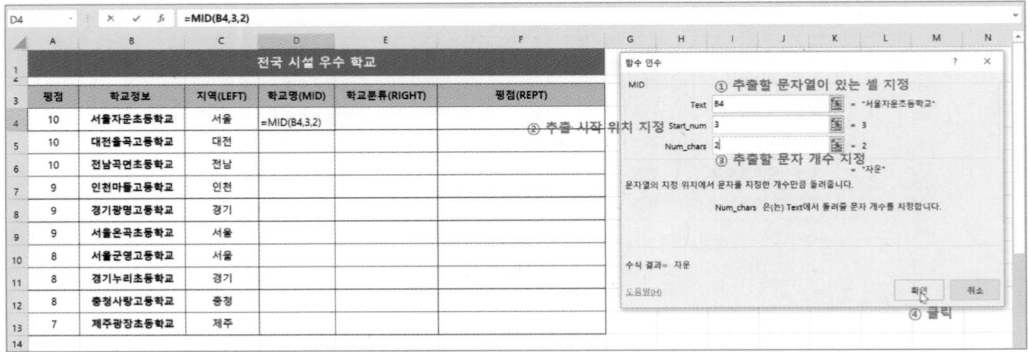

❸ [D4]의 채우기 핸들을 [D13] 셀까지 드래그하여 나머지 셀에 학교명을 표시한다.

3 RIGHT() 함수

'학교정보' 데이터의 오른쪽에서 4글자를 추출하여 '학교분류'를 표시해보자.

❶ [E4] 셀을 클릭하고 [수식]-[함수라이브러리] 그룹-[텍스트]-[RIGHT]를 선택한다.

❷ [함수 인수] 창에서 [Text]에 [B4]를 입력하고, [Num_chars]에 '4'를 입력한다. 지정된 문자열의 오른쪽부터 4글자가 추출되어 [E4]에 표시된다.

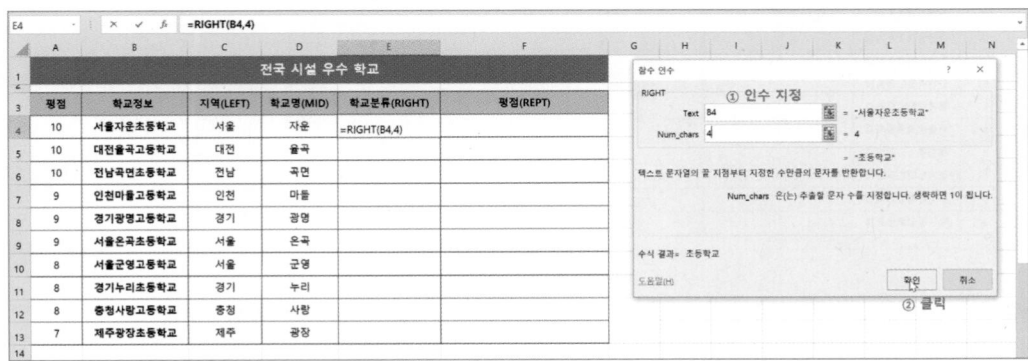

❸ [E4]의 채우기 핸들을 [E13] 셀까지 드래그하여 나머지 셀에 '학교분류'를 표시한다.

5.3.2 문자 반복 함수 – REPT() 함수

■ REPT()

함수 형식	REPT(text, num_times)
설 명	지정한 문자를 지정한 횟수만큼 반복하여 나타낸다.
인 수	• text : 문자 • num_chars : 반복 횟수
사용 예시	=REPT("★", 3) : ★를 3번 나타낸다.

'평점(REPT)'에 '평점'의 데이터 값만큼 "★"를 표시해보자.

❶ [F4] 셀을 클릭하고 [수식]-[함수라이브러리] 그룹-[텍스트]-[REPT]를 선택한다.

❷ [함수 인수] 창에서 [Text]에 'ㅁ'를 입력하고, [한자]를 누른다. 특수문자메뉴가 나타나면 '★'을 선택한다.

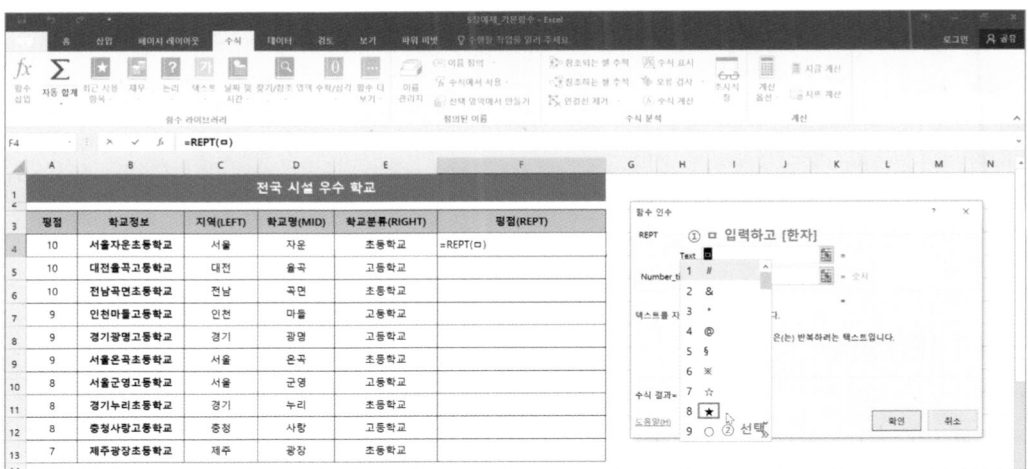

❸ [number_digits]에 [A4]를 지정하면 [A4]의 평점만큼 '★'가 [F4]에 반복해서 표시된다.

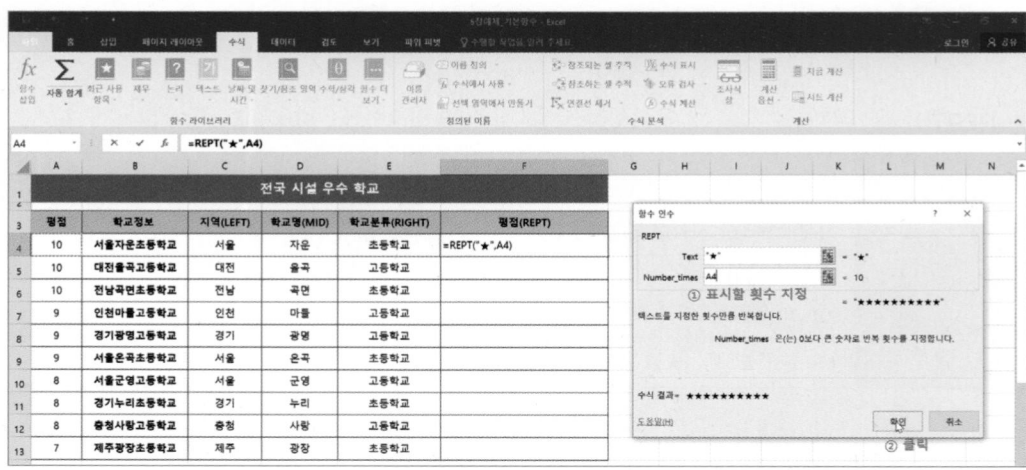

❹ [F4]의 채우기 핸들을 [F13] 셀까지 드래그하여 나머지 셀에 '평점'을 표시한다.

5.4 논리 함수

조건을 비교하여 해당 조건을 만족하는 값(TRUE), 또는 만족하지 않는 값(FALSE)을 반환
하는 함수이다. IF(), AND(), OR(), NOT() 함수 등이 있다.

5.4.1 IF() 함수

■ IF()

함수 형식	IF(logical_test, value_if_true, [value_if_false])
설 명	값이 조건식을 만족하면 참(TRUE), 만족하지 않으면 (FALSE) 값을 반환한다.
인 수	• logical_test : 검사할 조건식 • value_if_true : 조건식이 참일 경우 반환하는 값 • value_if_false : 조건식이 거짓일 경우 반환하는 값
사용 예시	=IF(C2>=80, "합격", "불합격") : [C2] 셀의 값이 80 이상이면 '합격', 아니면 '불합격'을 표시한다.

'5장예제_기본함수.xlsx' 파일의 [IF] 시트에서 IF() 함수를 이용하여 수식을 작성해보자.

수험번호	이름	TOEIC	이산수학	구조론	총점	합격여부
			연두 정보대학원 입학시험			
A104	김한나	850	90	82	1022	합격
A211	이진주	800	100	94	994	불합격
A350	오미수	750	60	85	895	불합격
A521	김미나	700	90	94	884	불합격
A150	이경아	900	64	58	1022	합격
A627	성지원	920	90	92	1102	합격
A709	정미상	700	95	80	875	불합격

〈결과 화면〉

'총점'이 '1,000' 이상이면 '합격', 그렇지 않으면 '불합격'으로 '합격여부'를 표시해보자.

❶ [G4] 셀을 클릭하고 [수식] – [함수라이브러리] 그룹 – [논리] – [IF]를 선택한다.

❷ [함수 인수] 창에서 다음과 같이 작성한다.

- [Logical_test]에 'F4>=1000'을 입력한다.
- [Value_if_true]에 조건을 만족했을 때 실행할 값으로 "합격"을 입력한다.
- [Value_if_false]에 "불합격"을 입력한다.

❸ 수식 입력줄에 '=IF(F10>=1000,"합격","불합격")'라 표시된다.

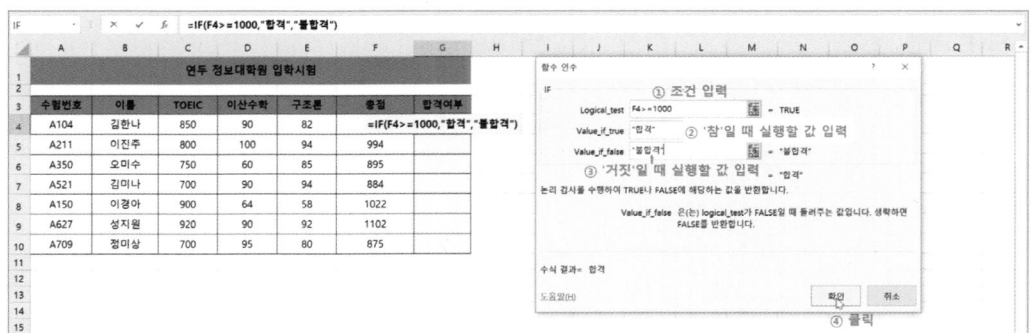

❹ [G4]의 채우기 핸들을 [G10]까지 드래그하여 나머지 셀에도 수식 실행 결과를 표시한다.

5.4.2 중첩 IF() 함수

중첩 IF는 여러 개의 조건을 처리할 때 유용하다. IF() 함수 안에서 최대 64번까지 IF() 함수를 중첩해서 사용할 수 있다.

■ 중첩 IF()

함수 형식	IF(logical_test1, value_if_true1, IF(logical_test2, value_if_true2, value_if_false))
설 명	조건식1이 참이면 value_if_true1을 반환하고, 거짓이면 조건식2를 비교한다. 조건식2가 참이면 value_if_true2를, 거짓이면 value_if_false를 반환한다.
인 수	• logical_test1 : 비교할 조건식1 • value_if_true : 조건식1이 참일 경우 반환하는 값 • logical_test1 : 조건식1이 거짓인 경우 비교할 조건식2 • value_if_true2 : 조건식2가 참일 경우 반환하는 값 • value_if_false : 모두 거짓인 경우 반환하는 값
사용 예시	=IF(C2>=90, "A등급", IF(C2>=80, "B등급", "C등급")) : [C2] 셀의 값이 90 이상이면 'A등급', 80 이상이면 'B등급', 그 외에는 'C등급'을 표시한다.

참고 **IF()함수 중첩 횟수**

IF()함수안에서 중첩을 64번을 초과하게 되면 에러 메시지가 나타난다.

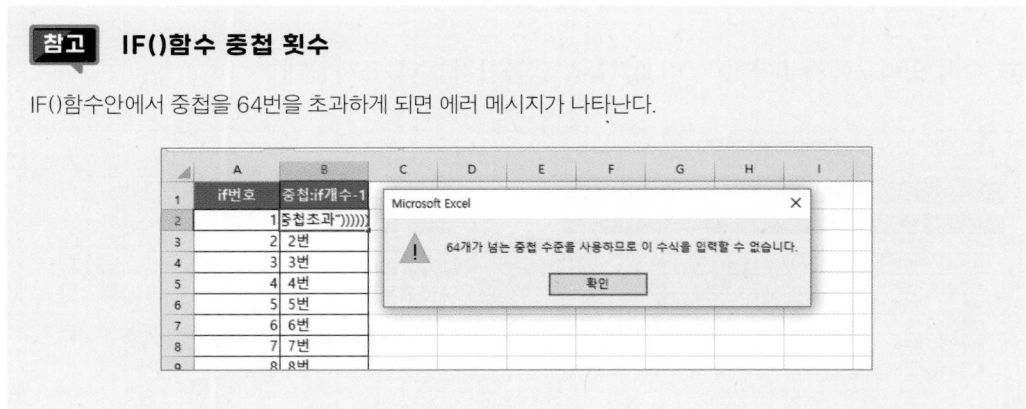

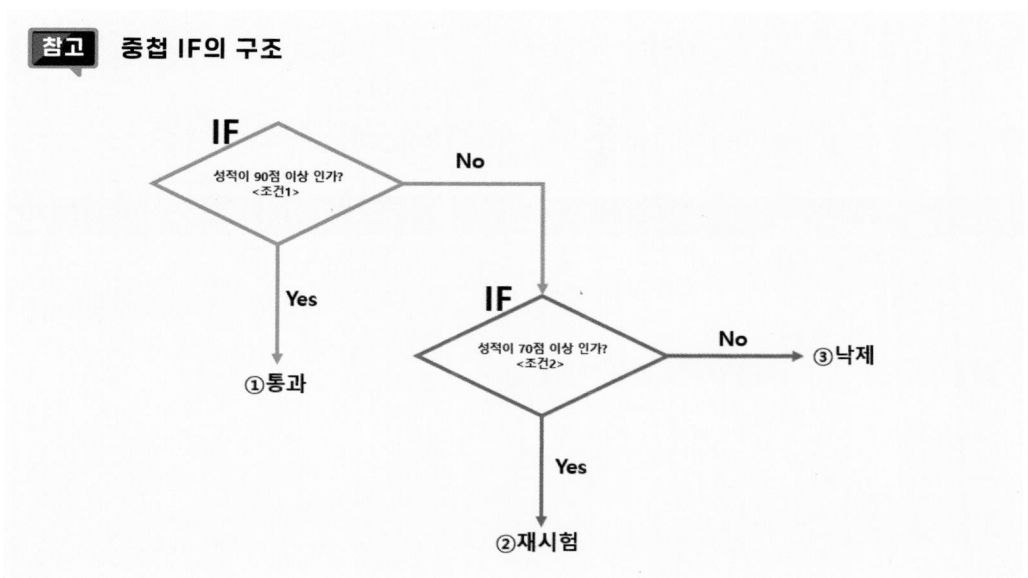

'5장예제_기본함수.xlsx' 파일의 [중첩IF] 시트에서 다음과 같이 중첩 IF() 함수를 사용하여 '승진'을 구해보자.

사번	이름	성별	입사년	지필점수	면접점수	자격증가산점	총점	승진
				연두산업 승진시험 발표				
A613100	이경미	여	2003	100	95	10	205	승진
C013210	주혜진	여	2002	95	80	0	175	대기
A013301	한민우	남	2007	88	92	10	190	대기
A014500	이경식	남	2006	92	98	10	200	승진
C013057	최윤서	여	2010	75	80	0	155	감봉
B013112	윤수석	남	2012	72	70	0	142	감봉
B013488	장정아	여	2008	95	100	10	205	승진

〈결과 화면〉

총점이 '200'점 이상이면 '승진', '170'점 이상이면 '대기', 나머지는 '감봉'으로 '승진'을 [I4:I10]에 표시해보자.

❶ [I4] 셀을 클릭하고 [수식]-[함수라이브러리] 그룹-[논리]-[IF]를 선택한다.

❷ 첫 번째 IF [함수 인수] 창이 나타나면 다음과 같이 작성한다.

- [Logical_test]에 'H4>=200'를 입력한다.
- [Value_if_true]에 조건을 만족했을 때의 값으로 "승진"이라 입력한다.
- [Value_if_false]를 클릭하고 [함수 상자]에서 [IF]를 찾아 클릭하면 두 번째 IF [함수 인수] 창이 나타난다.

> **TIP** [함수 상자]는 수식 입력 상태가 되면 나타나며 함수 목록이 표시된다. 수식 입력 모드가 종료되면 [이름 상자]로 바뀐다.

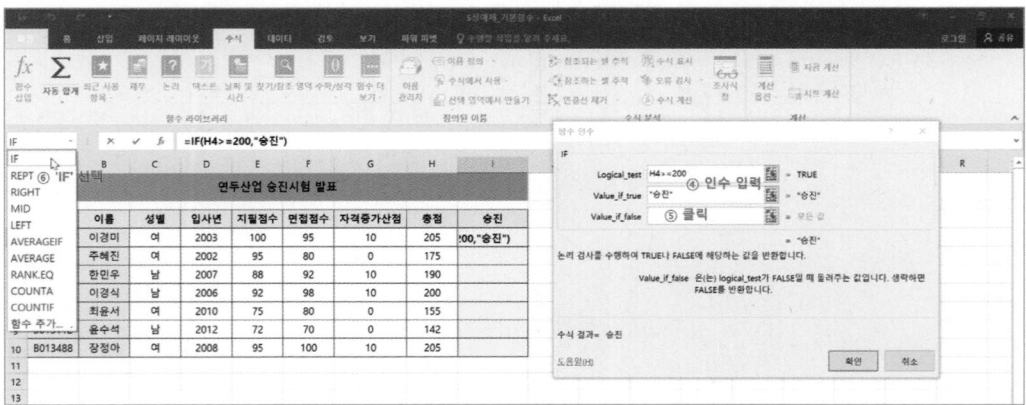

❸ 두 번째 IF [함수 인수] 창에서 다음과 같이 작성한다.

- [Logical_test]에 'H4>=170'을 입력한다.
- [Value_if_true]에 조건을 만족했을 때의 값을 "대기"라 입력한다.
- [Value_if_false]에 조건을 모두 만족하지 않은 값으로 "감봉"을 입력한다.

❹ 수식 입력줄에 '=IF(H4>=200,"승진",IF(H4>=170,"대기","감봉"))'라 표시된다.

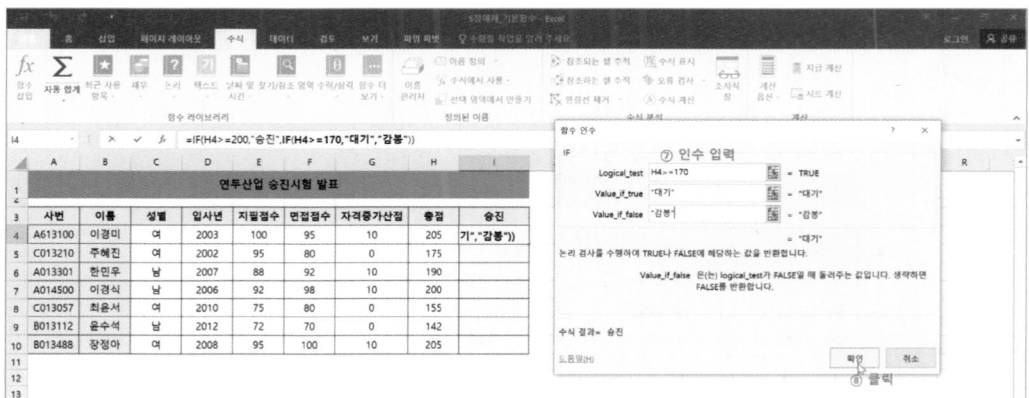

❺ [I4]의 채우기 핸들을 [I10] 셀까지 드래그하여 나머지 셀에 '승진' 여부를 표시한다.

5.4.3 AND(), OR(), NOT() 함수

- AND()

함수 형식	AND(logical1, logical2, …)
설 명	인수가 모두 참일 때 True를 반환한다.
인 수	• logical1, logical2 : 검사할 조건식
사용 예시	=AND(A2>80, B2>80) : [A2] 셀의 값이 80보다 크고 [B2] 셀의 값도 80보다 크면 True를 반환한다.

- OR()

함수 형식	OR(logical1, logical2, …)
설 명	인수가 하나라도 참일 때 True를 반환한다.
인 수	• logical1, logical2 : 검사할 조건식
사용 예시	=OR(A2>80, B2>80) : [A2] 셀의 값이 80보다 크거나 [B2] 셀의 값이 80보다 크면 True를 반환한다.

- NOT()

함수 형식	NOT(logical)
설 명	인수가 참이면 False, 거짓이면 True를 반환한다.
인 수	• logical : 검사할 조건식
사용 예시	=NOT(A2>80) : [A2] 셀의 값이 80보다 크면 False를 반환한다.

'5장예제_기본함수.xlsx' 의 [AND_OR_NOT] 시트에서 다음과 같이 AND(), OR(), NOT() 함수를 사용해보자.

	A	B	C	D	E	F	G
1			LAC 냉장고 제품 테스트				
2							
3	제품코드	제품명	1차테스트	2차테스트	통과(AND)	검수(OR)	폐기(NOT)
4	Dio-A-613100	디오A 냉장고	90	95	통과		
5	Dio-B-013210	디오B 냉장고	80	90		검수	폐기
6	Dio-C-013301	디오C 냉장고	70	79		검수	폐기
7							

〈결과 화면〉

- IF(), AND() 함수

'1차테스트', '2차테스트' 점수가 모두 '90'점 이상이면 '통과(AND)'에 '통과'로 표시해보자.

❶ [E4] 셀을 클릭하고 [수식]-[함수라이브러리] 그룹-[논리]-[IF]를 선택한다.

❷ IF 함수 인수 창의 [Logical_test]에서 오른쪽 입력란을 클릭한다. 왼쪽의 [함수 상자]를 클릭하여 [AND]를 선택한다.

> **TIP** [함수 상자] 목록에 찾는 함수가 나타나지 않으면 목록의 맨 아래에 있는 [함수 추가]를 클릭한다.

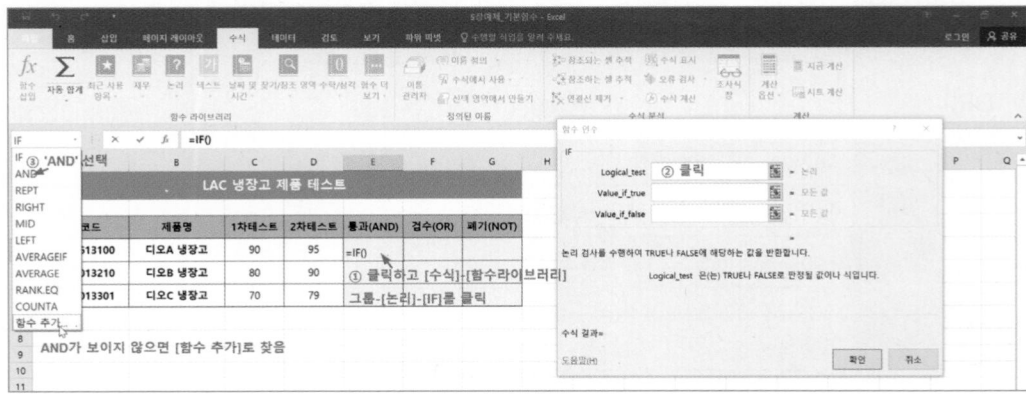

❸ AND 함수 인수창이 나타나면 [Logical1]에 'C4>=90', [Logical2]에 'D4>=90'을 입력한다.

❹ 수식 입력줄에서 IF 함수명을 클릭하면 IF 함수 인수 창이 다시 나타난다.

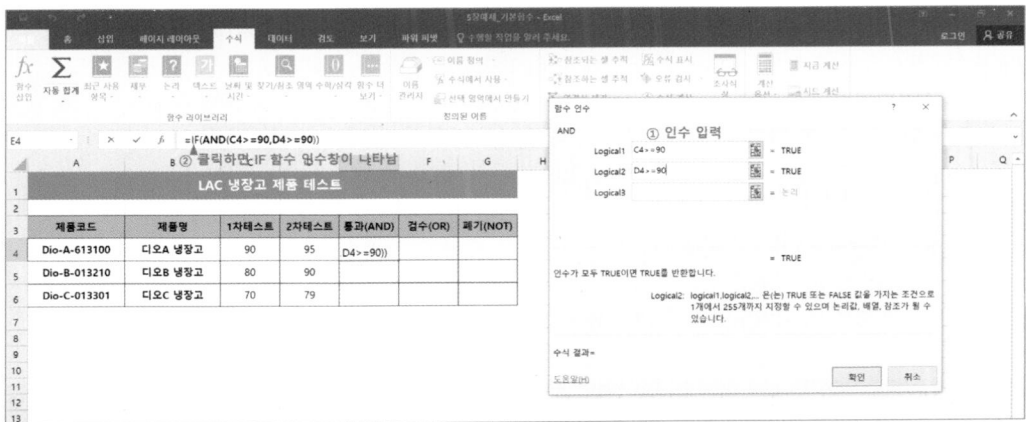

❺ IF 함수 인수 창의 [Value_if_true]에 "통과", [Value_if_false]에 ""을 입력한다. 수식 입력줄에 '=IF(AND(C4>=90,C4>=90),"통과","")'가 표시된다.

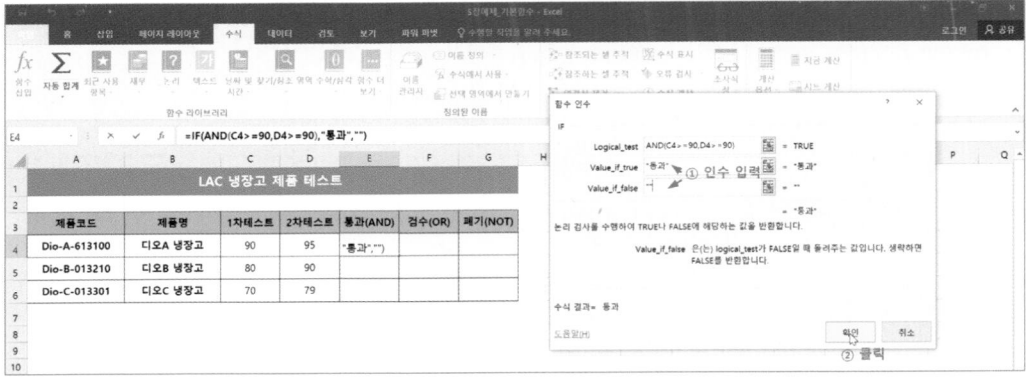

TIP 공백 문자를 나타낼 때는 큰 따옴표("")로 반드시 표시해야 한다.

❻ [E4]의 채우기 핸들을 [E6] 셀까지 드래그하면 나머지 셀에도 수식 실행 결과가 표시된다.

■ IF(), OR() 함수

'1차테스트', '2차테스트' 점수가 하나라도 '80'점 이하이면 '검수(OR)'에 '검수'로 표시
해보자.

❶ [F4] 셀을 클릭하고 [수식]–[함수라이브러리] 그룹–[논리]–[IF]를 선택한다.

❷ IF 함수 인수 창에서 다음과 같이 작성한다.

- [Logical_test]에 'OR(C4<=80, D4<=80)'을 입력한다.
- [Value_if_true]에 "검수"를 입력한다.
- [Value_if_false]에 ""을 입력한다.

❸ 수식 입력줄에 '=IF(OR(C4<=80,C4<=0),"검수","")'가 표시된다.

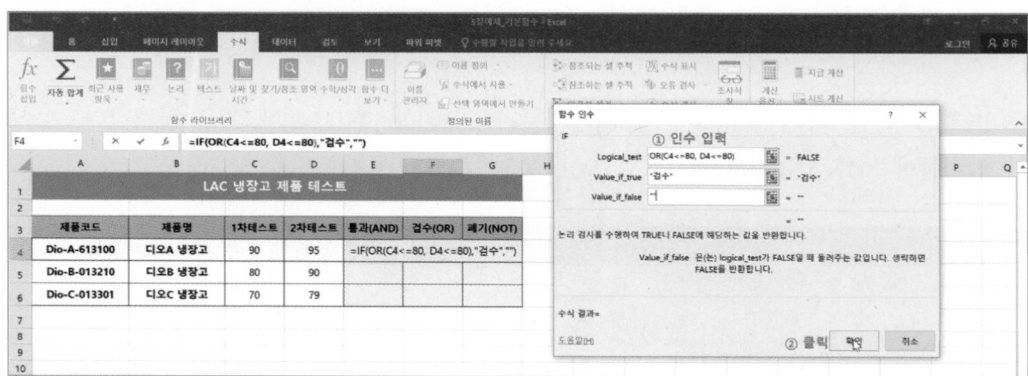

❹ [F4]에 수식 실행 결과가 나타나면 [F4]의 채우기 핸들을 [F6] 셀까지 드래그한다.

■ IF(), NOT() 함수

'통과(AND)'의 데이터 값이 '통과'가 아니면 '폐기(NOT)'에 '폐기'로 표시되도록 수식을
작성해보자.

❶ [G4] 셀을 클릭하고 [수식]–[함수라이브러리] 그룹–[논리]–[IF]를 선택한다.

❷ IF 함수 인수 창에서 다음과 같이 작성한다.

- [Logical_test]에 'NOT(E4="통과")'를 입력한다. [E4] 셀의 값이 "통과"이면 FALSE
  값을 반환한다.
- [Value_if_true]에 "폐기", [Value_if_false]에 ""을 입력한다.

❸ 수식 입력줄에 '=IF(NOT(E4="통과"),"폐기","")'가 표시된다.

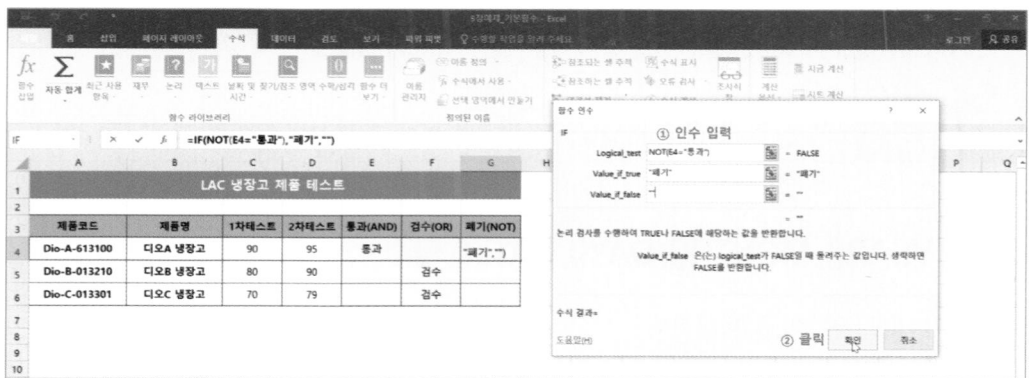

❹ [G4]의 채우기 핸들을 [G6] 셀까지 드래그한다.

5.5 날짜/시간 함수

현재 날짜나 시간을 계산해주는 함수는 TODAY(), NOW()이며 해당 날짜의 년, 월, 일을
표시해주는 함수는 YEAR(), MONTH(), DAY(), DATE() 등이다.

5.5.1 TODAY(), NOW() 함수

현재 시스템의 날짜와 시간을 표시한다.

■ TODAY()

함수 형식	TODAY()
설 명	현재 날짜를 반환한다.
인 수	없음
사용 예시	=TODAY() : '2019-5-10'과 같이 현재 날짜를 표시한다.

■ NOW()

함수 형식	NOW()
설 명	현재 날짜, 시간을 반환한다.
인 수	없음
사용 예시	=NOW() : '2019-5-10 11:40'과 같이 현재 날짜와 시간을 표시한다.

5.5.2 YEAR(), MONTH(), DAY(), DATE() 함수

날짜에서 연도, 월, 일을 계산한다.

■ YEAR()

함수 형식	YEAR(serial_number)
설 명	날짜에 해당하는 연도를 반환한다.
인 수	• serial_number : 연도를 구할 날짜 또는 셀 참조 범위
사용 예시	=YEAR(A3) : [A3]셀에 있는 날짜의 연도를 표시한다.

■ MONTH()

함수 형식	MONTH(serial_number)
설 명	날짜에 해당하는 월을 반환한다.
인 수	• serial_number : 월을 구할 날짜 또는 셀 참조 범위
사용 예시	=MONTH(A3) : [A3]셀에 있는 날짜의 월을 표시한다.

■ DAY()

함수 형식	DAY(serial_number)
설 명	날짜에 해당하는 일을 반환한다.
인 수	• serial_number : 일을 구할 날짜 또는 셀 참조 범위
사용 예시	=DAY(A3) : [A3]셀에 있는 날짜의 일을 표시한다.

■ DATE()

함수 형식	DATE(year,month,day)
설 명	년, 월, 일에 해당하는 인수를 참조하여 날짜로 반환한다.
인 수	• year : 연도에 해당하는 숫자 또는 셀 • month : 월에 해당하는 숫자 또는 셀 • day : 일에 해당하는 숫자 또는 셀
사용 예시	=DATE(2019,5,10) : '2019-5-10'로 날짜 형식으로 반환한다.

'5장예제_기본함수.xlsx' 파일의 [시간_날짜함수] 시트에서 다음과 같이 날짜 및 시간 함수를 사용해보자.

	이름	반명	생년월일	입소일	태어난 해 (YEAR)	태어난 월 (MONTH)	태어난 일 (DAY)
					자연 유치원 아동 관리 기록		
				현재 날짜 :	2019-03-01		
				현재 시간 :	2019-03-01 9:00		
7	이나래	하늘반	2013-02-03	2017-03-02	2013	2	3
8	박명신	다람쥐반	2015-11-30	2018-03-02	2015	11	30
9	윤수정	다람쥐반	2015-08-05	2018-03-02	2015	8	5
10	남원희	하늘반	2013-06-16	2017-03-02	2013	6	16
11	이경희	하늘반	2013-09-10	2017-03-02	2013	9	10
12	이지나	해님반	2014-11-05	2018-03-02	2014	11	5
13	이달자	해님반	2014-03-02	2018-03-02	2014	3	2
14	홍경신	해님반	2014-08-17	2018-03-02	2014	8	17
15	김경신	다람쥐반	2015-04-20	2018-03-02	2015	4	20

[2019년 입소예정일]

년	월	일	날짜
2019	3	5	2019-03-05

〈결과 화면〉

■ TODAY(), NOW() 함수

[F3]에 현재의 날짜, [F4]에 현재의 날짜 및 시간을 표시해보자.

❶ [F3] 셀을 클릭하고 '=TODAY()'를 입력한다.

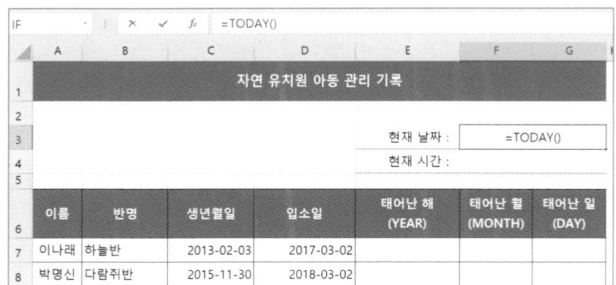

❷ [F4] 셀을 클릭하고 '=NOW()'를 입력한다.

2 YEAR(), MONTH(), DAY() 함수

제시된 날짜에서 년, 월, 일을 추출해보자.

❶ [E7] 셀을 클릭하고 '=YEAR(C7)'을 입력하면 [E7] 셀에 날짜의 연도가 추출되어 표시
된다. [E15] 셀까지 채우기 핸들을 드래그하여 나머지 셀에도 날짜의 연도를 표시한다.

❷ [F7] 셀을 클릭하고 '=MONTH(C7)'을 입력하면 [F7] 셀에 날짜의 월이 추출되어 표시
된다. [F15] 셀까지 채우기 핸들을 드래그하여 나머지 셀에도 날짜의 월을 표시한다.

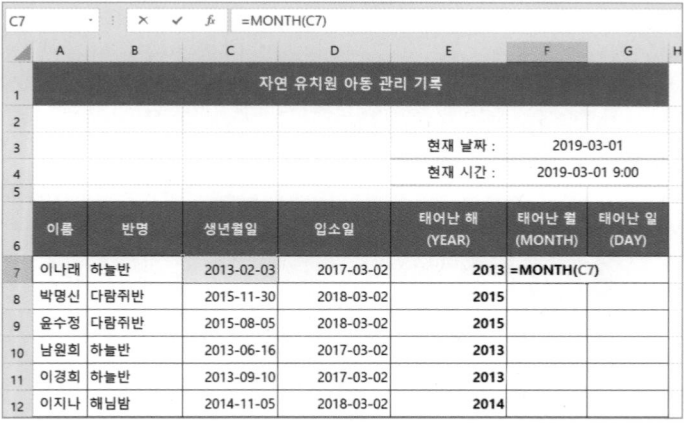

❸ [G7] 셀을 클릭하고 '=DAY(C7)'을 입력하면 [G7] 셀에 날짜의 일이 추출되어 표시된다. [G15] 셀까지 채우기 핸들을 드래그하여 나머지 셀에도 날짜의 일을 표시한다.

③ DATE() 함수

년, 월, 일 값을 조합하여 날짜로 나타내 보자.

❶ [L7] 셀을 클릭하고 '=DATE(I7,J7,K7)'을 입력한다.

❷ [I7], [J7], [K7] 셀의 값이 조합되어 [L7] 셀에 '날짜'가 표시된다.

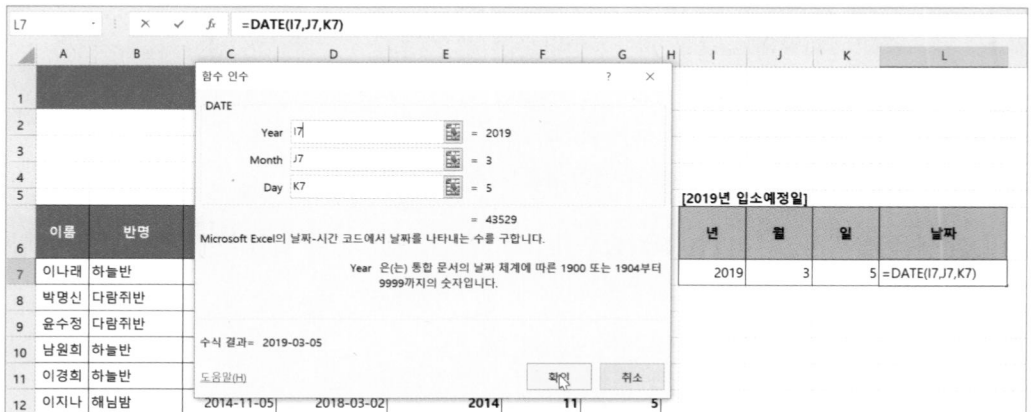

기본 프로젝트 함수를 사용하여 자격증특강 완성하기

'5장기본프로젝트_자격증특강.xlsx' 파일을 이용하여 문서를 완성해보자.

	코드명	수업명	이름	학년	수업료	교재비	재수강	시험점수	합격			
		컴퓨터활용 자격증 특강반 명단									수업 일수	30
	개강 날짜		2019-06-01		종강 날짜		2019-06-30					
	코드명	수업명	이름	학년	수업료	교재비	재수강	시험점수	합격		특강반 평균 수업료	15,000
	A-1	컴활2급	김지호	2	10,000	12,000	O	90	합격		컴활2급의 총 수업료	60,000
	A-2	컴활2급	최문섭	2	10,000	12,000	O	95	합격		재수강 학생수	6
	A-3	컴활2급	이니나	1	10,000	12,000		77			신규 학생수	6
	A-4	컴활2급	김진호	1	10,000	12,000		65			3학년이상 학생수	5
	A-5	컴활2급	유문상	3	10,000	12,000		90	합격			
	A-6	컴활2급	강예리	3	10,000	12,000	O	80	합격			
	A-7	컴활1급	이진주	1	20,000	12,000		82	합격			
	A-8	컴활1급	강유택	2	20,000	12,000	O	70				
	A-9	컴활1급	최아람	2	20,000	12,000		97	합격			
	A-10	컴활1급	민유라	3	20,000	12,000	O	70				
	A-11	컴활1급	이규리	4	20,000	12,000	O	80	합격			
	A-12	컴활1급	강율	4	20,000	12,000		70				

〈결과 화면〉

STEP 1 수업 일수 구하기

개강날짜와 종강날짜를 이용하여 수업일수를 구해보자.

❶ [N4]셀을 클릭하고 '=DAY(I4)−DAY(E4)+1'을 입력한다. 수업일수에 개강 일을 포함
해야 하므로 1을 더한다.

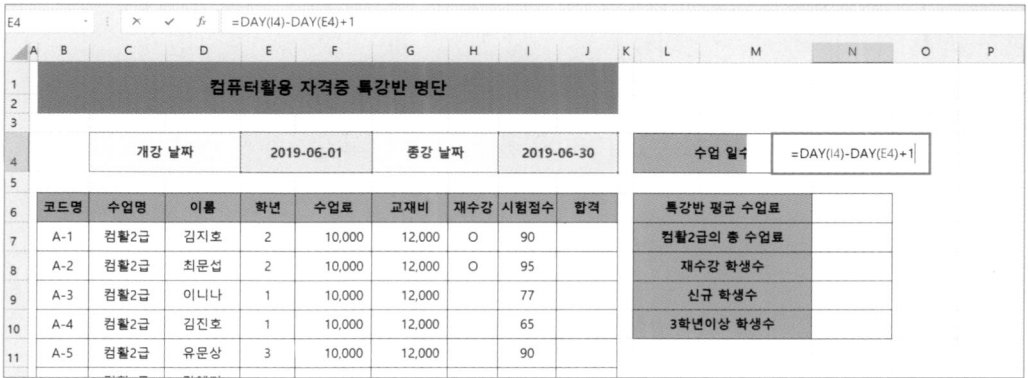

hour(), minute(), second()함수

- hour(serial_number) : 시간 값의 시를 반환하며 0(오전 12:00)에서 23(오후 11:00) 사이의 정수로 표시한다.
- minute(serial_number) : 시간 값의 분을 반환하며 0~59까지의 정수로 표시한다.
- second(serial_number) : 시간 값의 초를 반환하며 0~59까지의 정수로 표시한다.

(STEP 2) 평균 수업료와 총 수업료 구하기

특강반의 평균 수업료와 컴활2급의 총 수업료를 구해보자.

❶ [N6]셀을 클릭하고 '=AVERAGE(F7:F18)'을 입력한다. 특강반의 평균 수업료가 계산된다.

❷ [N7]셀을 클릭하고 '=SUMIF(C7:C18,C7,F7:F18)을 입력한다. 컴활2급의 수업료만 계산된 합계가 나타난다.

STEP 3 학생 수 구하기

재수강 학생수, 신규 학생수, 3학년 이상 학생 수를 구해보자

❶ [N8]셀을 클릭하고 '=COUNTA(H7:H18)'를 입력한다. '재수강'에서 'O' 가 표시된 셀의 개수를 세어 재수강 학생 수를 구한다.

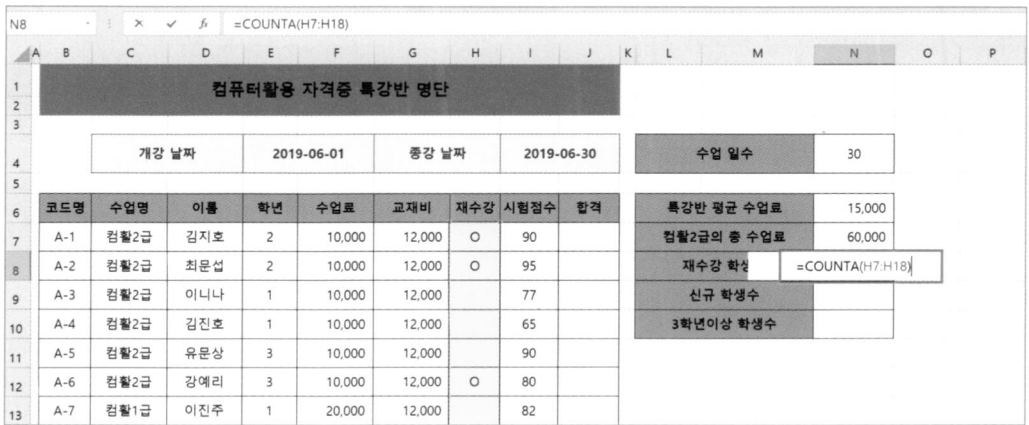

❷ [N9]셀을 클릭하고 '=COUNTBLANK(H7:H18)'를 입력한다. '재수강'에서 데이터가 없는 셀의 개수를 세어 신규 학생 수를 구한다.

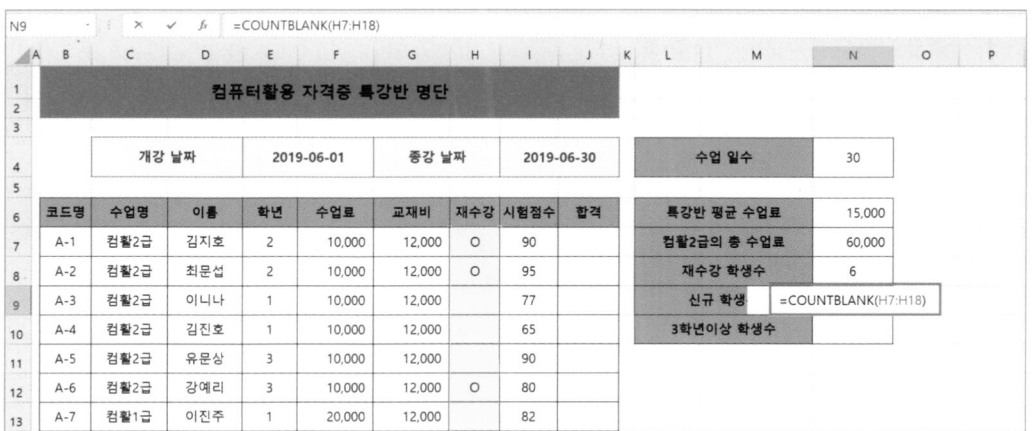

❸ [N10]셀을 클릭하고 '=COUNTIF(E7:E18,">=3")'를 입력한다. '학년'에서 데이터가 3 이상인 셀의 개수를 세어 3학년 이상 학생의 수를 구한다.

> **TIP** 조건을 직접 입력할 때 텍스트, 논리 기호, 수학 기호가 포함된 경우에는 큰따옴표(" ")로 묶는다.

코드명	수업명	이름	학년	수업료	교재비	재수강	시험점수	합격		특강반 평균 수업료	15,000
A-1	컴활2급	김지호	2	10,000	12,000	O	90			컴활2급의 총 수업료	60,000
A-2	컴활2급	최문섭	2	10,000	12,000	O	95			재수강 학생수	6
A-3	컴활2급	이니나	1	10,000	12,000		77			신규 학생수	6
A-4	컴활2급	김진호	1	10,000	12,000		65			3학년이상 학	=COUNTIF(E7:E18,">=3")
A-5	컴활2급	유문상	3	10,000	12,000		90				
A-6	컴활2급	강예리	3	10,000	12,000	O	80				
A-7	컴활1급	이진주	1	20,000	12,000		82				

컴퓨터활용 자격증 특강반 명단 / 개강 날짜 2019-06-01 / 종강 날짜 2019-06-30 / 수업 일수 30

STEP 4) **합격 여부 구하기**

시험점수가 '80' 이상인 학생은 "합격" 그렇지 않으면 공백으로 표시해보자.

❶ [J7]셀을 클릭하고 '=IF(I7>=80,"합격","")'를 입력한다. '시험점수'가 '80' 이상인 학생은 "합격"으로 표시된다.

> **TIP** IF()함수는 =IF(logical_test, value_if_true, [value_if_false])와 같은 형식을 가진다. [value_if_false]값에 데이터를 입력하지 않으면 조건에 맞지 않을 경우 FALSE 값을 표시한다. FALSE 값 대신에 공백으로 표시하려면 [value_if_false]값에 ""를 입력해주어야 한다.

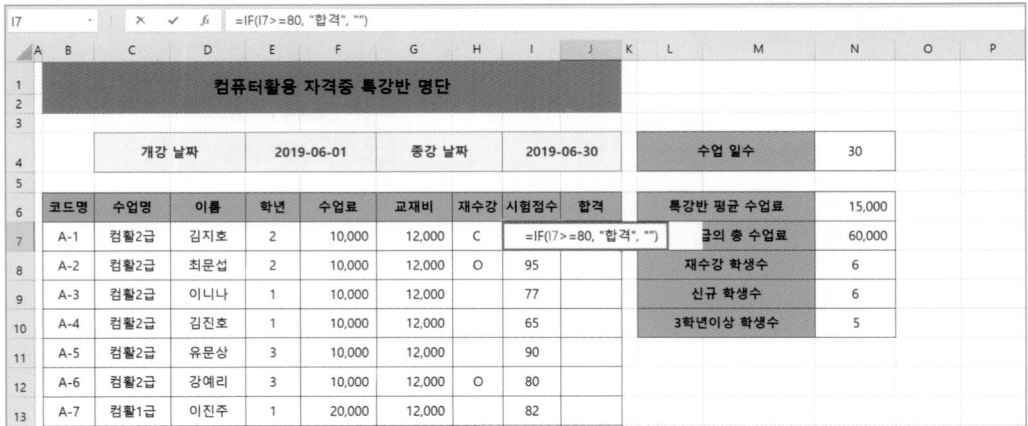

❷ [J18]셀까지 채우기 핸들을 드래그하여 '합격' 여부를 완성한다.

코드명	수업명	이름	학년	수업료	교재비	재수강	시험점수	합격
A-1	컴활2급	김지호	2	10,000	12,000	O	90	합격
A-2	컴활2급	최문섭	2	10,000	12,000	O	95	합격
A-3	컴활2급	이니나	1	10,000	12,000		77	
A-4	컴활2급	김진호	1	10,000	12,000		65	
A-5	컴활2급	유문상	3	10,000	12,000		90	합격
A-6	컴활2급	강예리	3	10,000	12,000	O	80	합격
A-7	컴활1급	이진주	1	20,000	12,000		82	합격
A-8	컴활1급	강유택	2	20,000	12,000	O	70	
A-9	컴활1급	최아람	2	20,000	12,000		97	합격
A-10	컴활1급	민유라	3	20,000	12,000	O	70	
A-11	컴활1급	이규리	4	20,000	12,000	O	80	합격
A-12	컴활1급	강율	4	20,000	12,000		70	

수학함수를 이용하여 지출내역서 완성하기

'5장기본프로젝트_지출내역서.xlsx' 파일을 이용하여 문서를 완성해보자.

	A	B	C	D	E	F	G H I	J	K
1		동계 합숙 경비 지출내역서							
2								잔액	2,870,000
3	날짜	내용	결재	항목	지출	수입			
4	2018-01-01	KBC 후원비		후원비		₩10,000,000		후원비	18,000,000
5	2018-01-03	합숙운영지원비		후원비		₩ 8,000,000	수입	광고수입	15,000,000
6	2018-01-03	차량보험료	현금	보험	₩ 2,000,000			합계	33,000,000
7	2018-01-05	버스대절료	현금	교통비	₩ 2,500,000				
8	2018-07-10	단기여행보험료	현금	보험	₩ 700,000			보험	2,700,000
9	2018-01-05	응급의료품구입	카드	의료비	₩ 2,700,000			교통비	2,830,000
10	2018-01-06	포카치스웨트광고비		광고수입		₩15,000,000	지	의료비	5,400,000
11	2018-01-10	숙박비(6박7일)	카드	숙박	₩ 7,000,000		출	숙박	7,000,000
12	2018-01-10	음료, 식수	카드	식비	₩ 1,200,000			식비	12,200,000
13	2018-01-12	식대(6박7일)	카드	식비	₩ 8,000,000			합계	30,130,000
14	2018-01-13	물리치료비	카드	의료비	₩ 2,700,000				
15	2018-01-12	택시비(5대)	현금	교통비	₩ 150,000				
16	2018-01-17	회식	카드	식비	₩ 3,000,000				
17	2018-01-17	택시비	현금	교통비	₩ 180,000				
18									

〈결과 화면〉

(STEP 1) 항목별로 수입의 합계 구하기

❶ [K4]셀을 클릭하고 '=SUMIF($D$4:$D$17,J4,$F$4:$F$17)'을 입력한다. '항목'에서 '후원비'에 해당하는 '수입'만 모두 합한 값이 표시된다.

IF			✕ ✓ fx	=SUMIF($D$4:$D$17,J4,$F$4:$F$17)							
	A	B	C	D	E	F	G H I	J	K	L	M
1		동계 합숙 경비 지출내역서									
2				조건을 적용할 셀 범위		값을 구할 셀 범위		잔액		[F4]로 절대 참조	
3	날짜	내용	결재	항목	지출	수입		조건			
4	2018-01-01	KBC 후원비		후원비		₩10,000,000		후원비	=SUMIF($D$4:$D$17,J4,$F$4:$F$17)		
5	2018-01-03	합숙운영지원비		후원비		₩ 8,000,000	수입	광고수입			
6	2018-01-03	차량보험료	현금	보험	₩ 2,000,000			합계			
7	2018-01-05	버스대절료	현금	교통비	₩ 2,500,000						
8	2018-07-10	단기여행보험료	현금	보험	₩ 700,000			보험			
9	2018-01-05	응급의료품구입	카드	의료비	₩ 2,700,000			교통비			
10	2018-01-06	포카치스웨트광고비		광고수입		₩15,000,000	지	의료비			
11	2018-01-10	숙박비(6박7일)	카드	숙박	₩ 7,000,000		출	숙박			
12	2018-01-10	음료, 식수	카드	식비	₩ 1,200,000			식비			
13	2018-01-12	식대(6박7일)	카드	식비	₩ 8,000,000			합계			
14	2018-01-13	물리치료비	카드	의료비	₩ 2,700,000						
15	2018-01-12	택시비(5대)	현금	교통비	₩ 150,000						
16	2018-01-17	회식	카드	식비	₩ 3,000,000						
17	2018-01-17	택시비	현금	교통비	₩ 180,000						
18											

❷ 채우기 핸들을 드래그하여 [K5]의 '광고수입'을 완성한다.

> **TIP** 채우기 핸들을 드래그하여 수식을 복사하면 셀의 위치가 변함에 따라 참조 범위가 달라지므로 조건을 적용할 셀 범위[Range]와 값을 구할 셀 범위[Sum_range]는 **절대참조**로 고정시켜야 한다.

(STEP 2) 항목별로 지출의 합계 구하기

❶ [K8]셀을 클릭하고 '=SUMIF($D$4:$D$17,J8,$E$4:$E$17)'을 입력한다. '항목'에서 '보험'에 해당하는 '지출'만 모두 합한 값이 표시된다.

❷ [K12]셀까지 채우기 핸들을 드래그하여 '교통비', '의료비', '숙박', '식비'를 완성한다.

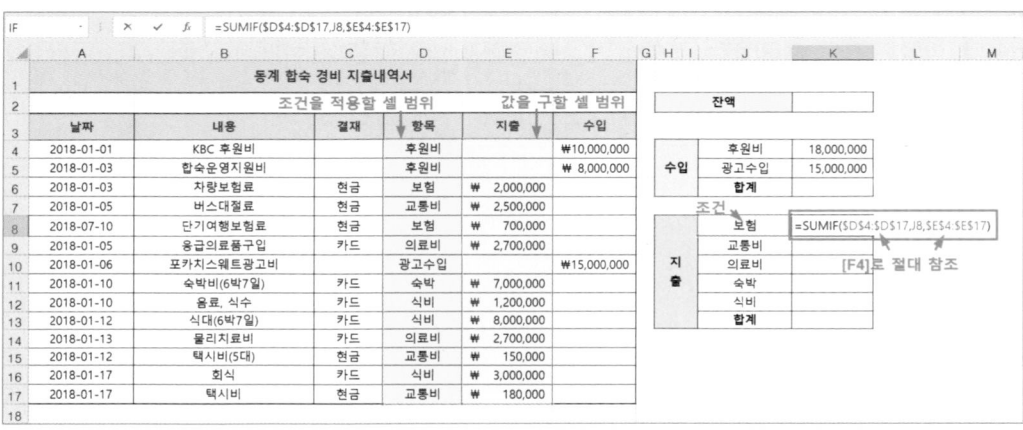

(STEP 3) 수입과 지출의 총합계 구하기

❶ [K6]셀을 클릭하고 '=SUM(K4:K5)'을 입력한다. 수입의 총합계가 표시된다.

		J	K
2		잔액	
3			
4	수입	후원비	18,000,000
5		광고수입	15,000,000
6		합계	=SUM(K4:K5)

❷ [K13]셀을 클릭하고 '=SUM(K8:K12)'를 입력한다. 지출의 총합계가 표시된다.

		J	K
8		보험	2,700,000
9	지출	교통비	2,830,000
10		의료비	5,400,000
11		숙박	7,000,000
12		식비	12,200,000
13		합계	=SUM(K8:K12)

STEP 4 잔액구하기

❶ [K2]셀을 클릭하고 '=K6−K13'을 입력한다. 수입의 합계에서 지출의 합계를 뺀 값이
표시된다.

IF	· : × ✓ ƒx	=K6-K13								

	A	B	C	D	E	F	G H I	J	K
1		동계 합숙 경비 지출내역서							
2								잔액	=K6-K13
3	날짜	내용	결재	항목	지출	수입			
4	2018-01-01	KBC 후원비		후원비		₩10,000,000		후원비	18,000,000
5	2018-01-03	합숙운영지원비		후원비		₩ 8,000,000	수입	광고수입	15,000,000
6	2018-01-03	차량보험료	현금	보험	₩ 2,000,000			합계	33,000,000
7	2018-01-05	버스대절료	현금	교통비	₩ 2,500,000				
8	2018-07-10	단기여행보험료	현금	보험	₩ 700,000			보험	2,700,000
9	2018-01-05	응급의료품구입	카드	의료비	₩ 2,700,000			교통비	2,830,000
10	2018-01-06	포카치스웨트광고비		광고수입		₩15,000,000	지	의료비	5,400,000
11	2018-01-10	숙박비(6박7일)	카드	숙박	₩ 7,000,000		출	숙박	7,000,000
12	2018-01-10	음료, 식수	카드	식비	₩ 1,200,000			식비	12,200,000
13	2018-01-12	식대(6박7일)	카드	식비	₩ 8,000,000			합계	30,130,000
14	2018-01-13	물리치료비	카드	의료비	₩ 2,700,000				
15	2018-01-12	택시비(5대)	현금	교통비	₩ 150,000				
16	2018-01-17	회식	카드	식비	₩ 3,000,000				
17	2018-01-17	택시비	현금	교통비	₩ 180,000				
18									

응용 프로젝트 **사원관리 파일 완성하기**

'5장응용프로젝트_사원관리.xlsx' 파일을 이용하여 문서를 완성해보자.

	성명	사원코드	생년월일	나이	근무년수	면접점수	영어점수	부서명	직위	승진대상
						영리물산 사원관리					
									날짜	2019-05-05
	성명	사원코드	생년월일	나이	근무년수	면접점수	영어점수	부서명	직위	승진대상
5	김희찬	1-1000-P	1975-06-02	45	13	90	85	영업부	부장	◎
6	정아라	1-2000-K	1979-05-30	41	8	86	90	영업부	과장	
7	이한영	2-1010-P	1978-11-11	42	15	75	70	기획부	부장	◎
8	윤상식	2-2020-K	1972-12-01	48	13	85	90	기획부	과장	◎
9	김혜경	1-3000-S	1985-02-03	35	3	80	85	영업부	사원	
10	강중배	2-3030-S	1988-05-08	32	2	95	90	기획부	사원	◎

〈결과 화면〉

STEP 1 날짜와 생년월일을 이용하여 나이 구하기

'날짜'와 '생년월일'의 년도 차이를 이용하여 '나이'를 구해보자.

❶ [D5]셀을 클릭하고 '=YEAR($J$2)−YEAR(C5)+1'를 입력한다. 수식을 복사하기 위해
[J2]셀은 [F4]를 눌러 절대참조로 고정시키며, 한국식 나이는 1을 더한다.

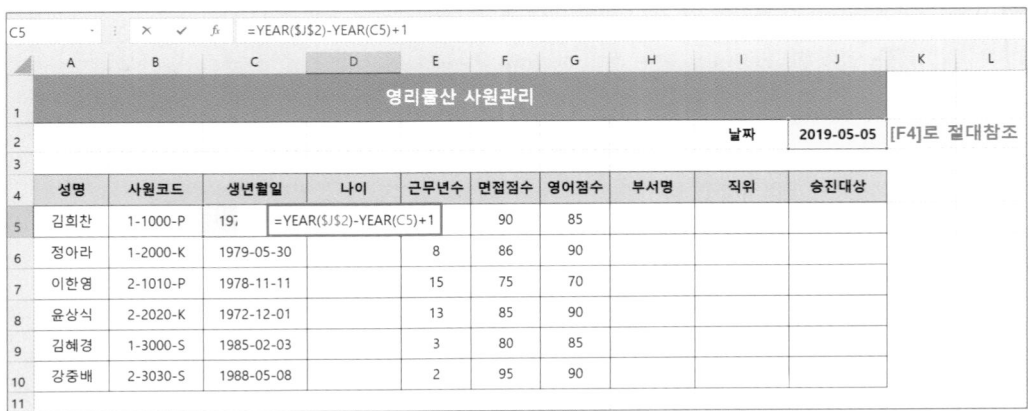

❷ [D10]셀까지 채우기 핸들을 드래그하여 '나이'를 완성한다.

STEP 2) 사원코드를 이용하여 부서명 구하기

'사원코드'의 첫 글자가 1이면 '영업부', 2이면 '기획부'로 나타내자.

❶ [H5]셀을 클릭하고 '=IF(LEFT(B5,1)="1","영업부","기획부")'를 입력한다.

	A	B	C	D	E	F	G	H	I	J	K	L
IF		× ✓ fx	=IF(LEFT(B5,1)="1", "영업부", "기획부")									
1					영리물산 사원관리							
2									날짜	2019-05-05		
3												
4	성명	사원코드	생년월일	나이	근무년수	면접점수	영어점수	부서명	직위	승진대상		
5	김희찬	1-1000-P	1975-06-02	45	13	=IF(LEFT(B5,1)="1", "영업부", "기획부")						
6	정아라	1-2000-K	1979-05-30	41	8	86	90					
7	이한영	2-1010-P	1978-11-11	42	15	75	70					
8	윤상식	2-2020-K	1972-12-01	48	13	85	90					
9	김혜경	1-3000-S	1985-02-03	35	3	80	85					
10	강중배	2-3030-S	1988-05-08	32	2	95	90					

❷ [H10]셀까지 채우기 핸들을 드래그하여 '부서명'을 완성한다.

> **TIP** LEFT() 함수와 같은 텍스트 함수는 결과를 문자열로 반환하므로 숫자 1을 문자로 취급하기 위해서 큰따옴표로 묶어서 비교하여야 한다.

STEP 3) 사원코드를 이용하여 직위 구하기

사원코드의 마지막 글자가 P이면 '부장', K이면 '과장', S이면 '사원'으로 '직위'를 구해보자.

❶ [I5]셀을 클릭하고 '=IF(RIGHT(B5, 1)="P","부장", IF(RIGHT(B5, 1)="K","과장"," 사원"))'을 입력한다.

	A	B	C	D	E	F	G	H	I	J	K	L
IF		× ✓ fx	=IF(RIGHT(B5,1)="P", "부장", IF(RIGHT(B5,1)="K", "과장", "사원"))									
1					영리물산 사원관리							
2									날짜	2019-05-05		
3												
4	성명	사원코드	생년월일	나이	근무년수	면접점수	영어점수	부서명	직위	승진대상		
5	김희찬	1-1000-P	1975-06-02	45	13	=IF(RIGHT(B5,1)="P", "부장", IF(RIGHT(B5,1)="K", "과장", "사원"))						
6	정아라	1-2000-K	1979-05-30	41	8	86	90	영업부				
7	이한영	2-1010-P	1978-11-11	42	15	75	70	기획부				
8	윤상식	2-2020-K	1972-12-01	48	13	85	90	기획부				
9	김혜경	1-3000-S	1985-02-03	35	3	80	85	영업부				
10	강중배	2-3030-S	1988-05-08	32	2	95	90	기획부				

❷ [I10]셀까지 채우기 핸들을 드래그하여 '직위'를 완성한다.

(STEP 4) 승진 대상 선정하기

근무년수가 '10'년 이상이거나 영어점수와 면접점수의 평균이 '90'점 이상이면 '◎'으로 표시하자.

❶ [J5]셀을 클릭하고 '=IF(OR(E5>=10,AVERAGE(F5:G5)>=90),"◎","")'를 입력한다.

> TIP 특수문자 '◎'는 [ㅁ]+[한자]를 이용한다.

IF	⌄	:	✕	✓	*fx*	=IF(OR(E5>=10,AVERAGE(F5:G5)>=90),"◎","")					
	A	B	C	D	E	F	G	H	I	J	K	L
1					영리물산 사원관리							
2								날짜	2019-05-05			
3										[ㅁ]+[한자]로 입력		
4	성명	사원코드	생년월일	나이	근무년수	면접점수	영어점수	부서명	직위	승진대상		
5	김희찬	1-1000-P	1975-06-02	45	13	90	85	영업부	=IF(OR(E5>=10,AVERAGE(F5:G5)>=90),"◎","")			
6	정아라	1-2000-K	1979-05-30	41	8	86	90	영업부	과장			
7	이한영	2-1010-P	1978-11-11	42	15	75	70	기획부	부장			
8	윤상식	2-2020-K	1972-12-01	48	13	85	90	기획부	과장			
9	김혜경	1-3000-S	1985-02-03	35	3	80	85	영업부	사원			
10	강중배	2-3030-S	1988-05-08	32	2	95	90	기획부	사원			
11												

❷ [J10]셀까지 채우기 핸들을 드래그하여 '승진대상'을 완성한다.

심화 프로젝트

대출고객 파일 완성하기

'5장심화프로젝트_대출고객.xlsx' 파일을 이용하여 문서를 완성해보자.

	A	B	C	D	E	F	G	H	I	J
1	사랑은행 대출고객 관리									
2										
3	대출번호	고객명	납부방법	대출금액	대출이율	월납부액	대출기간(개월)	대출분류	비고	
4	1-GK-G	김기철	자동이체	10,000,000	2%	850,000	12	신용대출		
5	1-MS-K	마이클최	자동이체	5,000,000	3%	441,667	24	담보대출		
6	2-MS-P	이한영	카드	1,500,000	5%	137,500	24	담보대출		
7	2-DO-K	강중배	카드	1,500,000	3%	128,750	12	사업자대출		
8	3-DO-S	구철	자동이체	10,000,000	3%	908,333	36	사업자대출	3	
9	2-MS-S	김규철	자동이체	20,000,000	2%	1,733,333	24	담보대출	1	
10	3-DO-S	이진상	카드	18,000,000	5%	1,725,000	36	사업자대출	2	
11	2-GK-S	김규철	카드	2,000,000	5%	191,667	36	신용대출		
12										
13	대출이율 3%미만 고객 수			2		년 이자금액의 총합			2,170,000	
14	카드고객의 총 월납부금액			2,182,917						
15										

〈결과 화면〉

STEP 1 월 납부액 구하기

'월납부액'은 '=(대출금액 +총 이자)/12' 이다. 총 이자는 '((대출금액*대출이율)/12)*대출기간' 으로 계산한다.

❶ [F4]셀을 클릭하고 '=(D4+((D4*E4)/12)*G4)/12'을 입력한다.

IF			×	✓	fx	=(D4+((D4*E4)/12)*G4)/12						
	A	B	C	D	E	F	G	H	I	J	K	L
1	사랑은행 대출고객 관리											
2												
3	대출번호	고객명	납부방법	대출금액	대출이율	월납부액	대출기간(개월)	대출분류	비고			
4	1-GK-G	김기철	자동이체	10,000,000		=(D4+((D4*E4)/12)*G4)/12						
5	1-MS-K	마이클최	자동이체	5,000,000	3%		24					
6	2-MS-P	이한영	카드	1,500,000	5%		24					
7	2-DO-K	강중배	카드	1,500,000	3%		12					
8	3-DO-S	구철	자동이체	10,000,000	3%		36					
9	2-MS-S	김규철	자동이체	20,000,000	2%		24					
10	3-DO-S	이진상	카드	18,000,000	5%		36					
11	2-GK-S	김규철	카드	2,000,000	5%		36					
12												
13	대출이율 3%미만 고객 수											

❷ [F11]셀까지 채우기 핸들을 드래그하여 '월납부액'을 완성한다.

STEP 2 대출번호를 이용하여 대출분류 구하기

'대출번호'의 데이터의 3,4번째가 GK이면 '신용대출', MS이면 '담보대출', DO이면 '사업자대출'로 나타내자.

❶ [H4]셀을 클릭하고 '=IF(MID(A4,3,2)="GK","신용대출",IF(MID(A4,3,2)="MS","담보대출","사업자대출"))'을 입력한다.

	A	B	C	D	E	F	G	H	I	J	K	L
IF		×	✓	fx	=IF(MID(A4,3,2)="GK","신용대출",IF(MID(A4,3,2)="MS","담보대출","사업자대출"))						
1				사랑은행 대출고객 관리								
2												
3	대출번호	고객명	납부방법	대출금액	대출이율	월납부액	대출기간(개월)	대출분류	비고			
4	1-GK-G	김기철	자동이체	10,000,000		=IF(MID(A4,3,2)="GK","신용대출",IF(MID(A4,3,2)="MS","담보대출","사업자대출"))						
5	1-MS-K	마이클최	자동이체	5,000,000	3%	441,667	24					
6	2-MS-P	이한영	카드	1,500,000	5%	137,500	24					
7	2-DO-K	강중배	카드	1,500,000	3%	128,750	12					
8	3-DO-S	구철	자동이체	10,000,000	3%	908,333	36					
9	2-MS-S	김규철	자동이체	20,000,000	2%	1,733,333	24					
10	3-DO-S	이진상	카드	18,000,000	5%	1,725,000	36					
11	2-GK-S	김규철	카드	2,000,000	5%	191,667	36					
12												
13	대출이율 3%미만 고객 수											

❷ [H11]셀까지 채우기 핸들을 드래그하여 '대출분류'를 완성한다.

STEP 3 월납부액으로 순위 구하기

'비고'에 월납부액이 많은 1,2,3위만 순위를 표시하고 나머지는 공백으로 표시해보자.

❶ [I4]셀을 클릭하고 '=IF(RANK.EQ(F4,$F$4:$F$11)<=3,RANK.EQ(F4,$F$4:$F$11),"")'을 입력한다.

	A	B	C	D	E	F	G	H	I	J	K	L
IF		×	✓	fx	=IF(RANK.EQ(F4,$F$4:$F$11)<=3,RANK.EQ(F4,$F$4:$F$11),"")						
1				사랑은행 대출고객 관리								
2												
3	대출번호	고객명	납부방법	대출금액	대출이율	월납부액	대출기간(개월)	대출분류	비고			
4	1-GK-G	김기철	자동이체	10,000,000	2%	850,000	=IF(RANK.EQ(F4,$F$4:$F$11)<=3,RANK.EQ(F4,$F$4:$F$11),"")					
5	1-MS-K	마이클최	자동이체	5,000,000	3%	441,667	24	담보대출				
6	2-MS-P	이한영	카드	1,500,000	5%	137,500	24	담보대출				
7	2-DO-K	강중배	카드	1,500,000	3%	128,750	12	사업자대출				
8	3-DO-S	구철	자동이체	10,000,000	3%	908,333	36	사업자대출				
9	2-MS-S	김규철	자동이체	20,000,000	2%	1,733,333	24	담보대출				
10	3-DO-S	이진상	카드	18,000,000	5%	1,725,000	36	사업자대출				
11	2-GK-S	김규철	카드	2,000,000	5%	191,667	36	신용대출				
12												
13	대출이율 3%미만 고객 수											

❷ [I11]셀까지 채우기 핸들을 드래그하여 '비고'를 완성한다.

STEP 4 대출이율이 3% 미만인 고객 수 구하기

❶ [C13]셀을 클릭하고 '=COUNTIF(E4:E11,"〈3%")'을 입력한다. '대출이율'에서 3% 미
만의 값을 가진 셀의 개수를 세어 '고객 수'를 구한다.

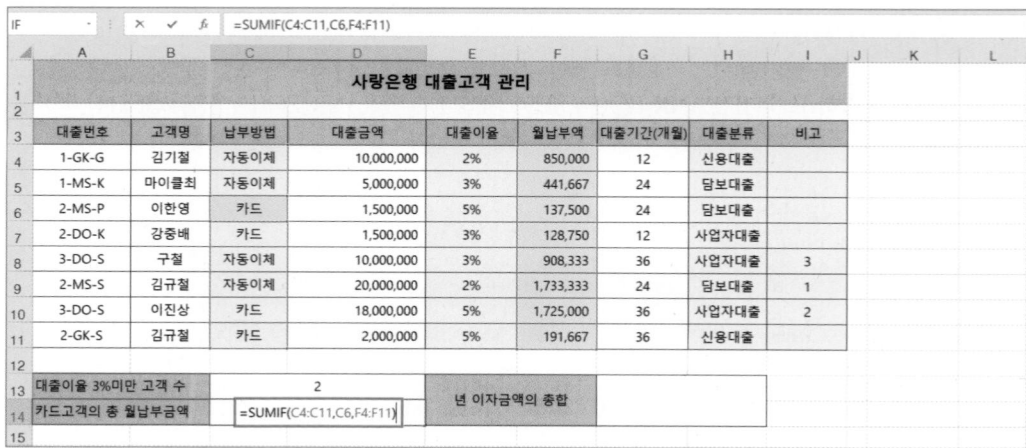

STEP 5 납부방법이 카드인 고객의 월납부액 합계 구하기

❶ [C14]셀을 클릭하고 '=SUMIF(C4:C11,C6,F4:F11)'을 입력한다. '납부방법'에서 '카
드'에 해당하는 '월납부액'만 모두 합한 값이 표시된다.

STEP 6 년 이자금액의 총합계 구하기

각 고객의 년 이자금액은 '대출금액*대출이율'이다. SUMPRODUCT() 함수를 이용하여 년 이자금액의 총합계를 구해보자.

❶ [G13]셀을 클릭하고 '=SUMPRODUCT(D4:D11,E4:E11)'을 입력한다. 고객들의 년 대출이자금액의 총합계가 표시된다.

	A	B	C	D	E	F	G	H	I	J	K	L
IF				fx	=SUMPRODUCT(D4:D11,E4:E11)							
1				사랑은행 대출고객 관리								
2												
3	대출번호	고객명	납부방법	대출금액	대출이율	월납부액	대출기간(개월)	대출분류	비고			
4	1-GK-G	김기철	자동이체	10,000,000	2%	850,000	12	신용대출				
5	1-MS-K	마이클최	자동이체	5,000,000	3%	441,667	24	담보대출				
6	2-MS-P	이한영	카드	1,500,000	5%	137,500	24	담보대출				
7	2-DO-K	강중배	카드	1,500,000	3%	128,750	12	사업자대출				
8	3-DO-S	구철	자동이체	10,000,000	3%	908,333	36	사업자대출	3			
9	2-MS-S	김규철	자동이체	20,000,000	2%	1,733,333	24	담보대출	1			
10	3-DO-S	이진상	카드	18,000,000	5%	1,725,000	36	사업자대출	2			
11	2-GK-S	김규철	카드	2,000,000	5%	191,667	36	신용대출				
12												
13	대출이율 3%미만 고객 수			2		년 이자금액	=SUMPRODUCT(D4:D11,E4:E11)					
14	카드고객의 총 월납부금액			2,182,917								
15												

(1) 수학/삼각 함수

총합, 반올림 등의 수학 계산과 사인, 코사인 등의 삼각함수를 처리하는 함수이다.

자주 사용하는 함수로 SUMIF(), ROUND(), ROUNDUP(), ROUNDDOWN(), COUNT(), COUNTA(), COUNTBLANK(), COUNTIF(), PRODUCT(), SUMPRODUCT() 등이 있다.

(2) 통계 함수

데이터 값을 통계적으로 분석할 수 있는 함수이다.

자주 사용하는 함수로 COUNTA(), COUNTBLANK(), COUNTIF(), RANK.EQ() 가 있다.

(3) 텍스트 함수

문자열 데이터를 처리하는 함수이다.

자주 사용하는 함수로 LEFT(), MID(), RIGHT(), REPT() 가 있다.

(4) 논리 함수

조건을 비교하여 참, 거짓을 나타내주는 함수이다. 조건식의 인수가 참이면 False, 거짓이면 True를 반환한다.

자주 사용하는 함수로 IF, 중첩IF(), AND(), OR(), NOT()가 있다.

(5) 날짜/시간 함수

현재 날짜나 시간을 반환하거나, 날짜나 시간을 계산하는 함수이다.

자주 사용하는 함수로 TODAY(), NOW(), YEAR(), MONTH(), DAY(), DATE()가 있다.

■ **성적표 만들기**

'5장기본실습_성적표.xlsx' 파일을 다음의 조건대로 완성하시오.

〈원본〉

〈완성〉

1. 성적 확정일[J3]을 성적게시일[B3]부터 7일 후로 표시하시오.

2. 학번[A6:A13]의 왼쪽 5, 6번째 자리를 추출하여 CS은 '컴퓨터시스템', MM는 '멀티미디어'를 학과[C6:C13]에 표시하시오.

   • IF(), MID() 함수를 이용

3. 학번[A6:A13]에서 왼쪽 4자리를 이용하여 입학년도[D6:D13]를 구하시오.

- LEFT(), & 연산자를 이용 (예 : 2018년)

4. 중간, 기말의 평균을 구하고 소수 첫째짜리까지 나타내시오.

- AVERAGE(), ROUND() 함수 이용 (예 : 78.37->78.4)

5. 가장 높은 평균이 1위가 되도록 순위[I6:I13]를 지정하시오

- RANK.EQ() 함수 이용.

6. 결석이 '0'이고 평균이 '90' 이상이면 '장학금'으로 나타내고 그 외는 공백으로 비고 [J6:J13]에 표시하시오

- IF(), AND() 함수

응용실습문제

■ 쇼핑몰 판매 현황 일지

'5장응용실습_쇼핑몰.xlsx' 파일을 다음의 조건대로 완성하시오.

	제품코드	제품명	분류	출시일	할인율	출고가격	판매량	판매순위	비고		여성상품 판매량 종합계	
	K-93000		공용	2018-01-01	5%	25,000	1,000				남성상품 판매량 종합계	
	H-20000		여성	2018-05-03	10%	35,000	640				판매금액 합계	
	H-40000		여성	2019-01-01	10%	42,000	290					
	K-21000		남성	2019-04-05	7%	55,000	520				운동화의 제품수	
	K-42000		남성	2018-12-12	7%	35,000	530					
	H-59500		공용	2018-03-05	30%	40,000	720					
	H-50000		남성	2019-04-02	10%	28,000	532					
	H-70000		남성	2019-02-17	7%	70,000	665					
	K-60000		공용	2018-11-11	5%	40,000	100					
	Q-25000		여성	2018-07-07	10%	52,000	257					
	Q-62000		공용	2018-06-30	5%	48,000	470					
	Q-43000		여성	2019-03-01	30%	60,000	290					

〈원본〉

〈완성〉

1. [G4:G15] 영역을 '판매량'으로 이름을 정의하시오.

2. 제품명 : 제품코드에 따른 제품명을 IF(), LEFT() 함수를 이용하여 구하시오.

   - IF(), LEFT() 함수 사용
   - 'K'로 시작하면 운동화, 'H'로 시작하면 슬립온, 'Q'로 시작하면 등산화로 표시

3. 판매순위 : 정의된 이름을 이용하여 판매량의 순위를 구하여 1위일 경우만 '1위'로 표시하고, 나머지는 공백으로 표시하시오.

   - Rank.EQ(), IF()함수 사용

4. 비고 : 출시일이 2019년이면 '신상품', 나머지는 공백으로 표시하시오.

   • IF()함수, YEAR() 함수를 이용

5. 여성 상품[L3]과 남성 상품[L4]의 판매량 총합을 구하시오.

   • SUMIF() 사용

6. 판매금액은 '(1-할인율)×출고가×판매량'으로 계산하고 판매금액의 총 합계[L5]를 구하시오.

   • SUMPRODUCT() 함수 사용
   • (=SUMPRODUCT(1-E4:E15,F4:F15,판매량))

7. 운동화의 제품 수[L7]를 구하고, & 연산자 이용하여 '종류'로 표시하시오

   • COUNTIF()함수 , & 연산자 사용 (예: 2종류)

심화실습문제

■ **계산작업하기**

'5장심화실습_계산.xlsx' 파일을 다음의 조건대로 완성하시오.

〈원본〉

〈완성〉

1. [표1] 제품코드 왼쪽 첫 자리가 'M'으로 시작하면 '남성용', 'W'로 시작하면 '여성용', 'O'로 시작하면 '공용'으로 표시하시오. (IF(), LEFT() 함수 사용)

2. [표2] 구입액에 따른 고객의 등급을 결정하시오.

   • IF() 함수 사용

   • 등급 : 구입액이 1,000,000원 이상이면 '일반', 3,000,000원 이상이면 '실버', 5,000,000원 이상이면 '골드', 7,000,000 원 이상이면 'VIP'

3. [표3] 등급, 점수, 항목, 가산비율을 이용하여 총점을 구하시오. 가산비율은 등급을 기준으로 결정하시오.

   • if()함수 사용

   • 총점= 점수*(1+가산비율)

   • 가산비율은 A는 '10%', B는 '7%', C는 '5%' 이다.

4. [표4] 근무점수나 출근점수가 80점 이상이고, 외국어 점수가 90점 이상이면 '해외근무' 그렇지 않으면 '국내 근무'로 나타내시오.

   • IF(), AND(), OR() 함수 사용

5. [표5] 사랑의 집에 봉사활동 지원한 '홍보부 직원의 수'를 구하시오. (DCOUNT(), DAVERAGE(), DCOUNTA() 중 알맞은 함수 사용)

   • 조건은 [Q14:Q15]의 범위 내에서 작성하시오.

CHAPTER

6

함수 Ⅱ

CHAPTER 6

학습목표

■ 찾기/ 참조 함수에 대하여 알아보자.

■ 데이터베이스 함수에 대하여 알아보자.

■ 재무함수에 대하여 알아보자.

6.1 찾기/참조 함수

지정한 범위 안에서 주어진 조건에 맞는 값을 검색하여 반환하는 함수이며 다양한 기준을 적용하여 필요한 데이터를 찾을 수 있다.

6.1.1 VLOOKUP(), HLOOKUP()

VLOOKUP() 함수는 표나 범위의 첫 번째 열에서 세로방향으로 검색하여 지정한 열 번호에 입력된 값을 반환하는 함수이다. HLOOKUP() 함수는 표나 범위의 첫 번째 행에서 가로 방향으로 검색을 진행하여 지정한 행 번호에 입력된 값을 반환한다.

- VLOOKUP()

함수 형식	VLOOKUP(lookup_value, table_array, col_index_num, range_lookup)
설 명	지정한 범위에서 조회하려는 값을 세로로 검색하여 지정한 열 번호의 값을 반환한다.
인 수	• lookup_value: 조회하려는 값 • table_array : 표나 배열의 범위 • col_index_num : 조회하려는 값이 포함된 범위의 열 번호 • range_lookup : TRUE 또는 1이면 가장 근사한 값, FALSE 또는 0이면 정확하게 일치하는 값을 검색한다.

- HLOOKUP()

함수 형식	HLOOKUP(lookup_value, table_array, row_index_num, range_lookup)
설 명	지정한 범위에서 조회하려는 값을 가로로 검색하여 지정한 행 번호의 값을 반환한다.
인 수	• lookup_value: 조회하려는 값 • table_array : 표나 배열의 범위 • row_index_num : 조회하려는 값이 포함된 범위의 행 번호 • range_lookup : TRUE 또는 1이면 가장 근사한 값, FALSE 또는 0이면 정확하게 일치하는 값을 검색한다.

'6장예제_고급함수.xlsx'파일의 [HLOOKUP_VLOOKUP]시트에서 '제품코드'에 해당하는 '제품명'과 '가격'을 나타내보자.

	제품코드	제품명	가격		<VLOOKUP>			<HLOOKUP>				
					제품코드	제품명		제품코드	K01	K02	K03	K04
	K01	치마	₩ 15,000		K01	치마		가격	₩15,000	₩25,000	₩10,000	₩40,000
	K02	반바지	₩ 25,000		K02	반바지						
	K03	셔츠	₩ 10,000		K03	셔츠						
	K04	원피스	₩ 40,000		K04	원피스						
	K03	셔츠	₩ 10,000									
	K02	반바지	₩ 25,000									
	K01	치마	₩ 15,000									
	K01	치마	₩ 15,000									
	K04	원피스	₩ 40,000									
	K04	원피스	₩ 40,000									
	K02	반바지	₩ 25,000									
	K02	반바지	₩ 25,000									

(든든 아동복 가격표)

〈결과화면〉

1 VLOOKUP(): 제품명 구하기

❶ [C4]셀을 클릭하고 [수식]-[함수라이브러리] 그룹-[찾기/참조]-[VLOOKUP]를 선택한다.

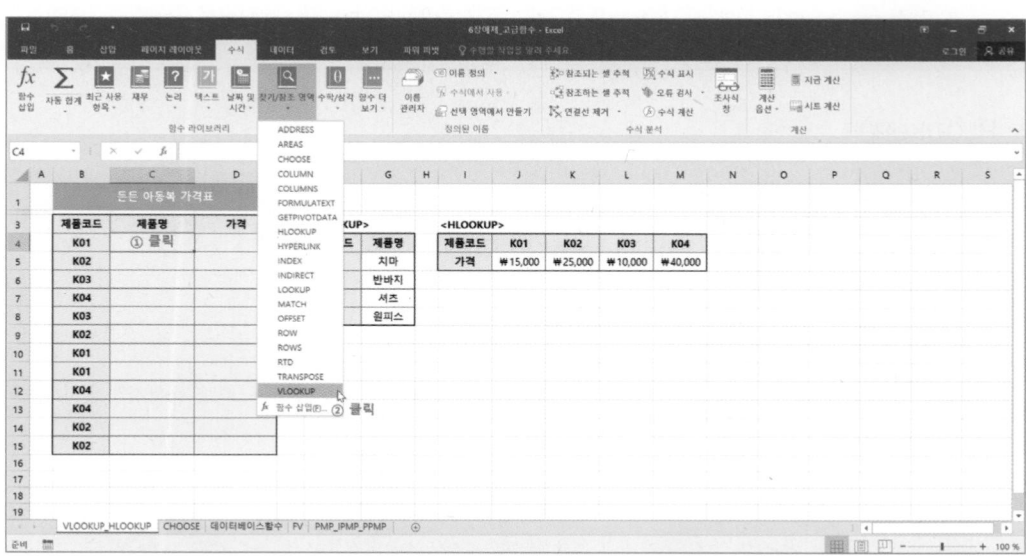

❷ [함수 인수] 창에서 [Lookup_value]에 [B4]를 입력, [Table_array]에 [$F$4:$G$8]을 범위로 지정한다.

> TIP [Table_array]에 참조되는 영역은 [F4]키를 눌러 반드시 절대참조를 해야 한다.

❸ [Col_index_num]에 '2', [Range_lookup]에 'FALSE' 또는 '0'을 입력하여 제품코드에 따른 제품명을 테이블의 2번째 열에서 가져온다.

> TIP [Range_lookup]에 'FALSE' 또는 '0'을 입력하면 검색하는 조건과 일치하는 값을 찾고, '1'을 입력하면 근사 값을 가져온다.

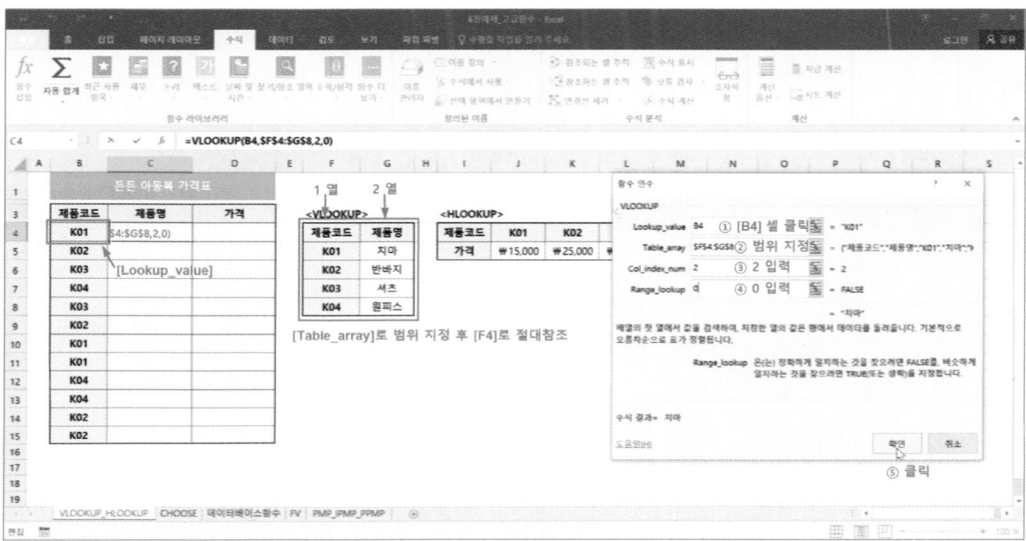

❹ [C15]셀까지 채우기 핸들로 수식을 복사하여 '제품명'을 완성한다.

2 HLOOKUP() : 가격 구하기

VLOOKUP()함수가 세로로 값을 검색한다면, HLOOKUP()함수는 가로로 값을 검색한다.

❶ [D4]셀을 클릭하고 [수식]−[함수라이브러리] 그룹−[찾기/참조]−[HLOOKUP]을 선택한다.

❷ [함수 인수] 창에서 [Lookup_value]에 [B4]를 입력,[Table_array]에 [$I$4:$M$5]를 범위로 지정한다. [Table_array]에 참조되는 영역은 절대참조로 고정시킨다.

❸ [Row_index_num]에 '2', [Range_lookup]에 'FALSE' 또는 '0'을 입력하여 제품코드에 따른 가격을 테이블의 2번째 행에서 가져온다.

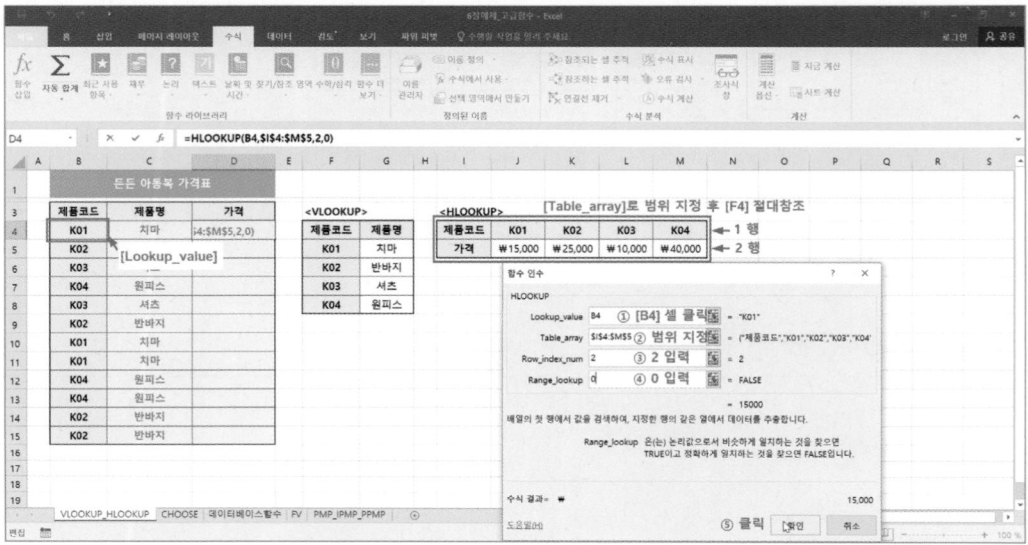

❹ [D15]셀까지 채우기 핸들로 수식을 복사하여 나머지 '가격'을 완성한다.

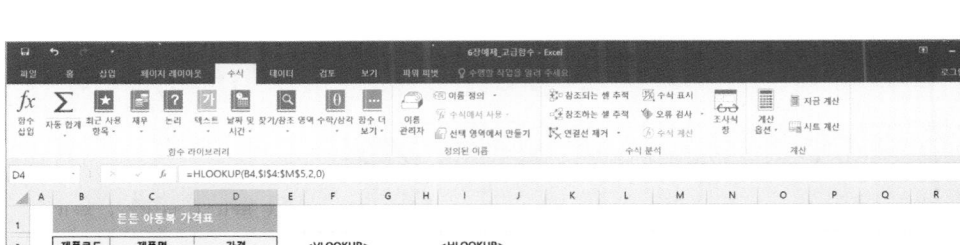

6.1.2 CHOOSE()

CHOOSE() 함수는 인덱스 번호에 해당하는 값을 반환하는 함수이다. 지정한 번호에 따라 여러 개의 목록 중에서 순서에 맞는 목록 값을 찾는다.

■ CHOOSE()

함수 형식	=CHOOSE(index_num, value1, value2, ...)
설 명	여러 개의 목록 중에서 지정한 번호에 따라 순서에 맞는 목록의 값을 찾아낸다.
인 수	index_num: 번호(1~254 범위의 숫자) value1 : 목록의 범위 [value2] : 반환 값이 포함된 열 번호
사용 예시	= CHOOSE(2,"월","화","수") -> '화' : '월, 화, 수' 목록 중에서 2번째 값을 반환한다.

'6장예제_고급함수.xlsx'파일의 [CHOOSE]시트에서 CHOOSE()함수를 이용하여 '부서'
와 '성별'을 나타내보자.

	사원번호	사원명	주민등록번호	성별	부서		사원 끝번호	장르
			라라에디션 사원 명부					
	사원번호	사원명	주민등록번호	성별	부서		사원 끝번호	장르
4	QE-01-2	김길상	750209-1030929	남	편집부		1	영업부
5	QE-01-2	우지민	900101-3032111	남	편집부		2	편집부
6	QR-02-1	강희찬	720912-1100345	남	영업부		3	관리부
7	QR-02-3	나경실	820511-2234529	여	관리부			
8	QB-03-3	이진아	940107-4022316	여	관리부			
9	QC-03-2	윤미래	811212-2047299	여	편집부			
10	QB-04-1	여경수	920324-3289002	남	영업부			
11	QC-04-3	민지윤	950815-4025558	여	관리부			
12	QA-05-1	이진상	781007-1010485	남	영업부			
13	QC-05-1	마성유	840209-2028019	여	영업부			

〈결과 화면〉

1 CHOOSE() : 부서 구하기

사원번호 오른쪽 끝자리를 이용하여 '부서'를 구하여 보자.

❶ [E4]셀을 클릭하고 [수식]−[함수라이브러리] 그룹−[찾기/참조]−[CHOOSE]를 선택한다.

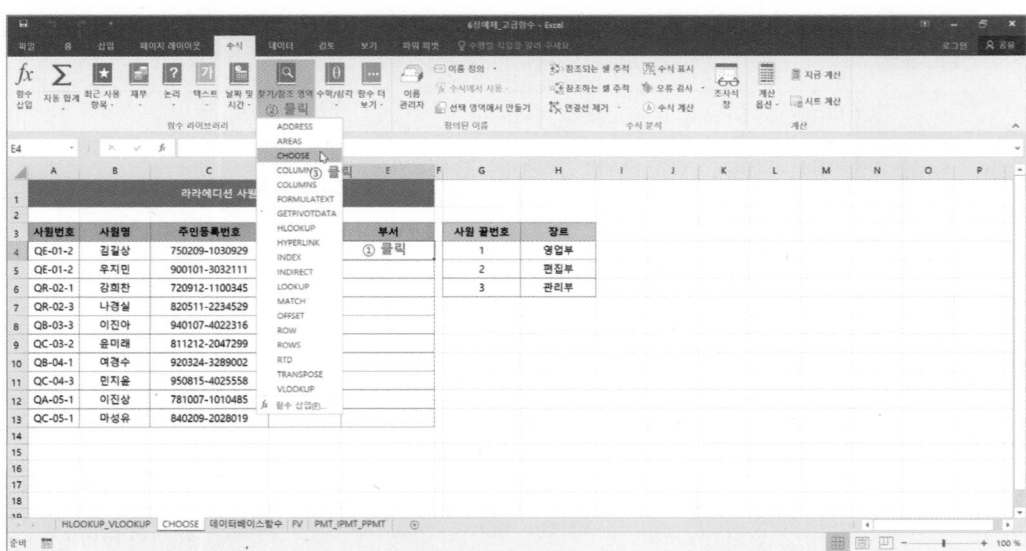

❷ [CHOOSE]함수 대화상자에서 [index_num]에 [RIGHT(A4,1)]를 입력한다.

❸ [VALUE]에 순서대로 '영업부', '편집부', '관리부'를 입력한 후 [확인]을 클릭한다.

> TIP 사원번호 끝자리가 1이면 '영업부', 2이면 '편집부', 3이면 '관리부'이므로, 인덱스 번호 순서대로 부서명을 입력한다.

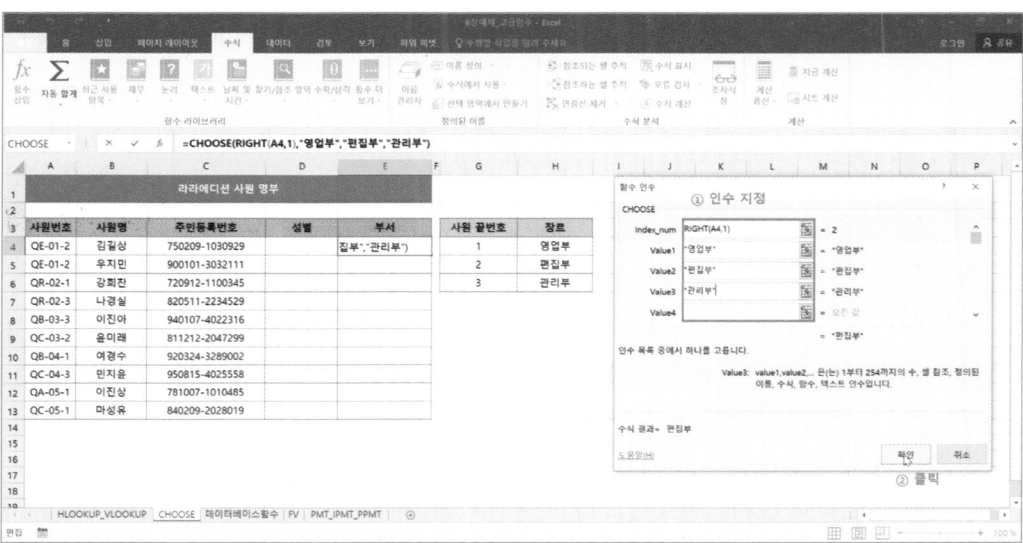

❹ [E13]셀까지 채우기 핸들로 수식을 복사하여 나머지 '부서'를 완성한다.

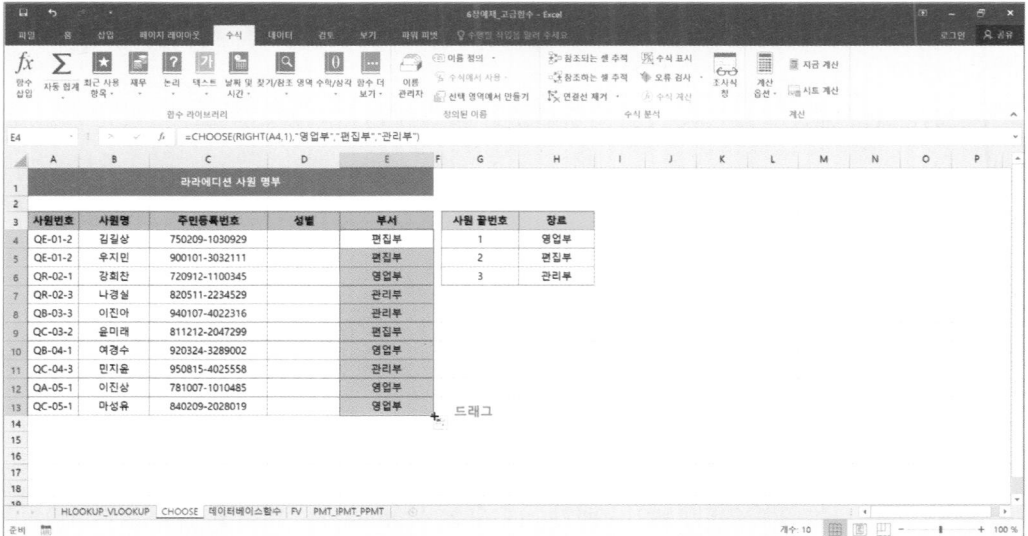

2 CHOOSE() : 성별 구하기

주민등록번호를 이용하여 '성별'을 구하여 보자. 주민등록번호 여덟 번째 자리는 성별을 나타낸다.

❶ [D4]셀을 클릭하고 [수식]-[함수라이브러리] 그룹-[찾기/참조]-[CHOOSE]을 선택한다.

❷ [CHOOSE]함수 대화상자에서 [index_num]에 [MID(C4,8,1)]를 입력한다.

❸ [VALUE]에 순서대로 '남자', '여자', '남자', '여자'를 입력한 후 [확인]을 클릭한다.

> TIP 주민등록번호 여덟 번째 자리가 '1' 또는 '3'이면 '남자', '2' 또는 '4'이면 '여자'이다.

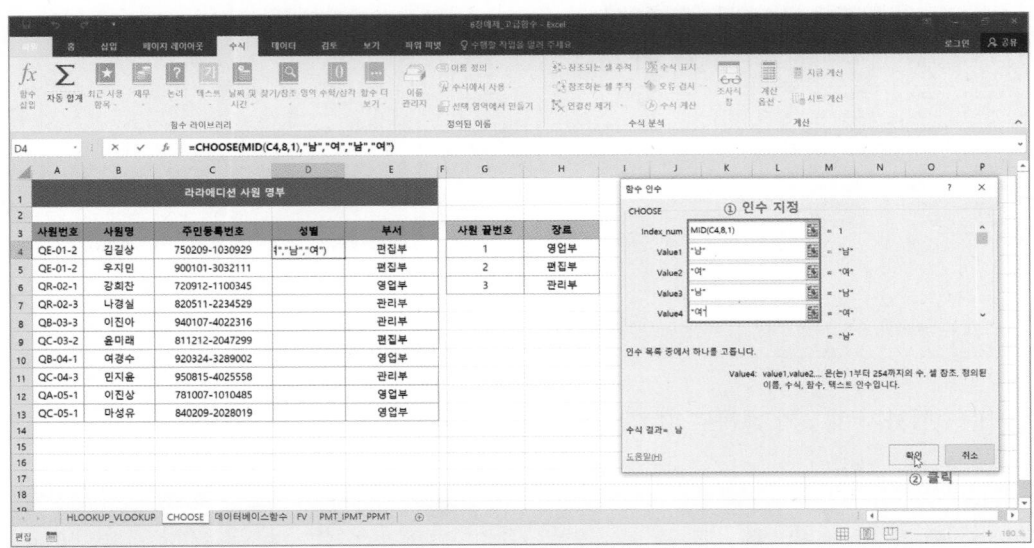

❹ [D13]셀까지 채우기 핸들로 수식을 복사하여 나머지 '성별'을 완성한다.

6.2 데이터베이스 함수

데이터베이스 목록에서 각 필드의 조건을 만족하는 최대값, 최소값, 합계, 평균, 개수 등을 분석하고, 계산하는 함수이다. 데이터베이스 함수를 사용할 때는 미리 조건을 입력한다.

데이터베이스 함수에서 조건은 조건필드명을 적고 바로 다음 행에 조건을 적는다.

조건이 같은 행에 위치하면 AND, 서로 다른 행에 위치하면 OR의 의미를 가진다.

AND조건		OR조건	
성별	근무년수	성별	근무년수
남자	> 10	남자	
			> 10

6.2.1 DMAX(), DMIN(), DSUM(), DAVERAGE(), DCOUNT(), DCOUNTA()

■ DMAX()

함수 형식	DMAX(database, field, criteria)
설 명	목록이나 데이터베이스에서 지정한 조건에 맞는 가장 큰 값을 구한다.
인 수	database : 표나 목록으로 지정할 셀 범위 field : 함수에 사용되는 열을 지정 criteria : 지정한 조건이 있는 셀
사용 예시	=DMAX(A3:G16,5,I3:I4) : [A3:G16]범위에서 조건[I3:I4]에 해당하는 데이터만 5번째 열에서 찾아 가장 큰 값을 반환한다.

■ DMIN()

함수 형식	DMIN(database, field, criteria)
설 명	목록이나 데이터베이스에서 지정한 조건에 맞는 가장 작은 값을 구한다.
인 수	DMAX()와 같다.
사용 예시	=DMIN(A3:G16,5,I3:I4) : [A3:G16]범위에서 조건[I3:I4]에 해당하는 데이터만 5번째 열에서 찾아 가장 작은 값을 반환한다.

■ DSUM()

함수 형식	DSUM(database, field, criteria)
설 명	목록이나 데이터베이스에서 지정한 조건에 맞는 숫자의 합계를 계산한다.
인 수	DMAX()와 같다.
사용 예시	=DSUM(A3:G16,5,I3:I4) : [A3:G16]범위에서 조건[I3:I4]에 해당하는 데이터만 5번째 열에서 찾아 더한다.

■ DAVERAGE()

함수 형식	DAVERAGE(database, field, criteria)
설 명	목록이나 데이터베이스에서 지정한 조건에 맞는 값들의 평균을 계산한다.
인 수	DMAX()와 같다.
사용 예시	=DAVERAGE(A3:G16,5,I3:I4) : [A3:G16]범위에서 조건[I3:I4]에 해당하는 데이터만 5번째 열에서 찾아 평균값을 구한다.

■ DCOUNT()

함수 형식	DCOUNT(database, field, criteria)
설 명	목록이나 데이터베이스에서 지정한 조건에 맞는 셀 중 숫자가 들어있는 셀의 개수를 계산한다.
인 수	DMAX()와 같다.
사용 예시	DCOUNT(A3:G16,3,I3:I4) : [A3:G16]범위에서 조건[I3:I4]에 해당하는 데이터만 3번째 열에서 찾아, 숫자 데이터가 있는 셀의 개수를 구한다.

■ DCOUNTA()

함수 형식	DCOUNTA(database, field, criteria)
설 명	목록이나 데이터베이스에서 지정한 조건에 맞는 셀 중 데이터가 들어있는 셀의 개수를 계산한다.
인 수	DMAX()와 같다.
사용 예시	DCOUNTA(A3:G16,3,I3:I4) : [A3:G16]범위에서 조건[I3:I4]에 해당하는 데이터만 3번째 열에서 찾아, 데이터가 있는 셀의 개수를 구한다.

'6장예제_고급함수.xlsx'파일의 [데이터베이스함수]시트에서 DMAX(), DMIN(), DSUM(), DAVERAGE(), DCOUNT(), DCOUNTA() 함수를 사용하여 결과를 계산해보자.

〈결과 화면〉

1 DSUM() : 합계구하기

연두초등학교의 심사위원 점수의 총 합계를 구해보자.

❶ [L6]셀을 클릭하고 수식 입력줄의 [함수삽입]버튼을 클릭한다. 함수마법사 창에서 [범주]−[데이터베이스]−[DSUM]을 선택한다.

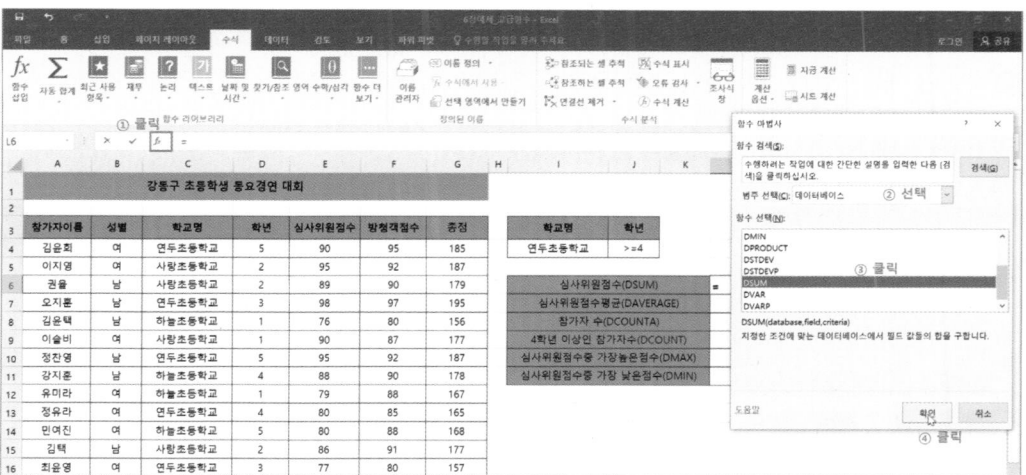

❷ [Database]에 데이터베이스 범위인 [A3:G16]를 입력한다.

❸ [Field]에는 '5'를 입력한다. 심사위원의 점수가 들어있는 5번째 열을 의미한다.

❹ [Criteria]에는 [I3:I4]를 지정하면 '학교명'−'연두초등학교'로 검색 조건이 지정된다.

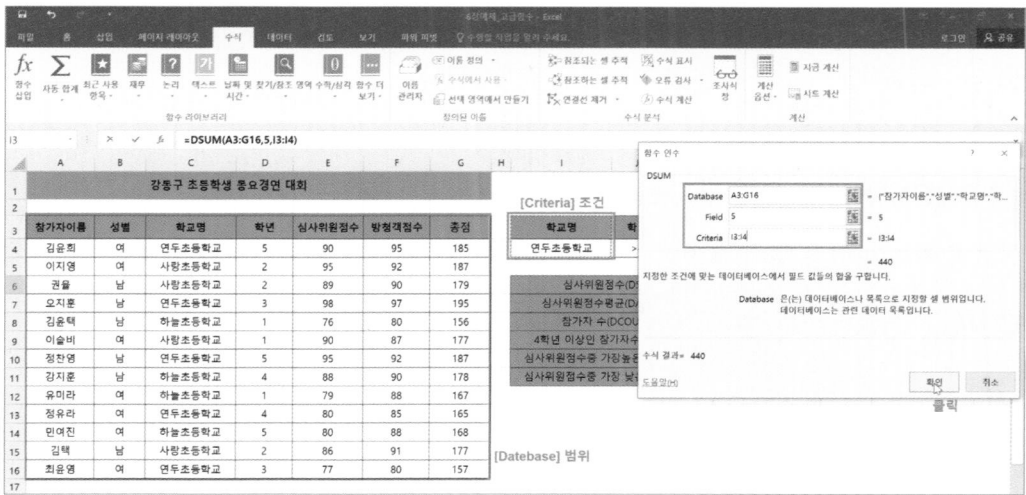

❺ 연두초등학교의 심사위원 점수의 합이 계산된다.

2 DAVERAGE() : 평균구하기

연두초등학교의 심사위원 점수의 총 평균을 구해보자.

❶ [L7]셀을 클릭하고 수식 입력줄의 [함수삽입]버튼을 클릭한다. 함수마법사 창에서 [범 주] – [데이터베이스] – [DAVERAGE]을 선택한다.

❷ [Database]에 데이터베이스 범위인 [A3:G16]를 입력한다.

❸ [Field]에는 '5'를 입력한다. 심사위원의 점수가 들어있는 5번째 열을 의미한다.

❹ [Criteria]에는 [I3:I4]를 지정하면 [학교명]–'연두초등학교'로 검색 조건이 지정된다.

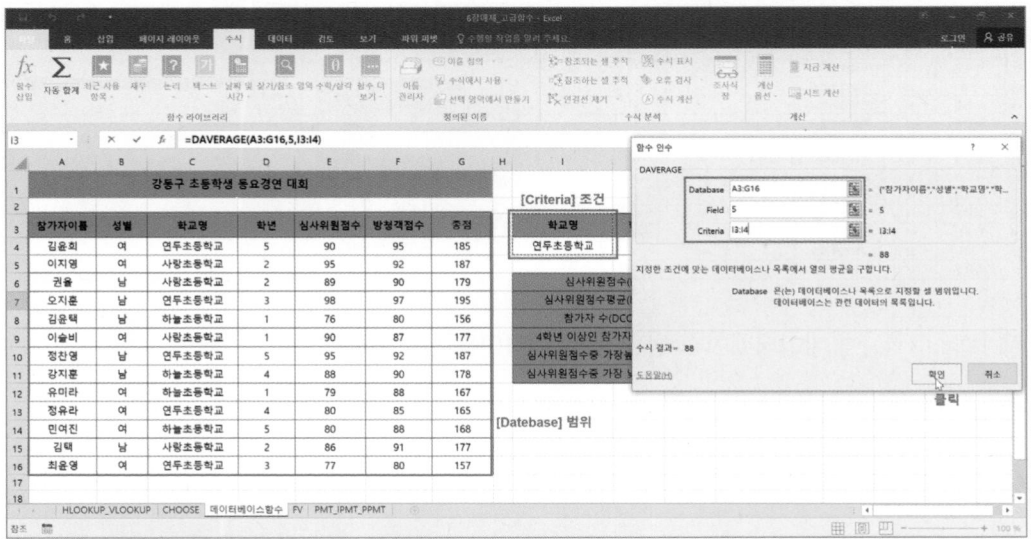

❺ 연두초등학교의 심사위원 점수의 평균이 계산된다.

3 DCOUNTA() : 인원수 구하기

참가자 이름이 있는 셀의 개수를 세어, 연두초등학교의 참가 학생 수를 구해보자.

❶ [L8]셀을 클릭하고 '=DCOUNTA(A3:G16,1,I3:I4)'를 입력한다.

❷ 연두초등학교의 참가 인원수가 계산된다.

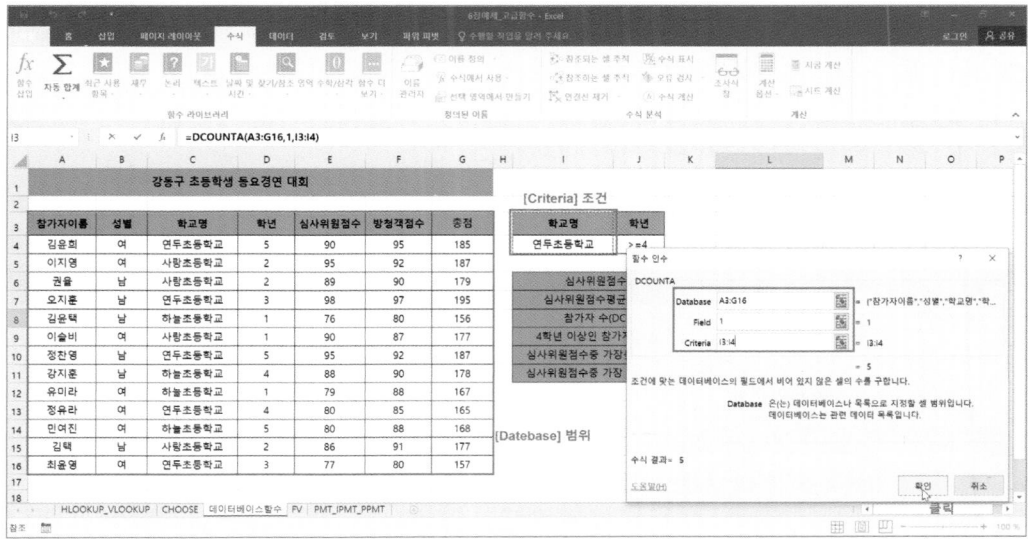

4 DCOUNT() : 인원수 구하기

연두초등학교의 4학년 이상 학생 수를 구해보자.

❶ [L9]셀을 클릭하고 '=DCOUNT(A3:G16,4,I3:J4)'를 입력한다.

❷ 연두초등학교의 4학년 이상 참가인원수가 계산된다.

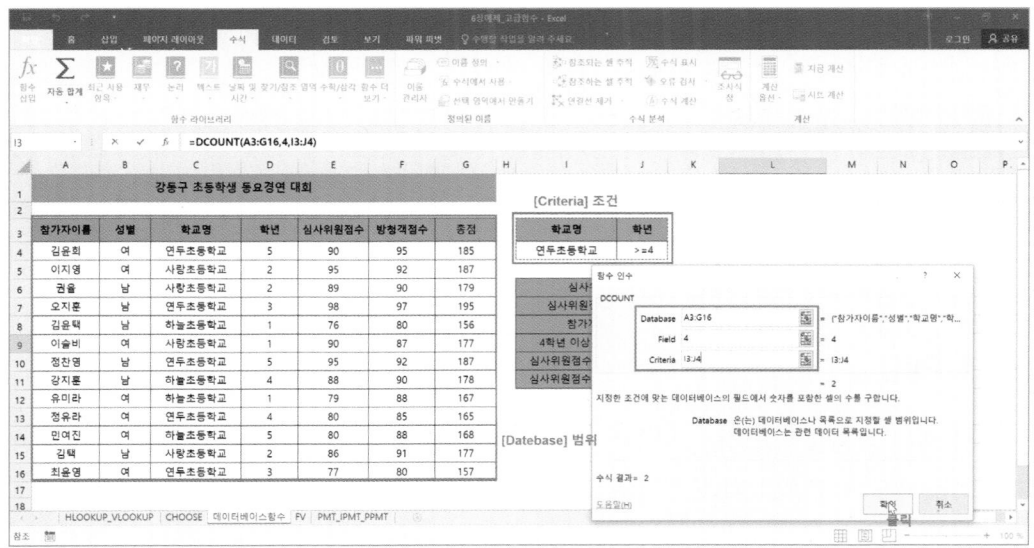

5 DMAX(), DMIN() : 최대값, 최소값 구하기

연두초등학교의 심사위원점수의 최고점수와 최저점수를 구해보자.

❶ [L10]셀을 클릭하고 '=DMAX(A3:G16,5,I3:I4)'를 입력한다.

❷ [L11]셀을 클릭하고 '=DMIN(A3:G16,5,I3:I4)'를 입력한다.

❸ 심사위원의 최고점수와 최저점수가 계산된다.

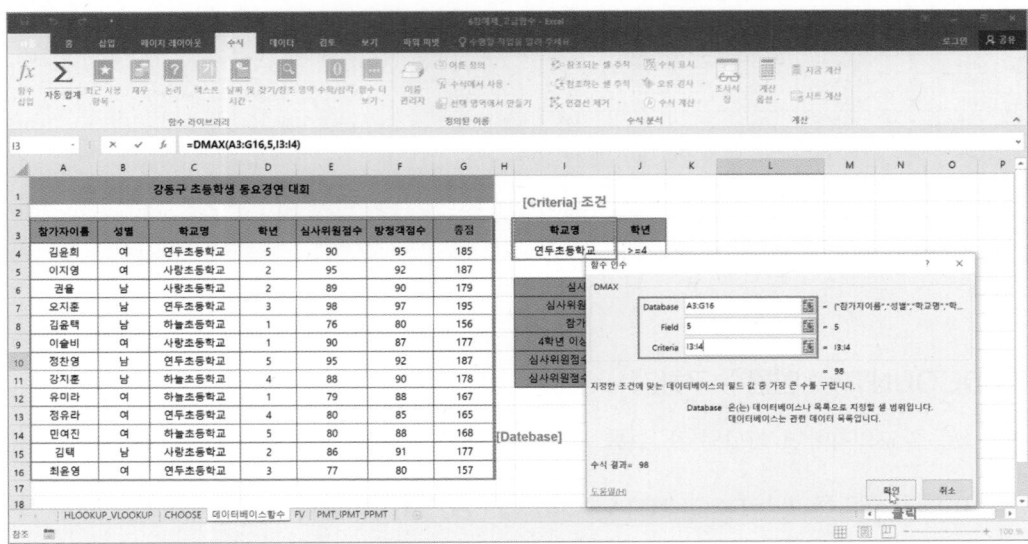

6.3　재무 함수

재무함수는 투자액의 미래가치, 이자율, 감가상각액 등과 같이 자산을 관리하는 함수이다.

6.3.1 FV()

투자의 미래 가치를 계산하는 함수이다. 고정된 이율로 정기적인 납입액 또는 단일 일괄 지불액을 계산하고자 할 때 사용할 수 있다.

■ FV()

함수 형식	FV(rate,nper,pmt,pv,type)
설 명	투자의 미래가치를 계산한다.
인 수	• rate : 기간별 이자율 • nper : 총 납입 개월 수. • pmt : 각 기간마다 투자 할 일정한 납입액 • pv : 투자 시작 전 현재 보유하고 있는 현재 가치이다. 초기 투자 시에는 0이나 생략한다. • type : 납입 시점을 의미한다. 월초는 1, 월말은 0으로 지정한다.

'6장예제_고급함수.xlsx' 파일의 [FV]시트에서 다음과 같이 FV() 함수를 사용해보자.

① FV() : 만기액 계산하기

매월 초 30만원씩, 연이율 5% 복리이자 일 때, 10년 후 지급되는 적금 만기액을 계산해보자.

❶ [C7]셀을 클릭하고 [수식]–[함수 라이브러리]–[재무]그룹–[FV]를 선택한다.

❷ [FV] 함수 창에 다음과 같이 입력한다.

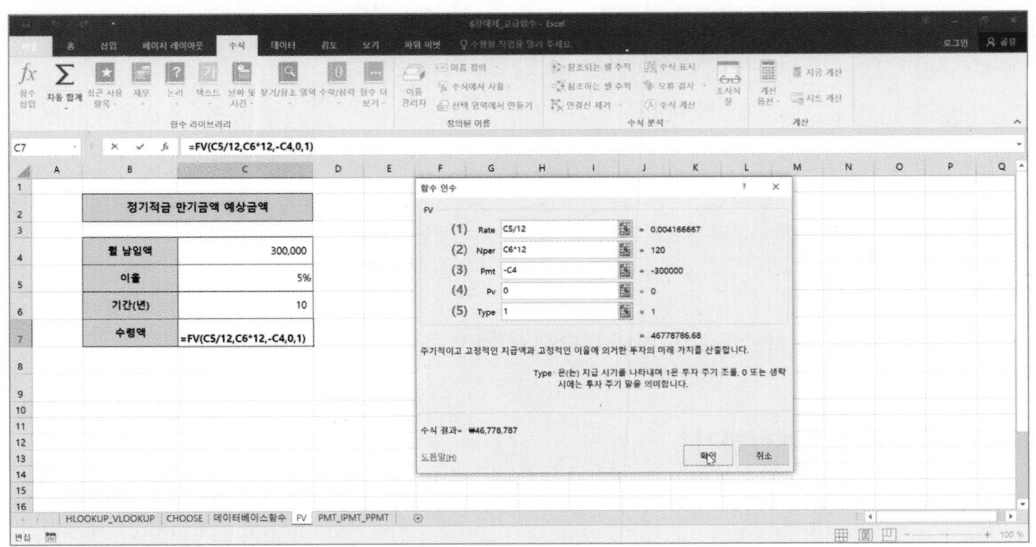

(1) [Rate] : 'C5/12' 입력, 매월 납입하므로 이율을 월 이율로 바꿔준다.
(2) [Nper] : 'C6*12' 입력, 매월 납입이므로 기간의 개월수를 구한다.
(3) [Pmp] : '-C4' 입력, 현재 납입하는 금액이므로 마이너스(-)를 붙인다.
(4) [Pv] : '0' 입력, 현재가치 이므로 '0'이나 '생략'한다.
(5) [Type] : '1' 입력, 월초 투자는 '1', 월말 투자는 '0'을 입력한다.

❸ 적금 만기액이 다음과 같이 계산되었다.

C7		fx	=FV(C5/12,C6*12,-C4,0,1)	
	A	B	C	D	E
1					
2		정기적금 만기금액 예상금액			
3					
4		월 납입액	300,000		
5		이율	5%		
6		기간(년)	10		
7		수령액	₩46,778,787		
8					

6.3.2 PMT(), IPMT(), PPMT()

PMP()는 적금이나 대출금에서 매월 납입해야하는 월 납입액을 구하는 함수이다. IPMP()는 매회 지불하거나 받을 이자액을 구하는 함수이며, PPMT()는 이자를 제외하고 매월 지불할 원금의 상환액을 구하는 함수이다.

■ PMT()

함수 형식	PMT(rate, nper, pv, fv, type)
설 명	적금이나 대출금에서 매월 납입해야 하는 월 납입액을 계산한다.
인 수	• rate : 기간별 이자율 • nper : 총 납입 개월 수. • pv : 투자 시작 전 현재 보유하고 있는 현재 가치이다. 초기 투자 시에는 0이나 생략한다. • fv : 미래가치, 최종 상환 후의 현금 잔고, fv를 생략시 0으로 간주. • type : 납입 시점을 의미한다. 월초는 1, 월말은 0으로 지정한다.

■ IPMT()

함수 형식	IPMT(rate, per, nper, pv, fv, type)
설 명	정기적으로 상환할 월 이자액을 구한다.
인 수	• rate : 기간별 이자율 • per: 상환액을 계산하는 개월 수 • nper : 총 납입 개월 수. • pv : 투자 시작 전 현재 보유하고 있는 현재 가치이다. 초기 투자 시에는 0이나 생략한다. • fv : 미래가치, 최종 상환 후의 현금 잔고, fv를 생략시 0으로 간주. • type : 납입 시점을 의미한다. 월초는 1, 월말은 0으로 지정한다.

■ PPMT()

함수 형식	PPMT(rate, per, nper, pv, fv, type)
설 명	이자를 제외한 원금의 월 상환액을 구한다.
인 수	• rate : 기간별 이자율 • per: 상환액을 계산하는 개월 수 • nper : 총 납입 개월 수. • pv : 투자 시작 전 현재 보유하고 있는 현재 가치이다. 초기 투자 시에는 0이나 생략한다. • fv : 미래가치, 최종 상환 후의 현금 잔고, fv를 생략 시 0으로 간주한다. • type : 납입 시점을 의미한다. 월초는 1, 월말은 0으로 지정한다.

'6장예제_고급함수.xlsx'파일의 [PMT_IPMT_PPMT]시트에서 다음과 같이 PMT(), IPMT(), PPMT()함수를 사용해보자.

대출금 예상 월 상환액		대출금 예상 월 이자액		대출금 원금 상환액	
	[PMT]		[IPMT]		[PPMT]
대출금	10,000,000	대출금	10,000,000	대출금	10,000,000
이율	5%	이율	5%	이율	5%
기간(년)	3	기간(년)	3	기간(년)	3
월 불입액	-₩299,709	월 이자액 계산		월 원금불입액 계산	
		1	-₩41,667	1	-₩258,042
		2	-₩40,591	2	-₩259,117
		3	-₩39,512	3	-₩260,197
		4	-₩38,428	4	-₩261,281
		5	-₩37,339	5	-₩262,370
		6	-₩36,246	6	-₩263,463
		7	-₩35,148	7	-₩264,561
		8	-₩34,046	8	-₩265,663
		9	-₩32,939	9	-₩266,770
		10	-₩31,827	10	-₩267,882
		11	-₩30,711	11	-₩268,998
		12	-₩29,590	12	-₩270,119

〈결과 화면〉

1 PMT() 함수 : 월 상환액 구하기

대출금 1,000만원을 연 5% 이자로 대출하였을 때, 3년 동안 대출금을 균등 상환시 상환해야 하는 금액은 얼마인지 알아보자.

❶ [C7]셀을 클릭하고 [수식] – [함수 라이브러리] – [재무]그룹 – [PMT]를 선택한다.

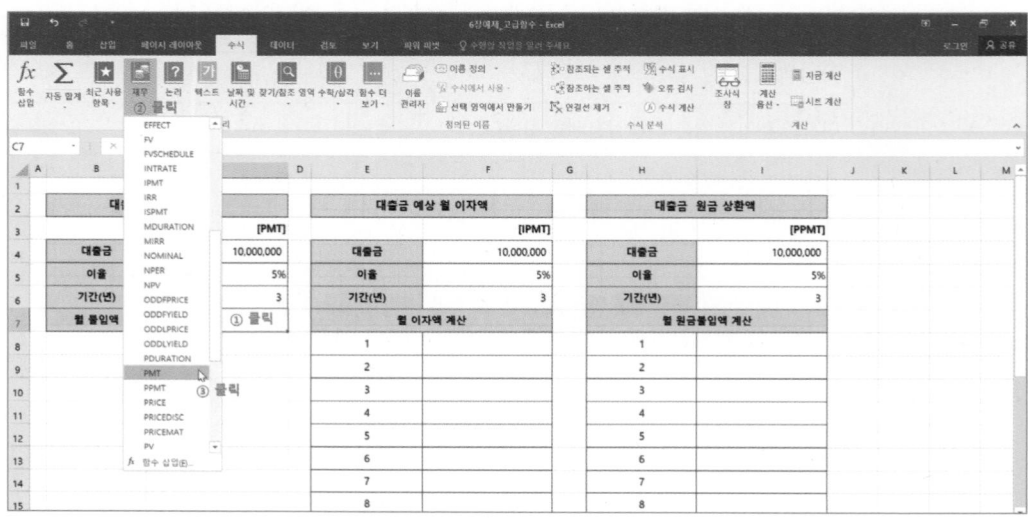

❷ [PMT] 함수 창에 다음과 같이 입력한다.

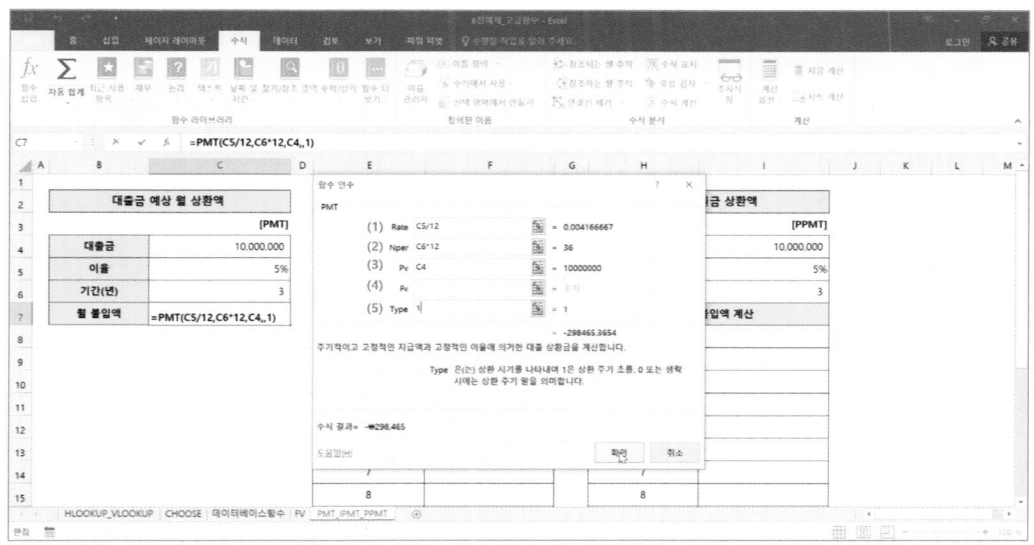

(1) [Rate] : 'C5/12' 입력, 매월 납입하므로 이율을 월 이율로 나눈다.
(2) [Nper] : 'C6*12' 입력, 매월 납입이므로 기간의 개월수를 구한다.
(3) [Pv] : 'C4' 입력, 미래가치, 최종 상환하는 금액이다.
(4) [Fv] : 생략 또는 '0'.
(5) [Type] : '1' 입력, 월초 투자는 '1', 월말 투자는 '0'을 입력한다.

❸ 대출금에 대한 월 상환액이 다음과 같이 계산되었다.

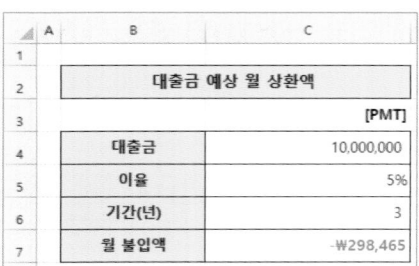

2 IPMT() 함수 : 월 이자액 계산하기

대출금 1,000만원을 연 5% 이자로 대출하였을 때, 3년 동안 대출금을 균등 상환 시 납부하는 월 이자액은 얼마인지 알아보자.

❶ [F8]셀을 클릭하고 [수식] – [함수 라이브러리] – [재무]그룹 – [IPMT]를 선택한다.

❷ [IPMT] 함수 창에 다음과 같이 입력한다.

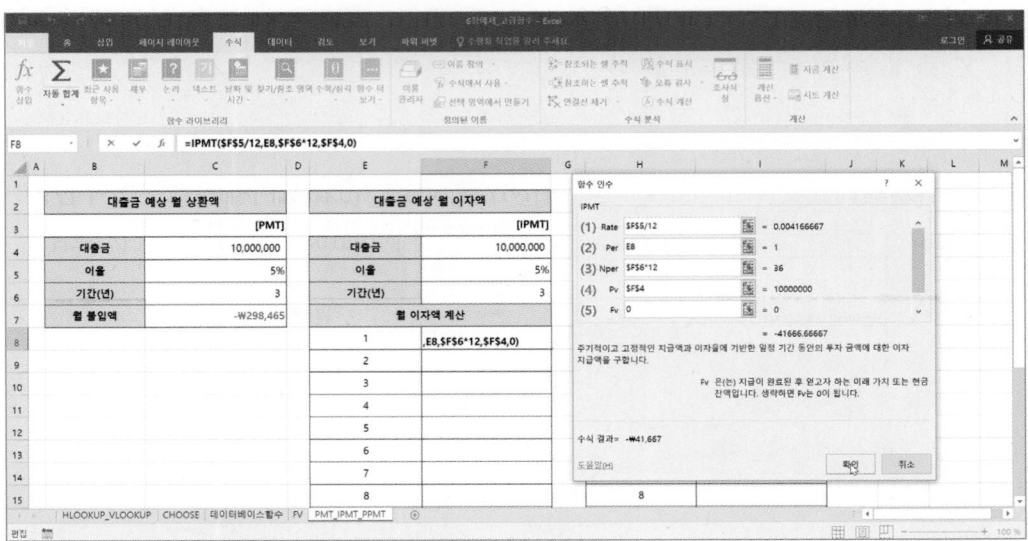

(1)   [Rate] : '$F$5/12' 입력, 매월 납입하므로 이율을 월 이율로 나눈다.
(2)   [Per] : 'E8' 입력, 이자를 납부할 회차(개월 수)
(3)   [Nper] : '$F$6*12' 입력, 매월 납입이므로 기간의 개월수를 구한다.
(4)   [Pv] : '$F$4' 입력, 미래가치, 최종 상환하는 금액이다.
(5)   [Fv] : 생략 또는 '0'

❸ 매 회차 납부해야할 이자액이 다음과 같이 계산되었다.

	대출금 예상 월 이자액	
		[IPMT]
대출금		10,000,000
이율		5%
기간(년)		3
월 이자액 계산		
1		-₩41,667
2		-₩40,591
3		-₩39,512
4		-₩38,428
5		-₩37,339
6		-₩36,246
7		-₩35,148
8		-₩34,046
9		-₩32,939
10		-₩31,827
11		-₩30,711
12		-₩29,590

3 PPMT() 함수 : 원금 상환액 계산하기

대출금 1,000만원을 연 5% 이자로 대출하였을 때, 대출금을 3년 동안 균등 상환시 매월
상환하는 원금은 얼마인지 알아보자.

❶ [I8]셀을 클릭하고 [수식] − [함수 라이브러리] − [재무]그룹 − [PPMT]를 선택한다.

❷ [PPMT] 함수 창에 다음과 같이 입력한다.

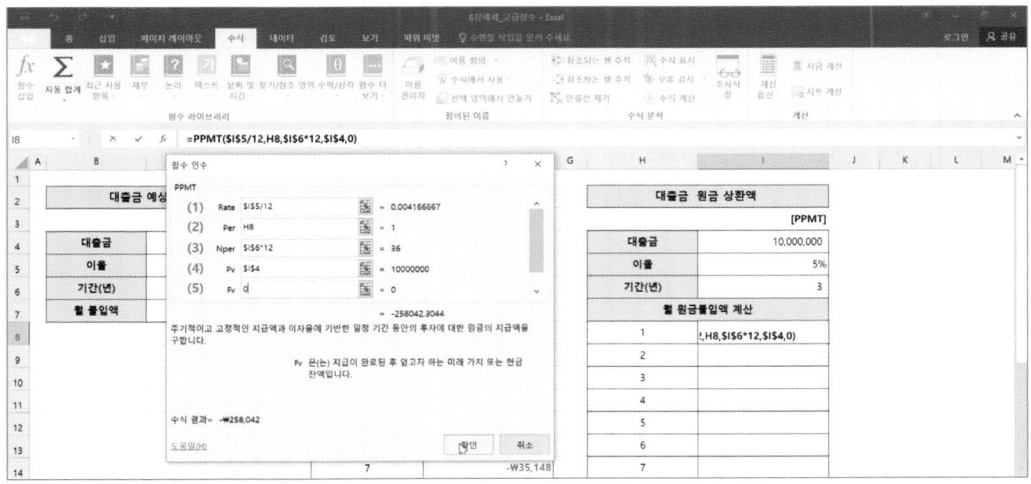

⑴ [Rate] : '$I$5/12' 입력, 매월 납입하므로 이율을 월 이율로 나눈다.
⑵ [Per] : 'H8' 입력, 원금를 납부할 회차(개월 수)
⑶ [Nper] : '$I$6*12' 입력, 매월 납입이므로 기간의 개월수를 구한다.
⑷ [Pv] : '$I$4' 입력, 미래가치, 최종 상환하는 금액이다.
⑸ [Fv] : 생략 또는 '0'

❸ [I19]까지 채우기 핸들을 드래그하여 '원금 상환액'을 완성한다.

	대출금 원금 상환액	
		[PPMT]
대출금		10,000,000
이율		5%
기간(년)		3
월 원금불입액 계산		
1		-₩258,042
2		-₩259,117
3		-₩260,197
4		-₩261,281
5		-₩262,370
6		-₩263,463
7		-₩264,561
8		-₩265,663
9		-₩266,770
10		-₩267,882
11		-₩268,998
12		-₩270,119

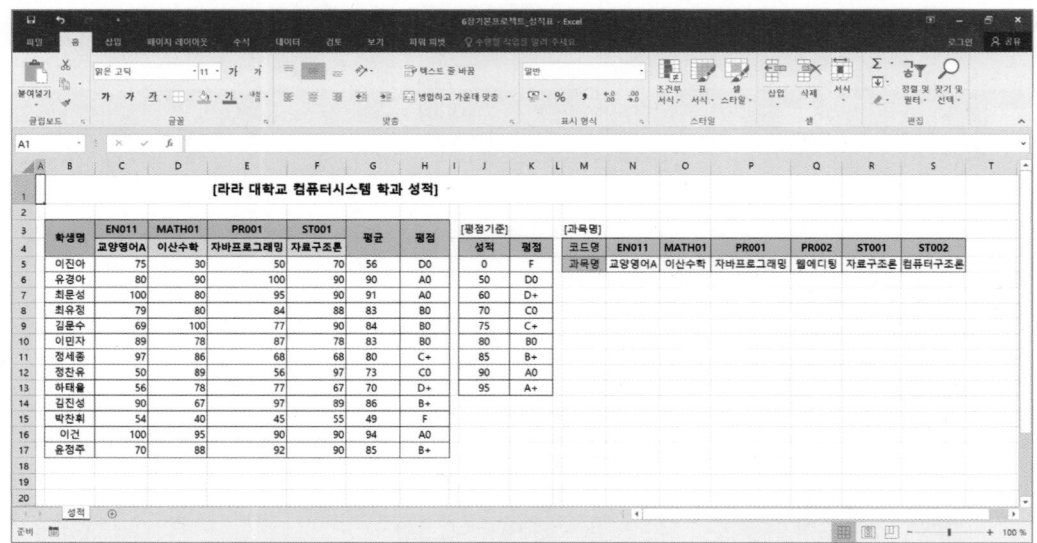

성적표 만들기

'6장기본프로젝트_성적표.xlsx' 파일을 이용하여 문서를 완성해보자.

〈결과 화면〉

STEP 1 과목명 구하기

❶ [C4]셀을 클릭하고 '=HLOOKUP(C3,$M$4:$S$5,2,0)'를 입력한다.

❷ [과목명]표 범위에서 두 번째 행인 과목명을 찾아 반환한다.

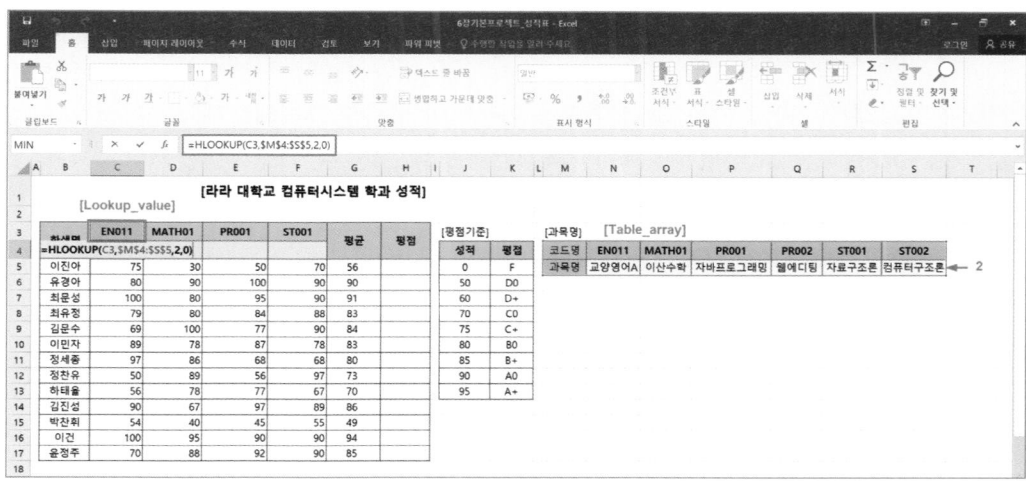

❸ [F4]셀까지 채우기 핸들드래그로 수식을 복사하여 과목코드에 따른 '과목명'을 완성한다.

(STEP 2) 평점 구하기

❶ [H5]셀을 클릭하고 '=VLOOKUP(G5,$J$4:$K$13,2,1)'를 입력한다.

❷ [평점기준]표 범위에서 두 번째 열인 평점을 찾아 반환한다.

> TIP 성적은 범위의 근사 값을 찾으므로 [Range_lookup]에서 '1'또는 'True'를 입력한다.

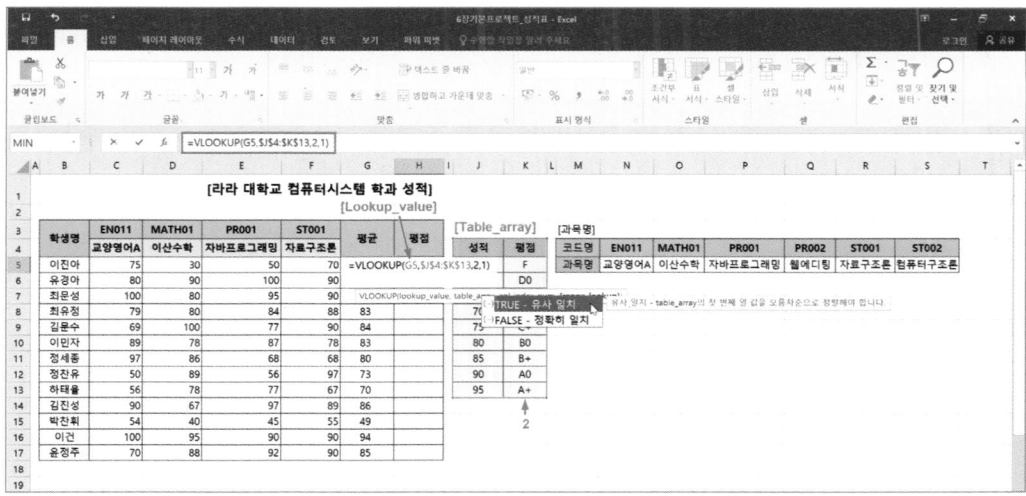

❸ [H17]셀까지 채우기 핸들드래그로 수식을 복사하여 과목코드에 따른 '평점'을 완성한다.

기본 프로젝트 **리뷰일정 만들기**

'6장기본프로젝트_가을스케치.xlsx' 파일을 이용하여 문서를 완성해보자.

	A	B	C	D	E	F	G		H	J		K	L	M	N
1			연두문고 -독자와 함께하는 가을 스케치												
2									[요일]				[장르]		
3	D-No.	제품코드	도서명	장르	리뷰일정	출판사	저자		D-No.	리뷰일정		제품코드끝번호		장르	
4	1	QE-01-1	하늘을 향해 쏴라	에세이	일요일	연두에디션	이훈		1	일요일		1		에세이	
5	2	QE-01-2	빛의 환영	로맨스	월요일	글로벌	최세율		2	월요일		2		로맨스	
6	3	QR-01-3	혼란	공포/스릴러	화요일	글로벌	이지선		3	화요일		3		공포/스릴러	
7	4	QE-01-2	네곁에 항상	로맨스	수요일	대성	나나		4	수요일					
8	5	QB-00-1	눈물	에세이	목요일	연두에디션	김지영		5	목요일					
9	6	QC-03-1	아지랑이	에세이	금요일	아랑에디션	김철		6	금요일					
10	7	QB-01-2	상콤달콤 첫사랑	로맨스	토요일	처음마을	전지회		7	토요일					
11	6	QC-01-3	어둠의숲	공포/스릴러	금요일	처음마을	최선								
12	7	QA-00-2	이슬비	로맨스	토요일	연두에디션	김지영								
13	1	QC-03-2	빗물이 또로록	로맨스	일요일	아랑에디션	율								
14															

〈결과 화면〉

STEP 1 리뷰일정 구하기

'D-No.'의 값을 참조하여 일주일간의 리뷰일정을 구해보자. 'D-No.'에 따라 1은 '월요일', 2는 '화요일' 순으로 표시된다.

❶ [E4]셀을 클릭하고 '=CHOOSE(A4,"일요일","월요일","화요일","수요일","목요일","금요일","토요일")'를 입력한다.

> **TIP** 함수마법사를 이용할 경우 CHOOSE 함수 창에서 인수를 입력하는 공간이 부족하면, [Tab]키를 눌러 입력란을 추가한다.

❷ [E13]셀까지 채우기 핸들드래그로 수식을 복사하여 'D-No.'의 인덱스 번호 순서대로 요일을 완성한다.

STEP 2 장르 구하기

'제품코드'의 오른쪽 글자가 1이면, '에세이', 2이면 '로맨스', 3이면 '공포/스릴러'로 나타내어 보자.

❶ [D4]셀을 클릭하고 '=CHOOSE(RIGHT(B4,1),"에세이","로맨스","공포/스릴러")'를 입력한다.

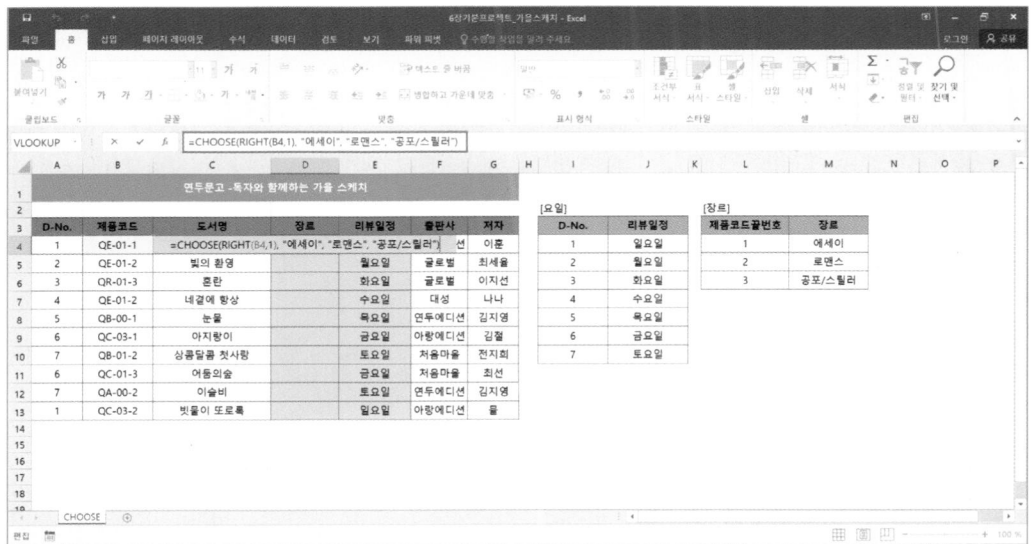

❷ [D13]셀까지 채우기 핸들드래그로 수식을 복사하여 '장르'를 완성한다.

| D4 | | | × | ✓ | *fx* | =CHOOSE(RIGHT(B4,1), "에세이", "로맨스", "공포/스릴러") | | | | | | | |

	A	B	C	D	E	F	G	H	I	J	K	L	M	N
1			연두문고 -독자와 함께하는 가을 스케치						[요일]			[장르]		
2														
3	D-No.	제품코드	도서명	장르	리뷰일정	출판사	저자		D-No.	리뷰일정		제품코드끝번호	장르	
4	1	QE-01-1	하늘을 향해 쏴라	에세이	일요일	연두에디션	이훈		1	일요일		1	에세이	
5	2	QE-01-2	빛의 환영	로맨스	월요일	글로벌	최세율		2	월요일		2	로맨스	
6	3	QR-01-3	혼란	공포/스릴러	화요일	글로벌	이지선		3	화요일		3	공포/스릴러	
7	4	QE-01-2	네곁에 항상	로맨스	수요일	대성	나나		4	수요일				
8	5	QB-00-1	눈물	에세이	목요일	연두에디션	김지영		5	목요일				
9	6	QC-03-1	아지랑이	에세이	금요일	아랑에디션	김철		6	금요일				
10	7	QB-01-2	상콤달콤 첫사랑	로맨스	토요일	처음마을	전지회		7	토요일				
11	6	QC-01-3	어둠의숲	공포/스릴러	금요일	처음마을	최선							
12	7	QA-00-2	이슬비	로맨스	토요일	연두에디션	김지영							
13	1	QC-03-2	빗물이 또로록	로맨스	일요일	아랑에디션	물							
14														

응용 프로젝트 **사원명단 관리하기**

'6장응용프로젝트_사원명단.xlsx' 파일을 이용하여 문서를 완성해보자.

사번	사원명	부서명	성별	인사평점	입사일	근무년수
A9503071	김기수	인사팀	여자	90	2000-03-07	19
A9605072	한아름	인사팀	여자	80	2005-01-01	14
C0507114	강사랑	홍보팀	여자	96	2005-07-11	14
B9407051	이정현	총무팀	남자	80	2006-07-03	13
B0709303	이정희	총무팀	남자	96	2007-09-30	12
C1105074	손희정	홍보팀	여자	70	2011-05-07	8
B9709011	양정모	총무팀	남자	86	2008-04-02	11
A9608301	박태순	인사팀	여자	80	2015-11-01	4
C0302014	민수	홍보팀	여자	92	2013-02-01	6
C9905072	민지선	홍보팀	여자	80	2008-05-07	11
C1003012	이현희	홍보팀	여자	75	2015-03-01	4

〈결과 화면〉

(STEP 1) 근무년 수 구하기

'게시일'[H2]과 '입사일'을 기준으로 '근무년수'를 구해보자.

❶ [H4]셀을 클릭하고 '=YEAR($H$2)−YEAR(G4)'를 입력한다. '게시일'[H2]은 절대참조로 고정시켜야 한다.

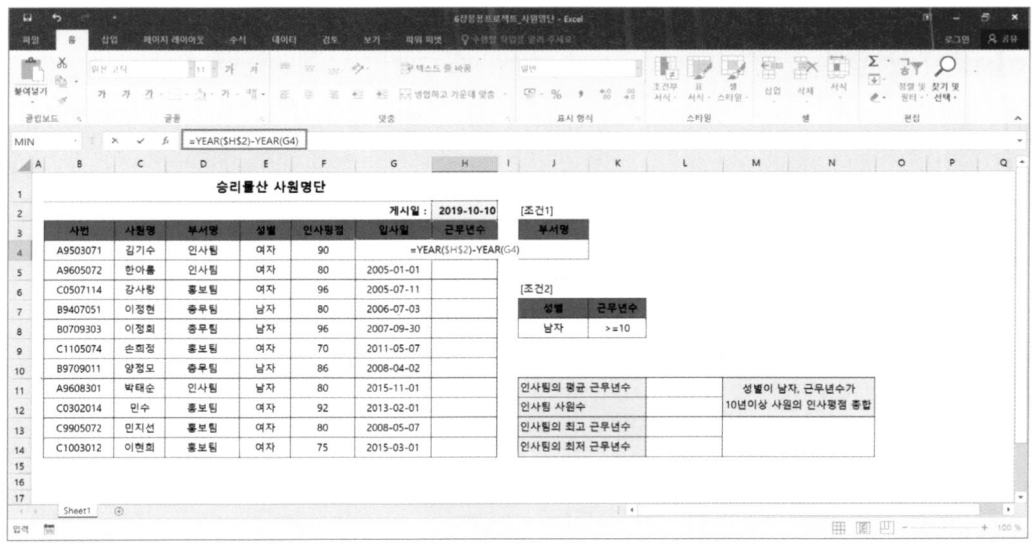

❷ [H14]셀까지 채우기 핸들을 드래그하여 '근무년수'를 완성한다.

	A	B	C	D	E	F	G	H	I
H4			fx	=YEAR($H$2)-YEAR(G4)					
1		승리물산 사원명단							
2							게시일 :	2019-10-10	
3		사번	사원명	부서명	성별	인사평점	입사일	근무년수	
4		A9503071	김기수	인사팀	여자	90	2000-03-07	19	
5		A9605072	한아름	인사팀	여자	80	2005-01-01	14	
6		C0507114	강사랑	홍보팀	여자	96	2005-07-11	14	
7		B9407051	이정현	총무팀	남자	80	2006-07-03	13	
8		B0709303	이정희	총무팀	남자	96	2007-09-30	12	
9		C1105074	손희정	홍보팀	여자	70	2011-05-07	8	
10		B9709011	양정모	총무팀	남자	86	2008-04-02	11	
11		A9608301	박태순	인사팀	남자	80	2015-11-01	4	
12		C0302014	민수	홍보팀	여자	92	2013-02-01	6	
13		C9905072	민지선	홍보팀	여자	80	2008-05-07	11	
14		C1003012	이현희	홍보팀	여자	75	2015-03-01	4	
15									

STEP 2 DAVERAGE(): 평균 구하기

❶ [L11]셀을 클릭하고 수식 입력 줄의 [함수삽입]버튼을 클릭한다. 함수마법사 창에서
[범주]-[데이터베이스]-[DAVERAGE]를 선택한다.

❷ [Database]에 [B3:H14]지정하고, [Field]에는 근무년수의 열 번호인 '7'를 입력한다.

❸ [Criteria]에는 [J3:J4]를 지정하여 '부서명'-'인사팀' 검색 조건을 지정한다.

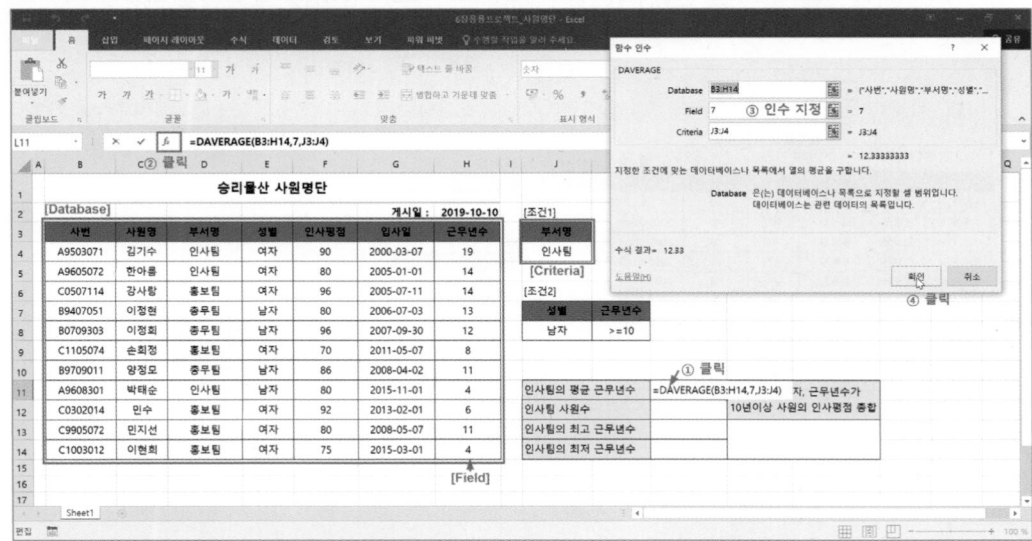

❹ 인사팀의 평균 근무년 수가 계산된다. [셀서식]-[숫자]-[소수 자리수]를 '2'로 체크하여 소수 둘째자리까지 나타낸다.

STEP 3 DCOUNTA(): 인원 수 구하기

'사원명'이 있는 셀의 수를 세어 '인사팀'의 사원 수를 구하여보자.

❶ [L12]셀을 클릭하고 수식 입력줄의 [함수삽입]버튼을 클릭한다. 함수마법사 창에서 [범주]-[데이터베이스]-[DCOUNTA]을 선택한다.

❷ [Database]에 [B3:H14], [Field]에는 '2', [J3:J4]를 입력하면 '인사팀'의 사원수가 계산된다.

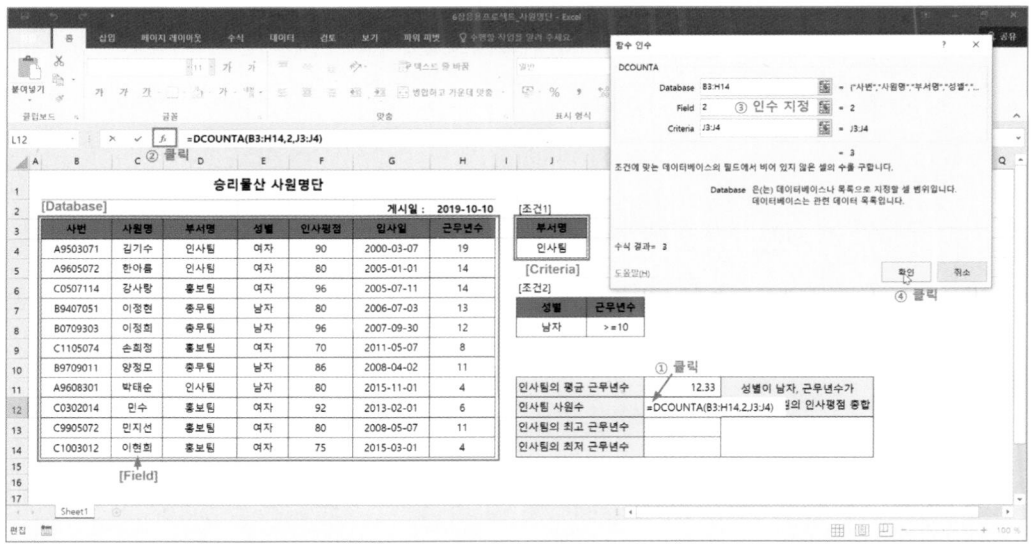

STEP 4 DMAX(), DMIN(): 최대값, 최소값 구하기

인사팀의 최고 근무년수와 최저 근무년수를 구하여보자.

❶ [L13]셀을 클릭하고 수식 입력줄의 [함수삽입]버튼을 클릭한다. 함수마법사 창에서 [범주]-[데이터베이스]-[DMAX]을 선택한다.

❷ [Database]에 [B3:H14], [Field]에는 '7', [J3:J4]를 입력한다. 인사팀의 근무년 수 중 최고값이 계산된다.

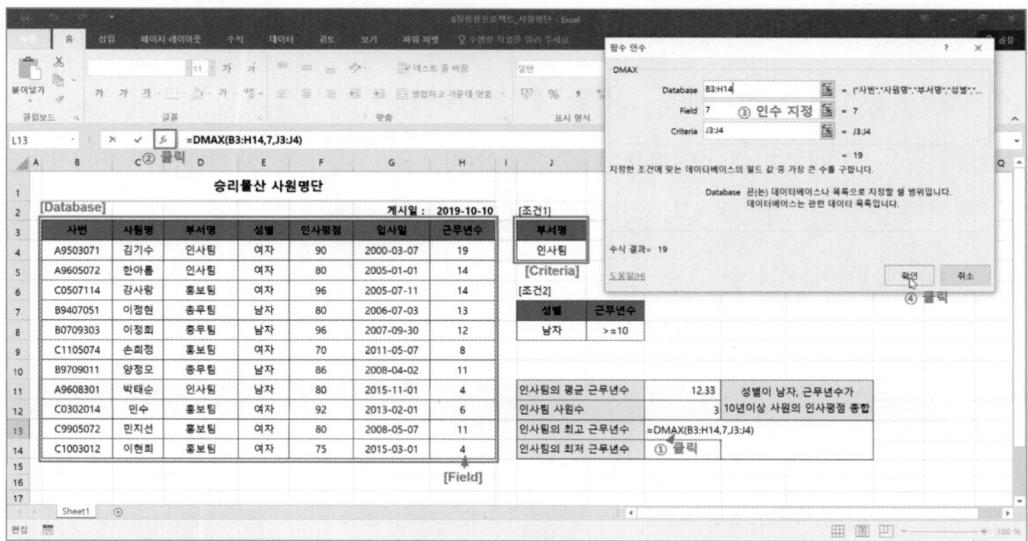

❸ 최소 근무년수는 DMIN() 함수를 호출한다.

❹ [Database]에 [B3:H14], [Field]에는 '7', [J3:J4]를 입력하여, 인사팀의 근무년 수 중 최소값이 계산된다.

STEP 5 DSUM(): 합계 구하기

'성별'이 '남자', '근무년수'가 '10'년 이상인 사원의 '인사평점' 총합을 구해보자.

❶ [M13]셀을 클릭하고 수식 입력줄의 [함수삽입]버튼을 클릭한다. 함수마법사 창에서 [범주]-[데이터베이스]-[DSUM]을 선택한다.

❷ [Database]에 데이터베이스 범위인 [B3:H14], [Field]에는 '5'를 입력한다.

❸ [Criteria]에는 [J7:K8]를 입력한다. '남자', '근무년수'가 '10'년 이상인 '인사평점'의
총합이 계산된다.

> **TIP** 데이터베이스 함수에서 조건을 지정할 때 조건이 같은 행에 위치하면 AND, 서로 다른 행에 위치하면
> OR의 의미를 가진다.

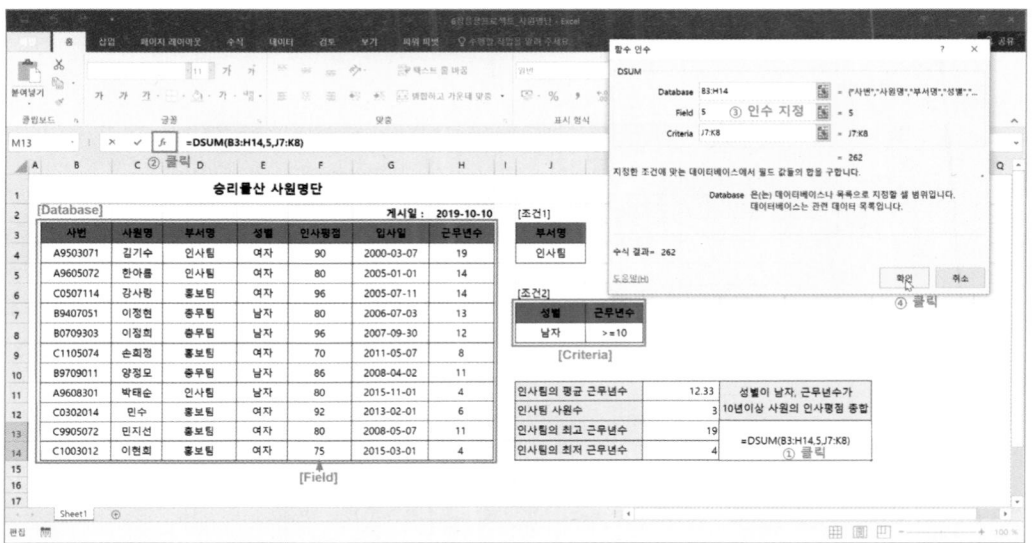

심화 프로젝트   **대출약정서만들기**

'6장심화프로젝트_대출약정서.xlsx' 파일을 이용하여 문서를 완성해보자.

	A	B	C	D	E
1	기쁨 은행 대출 약정서				
2					
3	계약년도	대출만기일	기간(년)	대출금	이율
4	2019-01-01	2029-01-01	10	100,000,000	5.20%
5	회수	이자	원금	상환액	
6	1	-₩433,333	-₩637,125	-₩1,070,458	
7	2	-₩430,572	-₩639,885	-₩1,070,458	
8	3	-₩427,800	-₩642,658	-₩1,070,458	
9	4	-₩425,015	-₩645,443	-₩1,070,458	
10	5	-₩422,218	-₩648,240	-₩1,070,458	
11	6	-₩419,409	-₩651,049	-₩1,070,458	
12	7	-₩416,588	-₩653,870	-₩1,070,458	
13	8	-₩413,754	-₩656,704	-₩1,070,458	
14	9	-₩410,908	-₩659,549	-₩1,070,458	
15	10	-₩408,050	-₩662,408	-₩1,070,458	
16	11	-₩405,180	-₩665,278	-₩1,070,458	
17	12	-₩402,297	-₩668,161	-₩1,070,458	
18	13	-₩399,402	-₩671,056	-₩1,070,458	
19	14	-₩396,494	-₩673,964	-₩1,070,458	
20	15	-₩393,573	-₩676,885	-₩1,070,458	
21	16	-₩390,640	-₩679,818	-₩1,070,458	
22	17	-₩387,694	-₩682,764	-₩1,070,458	
23	18	-₩384,736	-₩685,722	-₩1,070,458	
24	19	-₩381,764	-₩688,694	-₩1,070,458	
25	20	-₩378,780	-₩691,678	-₩1,070,458	
26	21	-₩375,783	-₩694,675	-₩1,070,458	
27	22	-₩372,772	-₩697,686	-₩1,070,458	
28	23	-₩369,749	-₩700,709	-₩1,070,458	
29	24	-₩366,713	-₩703,745	-₩1,070,458	
30	합계	-₩9,613,224	-₩16,077,766	-₩25,690,990	

〈결과 화면〉

STEP 1 월 이자액 구하기

1억을 연 이율 5.2%로 대출하였을 때, 대출금을 10년 동안 균등 상환 시 매월 납부하는 이자가 얼마인지 알아보자.

❶ [B6]셀을 클릭하고 [수식] – [함수 라이브러리] – [재무]그룹 – [IPMT]를 선택한다.

❷ [IPMT] 함수 창에 다음과 같이 입력한다.

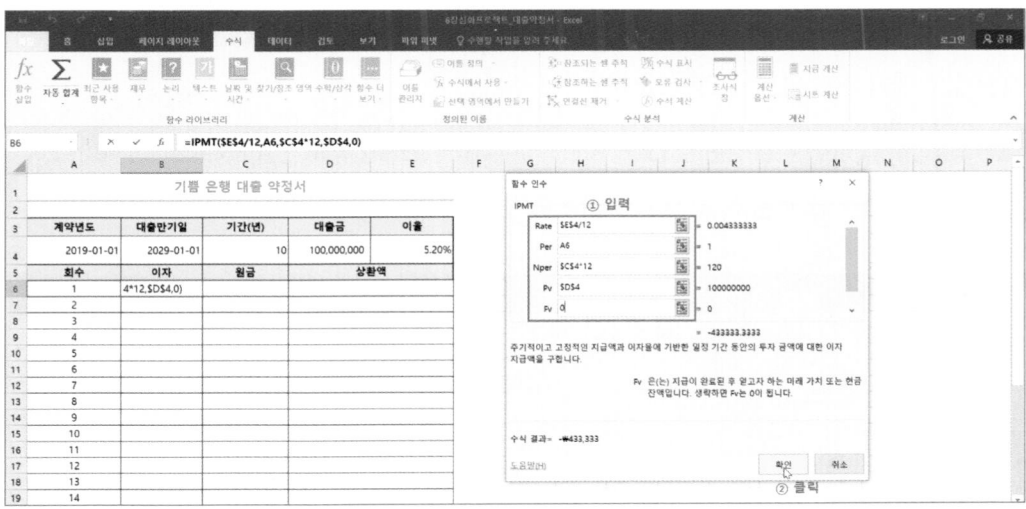

(1) [Rate] : '$E$4/12' 입력, 월 이율을 구한다.
(2) [Per] : 'A6' 입력, 이자를 납부할 회차 (개월 수)
(3) [Nper] : '$C$4*12' 입력, 납입 개월수
(4) [Pv] : '$D$4' 입력, 총 상환 금액
(5) [Fv] : 생략 또는 '0'

❸ [B29]셀까지 채우기 핸들 드래그로 수식을 복사하여 이자를 완성한다.

STEP 2 월 원금 상환액 계산하기

매월 상환해야하는 원금이 얼마인지 알아보자.

❶ [C6]셀을 클릭하고 [수식] – [함수 라이브러리] – [재무]그룹 – [PPMT]를 선택한다.

❷ [PPMT] 함수 창에 다음과 같이 입력한다.

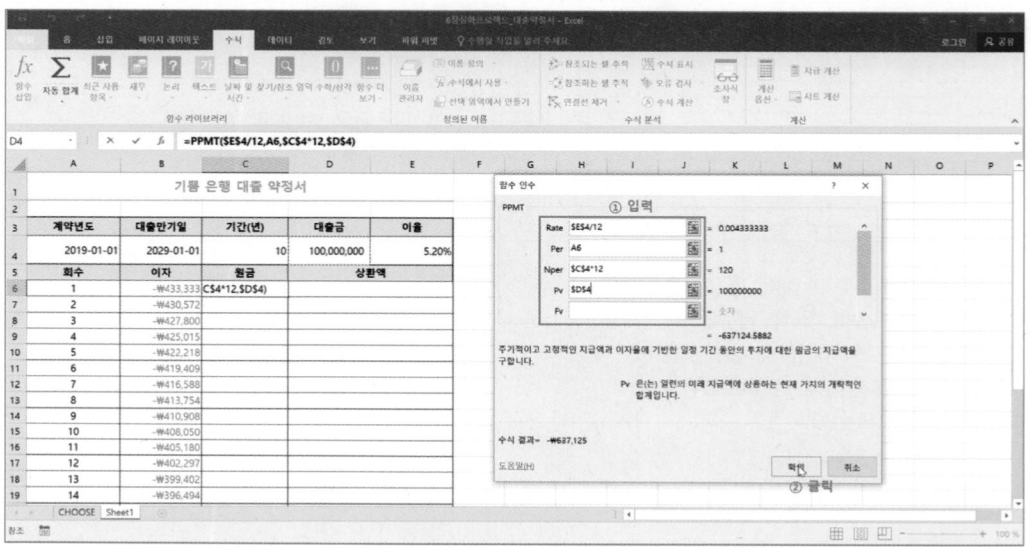

(1) [Rate] : '$E$4/12' 입력, 월 이율을 구한다.
(2) [Per] : 'A6' 입력, 원금을 납부할 회차(개월 수)
(3) [Nper] : ''$C$4*12' 입력, 납입 개월수
(4) [Pv] : '$D$4' 입력, 총 상환 금액.
(5) [Fv] : 생략 또는 '0'

❸ [C29]까지 채우기 핸들을 드래그하여 원금을 완성한다.

C6				f_x	=PPMT($E$4/12,A6,$C$4*12,$D$4)			

	A	B	C	D	E	F
1			기쁨 은행 대출 약정서			
2						
3	계약년도	대출만기일	기간(년)	대출금	이율	
4	2019-01-01	2029-01-01	10	100,000,000	5.20%	
5	회수	이자	원금	상환액		
6	1	-₩433,333	-₩637,125			
7	2	-₩430,572	-₩639,885			
8	3	-₩427,800	-₩642,658			
9	4	-₩425,015	-₩645,443			
10	5	-₩422,218	-₩648,240			
11	6	-₩419,409	-₩651,049			
12	7	-₩416,588	-₩653,870			

(STEP 3) 월 상환액 구하기

❶ [D6]셀을 클릭하고 '=SUM(B6:C6)'을 입력한다.

❷ [D29]까지 채우기 핸들을 드래그하여 상환액을 완성한다.

D6			×	✓	f_x	=SUM(B6:C6)		

	A	B	C	D	E	F
1			기쁨 은행 대출 약정서			
2						
3	계약년도	대출만기일	기간(년)	대출금	이율	
4	2019-01-01	2029-01-01	10	100,000,000	5.20%	
5	회수	이자	원금	상환액		
6	1	-₩433,333	-₩637,125	=SUM(B6:C6)		
7	2	-₩430,572	-₩639,885			
8	3	-₩427,800	-₩642,658			
9	4	-₩425,015	-₩645,443			
10	5	-₩422,218	-₩648,240			
11	6	-₩419,409	-₩651,049			
12	7	-₩416,588	-₩653,870			

D6			×	✓	f_x	=SUM(B6:C6)		

	A	B	C	D	E	F
1			기쁨 은행 대출 약정서			
2						
3	계약년도	대출만기일	기간(년)	대출금	이율	
4	2019-01-01	2029-01-01	10	100,000,000	5.20%	
5	회수	이자	원금	상환액		
6	1	-₩433,333	-₩637,125	-₩1,070,458		
7	2	-₩430,572	-₩639,885	-₩1,070,458		
8	3	-₩427,800	-₩642,658	-₩1,070,458		
9	4	-₩425,015	-₩645,443	-₩1,070,458		
10	5	-₩422,218	-₩648,240	-₩1,070,458		
11	6	-₩419,409	-₩651,049	-₩1,070,458		
12	7	-₩416,588	-₩653,870	-₩1,070,458		

(1) 찾기/참조 함수

지정한 범위 영역 안에서 값을 검색하여 원하는 정보를 반환하는 함수이다. 자주 사용하는 함수로 VLOOKUP(), HLOOKUP(), CHOOSE() 함수가 있다.

(2) 재무함수

재무함수는 투자액의 미래가치, 이자율, 감가상각액 등과 같이 자산을 관리하는데 필요한 함수이다. 자주 사용하는 함수로 FV(), PMT(), IPMT(), PPMT() 가 있다.

(3) 데이터베이스 함수

데이터베이스 목록에서 각 필드의 조건을 만족하는 값을 분석하고, 계산하는 함수이다. 데이터베이스 함수를 사용할 때는 미리 제목필드와 조건을 입력하여 사용한다. 자주 사용하는 함수로 DMAX(), DMIN(), DSUM(), DAVERAGE(), DCOUNT(), DCOUNTA()가 있다.

기본실습문제

■ 고객 포인트 행사

'6장기본실습_사은품.xlsx' 파일을 다음의 조건대로 계산하시오

고객번호	고객명	분류	기본포인트	구매금액	실적포인트	총포인트	사은품	순위		총포인트	사은품
m032001	김나라	신규	5000	1,850,000						0	티슈
m032005	이성수	신규	5000	9,820,000						10000	물티슈
m032011	정회연	신규	5000	12,150,000						50000	컵라면 1BOX
m032292	김지윤	신규	5000	1,250,000						100000	휴지 1BOX
m032055	권회수	신규	5000	81,400,000						150000	쌀 20KG
m032089	강회찬	신규	5000	2,200,000						300000	라디오
m032001	김나라	우수	10000	22,800,000						500000	상품권 50만원
m032005	이성수	우수	10000	2,250,000							
m032011	윤여진	우수	10000	61,908,000						신규회원 실적포인트 합	
m03492	김지윤	우수	10000	3,860,000							
m032055	권회수	우수	10000	57,650,000						신규회원수	
m032089	이지나	우수	10000	32,950,000							
m032079	김원회	일반	2000	8,755,000							
m034603	성유장	일반	2000	21,950,000							
m036603	성유리	일반	2000	9,950,000							
m033303	이진주	일반	2000	51,350,000							
	합계			₩ 382,093,000	-	-					

〈원본〉

고객번호	고객명	분류	기본포인트	구매금액	실적포인트	총포인트	사은품	순위		총포인트	사은품
m032001	김나라	신규	5000	1,850,000	92,500	97,500	컵라면 1BOX			0	티슈
m032005	이성수	신규	5000	9,820,000	491,000	496,000	라디오			10000	물티슈
m032011	정회연	신규	5000	12,150,000	607,500	612,500	상품권 50만원			50000	컵라면 1BOX
m032292	김지윤	신규	5000	1,250,000	62,500	67,500	컵라면 1BOX			100000	휴지 1BOX
m032055	권회수	신규	5000	81,400,000	4,070,000	4,075,000	상품권 50만원	최우수회원		150000	쌀 20KG
m032089	강회찬	신규	5000	2,200,000	110,000	115,000	휴지 1BOX			300000	라디오
m032001	김나라	우수	10000	22,800,000	1,140,000	1,150,000	상품권 50만원			500000	상품권 50만원
m032005	이성수	우수	10000	2,250,000	112,500	122,500	휴지 1BOX				
m032011	윤여진	우수	10000	61,908,000	3,095,400	3,105,400	상품권 50만원	우수회원		신규회원 실적포인트 합	5,433,500
m03492	김지윤	우수	10000	3,860,000	193,000	203,000	쌀 20KG				
m032055	권회수	우수	10000	57,650,000	2,882,500	2,892,500	상품권 50만원	감사회원		신규회원수	6
m032089	이지나	우수	10000	32,950,000	1,647,500	1,657,500	상품권 50만원				
m032079	김원회	일반	2000	8,755,000	437,750	439,750	라디오				
m034603	성유장	일반	2000	21,950,000	1,097,500	1,099,500	상품권 50만원				
m036603	성유리	일반	2000	9,950,000	497,500	499,500	라디오				
m033303	이진주	일반	2000	51,350,000	2,567,500	2,569,500	상품권 50만원				
	합계			₩ 382,093,000	19,104,650	19,202,650					

〈완성〉

1. 실적 포인트는 '구매금액'×'고객분류 비율'로 계산하시오. '고객분류 비율'은 신규가 5%, 우수는 7%, 일반은 3%이다.

   - IF()함수 사용

2. 총포인트는 '기본포인트+실적포인트'로 계산하시오

3. 총포인트를 기준으로 사은품의 '품목'을 결정하시오.

   - VLOOKUP() 함수 사용

4. 총 포인트의 순위를 구하고, 1위는 '최우수회원', 2위는 '최고회원', 3위는 '감사회원', 나머지는 공백으로 나타내시오.

   - RANK.EQ(), IF() 함수 사용

5. 쌍용마트의 '신규회원'의 '실적포인트의 합계'를 계산하시오.

   - SUMIF() 함수 사용

6. 쌍용마트의 '신규회원의 수'를 구하시오.

   - COUNTIF() 함수 사용

■ 대출 고객 관리하기

'6장응용실습_대출관리.xlsx' 파일을 다음의 조건대로 계산하시오.

	A	B	C	D	E	F	G	H	I	J	K	L	M
2				사랑은행 대출관리명단						[대출금리]			
3													
4	ID	고객명	직업	대출종류	금리	대출개월수	대출금	월 상환액		대출종류	주택담보대출	사업자대출	신용대출
5	A9503071	김기수	교수			24	30,000,000			금리	3%	5%	6%
6	A9605072	한아름	회사원			36	28,000,000						
7	C0507114	강사랑	회사원			24	15,000,000						
8	B9407051	이정현	회사원			24	30,000,000						
9	B0709303	이정희	사업			36	50,000,000						
10	C1105074	손희정	사업			60	100,000,000						
11	B9709011	양정모	부동산			36	20,000,000						
12	A9608301	박태순	사업			60	200,000,000						
13	C0302014	민수	사업			30	18,000,000						
14	C9905072	민지선	부동산			30	15,000,000						
15	C1003012	이현희	부동산			48	42,000,000						

〈원본〉

	A	B	C	D	E	F	G	H	I	J	K	L	M
2				사랑은행 대출관리명단						[대출금리]			
3													
4	ID	고객명	직업	대출종류	금리	대출개월수	대출금	월 상환액		대출종류	주택담보대출	사업자대출	신용대출
5	A9503071	김기수	교수	주택담보대출	3%	24	30,000,000	-₩1,289,436		금리	3%	5%	6%
6	A9605072	한아름	회사원	주택담보대출	3%	36	28,000,000	-₩814,274					
7	C0507114	강사랑	회사원	신용대출	6%	24	15,000,000	-₩664,809					
8	B9407051	이정현	회사원	사업자대출	5%	24	30,000,000	-₩1,316,142					
9	B0709303	이정희	사업	사업자대출	5%	36	50,000,000	-₩1,498,545					
10	C1105074	손희정	사업	신용대출	6%	60	100,000,000	-₩1,933,280					
11	B9709011	양정모	부동산	사업자대출	5%	36	20,000,000	-₩599,418					
12	A9608301	박태순	사업	주택담보대출	3%	60	200,000,000	-₩3,593,738					
13	C0302014	민수	사업	신용대출	6%	30	18,000,000	-₩647,621					
14	C9905072	민지선	부동산	신용대출	6%	30	15,000,000	-₩539,684					
15	C1003012	이현희	부동산	신용대출	6%	48	42,000,000	-₩986,371					

〈완성〉

1. ID가 'A'로 시작하면 '주택담보대출', 'B'로 시작하면 '사업자대출' 나머지는 '신용대출'로 표시하시오.

   • IF(), LEFT() 함수 사용

2. [대출금리]표를 이용하여 대출 종류에 따른 금리를 구하시오.

   • HLOOKUP() 함수 사용

3. 각 고객의 대출금에 대한 월상환액을 계산하시오.

   • PMT() 함수 사용

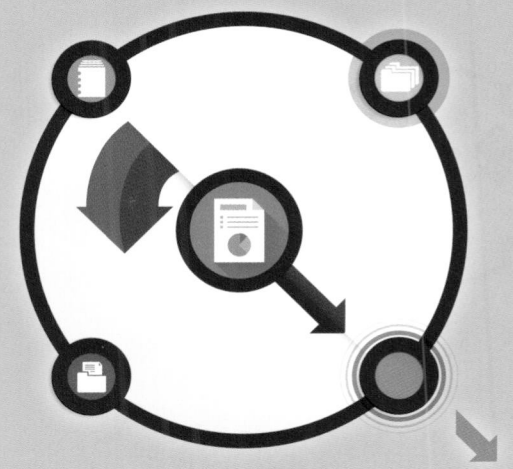

차트

C H A P T E R 7

학습목표

- 차트의 종류와 구성요소에 대해 알아보자.

- 차트를 삽입하고, 구성요소를 편집하는 다양한 기능을 알아보자.

- 스파크라인 차트에 대해 알아보자.

7.1 차트 알아보기

7.1.1 차트

1 차트란

차트란 수치 데이터를 한눈에 보기 쉽게 나타낸 그래프나 다이어그램을 말한다. 시각적인 효과를 제공하여 직관적인 데이터 분석이 가능하게 해주므로 보고서나 문서 작성 시에 유용하게 쓰인다.

2 차트 종류

차트의 종류에는 세로 막대형, 꺾은선형, 원형, 가로 막대형, 영역형, 분산형, 주식형, 표면형, 방사형, 콤보 차트 등이 있다. 엑셀 2016에서는 트리맵, 선버스트, 히스토그램, 상자 수염 그림, 폭포 등의 새로운 차트가 추가되었다. 주어진 데이터로부터 표현하고자 하는 용도에 적합한 차트 종류를 선택해야 한다. 각 차트의 특징은 아래 표와 같다.

차트 종류	차트 설명	
세로 막대형	데이터의 변동 추이나 항목별 비교를 나타내는 데 적합하다.	
꺾은선형	연속적인 변동 과정을 표현할 수 있어서 시간에 따른 데이터의 추세를 나타내는 데 적합하다.	
원형	한 열이나 한 행에만 적용 가능하며, 전체 대비 각 데이터의 비율을 표현하고자 할 때 사용한다.	

차트 종류	차트 설명	
가로 막대형	표현할 데이터가 기간이나 진행률을 나타내는 경우, 또는 축 레이블이 긴 경우에 사용한다.	
영역형	데이터의 추세를 나타낼 때 변동의 크기를 강조하는 용도로 사용한다.	
분산형	좌표 위치(X, Y)에 점 또는 거품을 표시하여 데이터의 분포 상태를 나타내고자 할 때 사용한다.	
주식형	주가의 흐름을 파악하고자 할 때 사용한다.	
표면형	두 데이터 집합 간의 최적 조합을 찾고자 할 때 사용한다.	
방사형	여러 데이터 계열의 집계 값을 비교할 때 사용한다.	
트리맵	데이터 값을 직사각형 영역으로 표시하며 계층 구조 내에서 상대적인 비율을 나타내기에 적합하다.	

차트 종류	차트 설명	
선버스트	계층 구조 데이터를 동심 원형의 고리로 표시하며 계층 구조의 각 수준을 나타내기에 적합하다.	
히스토그램	빈도 데이터를 보여주는 세로 막대형 차트이다.	
상자 수염 그림	데이터 분포를 사분위수로 나타내며 평균 및 이상 값을 강조하여 표시한다.	
폭포	일련의 양수 및 음수의 누적효과를 나타낸다. 순차적인 값의 누적 효과를 표시하는데 사용한다.	
콤보	데이터 계열 별로 값의 범위의 편차가 크거나 여러 종류의 데이터가 혼합되어 있는 경우 특정 데이터를 강조하고자 할 때 사용한다.	

7.1.2 차트 편집 메뉴와 구성 요소

1 차트 편집 메뉴

차트를 삽입하면 차트를 편집할 수 있는 [차트 도구]-[디자인]/[서식] 메뉴가 나타난다. 차트 편집을 위한 디자인 메뉴에 대해 살펴보자.

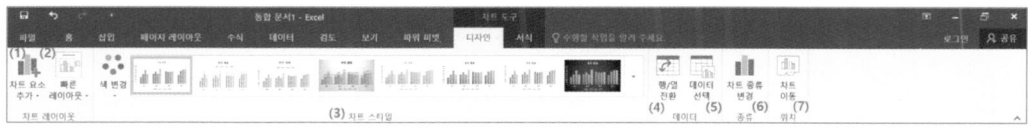

(1)   차트 요소 추가 : 제목, 범례, 눈금선, 데이터 레이블과 같은 차트 요소를 추가, 제거 또는 변경한다.
(2)   빠른 레이아웃 : 미리 정의된 레이아웃을 사용하여 빠르게 서식을 지정한다.
(3)   차트 스타일 : 미리 정의된 색과 스타일을 빠르게 설정한다.
(4)   행/열 전환 : 데이터의 가로축과 세로축을 서로 바꾼다.
(5)   데이터 선택 : 차트에 포함된 데이터 범위를 변경한다.
(6)   차트 종류 변경 : 다른 종류의 차트로 변경한다.
(7)   차트 이동 : 다른 시트로 차트를 이동한다.

2 차트 구성 요소

차트를 편집하기 위해 알아야 할 차트 구성 요소에 대해 살펴보자.

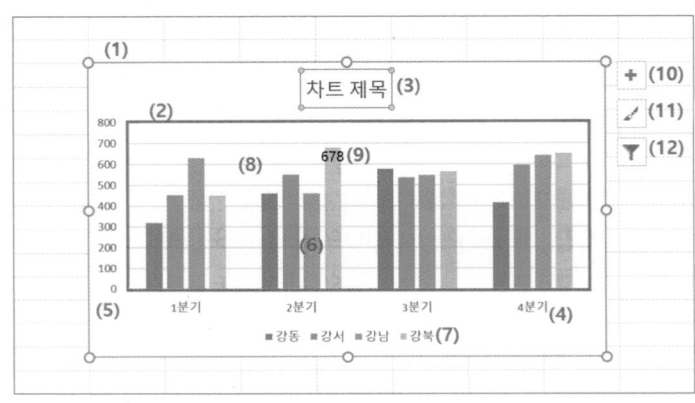

(1)   차트 영역 : 차트의 전체 영역으로 모든 구성요소를 포함한다.
(2)   그림 영역 : 데이터 계열 값이 그래프로 표시되는 영역이다.
(3)   차트 제목 : 차트의 제목을 나타낸다.
(4)   가로(항목) 축 : 데이터 계열 값의 기준이 되는 경계선으로 가로 축은 항목을 나타낸다.
(5)   세로(값) 축 : 데이터 계열 값의 기준이 되는 경계선으로 세로 축은 값을 나타낸다.
(6)   데이터 계열 : 데이터 값을 차트에 표시한 부분으로 막대, 점, 선 등으로 나타낸다.
(7)   범례 : 데이터 계열을 구분하기 위해 각 데이터 계열의 이름과 표식을 나열한 상자이다.
(8)   눈금선 : 데이터 값의 크기를 쉽게 구분할 수 있도록 가로 또는 세로 방향으로 표시한 선이다.
(9)   데이터 레이블 : 차트 안에 데이터 값 또는 이름을 직접 표시한 것을 말한다.
(10) 차트 요소 : 축 제목, 차트 제목, 범례 등의 차트 요소를 선택하여 나타낼 수 있다.
(11) 차트 스타일 : 차트에 대한 스타일 및 색구성표를 설정한다.
(12) 차트 필터 : 계열이나 범주를 선택하여 나타낼 수 있다.

7.2 차트 만들기

7.2.1 차트 삽입

엑셀 2013 이후부터 제공하는 [추천 차트] 기능은 데이터의 특징에 따라 적합한 차트를 추천하여 편리하게 차트 삽입이 가능하다. 가장 많이 사용하는 차트로는 세로/가로 막대형 차트, 꺾은선형 차트, 원형 차트가 있다.

'7장예제_차트.xlsx' 파일을 이용하여 차트를 삽입해보자.

❶ [A2:F8]을 범위로 지정하고 [삽입]−[차트] 그룹−[추천 차트]를 클릭한다.

❷ [차트 삽입] 창에서 [누적 가로 막대형]을 선택한다.

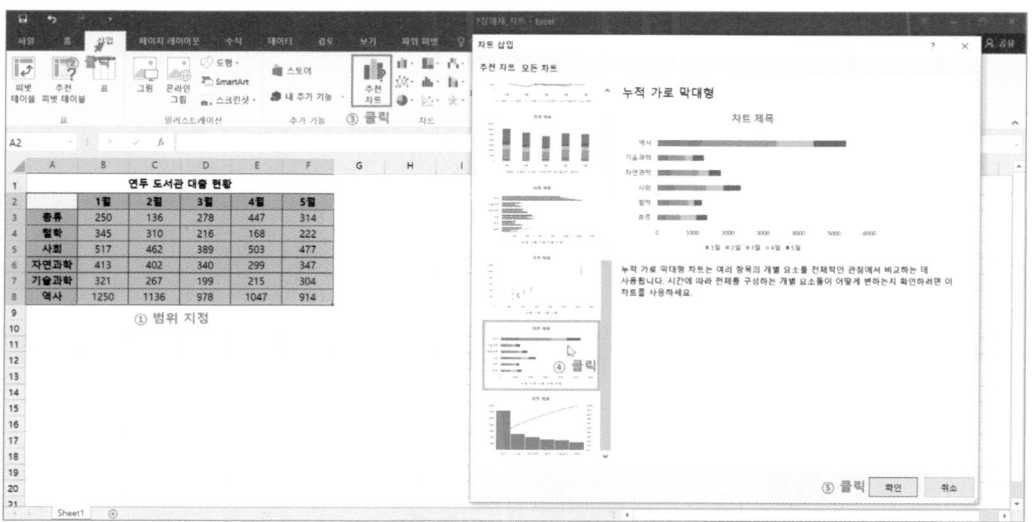

❸ [누적 가로 막대형] 차트가 삽입된다.

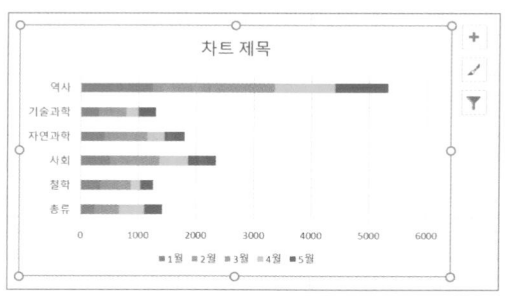

7.2.2 차트 변경

이미 삽입한 차트에 대해서 차트 종류를 변경할 수 있고, 데이터 계열 일부에 대해서만 차트 종류 변경도 가능하다. 위에서 삽입한 차트를 다음과 같이 편집하여 보자.

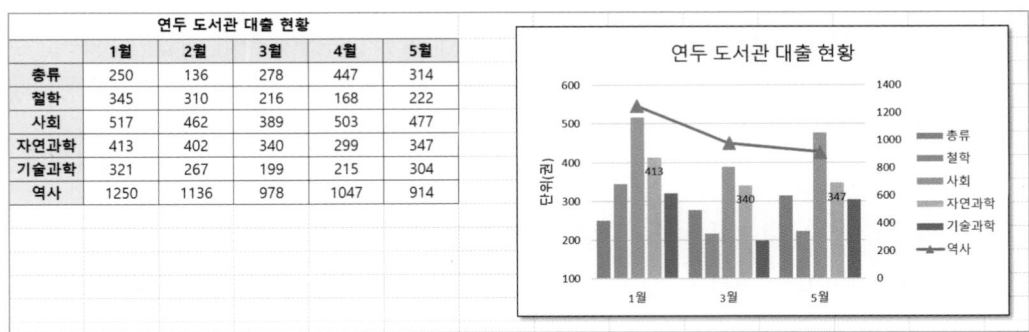

연두 도서관 대출 현황					
	1월	2월	3월	4월	5월
총류	250	136	278	447	314
철학	345	310	216	168	222
사회	517	462	389	503	477
자연과학	413	402	340	299	347
기술과학	321	267	199	215	304
역사	1250	1136	978	1047	914

〈결과 화면〉

1 차트 종류 변경하기

차트를 [묶은 세로 막대형]으로 변경해보자.

❶ [차트 영역]을 선택하고 [차트 도구]–[디자인]–[종류] 그룹–[차트 종류 변경]을 클릭한다.

❷ [차트 종류 변경] 창에서 [세로 막대형]–[묶은 세로 막대형]을 선택하면 차트가 변경된다.

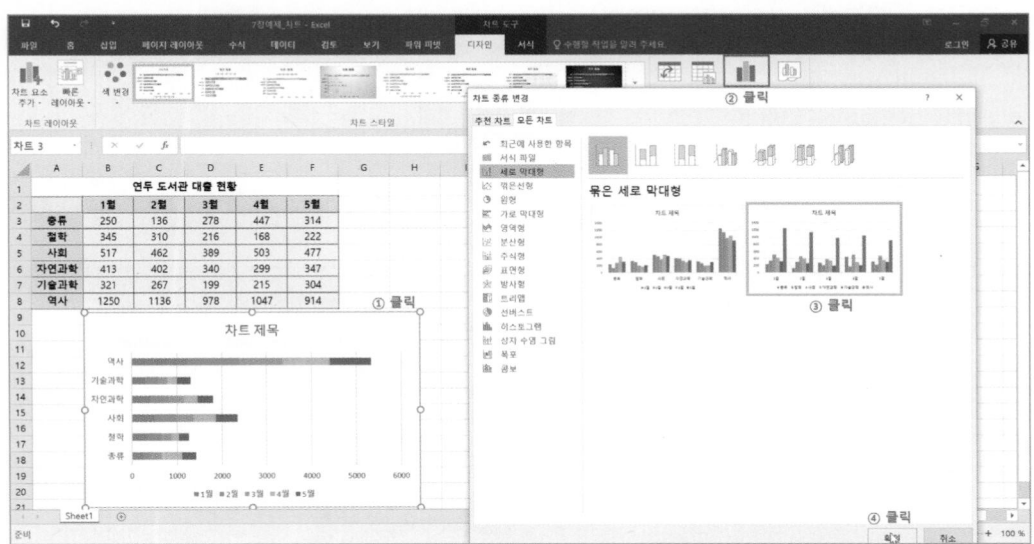

2 데이터 계열 일부만 차트 종류 변경하기

'역사' 데이터 계열만 [표식이 있는 꺾은선형]으로 차트 종류를 변경해보자. 데이터 일부에 대해서만 차트 종류를 변경하고자 할 때는 [콤보] 차트 기능을 이용한다.

❶ '역사' 데이터 계열을 클릭하여 선택한다. [차트 도구]–[디자인]–[종류] 그룹–[차트 종류 변경]을 선택한다.

❷ [차트 종류 변경] 창에서 '역사' 데이터 계열만 [표식이 있는 꺾은선형]을 선택하고, [보조 축]을 체크 한다.

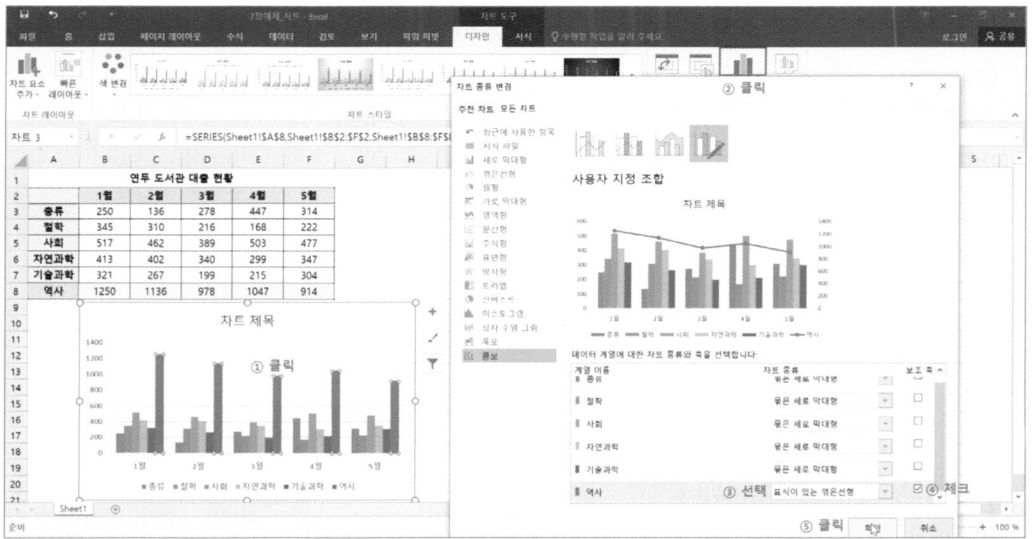

❸ '역사' 데이터 계열만 [표식이 있는 꺾은선형] 차트로 변경되며, [보조 축]이 설정된다.

> TIP　보조 축이란 데이터 계열 간의 값의 범위가 크게 차이 날 때, 차트의 오른쪽에 새로운 범위의 축을 추가하여 그래프를 명확히 표시하고자 할 때 사용한다.

3 데이터 범위 변경하기

이미 삽입한 차트에 대해 표시하고자 하는 데이터의 범위를 변경할 수 있다.

[차트 필터]를 이용하여 선택한 계열과 범주만 나타나도록 변경해보자.

❶ [차트 영역]을 선택하고 [차트 필터 ▼]를 클릭한다.

❷ [범주]를 '1월', '3월', '5월'만 선택한다. 선택한 범주에 해당하는 데이터만 차트로 나타난다.

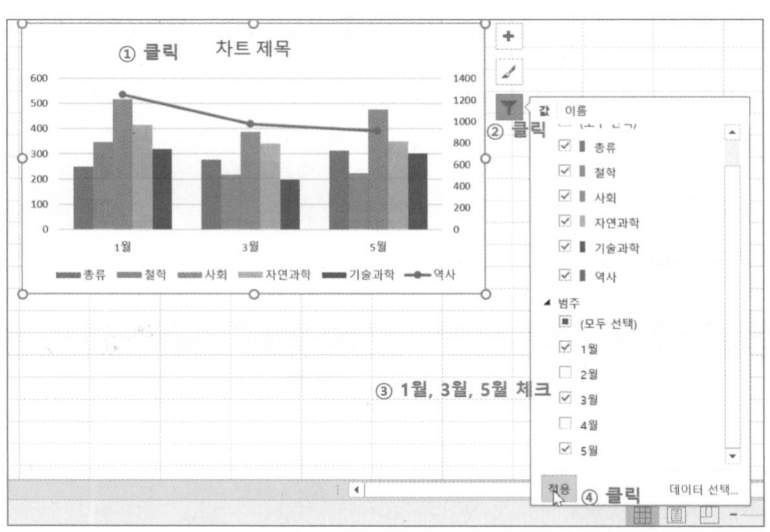

참고   **데이터 선택**

[데이터 원본 선택] 창에서는 차트에 사용되는 데이터 범위를 변경하거나 데이터 계열과 항목을 개별적으로 편집할 수 있다. 데이터 계열의 순서도 변경이 가능하며 숨겨진 셀이나 빈 셀의 표시 형식을 설정할 수 있다.

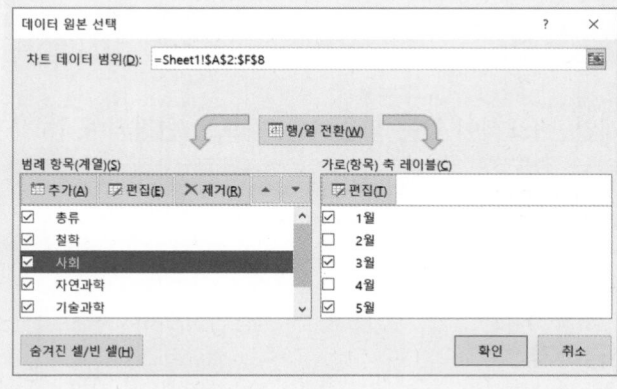

7.2.3 차트 편집

1 차트 레이아웃, 차트 제목, 축 제목 변경하기

빠른 레이아웃은 미리 정의된 차트의 서식이다. 빠른 레이아웃으로 차트를 꾸며보자.

❶ [차트 영역]을 선택하고 [차트 도구]–[디자인]–[차트 레이아웃] 그룹–[빠른 레이아웃]–[레이아웃 3]을 선택한다.

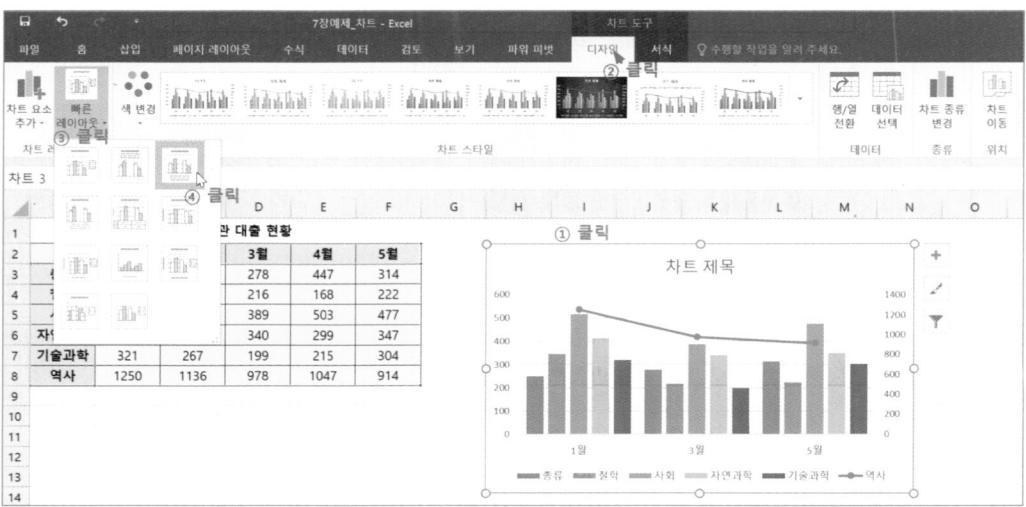

차트 제목과 축 제목을 입력하여 보자.

❷ [차트 제목]을 클릭하고 '연두 도서관 대출 현황'을 입력한다.

❸ [차트 영역]을 선택하고 [차트 요소 +]–[축 제목]–[기본 세로]를 선택한다.

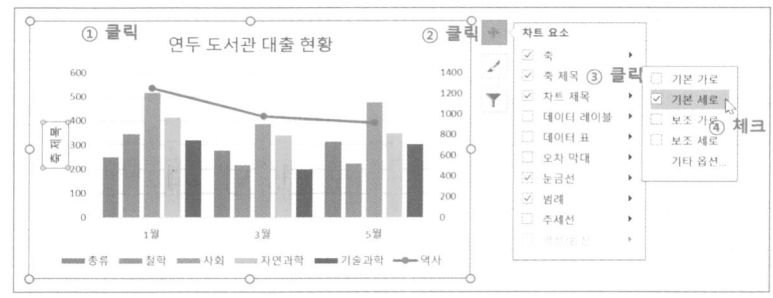

> **TIP** [차트 도구]–[디자인]–[차트 레이아웃] 그룹–[차트 요소 추가]–[축 제목]–[기본 세로]를 선택해도 결과는 같다.

❹ [축 제목]을 클릭하고 '단위(권)'을 입력한다.

2 데이터 레이블 표시하기

'자연과학' 계열에 데이터 레이블을 표시해보자.

❶ '자연과학' 데이터 계열을 한 번 클릭하면 데이터 계열이 모두 선택된다.

> TIP '자연과학' 데이터 계열을 두 번 클릭하면 해당 데이터 계열만 선택된다.

❷ [차트 요소 ➕]–[데이터 레이블]–[안쪽 끝에]를 클릭한다.

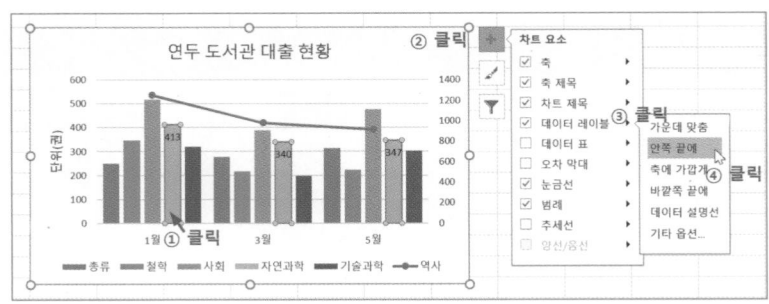

> TIP [차트 도구]–[디자인]–[차트 레이아웃] 그룹–[차트 요소 추가]–[데이터 레이블]–[안쪽 끝에]를 선택해
> 도 결과는 같다.

3 범례 위치 변경하기

범례를 오른쪽에 나타나도록 수정해보자.

❶ [차트 영역]을 선택하고 [차트 요소 ➕]–[범례]–[오른쪽]을 클릭한다. 범례가 오른쪽에
위치한다.

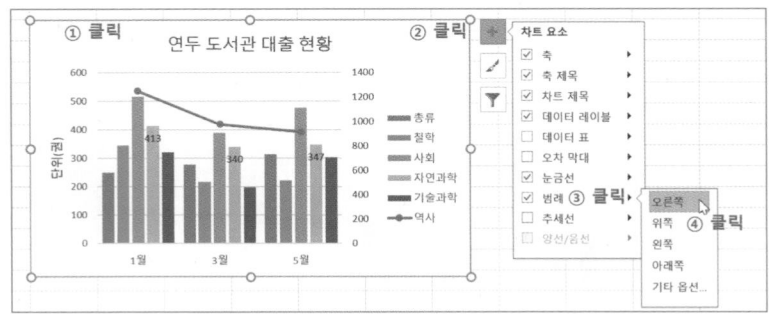

> TIP [차트 도구]–[디자인]–[차트 레이아웃] 그룹–[차트 요소 추가]–[범례]–[오른쪽]을 선택해도 결과는 같다.

4 **축 서식 편집하기**

차트가 삽입되면 데이터에 따라 축의 범위와 단위가 자동으로 표시된다. [축 서식] 창을 이용하면 축에 대한 다양한 편집이 가능하다.

축 서식을 이용하여 최소값을 100, 최대값을 600으로 변경해보자.

❶ 차트에서 [세로 (값) 축]을 더블 클릭하면 [축 서식] 창이 오른쪽에 나타난다.

❷ [축 옵션]탭의 [축 옵션]을 클릭하여 [최소]를 '100'으로 [최대]를 '600'으로 수정한다.

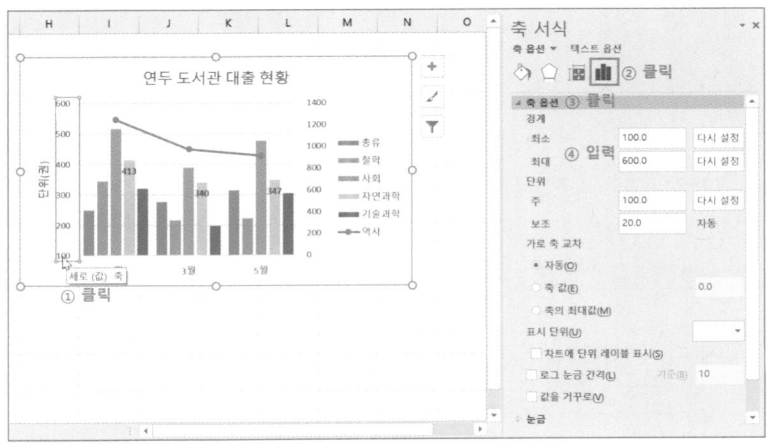

5 **선과 표식**

표식이 있는 꺾은선형 차트에서 선과 표식에 서식을 적용해보자. **표식**이란 **선이 꺾이는 지점에 있는 도형**을 말한다.

❶ '역사' 데이터 계열을 선택하고 마우스 오른쪽 버튼을 클릭하여 [데이터 계열 서식]을 클릭한다.

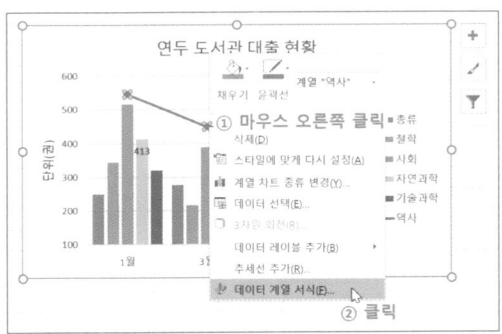

❷ [데이터 계열 서식] 창에서 [채우기 및 선]–[선]을 선택한다. [색]은 [빨강]을 선택한다.

❸ [데이터 계열 서식] 창에서 [채우기 및 선]–[표식]–[표식 옵션]에서 [기본제공]을 클릭하고 [형식]은 [▲], [크기]는 '10'을 선택한다.

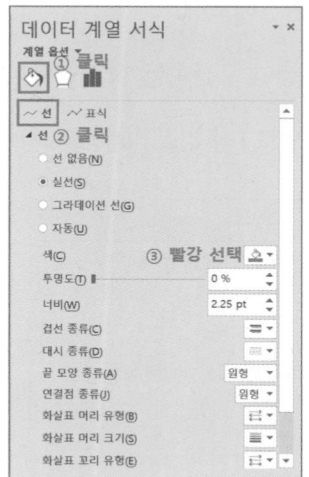
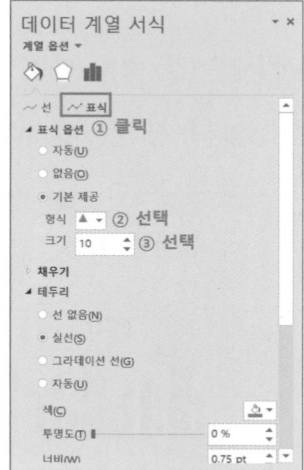

❹ 지정한 서식에 따라 차트가 변경되었다.

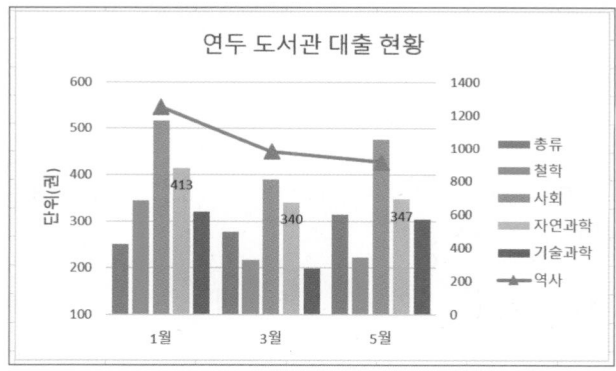

6 차트 영역에 도형 스타일 효과 주기

차트 영역에 도형 스타일과 그림자 효과를 지정해보자.

❶ [차트 영역]을 선택하고 [차트 도구]–[서식]–[도형 스타일] 그룹에서 [색 윤곽선–검정, 어둡게 1]과 [도형 효과]–[그림자]–[오프셋 대각선 오른쪽 버튼을 아래]를 선택한다.

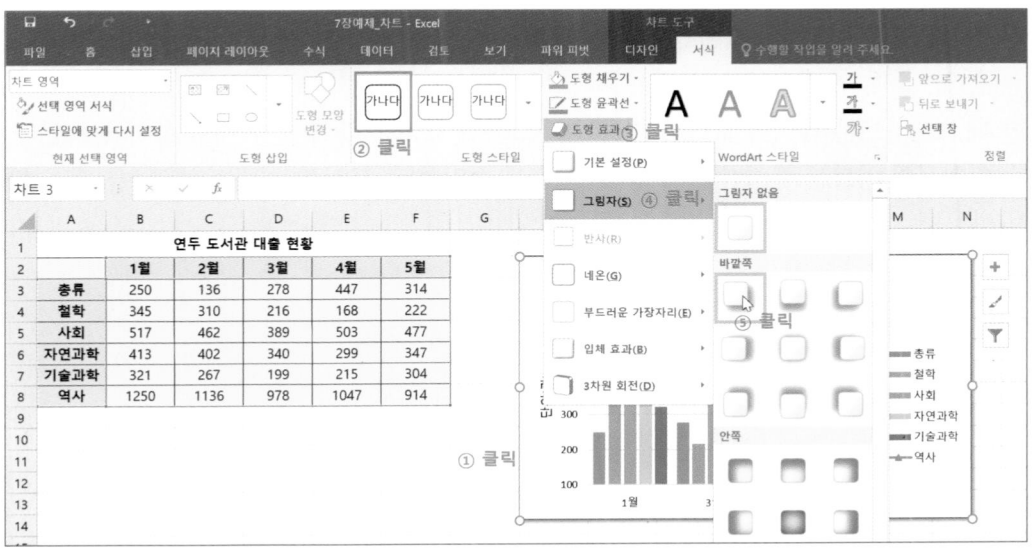

❷ 도형 스타일과 도형 효과가 적용된다.

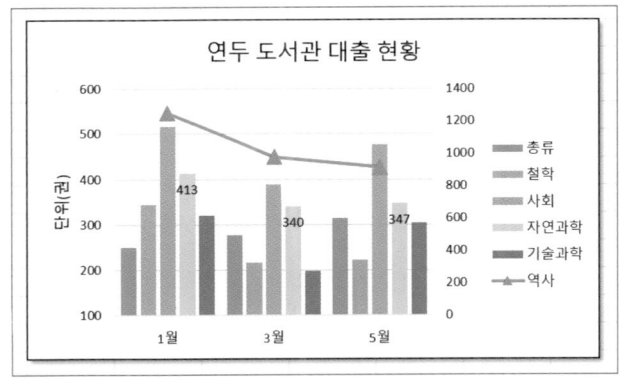

7.3 스파크라인 차트 만들기

7.3.1 스파크라인 차트

스파크라인 차트는 워크시트의 셀 안에 표시되는 선이나 막대 형태의 작은 차트를 말하며, 데이터와 그래프를 동시에 확인할 수 있다는 장점이 있다. 스파크라인 차트 종류에는 꺾은선형, 열, 승패 형식이 있다. 꺾은선형 차트는 데이터 값의 변화 추이를 한눈에 확인하고자 할 때, 열 차트는 데이터 값의 크기를 막대 그래프로 비교하고자 할 때 유용하게 쓰인다. 승패 형식의 차트는 데이터 값이 양수면 승, 음수면 패로 표시하여 목표 달성 여부를 나타낼 때 사용된다.

7.3.2 스파크라인 차트 삽입 및 삭제

'7장예제_스파크라인차트.xlsx' 파일을 이용하여 다음과 같이 [꺾은선형], [열] 형식의 스파크라인 차트를 삽입해보자.

	A	B	C	D	E	F	G	H	I
1					TOEIC 점수				
2									
3	이름	3월	4월	5월	6월	7월	8월	스파크라인(꺾은선형)	스파크라인(열)
4	김영식	560	610	630	725	673	597		
5	이현정	655	648	743	768	812	850		
6	송국섭	780	740	770	810	764	876		
7	박미경	432	415	475	510	462	511		
8	이소연	850	885	940	959	910	959		
9	손훈길	800	756	698	761	680	715		
10	강선영	623	514	648	700	637	710		
11	김세찬	877	910	990	980	978	990		
12	박현희	814	759	802	800	768	799		
13									

〈결과 화면〉

1 스파크라인(꺾은선형) 삽입하기

[꺾은선형] 스파크라인 차트를 삽입해보자.

❶ [H4] 셀을 클릭하고 [삽입]-[스파크 라인] 그룹-[꺾은선형]을 선택한다.

❷ [스파크라인 만들기] 창에서 데이터 범위로 [B4:G4]를 지정한다.

STEP 3　축 서식의 표시 단위를 천 단위로 변경하기

❶ [세로 (값) 축]을 마우스로 더블클릭하면 [축 서식] 창이 나타난다.

❷ [축 서식] 창의 [축 옵션]에서 [표시 단위]를 [천]으로 변경한다.

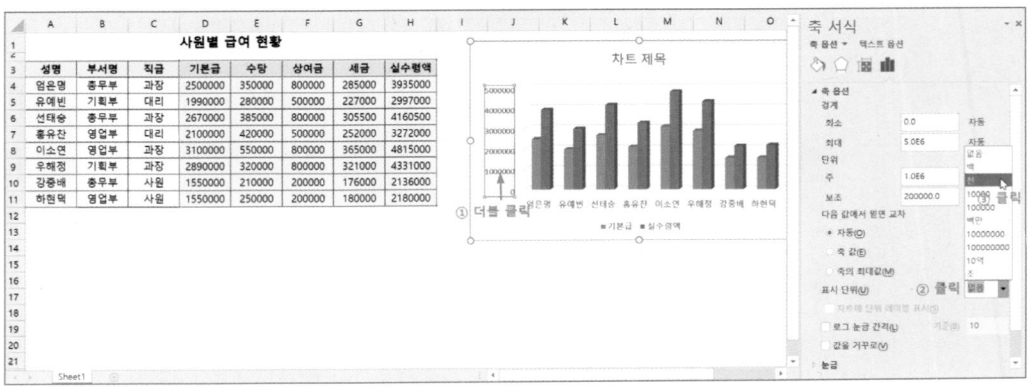

STEP 4　특정 데이터 계열에만 데이터 레이블 나타내기

❶ '이소연'의 '실수령액' 데이터 계열을 클릭한 후 한 번 더 클릭하여 해당 데이터 계열만 선택하도록 한다.

❷ [차트 요소 ＋]–[데이터 레이블]를 클릭한다.

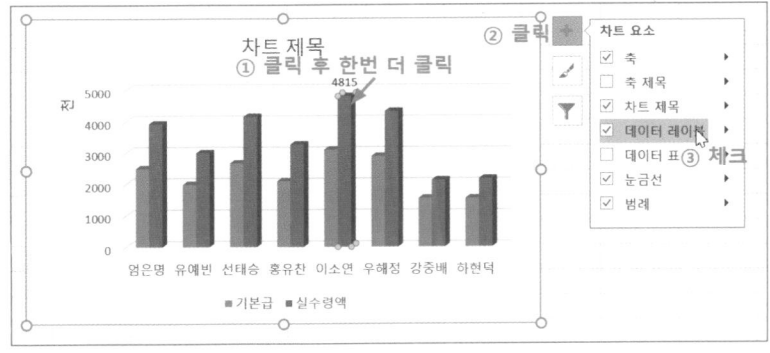

STEP 5 데이터 계열 모양과 색 변경하기

❶ '기본급' 데이터 계열을 더블클릭하면 [데이터 계열 서식] 창이 오른쪽에 나타난다.

❷ [데이터 계열 서식] 창의 [계열 옵션]에서 [원통형]을 체크 한다.

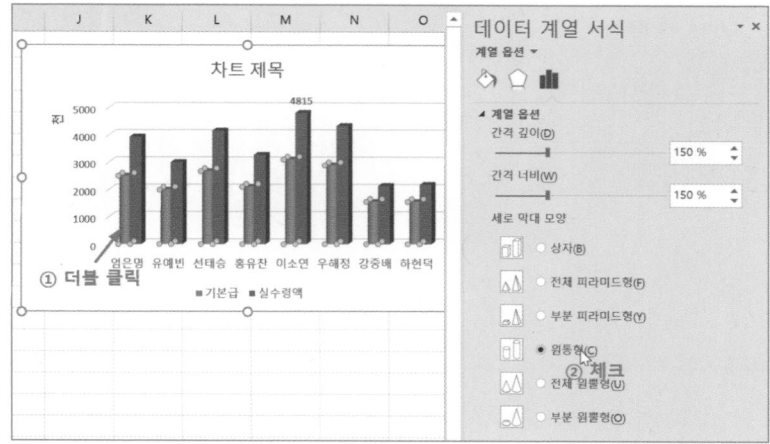

❸ 변경한 원통을 [데이터 계열 서식] 창의 [채우기 및 선] 탭에서 [채우기]–[단색 채우기]–[색]–[주황]으로 변경해보자.

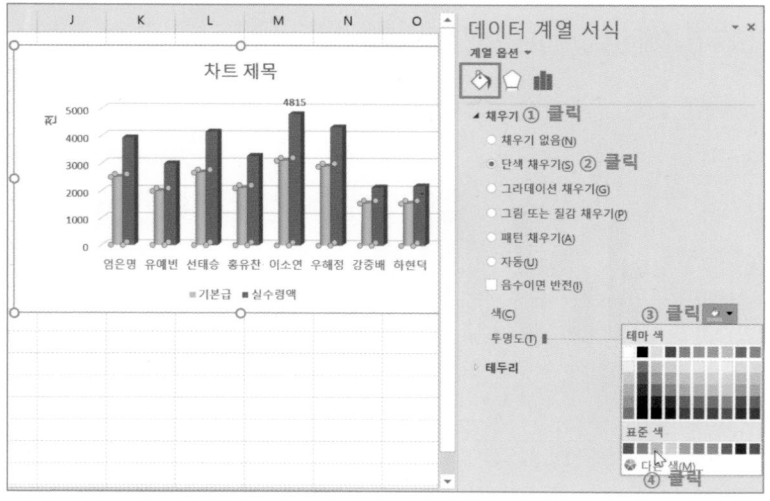

STEP 6 차트 제목에 그림자 효과 주기

❶ [차트 제목]을 클릭하여 '사원별 급여현황'을 입력한다.

❷ [차트 제목]을 클릭하고 [차트 도구]–[서식]–[도형 스타일] 그룹–[도형 효과]–[그림자]–[오프셋 대각선 오른쪽 아래]를 지정한다.

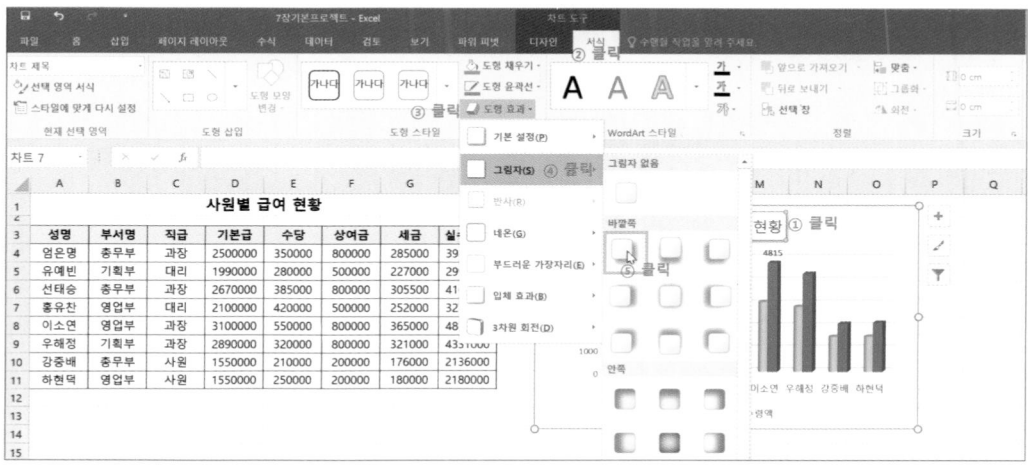

콤보 차트 만들기

'7장응용프로젝트.xlsx' 파일을 이용하여 다음과 같이 차트를 완성해보자.

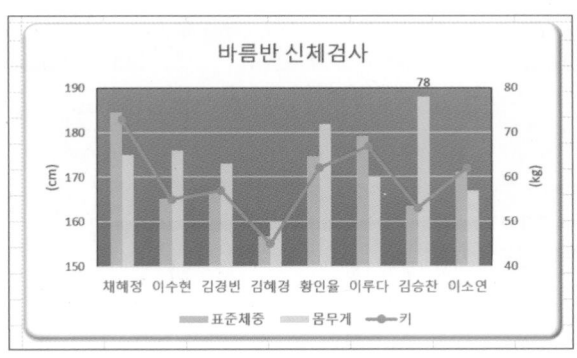

〈결과 화면〉

(STEP 1) 콤보 차트 삽입하기

① [A3:D11]을 범위로 지정하고 [삽입]–[차트] 그룹–[콤보 차트]–[사용자 지정 콤보 차트 만들기]를 클릭한다.

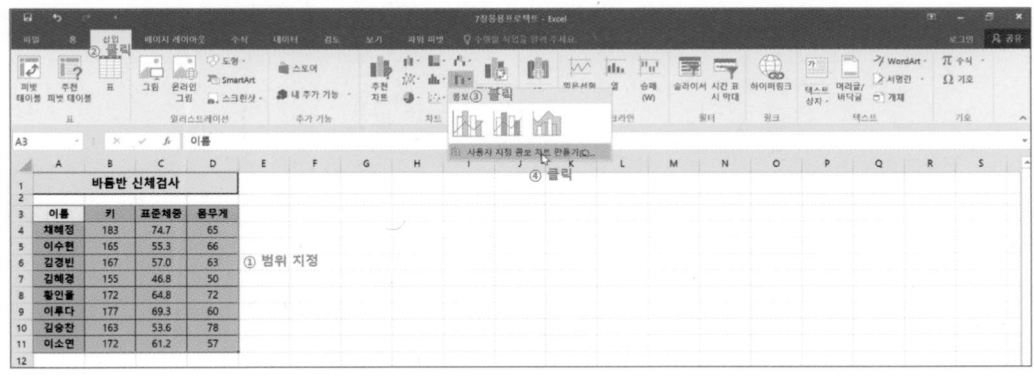

❷ [차트 삽입] 창에서 '키'는 [표식이 있는 꺾은선형], '표준체중'과 '몸무게'는 [묶은 세로 막대형], [보조 축]으로 지정한다.

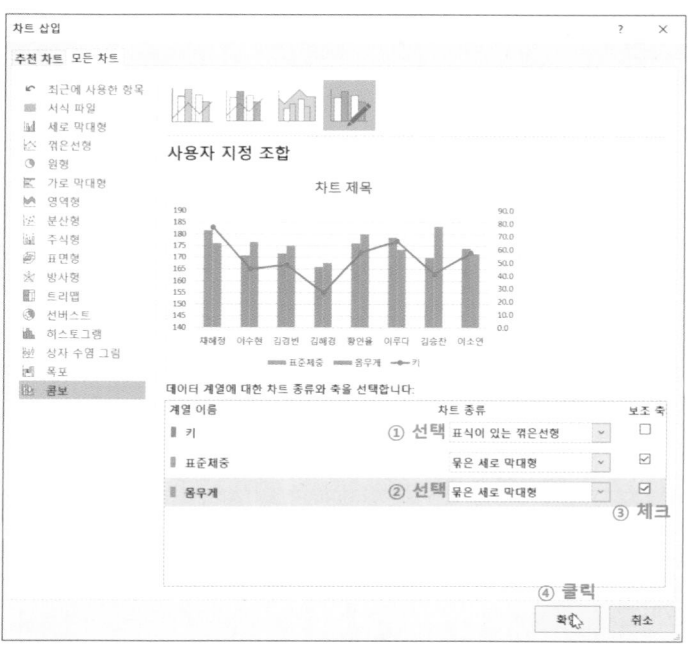

STEP 2 축 서식 변경하기

❶ [세로 (값) 축]을 더블 클릭한다. [축 서식] 창에서 [최소]는 '150', [최대]는 '190', [주]는 '10', [보조]는 '5'로 지정한다.

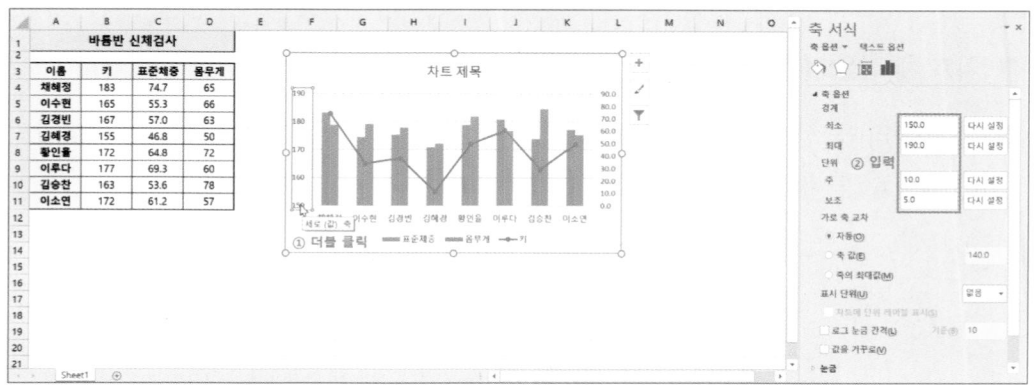

❷ [보조 세로(값) 축]을 더블클릭한다. [축 서식] 창에서 [최소]는 '40', [최대]는 '80', [주]는 '10', [보조]는 '5'로 지정한다.

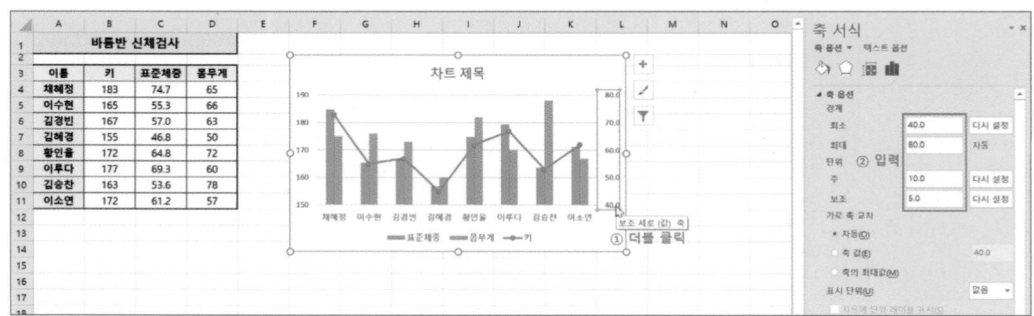

❸ [축 서식] 창에서 [표시 형식]-[범주]는 [숫자], [소수 자릿수]는 '0'으로 지정한다. 소수점 이하 값이 나타나지 않도록 표시 형식이 설정된다.

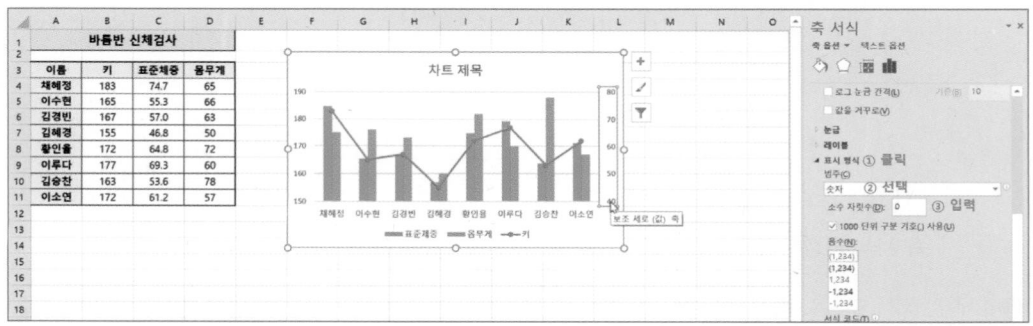

(STEP 3) 제목 입력하기

❶ [차트 제목]을 클릭하고 '바름반 신체검사'를 입력한다.

❷ [차트 영역]을 선택하고 [차트 요소 ➕]-[축 제목]을 선택한다. [축 제목]이 나타나면 [축 제목]을 클릭하여 각각 '(cm)', '(kg)'을 입력한다.

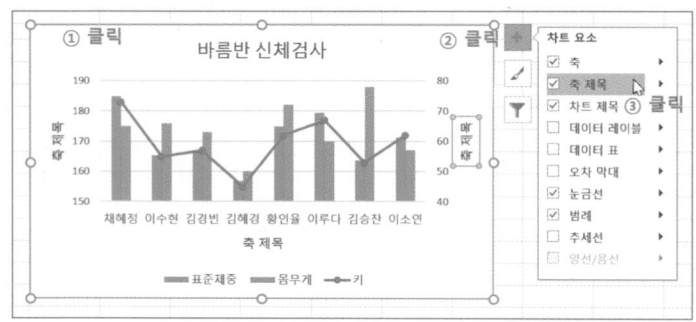

STEP 4 데이터 계열 일부만 데이터 레이블 표시하기

❶ '김승찬'의 '몸무게' 데이터 계열을 클릭한 후 한 번 더 클릭하여 해당 데이터만 선택
하도록 한다. [차트 요소 ⊞]−[데이터 레이블]을 선택한다.

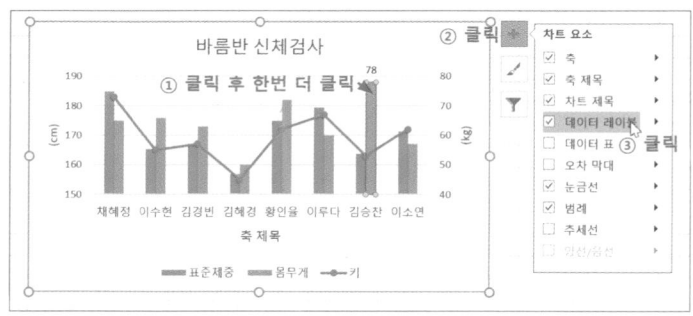

STEP 5 차트 서식꾸미기

❶ [차트 영역]을 선택하고 [차트 스타일 ✎]−[색]을 선택하고 [단색형]의 [색 8]을 선택한
다. 데이터 계열의 색 서식이 변경된다.

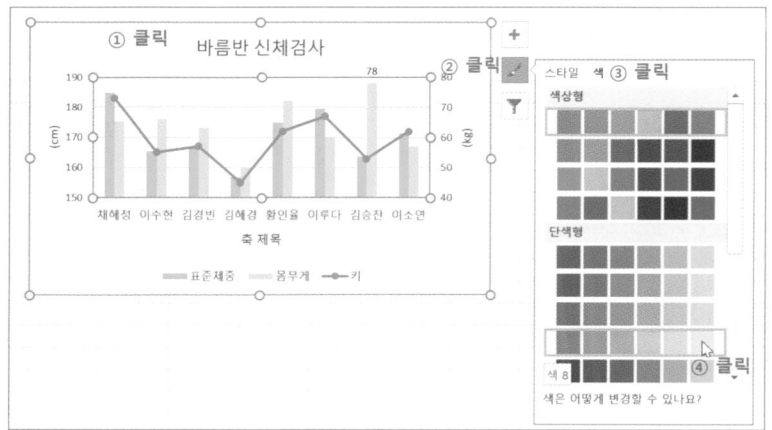

❷ [그림 영역]을 선택하고 [차트 도구]–[서식]–[도형 스타일] 그룹–[미세 효과 – 검정, 어둡게 1]을 클릭한다. 그림 영역이 지정한 서식으로 변경된다.

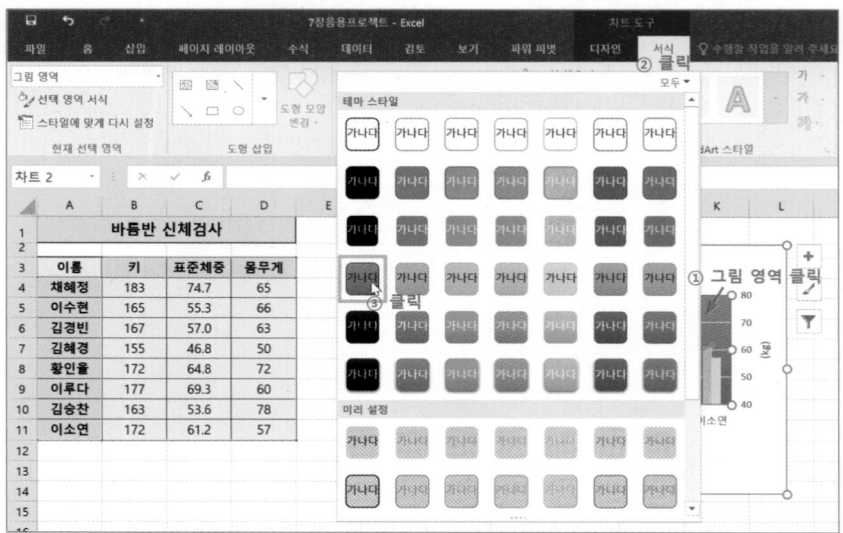

❸ [차트 영역]을 마우스로 더블클릭하면 [차트 영역 서식] 창이 나타난다.

❹ [차트 영역 서식] 창에서 [채우기 및 선]–[테두리]–[둥근 모서리]를 체크한다.

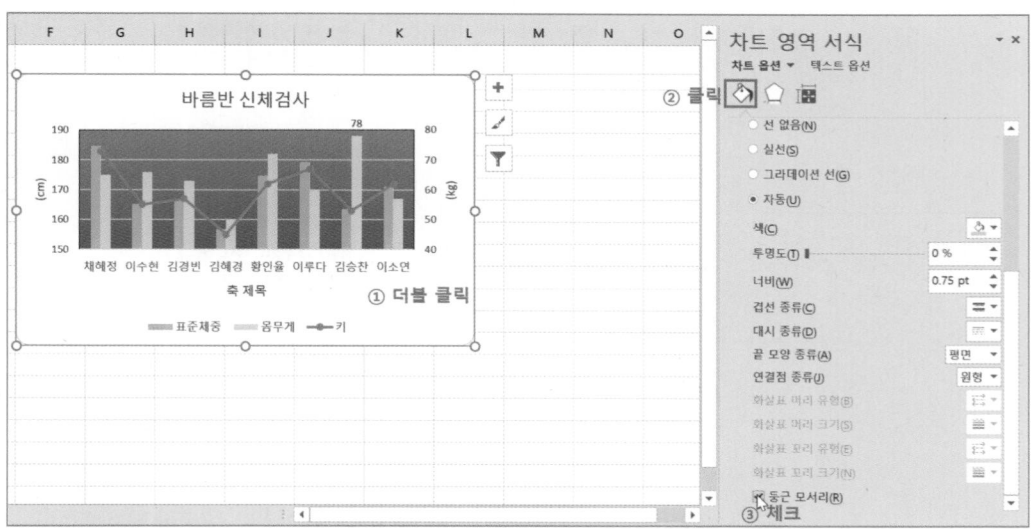

❺ [차트 영역 서식] 창에서 [효과]–[3차원 서식]–[위쪽 입체]–[둥글게]를 선택한다.

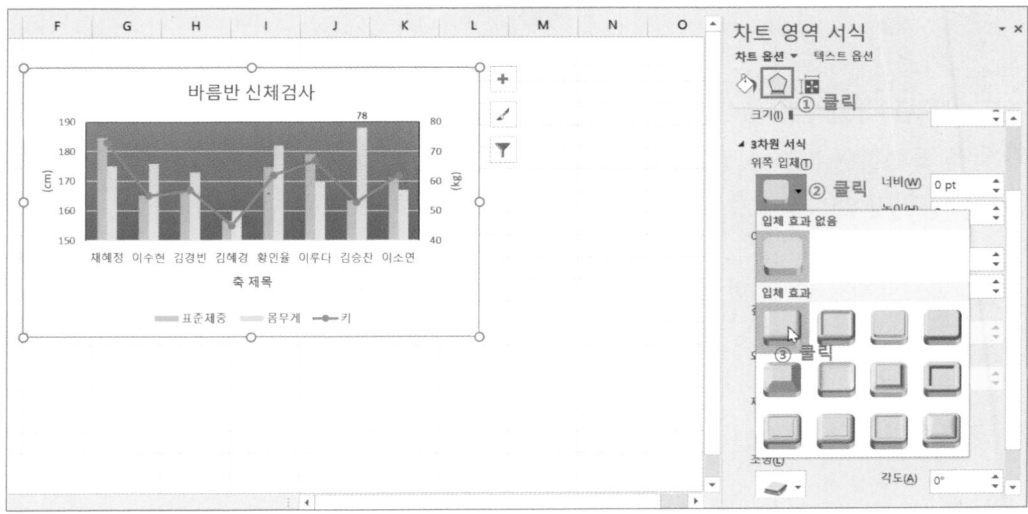

❻ [차트 영역]에 입체 효과와 테두리 서식이 적용된다.

❼ [가로 (항목) 축 제목]은 클릭하고 [Delete]를 눌러 삭제한다.

심화 프로젝트   간트 차트 만들기

간트 차트란 작업일정 관리를 위한 막대 바 형태의 도구로써, 세부 업무별로 일정의 시작과 끝을 표현하여 전체 일정을 한눈에 보기 쉽게 해준다. 그러나 엑셀에서는 간트 차트 기능을 제공하지 않으므로 누적 가로 막대형 차트를 응용하여 만들 수 있다.

'7장심화프로젝트.xlsx' 파일을 이용하여 다음과 같이 간트 차트를 완성해보자.

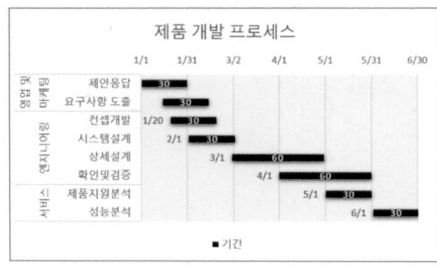

〈결과 화면〉

STEP 1   [2차원 누적 가로 막대형] 차트 삽입하기

❶ [A2:E10]을 범위로 지정하고 [삽입]–[차트] 그룹–[추천 차트]를 클릭한다.

❷ [차트 삽입] 창에서 [모든 차트]–[가로 막대형]–[누적 가로 막대형]을 선택한다. 각 항목별로 시작 날짜, 기간, 종료 날짜에 해당하는 숫자가 누적된 형태의 막대그래프로 생성된다. 이 막대그래프의 세 구간 중 중간 구간이 각 항목의 일정에 해당된다.

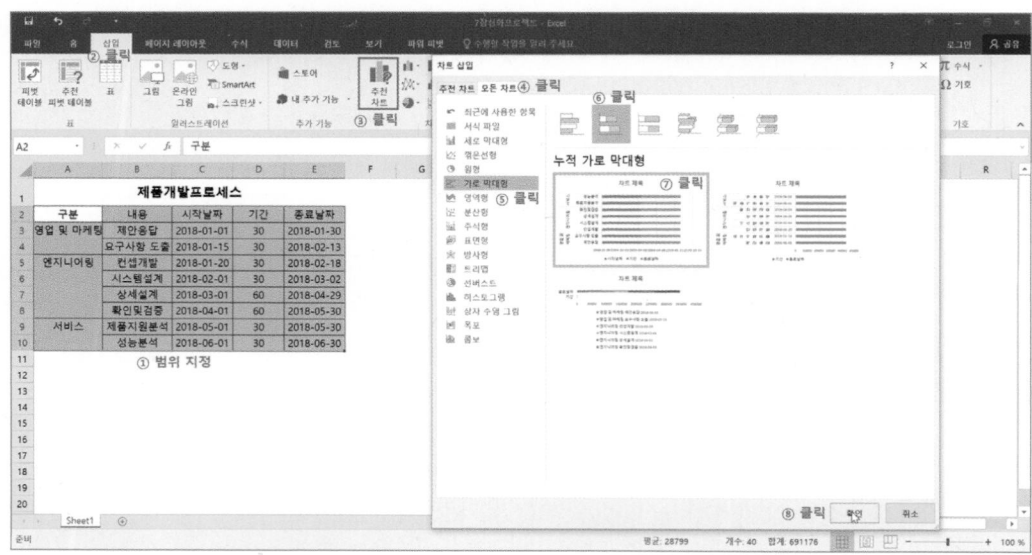

STEP 2　세로 항목 축 변경하기

❶ [세로 (항목) 축]을 더블클릭하여 [축 서식] 창을 불러온다.

❷ [축 서식] 창에서 [축 옵션]–[항목을 거꾸로]를 체크한다.

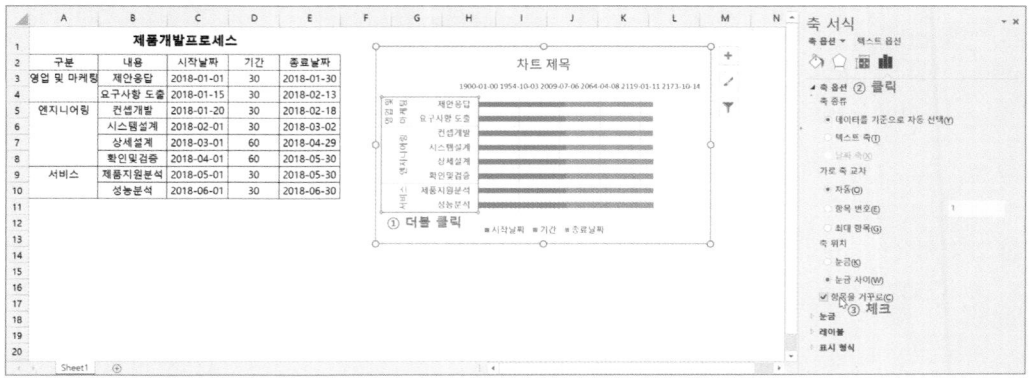

TIP　기본적으로 누적 가로 막대형 차트는 데이터 항목의 순서가 반대로 표시되기 때문에 데이터 테이블과 같은 순서로 항목을 나타내고자 할 때는 **[항목을 거꾸로]**를 체크해주어야 한다.

STEP 3　가로 축에 날짜 범위 및 서식 지정하기

❶ [C3] 셀을 클릭하고 [홈]–[표시 형식] 그룹–[숫자]를 선택한다. 해당 셀의 날짜가 숫자로 나타난다.

❷ 같은 방법으로 [E10] 셀도 숫자 서식으로 지정한다.

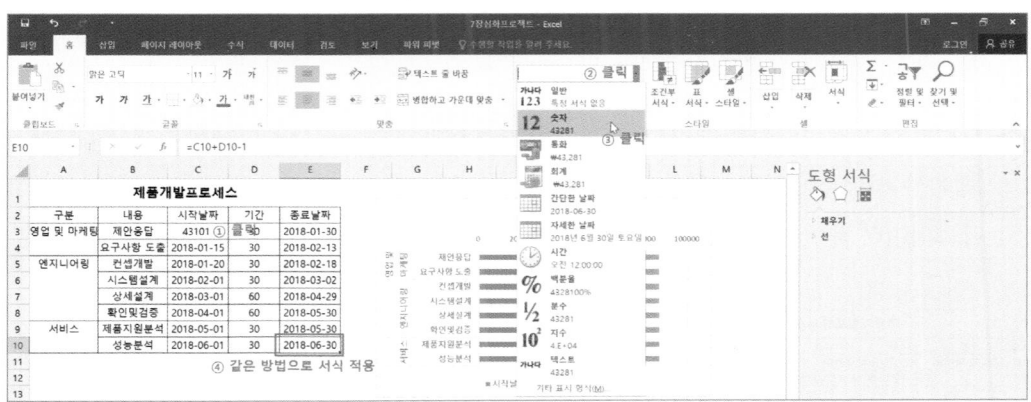

TIP　간트 차트에 전체 일정의 시작 날짜와 종료 날짜가 포함될 수 있도록 하기 위해 축 서식의 최소값, 최대값을 이용한다. 축 서식에서 요구하는 최소값, 최대값은 숫자 타입인 반면, 시작 날짜와 종료 날짜는 날짜 타입으로 표현되어 있다. 엑셀에서는 모든 날짜 데이터가 미리 정의된 숫자 값을 가지고 있기 때문에 시작 날짜와 종료 날짜의 숫자 값을 확인하여 축 서식의 최소값, 최대값으로 입력하면 된다.

❸ [가로 (값) 축]을 더블클릭하고 [축 서식] 창에서 [최소값]은 '43101', [최대값]은 '43281', [주]는 '30', [보조]는 '15'로 지정한다.

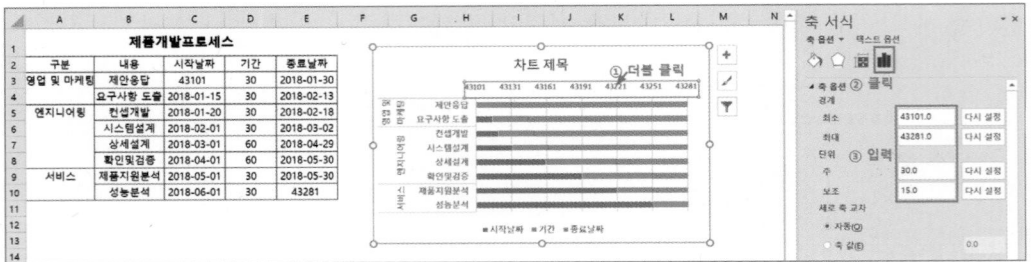

❹ [축 서식]-[표시 형식]-[범주]에서 [날짜], [형식]은 [3/14]를 선택한다. 가로 축이 지정한 날짜 서식으로 표기된다.

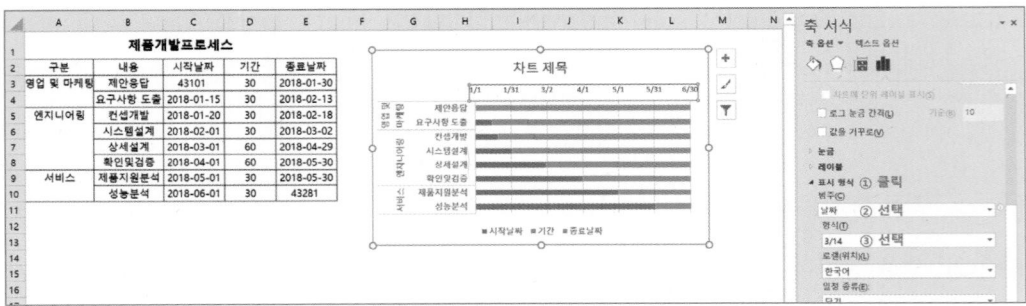

(STEP 4) 시작 날짜 및 기간 표시하기

❶ [차트 영역]을 선택하고 [차트 요소 ➕]-[데이터 레이블]을 클릭한다. 데이터 계열의 레이블이 표시된다.

❷ '시작날짜' 데이터 레이블을 클릭하고 [데이터 레이블 서식]창의 [레이블 옵션] 탭에서 [레이블 위치]는 [안쪽 끝에], [표시 형식]-[범주]는 [날짜], [형식]은 [3/14]를 선택한다. [데이터 레이블 서식] 창을 닫는다.

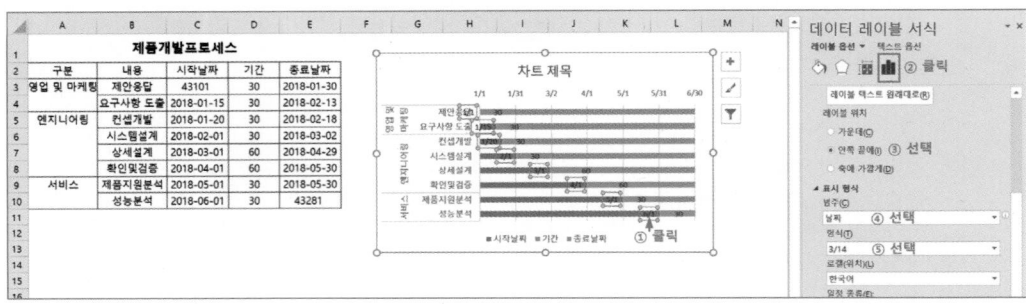

❸ 차트를 보기 좋게 꾸미기 위해 '시작날짜'의 데이터 레이블 [1/1]과 [1/15]를 지운다.

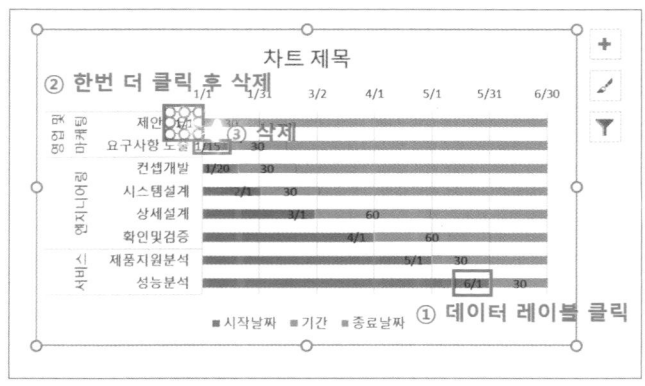

(STEP 5) 각 항목의 일정에 해당하는 구간만 표시하기

❶ '시작 날짜' 데이터 계열을 클릭하고 [차트 도구]-[서식]-[도형 스타일] 그룹-[도형 채우기]-[채우기 없음]을 선택한다.

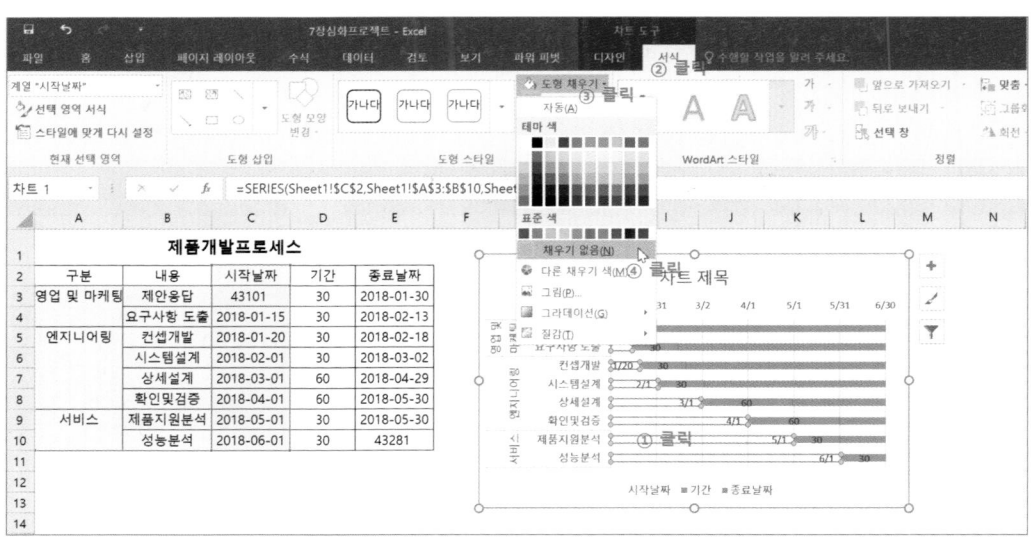

❷ 같은 방법으로 '종료 날짜'도 [차트 도구]-[서식]-[도형 스타일] 그룹-[도형 채우기]-[채우기 없음]을 선택한다.

❸ '기간' 데이터 계열을 선택하고 [차트 도구]-[서식]-[도형 스타일] 그룹-[강한 효과-검정, 어둡게1]을 클릭한다.

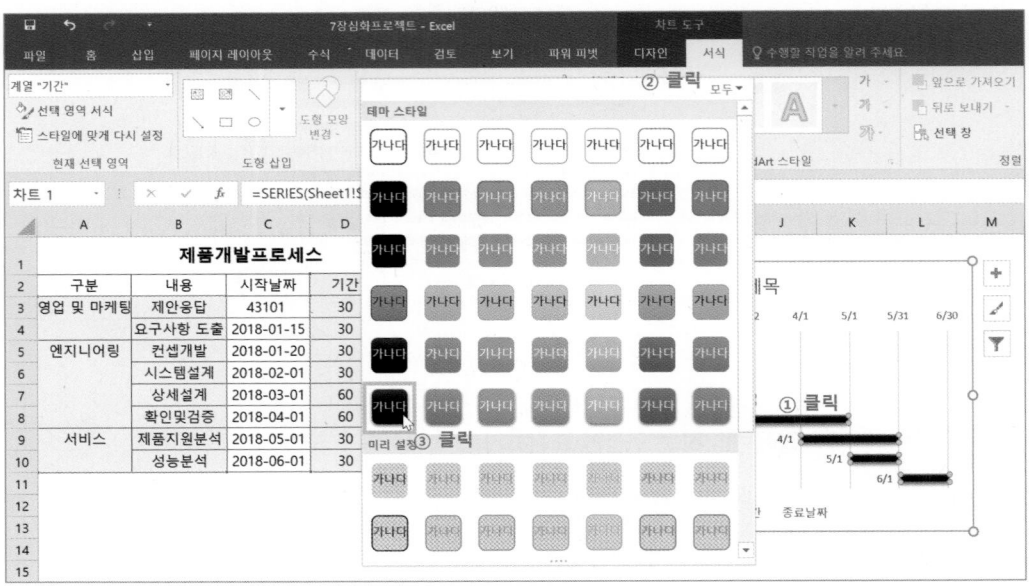

❹ '기간' 데이터 레이블을 선택하고 [차트 도구]-[서식]-[WordArt 스타일] 에서 [자세히 ⋮]를 눌러-[채우기 – 회색-25%, 배경 2, 안쪽 그림자]를 선택한다.

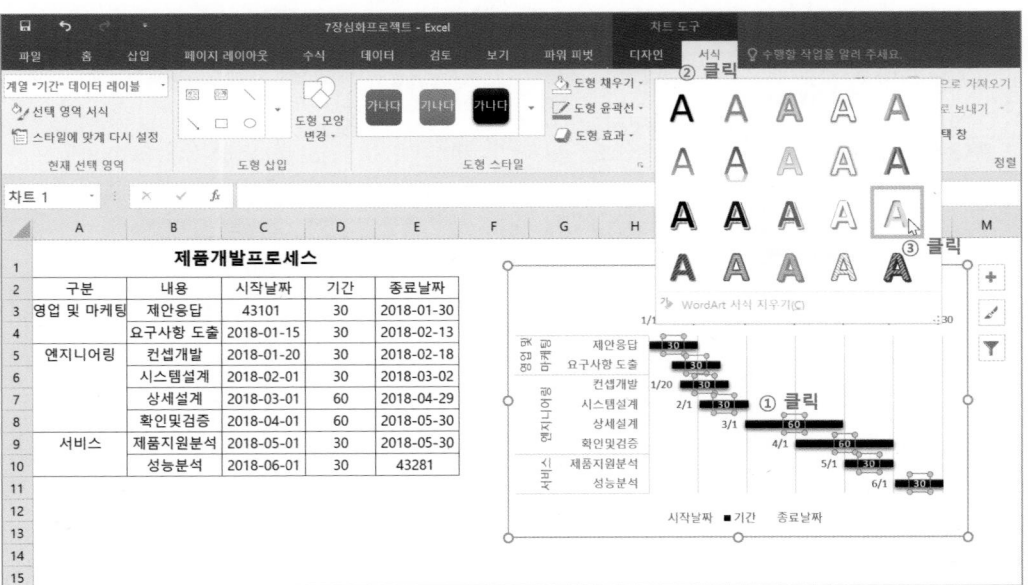

STEP 6 그림 영역 및 차트 제목 변경하기

❶ [그림 영역]을 선택하고 [차트 도구]-[서식]-[도형 스타일] 그룹-[도형 채우기]를 [흰 색, 배경1, 5% 더 어둡게]를 클릭한다.

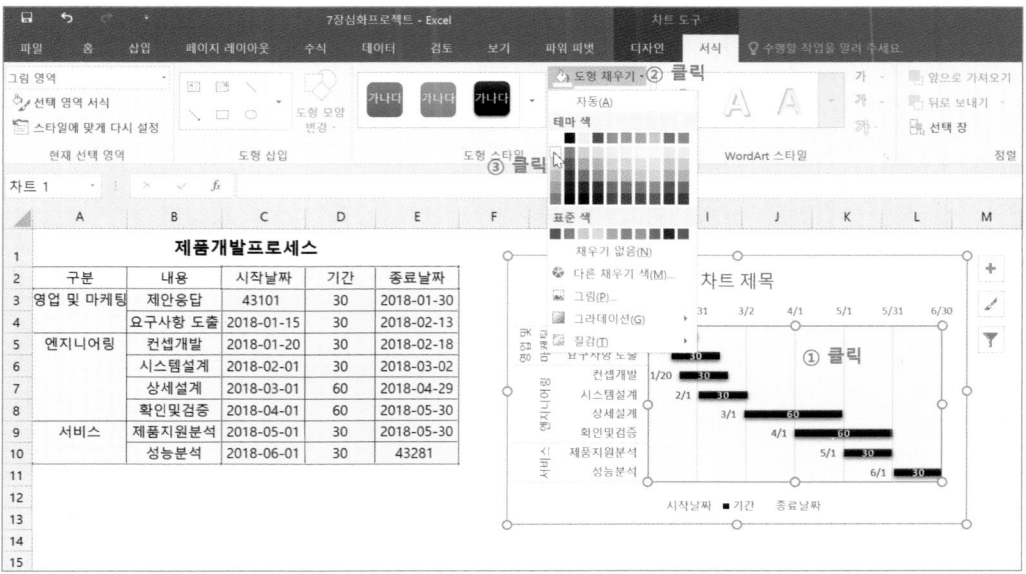

❷ [차트 제목]을 '제품 개발 프로세스'로 변경하고, 범례에서 '시작 날짜'와 '종료 날짜' 를 [Delete]키로 지운다.

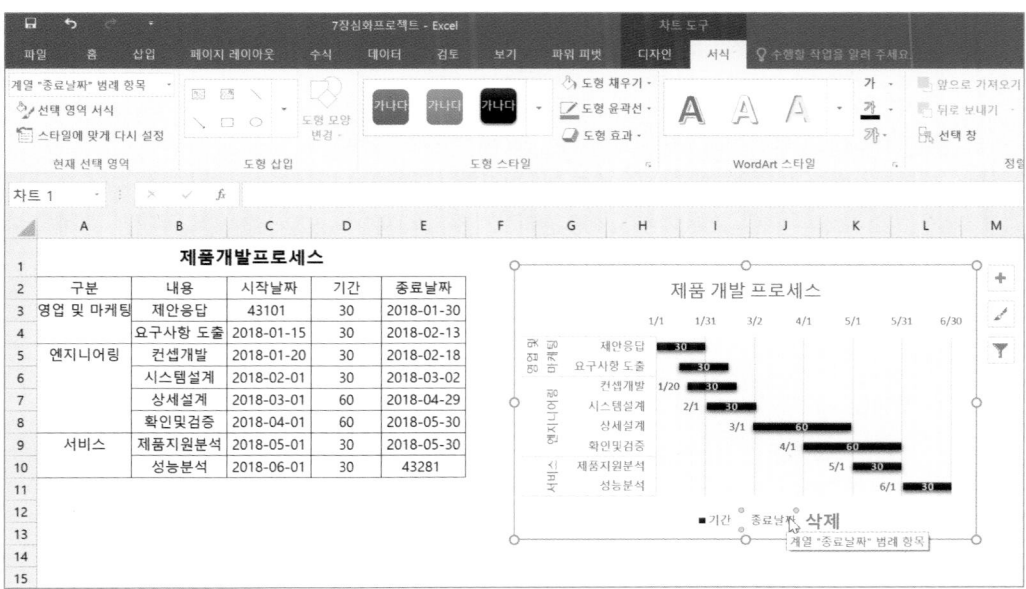

(1)   차트

- 차트란 수치 데이터를 한 눈에 보기 쉽게 나타낸 그래프나 다이어그램을 말한다.
- 세로 막대형, 꺾은선형, 원형 또는 도넛, 가로 막대형 차트 등이 주로 쓰이며, 2가지 이상 차트를 혼합하여 사용하는 콤보 차트가 있다. 엑셀 2016에서는 트리맵, 선버스트, 히스토그램, 상자 수염 그림, 폭포 등의 새로운 차트가 추가되었다.
- 차트의 구성요소

차트 영역	차트의 전체 영역으로 모든 구성요소를 포함한다.
그림 영역	데이터 계열 값이 그래프로 표시되는 영역이다.
차트 제목	차트의 제목을 나타낸다.
가로(항목) 축	데이터 계열 값의 기준이 되는 경계선으로 가로 축은 항목을 나타낸다.
세로(값) 축	데이터 계열 값의 기준이 되는 경계선으로 세로 축은 값을 나타낸다.
데이터 계열	데이터 값을 차트에 표시한 부분으로 막대, 점, 선 등으로 나타낸다.
범례	데이터 계열을 구분하기 위해 각 데이터 계열의 이름과 표식을 나열한 상자이다.
데이터 레이블	차트 안에 데이터 값 또는 이름을 직접 표시한 것을 말한다.

(2)   차트 삽입하기

- 데이터 범위를 선택하고 [삽입]-[차트] 그룹에서 차트를 선택하여 삽입한다.
- 데이터 특징에 따라 적합한 차트를 추천해주는 [추천 차트] 기능을 이용하면 차트 삽입을 빠르게 할 수 있다.

(3)   차트 편집하기

- 차트가 삽입되면 [차트 도구] 메뉴를 통해서 다양한 편집이 가능하다. 생성된 차트의 종류 변경뿐만 아니라, 일부 데이터 계열에 대한 차트 종류 변경도 가능하다.
- [차트 도구]-[디자인] 메뉴에서 [차트 레이아웃]과 [차트 스타일]로 간편하게 차트를 꾸밀 수 있다.
- [차트 요소 ➕] 기능으로 차트 요소를 편리하게 추가/삭제할 수 있다. 축, 제목, 눈금선, 범례, 레이블 등 다양한 옵션과 서식을 설정할 수 있다.
- [차트 필터 ▼], [데이터 선택]을 이용하면 데이터 계열이나 범주를 선택하여 나타낼 수 있다.

(4)   스파크라인 차트

- 스파크라인 차트는 워크시트의 셀 안에 선이나 막대 형태로 표현한 작은 차트를 말하며, 꺾은선형, 열, 승패 형식이 있다.

▪ 트리맵 차트 만들기

'7장기본실습문제_트리맵차트.xlsx' 파일을 다음의 작성 조건대로 완성하시오.

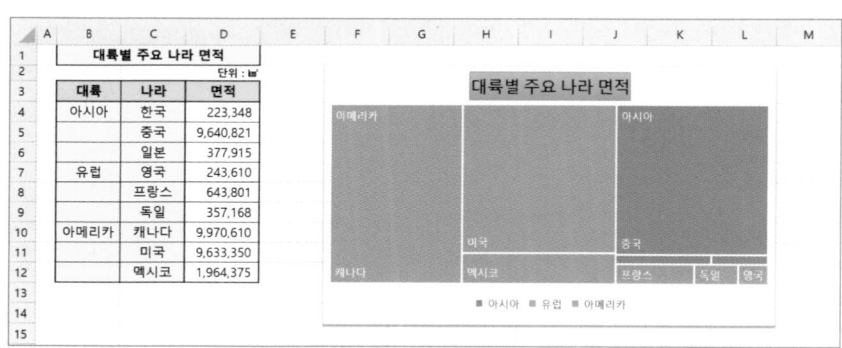

〈원본〉

〈완성〉

1. [B3:D12]를 데이터 범위로 지정하여 [트리맵] 차트를 삽입하시오.

2. 삽입한 차트를 [F2:L14] 범위에 위치시키고 크기도 조정하시오.

   TIP 지정 범위에 맞게 차트를 위치하려면 [Alt]를 이용한다.

3. [차트 제목]을 '대륙별 주요 나라 면적'을 입력하고 [미세효과 – 녹색, 강조6] 도형스타일로 지정하시오.

4. [차트 영역]을 [도형 효과]–[그림자]–[오프셋 아래쪽]으로 지정하시오.

5. [범례] 위치를 [아래쪽]에 배치하시오.

■ 선버스트 차트 만들기

'7장기본실습문제_선버스트차트.xlsx' 파일을 다음의 작성 조건대로 완성하시오.

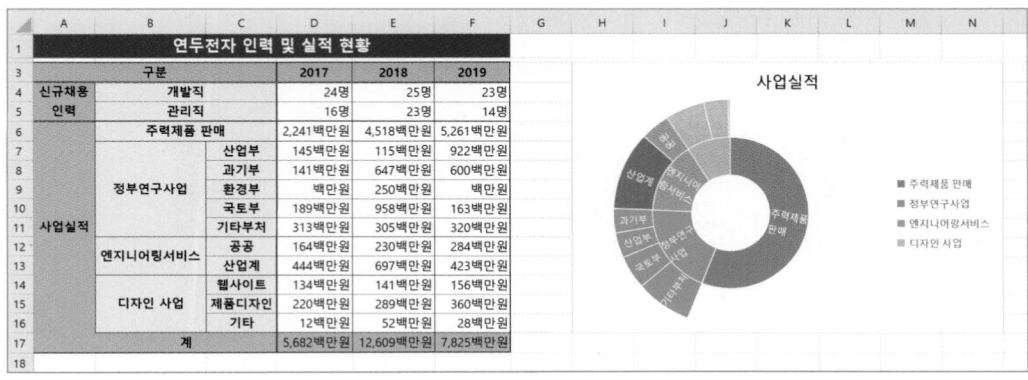

⟨원본⟩

⟨완성⟩

1. [B6:F16]을 데이터 범위로 지정하여 [선버스트] 차트를 삽입하시오.

2. 삽입한 차트를 [H3:N16] 범위에 위치시키고 크기도 조정하시오.

3. [차트 제목]을 '사업실적'으로 변경하고 [차트 도구]–[서식]–[WordArt 스타일] 그룹–[채우기 – 검정, 텍스트 1, 그림자]로 지정하시오.

4. '산업계' 데이터 계열만 [도형 채우기]–[빨강]으로 지정하시오.

5. [범례]를 차트의 [오른쪽]에 나타내시오.

기본실습문제

■ 원형 차트 만들기

'7장기본실습문제_원형차트.xlsx' 파일을 다음의 작성 조건대로 완성하시오.

〈원본〉

〈완성〉

1. [A3:B9]를 데이터 범위로 지정하여 [3차원 원형] 차트를 삽입하시오.

2. [D2:J14] 범위에 위치시키고 크기도 조정하시오.

3. [차트 영역]은 [빠른 레이아웃]-[레이아웃 6]을 선택하고, 차트 제목은 '세계 휴양지 선호도'로 입력하시오.

4. 원형차트에 다음과 같이 3차원 서식 및 회전을 적용하시오.

   • 3차원 서식 : [데이터 계열]을 더블클릭하여 [데이터 계열 서식] 창에서 [효과]-[3차원 서식]-[위쪽 입체, 아래쪽 입체]의 너비, 높이를 모두 '30pt'로 지정한다.

   • 3차원 회전 : [차트 영역]을 더블클릭하여 [차트 영역 서식] 창에서 [효과]-[3차원 회전]-[X회전:10], [Y회전:60], [원근감:10]으로 지정한다.

5. '그리스 산토리니' 조각을 분리하시오.

> TIP   해당 데이터 계열만 선택하여 마우스로 드래그하면 조각이 분리된다.

6. [범례]를 차트 [아래쪽]에 나타내시오.

7. [삽입]-[일러스트레이션] 그룹-[도형]-[포인트가 5개인 별] 도형을 삽입하고 [그리기 도구]-[서식]-[도형 스타일] 그룹-[보통효과 - 황금색, 강조 4] 서식을 적용한 후 결과 화면을 참고하여 배치하시오.

> TIP   원형 차트는 다음과 같은 경우에만 사용할 수 있다.
> 데이터 계열이 하나인 경우, 음수가 없는 경우, 0이 없는 경우, 항목 수가 7을 넘지 않는 경우

■ 세로 막대형 차트 만들기

'7장응용실습문제_세로막대형차트.xlsx' 파일을 다음의 작성 조건대로 완성하시오.

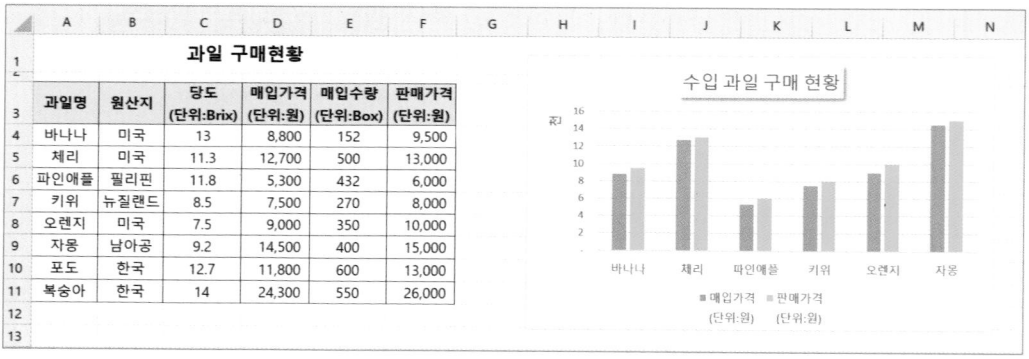

과일명	원산지	당도 (단위:Brix)	매입가격 (단위:원)	매입수량 (단위:Box)	판매가격 (단위:원)
바나나	미국	13	8,800	152	9,500
체리	미국	11.3	12,700	500	13,000
파인애플	필리핀	11.8	5,300	432	6,000
키위	뉴질랜드	8.5	7,500	270	8,000
오렌지	미국	7.5	9,000	350	10,000
자몽	남아공	9.2	14,500	400	15,000
포도	한국	12.7	11,800	600	13,000
복숭아	한국	14	24,300	550	26,000

〈원본〉

〈완성〉

1. [A3:F11]을 데이터 범위로 지정하고 [묶은 세로 막대형] 차트를 삽입하시오.

2. [차트 필터 ▼]를 이용하여 '원산지'가 '한국'이 아닌 '매입가격', '판매가격' 데이터 계열만 나타나도록 하시오.

3. 가로 축에 '과일명' 만 나타나도록 데이터 범위를 변경하시오.

   TIP [차트 도구]-[디자인]-[데이터] 그룹-[데이터 선택]을 클릭하여 [데이터 원본 선택]창에서 [가로(항목) 축 레이블] 편집을 눌러 [축 레이블 범위]를 [A4:A11]로 지정한다.

4. [세로 (값) 축]의 표시 단위를 [천]으로 지정하시오.

5. [차트 제목]은 '수입 과일 구매현황'을 입력하고 [도형 효과]-[그림자]-[오프셋 대각선 오른쪽 아래]를 지정하시오.

■ 누적 가로 막대형 차트 만들기

'7장응용실습문제_누적가로막대형차트.xlsx' 파일을 다음의 작성 조건대로 완성하시오.

	A	B	C	D	E	F
1			인기명산 계절별 산행객수			
2		지리산 1,915m	설악산 1,708m	북한산 837m	덕유산 1,614m	가야산 1,430m
3	봄	4000000	1800000	2500000	1000000	800000
4	여름	3500000	3200000	2000000	1000000	1800000
5	가을	4200000	3700000	3000000	800000	3400000
6	겨울	1300000	900000	1000000	1500000	500000

〈원본〉

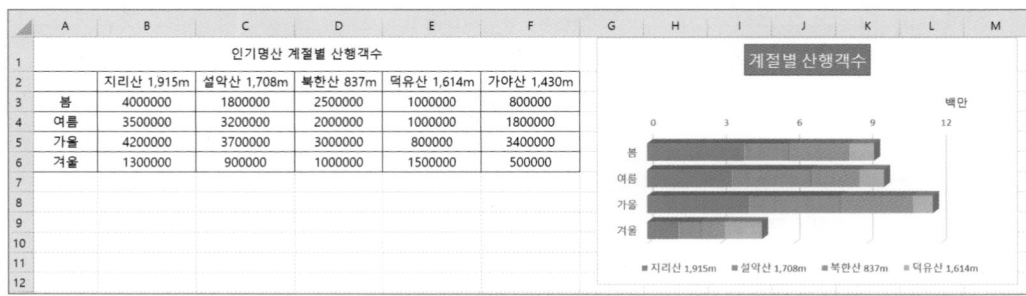

〈완성〉

1. [A2:F6]을 데이터 범위로 지정하여 [3차원 누적 가로 막대형] 차트를 삽입하시오.

2. [차트 필터 ▼]를 이용하여 '가야산 1,430m' 계열이 포함되지 않도록 데이터 범위를 변경하시오.

3. 데이터를 [행/열 전환]하시오.

    TIP [차트 도구]-[디자인]-[데이터] 그룹-[행/열 전환]을 선택한다.

4. [세로 (항목) 축]을 [축 서식] 창에서 [축 옵션]-[축 위치]-[항목을 거꾸로]를 체크하여 봄, 여름, 가을, 겨울 순으로 나타내시오.

5. [가로 (값) 축]의 최소값은 '0', 최대값은 '13000000', 주 단위는 '3000000', 표시 단위는 '백만'으로 지정하고 차트에 단위 레이블을 표시하시오.

6. [데이터 계열]의 [간격 깊이]는 '0%', [간격 너비]는 '50%'로 변경하시오.

    TIP [데이터 계열]을 더블클릭하여 [데이터 계열 서식] 창에서 [계열 옵션]-[간격 깊이], [간격 너비]를 지정한다.

7. [차트 제목]에 '계절별 산행객수'를 입력하고 [색 채우기 – 녹색, 강조6] 도형 스타일로 지정하시오.

응용실습문제

▪ 콤보 차트 만들기

'7장응용실습문제_콤보차트.xlsx' 엑셀파일을 다음의 작성 조건대로 완성하시오.

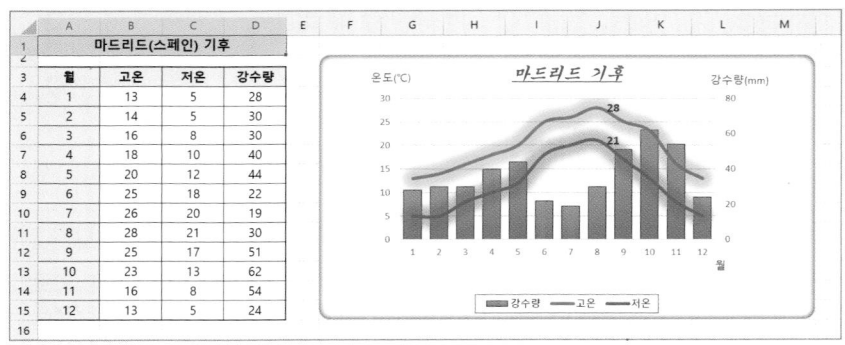

월	고온	저온	강수량
1	13	5	28
2	14	5	30
3	16	8	30
4	18	10	40
5	20	12	44
6	25	18	22
7	26	20	19
8	28	21	30
9	25	17	51
10	23	13	62
11	16	8	54
12	13	5	24

〈원본〉

〈완성〉

1. [A3:D15]를 데이터 범위로 지정하여 [묶은 세로 막대형] 차트를 삽입하시오.

2. '고온', '저온' 데이터 계열의 차트 종류를 [꺾은선형]으로 변경하고, '강수량'은 보조 축으로 지정하시오.

3. [F2:M15] 범위에 위치시키고 크기도 조정하시오.

4. [차트 제목]에 '마드리드 기후'을 입력하고 글꼴은 '궁서체', 크기는 '15', 글꼴스타일은 '굵게', '기울임꼴', '밑줄'로 지정하시오.

5. [차트 요소 (+)]–[축 제목]을 클릭하여 [세로 (값) 축 제목]은 '온도(℃)', [가로 (항목) 축 제목]은 '월', [보조 세로 (값) 축 제목]은 '강수량(mm)'을 입력하시오.

6. [각 축 제목]은 [텍스트 방향]을 [가로]로 변경하고 〈완성〉을 참고하여 적절히 배치하시오.

> **TIP** [축 제목 서식] 창에서 [텍스트 상자]–[텍스트 방향]–[가로]를 선택한다.

7. '고온' 데이터 계열을 다음과 같이 지정하시오.

- [데이터 계열 서식] 창에서 [선]을 [색]은 [빨강], [너비]는 [3 pt], [완만한 선]으로 지정하시오.
- [차트 도구]–[서식]–[도형 스타일] 그룹–[도형 효과]–[네온]–[주황, 18pt 네온, 강조색 2]

8. '저온' 데이터 계열을 다음과 같이 지정하시오.

- [데이터 계열 서식] 창에서 [선]을 [색]은 [파랑], [너비]는 [3 pt], [완만한 선]으로 지정하시오.
- [차트 도구]–[서식]–[도형 스타일] 그룹–[도형 효과]–[네온]–[파랑, 18pt 네온, 강조색 5]

9. '강수량' 데이터 계열을 다음과 같이 지정하시오.

- [데이터 계열 서식] 창에서 [계열 옵션]–[간격 너비]를 '50%'로 지정하시오.
- [차트 도구]–[서식]–[도형 스타일] 그룹–[미세 효과 – 검정, 어둡게 1]

10. [보조 세로 (값) 축]의 [축 옵션]의 [주] 단위는 '20', [보조] 단위는 '10'으로 지정하시오.

11. '8월'의 '고온', '저온' 항목에만 데이터 레이블을 표시하고 글꼴 스타일은 '굵게', 크기는 '11'로 지정하시오.

12. [범례]에 [색 윤곽선 – 파랑, 강조5] 도형 스타일을 지정하시오.

13. [차트 영역]에 [둥근 모서리]와 [안쪽 가운데] 그림자 효과를 지정하시오.

> **TIP** [차트 영역 서식] 창에서 [채우기 및 선]–[테두리]–[둥근 모서리]를 체크한다.

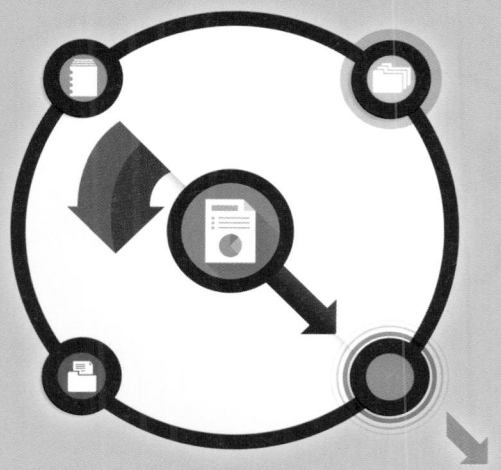

데이터 관리하기

CHAPTER 8

학습목표

- 데이터베이스 구성에 대해 알아보자.

- 데이터 정렬에 대해 알아보자.

- 부분합에 대해 알아보자.

- 자동 필터 및 고급 필터에 대해 알아보자.

8.1 데이터베이스 구성

데이터베이스란 데이터의 중복을 최소화하면서 많은 양의 데이터를 특정 용도에 맞게 체계적으로 정리해놓은 것을 말한다. 즉, 주소록, 전화번호부, 거래처 관리 대장 등과 같이 여러 사람에 의해 공유되어 사용될 목적으로 통합하여 관리되는 데이터의 집합이다.

엑셀에서는 데이터가 행과 열이라는 정해진 틀에 맞춰 입력되어 행과 열 단위로 데이터 목록이 만들어지는데 이 목록이 데이터베이스이다. 데이터 목록 중에서 열 방향으로 모인 데이터를 필드, 행 방향으로 모인 데이터를 레코드라 한다. 데이터 목록의 첫 행에는 필드명을 입력하며 필드명은 중복이 되어서는 안 된다. 하나의 필드에는 하나의 정보만 입력하고 같은 필드 내의 데이터는 같은 데이터 형식을 가져야 한다.

번호	이름	전공	나이	주소	최종학력	강사평가
L-001	김종연	국문학	53	노원	석사	5.0
L-002	이영진	컴퓨터	35	노원	석사	4.5
L-003	박정수	일문학	55	성동	박사	3.0
L-004	한영식	일문학	60	도봉	박사	3.0
M-001	조상기	일문학	41	성동	학사	4.7
M-002	박은정	컴퓨터	39	서초	학사	5.0
M-003	조태종	국문학	31	파주	박사	5.0
M-004	함세훈	독문학	45	일산	학사	3.2
M-005	하기봉	독문학	33	서초	박사	3.6
M-006	김수연	독문학	39	도봉	박사	5.0
S-001	장기호	컴퓨터	50	파주	학사	5.0
S-002	이철재	영문학	44	파주	박사	4.0
S-003	추성수	영문학	35	파주	석사	4.3
S-004	박미순	영문학	62	도봉	박사	5.0
T-010	김영길	항공학	30	서초	석사	4.3
T-011	박성진	항공학	47	일산	박사	3.6

표 제목: 강사정보
(2) 필드, (3) 필드명, (1) 데이터, (4) 레코드, (5) 데이터베이스

(1) 데이터 : 각 셀에 입력된 값이다. 필드 또는 레코드를 구성하는 단위 정보이다.
(2) 필드 : 열 방향의 데이터이며 같은 종류의 데이터의 모임이다.
(3) 필드명 : 열의 제목에 해당하며, 필드를 구분하기 위한 이름이다.
(4) 레코드 : 행 방향의 데이터이며 하나 이상의 필드 데이터를 묶은 한 건의 자료를 말한다.
(5) 데이터베이스 : 여러 레코드의 모임 즉, 데이터 목록이다. 필드, 필드명, 레코드로 구성된다.

8.2   데이터 정렬하기

정렬은 데이터베이스에서 가장 많이 사용되는 기능으로서 특정한 필드를 기준으로 레코드를 나열하는 것을 말한다. 필드의 정렬 기준은 숫자, 문자 등의 데이터의 값뿐만 아니라 셀 색, 글꼴 색, 셀 아이콘 등과 같은 서식도 지정할 수 있다.

8.2.1 정렬의 기본

1 정렬 메뉴

리본 메뉴에서 정렬은 기준이 하나일 때 손쉽게 사용할 수 있는 [오름차순 정렬], [내림차순 정렬]과 기준이 두 개 이상일 때 유용한 [정렬]이 있다.

(1) 오름차순 정렬 : 기준이 하나일 때 사용하며 오름차순 정렬한다. 셀의 데이터 형식이 숫자이면 [숫자 오름차순 정렬], 문자이면 [텍스트 오름차순 정렬], 날짜/시간이면 [날짜/시간 오름차순 정렬]로 표시된다.
(2) 내림차순 정렬 : 기준이 하나일 때 사용하며 내림차순 정렬한다. 셀의 데이터 형식이 숫자이면 [숫자 내림차순 정렬], 문자이면 [텍스트 내림차순 정렬], 날짜/시간이면 [날짜/시간 내림차순 정렬]로 표시된다.
(3) 정렬 : 정렬 대화 상자가 표시된다. 여러 개의 필드를 기준으로 정렬하거나 정렬 조건을 다양하게 지정할 수 있다.

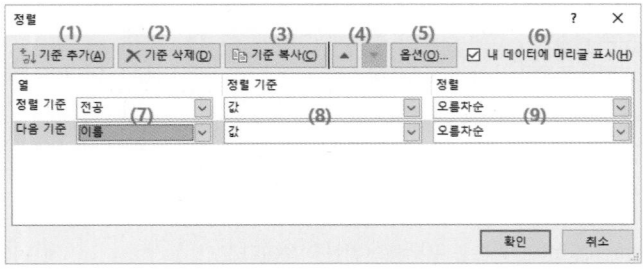

(1) 기준 추가 : 정렬 기준으로 지정하고자 하는 필드를 추가한다.
(2) 기준 삭제 : 정렬 기준으로 지정된 필드를 삭제한다.
(3) 기준 복사 : 선택한 정렬 기준을 똑같이 하나 더 만든다.
(4) 위로 이동(▲) / 아래로 이동(▼) : 정렬 순서를 변경한다. 순서를 바꾸고 싶은 기준을 선택하고 이동하고자 하는 방향의 버튼을 클릭한다.
(5) 옵션 : [정렬 옵션] 창이 나타나며 [대소문자 구분] 여부를 선택하거나, [방향]에서는 [위쪽에서 아래쪽], [왼쪽에서 오른쪽]을 선택할 수 있다.

(6) 내 데이터에 머리글 표시 : 데이터 목록의 첫 번째 행을 필드명으로 사용하려면 체크를 표시하고 정렬할 데이터로 사용하려면 체크를 제거한다. 특별한 경우가 아니라면 첫 번째 행은 필드명으로 사용하는 것이 좋다.

(7) 열 : 정렬하려는 필드명을 선택한다.

(8) 정렬 기준 : 값, 셀 색, 글꼴 색, 색 아이콘 중에서 선택한다.

(9) 정렬 : [정렬 기준]이 [값]으로 지정된 경우 오름차순, 내림차순, 사용자 지정 목록 중에서 선택한다. [정렬 기준]을 [값]으로 지정하지 않은 경우는 기본값으로 정렬하던가 아니면 정렬 순서를 직접 지정해야 한다.

2 정렬방식

■ 오름차순(Ascending) 정렬

- 숫자 : '1, 2, 3, 4'와 같이 작은 값에서 큰 값으로 나열된다.
- 영문 : 'A B C D' 순으로 나열된다.
- 한글 : '가 나 다 라' 순으로 나열된다.
- 숫자와 문자가 혼합된 경우 : 숫자, 특수 문자, 영문, 한글 순서로 나열된다.

■ 내림차순(Descending) 정렬

- 숫자 : '4, 3, 2, 1'과 같이 큰 값에서 작은 값으로 나열된다.
- 영문 : 'D C B A' 순으로 나열된다.
- 한글 : '라 다 나 가' 순으로 나열된다.
- 숫자와 문자가 혼합된 경우 : 한글, 영문, 특수 문자, 숫자 순서로 나열된다.

8.2.2 데이터 값으로 정렬

데이터 값에는 텍스트, 숫자 또는 날짜/시간이 포함된다. '8장예제_강사정보.xlsx' 파일을 이용하여 정렬을 해보자.

1 하나의 필드로 정렬하기

'8장예제_강사정보.xlsx' 파일의 [정렬1] 시트에서 '이름'을 기준으로 오름차순 정렬해보자.

번호	이름	전공	나이	주소	최종 학력	강사 평가
			강사정보			
M-006	김수연	독문학	39	도봉	박사	5.0
T-010	김영길	항공학	30	서초	석사	4.3
L-001	김종연	국문학	53	노원	석사	5.0
T-012	김지민	국문학	47	일산	학사	4.3
S-004	박미순	영문학	62	도봉	박사	5.0
T-011	박성진	항공학	47	일산	박사	3.6
M-002	박은정	컴퓨터	39	서초	학사	5.0
L-003	박정수	일문학	55	성동	박사	3.0
T-014	윤미라	불문학	32	강남	석사	2.5
T-016	이기범	항공학	60	일산	박사	4.6
T-013	이연호	불문학	35	강남	박사	2.8
L-002	이영진	컴퓨터	35	노원	석사	4.5
S-002	이철재	영문학	44	파주	석사	4.0
S-001	장기호	컴퓨터	50	파주	학사	5.0
M-001	조상기	일문학	41	성동	학사	4.7
T-015	조수민	불문학	37	강남	석사	5.0
M-003	조태종	국문학	31	파주	박사	5.0
S-003	추성수	영문학	35	파주	석사	4.3
M-005	하기봉	독문학	33	서초	박사	3.6
L-004	한영식	일문학	60	도봉	박사	3.8
M-004	함세훈	독문학	45	일산	학사	3.2

〈결과화면〉

❶ [정렬1] 시트의 [B] 열 내의 임의의 셀인 [B3] 셀을 클릭하고 [데이터]–[정렬 및 필터]
그룹에서 [텍스트 오름차순 정렬 🔽]을 클릭한다.

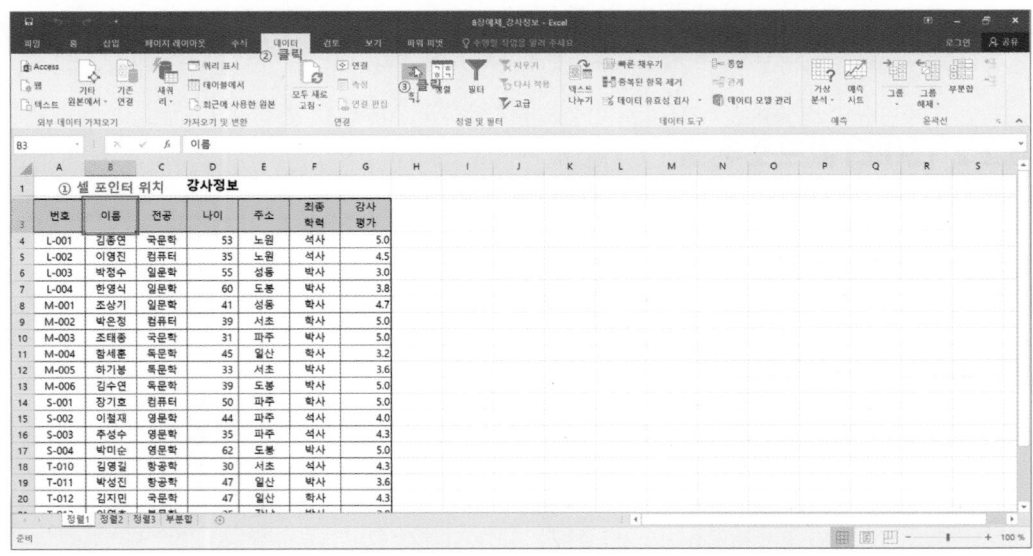

❷ '이름'의 오름차순으로 레코드가 정렬된다.

2 두 개 이상의 필드로 정렬하기

'8장예제-강사정보.xlsx' 파일의 [정렬2] 시트에서 '전공'을 기준으로 1차 정렬, '이름'을 기준으로 2차 정렬해보자.

	A	B	C	D	E	F	G
1				강사정보			
3	번호	이름	전공	나이	주소	최종 학력	강사 평가
4	L-001	김종연	국문학	53	노원	석사	5.0
5	T-012	김지민	국문학	47	일산	학사	4.3
6	M-003	조태종	국문학	31	파주	박사	5.0
7	M-006	김수연	독문학	39	도봉	박사	5.0
8	M-005	하기봉	독문학	33	서초	박사	3.6
9	M-004	함세훈	독문학	45	일산	학사	3.2
10	T-014	윤미라	불문학	32	강남	석사	2.5
11	T-013	이연호	불문학	35	강남	박사	2.8
12	T-015	조수민	불문학	37	강남	석사	5.0
13	S-004	박미순	영문학	62	도봉	박사	5.0
14	S-002	이철재	영문학	44	파주	석사	4.0
15	S-003	추성수	영문학	35	파주	석사	4.3
16	L-003	박정수	일문학	55	성동	박사	3.0
17	M-001	조상기	일문학	41	성동	학사	4.7
18	L-004	한영식	일문학	60	도봉	박사	3.8
19	M-002	박은정	컴퓨터	39	서초	학사	5.0
20	L-002	이영진	컴퓨터	35	노원	석사	4.5
21	S-001	장기호	컴퓨터	50	파주	학사	5.0
22	T-010	김영길	항공학	30	서초	석사	4.3
23	T-011	박성진	항공학	47	일산	박사	3.6
24	T-016	이기범	항공학	60	일산	박사	4.6

〈결과화면〉

❶ [정렬2] 시트의 데이터 목록 내의 임의의 셀인 [A3] 셀을 클릭하고 [데이터]-[정렬 및 필터] 그룹-[정렬]을 선택한다.

❷ [정렬] 창에서 [기준 추가]를 클릭하여 정렬 기준을 하나 더 추가한 후 다음과 같이 지정한다.

- [정렬 기준]에서 차례대로 '전공', [값], [오름차순] 선택
- [다음 기준]에서 차례대로 '이름', [값], [오름차순] 선택

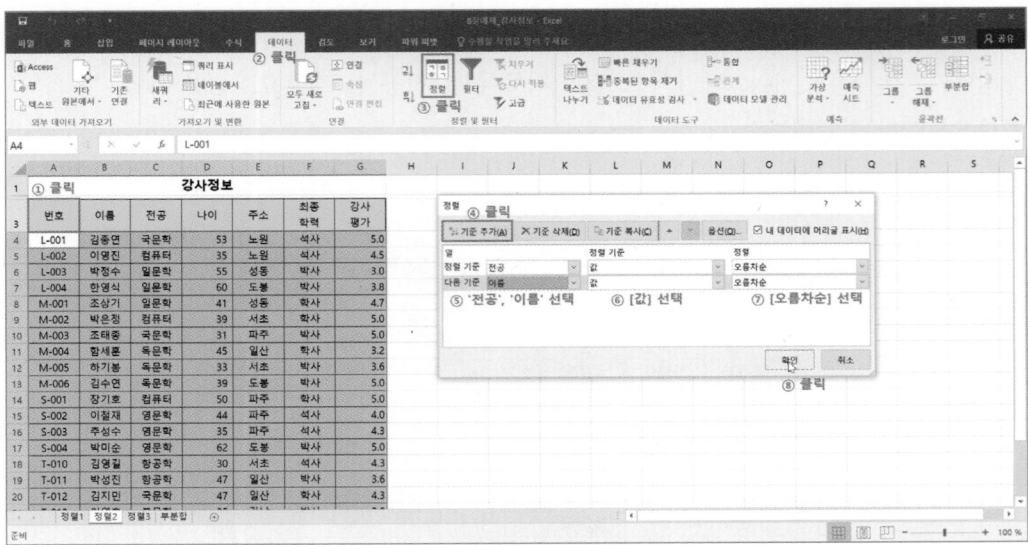

❸ '전공'의 오름차순으로 1차 정렬된 후 다시 '이름'의 오름차순으로 2차 정렬된다.

8.2.3 서식으로 정렬

'8장예제−강사정보.xlsx' 파일의 [정렬3] 시트에서 셀 색을 기준으로 데이터를 정렬해보자.

	A	B	C	D	E	F	G
1	강사정보						
3	번호	이름	전공	나이	주소	최종 학력	강사 평가
4	L-001	김종연	국문학	53	노원	석사	5.0
5	L-002	이영진	컴퓨터	35	노원	석사	4.5
6	L-003	박정수	일문학	55	성동	박사	3.0
7	M-001	조상기	일문학	41	성동	학사	4.7
8	M-003	조태종	국문학	31	파주	박사	5.0
9	S-001	장기호	컴퓨터	50	파주	학사	5.0
10	S-002	이철재	영문학	44	파주	석사	4.0
11	S-003	추성수	영문학	35	파주	석사	4.3
12	L-004	한영식	일문학	60	도봉	박사	3.8
13	M-002	박은정	컴퓨터	39	서초	학사	5.0
14	M-004	함세훈	독문학	45	일산	학사	3.2
15	M-005	하기봉	독문학	33	서초	박사	3.6
16	M-006	김수연	독문학	39	도봉	박사	5.0
17	S-004	박미순	영문학	62	도봉	박사	5.0
18	T-010	김영길	항공학	30	서초	석사	4.3
19	T-011	박성진	항공학	47	일산	박사	3.6
20	T-012	김지민	국문학	47	일산	학사	4.3
21	T-013	이연호	불문학	35	강남	박사	2.8
22	T-014	윤미라	불문학	32	강남	석사	2.5
23	T-015	조수민	불문학	37	강남	석사	5.0
24	T-016	이기범	항공학	60	일산	박사	4.6

〈결과 화면〉

❶ [정렬3] 시트의 데이터 목록 내의 임의의 셀인 [A3] 셀을 클릭하고 [데이터]–[정렬 및 필터] 그룹–[정렬]을 선택한다.

❷ [정렬] 창에서 [정렬 기준]은 차례대로 '주소', [셀 색], 연한 빨강(☐), [위에 표시]를 지정한다.

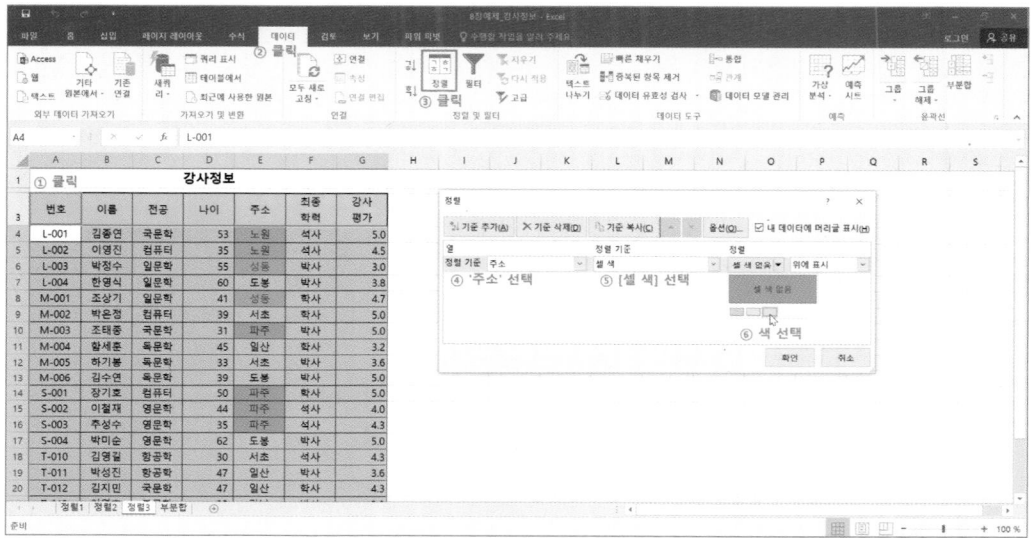

❸ 동일한 필드 내의 셀 색깔만 변경하면 되므로 [기준 복사]를 두 번 클릭한다. [다음 기준]이 두 개가 추가되면 셀의 색을 각각 노랑(☐), 녹색(☐)으로 지정하고 [확인]을 클릭한다.

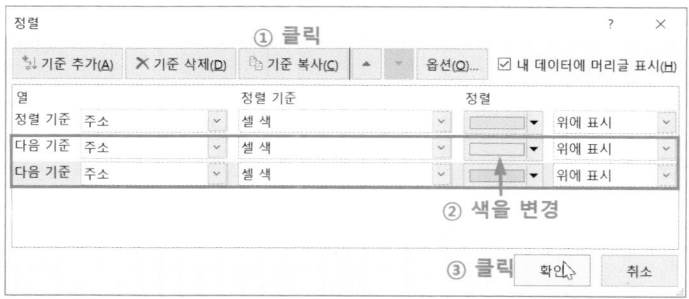

❹ '주소' 필드의 색깔 데이터 순서대로 레코드가 정렬된다.

8.3 부분합

부분합이란 특정 필드를 그룹으로 묶은 후, 그룹별로 계산을 구하기 위한 기능이다. 부분합은 그룹별로 합계, 평균, 최소, 최대 값 등을 구할 수 있고 여러 함수를 중복하여 사용할 수도 있다. 부분합을 실행하기 전에 데이터는 그룹화할 항목으로 반드시 정렬되어 있어야 한다. 그룹 단위로 정렬되지 않은 상태에서 부분합을 적용하면 의미 없는 결과를 얻게 된다.

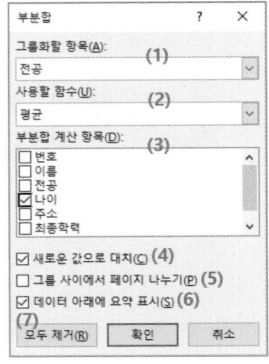

(1) 그룹화할 항목 : 그룹화를 위한 기준이 되는 필드이다. 이 필드를 기준으로 정렬을 해야 한다.
(2) 사용할 함수 : 부분합을 계산할 때 사용할 함수 목록상자이다. 합계, 개수, 평균, 최대값, 최소값, 곱, 숫자 개수, 표준 편차 등이 있다.
(3) 부분합 계산 항목 : 함수를 적용할 필드를 선택한다. 계산 가능한 값으로 표현되는 필드만 선택 가능하다.
(4) 새로운 값으로 대치 : 기존의 부분합 계산 결과는 제거되고 새로운 부분합 결과만 표시된다.
(5) 그룹 사이에서 페이지 나누기 : 부분합 결과를 그룹별로 별도의 용지나 페이지에 인쇄하고 싶을 때 선택한다.
(6) 데이터 아래에 요약 표시 : 부분합 결과를 그룹 아래에 표시한다. 체크를 해제하면 그룹 위쪽에 부분합 결과가 표시된다.
(7) 모두 제거 : 부분합 결과를 제거한다.

8.3.1 부분합 작성

'8장예제-강사정보.xlsx' 파일의 [부분합] 시트에서 부분합을 작성해보자. 부분합을 적용하기 전에 같은 그룹의 데이터들을 모아 주어야 한다.

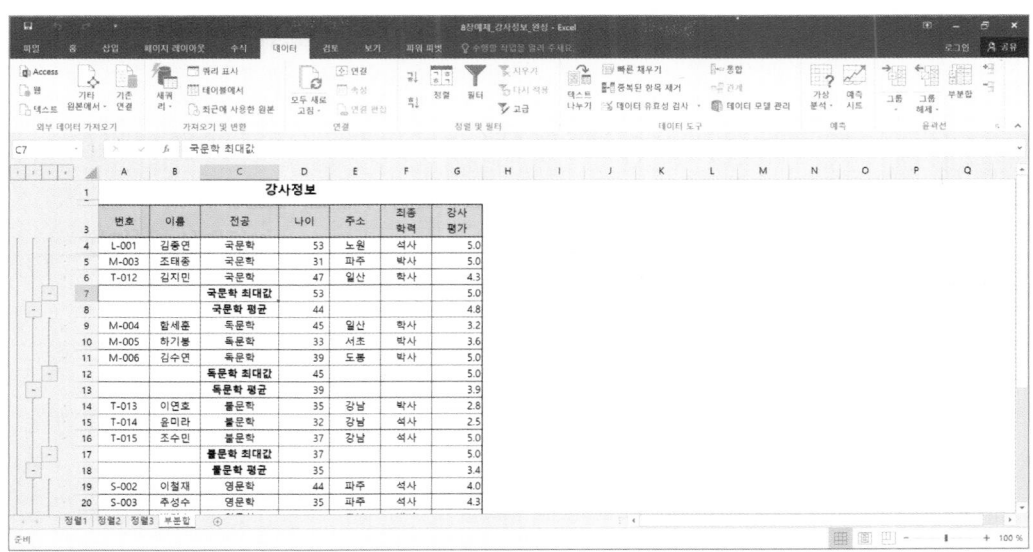

〈결과 화면〉

1 함수가 한 개인 부분합 작성하기

전공 별로 '나이'와 '강사평가'의 평균을 나타내보자.

- 그룹화할 항목 : 전공
- 사용할 함수 : 평균
- 부분합 계산 항목 : 나이, 강사평가

같은 전공끼리 데이터를 모아야 하므로 '전공'에 대해 정렬을 적용해야 한다.

❶ '전공' 필드에 대해 오름차순 정렬을 적용해보자. [부분합] 시트의 [C3] 셀을 클릭하고 [데이터]−[정렬 및 필터] 그룹−[텍스트 오름차순 정렬(ᴢ↓)]을 선택한다.

❷ '전공' 필드를 기준으로 정렬된 데이터에 부분합을 적용하기 위해 [데이터]−[윤곽선] 그룹−[부분합]을 선택한다. [부분합] 창에서 [그룹화할 항목]은 '전공', [사용할 함수] 는 [평균], [부분합 계산 항목]은 '나이', '강사평가'로 설정하고 [확인]을 클릭한다.

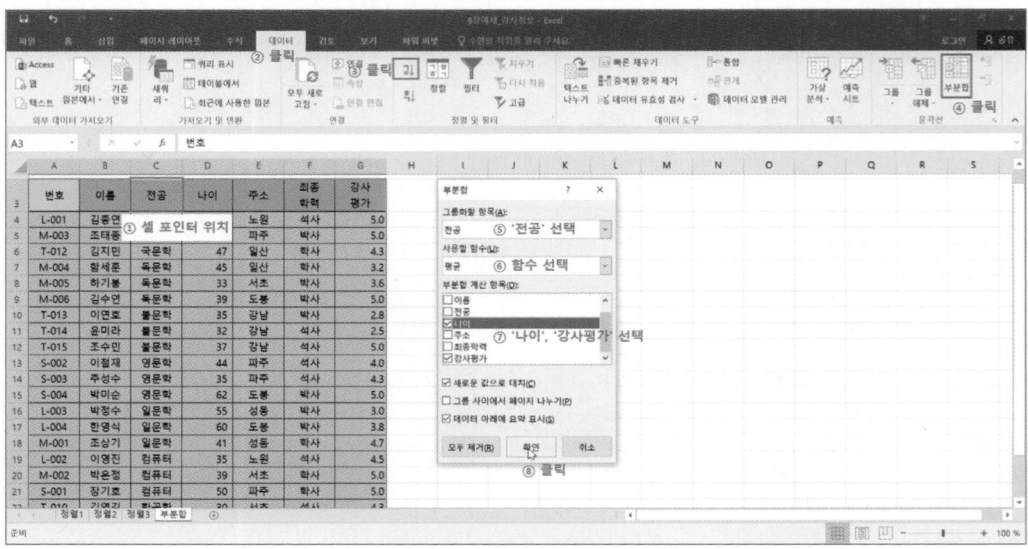

❸ 데이터가 '전공'으로 그룹화되고 각 그룹 아래에 평균 함수가 실행된 결과가 나타난다. 데이터 왼쪽에 그룹화의 수준이 ①, ②, ③으로 나타나며, 각 그룹은 +, −를 클릭하여 접거나 펼쳐볼 수 있다.

	A	B	C	D	E	F	G
1			강사정보				
3	번호	이름	전공	나이	주소	최종학력	강사평가
4	L-001	김종연	국문학	53	노원	석사	5.0
5	M-003	조태종	국문학	31	파주	박사	5.0
6	T-012	김지민	국문학	47	일산	학사	4.3
7			국문학 평균	44			4.8
8	M-004	함세훈	독문학	45	일산	학사	3.2
9	M-005	하기봉	독문학	33	서초	박사	3.6
10	M-006	김수연	독문학	39	도봉	박사	5.0
11			독문학 평균	39			3.9
15			불문학 평균	35			3.4
19			영문학 평균	47			4.4
23			일문학 평균	52			3.8
27			컴퓨터 평균	41			4.8
31			항공학 평균	46			4.2
32			전체 평균	43			4.2

참고 윤곽기호

①은 전체결과(전체평균)가 표시된다.

	A	B	C	D	E	F	G
1			강사정보				
3	번호	이름	전공	나이	주소	최종학력	강사평가
32			전체 평균	43			4.2
33							

2 는 그룹별 부분합(평균)과 전체결과(전체평균)가 표시된다.

		A	B	C	D	E	F	G
1				강사정보				
3		번호	이름	전공	나이	주소	최종 학력	강사 평가
7				국문학 평균	44			4.8
11				독문학 평균	39			3.9
15				불문학 평균	35			3.4
19				영문학 평균	47			4.4
23				일문학 평균	52			3.8
27				컴퓨터 평균	41			4.8
31				항공학 평균	46			4.2
32				전체 평균	43			4.2
33								

3 은 그룹에 속한 데이터, 그룹별 부분합(평균)과 전체결과(전체평균)가 표시된다.

		A	B	C	D	E	F	G
22		M-001	조상기	일문학	41	성동	학사	4.7
23				일문학 평균	52			3.8
24		L-002	이영진	컴퓨터	35	노원	석사	4.5
25		M-002	박은정	컴퓨터	39	서초	학사	5.0
26		S-001	장기호	컴퓨터	50	파주	학사	5.0
27				컴퓨터 평균	41			4.8
28		T-010	김영길	항공학	30	서초	석사	4.3
29		T-011	박성진	항공학	47	일산	박사	3.6
30		T-016	이기범	항공학	60	일산	박사	4.6
31				항공학 평균	46			4.2
32				전체 평균	43			4.2
33								

2 함수가 두 개인 부분합 구하기

전공별로 평균이 표시된 결과에 대해 최대값을 추가로 나타내보자.

❶ 부분합이 적용된 범위 내의 임의의 셀인 [A3] 셀을 선택하고 [데이터]–[윤곽선] 그룹–[부분합]을 클릭한다.

❷ [부분합] 창에서 [사용할 함수]는 [최대값], [새로운 값으로 대치]를 체크 해제한다.

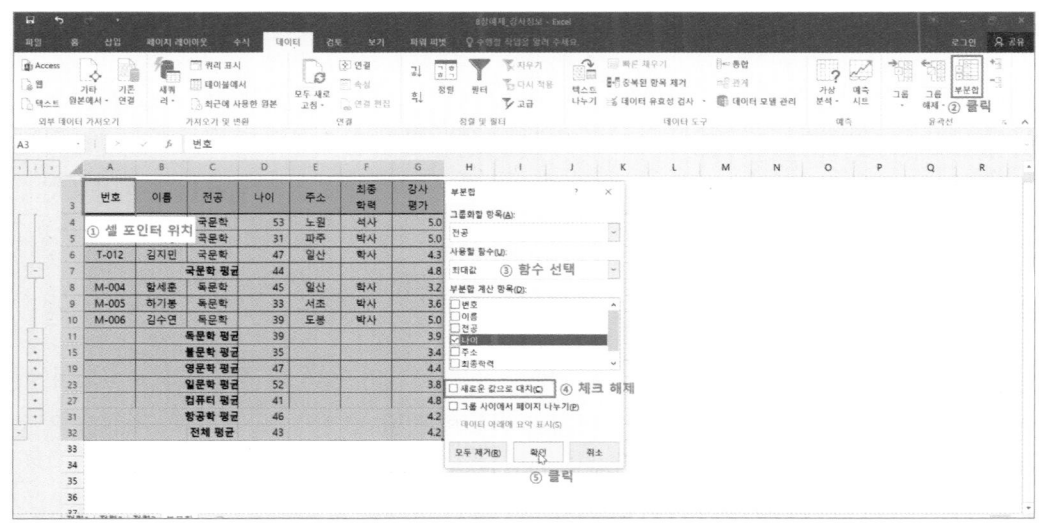

TIP **[새로운 값으로 대치]** : 체크를 해제하면 기존 부분합 결과에 새로운 부분합 결과가 추가된다.

8.3.2 부분합 제거

적용된 부분합을 모두 제거하려면 부분합이 적용된 범위 내의 임의의 셀인 [A3] 셀을 클릭하고 [데이터]–[윤곽선] 그룹–[부분합]을 선택한다. [부분합] 창에서 [모두 제거]를 클릭한다.

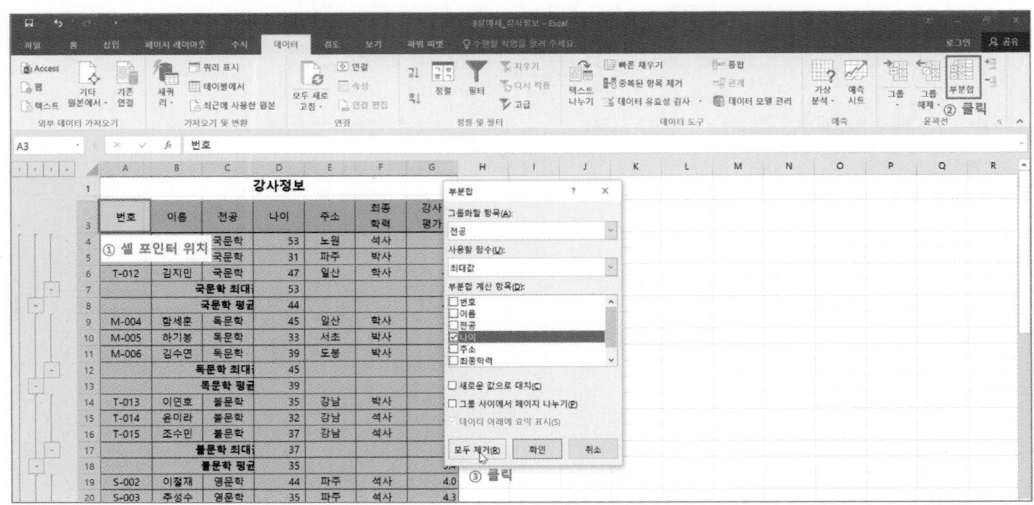

8.4 ## 데이터 추출하기

필터란 많은 양의 데이터 중에서 원하는 데이터만 보고자 할 때 유용한 기능으로서 데이터 목록에서 특정 필드에 조건을 부여하고 그 조건에 맞는 데이터만 검색하여 화면에 표시하는 기능이다. 필터에는 자동필터와 고급필터가 있다. 간단한 조건으로 데이터를 추출하고자 할 때는 **자동필터**를, 다양한 형식의 조건을 적용하고자 할 때는 **고급필터**를 사용한다.

8.4.1 자동필터

자동필터를 실행하면 필드 이름의 오른쪽에 화살표 모양의 필터 단추(▼)가 표시되며 이 필터 단추는 원하는 자료를 검색하기 위해 조건을 부여할 수 있는 단추이다. 조건을 지정하고 싶은 필드의 필터 단추를 클릭하여 조건을 지정하며 여러 필드에 조건을 지정할 수 있다. 조건이 적용된 필터 단추는 ▼ 모양으로 바뀐다. 필터를 적용한 후 검색 결과는 데이터 목록이 있는 위치에 나타나며 왼쪽 행 번호가 파란색으로 표시된다. 하나의 필드 내에서는 AND와 OR 조건을 사용할 수 있지만, 다른 필드 간에는 AND 조건만 적용할 수 있다.

1 필터 조건 지정하기

'8장예제_자동필터.xlsx' 파일에 자동 필터 기능을 이용하여 데이터를 추출해보자.

■ **텍스트나 숫자 데이터 추출하기**

다음과 같이 '결재방법'이 '카드'나 '포인트'이고 '수량'이 '2' 또는 '3'인 데이터를 추출해보자.

주문번호	고객번호	고객명	결제방법	상품명	수량	결제금액	연간구매금액
A20204	C_70006	이영직	카드	율무호두차	2	43,960	5,559,000
A20205	C_70010	조태영	카드	믹스커피	2	35,000	1,547,000
A20206	C_70014	김조연	카드	믹스커피	2	35,000	5,559,000
A20210	M_70006	김소영	카드	율무아몬드차	2	33,960	500,000
A20212	M_70008	김정경	카드	율무차	2	33,960	320,000
A20214	M_70010	김연대	카드	율무차	2	33,960	215,000
B20202	C_70001	조수민	카드	율무차	3	67,920	52,500,000
B20206	C_70005	박명수	카드	율무아몬드차	3	50,940	12,400,000
B20210	C_70009	이승길	카드	율무호두차	3	50,940	52,500,000
B20214	C_70013	조태종	카드	율무호두차	3	50,940	12,400,000
D20205	C_70004	김소정	카드	겨울부츠	2	70,000	4,400,000
D20206	C_70008	남태현	카드	겨울부츠	2	70,000	50,300
D20210	P_70004	조화란	포인트	겨울부츠	2	60,000	3,320,020
E20202	P_70001	김진수	포인트	무선청소기	2	390,000	29,300,200
F20204	C_70003	이은진	카드	탁상시계	2	28,000	578,000
F20205	C_70007	연민기	카드	탁상시계	2	30,000	187,000

〈결과 화면〉

❶ '결재방법'이 '카드'나 '포인트'인 데이터만 추출하기 위해 [A3] 셀을 클릭하고 [데이터]-[정렬 및 필터] 그룹-[필터]를 클릭한다. 필드명 옆에 자동 필터 단추(▼)가 나타난다.

❷ '결재방법 ▾' 단추를 클릭하여 목록에서 [모두 선택]의 체크를 해제한 후 '카드'와 '포인트'를 선택하면 '카드'와 '포인트' 데이터만 추출된다. 조건이 적용된 '결재방법' 필드 단추는 ▾ 모양으로 바뀐다.

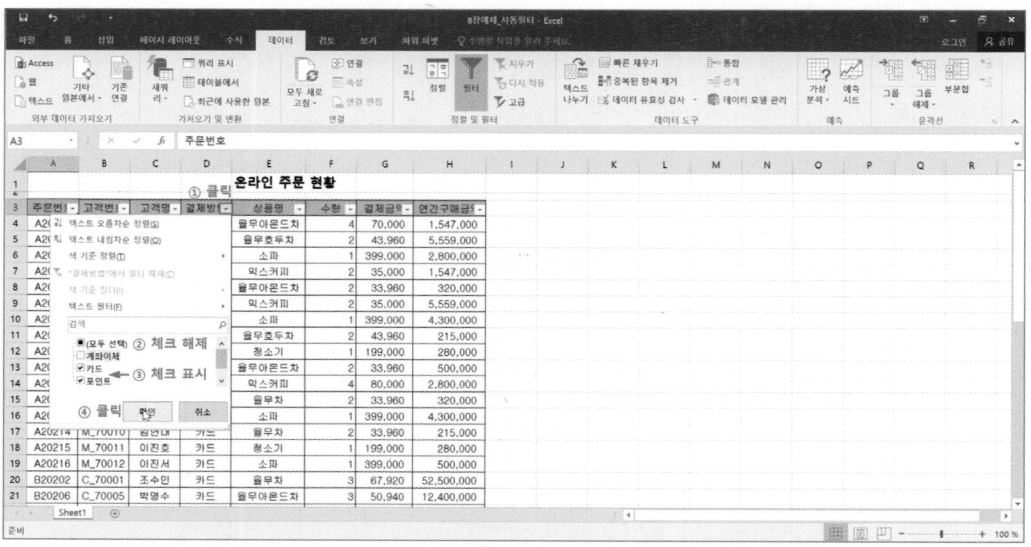

자동필터를 중복하여 적용하면 이전에 걸러진 데이터에 대해 새 조건을 추가로 적용하여 추출할 수 있다. 위의 추출 결과에서 '수량'이 '2' 또는 '3'인 데이터를 추출해보자.

❶ '수량 ▾' 단추를 클릭하여 목록에서 [모두 선택]의 체크를 제거한 후 '2'와 '3'을 선택하면 수량이 '2' 또는 '3'인 데이터가 추출된다.

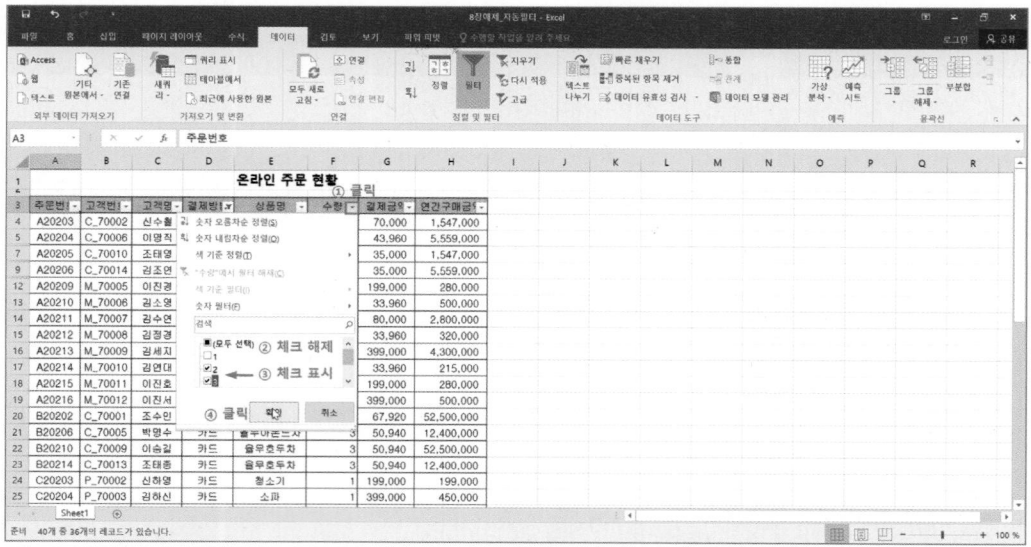

■ **사용자 지정 조건 사용하기**

'상품명'이 '율무'로 시작되고 '연간구매금액'이 천만 원 이상인 데이터만 추출해보자.

	A	B	C	D	E	F	G	H
1				**온라인 주문 현황**				
3	주문번	고객번	고객명	결제방법	상품명	수량	결제금액	연간구매금
20	B20202	C_70001	조수민	카드	율무차	3	67,920	52,500,000
21	B20206	C_70005	박명수	카드	율무아몬드차	3	50,940	12,400,000
22	B20210	C_70009	이승길	카드	율무호두차	3	50,940	52,500,000
23	B20214	C_70013	조태종	카드	율무호두차	3	50,940	12,400,000

〈결과 화면〉

❶ '상품명'이 '율무'로 시작되는 데이터를 추출하기 위해 '상품명 ▽'을 클릭하여 [텍스트 필터]-[시작 문자]를 선택한다.

❷ [사용자 지정 자동 필터] 창에서 [상품명]에 [시작 문자]가 선택되어 있는지 확인하고 오른쪽 입력란에 '율무'를 입력한다.

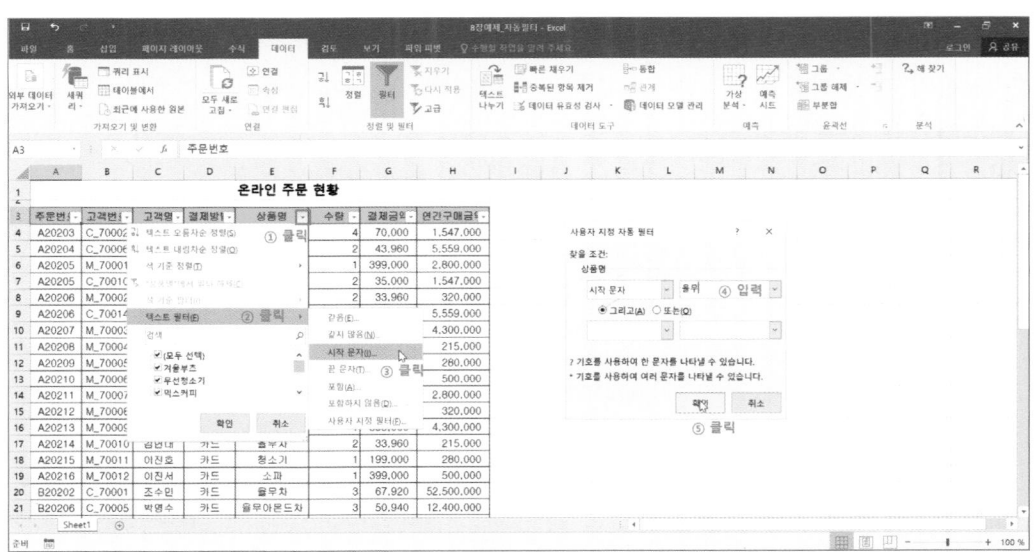

❸ [상품명]이 '율무'인 레코드가 추출된다.

❹ 위의 추출 결과에서 '연간구매금액'이 천만 원 이상인 데이터를 추출해보자. '연간구
매금액 ▾'을 클릭하여 [숫자 필터]-[크거나 같음]을 선택한다.

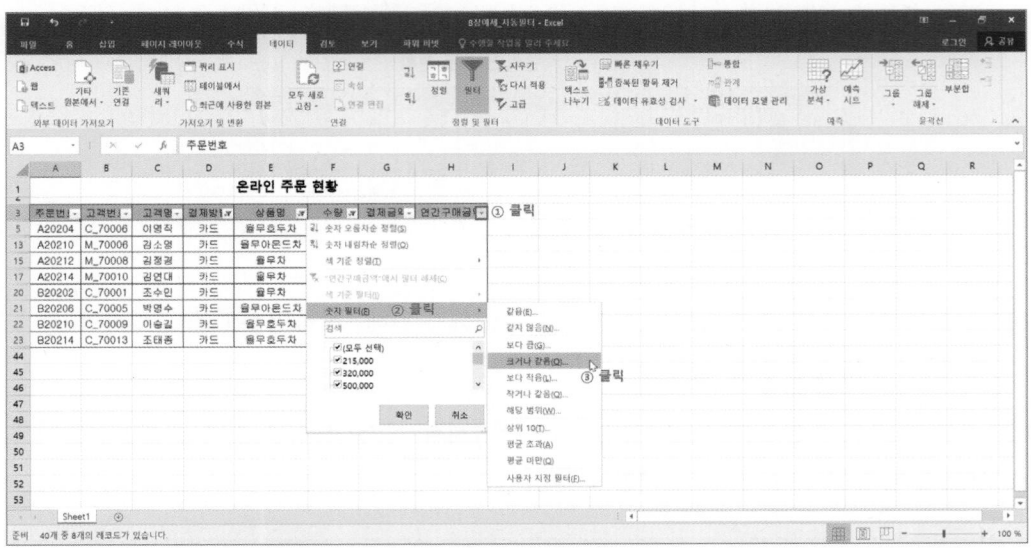

❺ [사용자 지정 자동 필터] 창에서 [연간구매금액]에 [>=] 이 선택되어 있는지 확인하고
'10000000'을 입력한다.

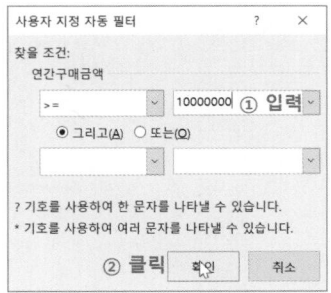

2 자동필터 조건 지우기

특정 필드의 필터 조건을 지우거나 모든 필터 조건을 한 번에 지우는 방법을 알아보자.

■ 특정 필드의 필터 조건 지우기

'연간구매금액 ▼'을 클릭하여 ['연간구매금액'에서 필터 해제]를 클릭한다.

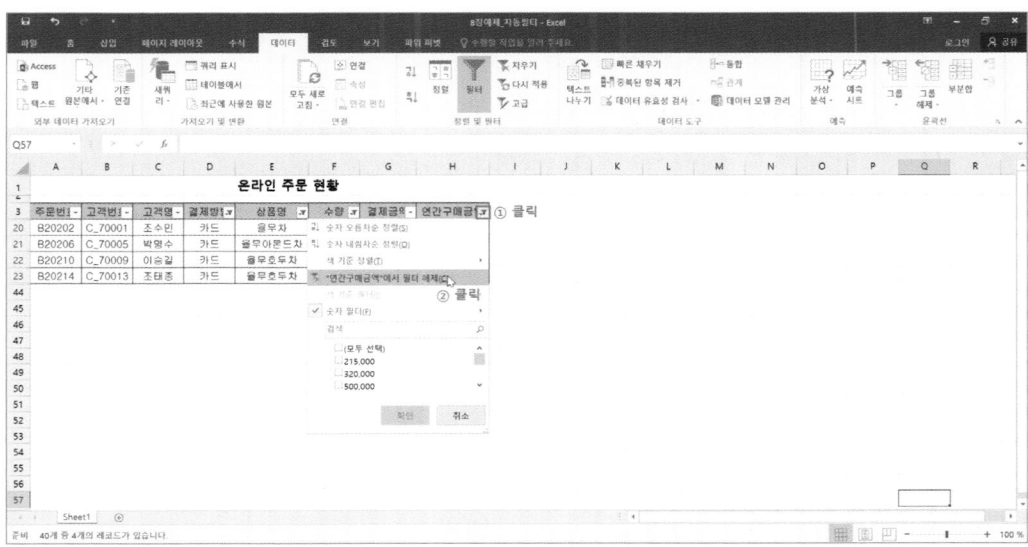

■ 한꺼번에 필터 조건 지우기

새로운 조건을 지정하기 위해 자동 필터는 해제시키지 않고 적용된 조건만 한꺼번에 지우고자 할 때는 다음과 같은 방법대로 하면 된다.

❶ [데이터]–[정렬 및 필터] 그룹–[지우기]를 클릭한다.

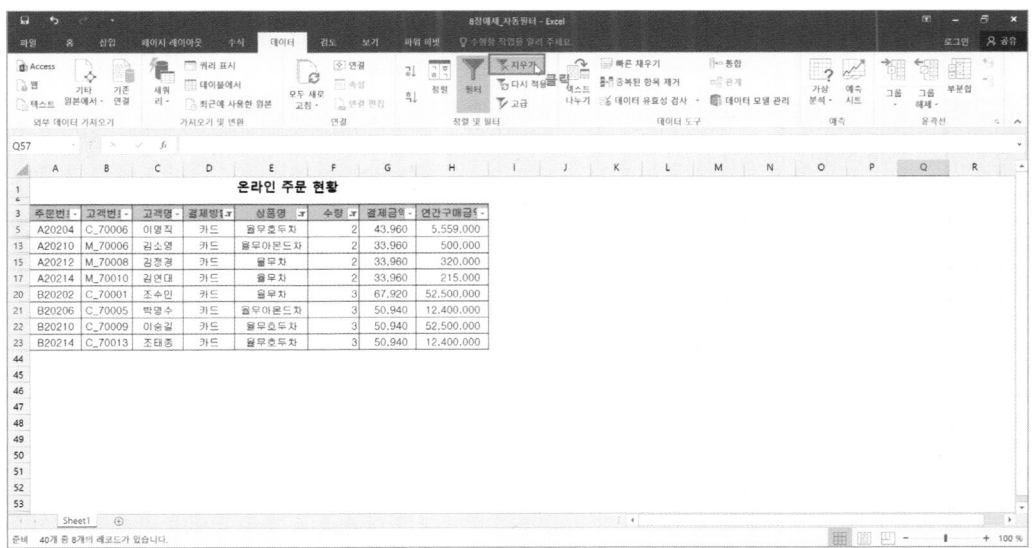

❷ [지우기]가 비활성화되면서 자동 필터는 해제되지 않고 그대로 남아 있고 필터 조건만 지워진다.

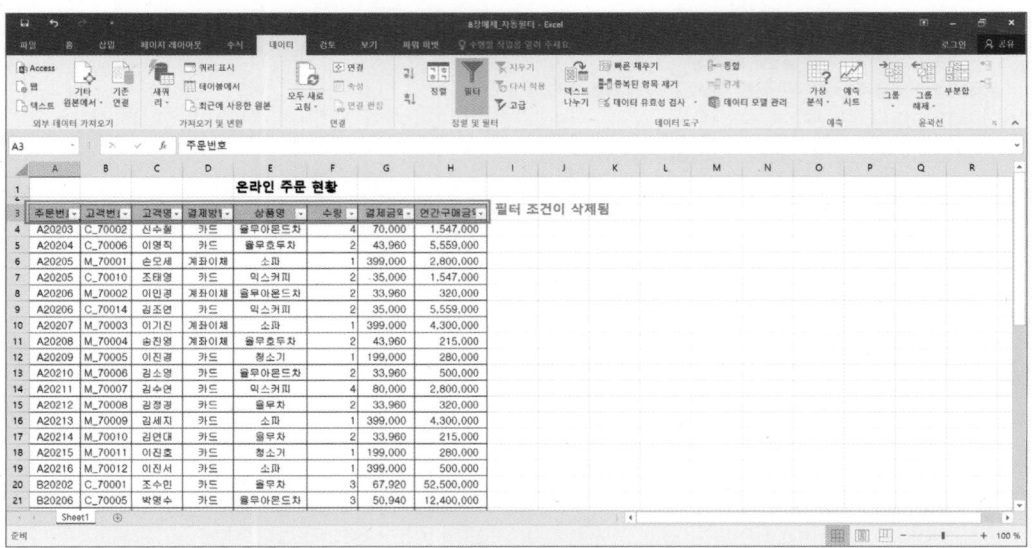

③ 자동필터 종료하기

❶ 자동필터를 종료하려면 [데이터]–[정렬 및 필터] 그룹–[필터]를 한 번 더 클릭한다.

❷ 필터 메뉴가 비활성화되고 필드 이름 오른쪽의 필터 단추가 사라진다.

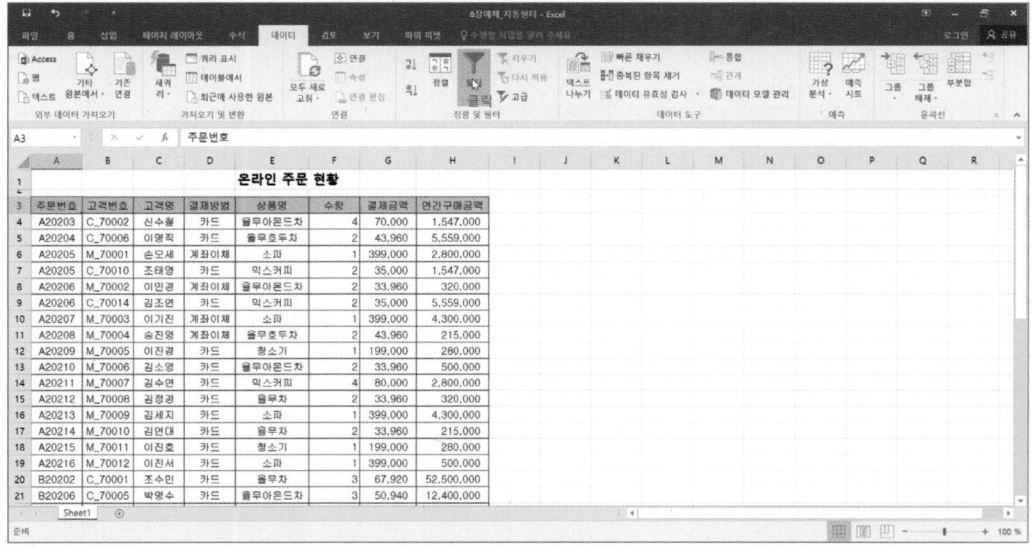

8.4.2 고급필터

고급필터는 데이터 영역 외부에 조건을 직접 입력하여 데이터를 추출하는 방법으로, 여러 필드를 대상으로 복잡한 조건을 적용하고자 할 때 유용하게 사용된다. 자동필터는 개별 필드마다 조건을 일일이 지정해주어야 하고 서로 다른 필드에는 AND 조건만 적용할 수 있어 여러 조건을 다양하게 사용할 수 없다. 반면, 고급필터는 필터 조건을 셀에 입력하여 사용하므로 AND와 OR 조건을 다양한 형태로 적용할 수 있어 복잡한 조건을 한 번에 적용할 수 있다.

1 고급필터 대화상자

[고급 필터] 창에서 필터를 적용할 데이터 목록 범위, 조건 범위, 복사 위치를 지정한다.

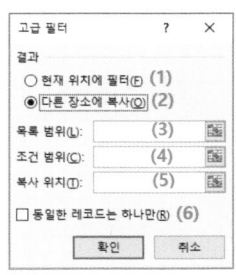

(1) 현재 위치에 필터 : 필터 결과를 원본 데이터 위치에 표시한다.
(2) 다른 장소에 복사 : 필터 결과를 [복사 위치]의 셀 위치에 표시한다.
(3) 목록 범위 : 필터를 적용할 데이터의 목록 범위를 지정한다.
(4) 조건 범위 : 필터에 적용할 조건이 입력된 범위를 지정한다.
(5) 복사 위치 : [다른 장소에 복사]를 선택해야 활성화 된다. 필터 결과가 복사될 시작 위치를 지정한다.
(6) 동일한 레코드는 하나만 : 필터 결과에 동일한 값을 가진 레코드가 있으면 하나만 표시한다.

2 고급필터의 조건 지정 방법

고급 필터의 조건은 규칙에 맞게 입력해야 한다. 조건 지정 규칙은 필드명과 조건으로 구성되며 필드명을 먼저 쓰고, 아래 행에 조건을 입력한다.

* 필드명 : 데이터 목록의 필드명을 그대로 쓴다.
* 조건 : 문자열, 숫자, 논리식, 와일드카드 등을 이용하여 입력한다.
* 여러 조건 지정 : AND, OR 조건 작성 방법을 이용하여 입력한다. AND는 같은 행에 OR는 다른 행에 조건을 입력한다.
* 수식 조건 : 필드명은 생략하거나 원본 필드명과 다른 필드명을 사용한다. 조건은 셀에 논리값(TRUE 또는 FALSE)을 반환하는 수식을 입력한다.

> **참고** **고급필터 조건 지정**

1) AND 조건 : 조건을 같은 행에 입력한다. 두 개 이상의 조건이 모두 참이어야 한다.

- 구분이 '비스킷'이고 분류가 '대형견용'인 데이터 추출

구분	분류
비스킷	대형견용

2) OR 조건 : 조건을 다른 행에 입력한다. 두 개 이상의 조건 중 하나라도 참이어야 한다.

- 구분이 '비스킷'이거나 분류가 '대형견용'인 데이터 추출

구분	분류
비스킷	
	대형견용

3) 와일드카드 : 문자열 값을 정확히 모를 때 와일드카드를 사용한다.

구분	분류
*	임의의 개수
?	한 개의 문자

- 제품명이 '사사미'로 끝나는 데이터 추출

제품명
*사사미

- 제품명이 '사사미'로 끝나는 5글자 데이터 추출

제품명
??사사미

4) 수식 조건 : 필드명은 생략하거나 원본 필드명과 다른 필드명을 사용한다. 조건은 셀에 논리값(TRUE 또는 FALSE)을 반환하는 수식을 입력한다.

- 구분이 '비스킷'이고 분류가 '대형견용'인 데이터 추출 시 조건 작성 방법

수식 조건	수식조건
=AND(C4="비스킷", D4="대형견용")	FALSE
조건 입력 화면	조건 입력 후 결과 화면

3 고급필터 적용하기

'8장예제_고급필터.xlsx' 파일을 이용하여 데이터를 추출해보자.

■ AND 조건으로 추출하기

'구분'이 '비스킷'이고 '분류'가 '소형견용'인 데이터를 추출해보자.

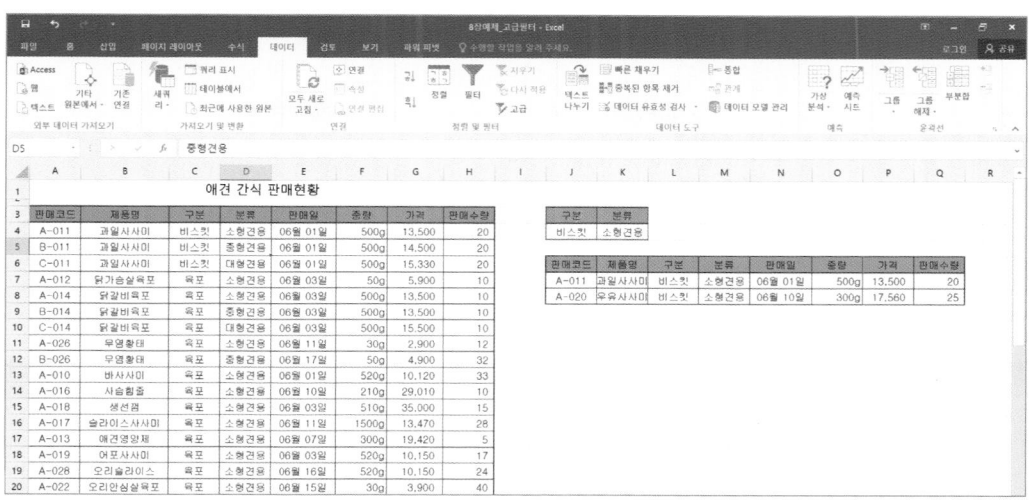

〈결과 화면〉

❶ AND 조건이므로 조건은 같은 행에 입력한다.
[J3:K4] 범위에 다음과 같이 조건을 입력한다.

구분	분류
비스킷	소형견용

조건은 입력 오류를 막기 위해 원본 목록의 데이
터를 복사하여 입력하는 것이 좋다. 데이터가 떨어져 있을 때는 [Ctrl]을 누른 채 원하
는 셀을 클릭한다. 데이터가 연속적으로 있을 경우는 범위 시작 셀을 클릭한 후 [Shift]
를 누른 채 범위 끝 셀을 클릭하면 된다.

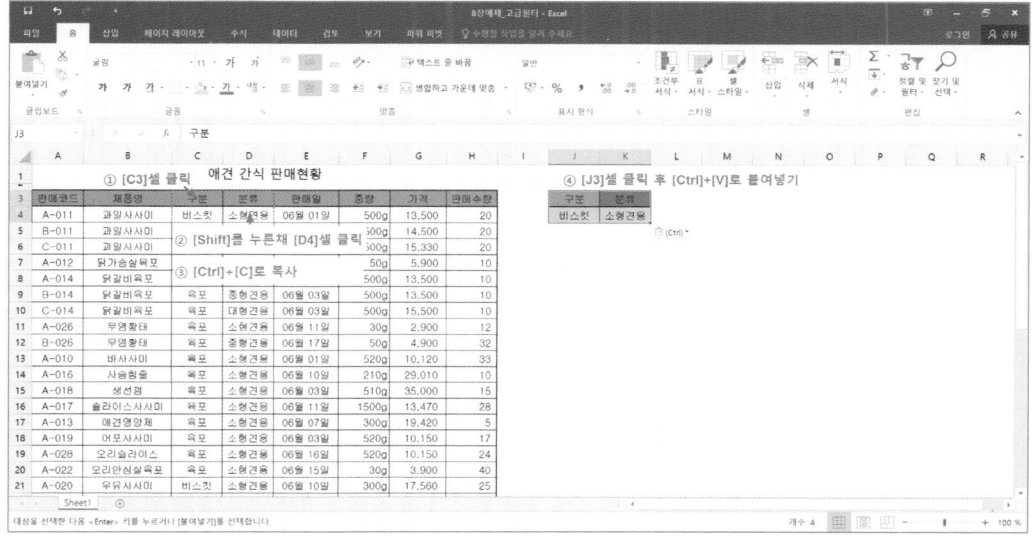

TIP 조건 비교 시에 공백까지도 인식하기 때문에 필드명과 조건을 직접 입력할 때 주의해야 한다.

❷ 데이터 목록 안의 임의의 셀로 셀 포인터를 이동한다. [데이터]-[정렬 및 필터] 그룹-[고급]을 선택하여 [고급필터] 창이 나타나면 다음과 같이 지정한다.

- [다른 장소에 복사]를 선택
- [목록 범위]는 [A3:H39]
- [조건 범위]는 [J3:K4]
- [복사 위치]는 [J6]

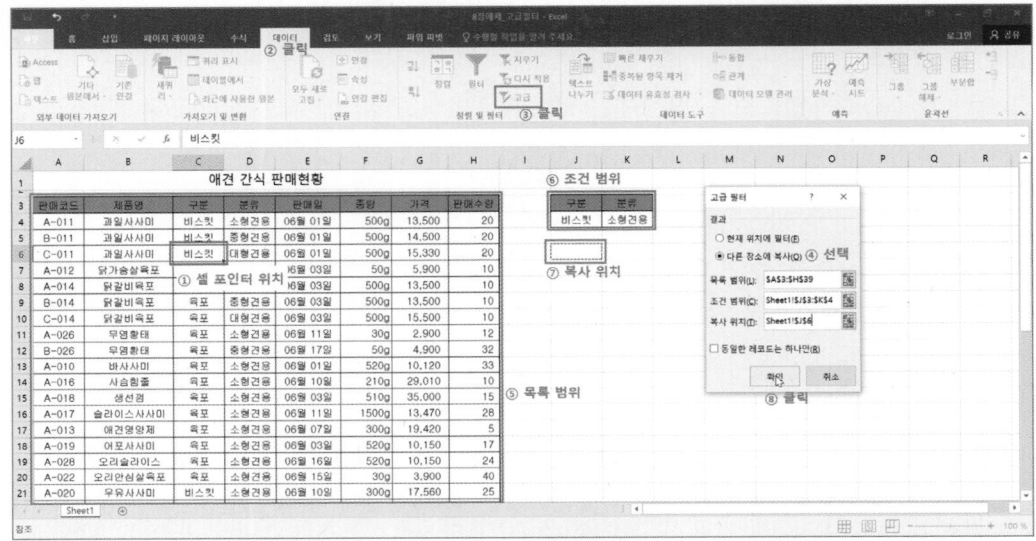

> **TIP** 고급필터에서 범위를 지정하면 절대 참조로 인식된다.

❸ 조건에 해당하는 데이터가 [J6] 셀 위치부터 추출된다.

> **TIP** 전체 필드를 추출하고자 할 때는 필드명을 따로 작성하지 않고 추출 시작 셀 위치만 지정하면 된다. 특정 필드만 추출하고자 할 때는 추출하고자 하는 필드명을 적어주어야 한다.

- OR 조건으로 추출하기

'중량'이 '50' 미만 또는 '1000' 초과이거나 '판매수량'이 '40' 초과인 데이터를 추출해 보자.

〈결과 화면〉

❶ OR 조건이므로 조건을 다른 행에 입력한다.
[J10:K13] 범위에 우측의 조건을 입력한다.

중량	판매수량
〈 50	
〉 1000	
	〉 40

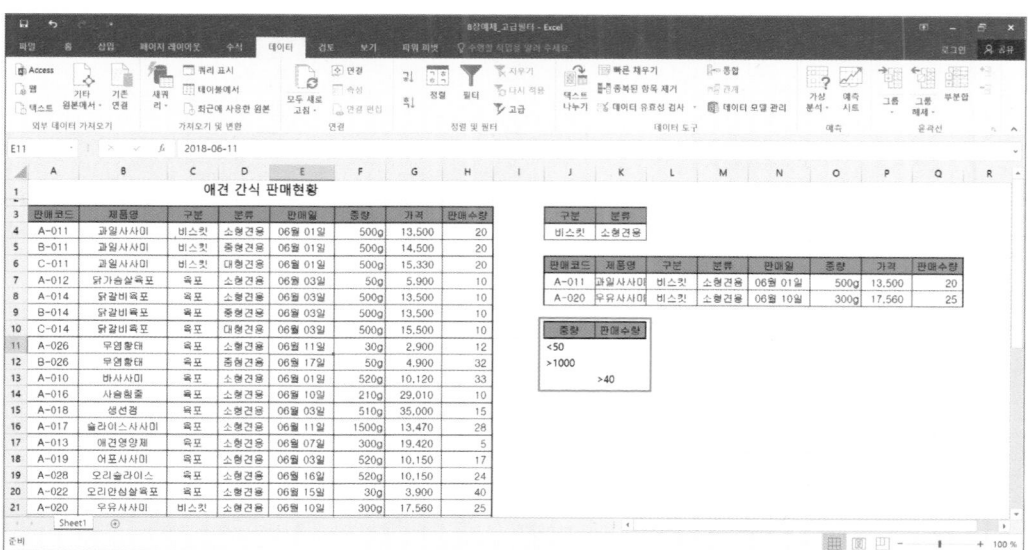

❷ 데이터 목록 안의 임의의 셀을 클릭하고 [데이터]–[정렬 및 필터] 그룹–[고급]을 선택한다. [고급필터] 창이 나타나면 다음과 같이 지정한다.

- [다른 장소에 복사]를 선택
- [목록 범위]는 [A3:H39]
- [조건 범위]는 [J10:K13]
- [복사 위치]는 [J15]

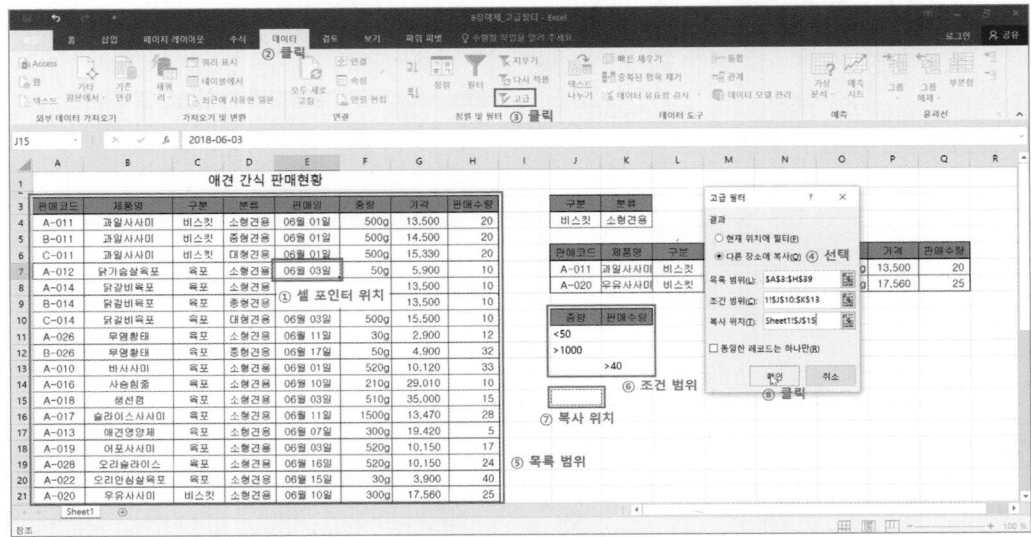

❸ 조건에 해당하는 데이터가 [J15] 셀 위치부터 추출된다.

■ **수식 조건 적용하기**

'제품명'이 '사사미'로 끝나는 데이터 중에서 가격이 '15,000'원 이상인 데이터를 추출해보자.

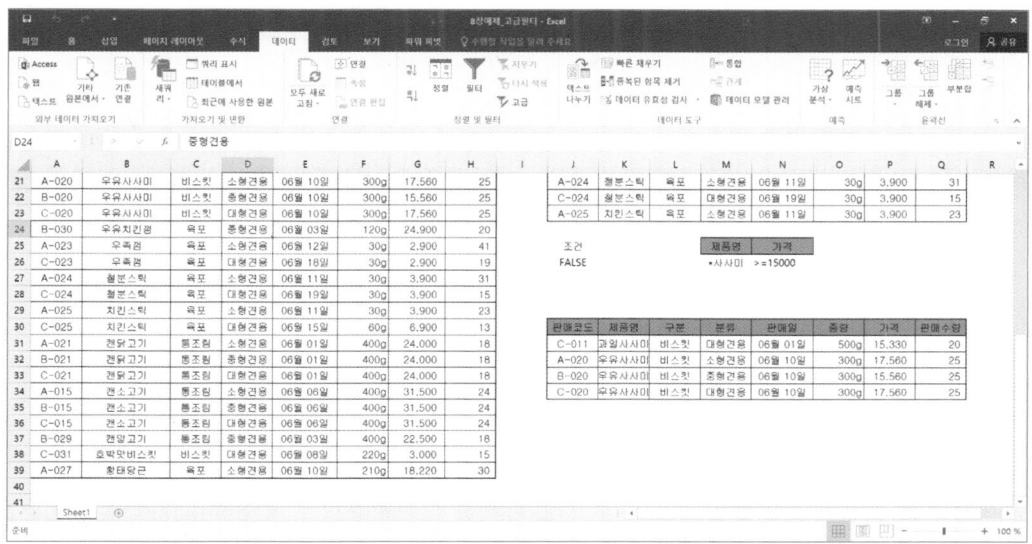

〈결과 화면〉

❶ 다음과 같이 [J25] 셀에 '조건'이라 입력하고 [J26] 셀에 '=AND(RIGHT(B4,3)="사사미",G4>=15000)'을 입력한다. [J26] 셀에는 수식의 실행결과인 논리값(TRUE 또는 FALSE)이 나타난다.

조건
=AND(RIGHT(B4,3)="사사미",G4>=15000)

위의 조건을 고급필터의 AND 조건으로 입력하면 다음과 같다.

제품명	가격
*사사미	>=15000

❷ 데이터 목록 안의 임의의 셀로 셀 포인터를 이동하고 [데이터]–[정렬 및 필터] 그룹–[고급]을 선택한다. [고급필터] 창이 나타나면 다음과 같이 지정한다.

- [다른 장소에 복사]를 선택
- [목록 범위]는 [A3:H39]
- [조건 범위]는 [J25:J26]
- [복사 위치]는 [J30]

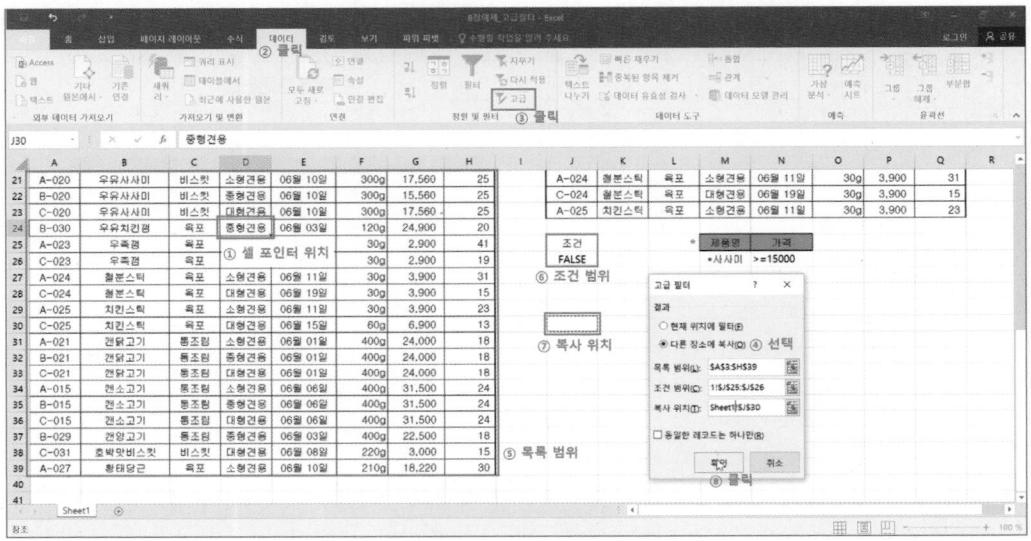

❸ 조건에 해당하는 데이터가 [J30] 셀 위치부터 추출된다.

기본 프로젝트 **자동 필터로 데이터 추출하기**

'8장기본프로젝트.xlsx' 파일의 [자동필터] 시트를 이용하여 '이름'이 '김' 또는 '박'으로 시작하고 '급여액'이 5백만 원을 초과하고 '소속'이 '영업2팀'인 데이터를 추출해보자.

	시번	이름	성별	소속	직위	기본금	초과수당	급여액	세금	실수령액
1					**급여 명세서**					
11	J0018	김희선	여	영업2팀	과장	6,400,000	480,000	6,880,000	1,032,000	5,848,000
14	J0010	박민식	남	영업2팀	대리	4,800,000	270,000	5,070,000	760,500	4,309,500
15	J0017	박수희	여	영업2팀	과장	6,400,000	-	6,400,000	960,000	5,440,000
18	J0019	박은성	여	영업2팀	대리	4,800,000	360,000	5,160,000	774,000	4,386,000
19	J0008	박철진	남	영업2팀	대리	4,800,000	270,000	5,070,000	760,500	4,309,500

〈결과 화면〉

STEP 1 이름이 '김' 또는 '박'으로 시작하는 데이터 추출하기

❶ [데이터]-[정렬 및 필터] 그룹-[필터]를 선택한다. 필드명 옆에 자동필터 단추 ▼가 나타난다.

❷ '이름 ▼'을 클릭하여 [텍스트 필터]-[시작 문자]를 선택한다.

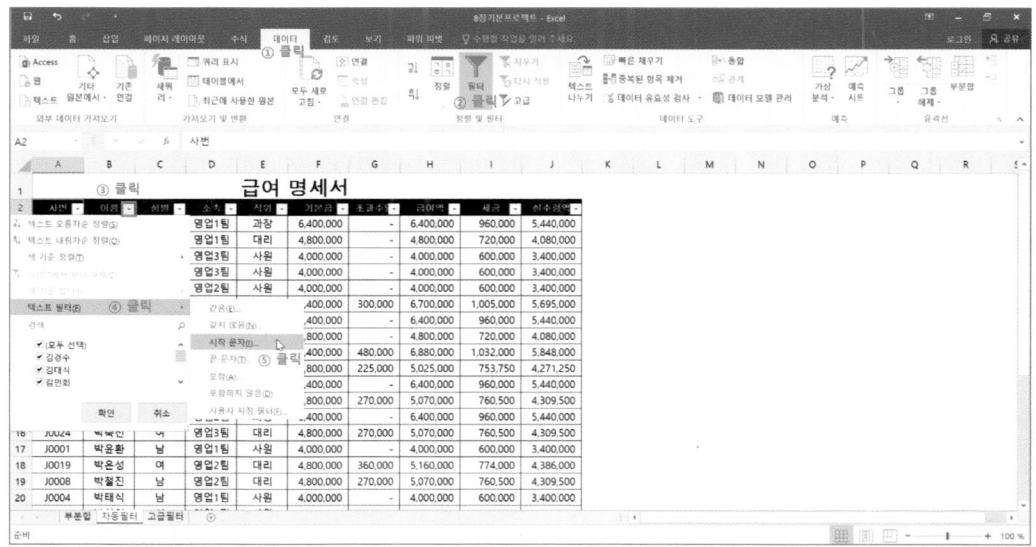

❸ [사용자 지정 자동 필터] 창에서 [찾을 조건]을 [시작 문
자], '김', [또는], [시작 문자], '박'이라 지정한다.

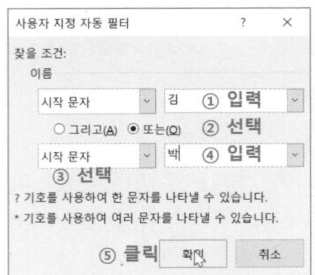

❹ 이름이 '김' 또는 '박'으로 시작하는 데이터만 추출된다.

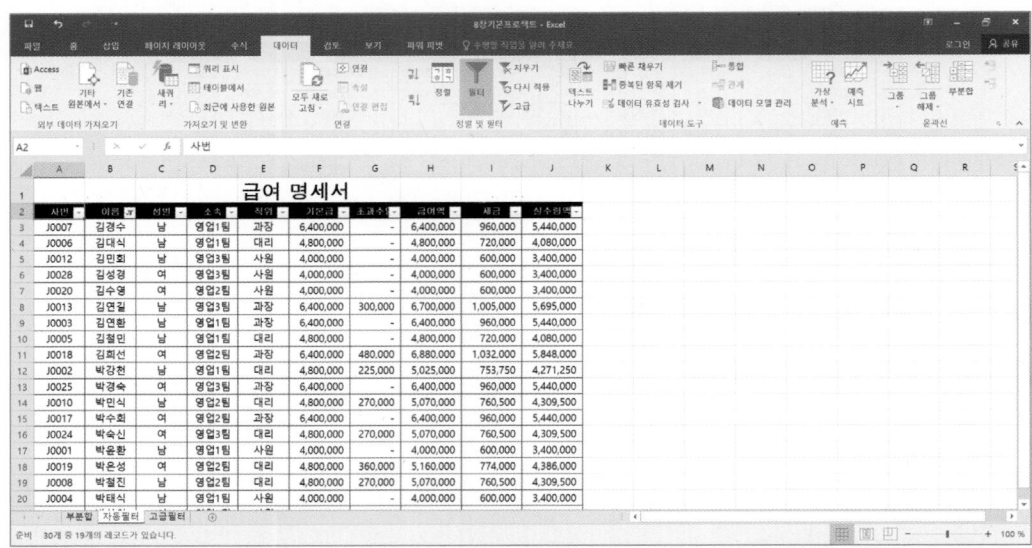

(STEP 2) 급여액이 '5,000,000'원 초과인 데이터만 추출하기

❶ '급여액 ▼'을 클릭하여 [숫자 필터]-[보다 큼]을 선택한다.

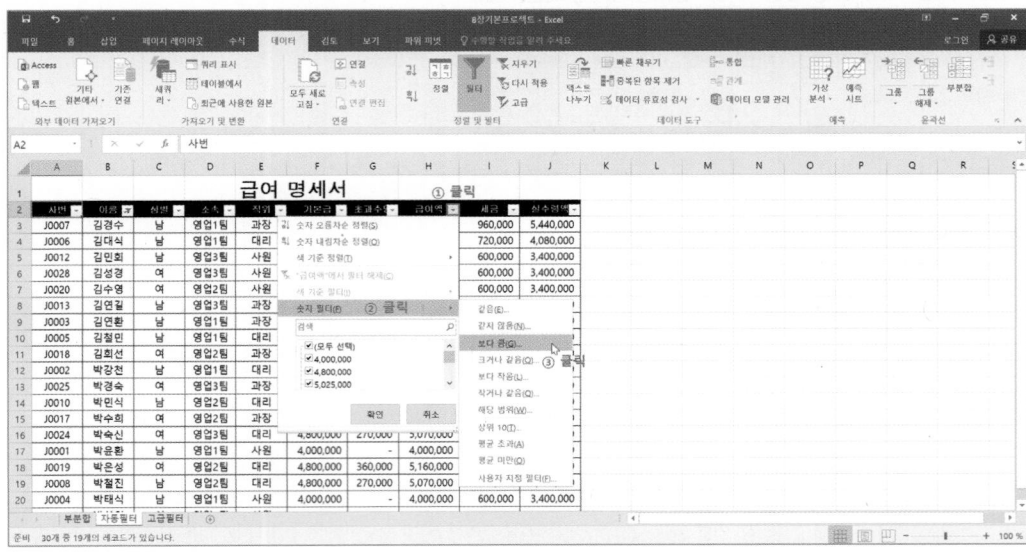

❷ [사용자 지정 자동필터] 창에서 [찾을 조건]을 다음과 같이 [>], '5000000'로 지정한다.

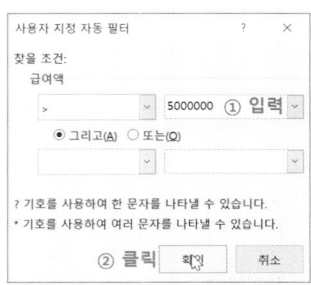

❸ 급여액이 '5000000'원이 초과 된 데이터만 추출된다.

STEP 3 영업2팀 데이터만 추출하기

❶ '소속 ▼'을 클릭하고 '영업2팀'에 체크를 표시한다.

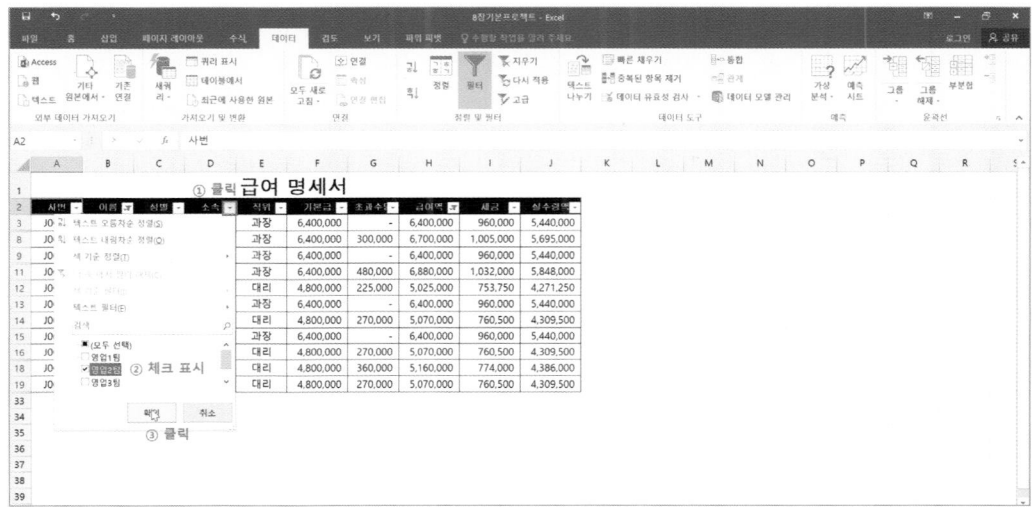

❷ '영업2팀' 조건을 만족하는 데이터만 추출된다.

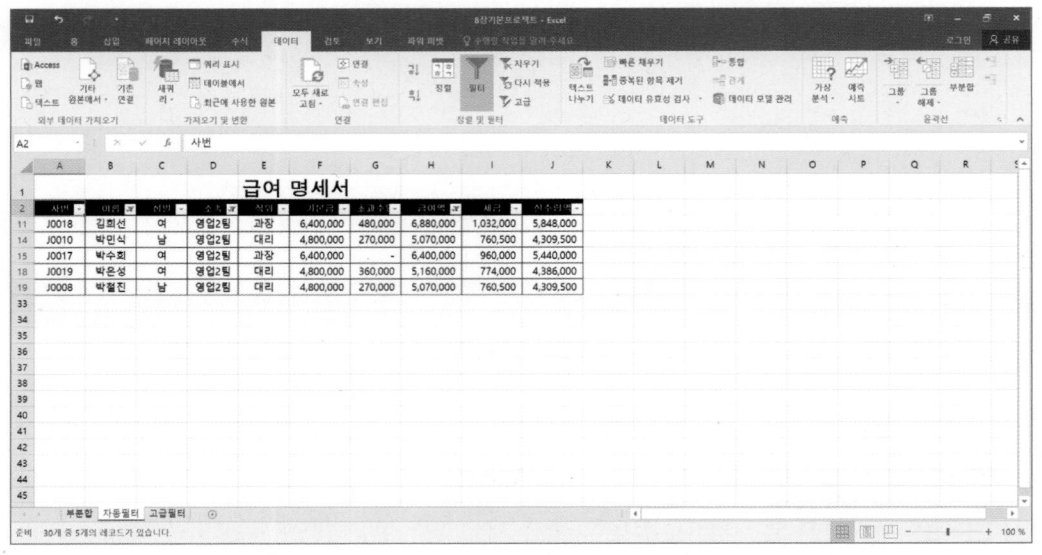

기본 프로젝트   **고급필터로 데이터 추출하기**

'8장기본프로젝트.xlsx' 파일의 [고급필터] 시트를 이용하여 데이터를 추출해보자.

STEP 1   AND OR 혼합 조건 지정하기

'부서명'이 '판매1부'이고 '차고지'가 '파주'이거나 '부서명'이 '판매2부'이고 '차고지'
가 '인천'인 데이터를 추출해보자.

❶ [J2:K4] 영역에 다음 조건을 입력한다.

부서명	차고지
판매1부	파주
판매2부	인천

❷ [데이터]–[정렬 및 필터] 그룹–[고급]을 클릭한다.

❸ [고급필터] 창에서 [다른 장소에 복사]를 선택하고 [목록 범위]는 [A2:H36], [조건 범
위]는 [J2:K4], [복사 위치]는 [J6]을 지정한다.

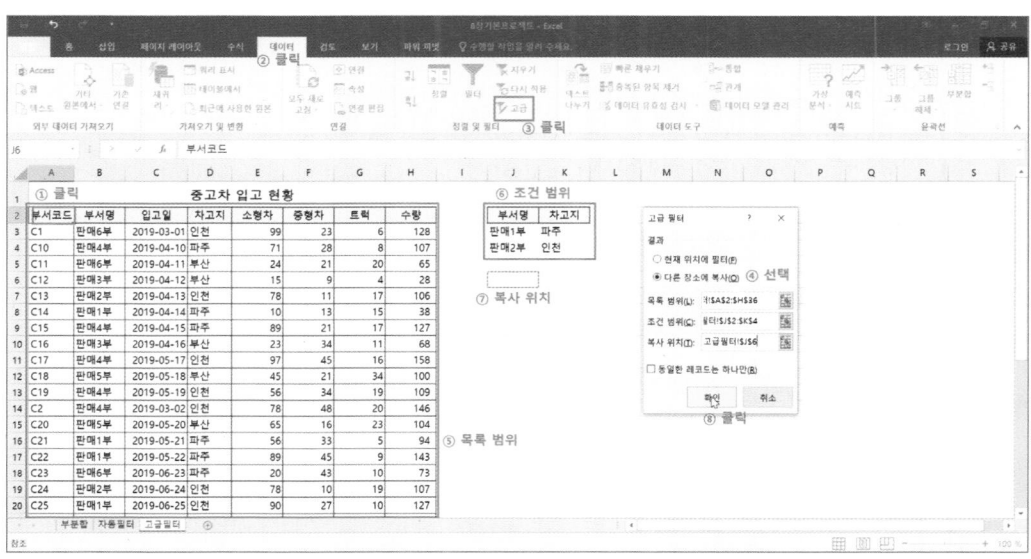

> TIP   전체 데이터 목록의 필드를 추출하고자 할 때는 추출할 필드명을 따로 작성하지 않고 추출 시작 셀 위치
> 만 지정하면 된다.

❹ [J6] 셀 위치부터 조건에 해당하는 데이터가 추출된다.

STEP 2 세 개의 AND조건 지정하기

'입고일'이 '4'월인 데이터 중에서 '수량'이 '100' 이상인 데이터를 추출하여 '입고일', '차고지', '수량' 필드만 나타내보자.

❶ [J15:L16] 영역에 다음 조건을 입력한다.

입고일	차고지	수량
>=2019-4-1	<=2019-4-30	>=100

❷ [J19:L19] 영역에 추출할 필드명을 입력한다.

입고일	차고지	수량

❸ [데이터]-[정렬 및 필터] 그룹-[고급]을 선택한다. [고급필터] 창에서 [다른 장소에 복사]를 선택하고 [목록 범위]는 [A2:H36], [조건 범위]는 [J15:L16], [복사 위치]는 [J19:L19]로 지정한다.

TIP 특정 필드만 추출하고자 할 때는 추출하고자 하는 필드명을 따로 작성하여 복사 위치로 지정해야 한다.

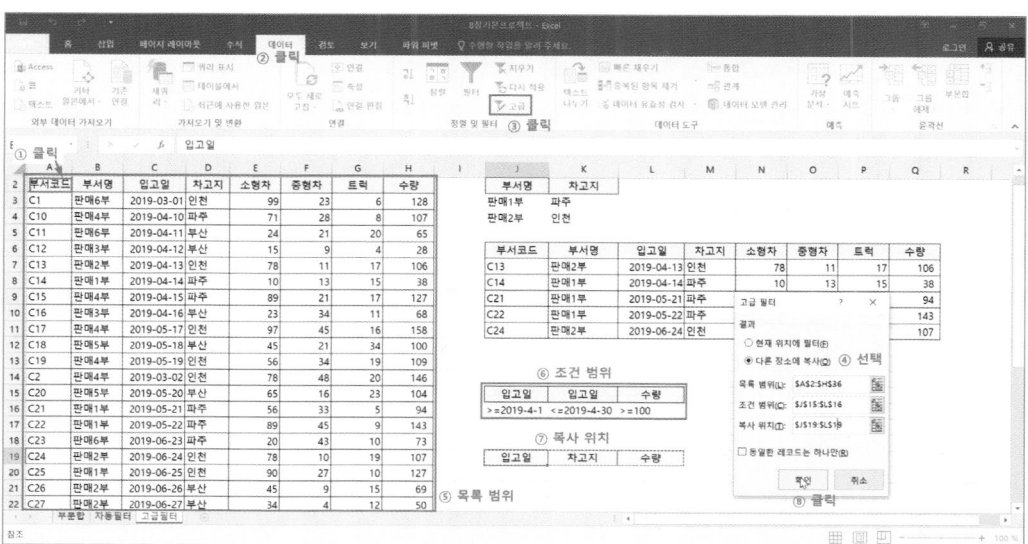

④ [J19:L19] 영역 위치부터 조건에 해당하는 데이터가 추출된다.

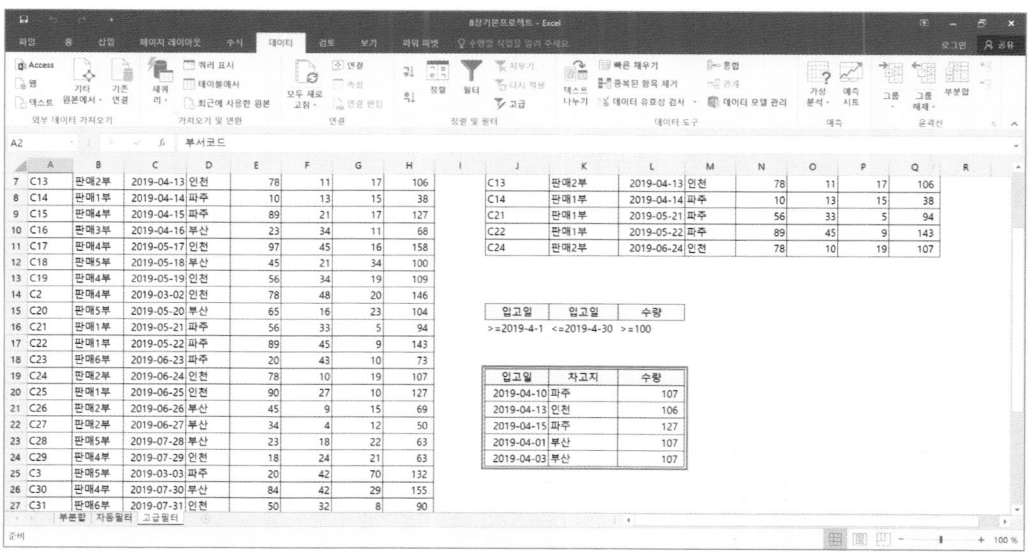

응용 프로젝트 **데이터 정렬과 부분합 구하기**

'8장응용프로젝트.xlsx' 파일의 [부분합] 시트를 이용하여 '분류'별 '판매량'과 '가격'의 [최대값], [최소값]을 나타내보자.

	A	B	C	D	E	F	G	H	I
1				농산물 판매관리					
3	번호	제품명	분류	생산지	재배방법	단위(KG)	단가	판매량	가격
4	2	찹쌀	곡식	경기	무농약	1	3,365	40	134,600
5	3	현미	곡식	경기	무농약	1	4,300	15	64,500
6	5	햅쌀현미	곡식	경기	일반	5	13,140	10	131,400
7	6	발아현미	곡식	전남	일반	5	16,400	5	82,000
8	7	찰보리	곡식	전남	유기농	5	16,920	5	84,600
9	18	철원오대쌀	곡식	강원	무농약	10	35,820	3	107,460
10	22	찰흑미	곡식	전남	일반	1	5,610	60	336,600
11	25	고랭지 감자	곡식	강원	무농약	10	43,120	12	517,440
12	26	수미 감자	곡식	강원	무농약	5	7,910	25	197,750
13	27	햇찰보리	곡식	전남	일반	10	18,200	5	91,000
14	29	햇팥	곡식	전남	무농약	1	15,500	7	108,500
15	30	녹두	곡식	경북	저농약	1	16,920	2	33,840
16			곡식 최소값					2	33,840
17			곡식 최대값					60	517,440
18	10	장수사과	과일	전북	일반	10	32,000	5	160,000
19	12	나주 신고배	과일	전남	일반	5	8,100	7	56,700
20	15	냉동딸기	과일	경남	일반	1	4,400	20	88,000
21	16	안동 사과	과일	경북	일반	5	7,840	18	141,120
22	17	제주감귤	과일	제주	일반	10	9,900	20	198,000
23	20	찰토마토	과일	경남	무농약	10	23,580	7	165,060
24	21	부유단감	과일	전남	저농약	10	12,140	9	109,260
25	28	성주참외	과일	경북	저농약	1	4,880	39	190,320
26			과일 최소값					5	56,700
27			과일 최대값					39	198,000

〈결과 화면〉

(STEP 1) '분류'를 기준으로 정렬하기

부분합을 적용하기 전에 그룹화하고자 하는 필드를 기준으로 미리 정렬해두어야 한다.

'8장응용프로젝트.xlsx' 파일의 [부분합] 시트를 선택한다. [C3] 셀을 클릭하고 [데이터]–[정렬 및 필터] 그룹–[텍스트 오름차순 정렬]을 선택한다.

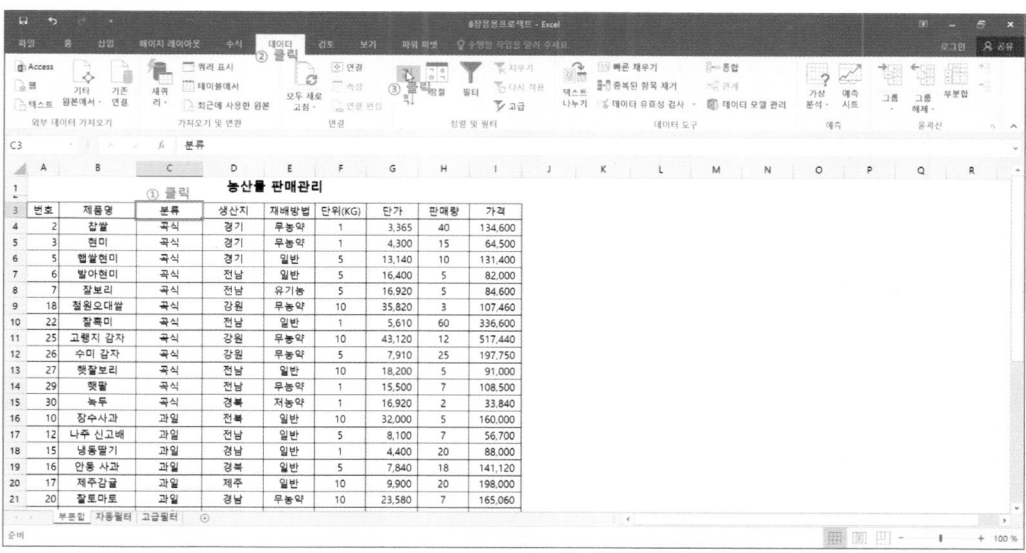

STEP 2 분류별 최대값의 부분합계를 나타내기

❶ [데이터]-[윤곽선] 그룹-[부분합]을 선택한다.

❷ [부분합] 창에서 [그룹화할 항목]은 '분류', [사용할 함수]는 [최대값], [부분합 계산 항목]은 '판매량', '가격'을 설정한다. '분류'별 '판매량', '가격'의 [최대값]이 표시된다.

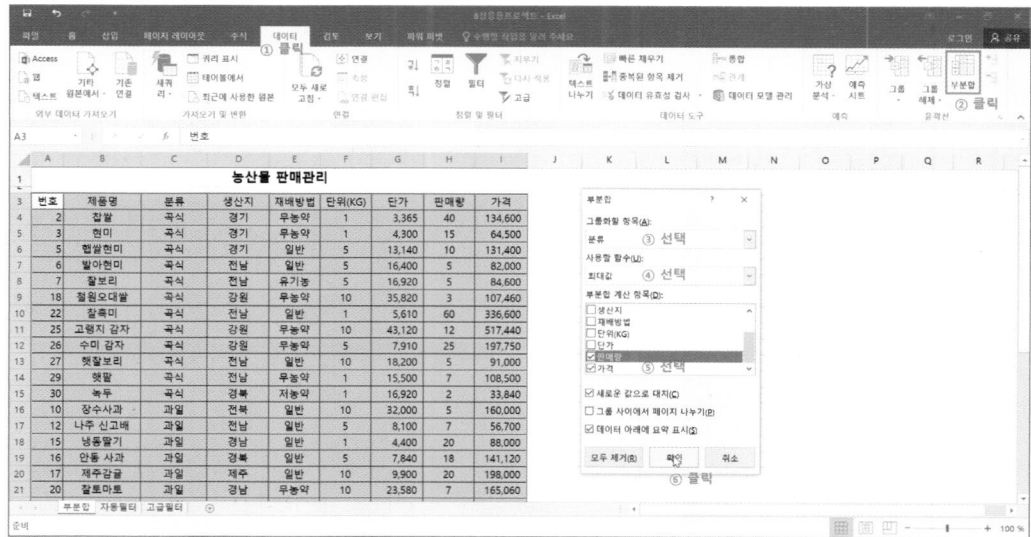

STEP 3 분류별 최소값의 부분합계를 나타내기

그룹화할 항목과 부분합 계산에 사용되는 필드는 동일하므로 사용할 함수만 바꿔주면 된다.

❶ [데이터]–[윤곽선] 그룹–[부분합]을 선택한다.

❷ [부분합] 창에서 [그룹화할 항목]은 '분류', [사용할 함수]는 [최소값], [부분합 계산 항목]은 '판매량', '가격', [새로운 값으로 대치]는 체크 해제한다. 분류별 '판매량', '가격'의 [최소값]이 표시된다.

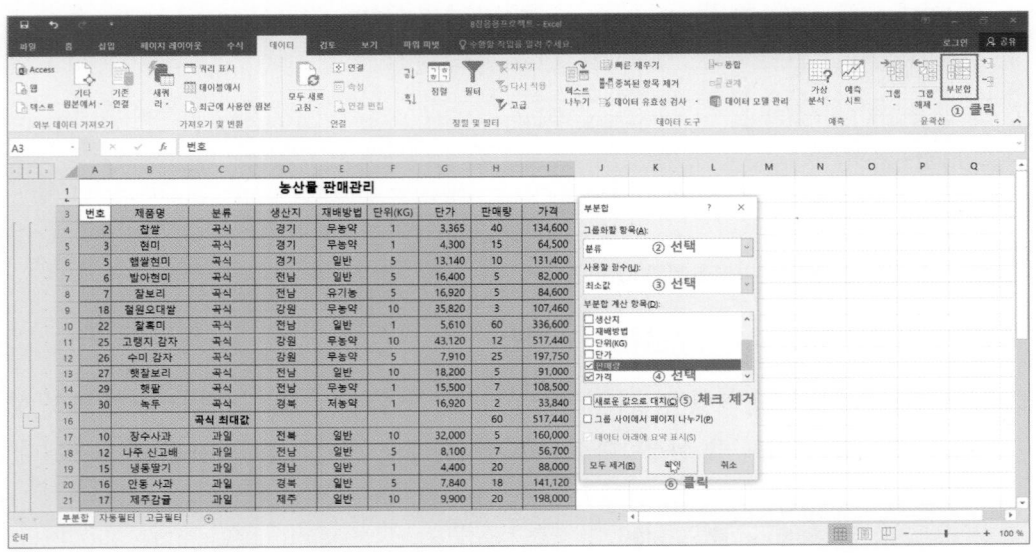

응용 프로젝트

자동필터로 데이터 추출하기

'8장응용프로젝트.xlsx' 파일의 [자동필터] 시트를 이용하여 데이터를 추출해보자.

	A	B	C	D	E	F	G	H	I
1				**1사분기 시간제 아르바이트 현황 조사**					
2	번호	이름	성별	나이	업종	지역	근무시	근무시간(일)	근무일(월
6	5	박수철	남	21	PC방	경기	3월	3	25
7	13	최진영	여	24	PC방	서울	1월	8	25
8	12	최계영	여	25	백화점	부산	3월	8	28

〈결과 화면〉

STEP 1 나이가 20대인 데이터를 추출하기

'20'대의 범위는 '20'살 이상이고 '30'살 미만으로 지정해보자.

❶ [A2] 셀을 클릭하고 [데이터]–[정렬 및 필터] 그룹–[필터]를 선택한다. 필드명 옆에 자동필터 단추 ▼가 나타난다.

❷ '나이 ▼'를 클릭하여 [숫자 필터]–[크거나 같음]을 선택한다.

❸ [사용자 지정 자동필터] 창에서 [찾을 조건]을 다음과 같이 [〉=], '20' , [그리고] ,[〈], '30'으로 지정한다.

❹ 나이가 20~29에 속하는 데이터만 추출된다.

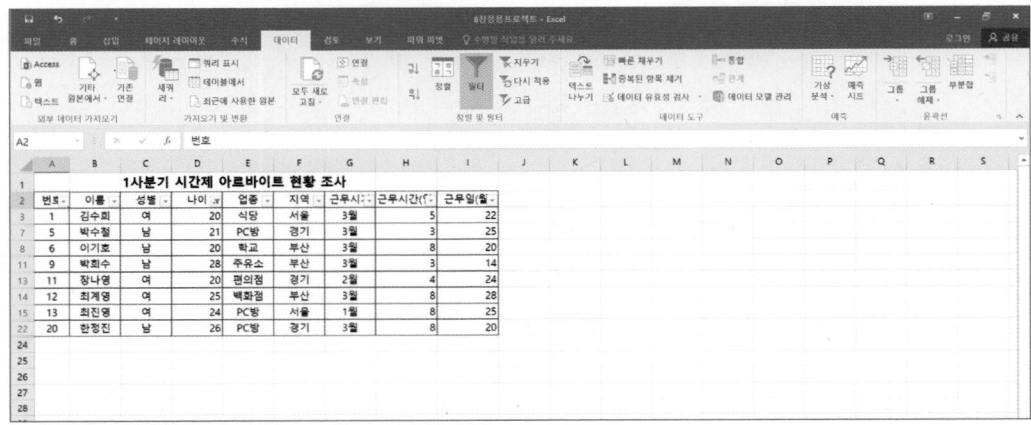

STEP 2 상위 10%인 데이터만 추출하기

'근무일(월)'이 '상위 10%'인 데이터만 추출해보자.

❶ '근무일(월) ▼'을 클릭하여 [숫자 필터]–[상위 10]을 선택한다.

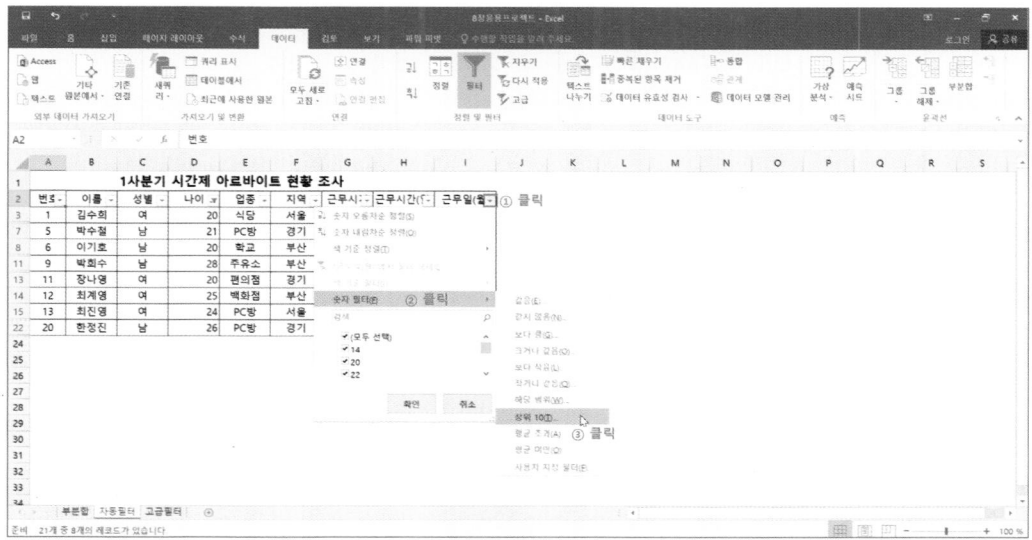

❷ [사용자 지정 자동필터] 창에서 [찾을 조건]을 다음과 같이 [상위], '10', [%]로 지정한다.

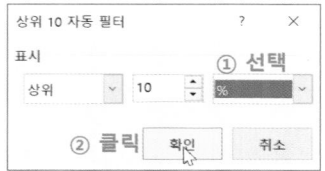

❸ Step1의 결과에서 '근무일(월)'이 '상위 10%'인 조건을 만족하는 데이터만 추출된다.

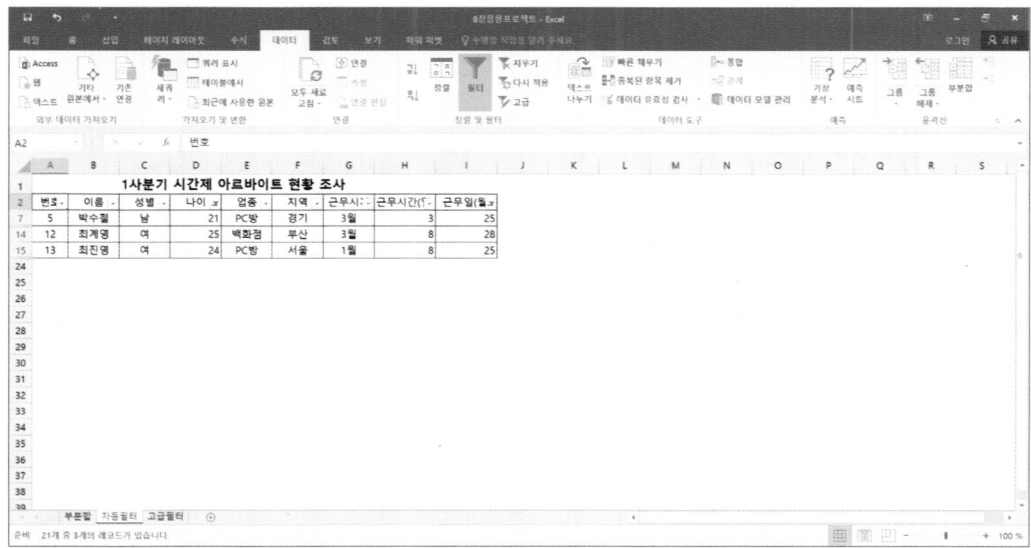

응용 프로젝트   **고급필터로 데이터 추출하기**

'8장응용프로젝트.xlsx' 파일의 [고급필터] 시트를 이용하여 데이터를 추출해보자.

STEP 1 세 개의 OR조건 지정하기

'지역'이 '강남'이거나 '사용량'이 '50'g 미만이거나 '사용시간(h)'이 '10'시간 미만인 데이터를 추출하여 '이름', '지역', '사용량', '사용시간(h)' 필드만 나타내보자.

❶ [M4:O7] 영역에 다음 조건을 입력한다.

지역	사용량	사용시간(h)
강남		
	〈 50	
		〈 10

❷ [데이터]–[정렬 및 필터] 그룹–[고급]을 클릭한다.

❸ [고급필터] 창에서 [다른 장소에 복사]를 선택하고 [목록 범위]는 [A4:K39], [조건 범위]는 [M4:O7], [복사 위치]는 [M10:P10]을 지정한다.

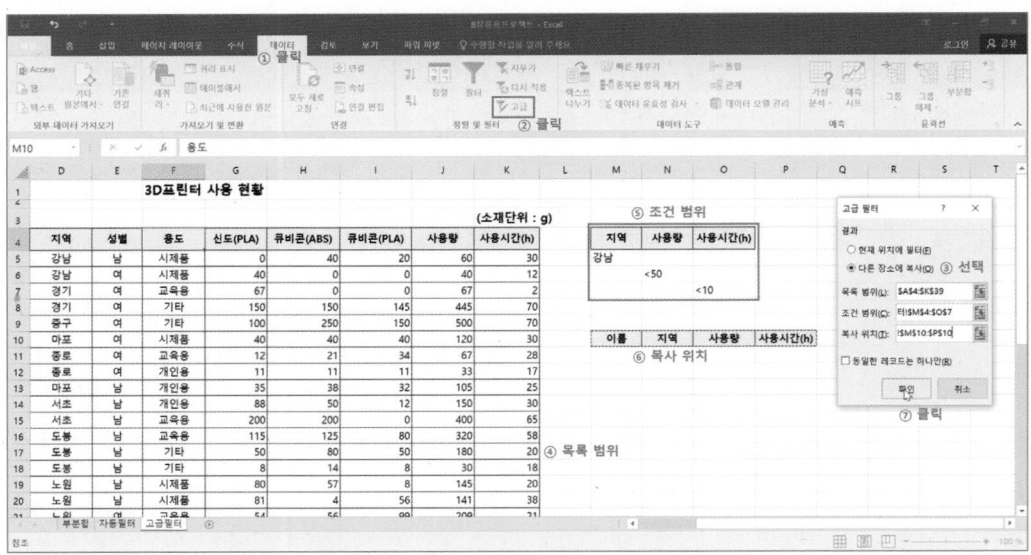

❹ [M10:P10] 셀 위치부터 조건에 해당하는 데이터가 추출된다.

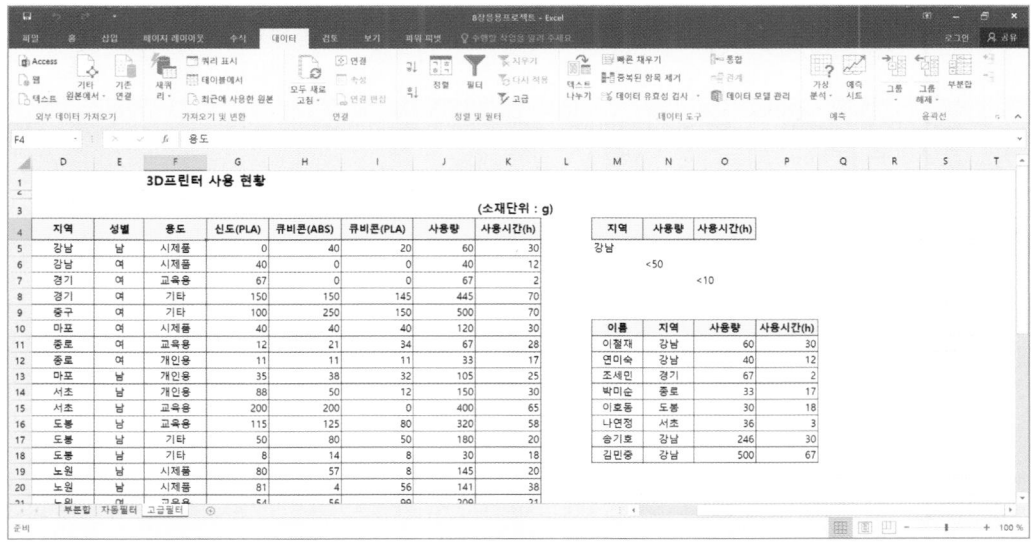

STEP 2 와일드카드로 조건 지정하기

'이름'이 '김'으로 시작하거나 '사용량'이 '100'g 미만인 데이터를 추출하여 '이름', '용도', '사용량' 필드만 나타내보자.

❶ [M24:N26] 영역에 다음 조건을 입력한다.

이름	사용량
김*	
	〈 100

TIP 문자열에서 **별표(*)는 와일드카드라고 하며 모든 문자를 의미**한다. 따라서 '김*'는 '김'으로 시작하는 모든 문자를 나타낸다.

❷ [M29:O29] 영역에 추출하고자 하는 필드명을 미리 작성한다.

이름	용도	사용량

❸ [데이터]–[정렬 및 필터] 그룹–[고급]을 선택한다. [고급필터] 창에서 [다른 장소에 복사]를 선택하고 [목록 범위]는 [A4:K39], [조건 범위]는 [M24:N26], [복사 위치]는 [M29:O29]로 지정한다.

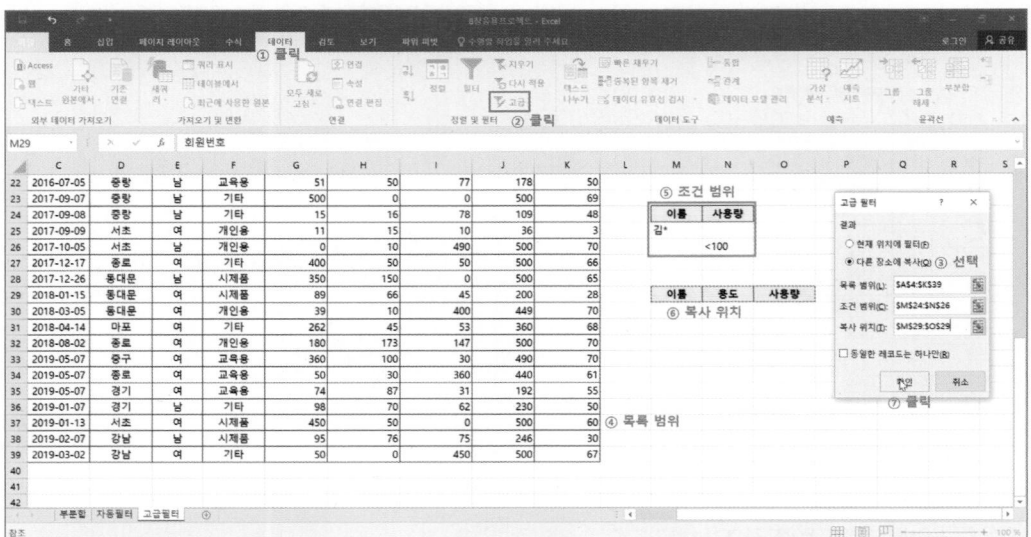

❹ [M29:O29] 영역 위치부터 조건에 해당하는 데이터가 추출된다.

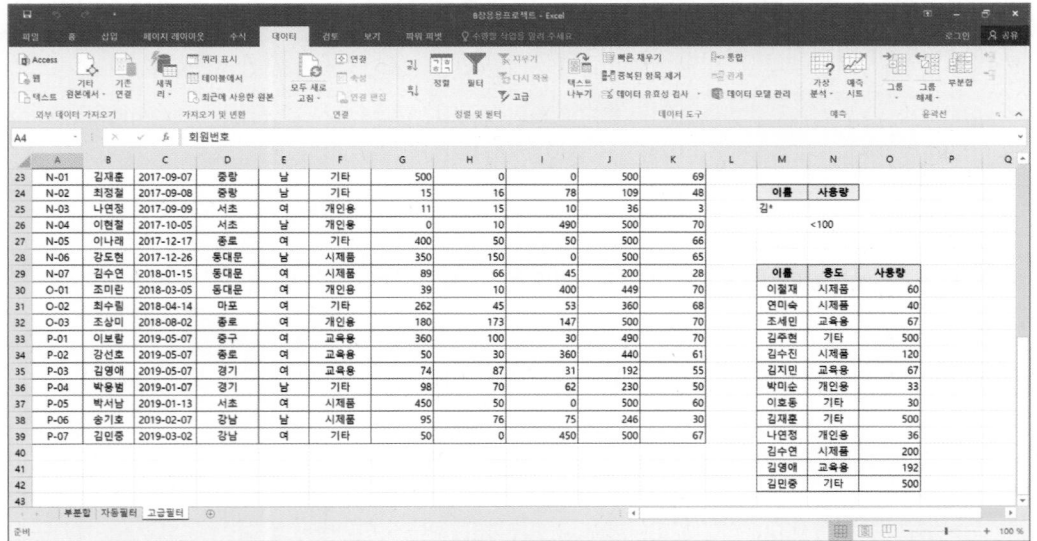

(1) 데이터베이스

- 데이터베이스는 많은 양의 데이터를 특정 용도에 맞게 체계적으로 정리해놓은 것을 말한다.
- 필드, 필드명, 레코드로 이루어져 있다.

(2) 정렬

- 정렬은 데이터를 정해진 기준에 따라 순서대로 나열하는 것을 말한다.
- 정렬방식에는 작은 값부터 큰 값으로 정렬하는 오름차순, 큰 값부터 작은 값으로 정렬하는 내림차순이 있다.
- 2가지 이상의 기준으로 정렬이 가능하며, 데이터의 값뿐만 아니라 셀 색, 글꼴 색 등과 같은 서식도 정렬 기준이 될 수 있다.

(3) 부분합

- 데이터 목록을 특정 필드에 대해 그룹으로 묶은 후, 각 그룹에 대한 합계나 평균 등을 계산하는 기능이다.
- 부분합을 실행하기 전에 데이터는 그룹화할 항목을 기준으로 정렬되어 있어야 한다.

(4) 자동필터

- 필터란 데이터 목록에서 조건에 맞는 데이터만 추출하여 표시하는 기능이다.
- 자동필터는 [데이터]-[정렬 및 필터] 그룹-[필터]를 이용하여 간단한 조건으로 데이터를 추출한다.

(5) 고급필터

- 고급필터는 여러 필드를 대상으로 복잡한 조건을 지정할 수 있다.
- 조건이 미리 작성되어 있어야 하며, 조건 작성 시 필드명을 함께 써야 한다.
- AND 조건 : 모든 조건을 만족해야 하는 경우이며, 같은 행에 조건을 입력한다.
- OR 조건 : 조건이 하나라도 만족하면 되는 경우이며, 다른 행에 조건을 입력한다.
- 수식 조건 : 수식을 이용하여 조건을 입력하는 경우 원본 데이터 목록에 있는 필드명 외에 다른 필드명을 쓰거나 공백으로 둔다.

■ 정렬 및 부분합 작성하기

'8장기본실습문제.xlsx' 파일의 [부분합] 시트에서 부분합을 이용하여 다음의 작성 조건대로 완성하시오.

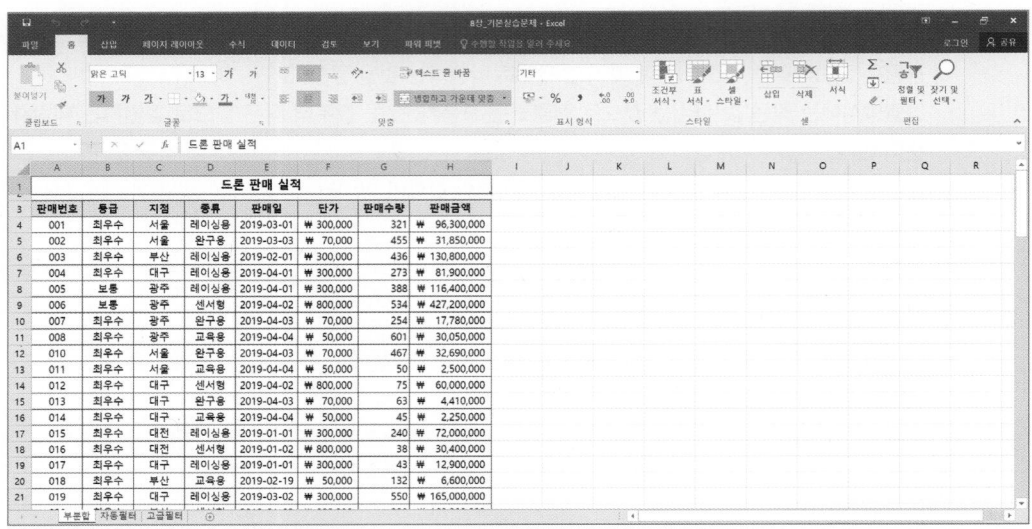

〈원본〉

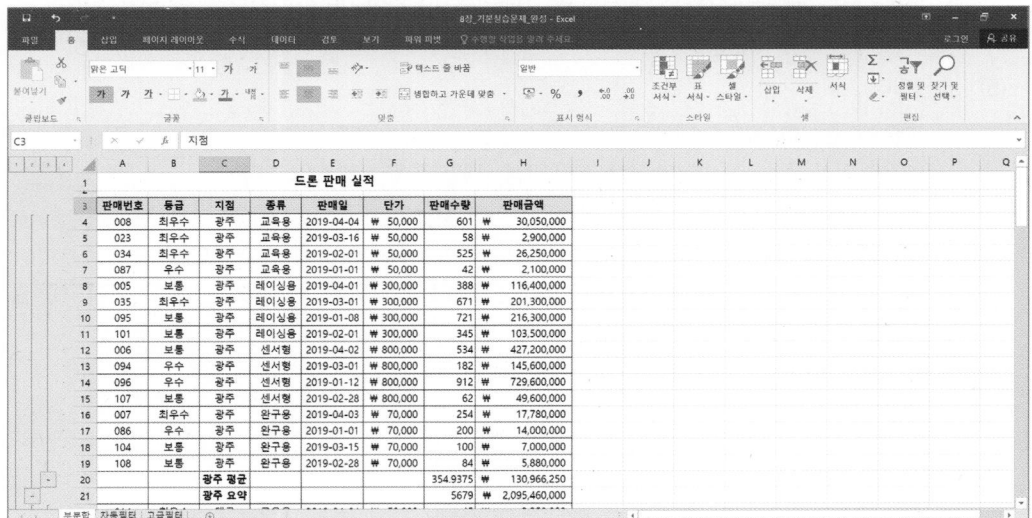

〈완성〉

1. '지점'으로 오름차순 정렬하시오.

2. '지점'별로 '판매수량', 판매금액'의 [합계]와 [평균]을 부분합 기능을 이용하여 구하시오.

기본실습문제

■ 자동 필터 작성하기

'8장기본실습문제.xlsx' 파일의 [자동필터] 시트에서 자동필터를 이용하여 다음의 작성 조건대로 완성하시오.

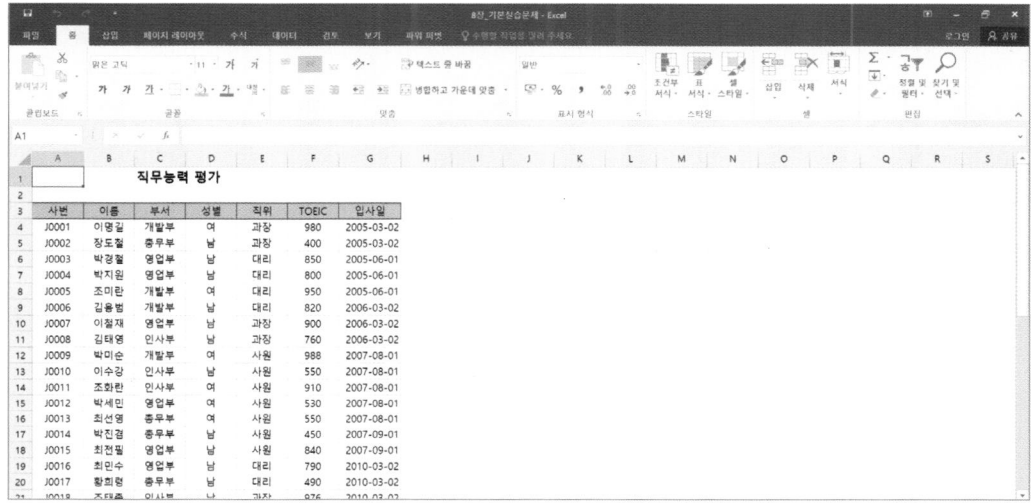

〈원본〉

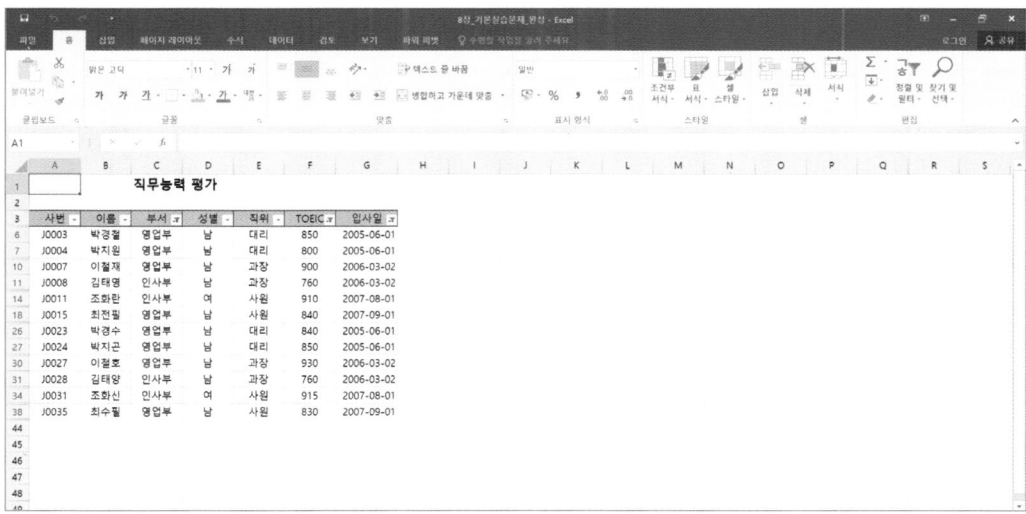

〈완성〉

1. '부서'가 '영업부' 이거나 '인사부'인 데이터만 추출하시오.

2. 'TOEIC' 점수가 [평균 초과] 된 데이터만 추출하시오.

3. '입사일'이 '2010년 1월 1일' 이전인 데이터만 추출하시오. (2010년 1월 1일은 미포함)

▪ 고급 필터 작성하기

'8장기본실습문제.xlsx' 파일의 [고급필터] 시트에서 고급필터를 이용하여 다음의 작성 조건대로 완성하시오.

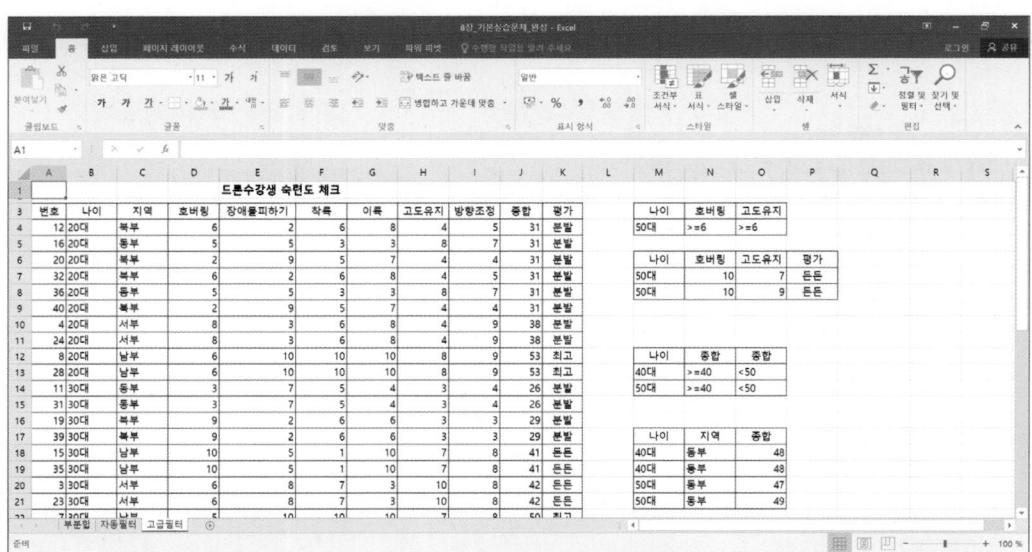

〈원본〉

〈완성〉

기본실습문제

ationCHAPTER 8 데이터 관리하기 375

1. '나이'가 '50대'이고 '호버링'과 '고도유지'가 '6'점 이상인 데이터를 추출하여 '나이', '호버링', '고도유지', '평가' 필드만 표시하시오. 조건의 위치는 [M3]부터, 결과의 위치는 [M6]부터 나타나게 하시오.

2. '나이'가 '40대'이거나 '50대'이고 '종합'이 '40' 이상이면서 '50' 미만인 데이터를 추출하여 '나이', '지역', '종합' 필드만 표시하시오. 조건의 위치는 [M12]부터, 결과의 위치는 [M17]부터 나타나게 하시오.

■ 정렬 및 부분합 작성하기

'8장응용실습문제.xlsx' 파일의 [부분합] 시트에서 부분합을 이용하여 완성하시오.

〈원본〉

〈완성〉

1. '지역'의 오름차순, '과목', '수준'의 내림차순으로 정렬을 하시오.

2. '지역'별 '개인과제', '발표'의 평균을 구하고, '과목'별 '개인과제', '발표'의 [최대값], [최소값]을 부분합을 이용하여 구하시오.

응용실습문제

■ 자동 필터 작성하기

'8장응용실습문제.xlsx' 파일의 [자동필터] 시트에서 자동필터를 이용하여 완성하시오.

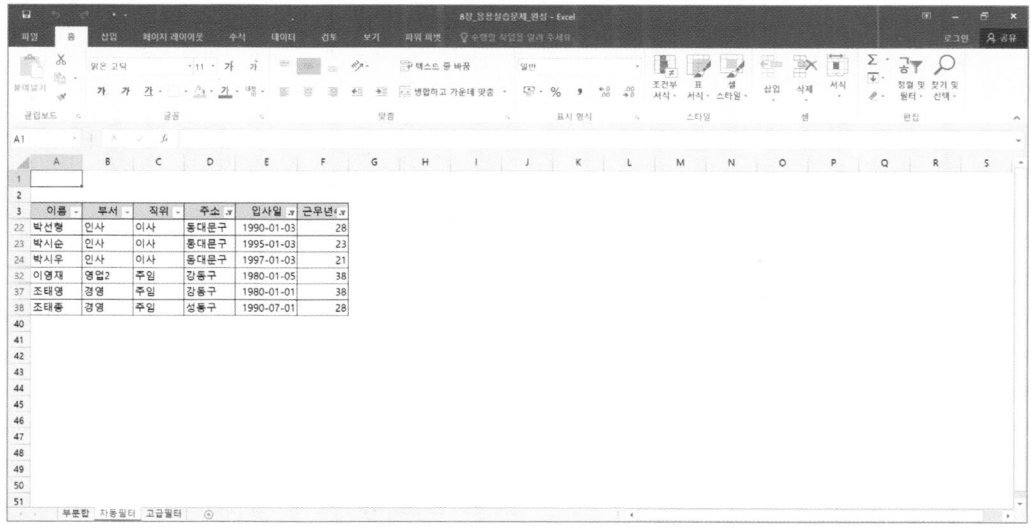

〈원본〉

〈완성〉

1. '주소'에 '동'이나 '남'이 포함된 데이터만 추출하시오.

2. '근무년수'가 '20'년 이상인 데이터만 추출하시오.

3. '입사일'이 '1980년 1월 1일' 이후 데이터만 추출하시오. (1980년 1월 1일도 포함)

■ 고급 필터 작성하기

'8장응용실습문제.xlsx' 파일의 [고급필터] 시트에서 고급필터를 이용하여 완성하시오.

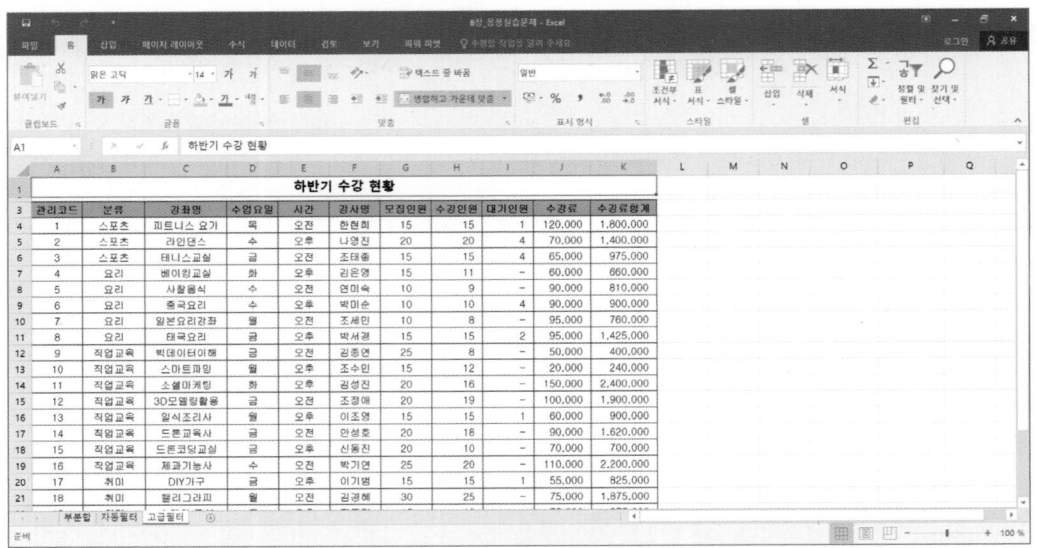

〈원본〉

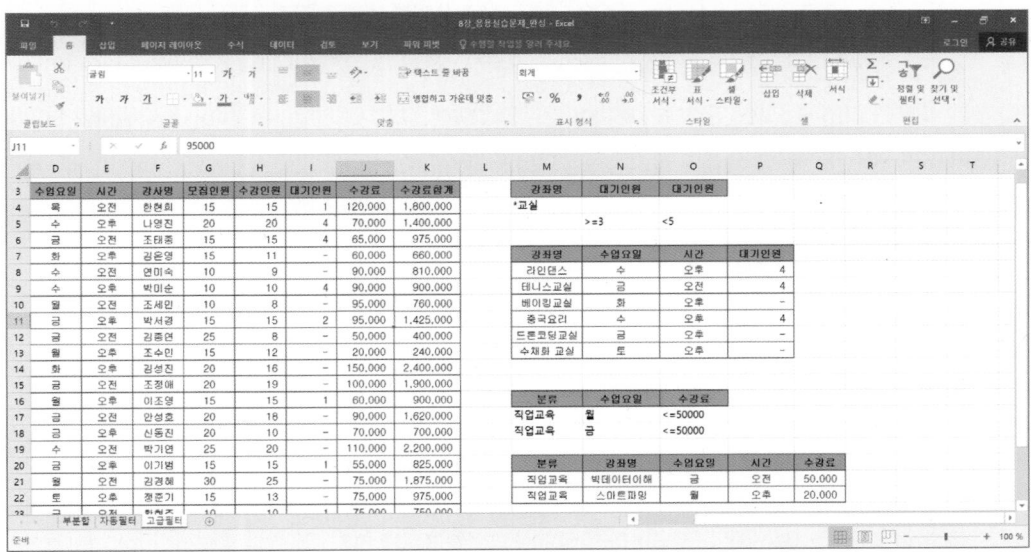

〈완성〉

1. '강좌명'이 '교실'로 끝나거나 '대기인원'이 '3'명 이상이면서 '5'명 미만인 데이터에 대해 '강좌명', '수업요일', '시간', '대기인원' 필드만 추출하시오.

2. 조건의 위치는 [M3]부터, 결과의 위치는 [M7]부터 나타나게 하시오.

3. '분류'가 '직업교육'이면서 '수업요일'이 '월'이나 '금'이고 '수강료'가 '5'만 원 이하인 데이터를 '분류', '강좌명', '수업요일', '시간', '수강료' 필드만 추출하시오.

4. 조건의 위치는 [M16]부터, 결과의 위치는 [M20]부터 나타나게 하시오.

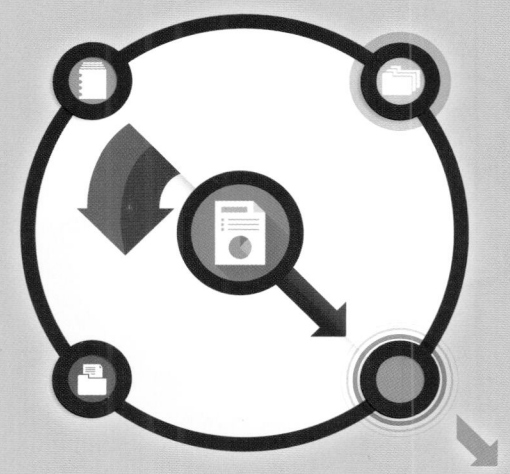

CHAPTER 9

데이터 분석

CHAPTER 9

학습목표

- 피벗 테이블을 작성하는 방법에 대해 알아보자.

- 피벗 테이블에서 데이터를 분석하는 방법에 대해 알아보자.

- 슬라이서를 통해 간단하게 필터링하는 방법에 대해 알아보자.

- 피벗 차트를 작성하는 방법에 대해 알아보자.

9.1   피벗 테이블

피벗(pivot)이란 사전적인 의미로 회전축 또는 중심을 뜻하는데 단어가 암시하듯 가상의 중심을 기준으로 필드를 자유롭게 이동할 수 있어 행 방향의 필드를 열 방향으로 열 방향의 필드를 행 방향으로 바꿀 수 있다. 또한, 데이터 분석에 필요한 필드만으로 새로운 테이블을 만들어 데이터를 요약하고 분석할 수 있어 많은 양의 데이터의 흐름이나 추이를 비교할 때 유용하게 사용할 수 있다. 피벗 차트는 피벗 테이블의 데이터를 차트 형식으로 시각화한 것이다.

9.1.1 피벗 테이블 구성요소

피벗 테이블은 다음과 같은 구성요소를 가진다.

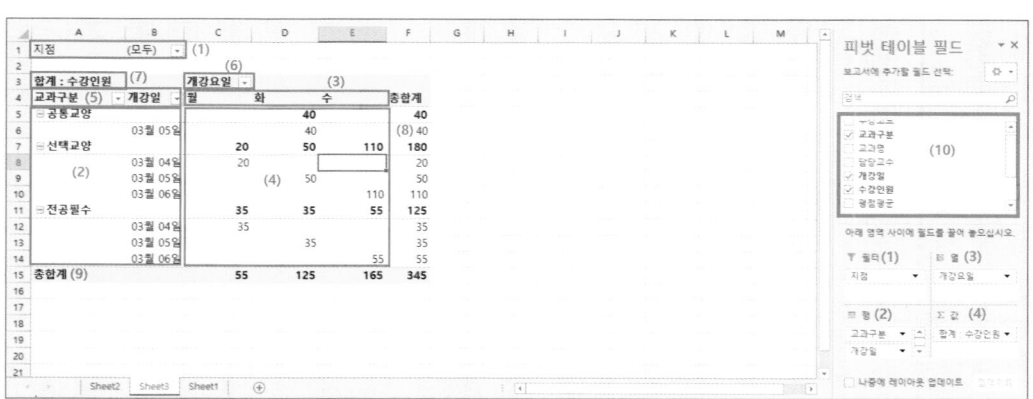

(1)   필터 : 피벗 테이블 위쪽에 최상위 수준 보고서 필터로 표시된다.
(2)   행 : 피벗 테이블 왼쪽에 행의 내용이 표시된다.
(3)   열 : 피벗 테이블 위쪽에 열의 내용이 표시된다.
(4)   값 : 원본 데이터로부터 분석된 값이 요약되어 표시된다.
(5)   행 제목 : 각 행의 제목이 행 내용 위쪽에 표시된다. 압축 레이아웃일 경우 '행 레이블'로 표시된다.
(6)   열 제목 : 각 열의 제목이 열 내용 위쪽에 표시된다. 압축 레이아웃일 경우 '열 레이블'로 표시된다.
(7)   값 필드명 : [함수명 : 필드명] 형태로 표시된다. 함수명과 필드명은 '콜론(:)'으로 구분한다.
(8)   행의 총합계 : 행에 대한 값의 총합계를 나타낸다.
(9)   열의 총합계 : 열에 대한 값의 총합계를 나타낸다.
(10) 필드 목록 : 피벗 테이블에 사용될 필드들이다.

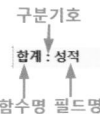
구분기호
합계 : 성적
함수명 필드명

9.1.2 피벗 테이블 만들기

'9장예제_피벗 테이블.xlsx' 파일을 이용하여 피벗 테이블을 만
들어보자.

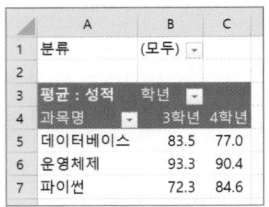

1 피벗 테이블 생성하기

❶ [A2] 셀을 클릭하고 [삽입]-[표] 그룹-[피벗 테이블]을 클릭한다.

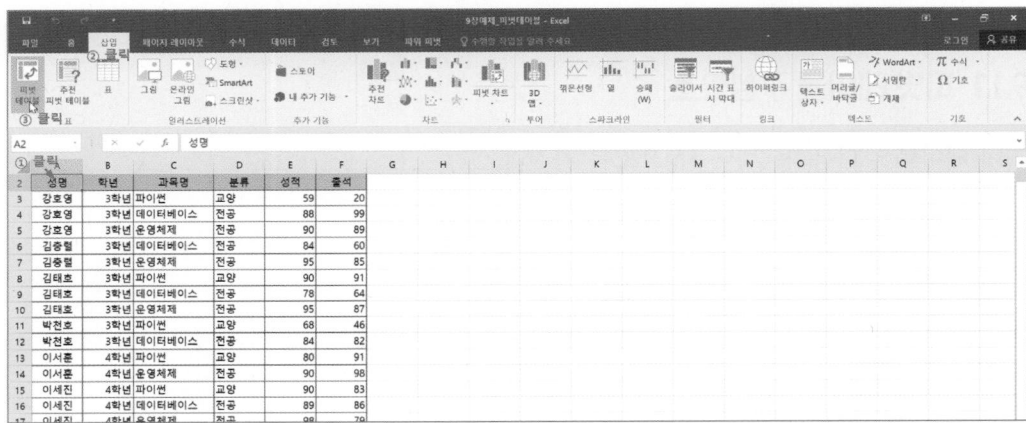

❷ [피벗 테이블 만들기] 창에서 [표/범위]는 [A2:F25], 보고서를 넣을 위치는 [새 워크시
트]를 선택한다.

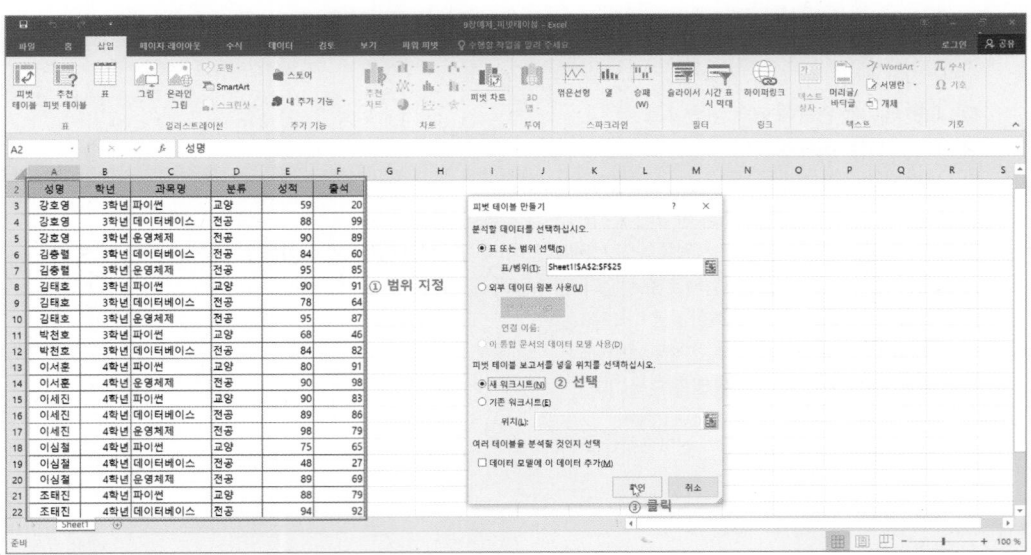

❸ 원본 목록이 있는 [Sheet1] 시트 왼쪽에 새로운 시트가 생성되고 [피벗 테이블 도구] 메
뉴와 함께 [피벗 테이블 필드] 창이 생성된다.

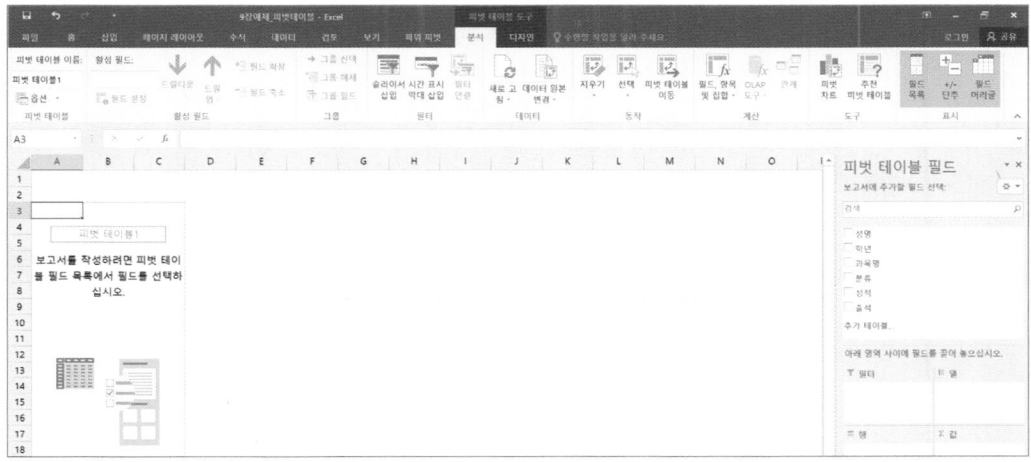

TIP 피벗 테이블을 만들기 위해서는 데이터 영역으로 선택된 표의 첫 행에 각 열의 머리글이 있어야 한다. 피
벗 테이블에서는 데이터 분석을 위한 필드명으로 표의 열 머리글을 사용하기 때문이다.

2 피벗 테이블에 필드 표시하기

텅 빈 피벗 테이블의 각 영역에 필드를 표시해보자.

[피벗 테이블 필드] 창의 [필드 목록]에서 '분류' 필드를 [필터] 영역으로 드래그하면 피벗
테이블의 [필터] 영역에 '분류' 필드가 표시된다. 계속해서 [행]에 '과목명', [열]에 '학년',
[Σ값] 영역에 '성적', '출석' 필드를 마우스로 드래그한다.

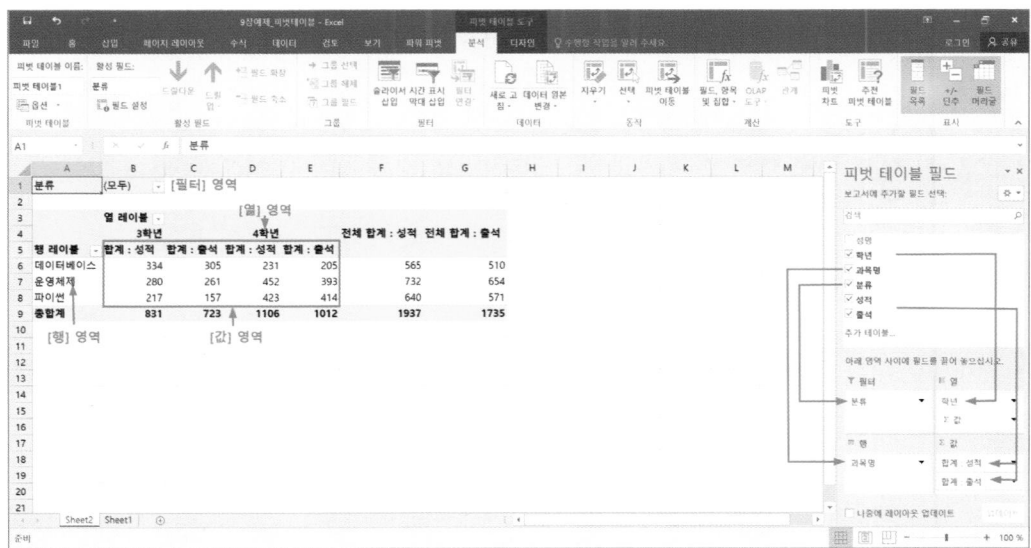

3 필드 순서 변경 및 영역 변경하기

피벗 테이블의 필드는 다른 영역으로 위치를 변경할 수 있다. 또 같은 영역에 두 개 이상의
필드가 있을 때 필드 순서를 바꿀 수 있다.

성적' 필드와 '출석' 필드의 순서를 바꿔보자.

❶ [값] 영역에 있는 '성적' 필드와 '출석' 필드의 순서를 바꾸려면 '성적' 필드를 '출석'
   필드 아래쪽으로 드래그하면 필드의 순서가 바뀐다.

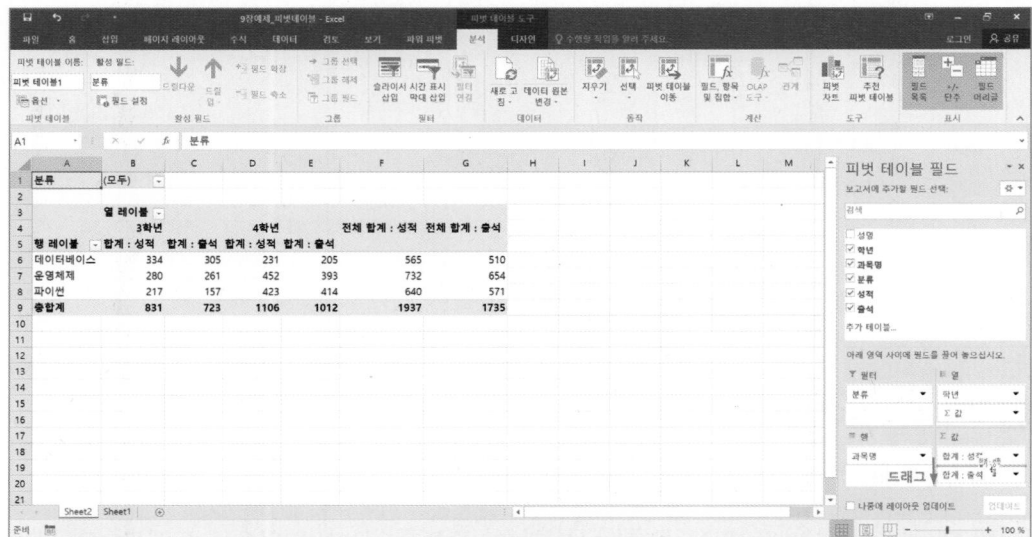

필드를 다른 영역으로 이동해보자.

❷ [값] 영역의 '출석' 필드를 [행] 영역의 '과목명' 필드 아래쪽으로 드래그한다.

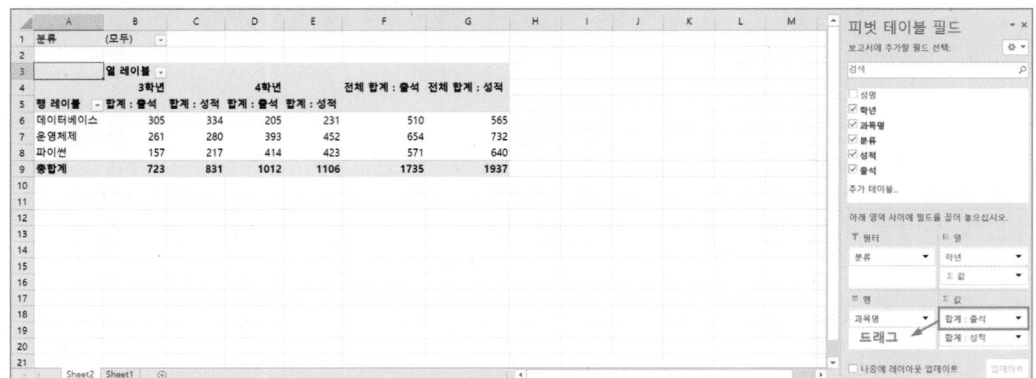

❸ 다음과 같이 [행] 영역으로 '출석' 필드가 이동되며 '과목명' 필드 아래쪽에 '출석' 필
드가 표시된다.

4 피벗 테이블 필드 함수 변경 및 셀 표시 형식 변경하기

[Σ값] 영역에 표시된 [성적] 필드는 데이터 형식이 숫자이므로 [합계]함수가 기본적으로
적용된다. 문자이면 [개수] 함수가 적용된다. [합계]함수를 [평균]함수로 변경하고 숫자 자
릿수를 소수 첫째 자리까지 표시되도록 셀의 표시 형식을 변경해보자.

❶ [Σ값] 영역의 [합계 : 성적] 필드를 클릭하고 목록이 나타나면 [값 필드 설정]을 클릭한다.

❷ [값 필드 설정] 창의 [선택한 필드의 데이터]에서 [평균]을 선택한다.

❸ 숫자 자릿수를 바꾸기 위해서 [표시 형식]을 클릭한다.

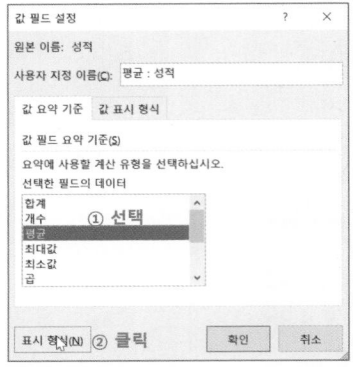

❹ [셀 서식] 창에서 [숫자] 범주를 선택, [소수 자릿수]를 '1'로 변경하고 [확인]을 클릭한다.

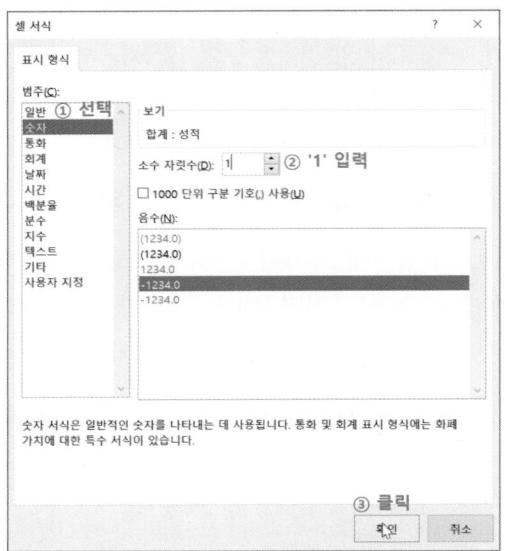

❺ [값 필드 설정] 창이 다시 나타나면 [확인]을 클릭한다.

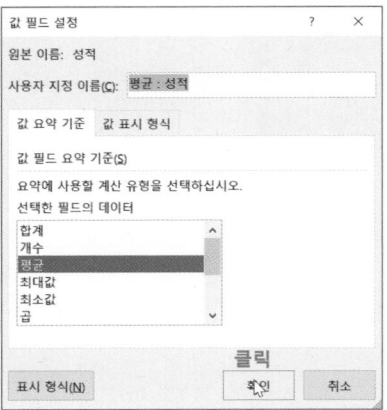

❻ 다음과 같이 함수 및 셀 서식이 변경된다.

5 피벗 테이블의 보고서 레이아웃

피벗 테이블을 만들면 기본적으로 [압축 형식으로 표시] 레이아웃이 적용되어 [행] 영역의 '과목명' 필드와 '출석' 필드가 하나의 열에 표시된다. 이를 [개요 형식으로 표시]로 바꿔보자.

❶ [피벗 테이블 도구]-[디자인]-[레이아웃] 그룹-[보고서 레이아웃]-[개요 형식으로 표시]를 선택한다.

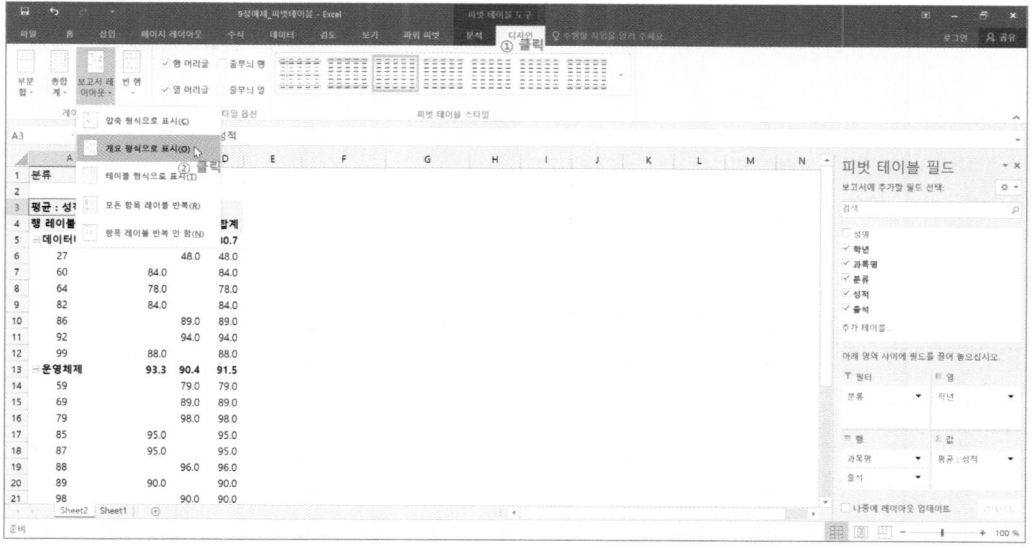

❷ 다음과 같이 [행] 영역의 '과목명' 필드와 '출석' 필드가 각각의 열에 분리되어 표시된다.

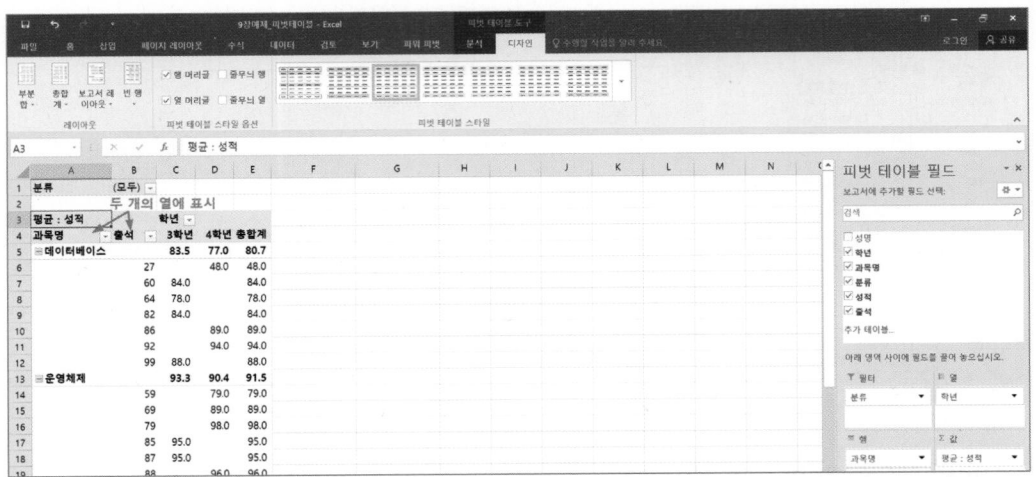

참고 보고서 레이아웃

- 압축 형식으로 표시 : 피벗 테이블 생성 시에 기본적으로 적용되는 레이아웃이며 모든 행영역의 필드를 하나의 열에 표시하여 공간을 절약한다. 각 필드는 들여쓰기로 구분한다. 모든 그룹의 부분합은 그룹의 위쪽에 표시된다.

- 개요 형식으로 표시 : 행영역의 필드가 하나의 열이 아닌 각각의 열에 표시된다. 모든 그룹의 부분합은 그룹의 위쪽에 표시된다.

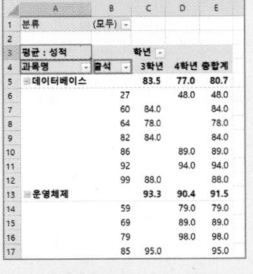

- 테이블 형식으로 표시 : 모든 데이터를 일반적인 테이블 형식으로 표시하며, 다른 워크시트로 셀을 복사하기가 쉽다. 부분합은 그룹의 아래쪽에 표시된다.

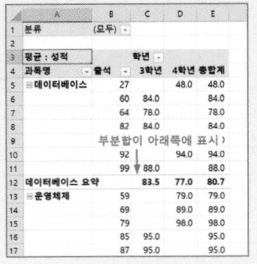

6 그룹 지정하기

'출석' 필드를 '10'점 단위로 묶어 표시해보자.

❶ [B4] 셀로 셀 포인터를 이동한 후 마우스 오른쪽 버튼을 클릭하여 [그룹]을 선택한다.

❷ [그룹화] 창에서 [단위]에 '10'을 입력한다.

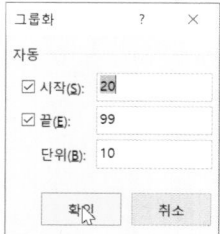

❸ 다음과 같이 '출석'이 '10'점 단위로 그룹화되어 표시된다.

7 행 및 열의 총합계 해제하기

[피벗 테이블 도구]-[디자인]-[레이아웃] 그룹-[총합계]-[행 및 열의 총합계 해제]를 클릭한다.

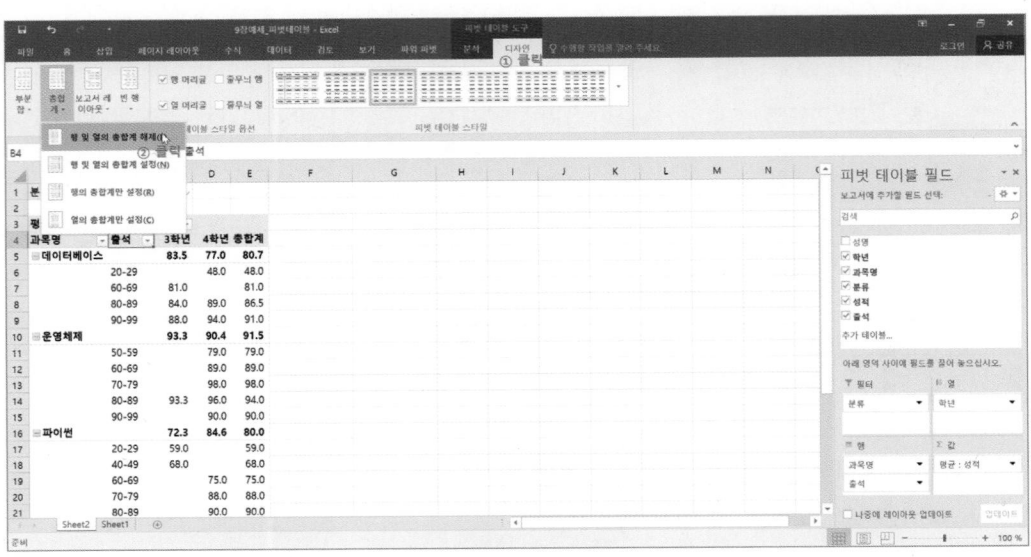

피벗 테이블 갱신

원본 데이터에서 내용을 수정하면 피벗 테이블에서 추가로 갱신을 해야 한다. 다음 순서대로 실행하면 된다.

❶ 원본 데이터에서 값을 수정한다.

❷ 피벗 테이블에서 임의의 셀을 선택하고 마우스 오른쪽 버튼을 클릭하여 [새로 고침]을 클릭한다. 피벗 테이블의 데이터가 갱신된다.

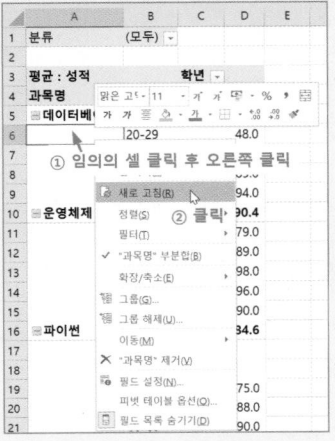

8 피벗 테이블 스타일 변경하기

피벗 테이블의 스타일을 변경하려면 [피벗 테이블 도구]-[디자인]-[피벗 테이블 스타일] 그룹에서 [피벗 스타일 보통 3] 스타일을 선택한다.

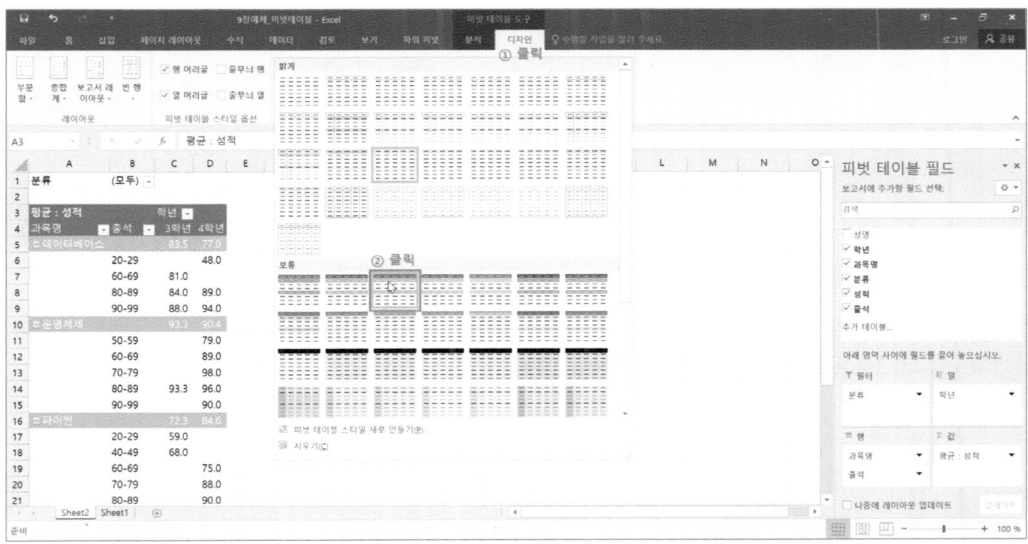

9 특정 필드 삭제하기

특정 필드를 삭제하려면 필드를 [피벗 테이블 필드] 밖으로 드래그하거나 [필드 제거]를 이용한다.

❶ [행] 영역의 '출석' 필드를 [피벗 테이블 필드] 창 밖으로 드래그한다.

❷ 또는 [행] 영역의 '출석' 필드를 클릭하여 [필드 제거]를 클릭한다.

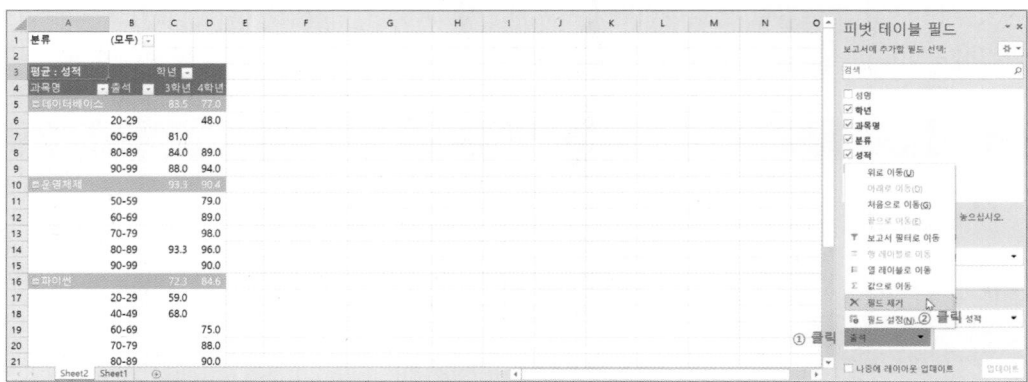

🔟 특정 데이터만 새로운 시트에 생성하기

셀 포인터가 있는 위치의 데이터만 새로운 시트에 표시할 수 있다.

❶ [B5] 셀을 더블클릭한다.

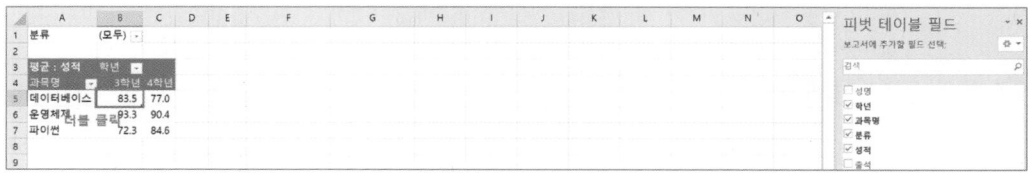

❷ 새로운 시트가 생성되고 '3학년'의 '데이터베이스' 데이터만 표시된다.

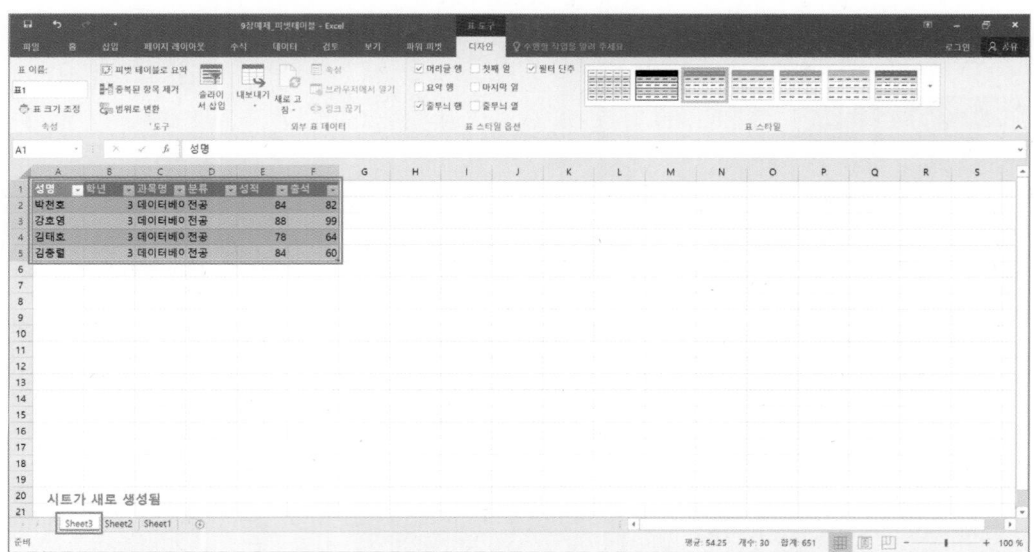

11 피벗 테이블 삭제하기

❶ [A1] 셀을 클릭하고 [피벗 테이블 도구]–[분석]–[동작] 그룹–[선택]–[전체 피벗 테이블]을 클릭하면 피벗 테이블 전체가 선택된다.

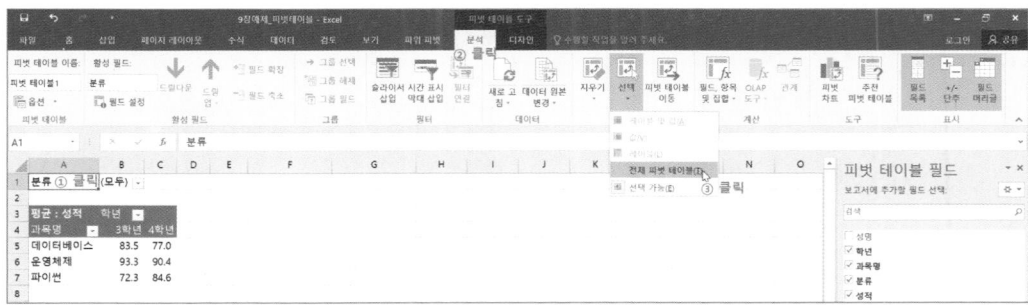

❷ 키보드에서 [Delete]를 누르면 피벗 테이블과 피벗 테이블 필드 창까지 모두 삭제되고 텅 빈 시트만 남게 된다.

> TIP [A1:C7]를 범위로 지정하고 [Delete]를 눌러도 결과는 같다.

9.2 슬라이서 삽입

슬라이서는 피벗 테이블에 표시되는 데이터를 신속하고 효율적으로 필터링하기 위해 피벗 테이블에 추가적으로 생성하는 창을 말한다. 선택된 필드의 개수만큼 슬라이서가 생성되며, 한 슬라이서에는 한 필드의 모든 항목이 표시된다. 슬라이서에서 특정 항목을 선택하면 선택된 항목에 대해서만 피벗 테이블에 값이 표시된다.

9.2.1 슬라이서 삽입 및 데이터 필터링하기

'9장예제_피벗 테이블_슬라이서.xlsx' 파일을 이용하여 '성명', '분류' 슬라이서를 삽입하고 슬라이서에서 필터링을 적용해보자.

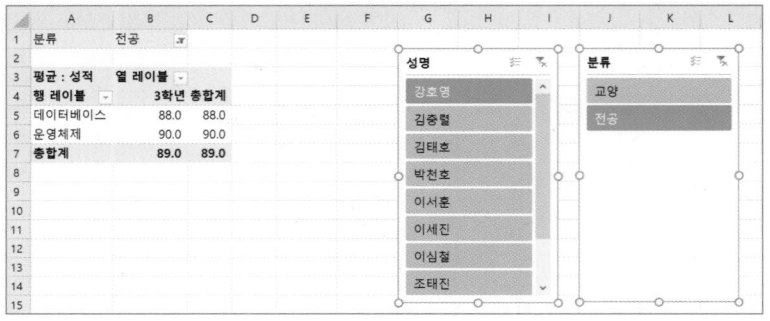

〈결과 화면〉

❶ '9장예제_피벗 테이블_슬라이서.xlsx' 파일의 [슬라이서]시트에서 피벗 테이블 영역 내의 임의의 셀인 [A1] 셀을 클릭하면 피벗 테이블 도구 메뉴가 나타난다. [피벗 테이블 도구]–[분석]–[필터] 그룹–[슬라이서 삽입]을 클릭한다.

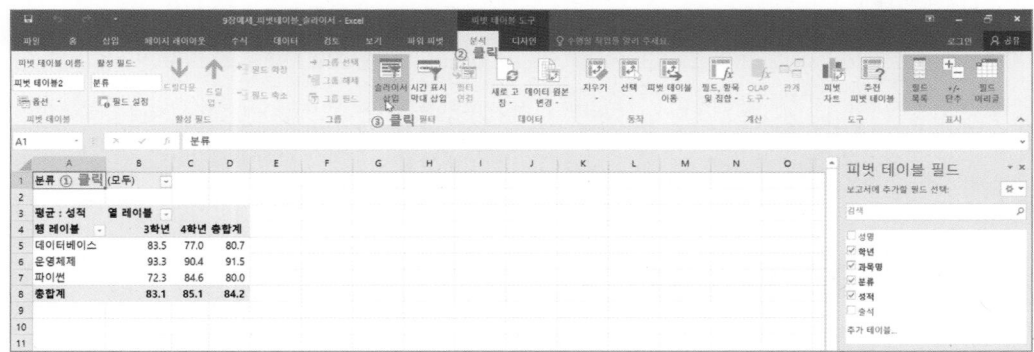

❷ [슬라이서 삽입] 창에서 '성명', '분류'를 선택한다.

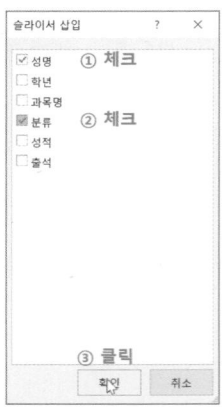

❸ '성명' 슬라이서 창에서 '강호영', '분류' 슬라이서 창에서 '전공'을 선택해보자. '강호영'이 수강 중인 전공과목의 데이터만 추출되어 표시된다.

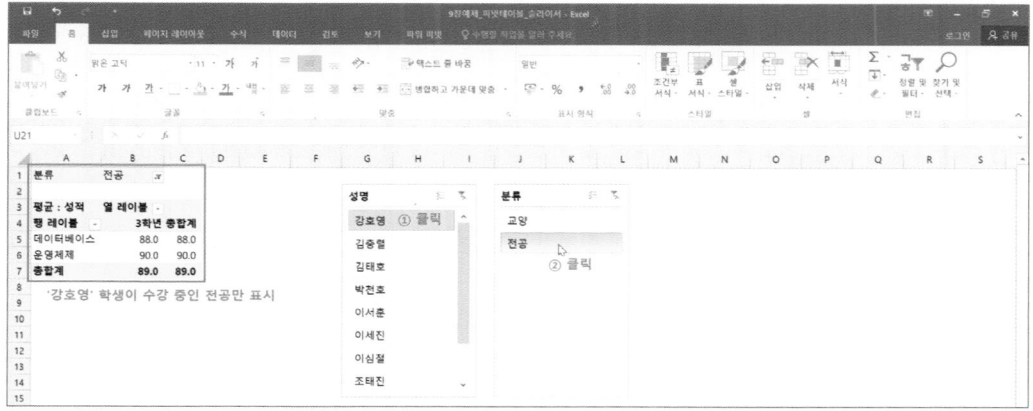

❹ 슬라이서에 스타일을 적용해보자. 둘 이상의 슬라이서를 선택하려면 [Ctrl]을 누른 채 슬라이서를 선택한다. [슬라이서 도구]-[옵션]-[슬라이서 스타일] 그룹-[슬라이서 스타일 어둡게 2]를 선택한다.

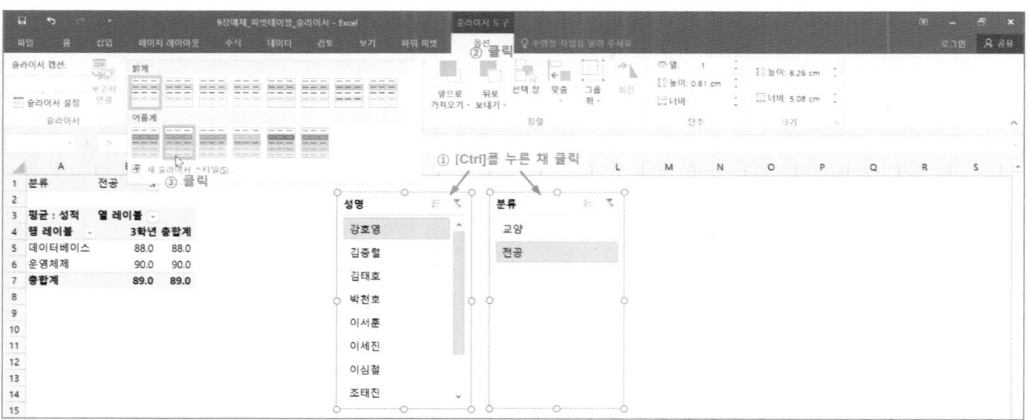

9.2.2 데이터 필터링 해제 및 슬라이서 삭제하기

'분류' 슬라이서 창에서 적용된 필터를 해제하고, '분류' 슬라이서를 삭제해보자.

〈결과 화면〉

슬라이서 창을 선택하면 [슬라이서 도구] 메뉴가 나타나며, 이를 이용하여 슬라이서에 대한 서식을 지정할 수 있다.

❶ '분류' 슬라이서 창에서 [필터 지우기(🖌)]를 클릭하면 '분류'에 적용된 필터가 해제된다.

❷ '분류' 슬라이서를 클릭하고 [Delete]를 누르면 슬라이서가 삭제된다.

9.3 피벗 차트

피벗 차트는 피벗 테이블의 원본 데이터를 시각적으로 표현하기 때문에 데이터의 흐름이나 추이를 비교하기 쉽다. 피벗 테이블과 피벗 차트는 연동되어 있어서 피벗 테이블의 필드 설정이 변경되면 피벗 차트도 같이 변경된다.

'9장예제_피벗 테이블.xlsx' 파일을 이용하여 다음과 같이 피벗 차트를 삽입해보자.

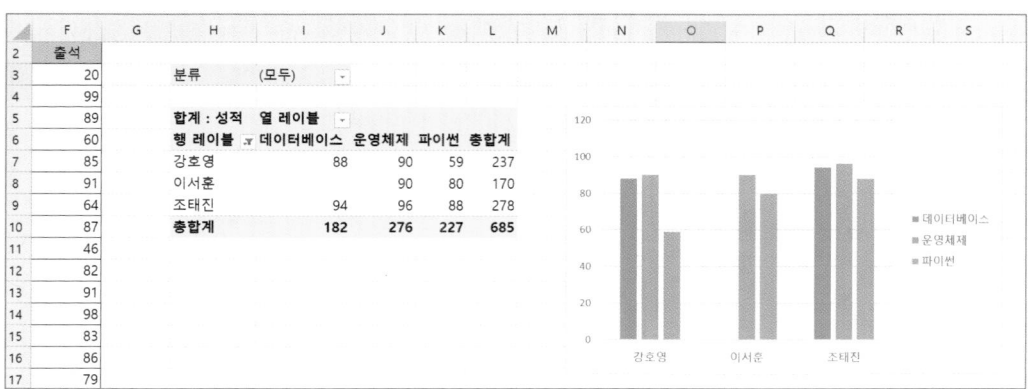

〈결과 화면〉

9.3.1 피벗 차트에 필드 표시하기

피벗 차트에 성명별 과목별 성적의 합계를 표시해보자.

❶ 피벗 테이블 내의 임의의 셀인 [A2]를 클릭하고 [삽입]−[차트] 그룹−[피벗 차트]를 클릭한다.

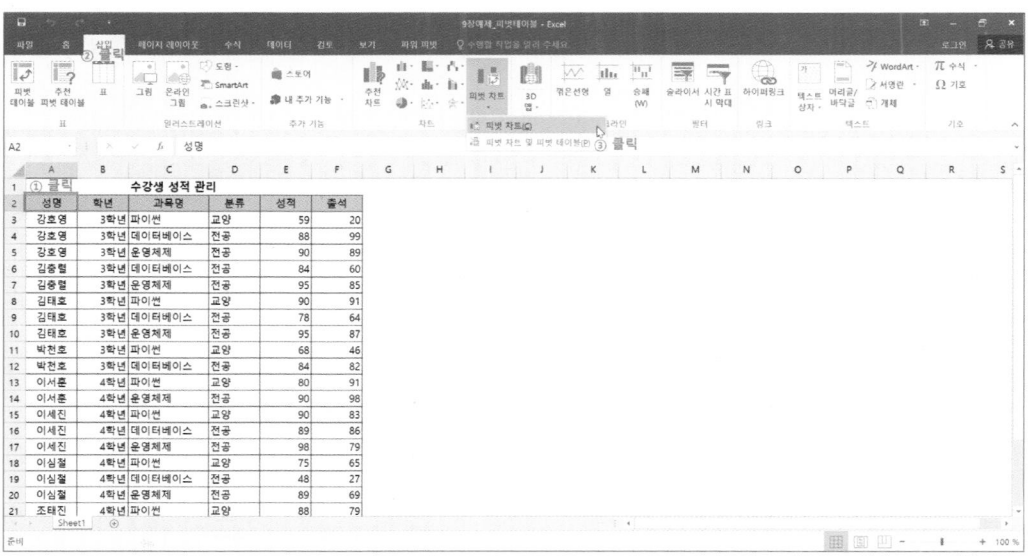

❷ [피벗 차트 만들기] 창에서 [표/범위]는 [A2:F25]을 선택하고, [피벗 차트 위치]는 [기존 워크시트]로 선택한 후 [H5]를 클릭한다. [확인]을 클릭한다.

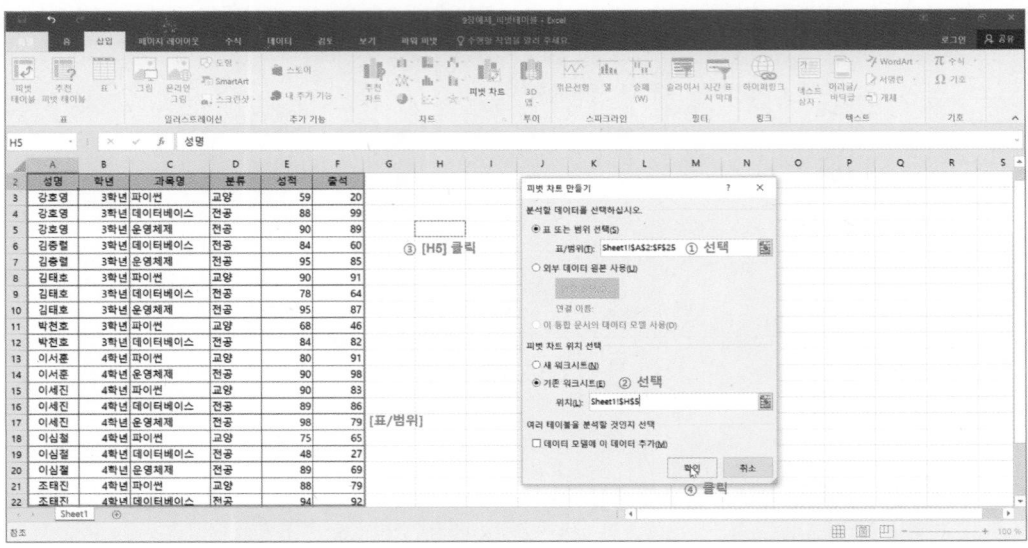

❸ [H5] 위치부터 피벗 테이블과 피벗 차트가 동시에 생성된다.

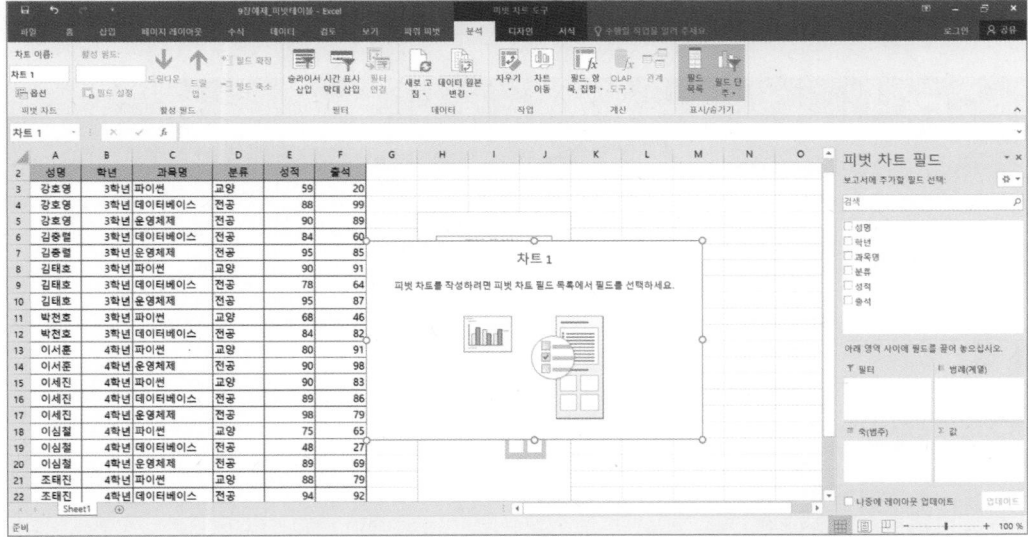

❹ [피벗 차트 필드] 창의 필드 목록에서 [필터]에는 '분류', [범례(계열)]에는 '과목명' 필드를, [축(범주)]에는 '성명' 필드를, [∑ 값]에는 '성적' 필드를 드래그한다.

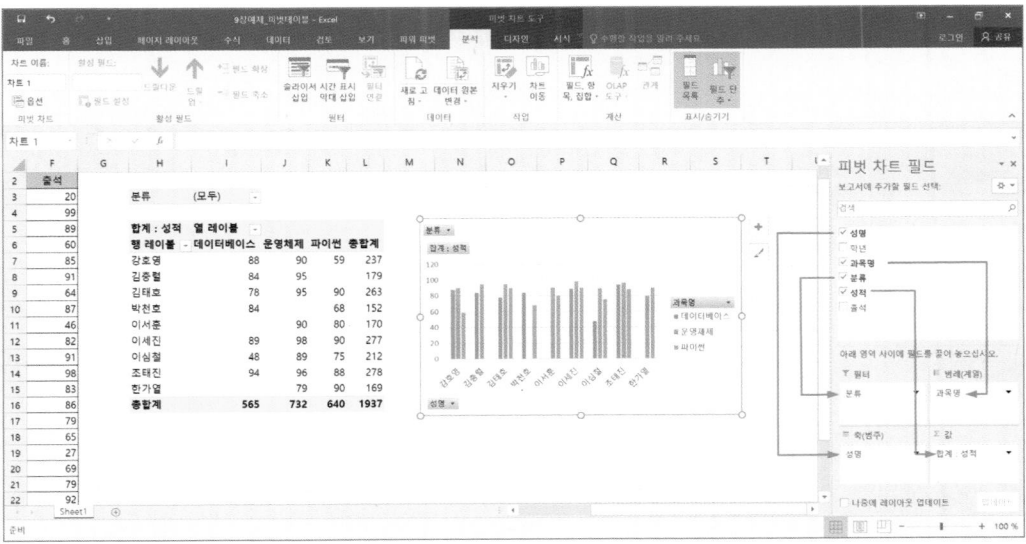

9.3.2 데이터 필터링 및 필드 단추 숨기기

필드 단추를 이용하여 3명의 학생 성적을 표시하고 숨겨보자.

❶ 성명 ▼ 필드 단추를 클릭하여 '강호영', '이서훈', '조태진' 필드만 선택한다. 피벗 차트의 필드 단추를 이용하여 데이터를 필터링하면 피벗 테이블의 데이터가 함께 갱신된다.

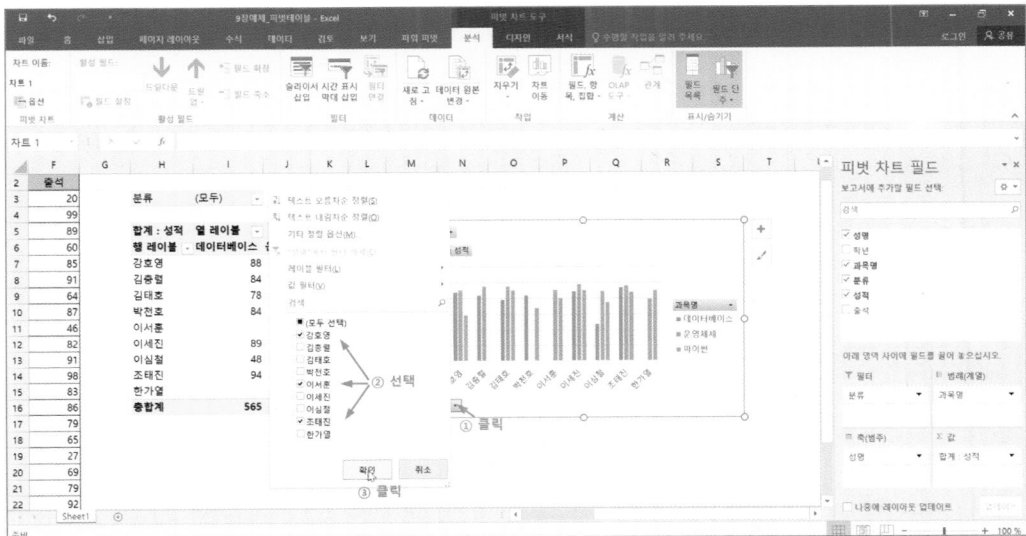

❷ 피벗 차트의 필드 단추는 [피벗 차트 도구]-[분석]-[표시/숨기기] 그룹-[필드 단추] 메
   뉴를 이용하여 나타내거나 숨길 수 있다. [모두 숨기기]를 선택한다.

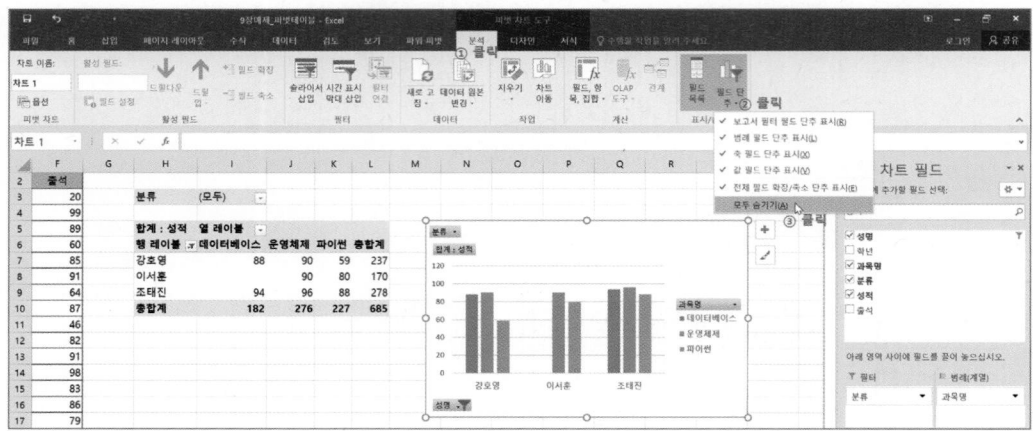

❸ 피벗 차트에 있던 필드 단추가 모두 숨겨진다.

기본 프로젝트 **피벗 테이블 및 슬라이서 작성하기**

'9장기본프로젝트_피벗 테이블.xlsx' 파일을 이용하여 다음과 같이 피벗 테이블을 삽입해 보자.

소속	등급	과장 인원수	과장 최대값 : 실적	대리 인원수	대리 최대값 : 실적	사원 인원수	사원 최대값 : 실적
영업1팀		2명	₩2,197,100	3명	₩2,989,200	3명	₩3,113,600
	시말서					1명	₩1,354,800
	우수	2명	₩2,197,100				
	최상			3명	₩2,989,200	2명	₩3,113,600
영업2팀		2명	₩2,966,700	3명	₩2,328,300	5명	₩2,844,800
	노력			1명	₩1,915,100	2명	₩1,756,600
	우수	1명	₩2,214,100	2명	₩2,328,300	1명	₩2,206,200
	최상	1명	₩2,966,700			2명	₩2,844,800
영업3팀		4명	₩1,935,400	3명	₩2,475,900	5명	₩2,707,400
	노력	4명	₩1,935,400	2명	₩1,992,300		
	우수			1명	₩2,475,900	4명	₩2,412,300
	최상					1명	₩2,707,400
총합계		8명	₩2,966,700	9명	₩2,989,200	13명	₩3,113,600

〈결과 화면〉

STEP 1 새 워크시트에 피벗 테이블 생성하기

❶ [기본] 시트에서 [A3] 셀을 클릭하고 [삽입]-[표] 그룹-[피벗 테이블]을 클릭한다.

❷ [피벗 테이블 만들기] 창에서 [표/범위]에는 [A3:K33], 보고서를 넣을 위치를 [새 워크 시트]로 선택한다.

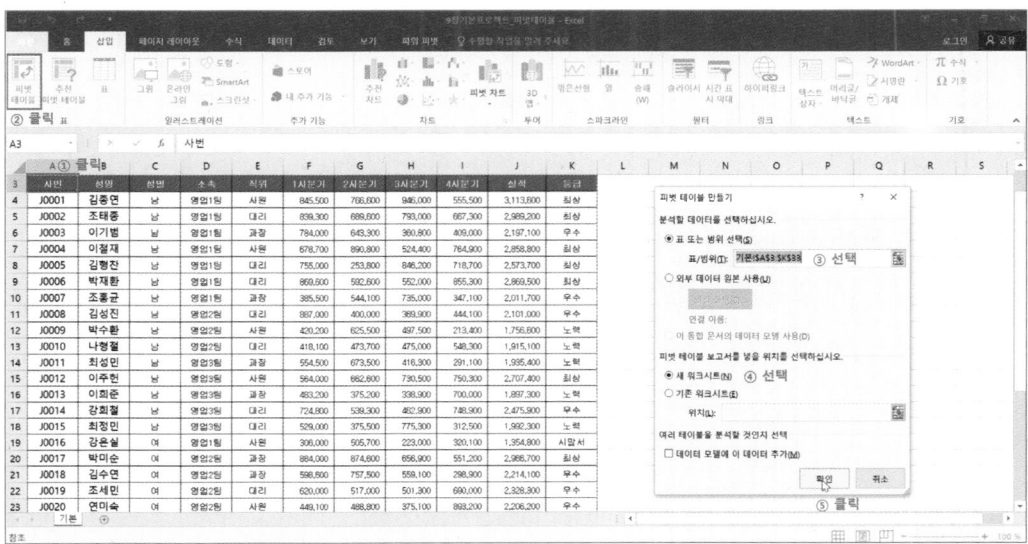

(STEP 2) 피벗 테이블에 표시할 필드 지정하기

[피벗 테이블 필드] 창에서 [필터]에는 '성별'필드를, [행]에는 '소속', '등급' 필드를, [열]에는 '직위' 필드를, [Σ 값]에는 '사번', '실적' 필드를 드래그한다. [Σ값] 영역에 표시되는 필드는 데이터 형식에 따라 다르게 표시된다. 숫자이면 [합계] 함수가, 문자이면 [개수] 함수가 기본적으로 적용된다. '사번' 필드는 문자 데이터이므로 [개수] 함수가 적용된다.

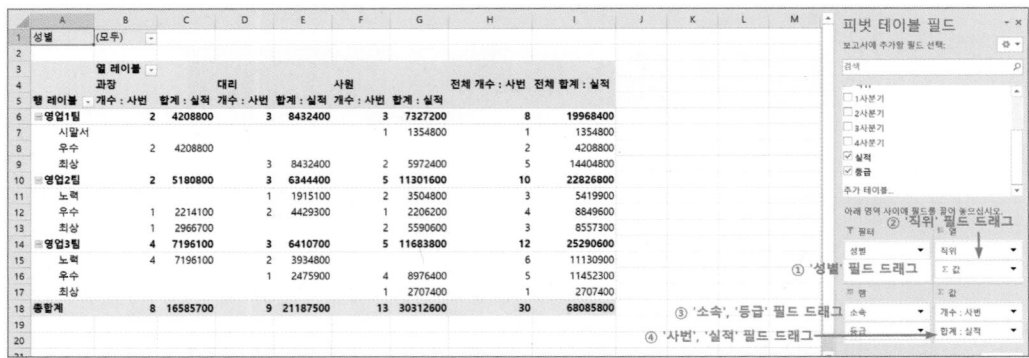

(STEP 3) '사번' 필드에 [사용자 지정] 형식 적용하기

❶ [피벗 테이블 필드] 창에서 [Σ 값]-[개수 : 사번]-[값 필드 설정]을 클릭한다.

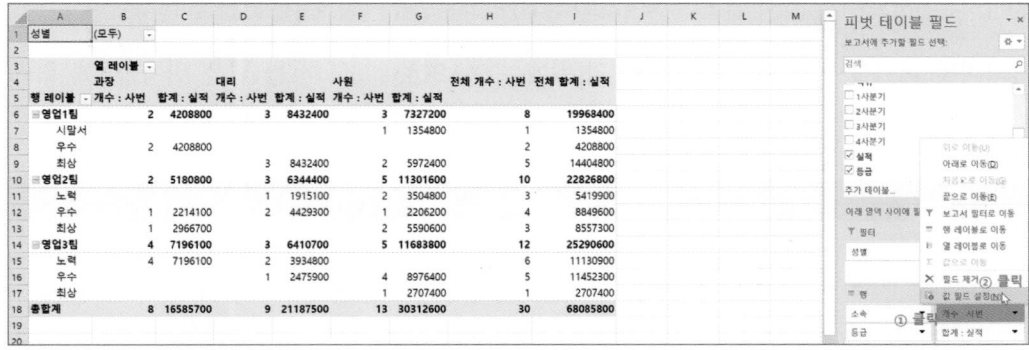

❷ [값 필드 설정] 창에서 [사용자 지정 이름]은 '인원수'로 변경하고 [표시 형식]을 클릭한다.

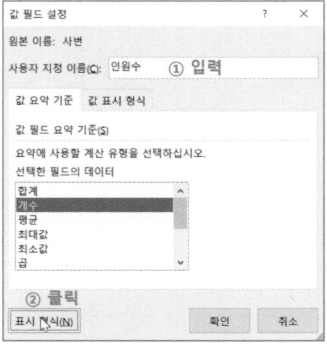

❸ [셀 서식] 창에서 [사용자 지정]-[형식]에 '**#"명"**'을 입력한다.

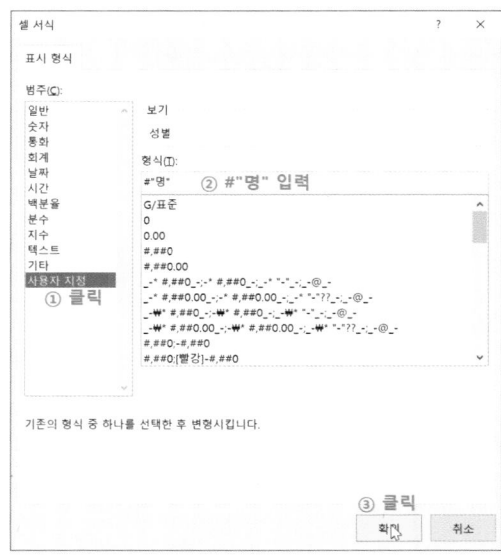

(STEP 4)　'실적' 필드에 [최대값]을 적용하고 [통화] 형식으로 표시하기

❶ [피벗 테이블 필드] 창에서 [Σ 값]-[합계 : 실적]-[값 필드 설정]을 클릭한다.

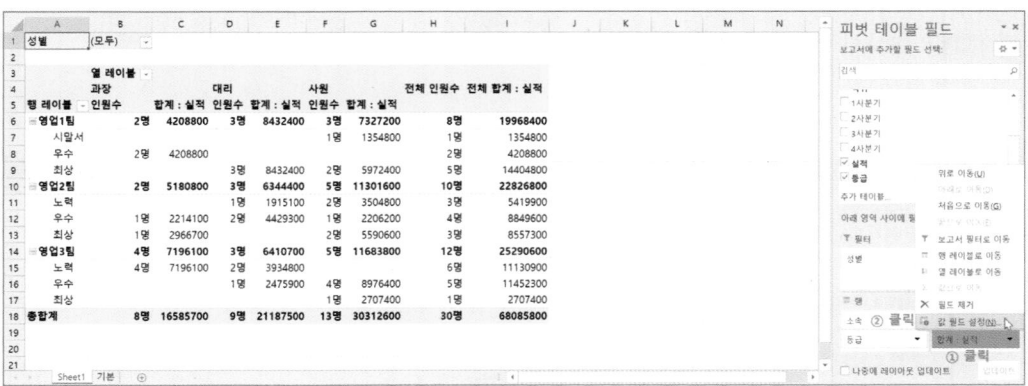

❷ [값 필드 설정] 창에서 [최대값]을 선택한다. [표시 형식]을 클릭한다.

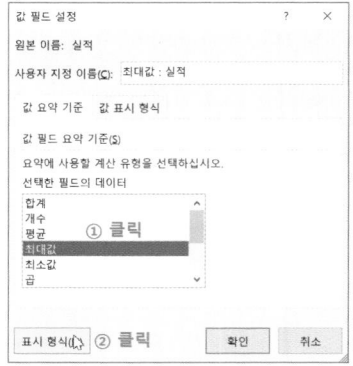

❸ [셀 서식] 창에서 [통화]를 클릭하고 [₩]를 선택한다.

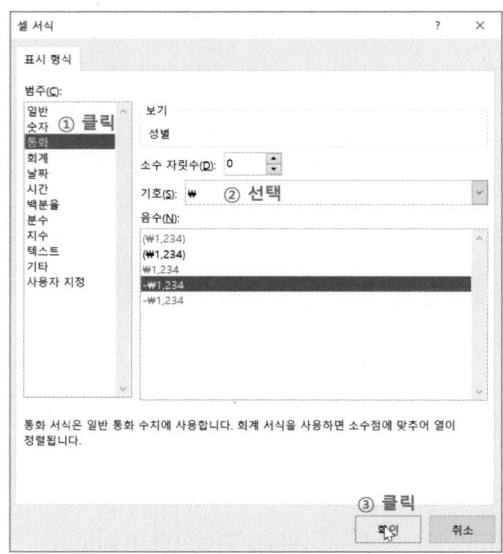

(STEP 5) 보고서의 레이아웃과 스타일 설정하기

❶ [피벗 테이블 도구]-[디자인]-[레이아웃] 그룹-[보고서 레이아웃]-[개요 형식으로 표시]를 클릭한다.

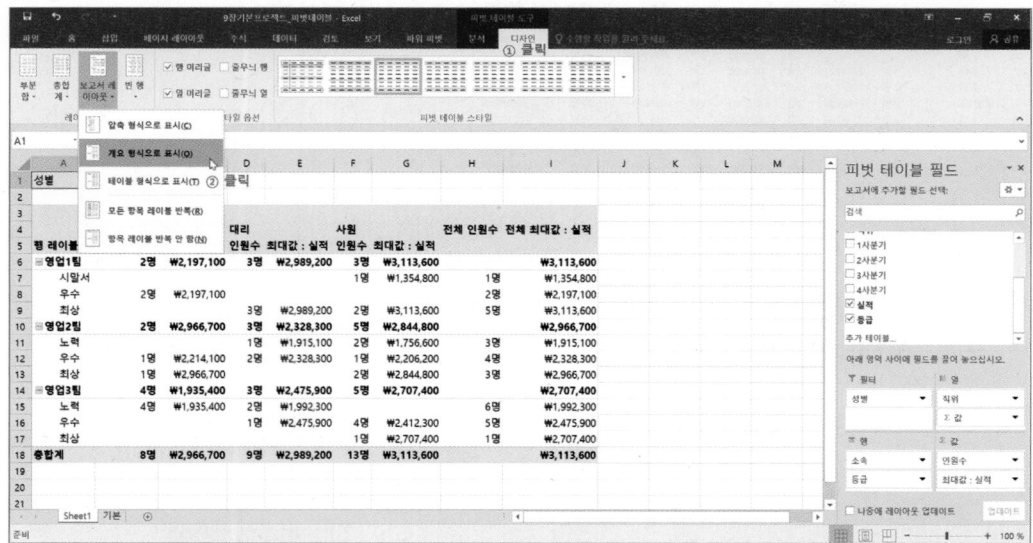

❷ [피벗 테이블 도구]–[디자인]–[피벗 테이블 스타일] 그룹–[피벗 스타일 보통 15]를 선택한다.

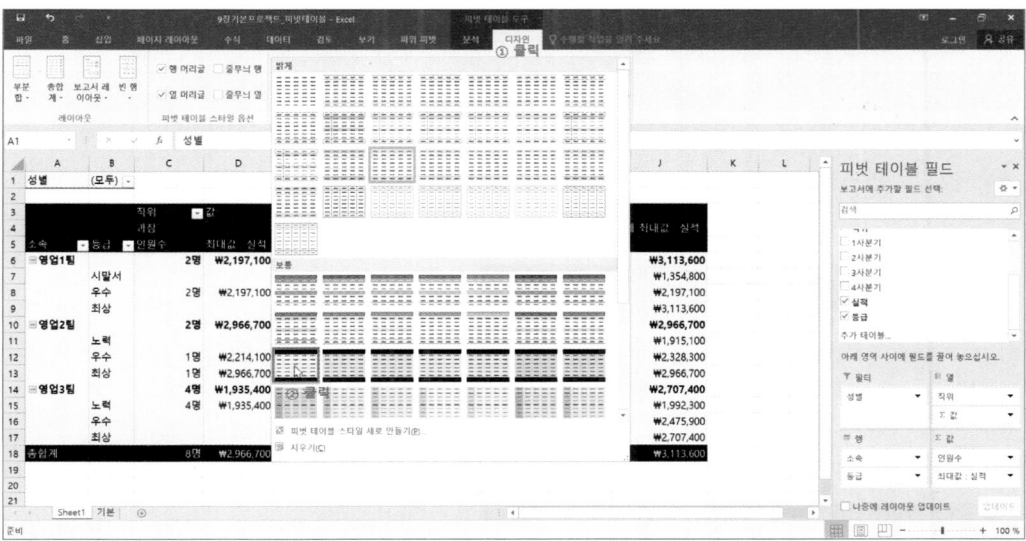

STEP 6   열의 총합계만 표시하기

[피벗 테이블 도구]–[디자인]–[레이아웃] 그룹–[총합계]–[열의 총합계만 표시]를 선택한다.

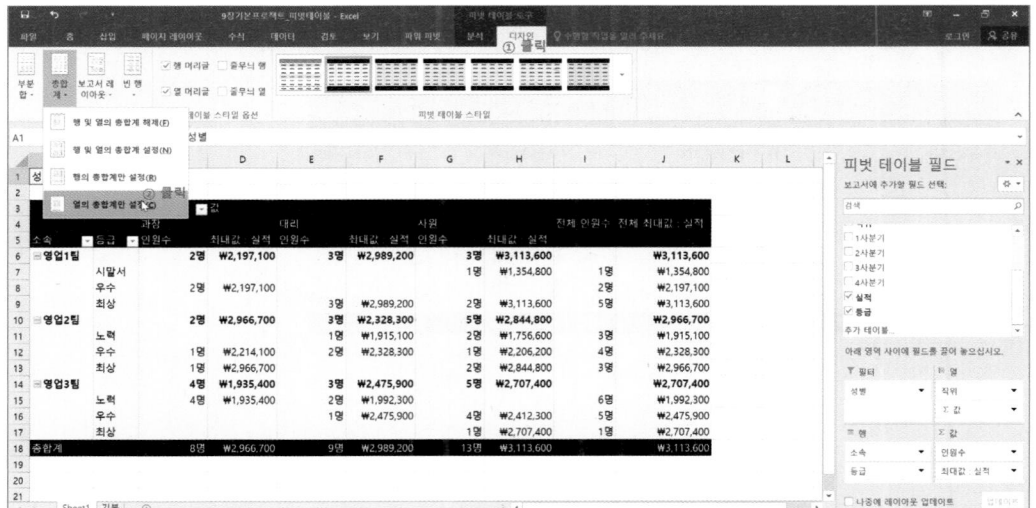

STEP 7 슬라이서를 삽입하고, '영업1팀'의 '과장' 데이터만 새로운 시트로 자동 생성하기

❶ [A1] 셀을 클릭하고 [피벗 테이블 도구]−[분석]−[필터] 그룹−[슬라이서 삽입]을 선택한
다. [슬라이서 삽입] 창에서 '소속'을 선택한다.

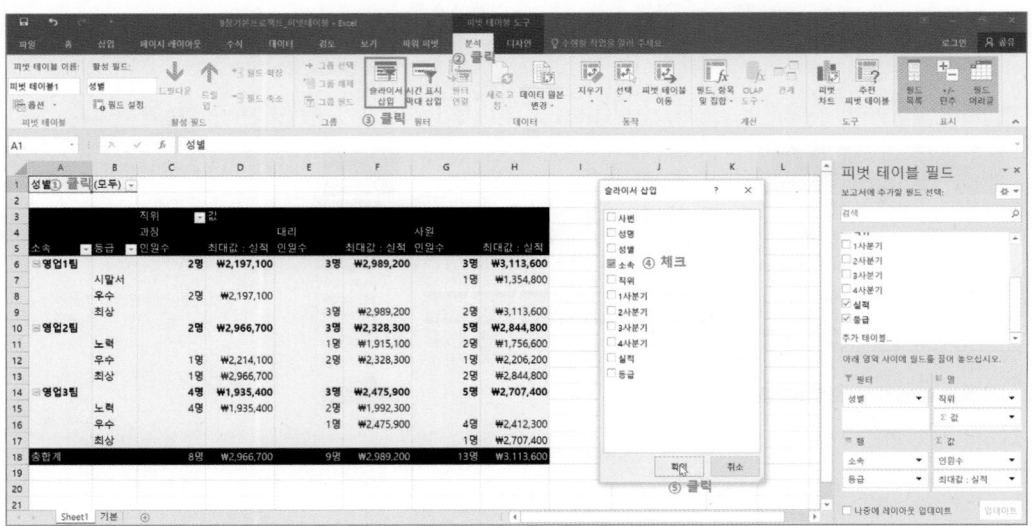

❷ '소속' 창에서 [Ctrl]을 누른 채 '영업1팀', '영업2팀'을 클릭하면 '영업1팀', '영업2팀'
이 필터링되어 표시된다.

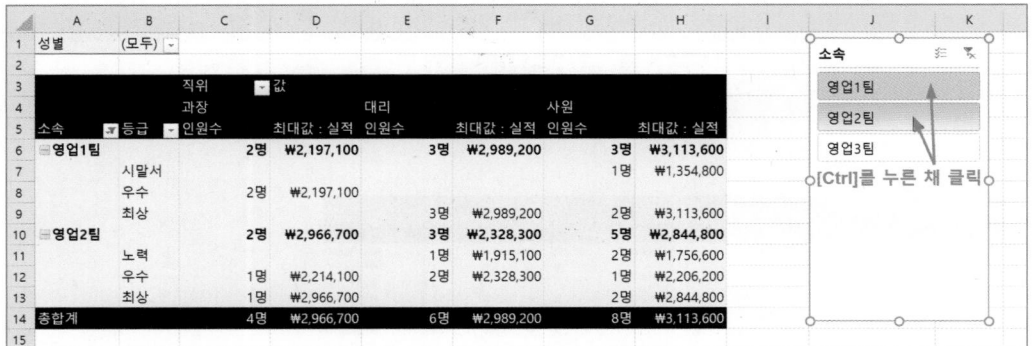

❸ 새로운 시트를 자동 생성하기 위해 [C6] 셀을 더블클릭한다.

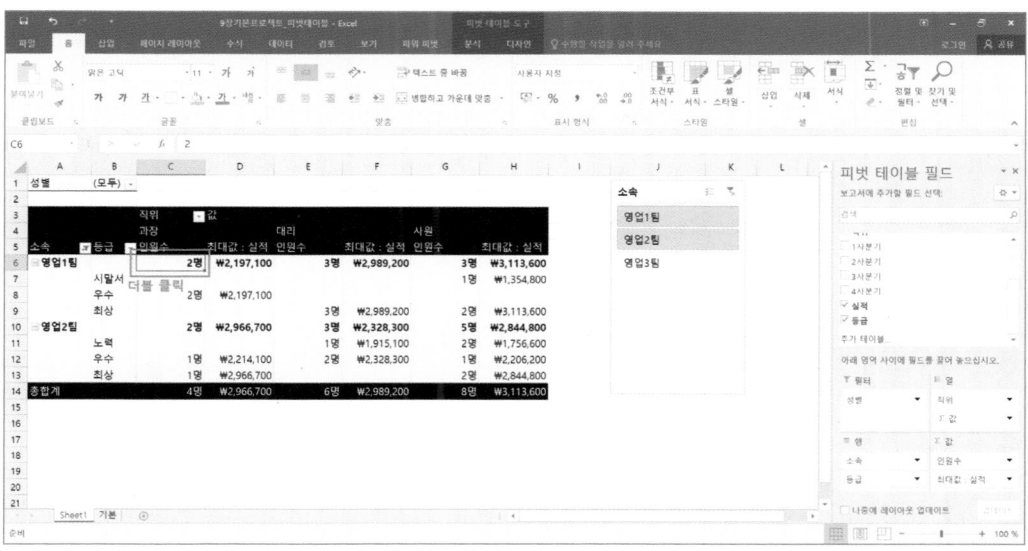

❹ '영업1팀'의 '과장' 데이터만 새로운 시트에 자동 생성된다.

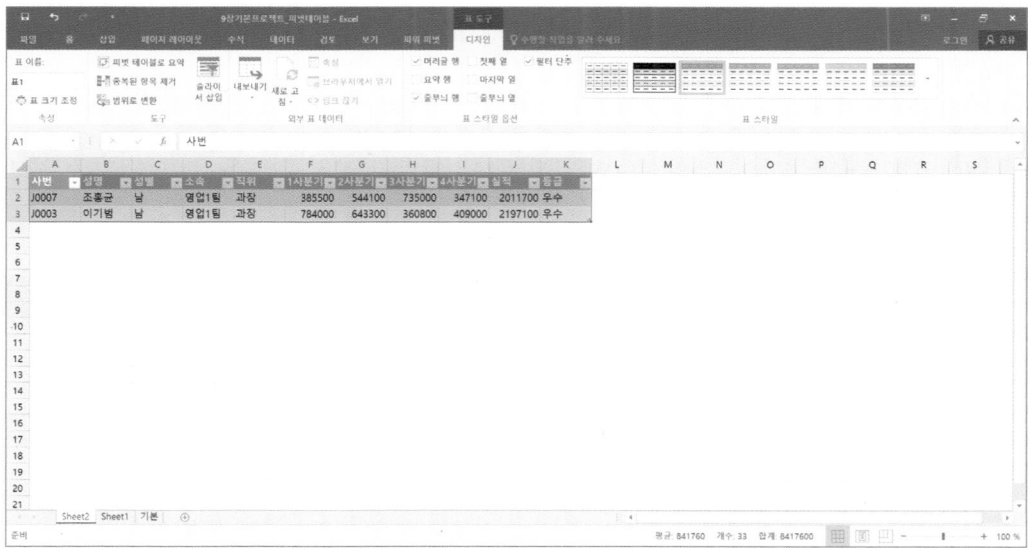

피벗 테이블 및 피벗 차트 만들기

'9장응용프로젝트_피벗 테이블.xlsx' 파일을 이용하여 피벗 테이블과 피벗 차트를 삽입해
보자.

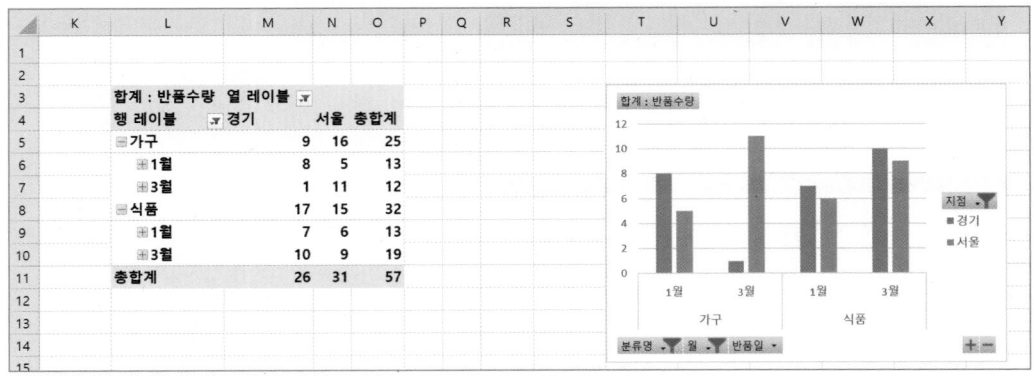

〈결과 화면〉

(STEP 1) 기존 워크시트에 피벗 테이블과 피벗 차트 생성하기

❶ [응용] 시트에서 [L3] 셀을 클릭하고 [삽입]-[차트] 그룹-[피벗 차트]를 클릭한다.

❷ [피벗 테이블 만들기] 창에서 [표/범위]에는 [A3:J81], 보고서를 넣을 위치를 [기존 워크
시트]로 선택한다.

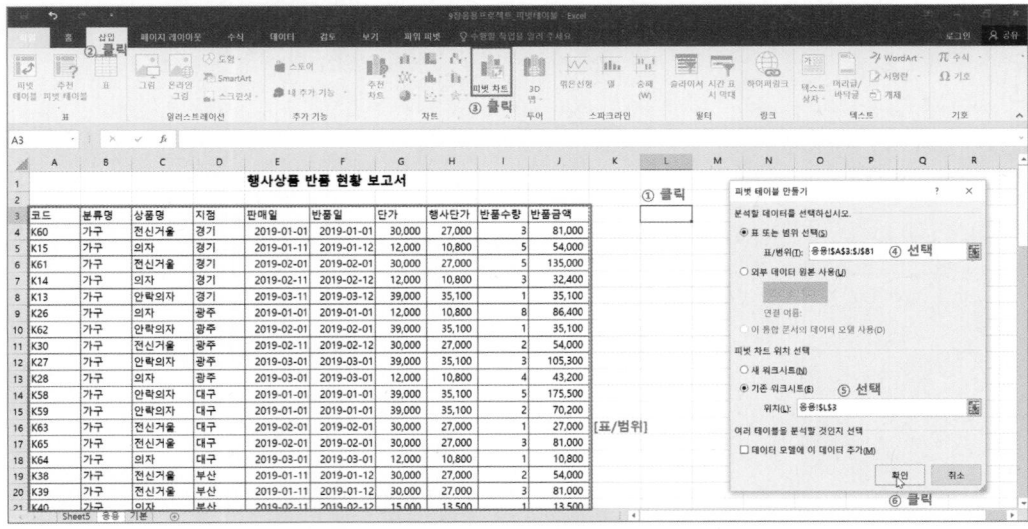

❸ 텅 빈 피벗 테이블과 피벗 차트가 [L3] 위치부터 표시된다.

STEP 2 피벗 차트에 표시할 필드 지정하기

[피벗 테이블 필드] 창에서 [행]에는 '분류명'과 '반품일' 필드를, [열]에는 '지점' 필드를, [∑ 값]에는 '반품수량' 필드를 드래그하면 피벗 테이블과 피벗 차트에 동시에 데이터가 표시된다. 날짜 데이터인 '반품일'을 [행] 영역에 드래그하면 '월' 필드가 [행]에 저절로 생기면서 '월' 단위로 그룹화가 된다.

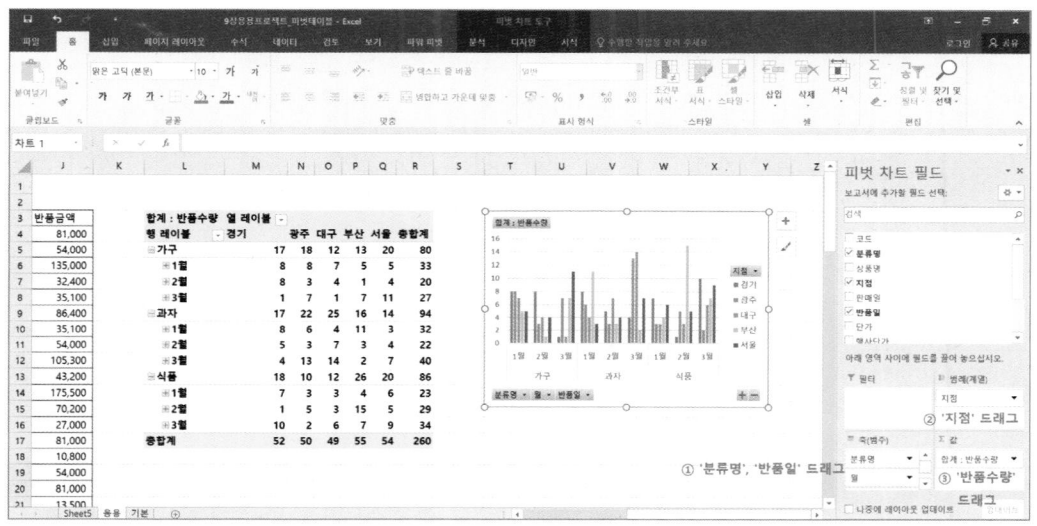

TIP 엑셀 2016에 날짜 및 시간이 자동으로 그룹화되는 **시간 그룹화** 기능이 새로 추가되었다. 시간 그룹화 기능은 피벗 테이블 필드 작업창에서 필드 영역의 날짜 필드를 행 또는 열 영역으로 드래그하면 데이터가 기간별로 자동으로 그룹화되는 기능이다.

STEP 3 피벗 차트에서 필터링을 적용하기

❶ 피벗 차트에서 '분류명' 단추를 클릭하여 '가구', '식품'만 선택한다.

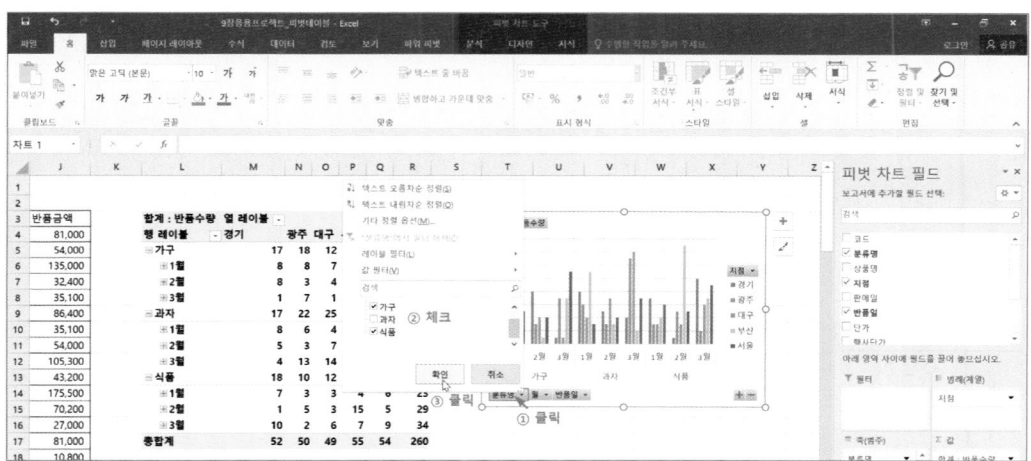

❷ '월' 단추를 클릭하고 '1월', '3월'을 선택한다.

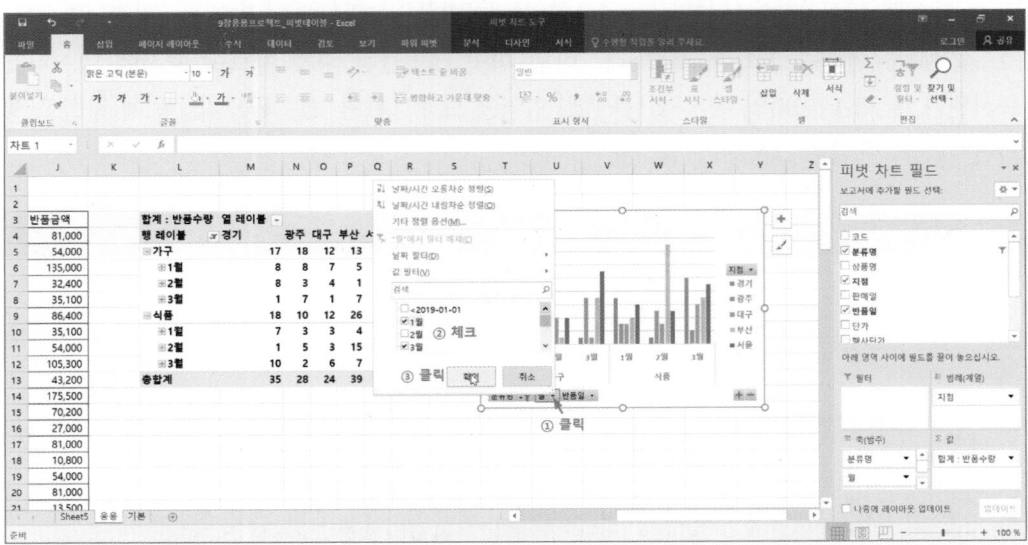

❸ '지점' 단추를 클릭하고 '경기', '서울'을 선택한다.

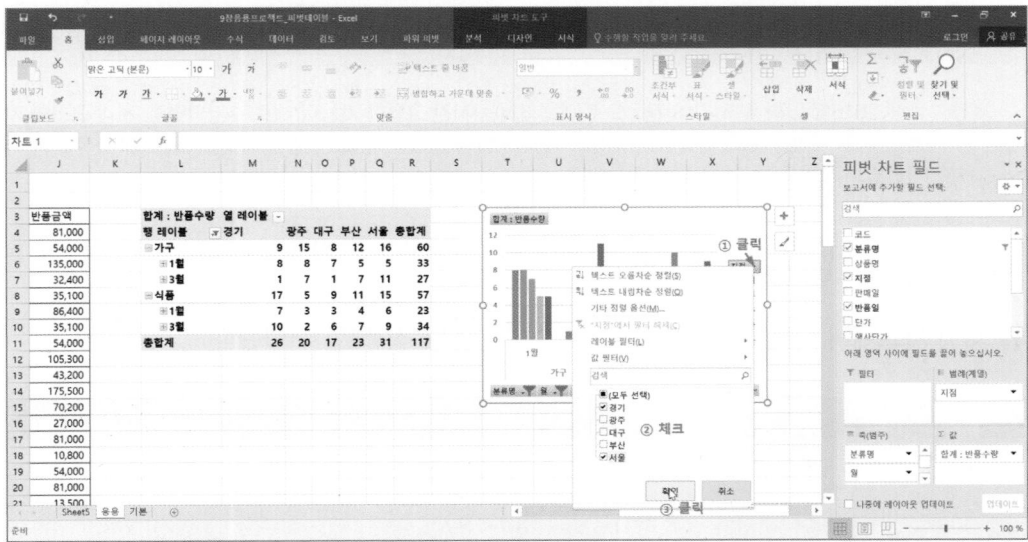

(1) 피벗 테이블

- 피벗 테이블은 데이터 목록에서 필요한 데이터를 추출하고 행과 열을 재구성하여 새로운 표로 만드는 기능이다.
- 대화형 방식을 통해 빠르게 데이터를 정렬하고 요약해서 나타내주기 때문에 많은 양의 데이터를 한눈에 파악하고자 할 때 유용하게 쓰인다.

(2) 피벗 차트

- 피벗 차트는 피벗 테이블의 데이터를 시각적으로 표현하여 데이터의 흐름이나 추이를 비교하기 쉽다.
- 피벗 테이블과 차트는 연동되어 있어 피벗 테이블의 레이아웃이나 세부 항목이 변동되면 피벗 차트도 자동으로 갱신된다.

■ 피벗 테이블 및 슬라이서 작성하기

'9장기본실습_피벗 테이블.xlsx' 파일을 다음 조건대로 완성하시오.

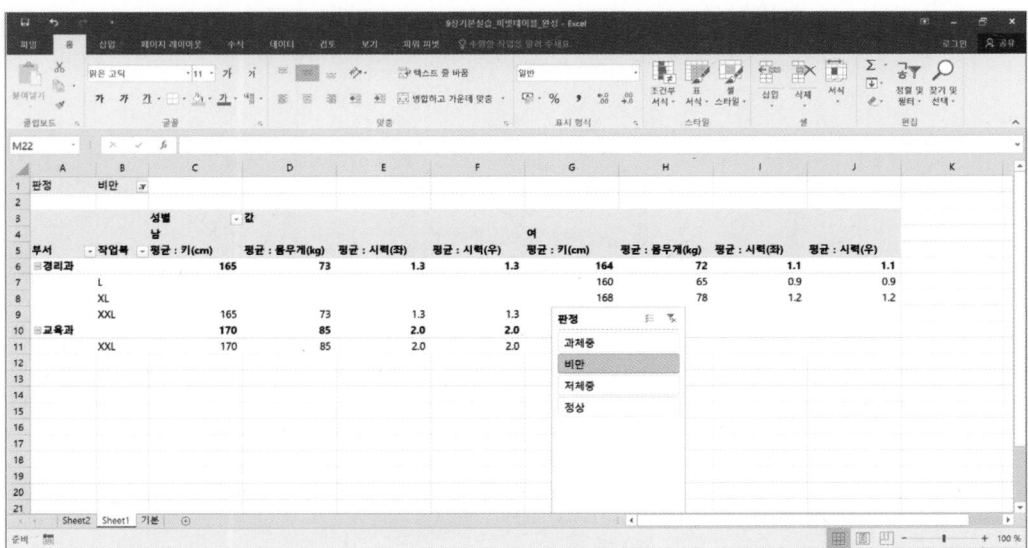

〈원본〉

〈완성〉

1. '부서'와 '작업복'별 '성별'의 '키(cm)', '몸무게(kg)', '시력(좌)', '시력(우)'의 평균을 표시하시오.

   - '키(cm)', '몸무게(kg)'는 정수만 표시
   - '시력(좌)', '시력(우)'는 소수 첫째 자리까지 표시

2. [개요 형식으로 표시] 보고서 레이아웃을 적용하시오.

3. 행의 총합계와 열의 총합계는 표시하지 않는다.

4. [피벗 스타일 밝게 18] 스타일을 적용하시오.

5. '판정' 슬라이서를 작성하고 '비만'인 데이터만 추출하시오.

6. '경리과'의 '비만'인 '남자' 데이터는 새로운 시트에 생성되게 하시오.

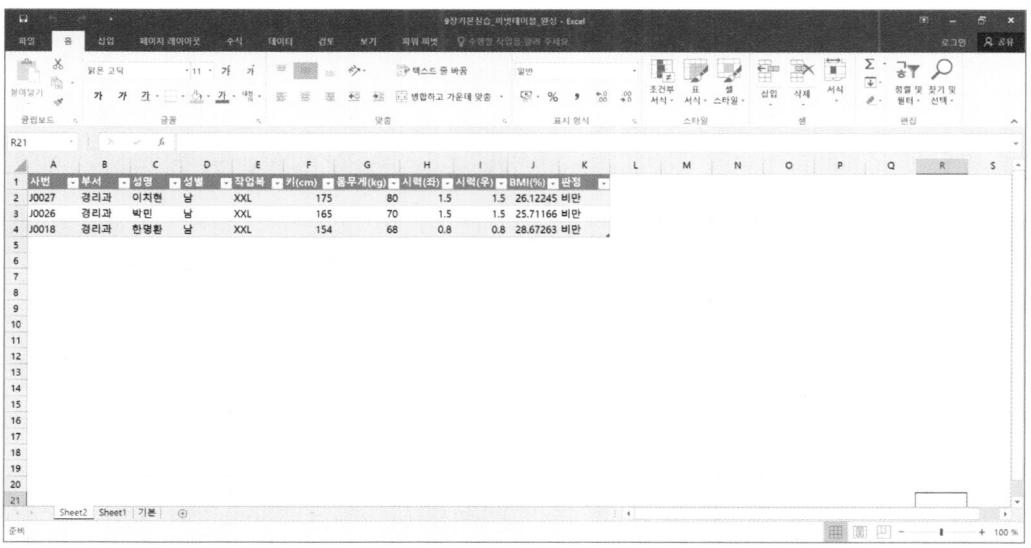

■ 피벗 테이블 및 피벗 차트 작성하기

'9장응용실습-피벗 테이블.xlsx' 파일을 다음 조건대로 완성하시오.

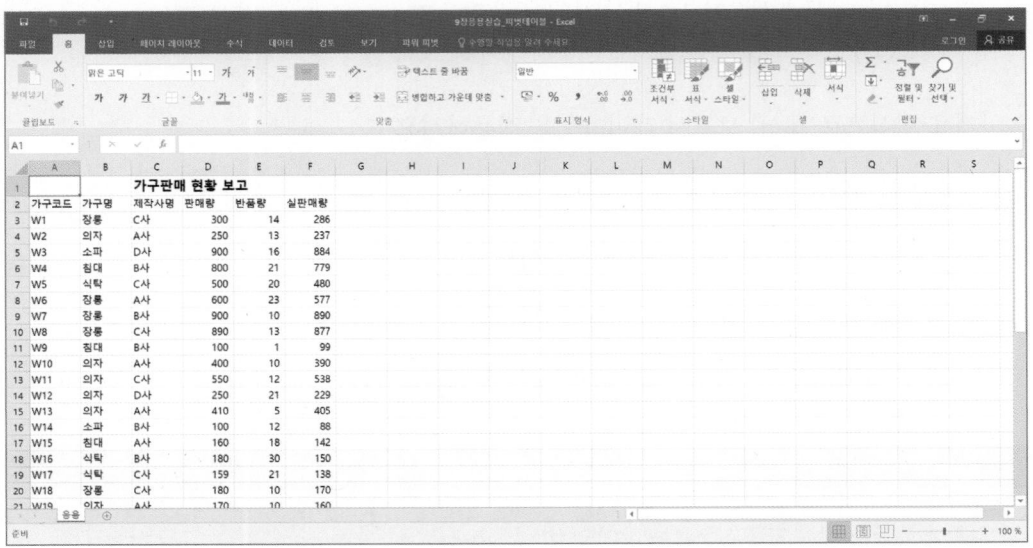

〈원본〉

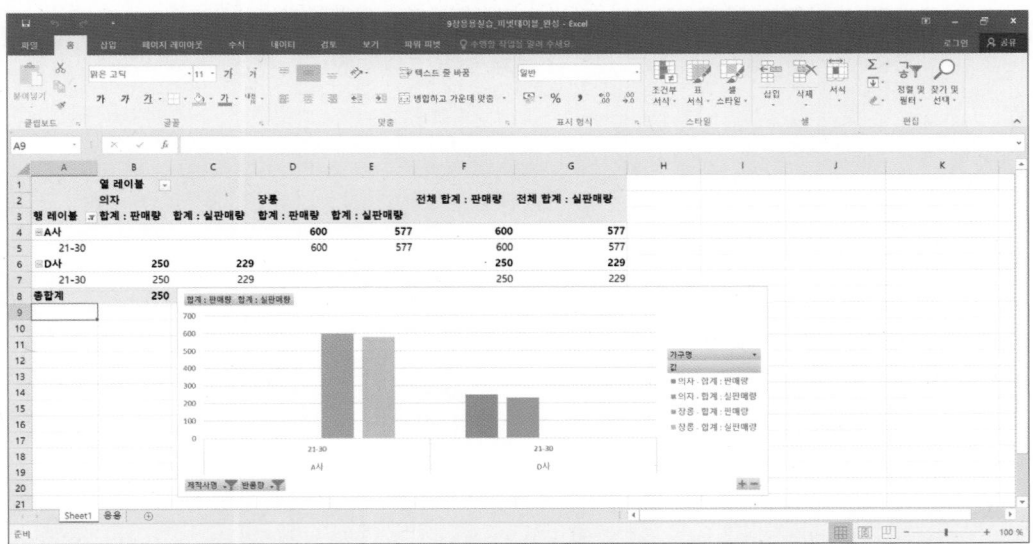

〈완성〉

응용실습문제

1. '제작사명', '반품량'의 '가구명'별 '판매량', '실판매량'의 합계를 표시하는 피벗 테이블과 피벗 차트를 새로운 시트에 표시하시오.

2. '반품량'은 '10'단위로 그룹으로 묶으시오.

3. [압축 형식으로 표시] 보고서 레이아웃을 적용하시오.

4. '제작사명'이 'A'사, 'D사'인 데이터만 필터링하시오.

5. '반품량'이 '21−30'인 데이터만 필터링하시오.

가상 분석 및 데이터 통합

C H A P T E R 10

학습목표

- 목표값 찾기에 대해 알아보자.

- 시나리오 관리자로 값의 변화를 예측하는 방법을 알아보자.

- 예측시트에 대해 알아보자.

- 데이터 통합에 대해 알아보자.

10.1 가상 분석

가상 분석은 특정 수준의 수익을 가정하는 예산을 만들거나 수식에서 생성될 결과에 대한 입력값을 예측할 수 있는 기능이다. 가상 분석 도구를 이용하면 하나 이상의 수식에 다양한 값을 사용하여 다양한 결과를 미리 확인해볼 수 있다.

10.1.1 목표값 찾기

목표값 찾기는 다른 셀의 값을 조정하여 셀에 대한 특정 값을 찾는 것으로서 수식의 결과값을 얻는데 필요한 입력 값을 구하고자 할 때 사용하는 기능이다.

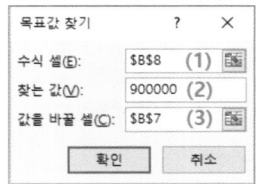

⑴   수식 셀 : 결과값이 출력되는 셀이다. 수식이 입력되어 있어야 한다.
⑵   찾는 값 : 목표로 설정한 값이다. [수식 셀]이 이 값을 사용하여 변경 값을 계산한다.
⑶   값을 바꿀 셀 : [찾는 값]에서 목표로 설정된 값이 되기 위해 변경되어야 할 값이 들어 있는 셀 주소를 지정한다.

'10장예제_목표값찾기.xlsx' 파일을 열고 월 예산 금액의 합계를 '961,000'원에서 '900,000'으로 줄이면 학원비는 얼마로 줄어드는지를 목표값 찾기를 통해 구해보자.

〈결과화면〉

❶ [데이터]-[예측] 그룹-[가상 분석]-[목표값 찾기]를 클릭한다.

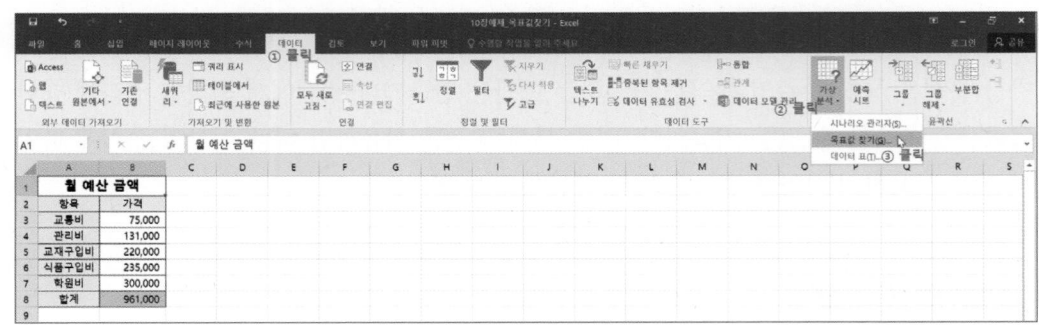

❷ [목표값 찾기] 창에 다음과 같이 입력한다.

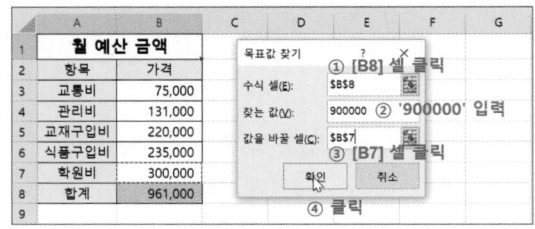

- [수식 셀] : 예산금액의 '합계'를 구하는 수식이 입력된 [B8] 셀을 클릭한다.
- [찾는 값] : 목표로 설정한 값인 '900000'을 직접 입력한다.
- [값을 바꿀 셀] : '학원비'를 변경하여 예산 금액의 '합계'가 900,000원이 되도록 맞출 것이므로 '학원비'가 입력된 [B7] 셀을 클릭한다.

❸ 예산 금액의 '합계'가 900,000원으로 줄면 '학원비'는 '239000'원으로 줄어드는 것을 확인할 수 있다. [목표값 찾기 상태] 창에서 [확인]을 클릭하면 [B7] 셀의 값은 '239,000', [B8] 셀의 값은 '900,000'으로 변경된다. [취소]를 클릭하면 [B7], [B8]은 원래의 값으로 표시되어 다시 새로운 목표값 찾기를 계산할 수 있다.

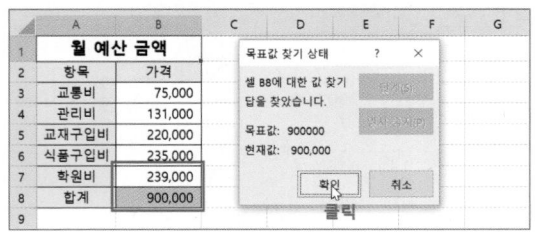

10.1.2 시나리오 활용

시나리오는 예상할 수 있는 여러 가지 상황을 가정하여 추세를 예측하는 기능이다. 예를 들어 상품 가격을 결정할 때 상품 가격의 인상률을 여러 가지로 가정하여 매출의 변화를 계산할 수 있는데 이때 시나리오를 사용할 수 있다. 시나리오는 변수 값의 변화에 따른 결과 값의 변화를 예측하고 분석하는 기능으로서 다양한 경우에 대한 시나리오를 생성하여 관리할 수 있으며, 여러 시나리오를 병합하여 요약보고서나 피벗 테이블 보고서로 작성할 수도 있다.

1 시나리오 관리자

시나리오 관리자 대화 상자를 살펴보자.

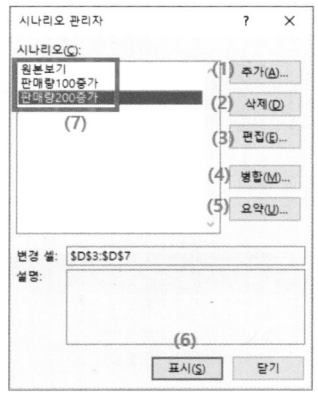

(1) 추가 : 새로운 시나리오를 추가한다.
(2) 삭제 : 선택된 시나리오를 삭제한다.
(3) 편집 : 선택된 시나리오를 수정한다.
(4) 병합 : 다른 통합 문서나 워크시트에서 작성된 시나리오를 병합한다.
(5) 요약 : 시나리오 실행결과인 변경 셀과 결과 셀의 값들을 보고서 형태로 표시한다. [시나리오 요약], [시나리오 피벗 테이블 보고서] 중에서 선택한다.
(6) 표시 : 선택된 시나리오의 변경된 값이 워크시트에 적용되어 표시된다.
(7) [추가]를 클릭하여 등록한 시나리오 목록이 표시된다.

2 시나리오 삽입하기

'10장예제_시나리오.xlsx' 파일을 이용하여 3월의 판매량인 [D3:D7]이 100개 증가했을 때와 200개 증가했을 때의 판매량 합계 변화를 예측하는 시나리오를 작성해보자.

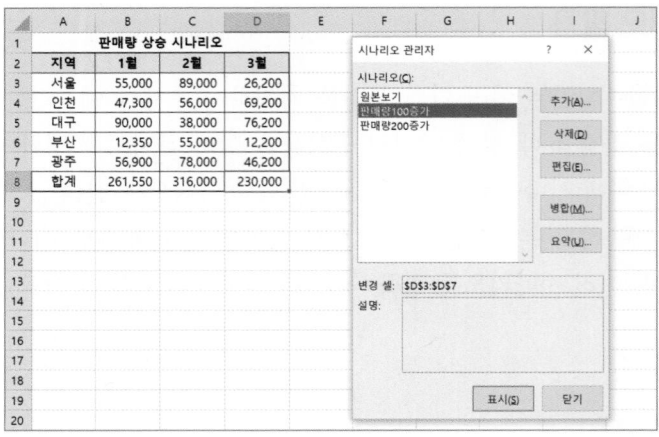

〈결과 화면〉

■ '원본보기' 시나리오 작성

시나리오 관리자에서 등록된 시나리오를 선택하고 [표시]를 클릭하면 셀의 값이 변경되므로 원래 데이터로 복원할 수 있는 '원본보기' 시나리오를 작성해두는 것이 좋다.

❶ [데이터]–[예측] 그룹–[가상 분석]–[시나리오 관리자]를 클릭한다.

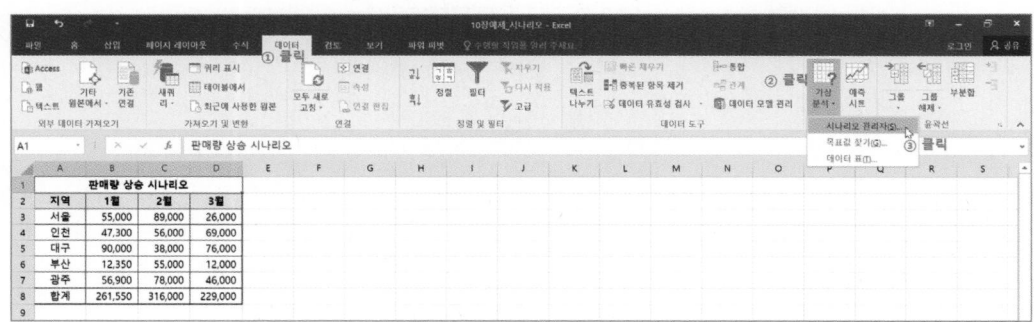

❷ [시나리오 관리자] 창에서 [추가]를 클릭한다.

❸ [시나리오 편집] 창에서 [시나리오 이름]은 '원본보기', [변경 셀]은 [D3:D7]으로 지정한다. [확인]을 클릭한다.

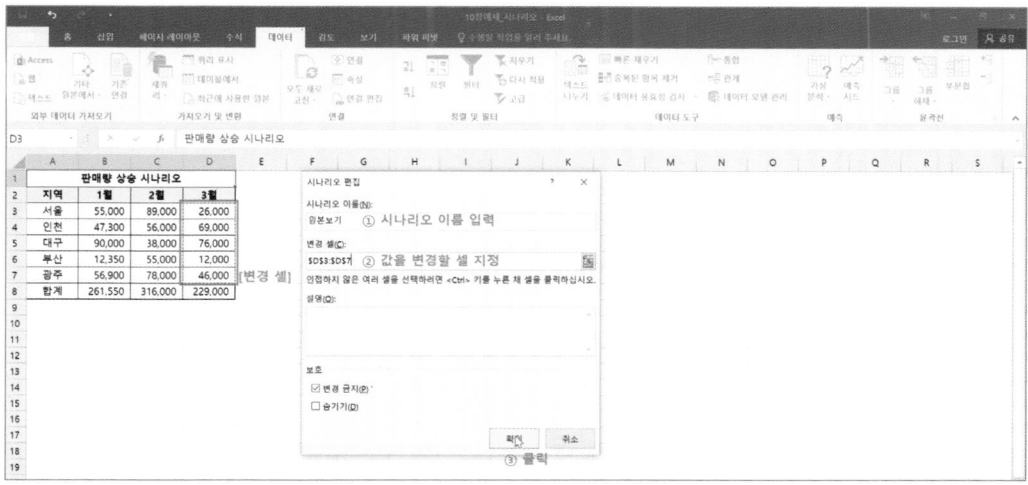

■ '판매량100증가' 시나리오를 생성

'판매량'이 100개 늘었을 때를 예측하는 '판매량100증가' 시나리오를 생성해보자.

❶ [시나리오 값] 창에서 새로운 시나리오를 추가하기 위해 [추가]를 클릭한다.

    TIP 하나의 시나리오에는 최대 32개의 변수 값을 포함할 수 있다.

    TIP [시나리오 값] 창에서 [D3:D7] 셀에 변경될 값을 입력하지 않은 이유는 원래의 값을 저장해두기 위한 것이다.

❷ [시나리오 편집] 창에서 [시나리오 이름]은 '판매량100증가', [변경 셀]은 [D3:D7]으로 지정한다.

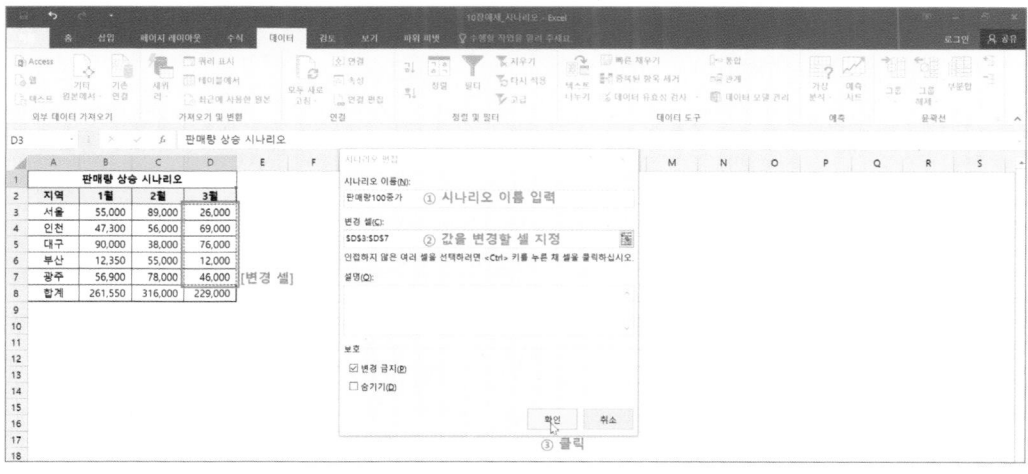

❸ [시나리오 값] 창에서 변경 셀 [D3:D7] 범위에 각각 100
씩 추가된 값을 입력한다. '26100', '69100', '76100',
'12100', '46100'를 입력한다.

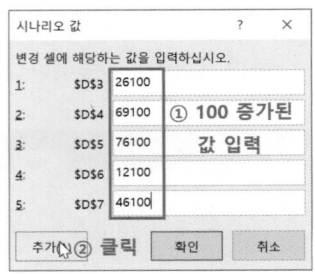

■ '판매량200증가' 시나리오 생성

다시 '판매량'이 200개 늘었을 때를 예측하는 '판매량200증가' 시나리오를 생성해보자.

❶ [시나리오 편집] 창에서 [시나리오 이름]은 '판매량200증가', [변경 셀]은 [D3:D7]으로
지정한다.

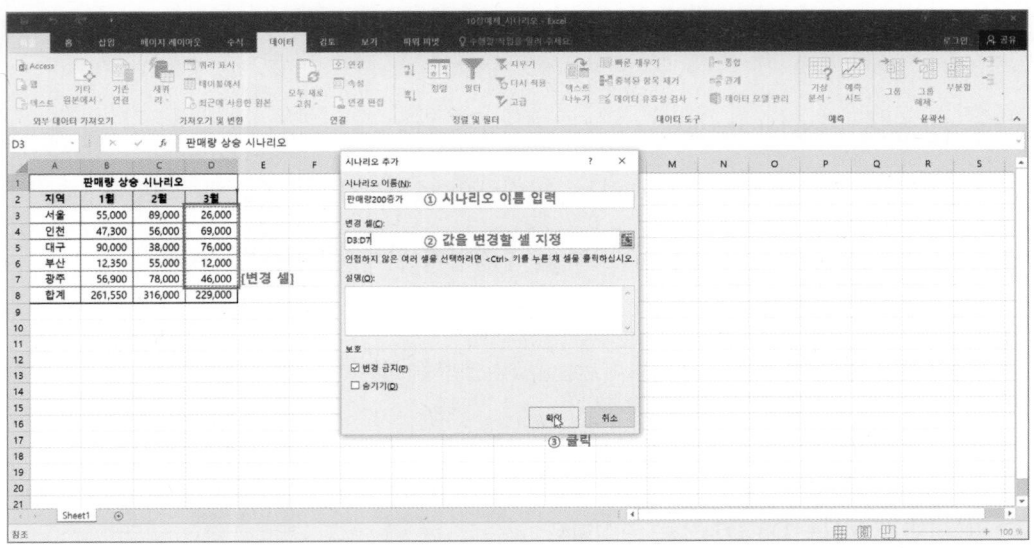

❷ [시나리오 값] 창에서 변경 셀 [D3:D7] 범위에 각각 200
씩 증가 된 값을 입력한다. '26200', '69200', '76200',
'12200', '46200'를 입력한다. 더 추가할 시나리오가 없
으므로 [확인]을 클릭한다.

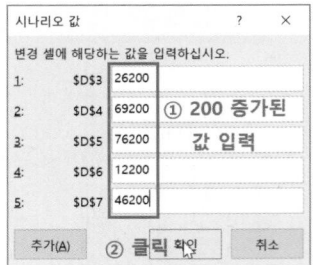

❸ [시나리오 관리자]에 등록한 시나리오 목록이 표시된다. '판매량200증가'를 선택하고 [표시]를 클릭하면 판매량에 200이 더해진 값이 [D3:D7]에 표시된다.

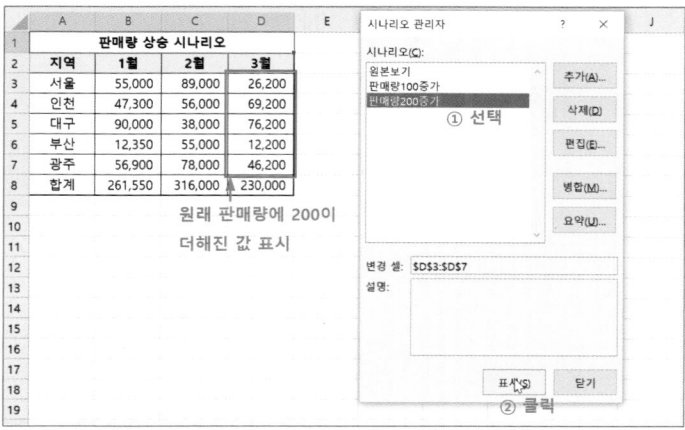

❹ 다른 시나리오를 적용하려면 '원본보기' 시나리오를 선택하고 [표시]를 클릭하여 초기 값으로 되돌린 후 해야 한다.

3 시나리오 요약 보고서 만들기

보고서는 시나리오 요약과 시나리오 피벗 테이블 보고서의 두 가지 종류가 있다.

❶ 보고서를 만들려면 [시나리오 관리자] 창에서 [요약]을 클릭한다.

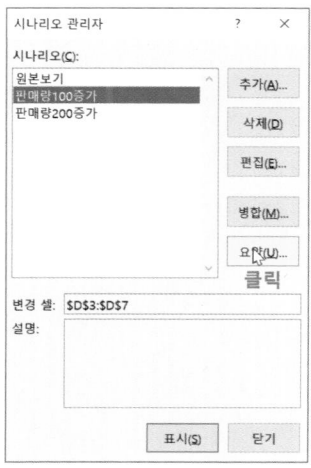

❷ [시나리오 요약] 창에서 보고서 종류를 [시나리오 요약]으로 선택하고 [결과 셀]에 요약 결과를 보고 싶은 셀 [D8]을 지정한다. 이 셀에는 [변경 셀]을 참조하는 수식이 저장되어 있어야 한다.

❸ 시나리오 요약보고서가 표시된 [시나리오 요약] 시트가 새로 생성된다.

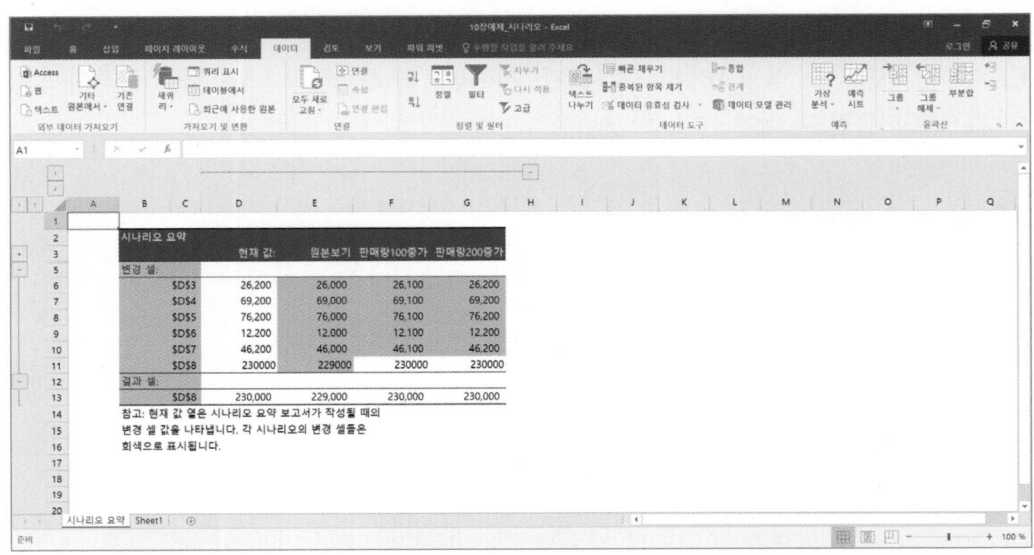

TIP 시나리오 요약 시트에 표시된 [변경 셀]과 [결과 셀]의 셀 주소가 [$D$3]과 같이 절대 주소로 표시되어 있어 어떤 값에 대한 것인지 구분이 어려우므로 이름 상자를 이용하여 셀에 이름을 미리 정의해두면 직관적으로 확인하기 좋다.

10.1.3 예측 시트

예측 시트는 엑셀 2016에 새로 추가된 기능이다. 시간 기반 데이터의 추세를 분석하여 결과를 예측할 수 있는 기능으로서 연간 매출액이나 월 매출액을 예측하거나 소비자 추세 예측에 도움이 된다. 새로 생성되는 예측 시트에는 표와 차트가 포함되는데 표와 차트에는 실제 데이터, 실제 예측값, 예측 범위가 함께 표시된다. 차트는 꺾은선형 차트와 세로 막대형 차트가 있다.

'10장예제_예측시트.xlsx' 파일을 이용하여 일주일 동안의 판매량을 분석하여 추세를 예측하는 시트를 만들어 보자.

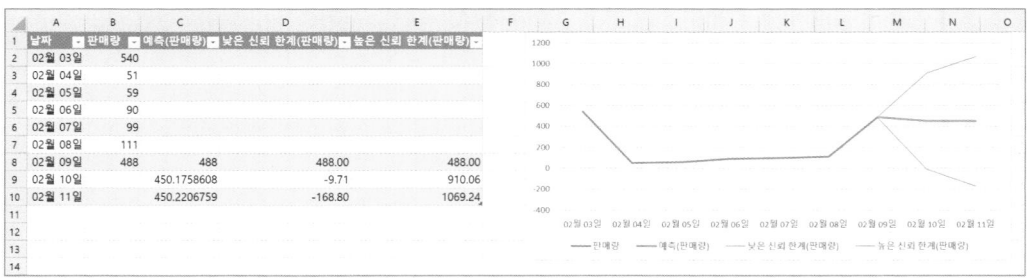

〈결과 화면〉

❶ [Ctrl]을 이용하여 두 범위를 선택하고 [데이터]-[예측] 그룹-[예측 시트]를 클릭한다.

❷ [예측 워크시트 만들기] 창에서 차트 종류를 선택하고 [예측 종료]에서 예측 범위를 지정한 후 [만들기]를 클릭한다.

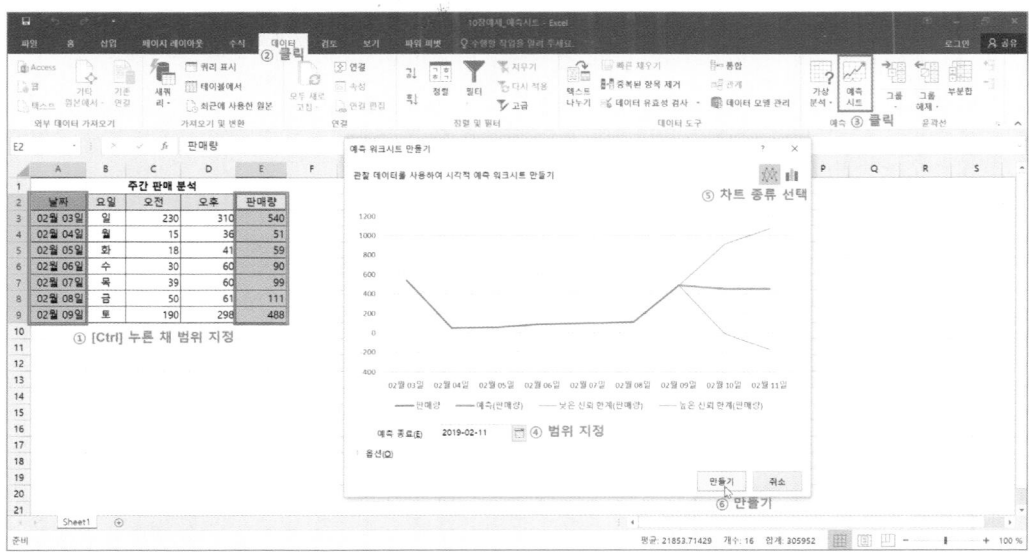

TIP 예측 시트를 작성하기 위해서는 [A2:A9] 셀과 같이 데이터가 주 단위, 월 단위, 연 단위와 같이 일정한 간격의 날짜 또는 시간 데이터가 입력되어 있어야 한다.

❸ 다음과 같이 예측 시트가 새로 생성되고 시트 안에는 표와 차트가 포함된다. 표와 차트
에는 실제 데이터, 실제 예측, 높은 신뢰와 낮은 신뢰구간의 예측 범위 등이 표시된다.

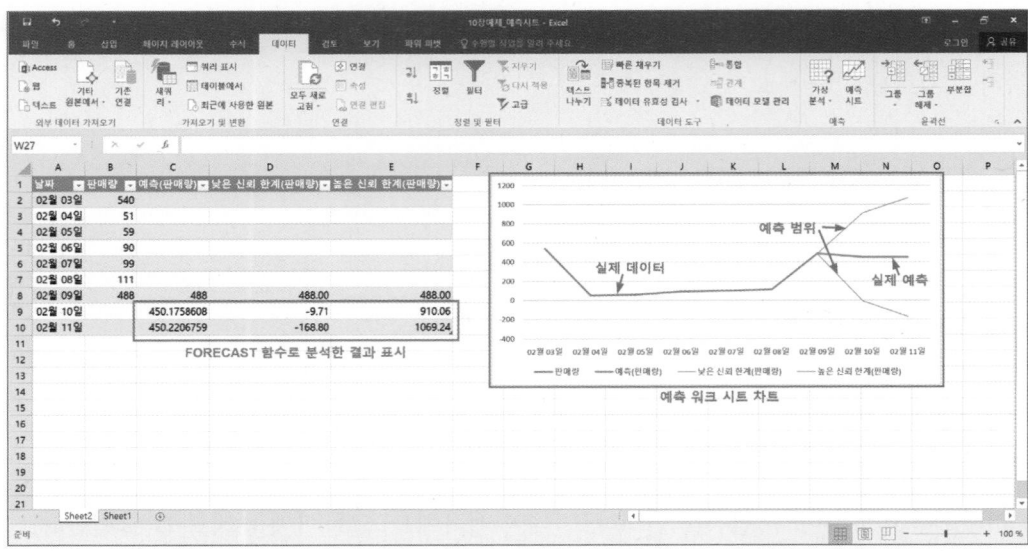

❹ 세로 막대형 차트를 선택하면 다음과 같이 표시된다.

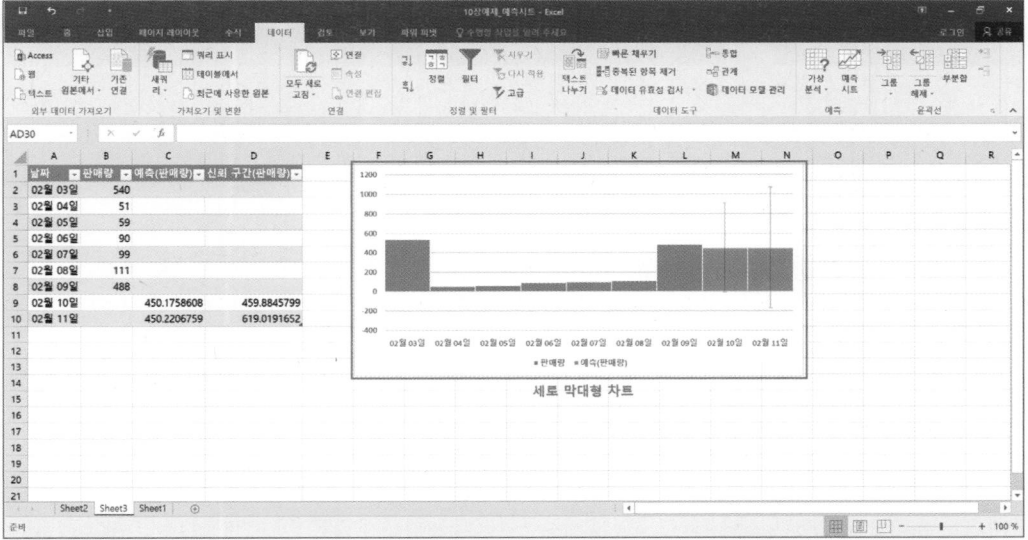

❺ 일반 차트와 똑같이 예측시트에 차트 스타일을 지정할 수 있다. [차트 도구]–[디자인]–[차트 스타일] 그룹에서 [스타일 5]를 선택한다.

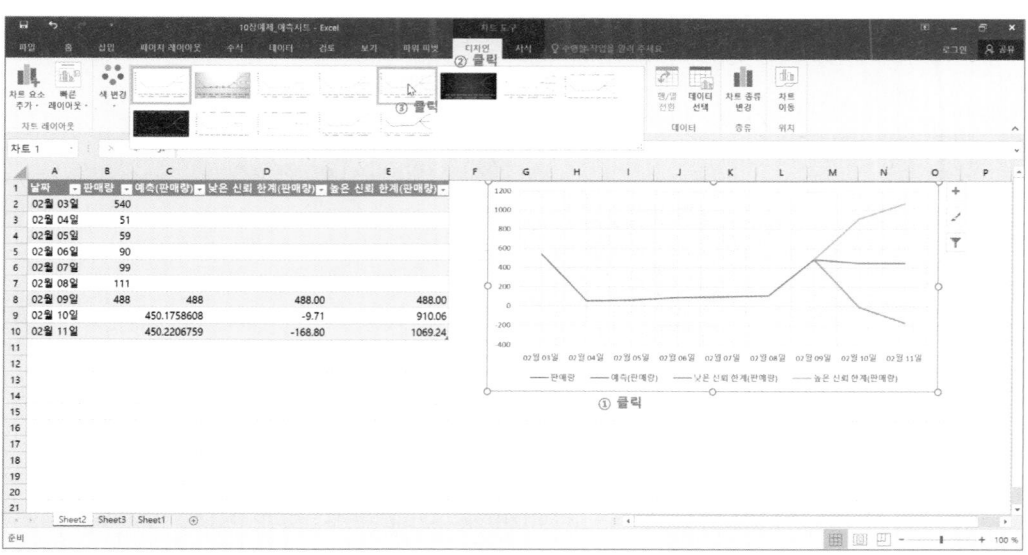

10.2 **데이터 통합하기**

데이터 통합은 여러 문서나 시트에 있는 데이터에 함수를 적용하여 통합한 결과를 표시하는 기능이다. 합계, 개수, 평균, 최대값, 최소값, 표준편차, 분산 등의 함수를 이용할 수 있다. 통합할 데이터 테이블 간에는 동일한 레이블을 이용해야 하고 레이블의 순서는 서로 달라도 상관없다.

데이터 통합을 이용하여 '10장예제_데이터통합.xlsx' 파일의 [표1]과 [표2]의 합계를 [표3]에 표시해보자.

	F	G	H	I
2	[표3]동부/서부 3D프린터 판매합계			
3	품명	1월	2월	3월
4	Dp-200	39	44	39
5	DP-201	60	49	50
6	Anet A8	89	92	102
7	cubicon310F	33	42	39
8	MW10	34	46	33
9	Ender-3	95	98	96
10	MakerBot	41	47	32

〈결과 화면〉

❶ 통합한 결과를 표시할 위치인 [F3:I10] 셀을 범위로 지정한다. [데이터]-[데이터 도구] 그룹-[통합]을 선택한다.

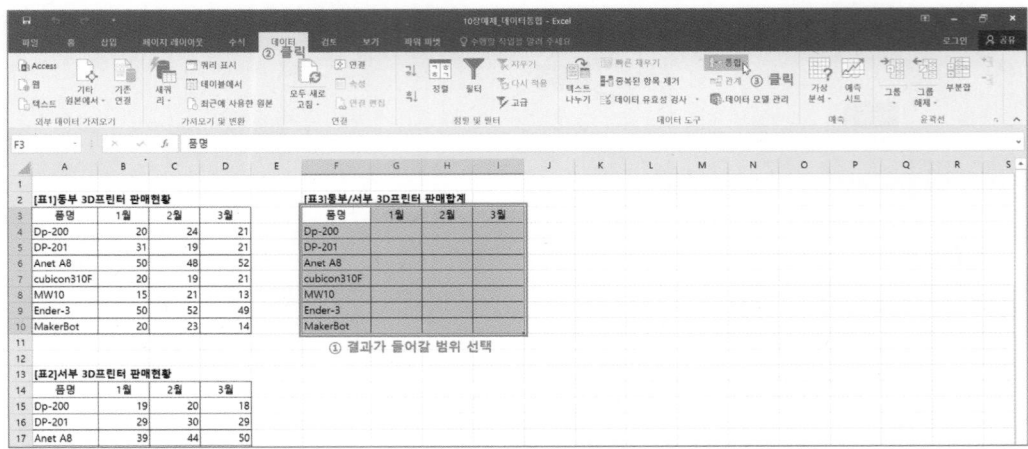

TIP   데이터 통합은 결과를 나타내고자 하는 범위를 먼저 지정하고 [통합] 기능을 실행한다.

❷ [통합] 창에서 [함수]는 [합계]를 선택하고 [모든 참조 영역]에 통합할 범위가 포함되도록 선택한다.

- [참조] 입력란을 클릭하고 [표1]의 [A3:D10]를 범위로 지정한 후 [추가]를 클릭한다.
- [표2]의 [A14:D21]를 범위로 지정하고 [추가]를 클릭한다.

❸ [사용할 레이블]에서 [첫 행], [왼쪽 열]을 클릭하여 체크를 표시한다. [확인]을 클릭한다.

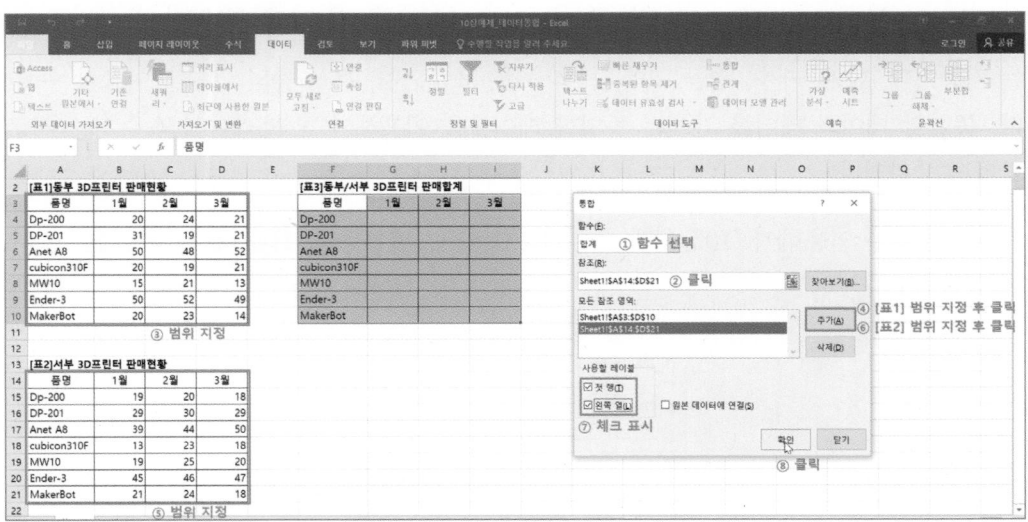

TIP   통합하고자 하는 테이블들은 동일한 레이블을 가져야 한다.

❹ [표3]에 [표1]과 [표2]의 데이터가 통합되어 표시된다.

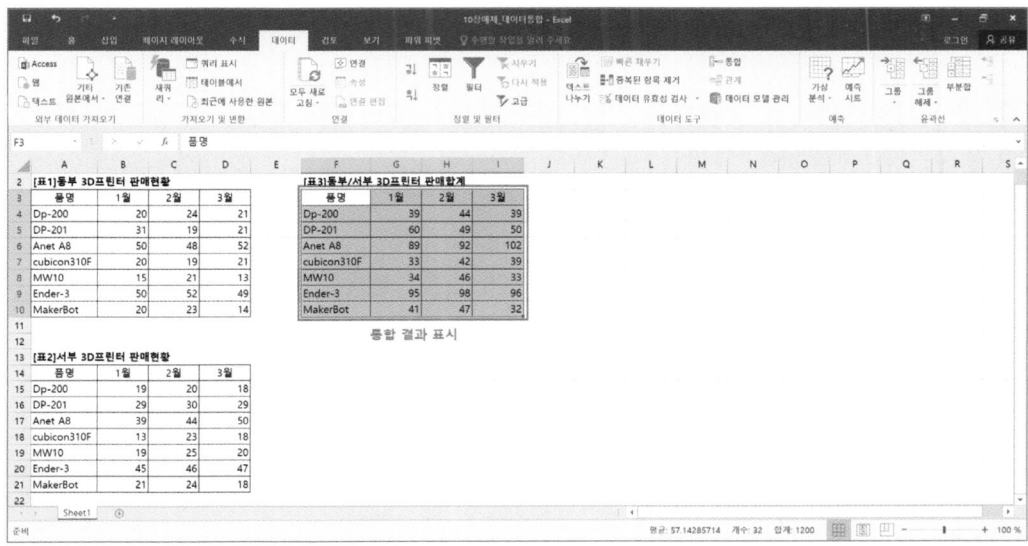

통합 결과 표시

기본 프로젝트   **목표값 찾기 작성하기**

5년 후 10,000,000원을 모으려고 한다. 월 저축액은 얼마인지 목표값 찾기로 알아보자.
'10장기본프로젝트.xlsx' 파일을 이용한다.

	A	B
1		
2	만기저축액	
3	항목	금액
4	월 저축액	₩155,466
5	금리	2.80%
6	기간(년)	5
7	만기금액	₩10,000,000

〈결과 화면〉

(STEP 1) **목표값 찾기 실행하기**

❶ [데이터]–[예측] 그룹–[가상 분석]–[목표값 찾기]를 클릭한다.

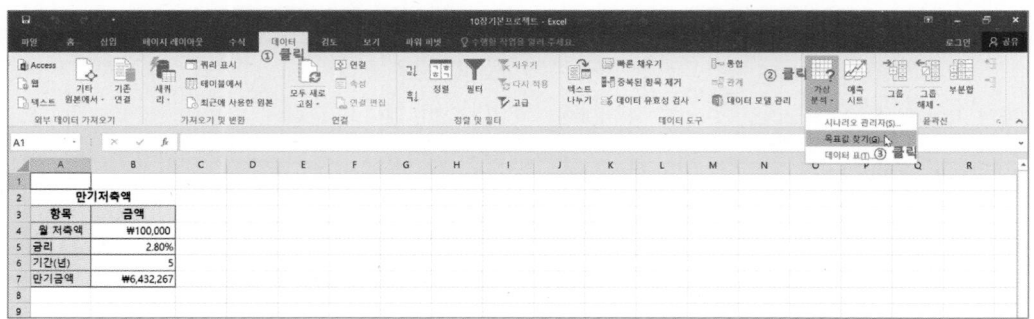

❷ [목표값 찾기] 창에서 다음과 같이 지정한다.

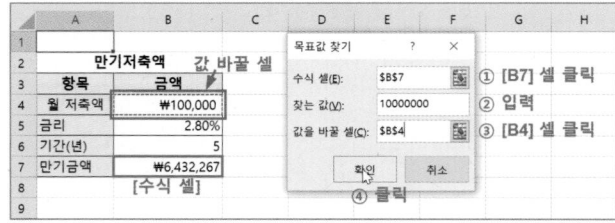

- [수식 셀] : '만기금액'을 구하는 수식이 입력된 [B7] 셀을 클릭한다.

- [찾는 값] : 목표로 설정한 값인 '10000000'을 직접 입력한다.

• [값을 바꿀 셀] : '월 저축액'이 변경되어야 하므로 [B4] 셀을 입력한다.

❸ '연이율'이 '2.80%'일 경우 5년 후 '만기금액'이 '10,000,000'원이 되려면 '월 저축액'은 '155,466'원이 된다.

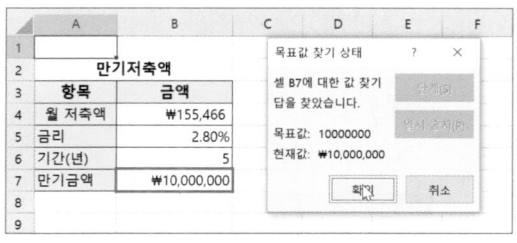

기본 프로젝트　**시나리오 작성하기**

저축 기간이 3년, 4년, 5년일 때 '만기금액'의 변동 시나리오를 작성해보자. '10장기본프로젝트.xlsx' 파일을 이용한다.

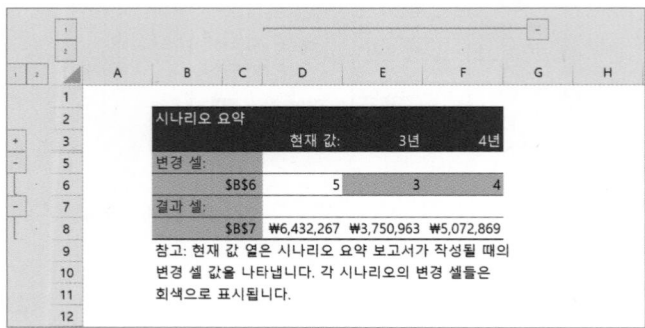

〈결과 화면〉

STEP 1　시나리오 추가하기

❶ [데이터]–[예측] 그룹–[가상 분석]–[시나리오 관리자]를 클릭한다.

❷ [시나리오 관리자] 창에서 [추가]를 클릭한다.

❸ [시나리오 편집] 창에서 [시나리오 이름]은 '3년', [변경 셀]은 [B6]로 지정한다.

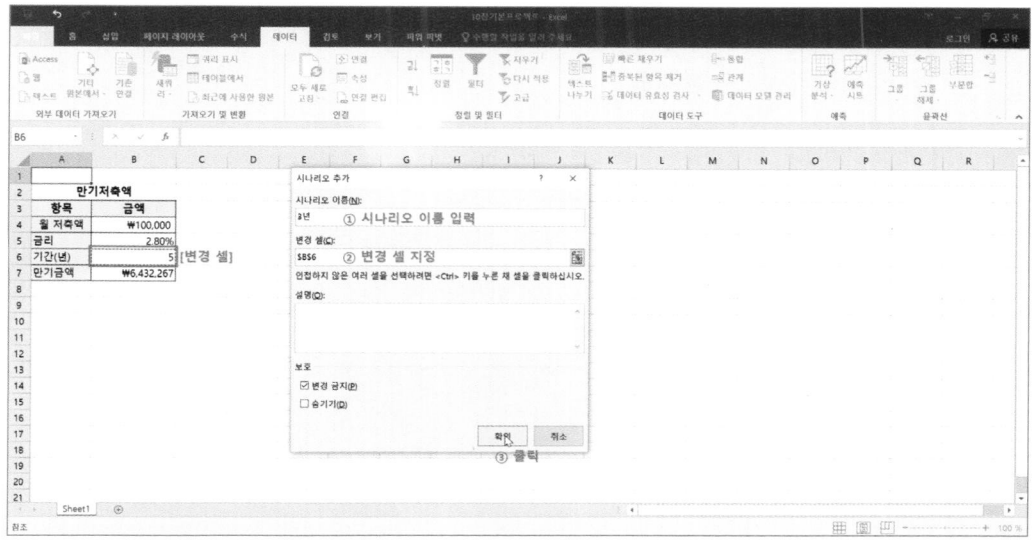

❹ [시나리오 값] 창에서 변경 셀 [B6]에 '3'이라 입력하고 [추가]를 클릭한다. 첫 번째 시나리오가 등록되었다.

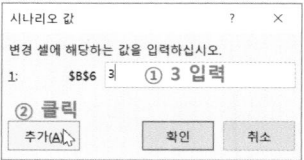

❺ 두 번째 시나리오를 등록하기 위해 [시나리오 값] 창에서 [추가]를 클릭한다. [시나리오 추가] 창에서 [시나리오 이름]은 '4년', [변경 셀]은 [B6]로 지정한다.

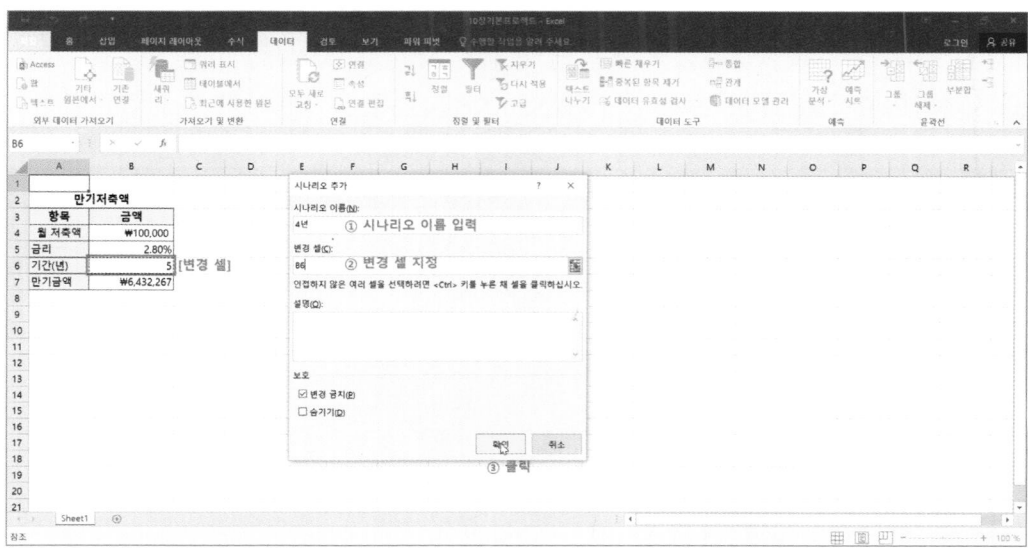

❻ [시나리오 값] 창에서 변경 셀 [B6]에 '4'를 입력한다.
[확인]을 클릭한다. 두 번째 시나리오가 등록되었다.

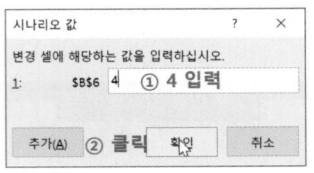

(STEP 2) 시나리오 요약 보고서 생성하기

❶ [시나리오 관리자] 창에서 [요약]을 클릭한다.

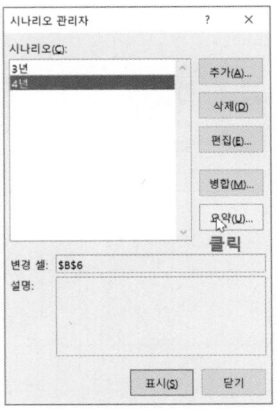

❷ [시나리오 요약] 창에서 [결과 셀]은 [B7]을 선택한다. 이때 [결과 셀]에는 변경되는 셀을 참조하는 수식이 입력되어 있어야 한다.

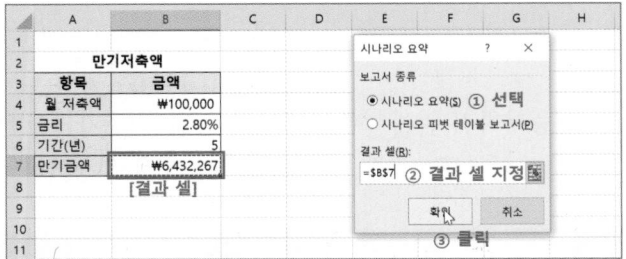

❸ 시나리오 요약보고서가 표시된 [시나리오 요약] 시트가 생성된다.

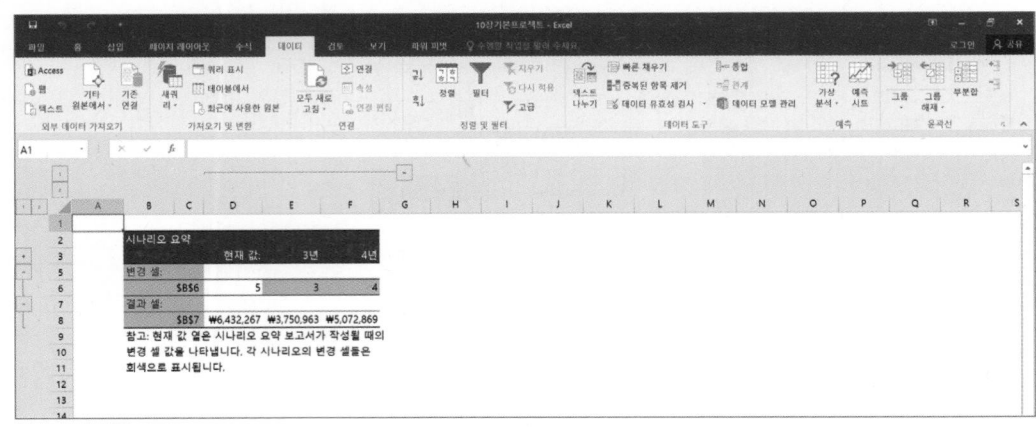

기본 프로젝트 **데이터 통합하기**

'10장기본프로젝트_통합.xlsx' 파일을 이용하여 [표1], [표2]의 데이터에서 '품명별최대매출수량'의 최대값을 [표3]에 표시해보자.

[표3]품명별최대매출수량			[표4]월별최대매입수량		
품명	매출수량		월별	매입수량	
호가든	82		10월	91	
버드와이저	100		11월	94	
코로나	69		12월	97	
하이네켄	49				

〈결과 화면〉

STEP 1 [표1], [표2]의 데이터를 [표3]에 표시하기

❶ [통합] 시트에서 '품명별최대매출수량'을 나타낼 범위를 [A2:B2]로 지정한다. [데이터]–[데이터 도구] 그룹–[통합]을 선택한다.

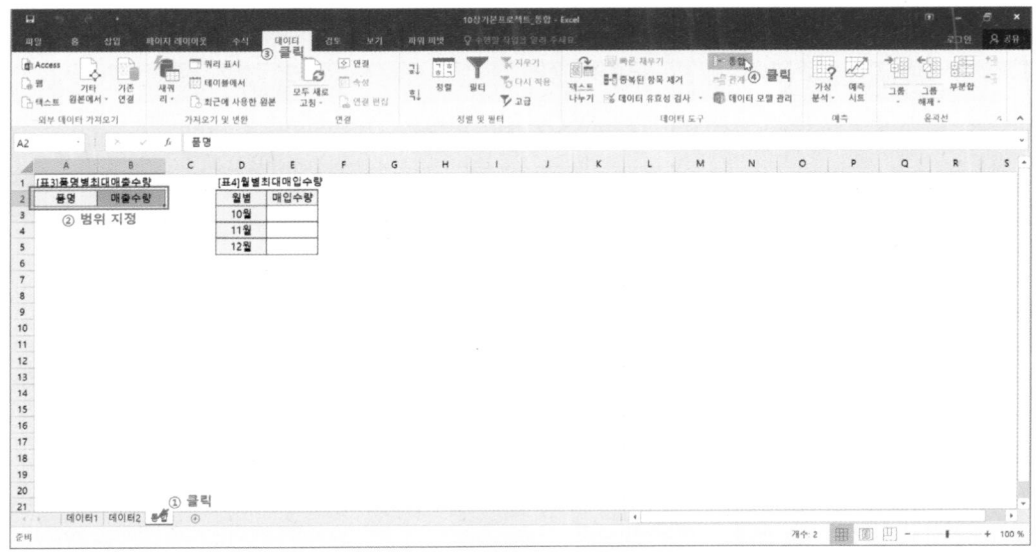

TIP 다른 시트에 분산되어있는 데이터 간의 통합도 가능하다. 통합할 데이터들이 동일한 레이블을 이용하기만 하면 그 레이블의 순서는 달라도 상관없다.

❷ [통합] 창에서 [함수]는 [최대값]을 선택한다. [참조] 입력란을 클릭하고 [데이터1] 시트 를 클릭한 후 [B2:D29]를 범위로 지정한다. [추가]를 클릭한다.

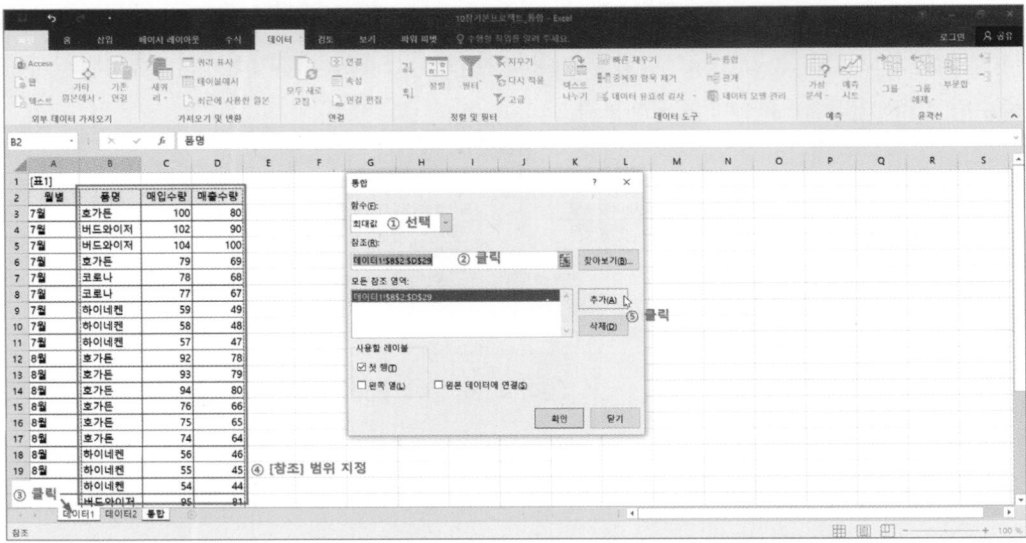

❸ [표2]의 범위를 지정하기 위해 [데이터2] 시트의 [C2:E29]를 범위로 지정하고 [추가]를 클릭한다. [사용할 레이블]에서 [첫 행], [왼쪽 열]을 클릭하여 체크를 표시한다.

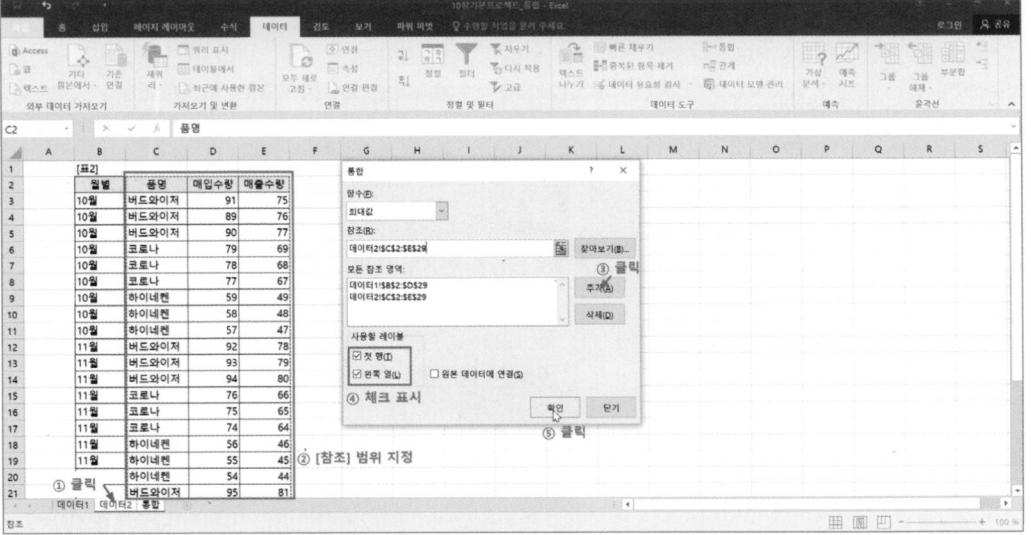

❹ [통합] 시트의 [표3]에 [표1], [표2]의 최대값이 통합되어 표시된다.

STEP 2) [표2]의 데이터에서 중복을 제거하여 [표4]에 표시하기

[표2]에는 '10월', 11월', '12월'의 데이터가 저장되어 있고 동일한 데이터가 뒤섞여 있다.
중복된 데이터를 월별로 분리하여 매입수량의 최대값을 구해서 [표4]에 표시해보자.

❶ [통합] 시트에서 '월별최대매입수량'을 나타낼 범위를 [D2:E5]로 지정한다. [데이
터]−[데이터 도구] 그룹−[통합]을 선택한다. 참조 범위가 'Step1'과 다르므로 [통합]
창에서 [모든 참조 영역]에 있는 두 개의 주소를 하나씩 삭제해야 한다.

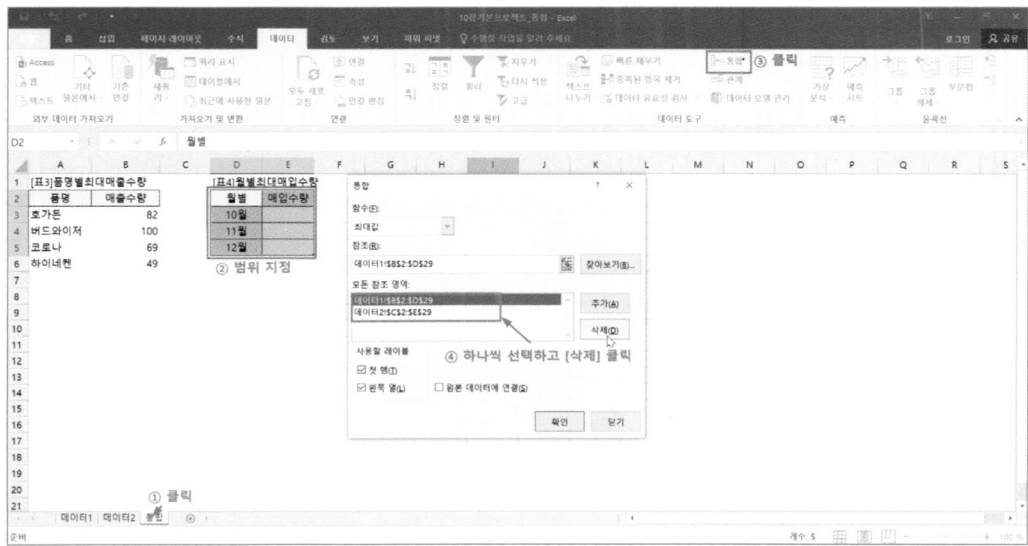

❷ [표2]의 범위를 지정하기 위해 [데이터2] 시트의 [B2:E29]를 범위로 지정하고 [추가]를 클릭한다. [사용할 레이블]에서 [첫 행], [왼쪽 열]을 클릭하여 체크를 표시한다.

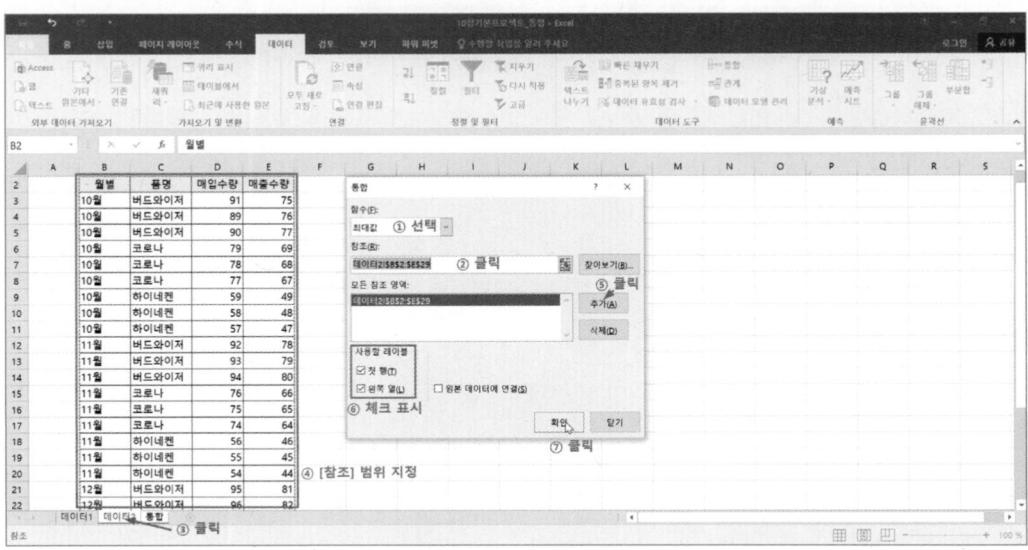

❸ [통합] 시트의 [표4]에 [표2]의 월별 매출 수량의 최대값이 집계되어 표시된다.

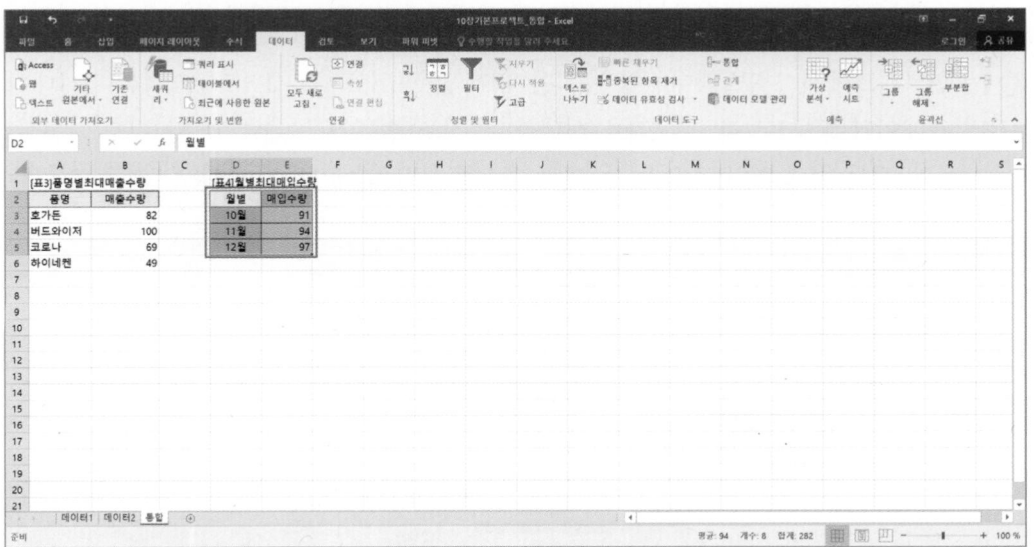

응용 프로젝트　**목표값 찾기**

'강미영'의 '평균'이 '85'점이 되려면 '필기시험'은 몇 점이 되어야 하는지를 구해보자.
'10장응용프로젝트.xlsx' 파일을 이용한다.

	A	B	C	D	E
1	[표1]				
2	이름	필기시험	개별면접	집단면접	평균
3	이명성	80	80	85	82
4	강미영	87	90	78	85
5	한진호	90	85	85	87
6	김미선	80	75	90	82
7	박연호	65	80	95	80
8	최미경	75	85	95	85
9	이기성	90	85	90	88
10	나재형	80	75	85	80
11					

〈결과 화면〉

STEP 1　목표값 찾기 실행하기

❶ [데이터]–[예측] 그룹–[가상 분석]–[목표값 찾기]를 클릭한다.

❷ [목표값 찾기] 창에서 다음과 같이 지정한다.

- [수식 셀] : '평균'을 구하는 수식이 입력된 [E4] 셀을 클릭한다.

- [찾는 값] : 목표로 설정한 값인 '85'를 직접 입력한다.

- [값을 바꿀 셀] : '평균'이 '85'점이 되도록 '필기시험'이 변경되어야 하므로 [B4] 셀을 입력한다.

❸ '강미영'의 '필기시험'이 '87'점이 되면 '평균'은 '85'점이 된다.

	A	B	C	D	E
1	[표1]				
2	이름	필기시험	개별면접	집단면접	평균
3	이명성	80	80	85	82
4	강미영	87	90	78	85
5	한진호	90	85	85	87
6	김미선	80	75	90	82
7	박연호	65	80	95	80
8	최미경	75	85	95	85
9	이기성	90	85	90	88
10	나재형	80	75	85	80
11					

목표값 찾기 상태

셀 E4에 대한 값 찾기 답을 찾았습니다.

목표값: 85
현재값: 85

확인   취소

응용 프로젝트 **시나리오 작성하기**

'강미영'의 '필기시험'이 '5점'과 '10'점이 증가할 때 '평균'의 변동 시나리오를 작성해보
자. '10장응용프로젝트.xlsx' 파일을 이용한다.

시나리오 요약			
	현재 값:	5점증가	10점증가
변경 셀:			
필기시험	75	80	85
결과 셀:			
평균	81	83	84

참고: 현재 값 열은 시나리오 요약 보고서가 작성될 때의
변경 셀 값을 나타냅니다. 각 시나리오의 변경 셀들은
회색으로 표시됩니다.

〈결과 화면〉

STEP 1   셀에 이름 정의하기

시나리오 요약 보고서에는 [변경 셀], [결과 셀]에 셀 주소가 기본적으로 표시되는데 셀에
이름을 정의하면 알아보기가 더 쉽다. [B4] 셀을 클릭하고 이름 상자를 클릭한 후 '필기시
험'이라 입력한다. 같은 방법으로 [E4] 셀을 클릭하고 이름 상자를 클릭하여 '평균'이라
입력한다.

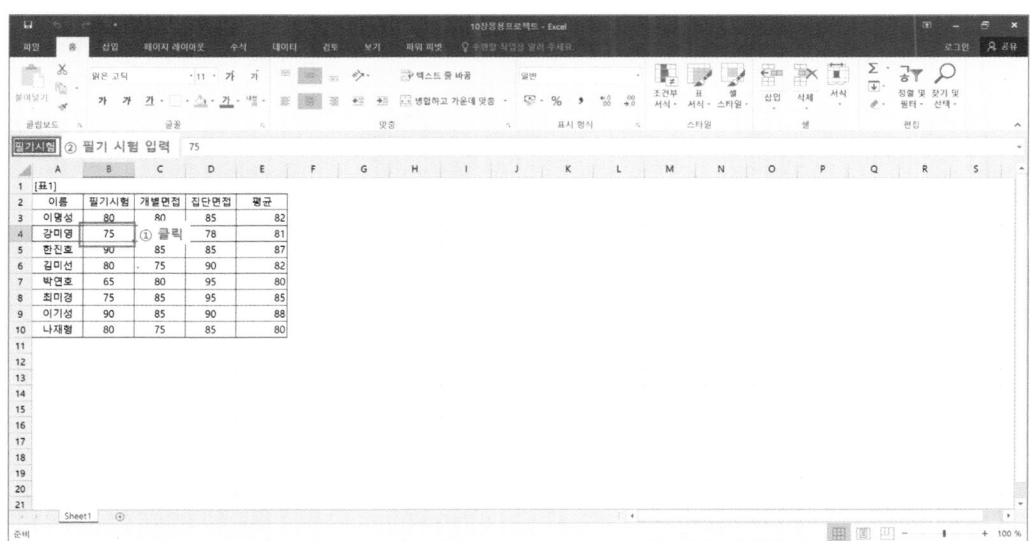

STEP 2   시나리오 추가하기

시나리오 관리자를 이용하여 시나리오를 추가해보자.

❶ [데이터]-[예측] 그룹-[가상 분석]-[시나리오 관리자]를 클릭한다.

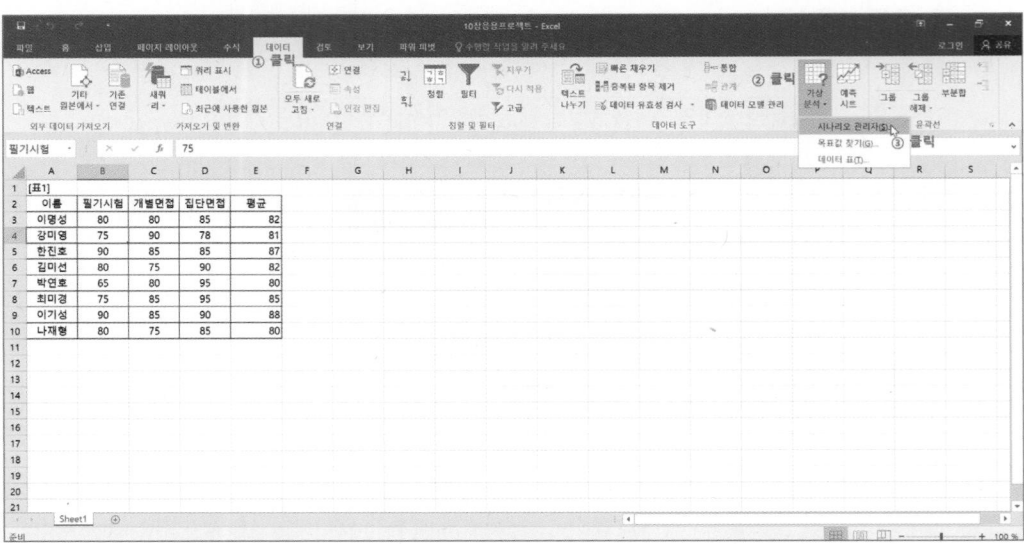

❷ [시나리오 관리자] 창에서 [추가]를 클릭한다.

❸ [시나리오 편집] 창에서 [시나리오 이름]은 '5점증가', [변경 셀]은 [B4]로 지정한다.

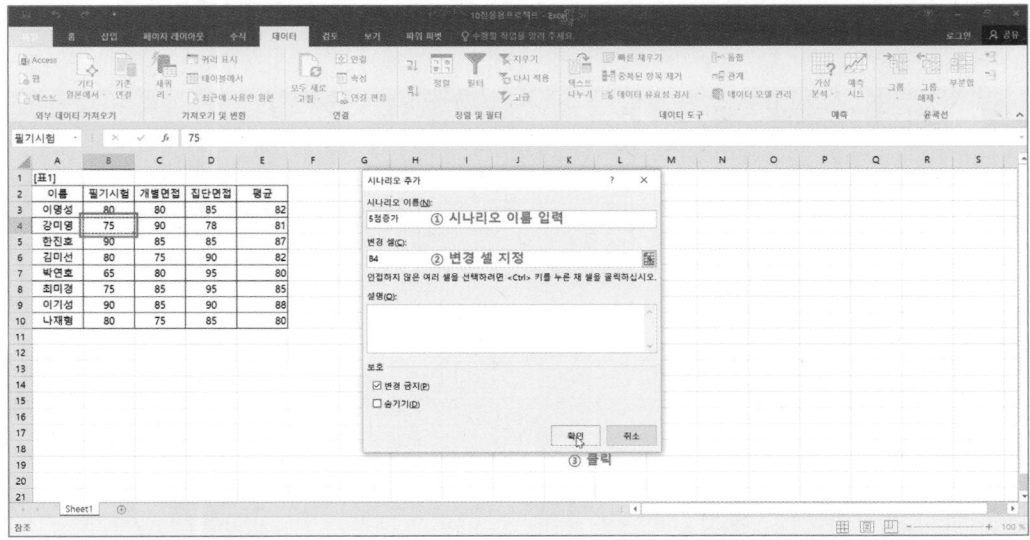

❹ [시나리오 값] 창에서 변경 셀 [B4]에 '80'이라 입력하고 [추가]를 클릭한다.

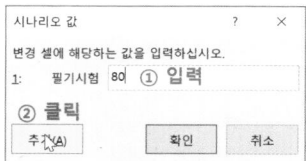

❺ [시나리오 추가] 창에서 [시나리오 이름]은 '10점증가', [변경 셀]은 [B4]로 지정한다.

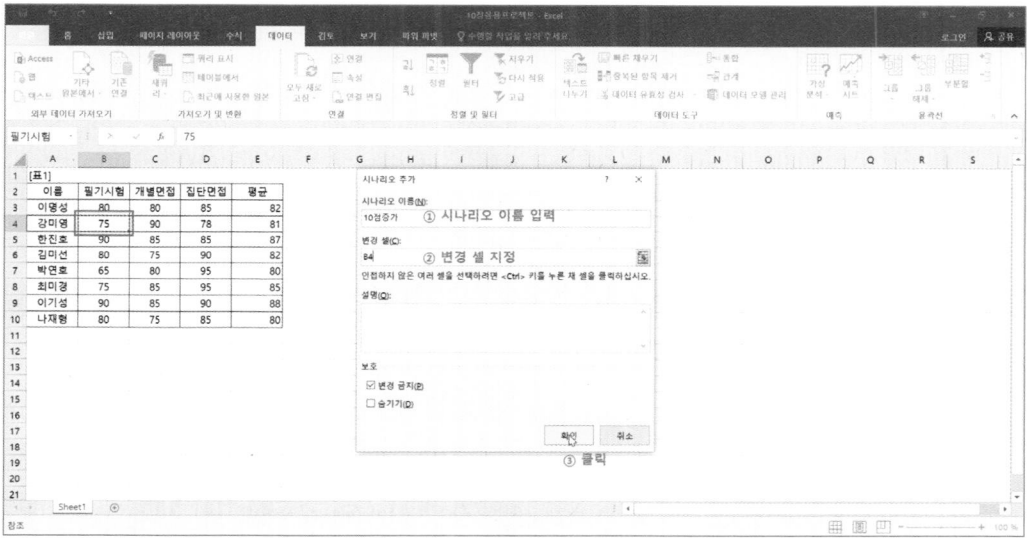

❻ [시나리오 값] 창에서 변경 셀 [B4]에 '85'를 입력한다. [확인]을 클릭한다.

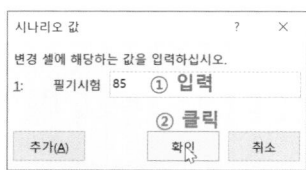

(STEP 3) 시나리오 요약보고서 생성하기

❶ [시나리오 관리자] 창에서 [요약]을 클릭한다.

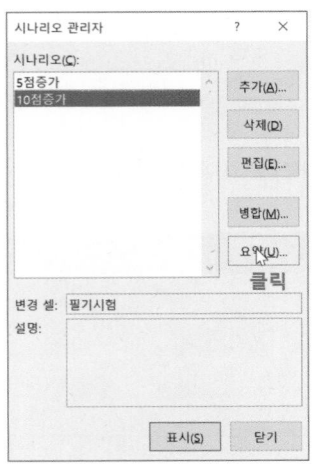

❷ [시나리오 요약] 창에서 [결과 셀]은 [E4]을 선택한다. 이때 [결과 셀]에는 변경되는 셀을 참조하는 수식이 입력되어 있어야 한다.

	A	B	C	D	E
1	[표1]				
2	이름	필기시험	개별면접	집단면접	평균
3	이명성	80	80	85	82
4	강미영	75	90	78	81
5	한진호	90	85	85	87
6	김미선	80	75	90	82
7	박연호	65	80	95	80
8	최미경	75	85	95	85
9	이기성	90	85	90	88
10	나재형	80	75	85	80
11					

❸ 시나리오 요약 보고서가 표시된 [시나리오 요약] 시트가 생성된다.

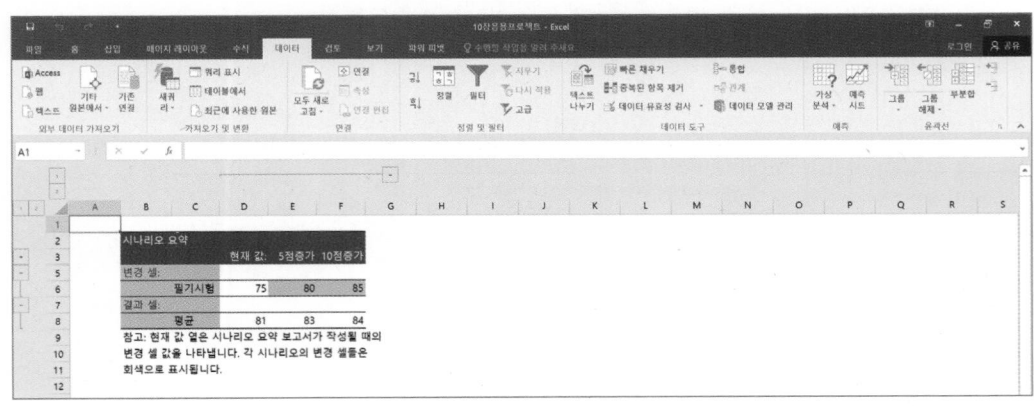

응용 프로젝트   **데이터 통합하기**

'10장응용프로젝트_통합.xlsx' 파일을 이용하여 조건에 맞게 작성한다.

[표1], [표2]에서 지점별 '소액대출', '무서류대출'의 합계를 [표3]에 표시해보자. 지점은 '강'으로 시작하거나 '도'로 시작하는 데이터만 해당된다.

	A	B	C	D	E	F	G	H
1								
2	[표1]1월대출 현황				[표3]대출합계			
3	지점	소액대출	무서류대출		지점	소액대출	무서류대출	
4	강서	30	4		강*	152	22	
5	강남	25	6		도*	73	4	
6	도봉	38	2					
7	노원	26	3					
8	강동	18	2					
9								
10								
11	[표2]2월대출 현황							
12	지점	소액대출	무서류대출					
13	강서	29	4					
14	강남	30	5					
15	도봉	35	2					
16	노원	20	5					
17	강동	20	1					
18								

〈결과 화면〉

STEP 1 '와일드카드'로 레이블 명 지정하기

[표3]의 첫째 열은 정확한 레이블명을 지정할 수 없으므로 와일드카드인 '*'를 사용해야 한다. [E4] 셀에 '강*', [E5] 셀에 '도*'라 입력한다.

	A	B	C	D	E	F	G	H
1								
2	[표1]1월대출 현황				[표3]대출합계			
3	지점	소액대출	무서류대출		지점	소액대출	무서류대출	
4	강서	30	4		강*			
5	강남	25	6		도*			
6	도봉	38	2		입력			
7	노원	26	3					
8	강동	18	2					
9								
10								
11	[표2]2월대출 현황							
12	지점	소액대출	무서류대출					
13	강서	29	4					
14	강남	30	5					
15	도봉	35	2					
16	노원	20	5					
17	강동	20	1					
18								

(STEP 2) [표1], [표2]의 합을 [표3]에 표시하기

❶ 대출합계를 나타낼 범위를 [E3:G5]로 지정한다. [데이터]-[데이터 도구] 그룹-[통합]
을 선택한다.

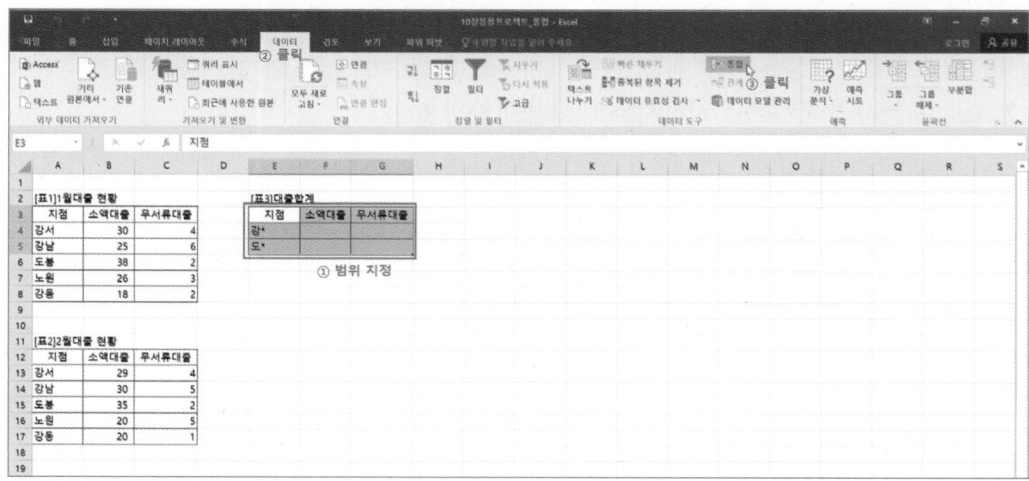

❷ [통합] 창에서 [함수]는 [합계]를 선택한다. [참조] 입력란을 클릭하고 [A3:C8]을 범위
로 지정한다. [추가]를 클릭한다. 다시 한번 [A12:C17]를 범위로 지정하고 [추가]를 클
릭한다. [사용할 레이블]에서 [첫 행], [왼쪽 열]을 클릭하여 체크를 표시한다.

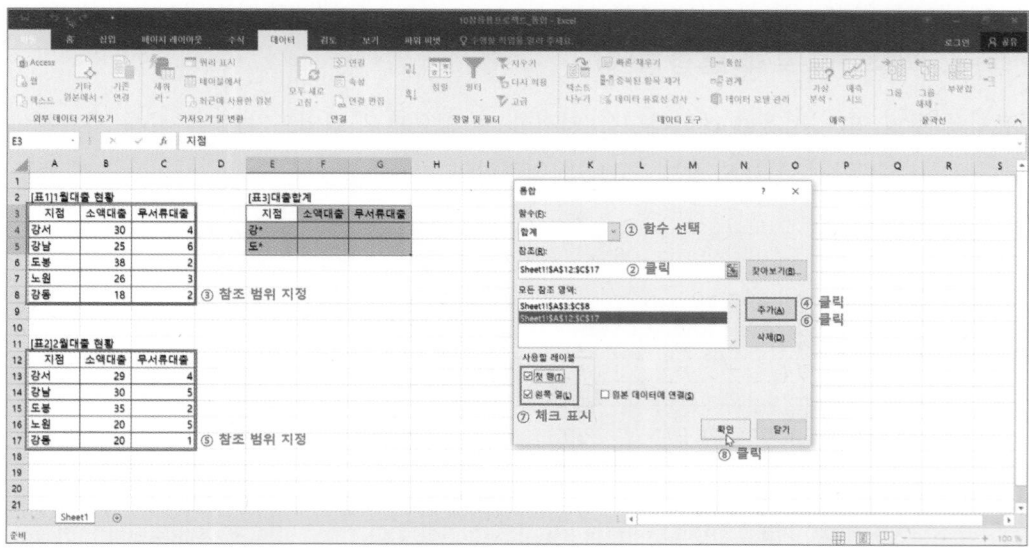

❸ [통합] 시트의 [표1], [표2]의 [합계]가 [표3]에 통합되어 표시된다.

(1)   목표값 찾기

- 목표값 찾기는 다른 셀의 값을 조정하여 셀에 대한 특정 값을 찾는 것으로서 수식의 결과값을 얻는 데 필요한 입력 값을 구하고자 할 때 사용하는 기능이다.

(2)   시나리오

- 시나리오는 변수값의 변화에 따른 결과 값의 변화를 예측하고 분석하는 기능이다.
- 다양한 경우에 대한 시나리오를 생성하여 관리할 수 있다.
- 여러 시나리오를 병합하여 요약 보고서나 피벗 테이블 보고서로 작성할 수 있다.

(3)   예측시트

- 시간 기반 데이터의 추세를 분석하여 결과를 예측할 수 있는 기능이다.
- 새로 생성되는 예측 시트에는 실제 데이터, 실제 예측값, 예측 범위가 함께 표시된다.

(4)   데이터 통합

- 여러 테이블의 데이터를 일정한 기준에 의해 하나의 테이블로 합쳐서 요약 계산하는 기능이다.
- 합계, 개수, 평균, 최대값 등의 함수를 이용하여 통합할 수 있다.
- 다른 시트에 있는 데이터 목록 간에도 동일한 레이블을 이용하면 통합이 가능하다.

■ 목표값 찾기

'10장기본실습.xlsx' 파일의 [목표값] 시트에서 목표값 찾기를 이용하여 'A'제품의 '매출이익'을 200,000원에서 250,000원으로 올리면 '판매량'은 얼마가 되어야 하는지 계산하시오.

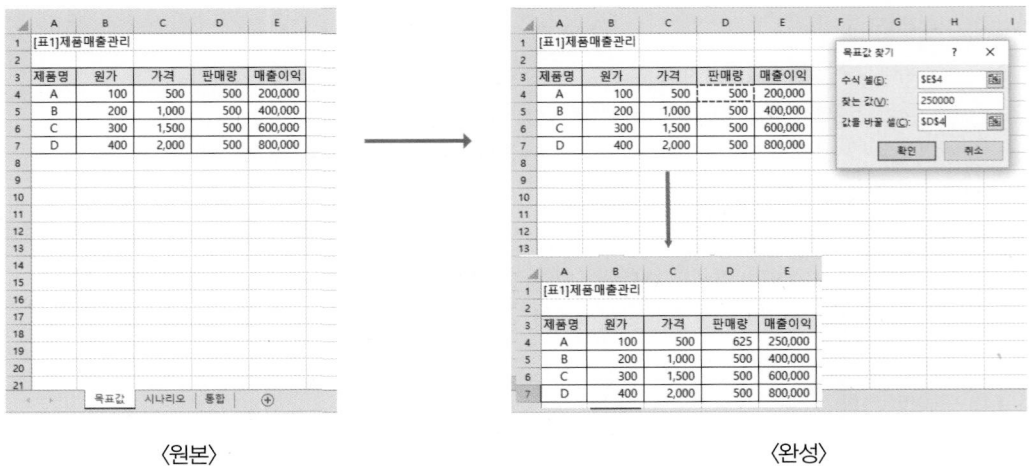

〈원본〉   〈완성〉

■ 시나리오 작성하기

'10장기본실습.xlsx' 파일의 [시나리오] 시트에서 시나리오 관리자를 이용하여 제품명 'A', 'B', 'C', 'D'의 '가격'[C4:C7]이 인상될 때 '매출이익'[E4:E7]의 변동 시나리오를 작성하고 시나리오 요약보고서를 생성하시오.

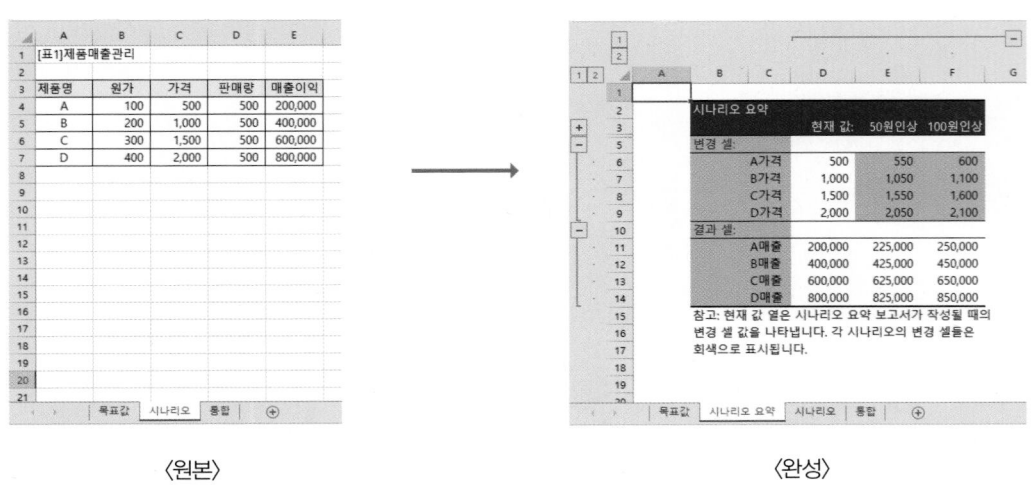

〈원본〉   〈완성〉

- 시나리오1 : 시나리오 이름은 '50원인상', 기존 가격에서 50원이 인상된 값을 설정.
- 시나리오2 : 시나리오 이름은 '100원인상', 기존 가격에서 100원이 인상된 값을 설정.

- 변경 셀의 이름

    [C4] : 'A가격', [C5] : 'B가격', [C6] : 'C가격', [C7] : 'D가격'

- 결과 셀의 이름

    [E4] : 'A매출', [E5] : 'B매출', [E6] : 'C매출', [E7] : 'D매출'

■ 데이터 통합하기

'10장기본실습.xlsx' 파일의 [통합] 시트에서 데이터 통합 기능을 이용하여 [표1]~[표4]의 품명의 [개수]를 [표5]에 표시하시오.

〈원본〉   〈완성〉

■ 목표값 찾기

'10장응용실습.xlsx' 파일의 [목표값] 시트에서 4사분기 '분기합계'[E6]를 1,760,000원에서 1,700,000원으로 줄이려고 한다. '기획과'의 예산[D6]은 얼마가 되어야 하는지 목표값 찾기를 이용하여 계산하시오.

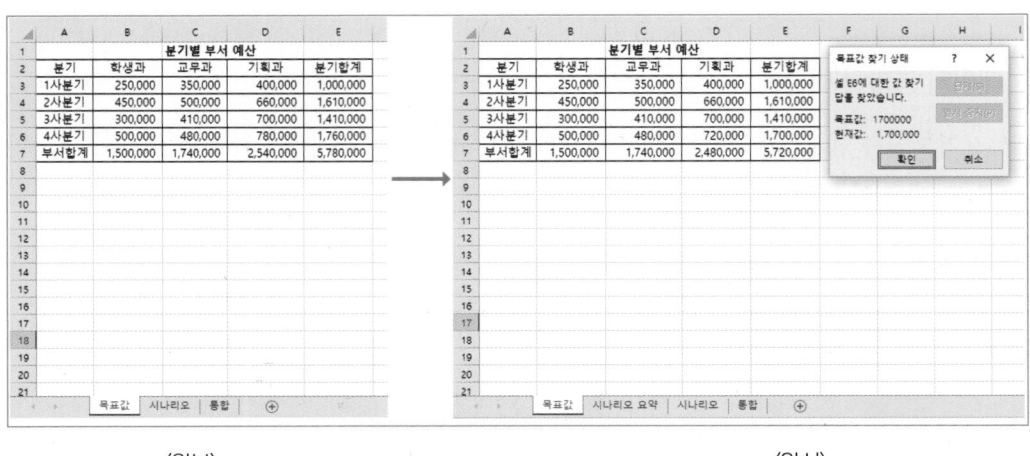

〈원본〉   〈완성〉

■ 시나리오 작성하기

'10장응용실습.xlsx' 파일의 [시나리오] 시트에서 '기획과'의 1~4분기 예산[D3:D6]이 줄어들 때 분기합계[E3:E6]의 변동 시나리오를 작성하고 시나리오 요약보고서를 생성하시오.

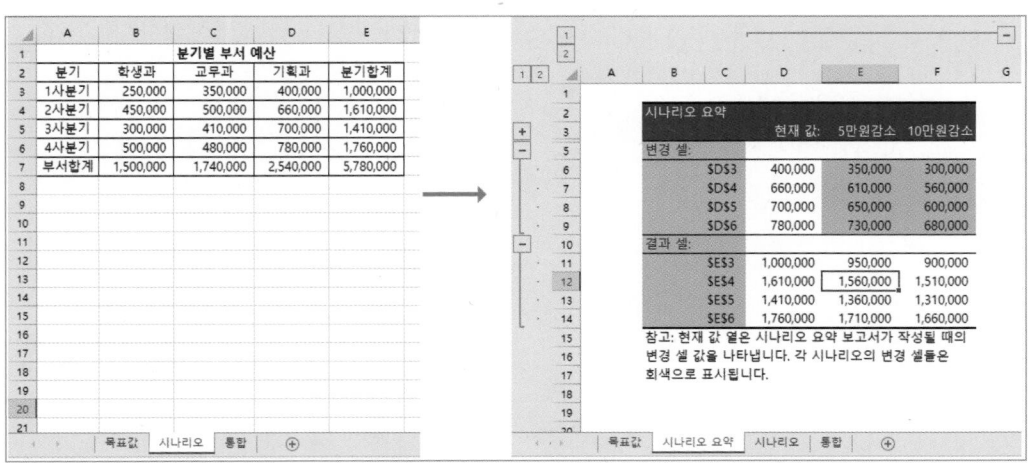

〈원본〉   〈완성〉

응용실습문제

- 시나리오1 : 시나리오 이름은 '5만원감소', 기존 '분기합계'에서 5만 원 감소된 값 설정
- 시나리오2 : 시나리오 이름은 '10만원감소', 기존 '분기합계'에서 10만 원 감소된 값 설정
- '시나리오 요약' 보고서는 '응용' 시트 바로 앞에 위치시킨다.

■ 데이터 통합하기

'10장응용실습.xlsx' 파일의 [통합] 시트에서 데이터 통합 기능을 이용하여 [표1]~[표4]의 미세 먼지 데이터 측정값의 [평균]을 [표5]에 표시하시오.

〈원본〉

〈완성〉

문서 자동화

CHAPTER 11

학습목표

- 매크로를 기록하는 방법을 알아보자.
- 매크로를 실행하는 방법을 알아보자.

11.1 매크로

매크로는 엑셀에서 사용하는 기본적인 조작이나 계산 등을 자동화할 수 있는 기능이다. 예를 들어 특정한 셀로 이동하여 글꼴을 바꾸고, 셀의 색을 바꾸며, 수백 개의 계산을 여러 번 실행해야 하는 경우가 있다. 이때 매크로를 이용하면 실행해야 할 명령을 순서대로 묶어서 하나의 명령으로 기록하여 저장해둘 수 있으며 저장된 명령은 필요할 때마다 실행할 수 있다. 매크로를 작성하는 방법은 두 가지가 있다. 첫째는 매크로 기록 대화 상자를 이용하는 것인데 마우스나 키보드로 동작하는 모든 과정이 코드값으로 자동 변환되어 기록된다. 두 번째는 오피스 프로그램에 내장된 프로그래밍 언어인 VBA(Visual Basic for Application)를 통해 직접 프로그램을 작성하는 방법이 있다. 이 방법은 프로그래밍을 알아야 사용할 수 있지만 복잡한 단계를 거쳐야 하는 작업을 쉽게 자동화할 수 있다. 여기서는 프로그래밍을 몰라도 간단하게 매크로를 작성할 수 있는 매크로 기록 대화 상자를 이용하는 방법을 알아보도록 하자.

11.2 매크로 기록 대화 상자 (Alt + T, M, R)

매크로 기록을 시작하면 캠코더로 녹화하는 것처럼 사용자가 마우스나 키보드로 동작하는 모든 작업 과정이 순서대로 자동 기록된다. **사용자가 실수로 한 동작까지 그대로 기록**되므로 조작 시에 주의해야 한다. 이렇게 기록된 매크로를 실행하면 캠코더에 저장된 영상이 재생되는 것처럼 동일한 작업이 동일한 순서대로 실행된다. 매크로 기록 대화 상자는 다음과 같다.

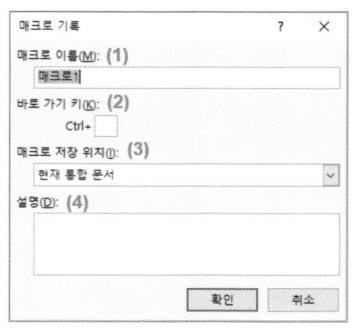

(1) 매크로 이름 : 첫 글자는 반드시 문자로 시작해야 한다. 매크로 이름에는 문자와 숫자를 섞어 사용할 수 있으나 공백이나 특수 문자는 사용할 수 없다.

(2) 바로 가기 키 : [Ctrl] 키와 조합하여 사용할 수 있는 영문자를 입력한다. 대소문자를 구별한다.

(3) 매크로 저장 위치 : [현재 통합 문서], [새 통합 문서], [개인용 매크로 통합 문서] 중에서 선택한다.

(4) 설명 : 매크로의 내용을 쉽게 알 수 있도록 간단한 설명을 적거나 기록자의 이름, 날짜 등을 적는다.

> **참고** **개발 도구 탭 실행하기**
>
> 매크로를 편리하게 사용하려면 메뉴에 [개발 도구] 탭을 추가하는 것이 좋다. 다음 순서대로 추가해보자.
>
> ❶ [파일]-[옵션]을 클릭하면 [Excel 옵션] 창이 나타난다.
>
> ❷ [Excel 옵션] 창 오른쪽의 [리본 메뉴 사용자 지정]에서 [개발 도구]에 체크가 표시되게 클릭하면 메뉴에 [개발 도구] 탭이 나타난다.

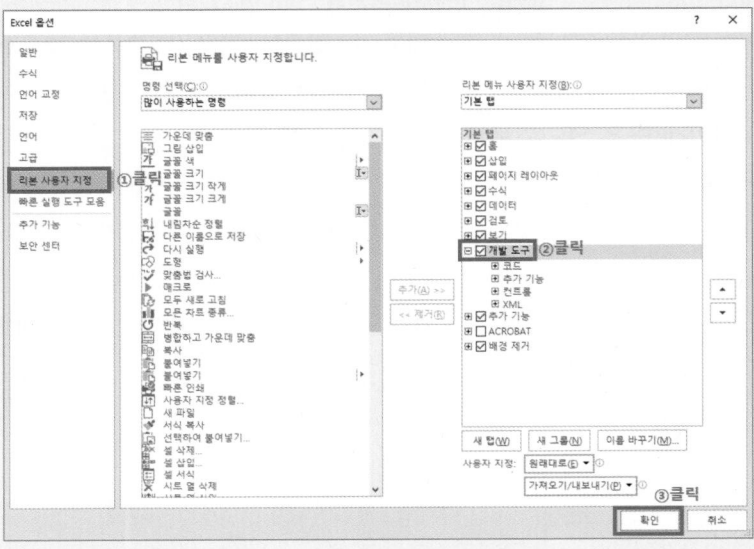

11.3 매크로 작성하기

매크로를 기록한 후 바로 가기 키, 매크로 창, 도형, 양식 단추를 이용하여 매크로를 실행하는 법을 알아보도록 하자. 도형이나 양식 단추를 이용하여 매크로를 작성할 때는 매크로를 기록한 후 이 매크로와 도형 또는 양식 단추를 연결하거나 도형 또는 양식 단추를 먼저 만들고 나중에 매크로를 기록해도 된다.

11.3.1 매크로 기록

'11장예제_매크로.xlsx' 파일을 이용하여 '품목'의 오름차순으로 정렬한 후 다시 원래대로 정렬하는 매크로를 작성해보자.

1 품목의 오름차순 정렬 기록하기

❶ [개발 도구]-[코드] 그룹-[매크로 기록]을 클릭한다. 또는 [Alt]를 누른 상태에서 [T], [M], [R] 키를 차례대로 눌렀다 떼면 된다. [매크로 기록] 창에서 [매크로 이름]을 '품목 오름차순'이라 입력하고 [바로 가기 키]에 'u'라 입력한다. [매크로 저장 위치]는 [현재 통합 문서]를 선택하고, [확인]을 클릭하면 매크로 기록이 시작된다.

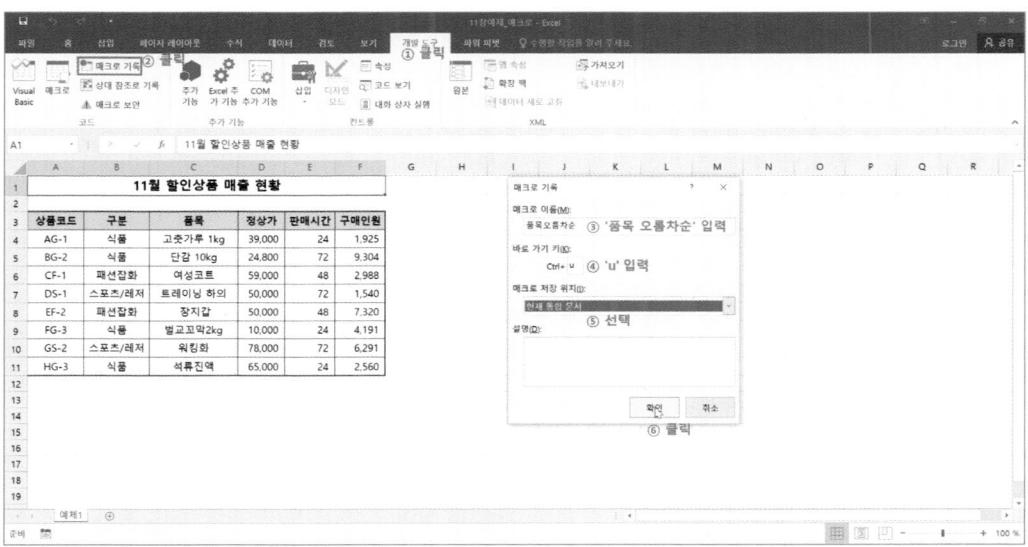

❷ '품목'을 기준으로 정렬하기 위해 [C] 열 데이터 목록 안의 임의의 셀 [C5] 셀을 클릭하고 [데이터]-[정렬 및 필터] 그룹-[텍스트 오름차순 정렬]을 클릭한다.

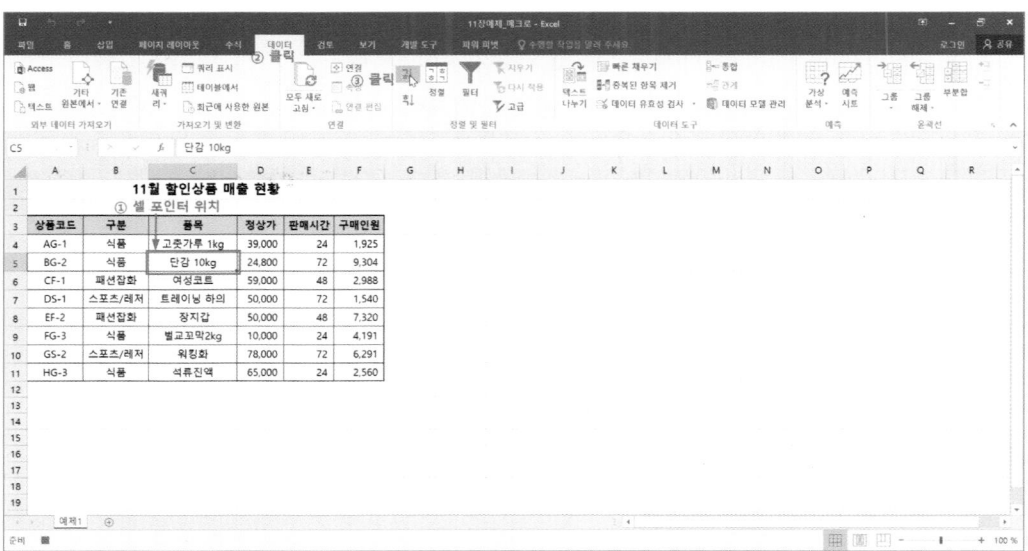

❸ 매크로 기록을 중지하기 위해서 데이터 범위 밖의 임의의 셀 [B16]을 클릭하고 [기록중지]를 클릭한다.

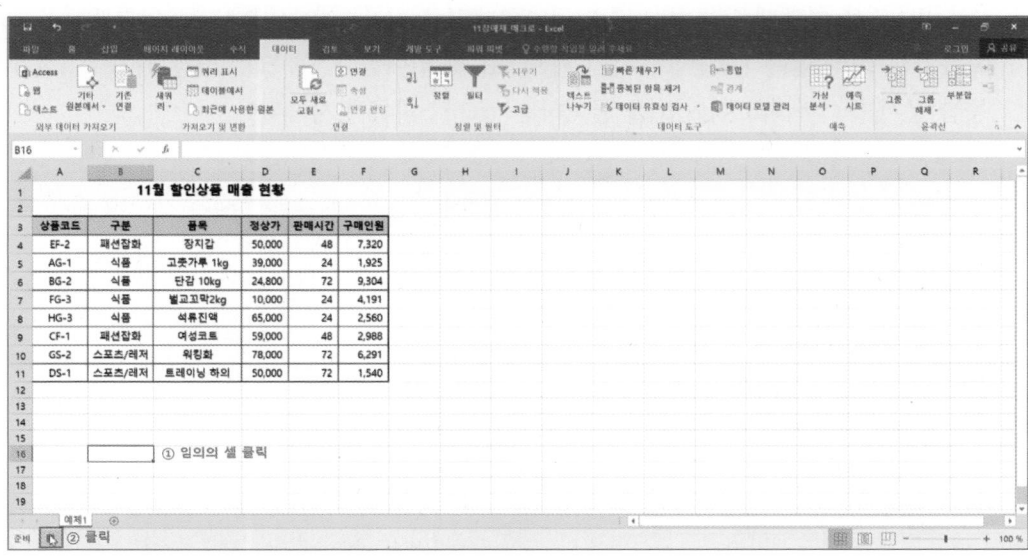

TIP   범위 밖의 임의의 셀을 클릭하지 않은 상태에서 매크로 기록을 중지할 경우 범위가 그대로 선택된 채로 매크로가 종료되어 매크로 실행 시 예상치 못한 오류가 발생 될 수 있다. 이러한 문제를 막기 위해 범위 밖의 임의의 셀을 클릭하여 선택된 범위를 해제한 후 매크로를 종료하는 것이 좋다.

2 '원래대로' 정렬 기록하기

❶ [개발 도구]-[코드] 그룹-[매크로 기록]을 클릭한다. 또는 [Alt]를 누른 상태에서 [T], [M], [R] 키를 차례대로 눌렀다 떼면 된다. [매크로 기록] 창에서 [매크로 이름]을 '원래대로'라 입력하고 [바로 가기 키]에 'q'라 입력한다. [매크로 저장 위치]는 [현재 통합문서]를 선택하고, [확인]을 클릭하면 매크로 기록이 시작된다.

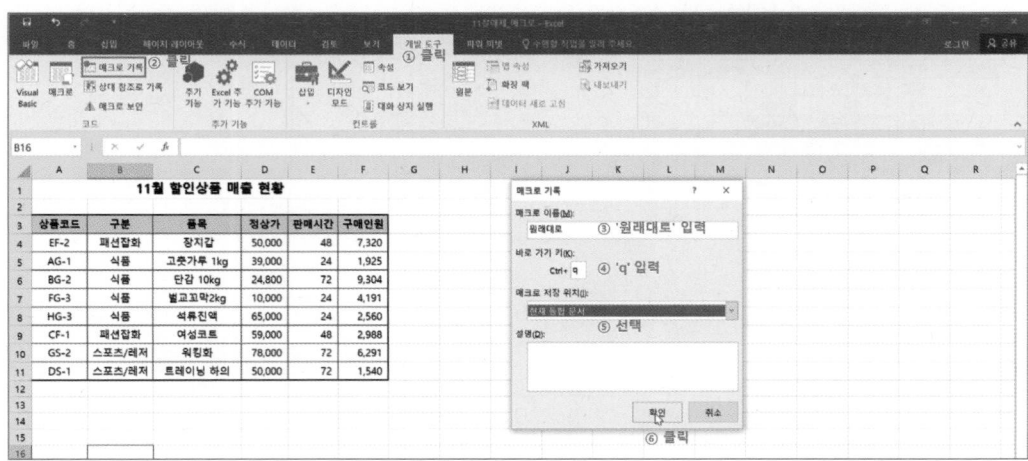

❶ [삽입]–[일러스트레이션] 그룹–[도형(도형)]을 클릭하고 직사각형 도형을 삽입한다.

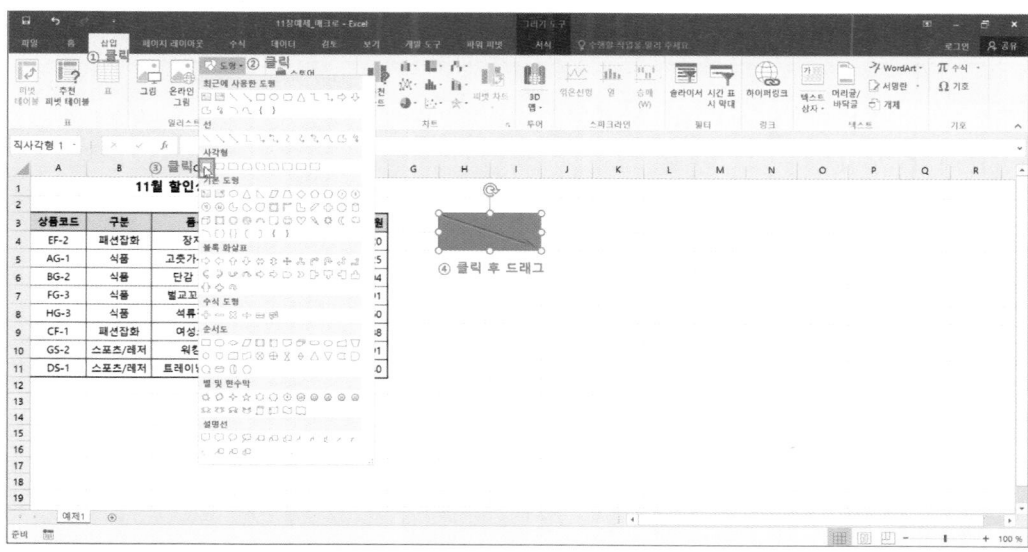

❷ 삽입한 도형을 클릭하여 '품목오름차순'을 입력한다. 도형을 선택하고 [그리기 도구]–[서식]–[도형 스타일] 그룹–[색 채우기 – 주황, 강조2] 스타일을 적용한다.

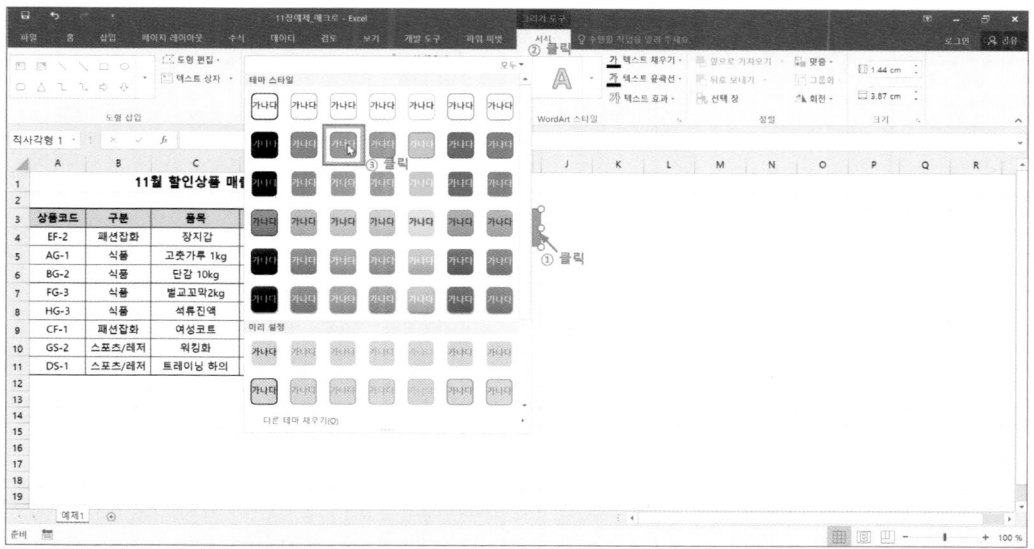

❸ '품목오름차순' 도형을 선택하고 마우스 오른쪽 버튼을 클릭 후 [매크로 지정]을 클릭한다.

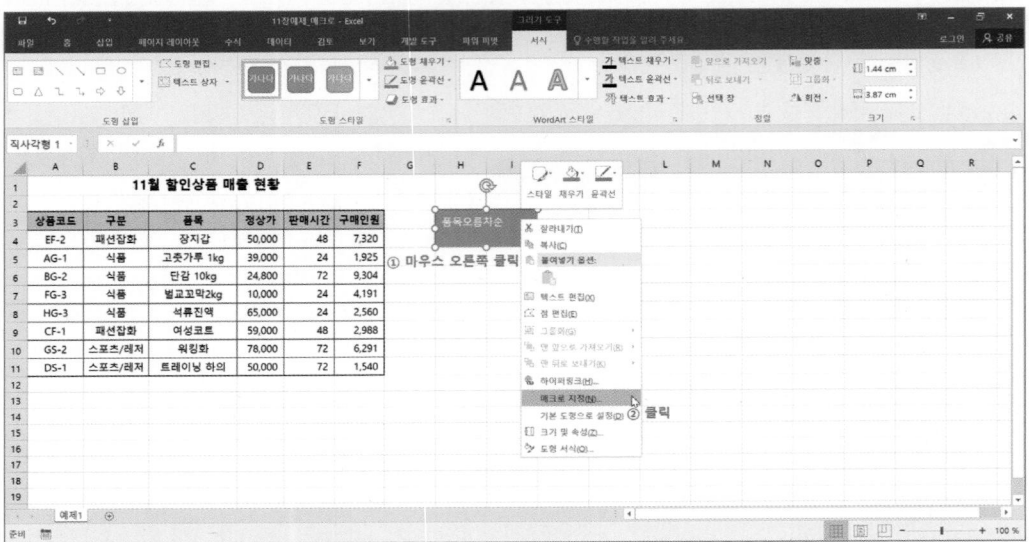

❹ [매크로 지정] 창의 매크로 목록에서 '품목오름차순'을 선택하고 [확인]을 클릭한다.

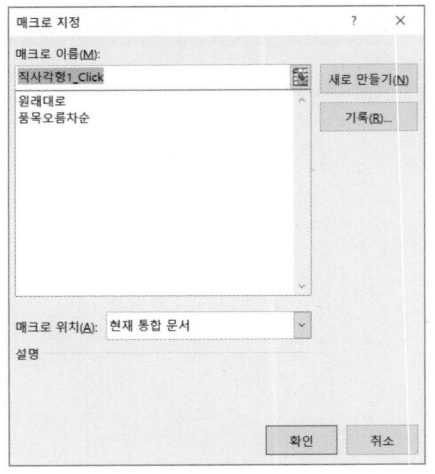

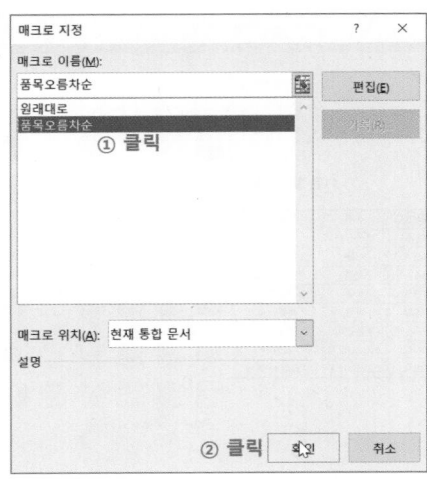

❺ '품목오름차순' 도형을 클릭하면 도형에 연결된 매크로가 실행된다.

4 양식 단추 이용하기

'원래대로' 양식 단추를 만들어 매크로를 실행해보자.

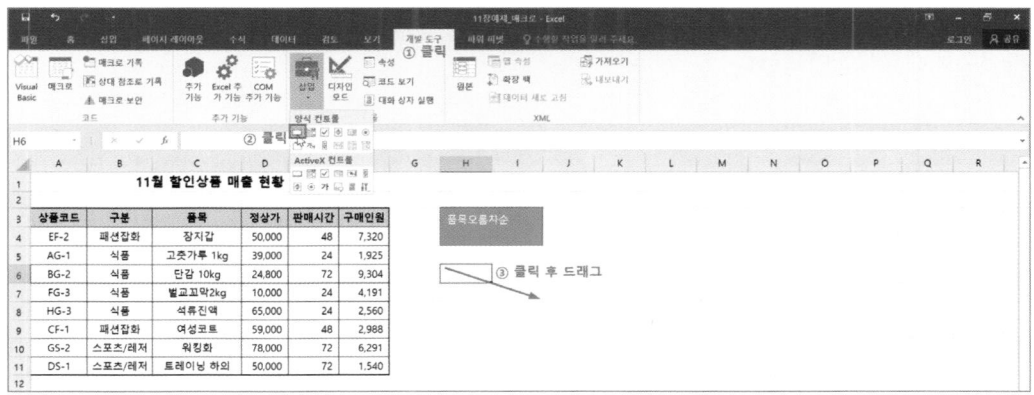

❶ [개발 도구]–[컨트롤] 그룹–[삽입]–[단추(양식 컨트롤)]을 클릭한다. 삽입할 위치에서 마우스를 드래그한다.

❷ [매크로 지정] 창의 매크로 목록에서 '원래대로'를 선택하고 [확인]을 클릭한다.

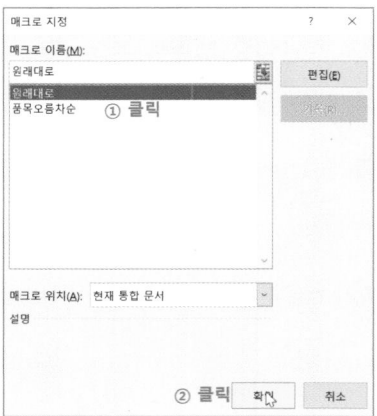

❸ 양식 단추를 마우스 오른쪽 버튼으로 클릭하여 [텍스트 편집]을 클릭한다.

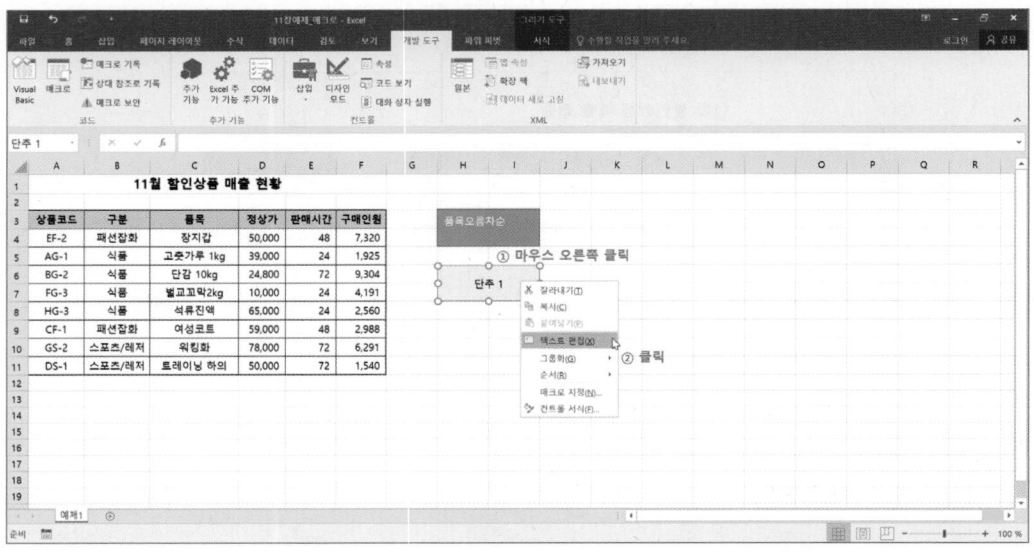

❹ '원래대로'라 입력한다.

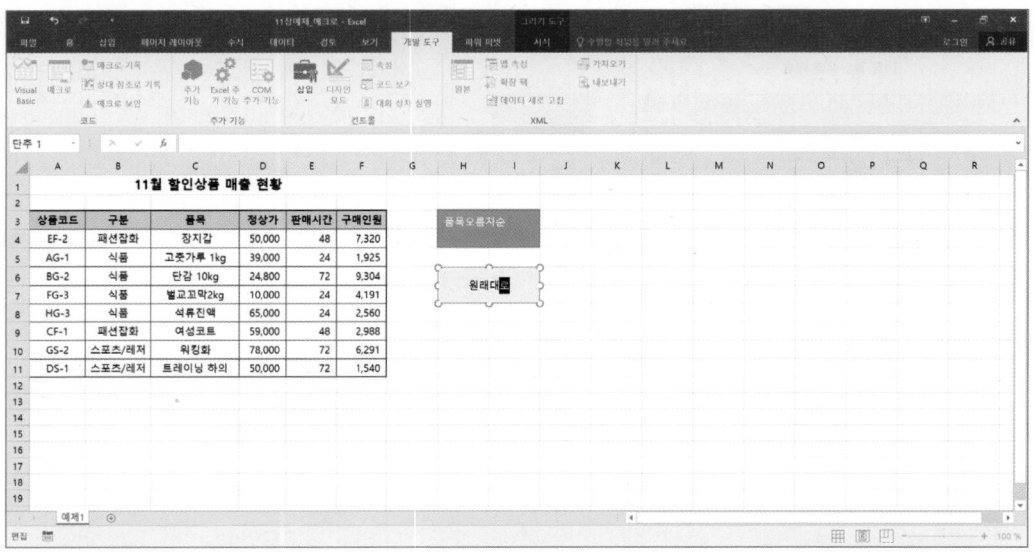

❺ '원래대로'단추를 클릭하면 양식단추에 연결된 매크로가 실행된다.

11.3.3 도형이나 양식 단추를 만든 후 매크로 작성하기

앞에서 매크로를 먼저 기록해 둔 후 이 매크로를 도형 또는 양식 단추에 지정하는 방법을
알아보았다. 이번에는 도형이나 양식 단추를 만들고 나서 나중에 매크로를 기록하여 지정
하는 방법을 알아보자.

	A	B	C	D	E	F	G	H	I	J
1			11월 할인상품 매출 현황							
2										
3	상품코드	구분	품목	정상가	판매시간	구매인원		품목오름차순		
4	DS-1	스포츠/레저	트레이닝 하의	50,000	72	1,540				
5	GS-2	스포츠/레저	워킹화	78,000	72	6,291				
6	CF-1	패션잡화	여성코트	59,000	48	2,988		원래대로		
7	HG-3	식품	석류진액	65,000	24	2,560				
8	FG-3	식품	벌교꼬막2kg	10,000	24	4,191				
9	BG-2	식품	단감 10kg	24,800	72	9,304		품목내림차순		
10	AG-1	식품	고춧가루 1kg	39,000	24	1,925				
11	EF-2	패션잡화	장지갑	50,000	48	7,320				
12										

〈결과 화면〉

❶ 도형을 삽입하고 도형에 '품목내림차순'이라 입력한다. 이 도형을 마우스 오른쪽 버튼
으로 클릭한 후 [매크로 지정]을 클릭한다.

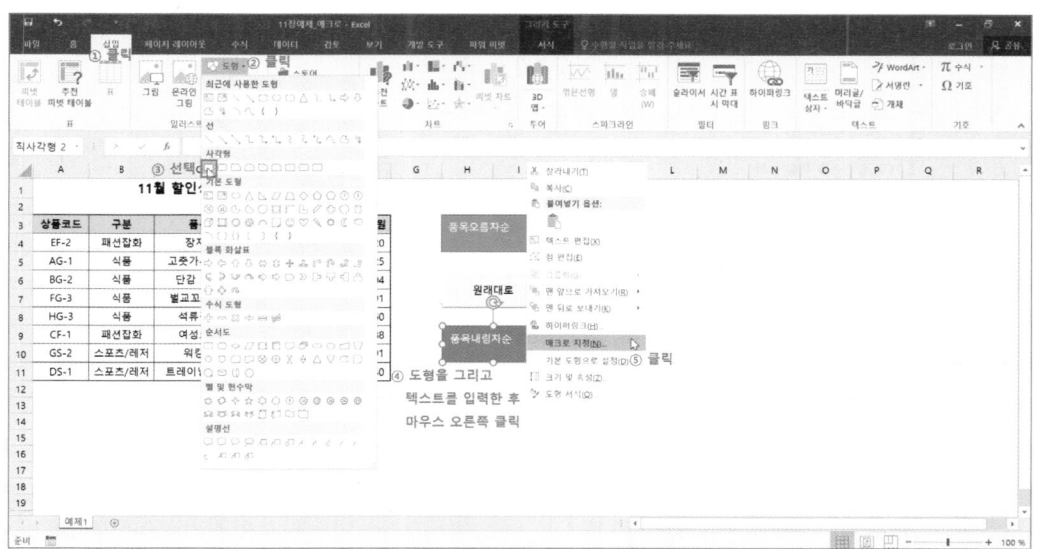

❷ [매크로 지정]에서 매크로 이름을 '품목내림차순'이라 입력하고 [기록]을 클릭한다. [매
크로 기록] 창에서 [확인]을 클릭하면 매크로가 기록을 시작한다.

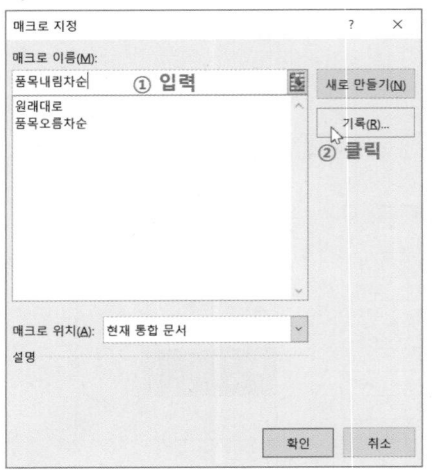
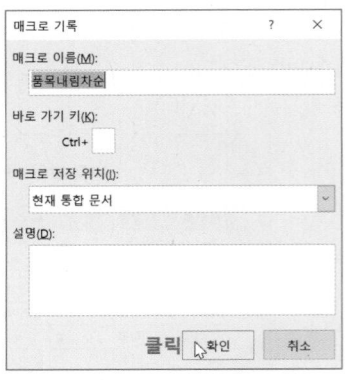

❸ [C3] 셀을 클릭하고 [데이터]–[정렬 및 필터] 그룹–[텍스트 내림차순 정렬]을 클릭한
다. 범위로 지정하지 않은 임의의 셀 [B16] 셀을 클릭하고 [기록중지]를 클릭한다.

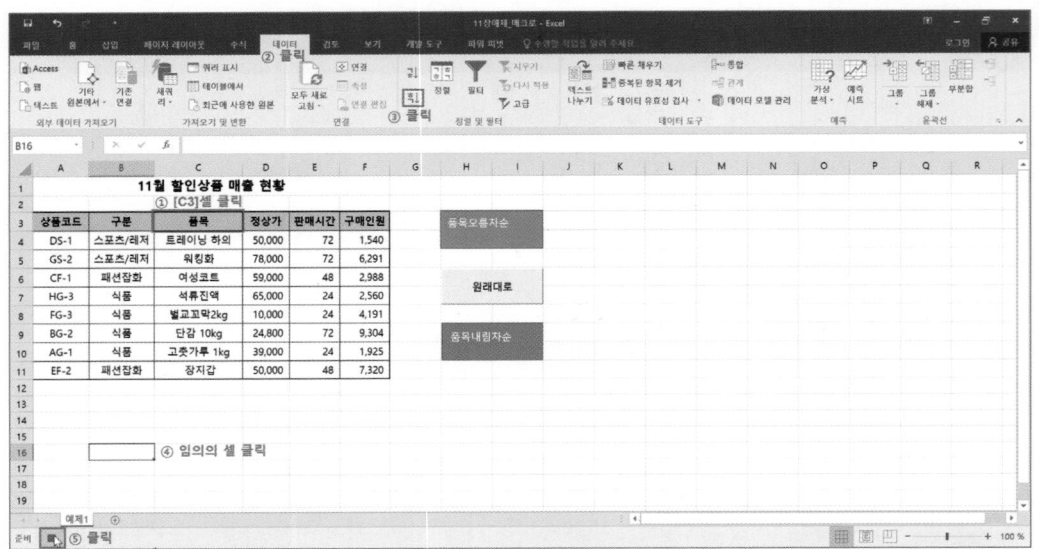

❹ '품목내림차순' 도형을 클릭하면 도형에 연결된 매크로가 실행된다.

11.4 매크로 파일 저장하기

매크로가 포함된 파일은 [파일형식]을 [Excel 매크로 사용 통합 문서]로 선택하여 저장해야 한다. '11장예제_매크로_완성.xlsm' 파일로 저장해보자.

❶ [파일]-[다른 이름으로 저장]을 클릭하면 매크로 제외 통합 문서로 저장 여부를 묻는 창이 나타난다. [아니요]를 클릭한다.

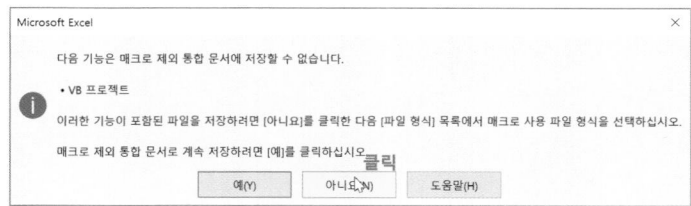

❷ [다른 이름으로 저장] 창에서 [파일형식]을 클릭하여 [Excel 매크로 사용 통합 문서]를 선택한다. [저장]을 클릭하면 '.xlsm' 확장자를 가진 파일로 저장된다.

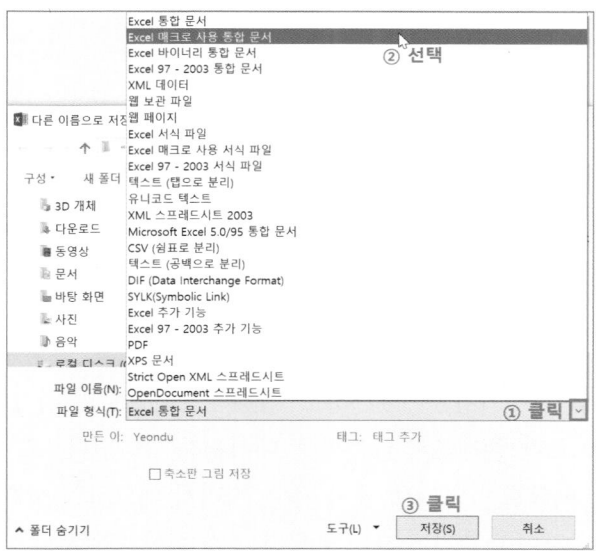

매크로 보안 설정

매크로 설정을 변경하려면 [개발 도구]-[코드] 그룹-[매크로 보안]을 클릭하여 [보안 센터] 창에서 설정한다. 매크로는 보안에 취약하기 때문에 [모든 매크로 제외(알림 표시)]를 선택해서 신뢰할 수 있는 매크로만 실행하는 것을 추천한다.

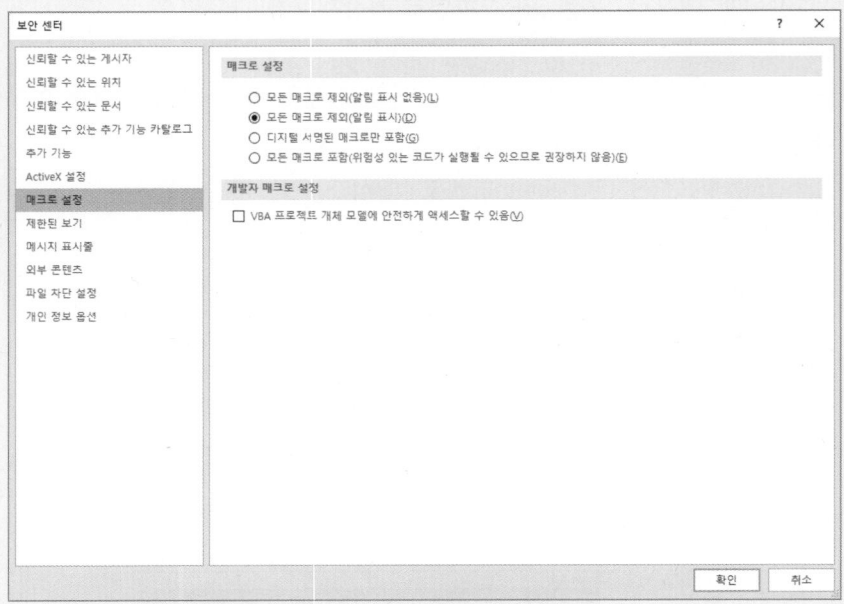

11.5 매크로 삭제하기

도형이나 양식 단추와 연결되어있는 매크로를 삭제하면 매크로만 삭제되어 도형이나 양식 단추를 클릭 시 매크로가 존재하지 않는다는 메시지가 나타난다. 도형이나 양식 단추를 먼저 삭제했을 때도 매크로만 그대로 남게 된다. 따라서 매크로를 삭제한 후 매크로와 연결되어있던 도형이나 양식 단추가 필요치 않으면 추가로 삭제해주어야 한다.

11.5.1 매크로 삭제

[매크로] 창에 있는 모든 매크로를 한 번에 삭제할 수 없으므로 여러 매크로 삭제시 하나씩 선택해서 삭제해야 한다. '품목오름차순' 매크로를 삭제해보자.

❶ [개발 도구]–[코드] 그룹–[매크로]를 클릭하거나 단축키 [Alt]+[F8]을 누르면 [매크로] 창이 나타난다. [매크로] 창에서 삭제할 매크로를 선택하고 [삭제]를 클릭한다.

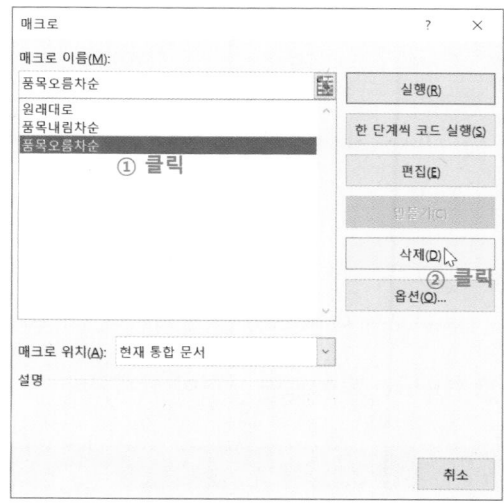

❷ 매크로 삭제 확인 창이 나타나면 [예]를 클릭한다.

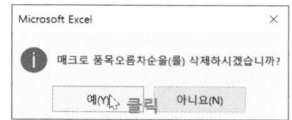

11.5.2 도형 삭제

1 단축키로 선택하여 삭제

❶ '품목오름차순' 매크로는 삭제되었으나 '품목오름차순' 도형에 마우스를 갖다 대면 여전히 ✋ 모양의 포인터가 나타난다.

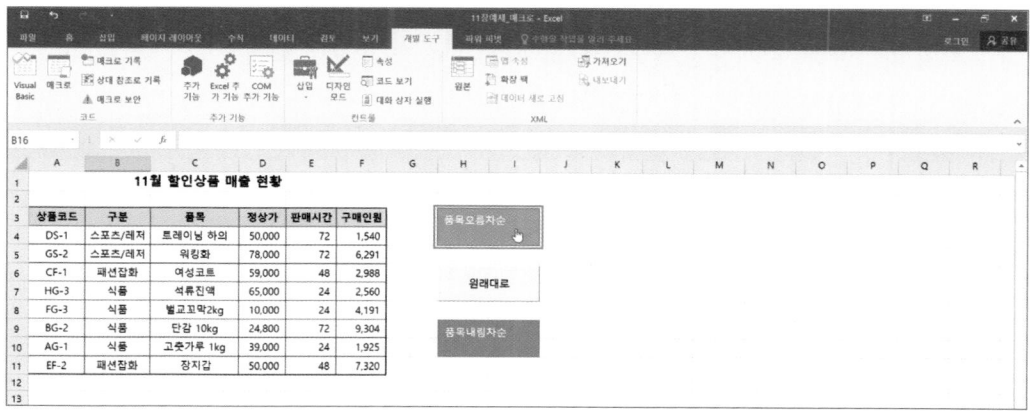

❷ '품목오름차순' 도형을 클릭하면 매크로를 실행할 수 없다는 메시지가 나타난다.

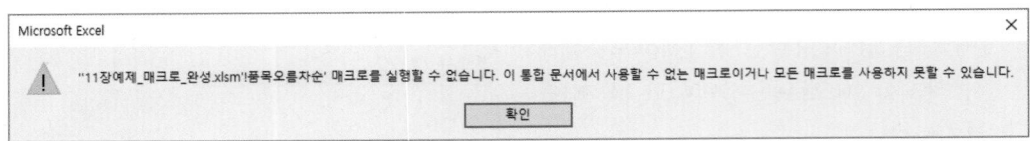

❸ 매크로는 삭제되었으나 여전히 링크가 남아 있는 도형을 삭제하려면 [Alt]를 누른 채 '품목오름차순' 도형을 클릭한다. 다음과 같이 링크가 설정된 도형이 선택된다.

❹ [Delete]를 누르면 도형이 삭제된다.

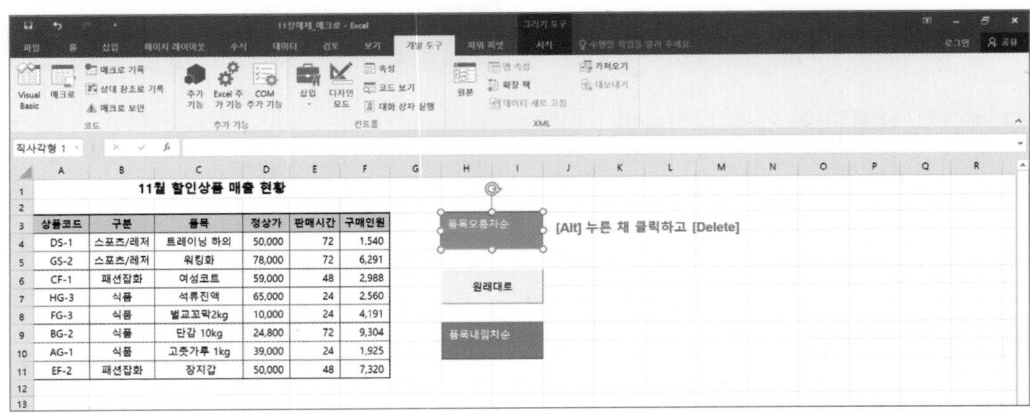

TIP 링크가 지정된 양식 단추를 선택하려면 [Ctrl]을 누른 채 양식 단추를 클릭한다.

2 선택 창에서 선택하여 삭제

[페이지 레이아웃]-[정렬] 그룹-[선택 창]을 클릭한다. 오른쪽 [선택] 창에 도형과 같은 개체 목록이 나타난다. 삭제할 도형을 선택하고 [Delete]를 누르면 된다.

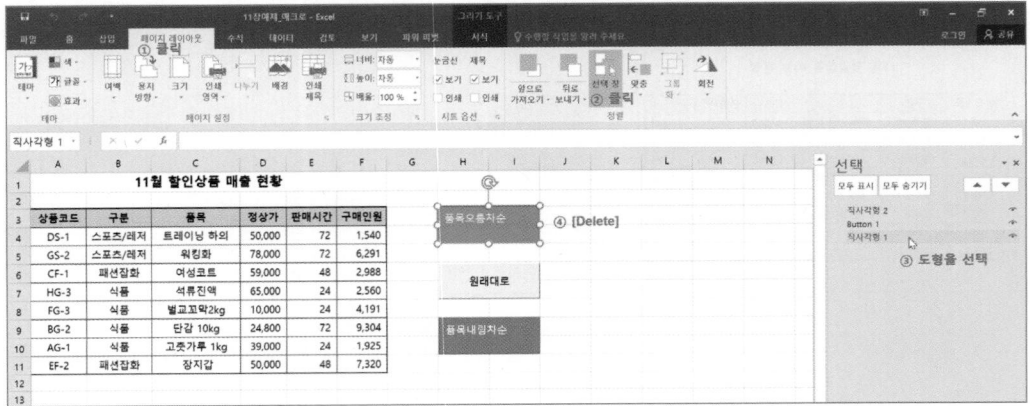

기본 프로젝트 **서식 매크로 작성하기**

'서식' 도형을 클릭하면 글꼴 크기, 진하게, 셀의 채우기 색을 [연한 녹색]으로 변경하는 '서식' 매크로를 작성해보자. '11장프로젝트_매크로.xlsx' 파일을 이용한다.

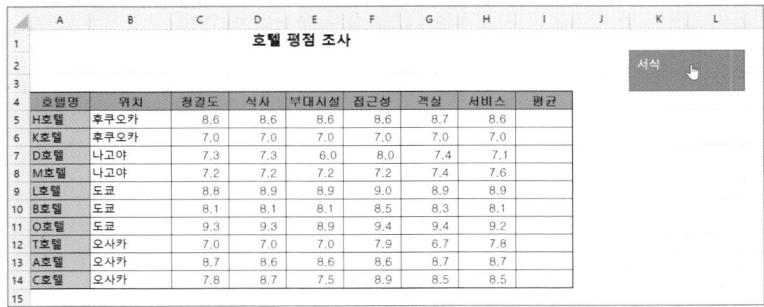

(STEP 1) 도형에 매크로 지정하기

❶ [서식] 시트를 선택하고 [삽입]−[일러스트레이션] 그룹−[도형]−[직사각형]을 클릭한다. 도형을 삽입하고자 하는 곳에서 마우스를 드래그한다.

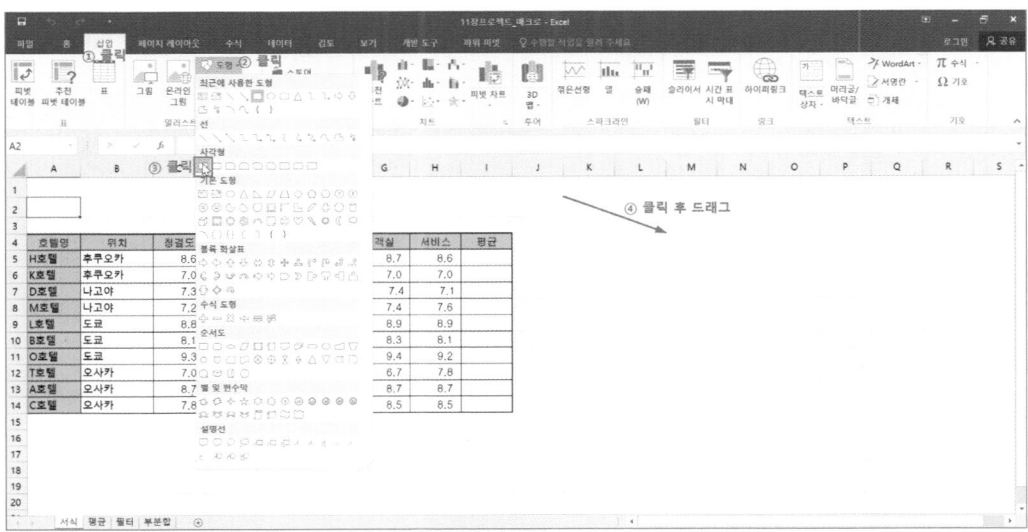

❷ 도형에 '서식'이라 입력하고 마우스 오른쪽 버튼을 클릭 후 [매크로 지정]을 클릭한다.

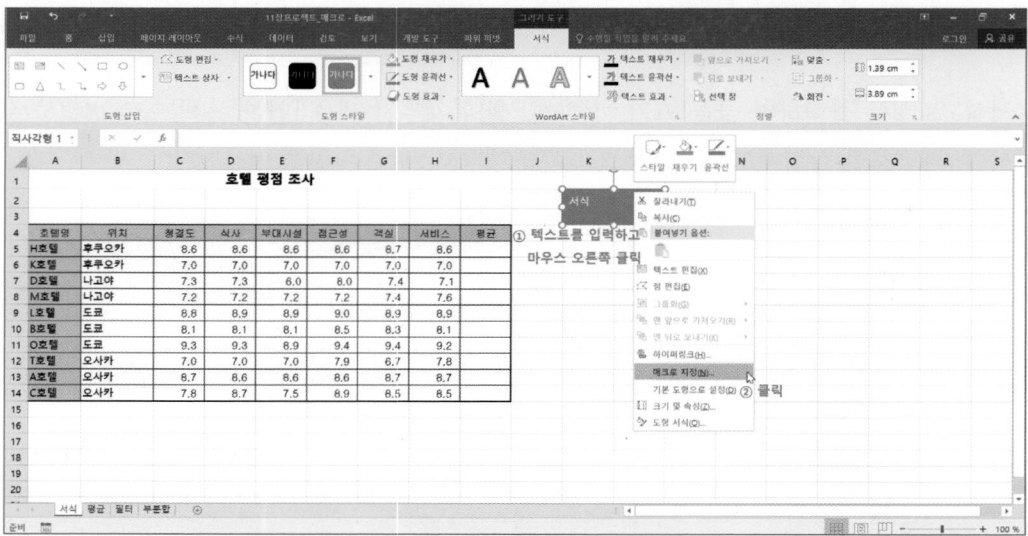

❸ [매크로 지정] 창에서 [매크로 이름]에 '서식'을 입력하고 [매크로 위치]에는 [현재 통합 문서]를 선택한 후, [기록]을 클릭한다.

❹ [매크로 기록] 창에서 [확인]을 클릭하면 매크로 기록이 시작되고 현재 통합 문서에 매 크로가 저장된다.

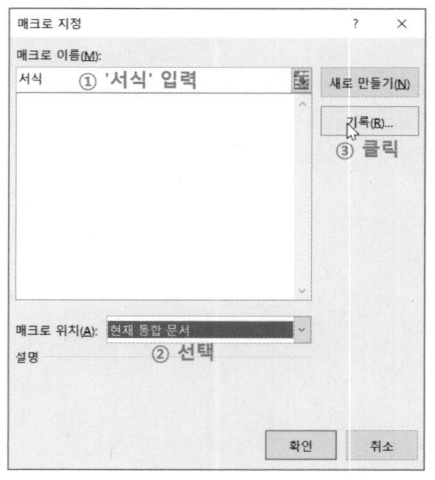

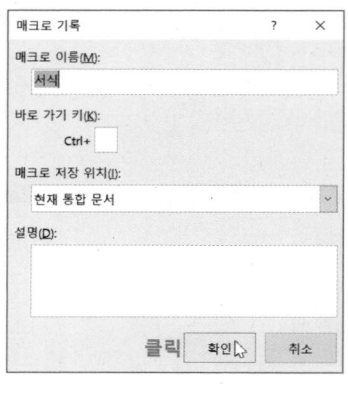

STEP 2 서식 기록하기

[A4:I4]를 범위 지정하고 [글꼴 크기 크게], [진하게], [채우기 색]은 [연한 녹색]을 선택한다.

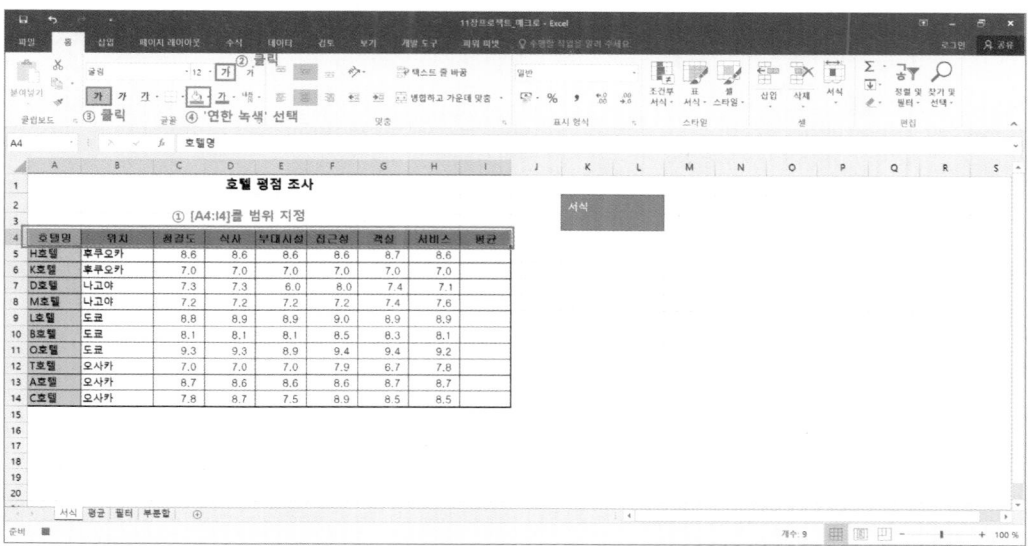

STEP 3 매크로 기록 중지 및 매크로 파일 저장하기

❶ [B16]을 클릭하고 기록중지(■)를 클릭한다.

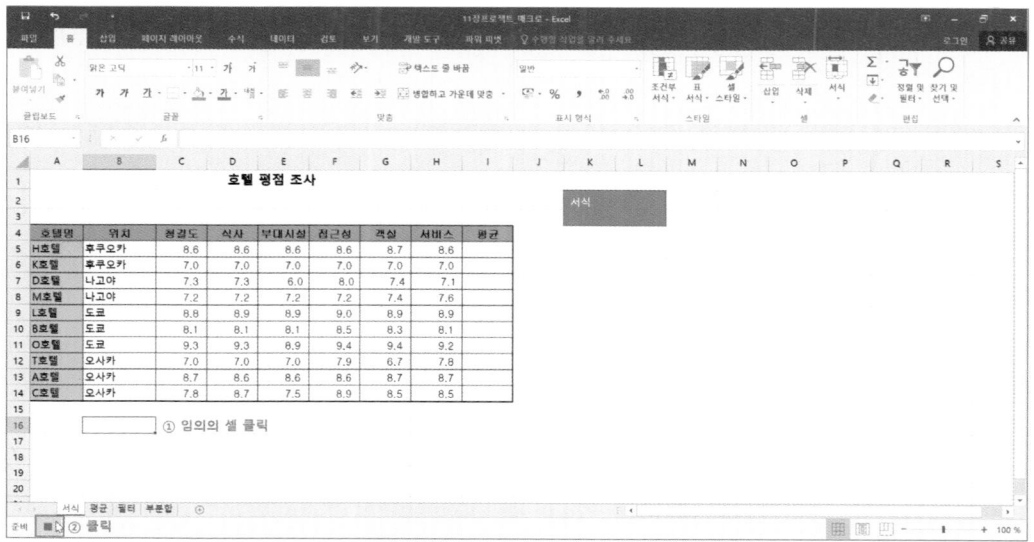

❷ [파일]-[저장]을 클릭한다. 매크로 제외 통합 문서로 저장할지 묻는 창이 나타나면 [아니요]를 클릭한다.

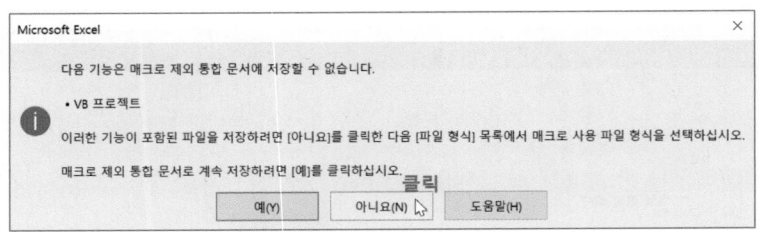

❸ [다른 이름으로 저장] 창에서 [파일형식]을 클릭하여 [Excel 매크로 사용 통합 문서]를 선택한다. [저장]을 클릭하면 '.xlsm' 확장자를 가진 파일로 저장된다.

기본 프로젝트   **함수 매크로 작성하기**

'평균계산' 도형을 클릭하면 매크로가 실행되어 호텔 평가 항목들의 평점 평균을 구하는
'평균계산' 매크로를 작성해보자. '11장프로젝트_매크로.xlsx' 파일을 이용한다.

	호텔명	위치	청결도	식사	부대시설	접근성	객실	서비스	평균
1				호텔 평점 조사					
5	H호텔	후쿠오카	8.6	8.6	8.6	8.6	8.7	8.6	8.6
6	K호텔	후쿠오카	7.0	7.0	7.0	7.0	7.0	7.0	7.0
7	D호텔	나고야	7.3	7.3	6.0	8.0	7.4	7.1	7.2
8	M호텔	나고야	7.2	7.2	7.2	7.2	7.4	7.6	7.3
9	L호텔	도쿄	8.8	8.9	8.9	9.0	8.9	8.9	8.9
10	B호텔	도쿄	8.1	8.1	8.1	8.5	8.3	8.1	8.2
11	O호텔	도쿄	9.3	9.3	8.9	9.4	9.4	9.2	9.3
12	T호텔	오사카	7.0	7.0	7.0	7.9	6.7	7.8	7.2
13	A호텔	오사카	8.7	8.6	8.6	8.6	8.7	8.7	8.7
14	C호텔	오사카	7.8	8.7	7.5	8.9	8.5	8.5	8.3

평균계산

〈결과 화면〉

STEP 1 도형에 매크로 지정하기

도형을 삽입하고 매크로 기록을 시작한다.

❶ [평균] 시트를 선택하고 [삽입]−[일러스트레이션] 그룹−[도형]−[직사각형]을 클릭한다.
   도형을 삽입하고자 하는 곳을 마우스로 드래그한다.

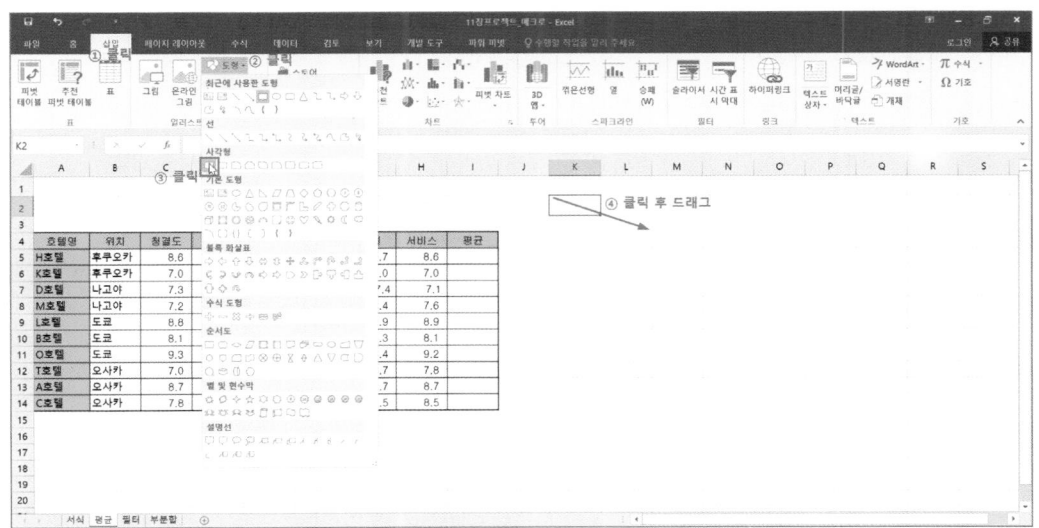

❷ 도형에 '평균계산'이라 입력하고 마우스 오른쪽 버튼을 클릭하여 [매크로 지정]을 클릭
한다.

❸ [매크로 지정] 창에서 [매크로 이름]에 '평균계산'을 입력하고, [매크로 위치]에는 [현재
통합 문서]를 선택한 후, [기록]을 클릭한다.

❹ 데이터 목록 [매크로 기록] 창에서 [확인]을 클릭하면 매크로 기록이 시작되고 현재 통
합 문서에 매크로가 저장된다.

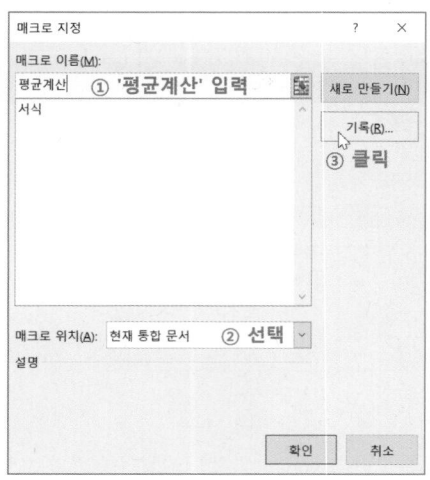

STEP 2 함수 기록하기

[I5:I14] 셀의 범위를 지정하고 셀에 '=AVERAGE(C5:H5)'을 입력한 후, [Ctrl]을 누른 채 [Enter]를 누른다.

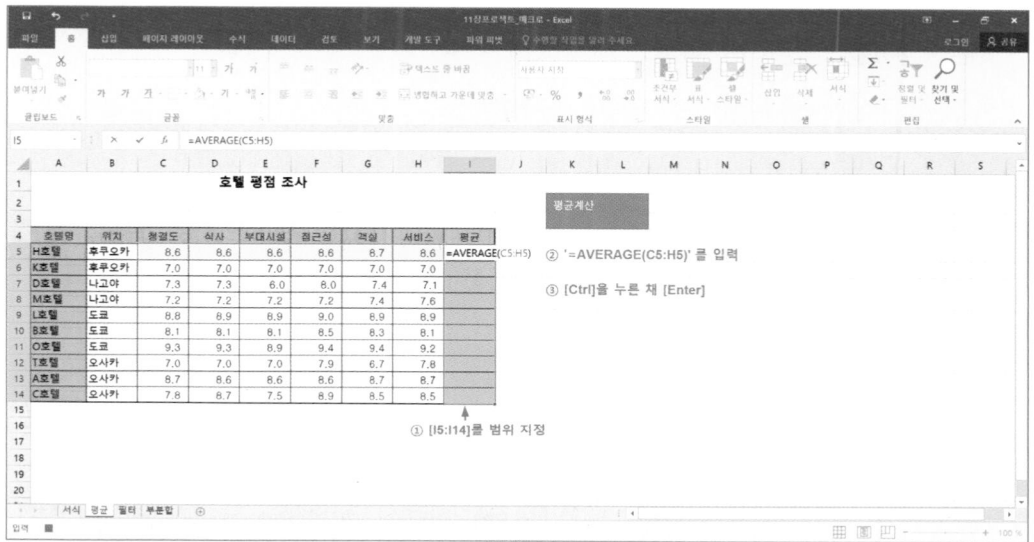

STEP 3 매크로 기록 중지 및 매크로 파일 저장하기

❶ [B16]을 클릭하고 기록중지(■)를 클릭한다.

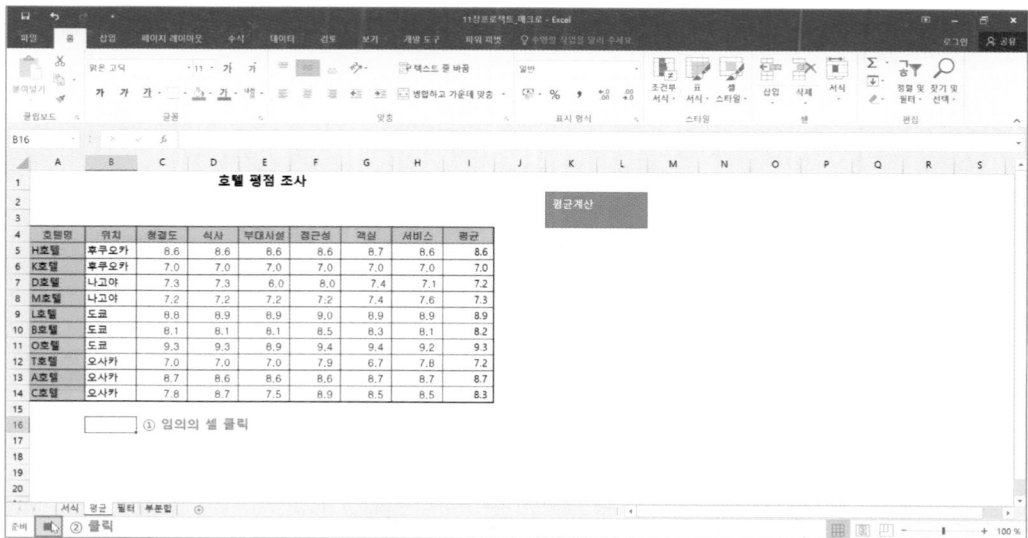

❷ [파일]–[저장]을 클릭한다. 매크로 제외 통합 문서로 저장할지 묻는 창이 나타나면 [아니요]를 클릭한다.

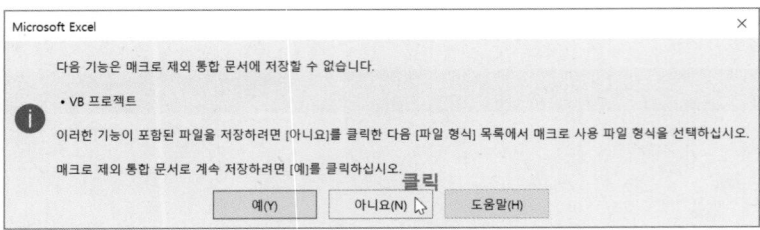

❸ [다른 이름으로 저장] 창에서 [파일형식]을 클릭하여 [Excel 매크로 사용 통합 문서]를 선택한다. [저장]을 클릭하면 '.xlsm' 확장자를 가진 파일로 저장된다.

응용 프로젝트 **자동필터 매크로 작성하기**

'필터 실행' 단추를 클릭하면 '평균'이 상위 '30%'에 속하는 레코드만 필터링하는 '필터 실행' 매크로를 작성해보자. 양식 단추를 이용하도록 한다.

호텔명	위치	청결도	식사	부대시설	접근성	객실	서비스	평균
L호텔	도쿄	8.8	8.9	8.9	9.0	8.9	8.9	8.9
O호텔	도쿄	9.3	9.3	8.9	9.4	9.4	9.2	9.3
A호텔	오사카	8.7	8.6	8.6	8.6	8.7	8.7	8.7

〈결과 화면〉

STEP 1 단추(양식컨트롤) 삽입 및 매크로 기록하기

❶ '11장프로젝트_매크로.xlsx' 파일의 [필터] 시트를 선택하고 [개발 도구]–[컨트롤] 그룹–[삽입]–[단추(양식 컨트롤)]을 클릭한다. 단추를 삽입하고자 하는 곳에 마우스로 드래그한다.

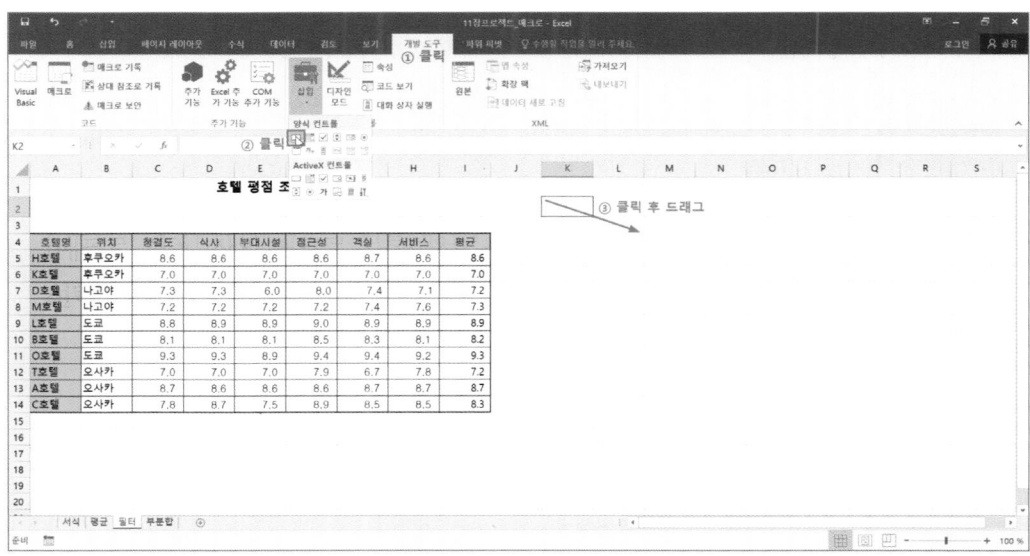

❷ [매크로 지정] 창에서 [매크로 이름]에 '필터실행'이라 입력하고, [매크로 위치]에는 [현재 통합 문서]를 선택한 후, [기록]을 클릭한다.

❸ [매크로 기록] 창에서 [확인]을 클릭한다. 매크로 기록이 시작되고 현재 통합 문서에 매
크로가 저장된다.

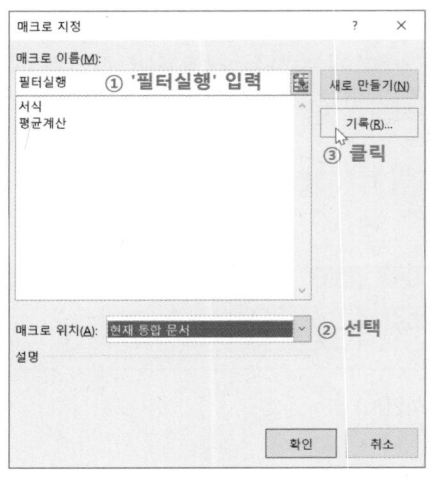
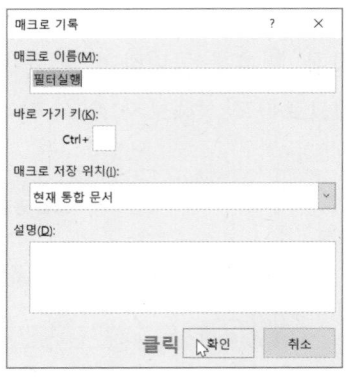

STEP 2   '상위' '30%' 검색 조건 지정하기

❶ 데이터 목록 범위 안에 셀 포인터를 이동한 후 [데이터]-[정렬 및 필터] 그룹-[필터]를
클릭한다. 필드명 오른쪽에 필터 단추가 표시된다.

❷ '평균' 필드명의 필터 단추를 클릭하여 [숫자 필터]–[상위10(T)…]를 클릭한다.

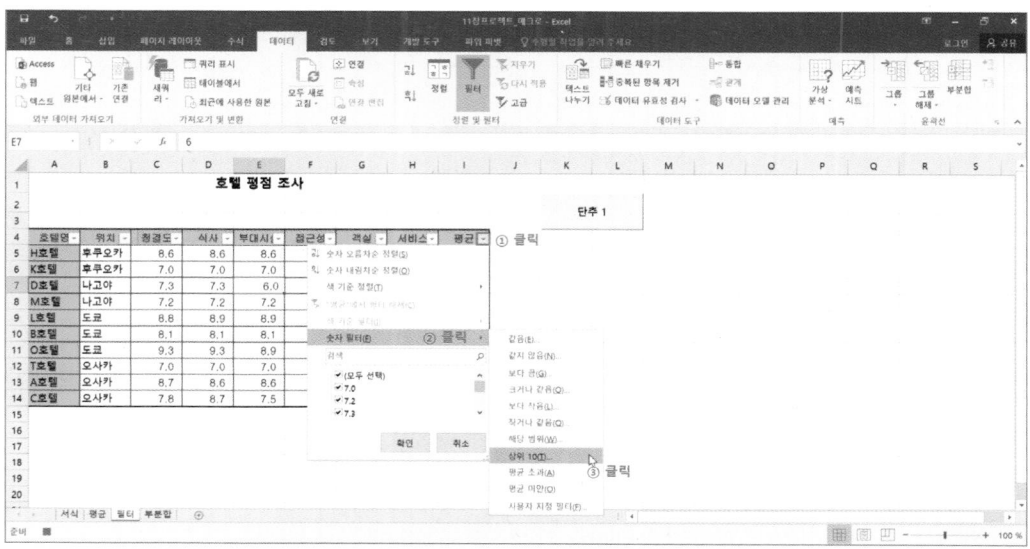

❸ [상위 10 자동필터] 창에서 '30', '%'를 선택한다.

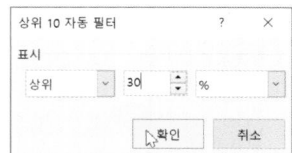

STEP 3 매크로 기록 중지 및 파일을 저장하기

❶ [B16] 셀을 클릭하고 기록중지(■)를 클릭한다.

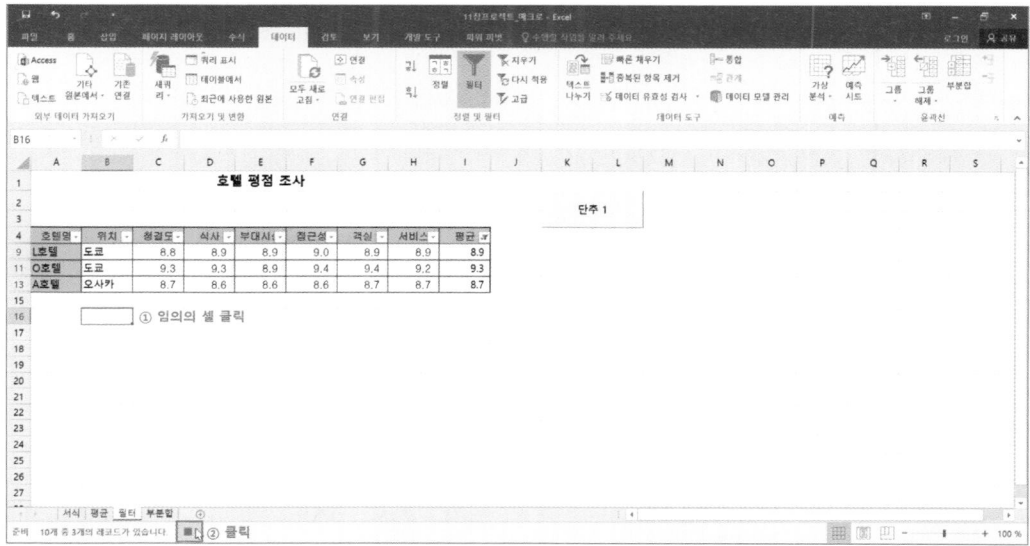

❷ [단추 1]을 마우스 오른쪽 버튼으로 클릭하고 [텍스트 편집]을 클릭한다. '필터 실행'이
라 입력한다.

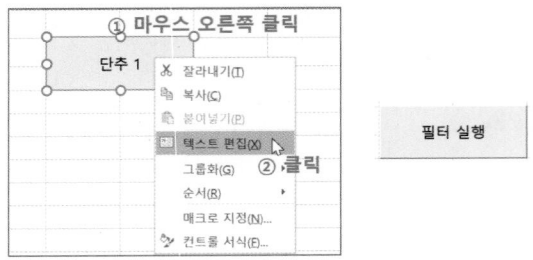

❸ [파일]-[저장]을 클릭한다. 매크로 제외 통합 문서로 저장할지 묻는 창이 나타나면 [아
니요]를 클릭한다.

❹ [다른 이름으로 저장] 창에서 [파일형식]을 클릭하여 [Excel 매크로 사용 통합 문서]를
선택한다. [저장]을 클릭하면 '.xlsm' 확장자를 가진 파일로 저장된다.

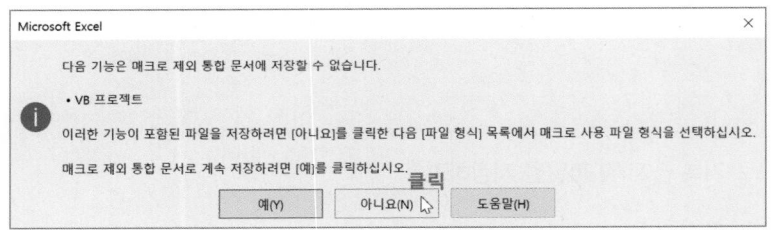

응용 프로젝트 **부분합 매크로 작성하기**

'부분합 실행'을 클릭하면 '위치'별로 '평균'의 최대값이 표시되고 '부분합 제거'를 클릭하면 부분합이 제거되는 매크로를 작성해보자.

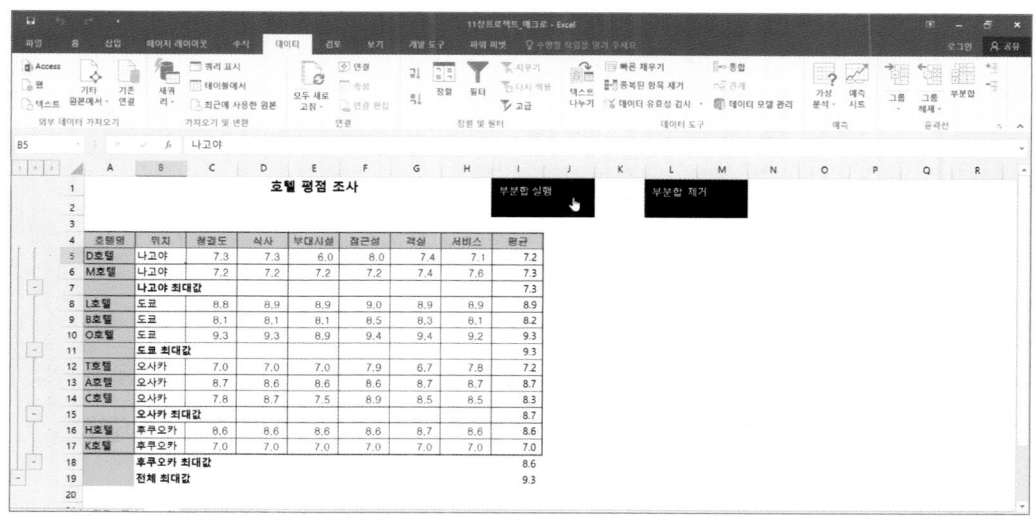

〈결과 화면〉

STEP 1 도형 삽입하기

❶ '11장프로젝트_매크로.xlsx' 파일의 [부분합] 시트를 선택하고 [삽입]-[일러스트레이션] 그룹-[도형]을 클릭하여 직사각형 2개를 삽입한다.

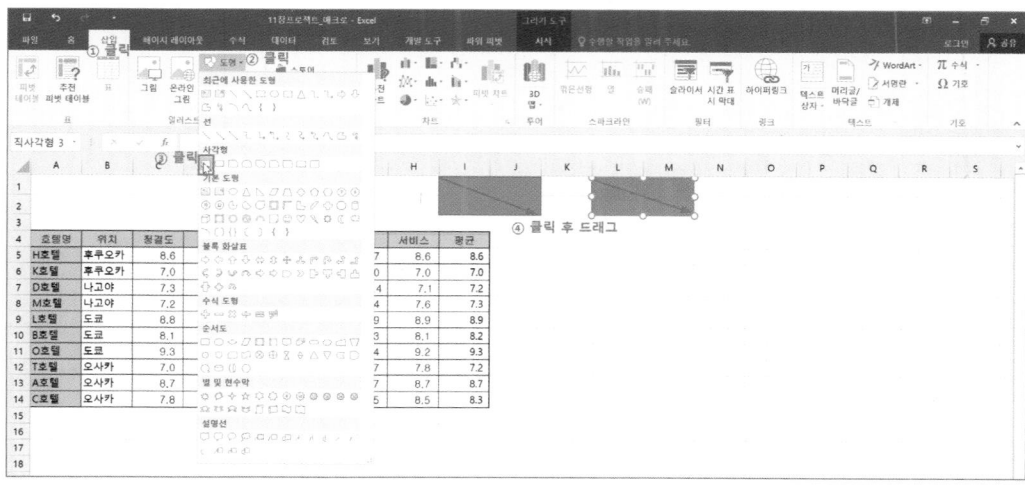

❷ 두 도형에 텍스트를 '부분합 실행', '부분합 제거'라 입력한다. 두 도형을 선택하고 [그리기 도구]–[서식]–[도형 스타일] 그룹–[색 채우기–검정, 어둡게 1] 스타일을 적용한다.

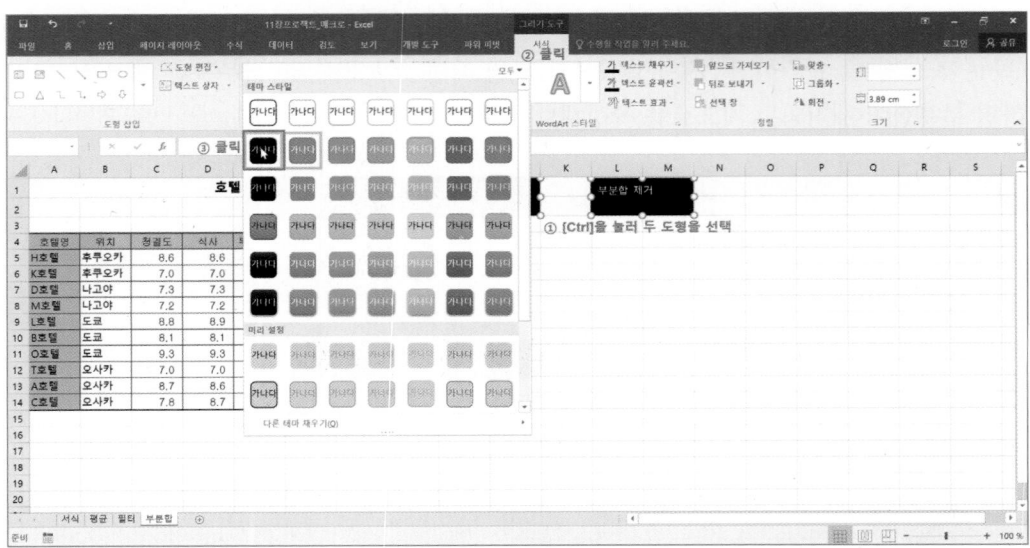

STEP 2) '부분합 실행' 매크로 작성하기

❶ '부분합 실행'도형을 선택하고 마우스 오른쪽 버튼을 클릭 후 [매크로 지정]을 클릭한다.

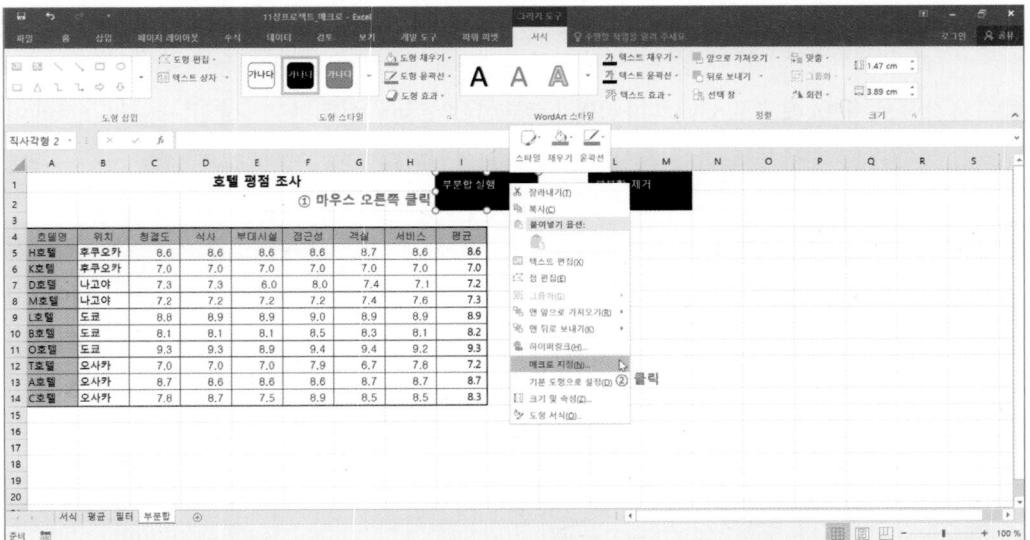

❷ [매크로 지정] 창에서 [매크로 이름]에 '부분합실행', [매크로 위치]는 [현재 통합 문서]를 선택하고 [기록]을 클릭하면 [매크로 기록] 창이 나타난다 [매크로 기록] 창에서 [확인]을 클릭한다. 매크로 기록이 시작되고 현재 통합 문서에 매크로가 저장된다.

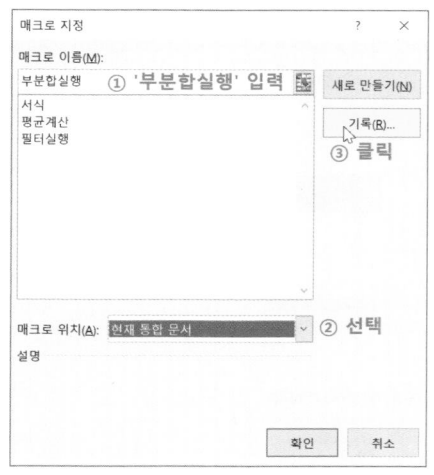

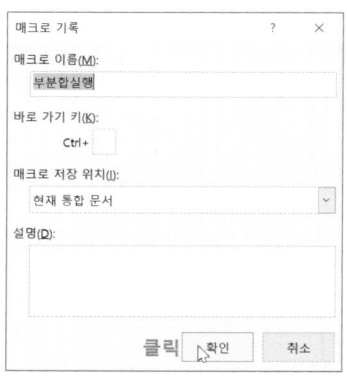

❸ [B] 열 데이터 범위로 셀 포인터를 이동하고 [데이터]–[정렬 및 필터] 그룹–[텍스트 오름차순 정렬]을 클릭한다.

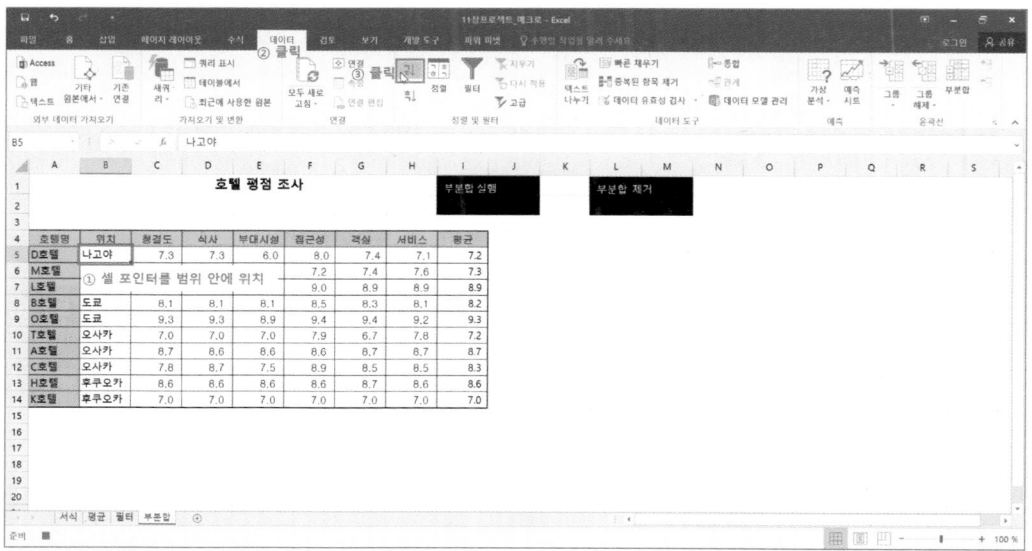

❹ [데이터]-[윤곽선] 그룹-[부분합]을 클릭한다. [부분합] 창에서 [그룹화할 항목]은 '위치' 선택, [사용할 함수]는 [최대값], [부분합 계산 항목]은 '평균'을 선택하고 [확인]을 클릭한다.

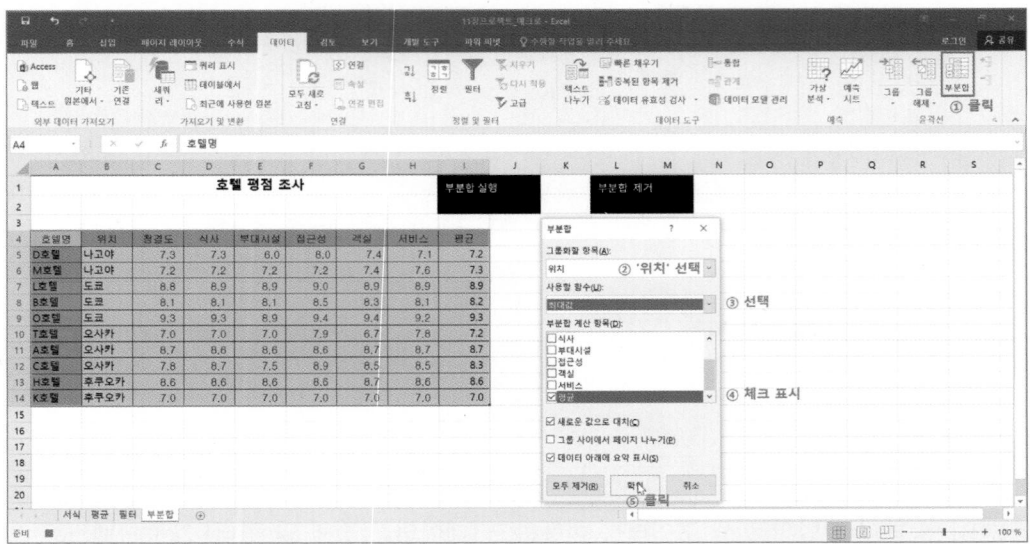

❺ [K8] 셀을 클릭하고 기록중지(■)를 클릭한다.

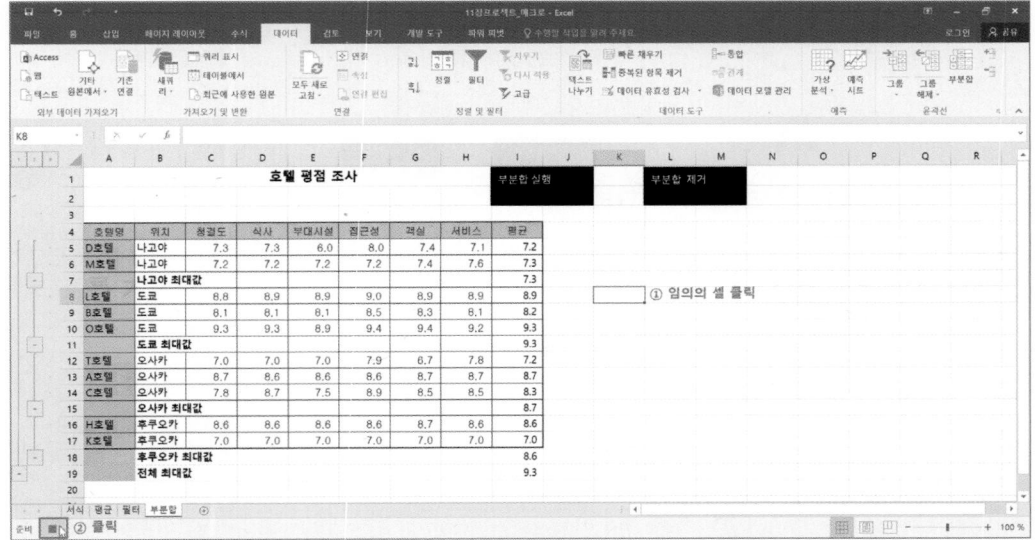

STEP 3 '부분합 제거' 매크로 작성하기

❶ '부분합 제거' 도형을 선택하고 마우스 오른쪽 버튼을 클릭하여 [매크로 지정]을 클릭한다.

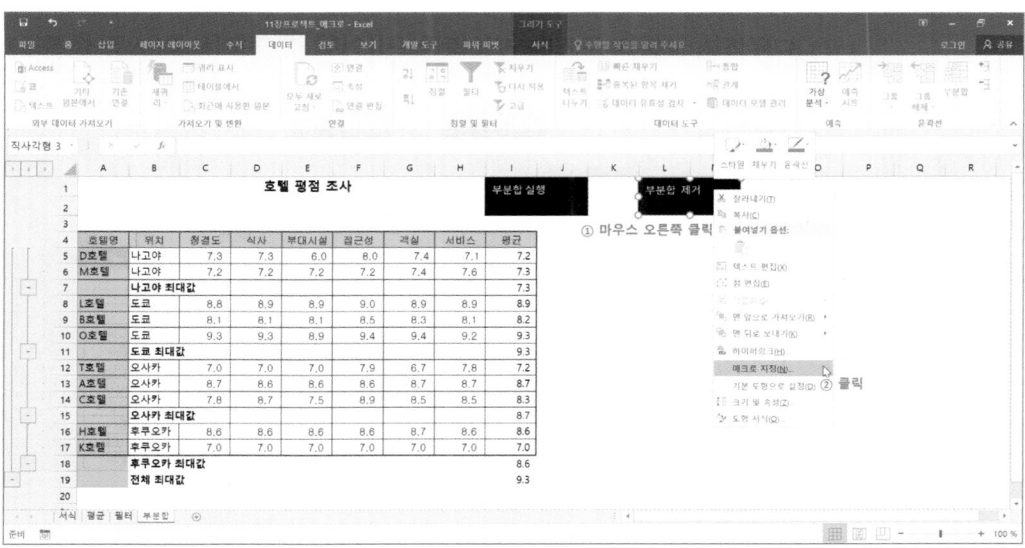

❷ [매크로 지정] 창에서 [매크로 이름]에 '부분합제거'라 입력하고 [매크로 위치]는 [현재 통합 문서], [기록]을 클릭한다. [매크로 기록] 창에서 [확인]을 클릭한다.

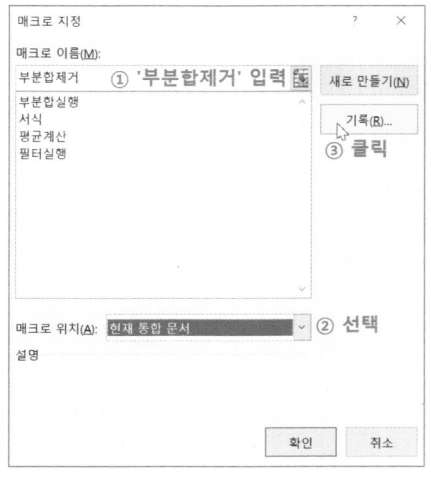

❸ 데이터 내의 임의의 위치에 셀 포인터를 이동하고 [데이터]-[윤곽선] 그룹-[부분합]을
클릭한다. [부분합] 창에서 [모두 제거]를 클릭한다.

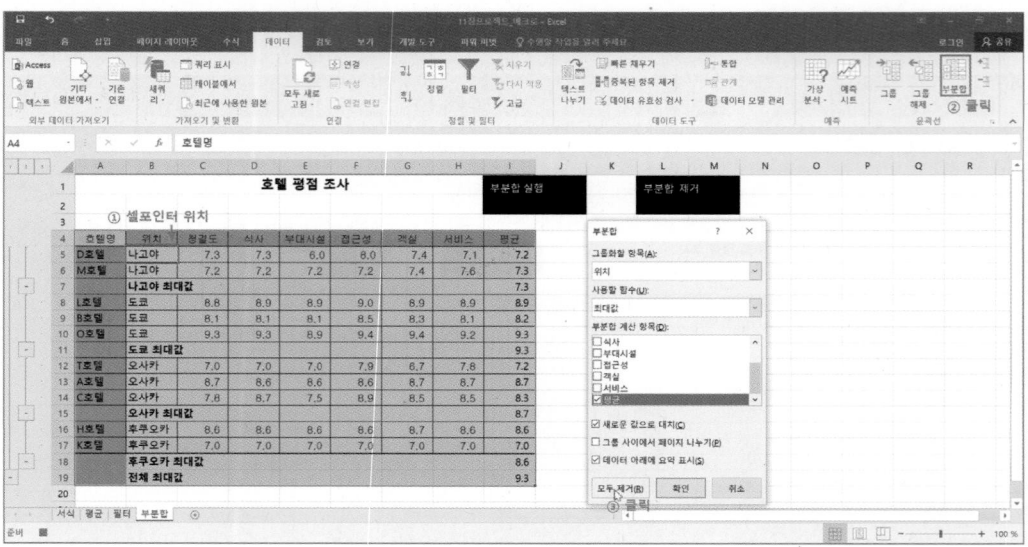

❹ [K8] 셀을 클릭하고 기록중지(■)를 클릭한다.

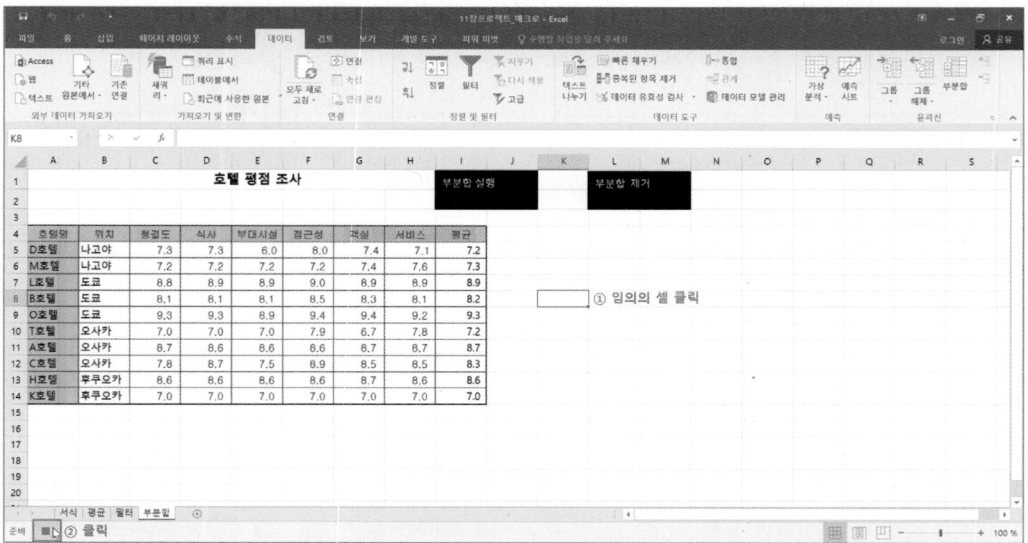

❺ [파일]–[저장]을 클릭한다. 매크로 제외 통합 문서로 저장할지 묻는 창이 나타나면 [아니요]를 클릭한다.

❻ [다른 이름으로 저장] 창에서 [파일형식]을 클릭하여 [Excel 매크로 사용 통합 문서]를 선택한다. [저장]을 클릭하면 '.xlsm' 확장자를 가진 파일로 저장된다.

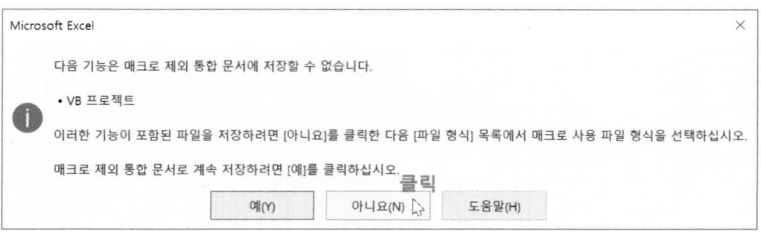

(1)   매크로

- 매크로는 반복되는 일련의 작업을 자동화하고자 할 때 유용하게 사용하는 기능이다.
- VBA 프로그래밍을 통해 직접 매크로를 작성할 수도 있지만 매크로 기록 대화상자를 이용하여 쉽게 매크로를 작성할 수 있다.
- 매크로 기록을 시작하면 사용자가 입력하는 엑셀의 모든 작업 과정이 기록되고, 이후 이렇게 기록된 매크로에 대해 실행 버튼을 클릭하면 동일한 작업이 순차적으로 자동 실행된다.

기본실습문제

■ 목표값 찾기 매크로 작성하기

'11장기본실습문제.xlsx' 파일을 이용하여 다음과 같은 기능을 수행하는 매크로를 현재 통합 문서에 작성하고 실행하시오.

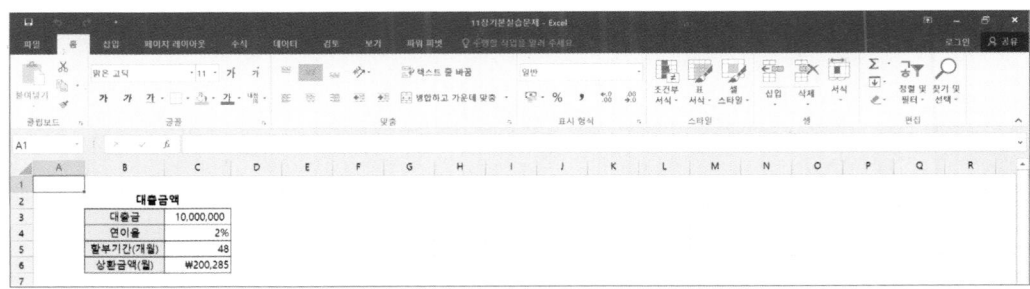

〈원본〉

1. 은행에서 돈을 빌려 매달 50,000원씩 48개월 동안 갚아나가려고 한다면 대출금은 얼마가 되는지를 목표값 찾기를 이용하여 구해보자. 목표값 찾기는 매크로로 실행하도록 하고 매크로의 이름은 '목표값찾기'로 지정하시오.

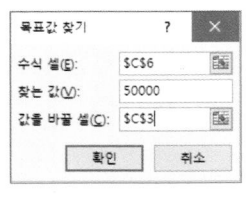
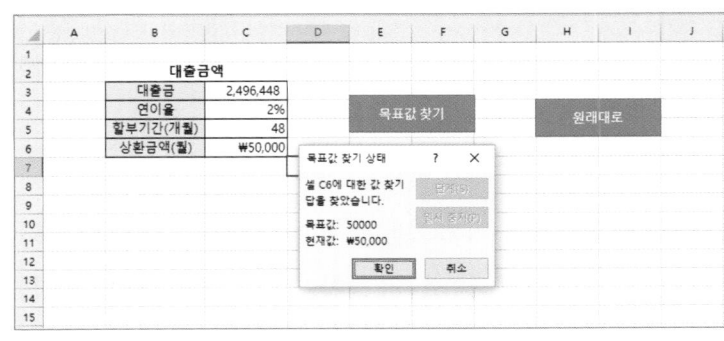

〈완성〉

2. [E4:F5] 위치에 [도형]–[사각형]–[직사각형]을 삽입 후 매크로를 지정하며 도형의 텍스트는 '목표값 찾기'로 지정하시오.

3. '대출금'을 다시 10,000,000원으로 지정하는 매크로를 작성하고 매크로의 이름은 '원래대로'로 지정하시오.

4. [H4:I5] 위치에 [도형]–[사각형]–[직사각형]을 삽입 후 매크로를 지정하며 도형의 텍스트는 '원래대로'로 지정하시오.

5. '11장기본실습문제_완성.xlsm '파일로 저장하시오.

든든한 EXCEL 2016

■ 시나리오 매크로 작성하기

'11장응용실습문제.xlsx' 파일을 이용하여 다음과 같은 기능을 수행하는 매크로를 현재 통합 문서에 작성하고 실행하시오.

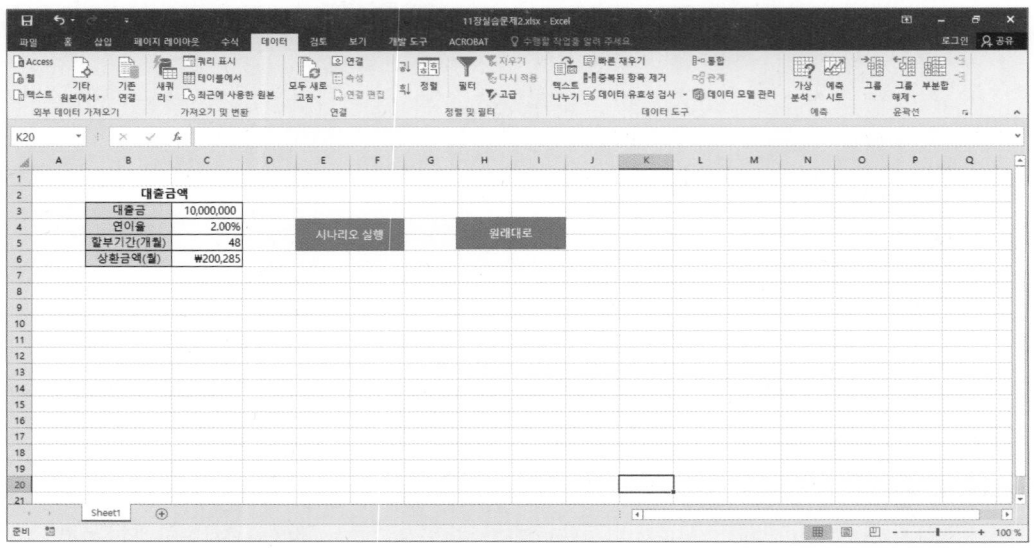

1. 시나리오를 이용하여 '상환금액(월)'의 변화를 구하고 실행하는 매크로를 작성한다. 매크로의 이름은 '시나리오'로 지정하시오.

   - 시나리오1 : 시나리오 이름은 '연이율1.9%', 연이율 1.9%

   - 시나리오2 : 시나리오 이름은 '연이율2.5%', 연이율 2.5%

2. '상환금액(월)'과 '연이율'의 값이 바뀌는 것을 셀에서 확인하시오.

   TIP [시나리오 관리자] 창에서 시나리오를 선택하고 [표시]를 클릭하면 된다.

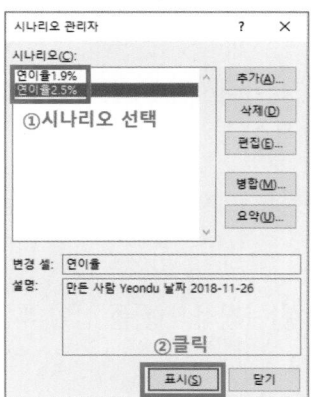

3. [E4:F5] 위치에 [도형]–[사각형]–[직사각형]을 삽입 후 매크로를 지정하며 도형의 텍스트는 '시나리오 실행'으로 지정하시오.

4. 작성한 두 개의 시나리오를 삭제하고 연이율 '2.0%'로 되돌리는 매크로를 작성한다. 매크로의 이름은 '원래대로'로 지정하시오.

5. [H4:I5] 위치에 [도형]–[사각형]–[직사각형]을 삽입하고 매크로를 지정하며 도형의 텍스트는 '원래대로'로 지정하시오.

6. '11장응용실습문제_완성.xlsm'파일로 저장하시오.

■ 데이터 통합 매크로 작성하기

'11장응용실습_통합.xlsx' 파일을 이용하여 다음과 같은 기능을 수행하는 매크로를 현재 통합 문서에 작성하고 실행하시오.

[표1], [표2]에서 학과별 '성적'의 합계를 구하여 [표3]에 통합하여 표시하시오. '학과'는 '전'으로 시작되거나 '국'으로 시작되는 데이터만 해당되게 하시오.

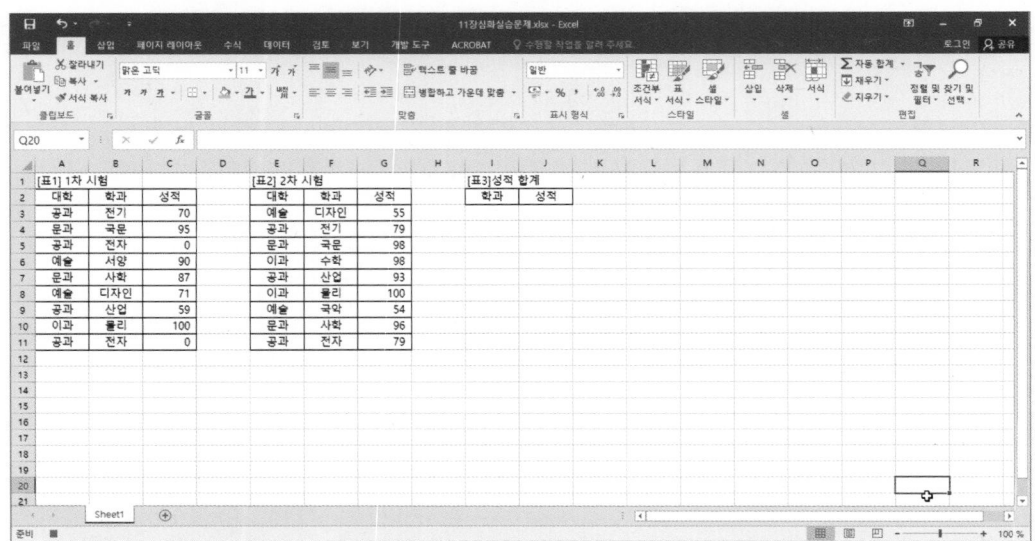

〈원본〉

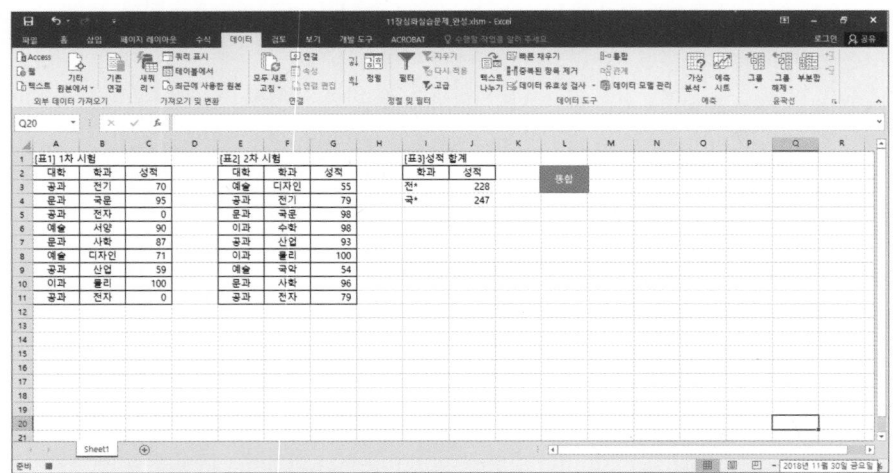

〈완성〉

CHAPTER **12**

창 관리 및 인쇄하기

CHAPTER 12

학습목표

- 창 관리 기능을 이용하여 창 정렬하기, 창 나누기, 틀 고정하는 방법을 알아보자.

- 다양한 인쇄 옵션을 설정하여 원하는 형태로 인쇄하는 방법과 출력 전 인쇄물을 미리
  살펴보는 방법을 알아보자.

12.1 창 관리하기

여러 창에 엑셀 문서를 띄워 놓고 작업할 때 창들을 원하는 방식으로 정렬하면 편하게 작업할 수 있고, 데이터 양이 많은 워크시트를 다룰 때는 특정 행이나 열을 고정하여 작업하면 편할 때가 있다. 창 관리 기능을 이용하면 이와 같은 창 정렬하기, 창 나누기, 틀 고정 등의 작업을 수행할 수 있다.

12.1.1 창 정렬

여러 문서 창을 정렬하는 방식으로는 바둑판식, 가로, 세로, 계단식 정렬 등이 있다.

1 두 개의 창을 한 화면에 표시하기

화면에 여러 창을 동시에 띄워서 작업하면 여러 문서를 서로 비교하며 작업하거나 창과 창 사이를 쉽게 이동할 수 있어 효율적이고 편리하다.

❶ '12장예제_분기별구매내역.xlsx'와 '12장예제_특산물직거래판매현황.xlsx' 파일을 열고 [보기]–[창] 그룹–[모두 정렬]을 클릭한다.

❷ [창 정렬] 창에서 [세로]를 선택한다.

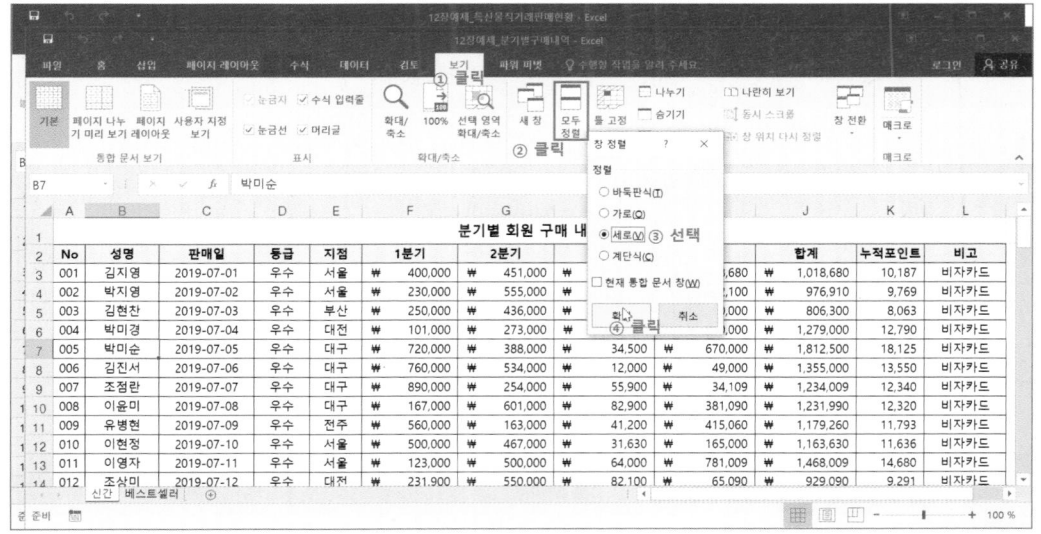

❸ 열려있는 2개의 문서 창이 세로로 정렬된다.

2 두 개의 워크시트를 한 화면에 표시하기

하나의 엑셀 파일에 있는 두 개 이상의 워크시트를 동시에 띄워서 비교하며 작업하고 싶을 때는 원하는 개수의 시트를 한 화면에 표시하면 된다. 두 개의 시트를 한 화면에 나타내보자.

❶ 다른 창은 모두 닫고 '12장예제_특산물직거래판매현황.xlsx'을 불러온다. [보기]-[창] 그룹-[새 창]을 클릭한다.

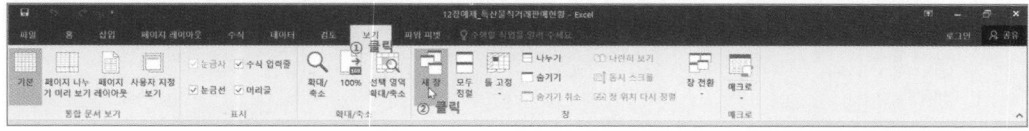

❷ 똑같은 문서창이 두 개가 나타난다. 제목표시줄의 파일명을 보면 파일명 맨 뒤에 숫자 가 추가된 것을 볼 수 있다. 첫 번째 창의 파일명은 맨 뒤에 ':1'이 추가되어 '12장예 제_특산물직거래판매현황.xlsx : 1'로 표시된다. 두 번째 창의 파일명은 맨 뒤에 ':2' 가 추가되어 '12장예제_특산물직거래판매현황.xlsx : 2'로 표시된다.

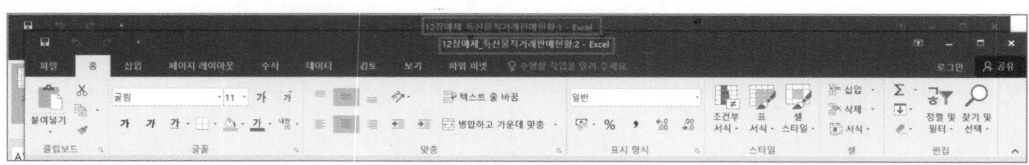

❸ 두 번째 창인 '12장예제_특산물직거래판매현황.xlsx:2'을 선택하고 두 번째 시트인 [직거래현황2]를 선택한다. [보기]–[창] 그룹–[창 전환]–[1 12장예제_12장예제_특산물 직거래판매현황.xlsx:1]을 클릭한다.

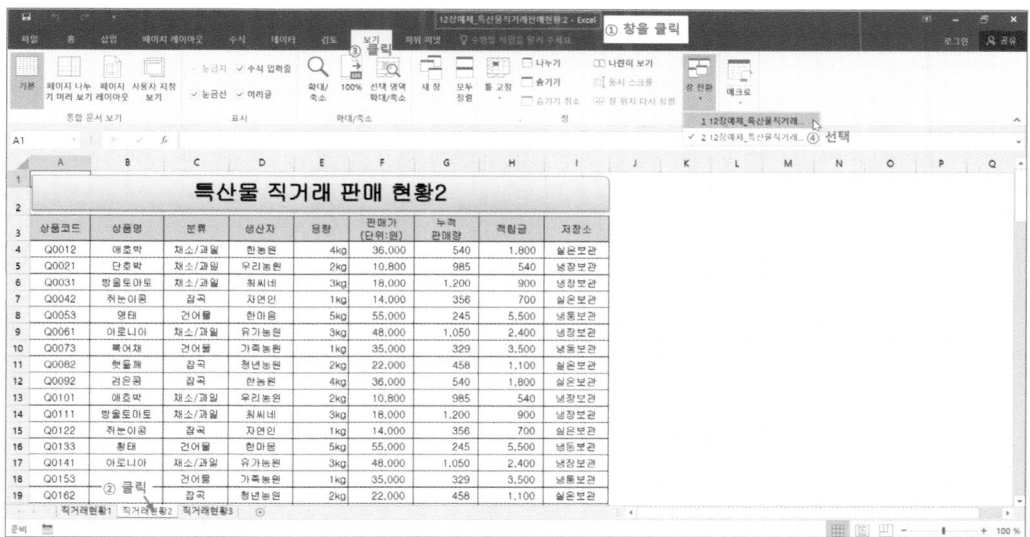

❹ 첫 번째 창인 '12장예제_특산물직거래판매현황.xlsx : 1'이 나타난다. 이 창은 첫 번째 시트인 [직거래현황1]을 선택한다.

❺ [보기]–[창] 그룹–[모두 정렬]을 클릭하고 [창 정렬] 창에서 [세로]를 선택한다.

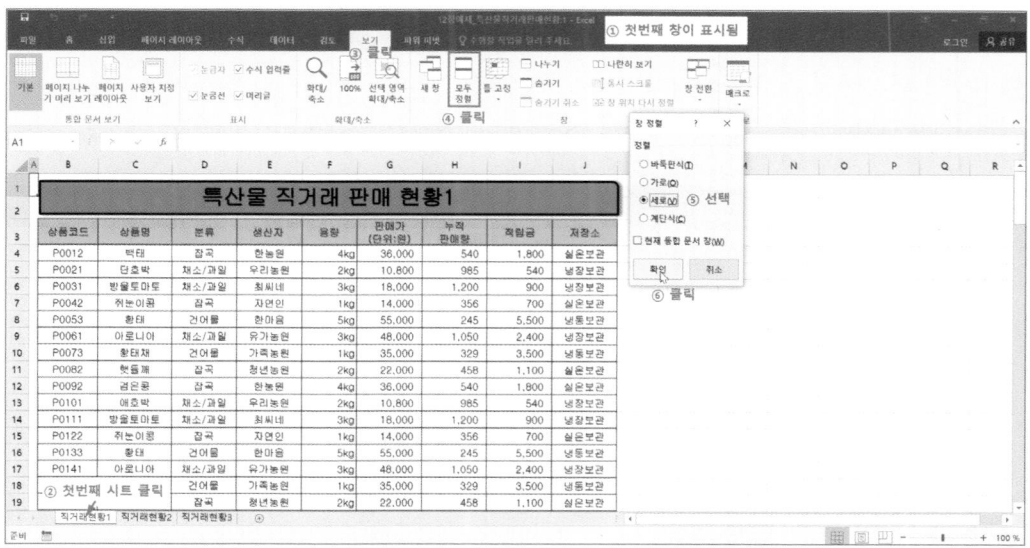

❻ 왼쪽의 1번 창에는 [직거래현황1] 시트가, 오른쪽의 2번 창에는 [직거래현황2] 시트가 나타난다.

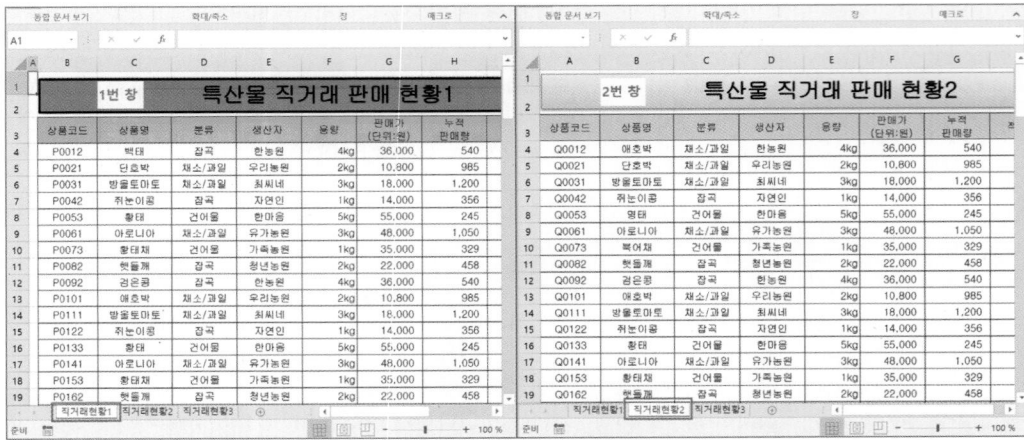

12.1.2 창 나누기

한 화면을 여러 부분으로 나누어 볼 수 있는 기능이다. 워크시트에 데이터양이 많을 때는 2개 이상의 창으로 나누면 멀리 떨어져 있는 자료도 한눈에 보면서 작업할 수 있다. 셀 포인터가 있는 위치를 기준으로 나누어진다.

❶ '12장예제_분기별구매내역.xlsx'파일의 [E13] 셀을 클릭하고 [보기]-[창] 그룹-[나누기]를 클릭한다.

❷ [E] 열 왼쪽에 수직선이 나타나고 [13] 행 위쪽에 수평선이 나타나서 화면이 4개의 창으로 나누어진다.

❸ 나누기를 취소하려면 [보기]-[창] 그룹-[나누기]를 한 번 더 클릭한다.

12.1.3 틀 고정

워크시트에 많은 양의 데이터가 있는 경우, 특정 제목 행을 고정하면 화면을 이동해도 제목 행이 사라지지 않고 항상 표시되어 편리하게 데이터를 살펴볼 수 있다. 선택한 셀을 기준으로 위쪽과 왼쪽에 있는 셀들이 고정된다.

❶ '12장예제_분기별구매내역.xlsx'파일의 [E3] 셀을 클릭하고 [보기]-[창] 그룹-[틀 고정]-[틀 고정]을 클릭한다.

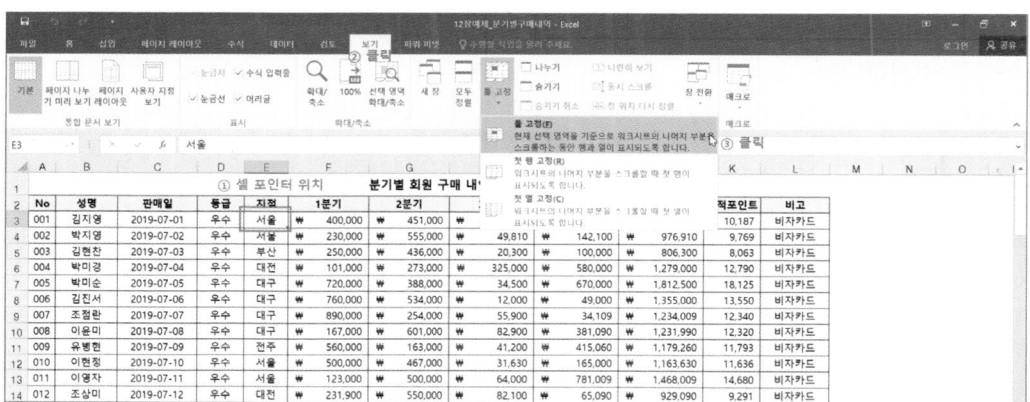

❷ [E3] 셀을 기준으로 [3] 행 위쪽 행과 [E] 열 왼쪽 열이 고정된다. 화면을 스크롤 하더라도 고정된 행 및 열은 계속 표시된다.

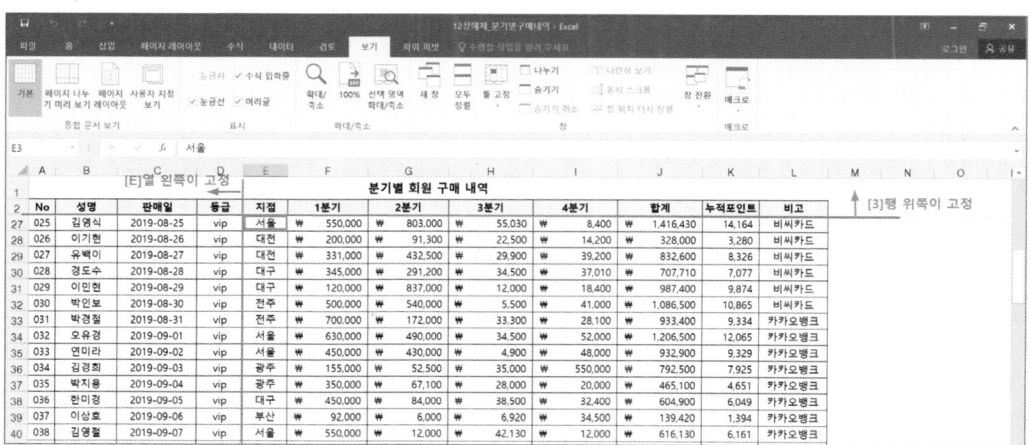

❸ 틀 고정을 취소하려면 [보기]-[창] 그룹-[틀 고정]-[틀 고정 취소]를 클릭한다.

12.2 페이지 설정하기

페이지 레이아웃이나 페이지 설정 창에서 인쇄될 문서의 용지 방향, 여백, 머리글/바닥글, 인쇄영역, 크기 조정, 시트 옵션 등을 설정할 수 있다.

12.2.1 페이지 레이아웃

문서 테마, 인쇄 설정, 눈금선 표시, 개체 정렬 등을 지정할 수 있다. [페이지 설정] 그룹은 용지의 방향, 인쇄 여백설정, 머리글/바닥글을 지정한다. [크기 조정] 그룹은 한 페이지에 인쇄될 문서의 출력 배율을 조절한다. [시트 옵션] 그룹은 눈금선, 제목 등을 표시 및 인쇄 여부를 지정한다.

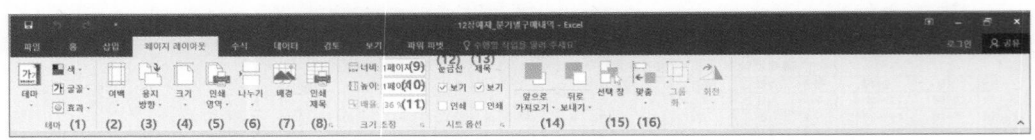

(1)   테마 : 문서 전체에 적용되는 테마를 지정한다.
(2)   여백 : 문서의 여백을 설정한다.
(3)   용지 방향 : 용지 방향을 가로, 세로로 지정한다.
(4)   크기 : 용지의 크기를 설정한다.
(5)   인쇄영역 : 인쇄영역을 설정하거나 해제한다.
(6)   나누기 : 특정 셀 위치에서 페이지를 강제로 나눈다.
(7)   배경 : 워크시트에 배경 그림을 삽입한다.
(8)   인쇄 제목 : 인쇄 시 특정 행이나 열을 페이지가 바뀔 때마다 전체 페이지에 반복하여 나타낸다.
(9)   너비 : 선택한 페이지 수에 맞추어 내용이 작성된 열이 모두 인쇄되도록 자동으로 맞춰진다. [1페이지]를 선택하면 한 페이지에 모든 열이 표시된다.
(10)   높이 : 선택한 페이지 수에 맞추어 내용이 작성된 행이 모두 인쇄되도록 자동으로 맞춰진다. [1페이지]를 선택하면 한 페이지에 모든 행이 표시된다.
(11)   배율 : 인쇄영역을 축소하거나 확대하여 표시한다.
(12)   눈금선 : 셀을 구분하는 눈금선을 화면에 표시하거나 인쇄 시 출력 여부를 설정한다.
(13)   제목 : 시트의 행 머리글 또는 열 머리글을 화면에 표시하거나 인쇄 시 출력 여부를 설정한다.
(14)   앞으로 가져오기/뒤로 보내기 : 그림, 도형, 차트 등 개체들의 배치 순서를 바꾼다.
(15)   선택 창 : 선택한 개체 또는 전체 개체를 표시하거나 숨긴다.
(16)   맞춤 : 여러 개체를 선택하고 지정된 기준에 맞춰 배치한다.

12.2.2 페이지 설정 창에서 인쇄 설정

[페이지 설정] 창은 사용자가 인쇄 시 필요한 여러 가지 옵션을 지정할 수 있다.

1 페이지 설정하기

[페이지 설정] 창의 [페이지] 탭에서 용지 방향, 용지 크기 등을 설정해보자. '12장예제_분기별구매내역.xlsx'파일을 열고 다음 순서대로 실행해보자.

❶ [페이지 레이아웃]-[페이지 설정] 그룹에서 그룹명 오른쪽의 [페이지 설정(⬒)]를 클릭한다.

❷ [페이지 설정] 창에서 [페이지]탭을 선택하고 [용지 방향]을 [세로], [용지 크기]는 [A4]를 선택한다.

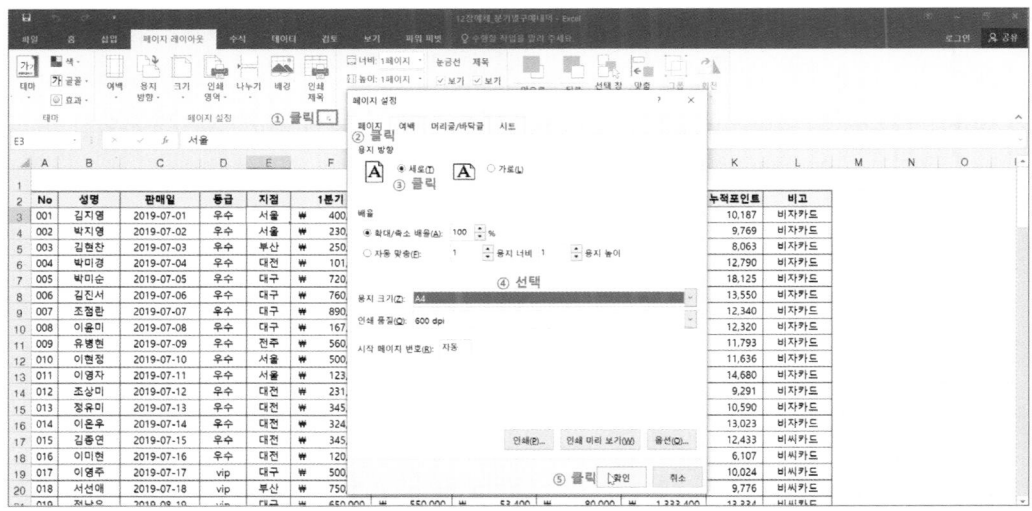

2 여백 설정하기

문서가 페이지의 가로 가운데에 인쇄되도록 여백을 설정해보자.

❶ [페이지 레이아웃]-[페이지 설정] 그룹에서 그룹명 오른쪽의 [페이지 설정(⬒)]를 클릭한다.

❷ [페이지 설정] 창에서 [여백] 탭을 클릭하고 [위쪽], [아래쪽], [왼쪽], [오른쪽]은 '2', [머리글]과 [바닥글]은 '1.5'로 설정한다.

❸ [페이지 가운데 맞춤]에서 [가로]를 클릭하면 인쇄 내용을 용지의 가로 방향으로 가운데로 맞춰 인쇄한다.

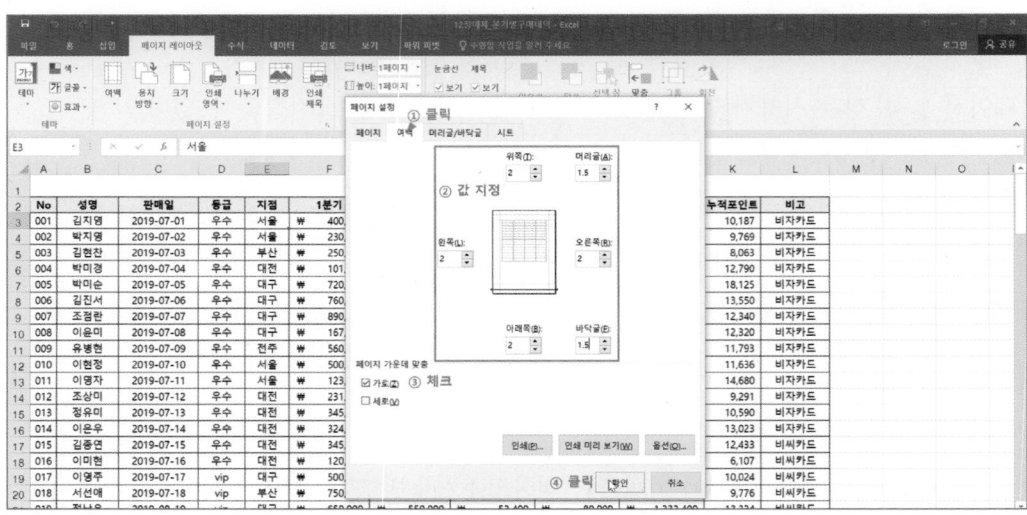

3 머리글/바닥글 설정하기

각 페이지의 위쪽과 아래쪽에 페이지 번호, 이미지, 날짜 및 시간, 파일 이름 등의 정보를 표시하여 인쇄할 수 있다. 머리글과 바닥글이 설정되면 페이지가 바뀔 때마다 동일한 내용이 표시된다. [머리글]에는 텍스트, [바닥글]에는 페이지 번호를 삽입해보자.

❶ [페이지 레이아웃]-[페이지 설정] 그룹에서 그룹명 오른쪽의 [페이지 설정(⬚)]를 클릭한다.

❷ [페이지 설정] 창에서 [머리글/바닥글]-[머리글 편집]을 클릭한다.

❸ [머리글] 창에서 [가운데 구역]을 클릭하고, '분기별 신간 구매 내역'을 입력한다.

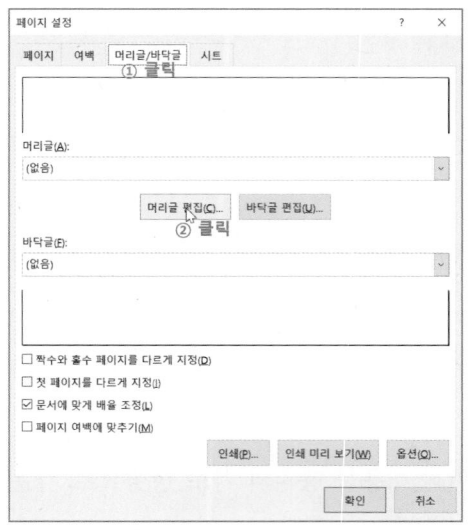

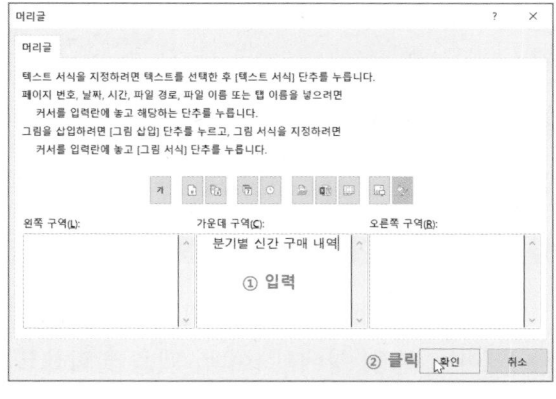

❹ [페이지 설정] 창에서 [머리글/바닥글]–[바닥글 편집]을 클릭한다. [바닥글] 창에서 [오른쪽 구역]을 클릭하고 [페이지 번호 삽입 (🗋)]와 '/' 와 [전체 페이지 번호 삽입(🗎)]을 클릭하여 삽입한다.

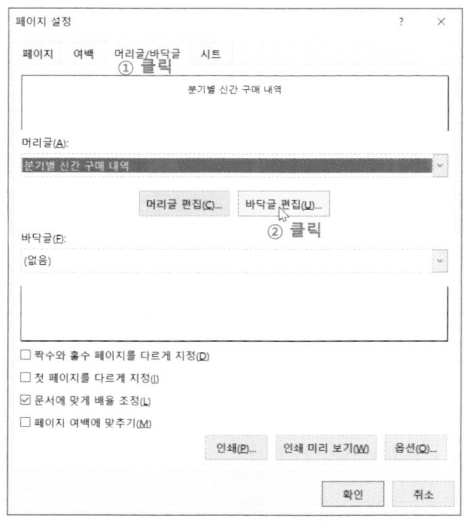
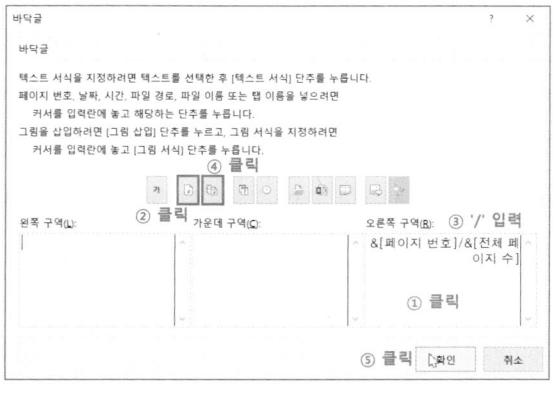

❺ 머리글과 바닥글이 삽입되었다.

4 시트 설정하기

문서를 여러 페이지에 걸쳐서 인쇄할 경우 행이나 열의 이름을 모든 페이지에 반복하여 인쇄되도록 지정해보자.

❶ [페이지 레이아웃]-[페이지 설정] 그룹명 오른쪽의 [페이지 설정(⬚)]를 클릭한다.

❷ [페이지 설정] 창에서 [시트]탭을 클릭하고 [반복할 행]에 '1:2'나 '$1:$2'를 입력한다. 페이지가 바뀔 때마다 [1:2] 행의 내용이 문서에 반복적으로 표시된다.

> TIP   [$1:$1] : 1행 전체를 뜻한다. [$A:$A] : [A] 열 전체를 뜻한다.

12.2.3 페이지 레이아웃에서 인쇄 설정

[보기] 탭의 [통합 문서 보기] 그룹에서는 [페이지레이아웃]을 이용하여 손쉽게 머리글/바닥글을 삽입하거나 수정할 수 있고, [페이지 나누기 미리 보기]를 이용하여 실제 인쇄되는 인쇄영역을 지정할 수 있다. [페이지 레이아웃] 보기 모드로 변환하여 머리글을 입력해보자.

❶ [보기]-[통합 문서 보기] 그룹-[페이지 레이아웃]을 클릭한다.

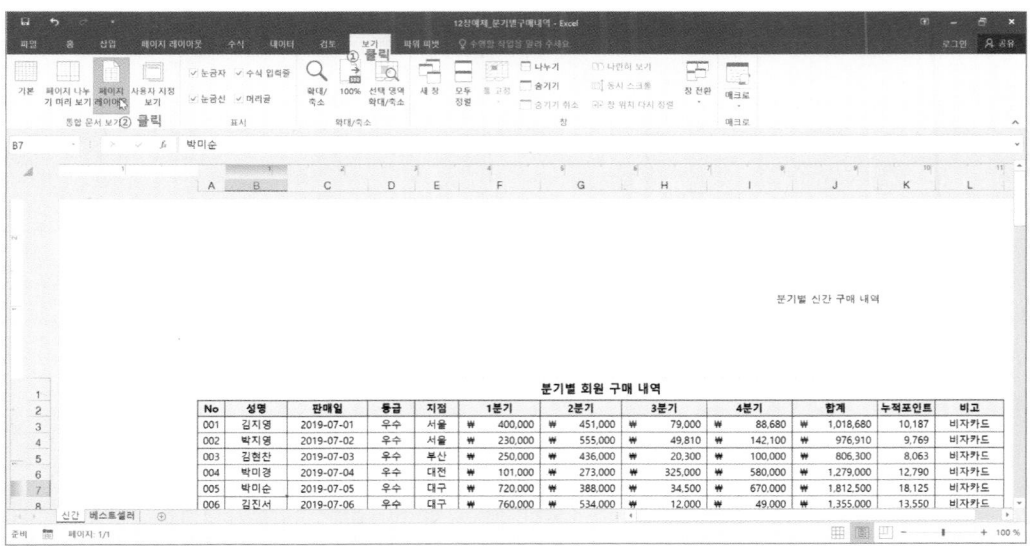

❷ 왼쪽 머리글을 클릭하고[머리글/바닥글 도구]-[디자인] 탭-[머릿글/바닥글 요소] 그룹의 [현재 날짜]를 클릭한다. 본문 영역을 클릭하면 [머리글/바닥글] 편집상태가 종료된다.

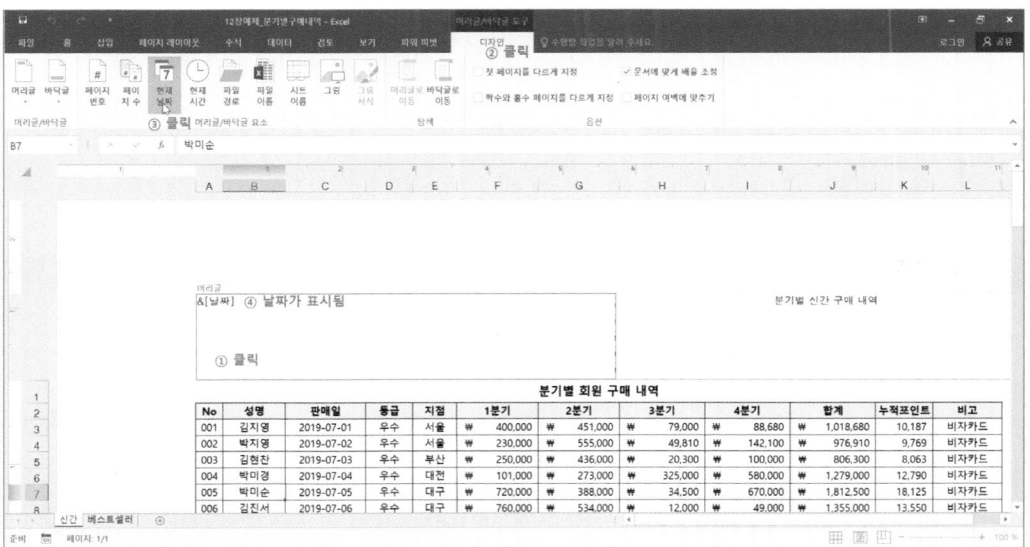

❸ [보기]-[통합 문서 보기] 그룹-[기본]을 클릭하면 기본 문서 보기로 표시된다.

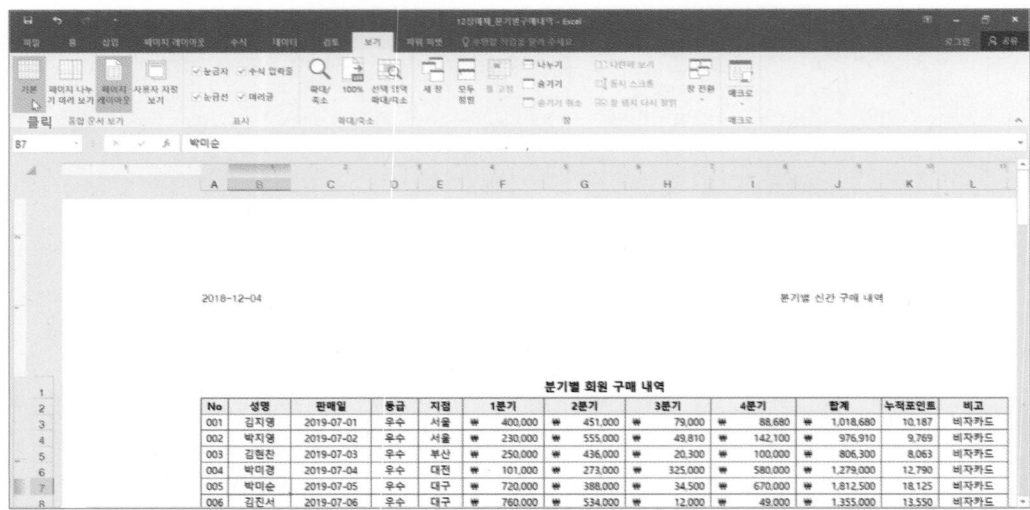

12.2.4 페이지 나누기 미리 보기

[페이지 나누기 미리 보기]는 화면이 축소되면서 인쇄 시에 페이지가 나눠질 부분이 표시된다. 자동으로 페이지가 나눠진 부분은 파란색 점선으로 표시되고 인쇄영역은 굵은 파란색 실선으로 표시된다. [페이지 나누기 미리 보기] 모드로 변환하여 인쇄영역을 조절해보자.

❶ [보기]-[통합 문서 보기] 그룹-[페이지 나누기 미리 보기]를 클릭한다.

❷ 인쇄할 영역을 구분선으로 보여준다.

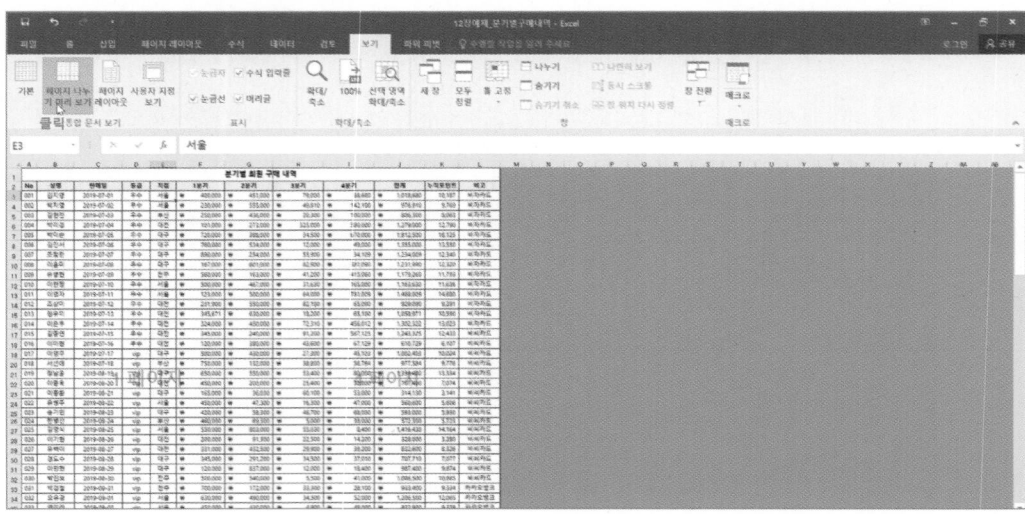

❸ [G] 열과 [H] 열 사이의 파란색 점선을 [I] 열까지 드래그하면 [A:I] 열 범위가 1페이지 영역으로 조절된다.

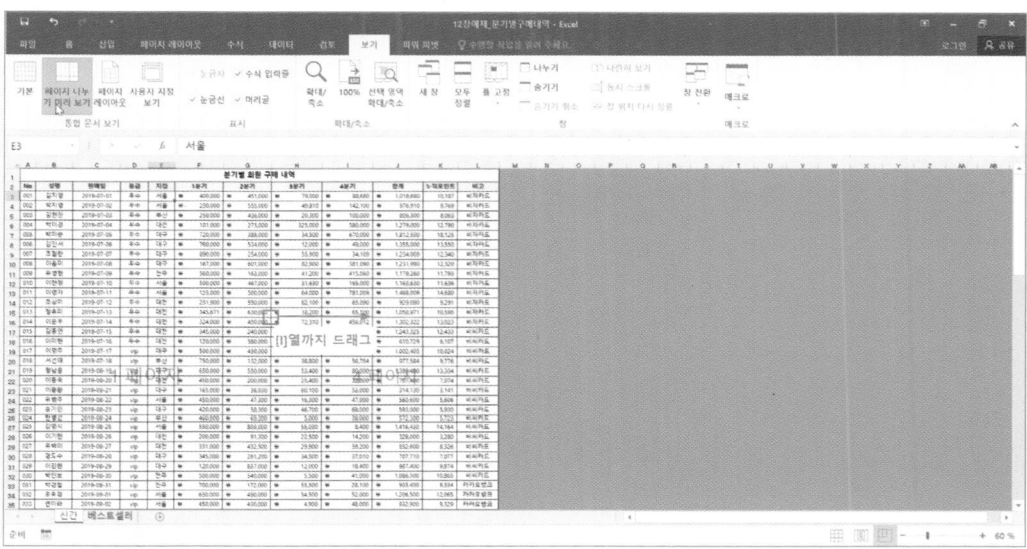

❹ 오른쪽 끝에 있는 파란색 실선을 [I] 열 까지 드래그하면 인쇄 범위가 [A:I] 열로 변경된다.

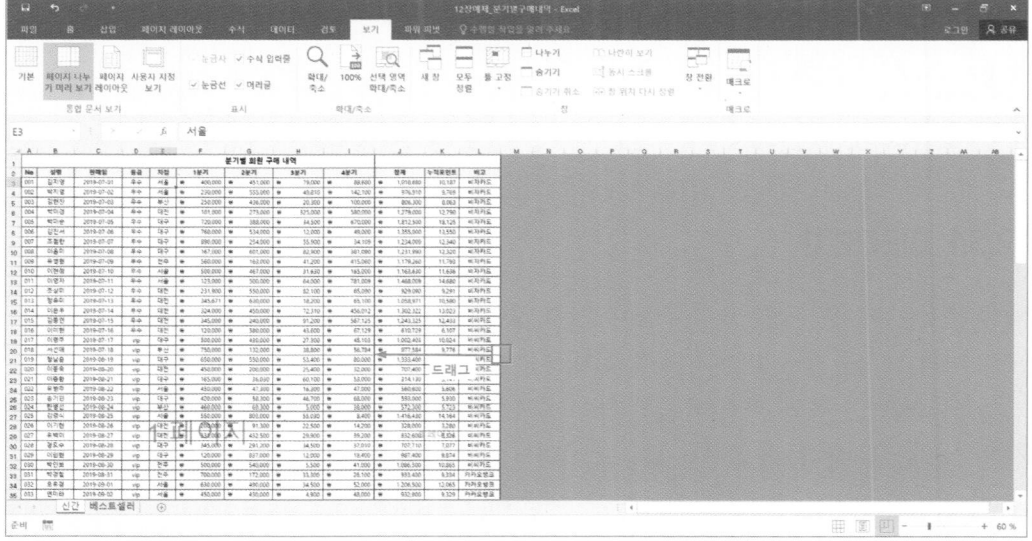

❺ 문서를 인쇄하면 [J:L] 열은 인쇄영역에서 제외된다.

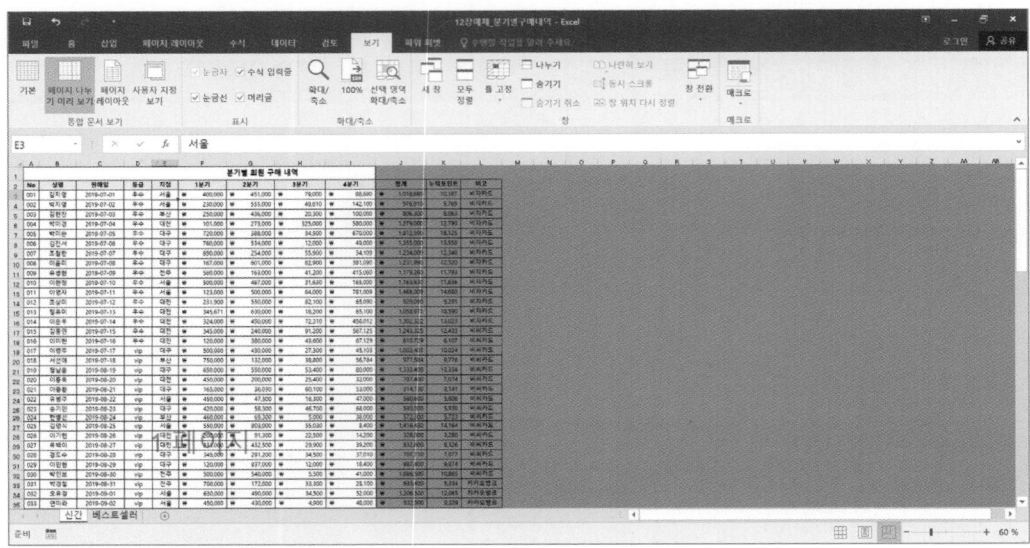

12.3   인쇄하기

12.3.1 미리 보기

엑셀 문서는 페이지 구분이 따로 되어 있지 않아서 실제 출력될 페이지를 확인하기 어려우 므로 미리 보기를 통해 페이지별 출력 내용을 미리 확인하는 것이 필요하다. 인쇄 미리 보기를 실행하면 인쇄와 관련된 설정 창이 함께 표시되어 미리 보기 화면을 보면서 인쇄 옵션을 설정할 수 있다. 엑셀에서 제공되고 있는 '판매송장기록부' 서식 파일을 다운로드 한 후 인쇄 미리 보기를 실행해보자.

[파일]–[인쇄]를 클릭하면 오른쪽에 인쇄 미리 보기 화면이 나타난다.

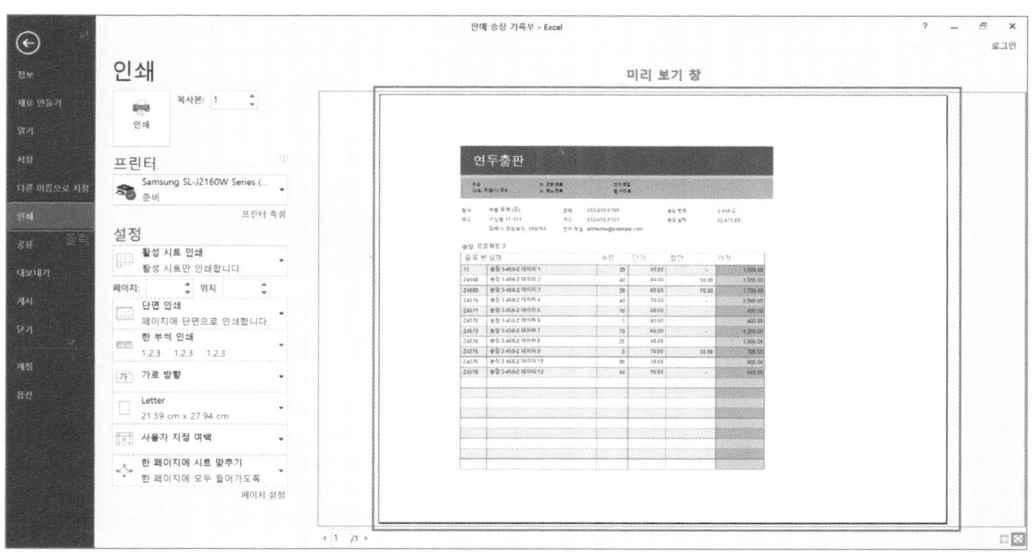

TIP '판매 송장 기록부' 서식 파일은 [파일]-[새로 만들기] 선택 후 검색어를 '판매 송장 기록부'라 입력하여 다운로드를 하면 된다.

12.3.2 인쇄

인쇄를 실행하면 기본적으로 선택된 시트에 있는 모든 내용이 출력된다. 특정 페이지만 인쇄하거나 용지의 크기를 변경하거나 한 페이지에 시트를 맞추어 모든 데이터를 출력하려면 [설정] 메뉴에서 원하는 옵션을 설정한다.

1 통합 문서 전체 인쇄하기

'판매송장기록부'의 모든 시트를 인쇄해보자.

❶ [파일]-[인쇄]를 클릭하고 [설정]에서 [전체 통합 문서 인쇄]를 선택한다.

❷ [인쇄]를 클릭하면 통합 문서 내에 있는 모든 시트가 인쇄된다.

❸ [인쇄 미리 보기] 화면 하단에 현재 페이지 / 전체 인쇄할 페이지 수가 표시된다.

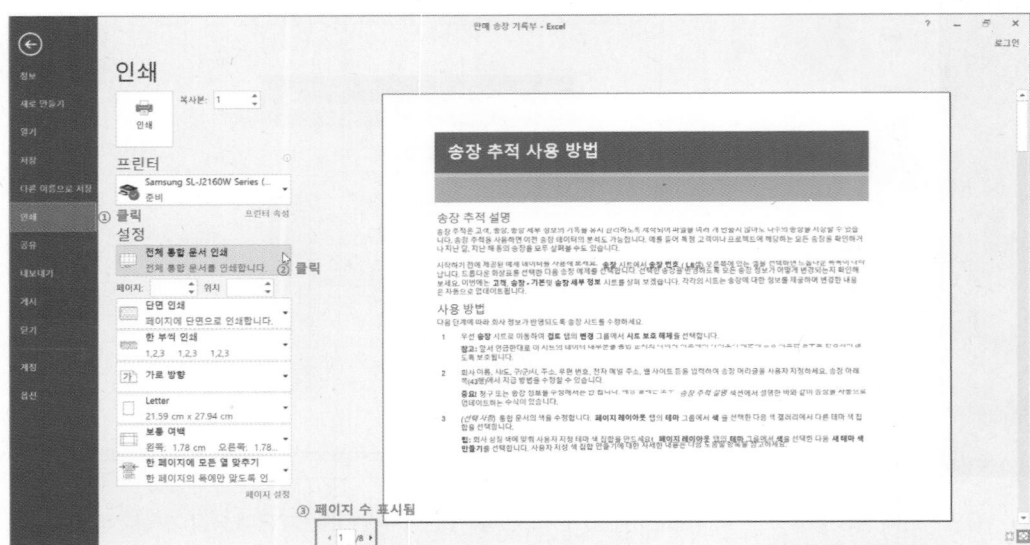

2 한 번에 여러 시트 인쇄하기

'판매송장기록부'의 세 개의 시트 [고객], [송장-기본], [송장세부정보]를 한 번에 인쇄해 보자.

❶ [고객] 시트를 클릭한 후, [Ctrl]를 누른 채 [송장-기본], [송장세부정보] 시트를 하나씩 클릭한다.

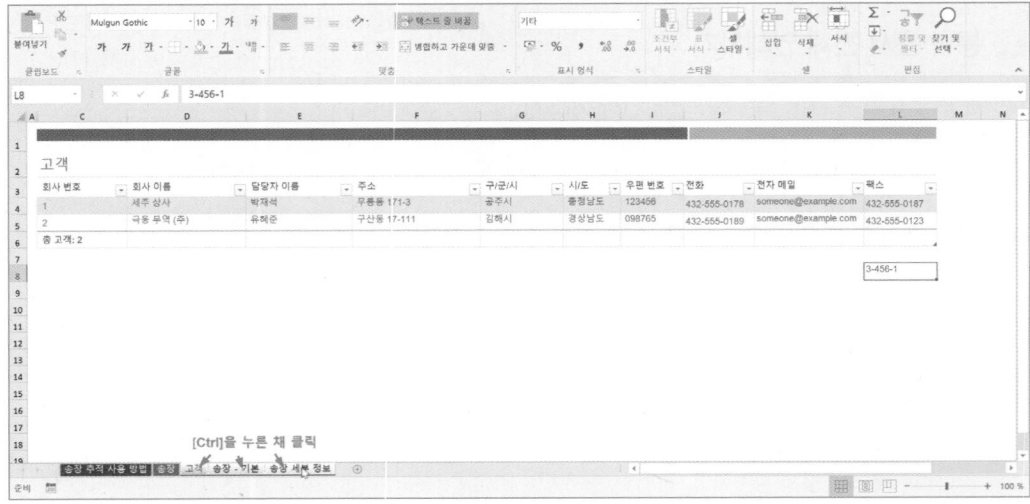

❷ [파일]–[인쇄]를 클릭하고 [설정]에서 [활성 시트 인쇄]를 클릭한다.

❸ [인쇄]를 클릭하면 선택한 3개의 시트가 인쇄된다.

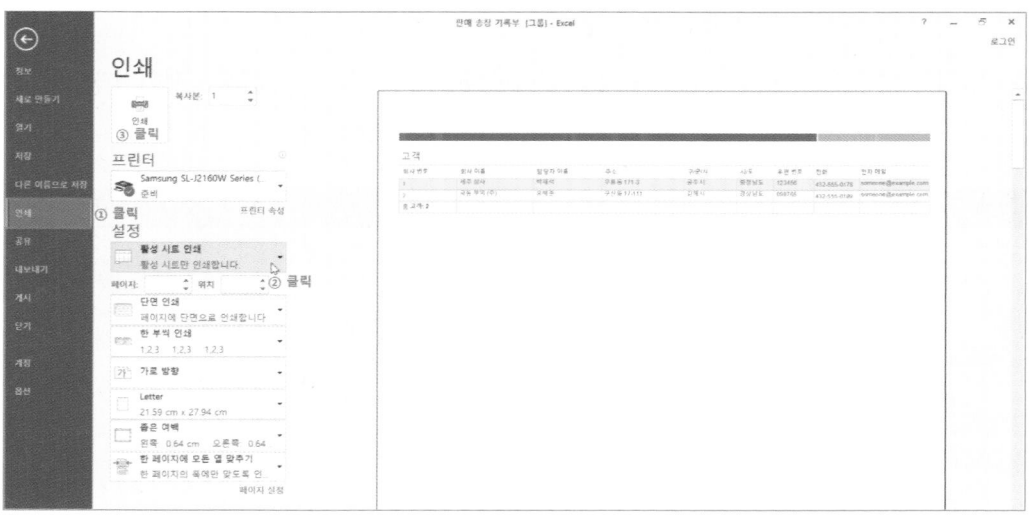

3 특정 페이지만 인쇄하기

'판매송장기록부'의 [송장세부정보] 시트의 2번째 페이지만 인쇄해보자.

❶ [송장세부정보] 시트를 클릭한다.

❷ [파일]–[인쇄]를 선택하고 [설정]에서 [페이지]에 '2', [위치]에 '2'를 입력한다.

❸ [인쇄]를 클릭하면 [송장세부정보] 시트의 2페이지 내용만 인쇄된다. [페이지]를 따로 입력하지 않으면 선택된 시트의 모든 내용이 인쇄된다.

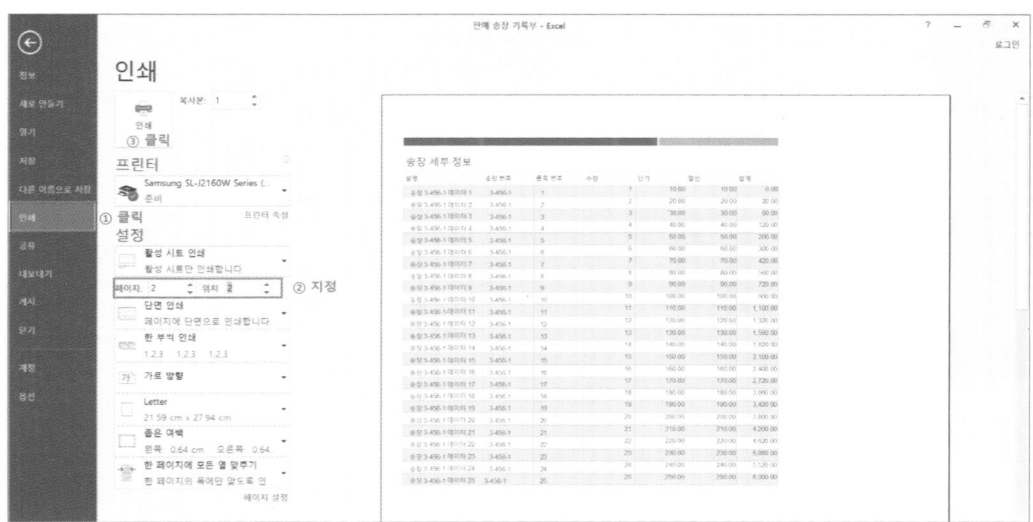

4 선택한 영역만 인쇄하기

'판매송장기록부'의 [송장세부정보] 시트의 [A2:H16] 영역만 인쇄해보자.

❶ [송장세부정보] 시트를 클릭한다.

❷ 인쇄할 영역으로 [A2:H16]을 범위로 지정한다. [페이지 레이아웃]탭-[페이지레이아웃] 그룹-[인쇄 영역]-[인쇄 영역 설정]을 클릭한다.

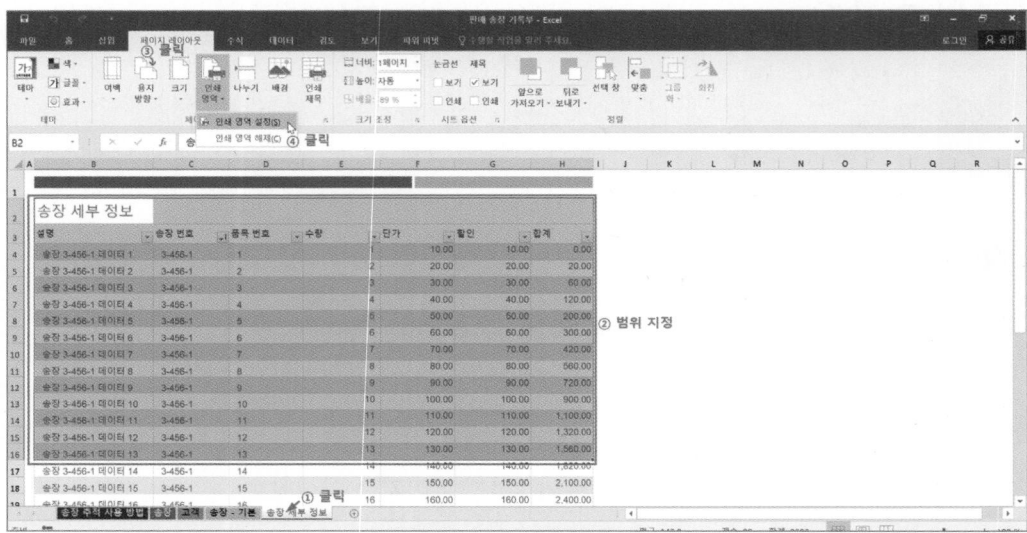

❸ [파일]-[인쇄]를 클릭하고 [설정]에서 [선택 영역 인쇄]를 클릭한다.

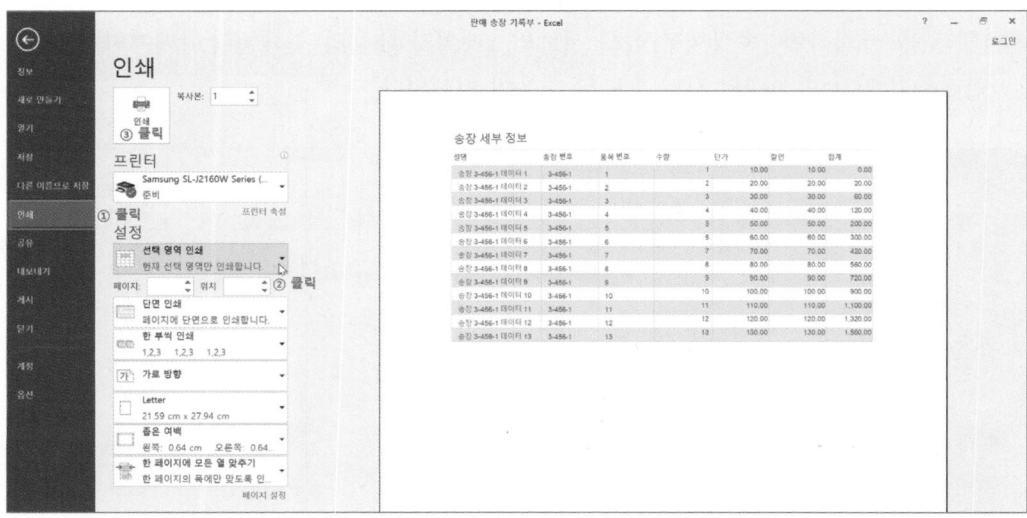

❹ [인쇄]를 클릭하면 해당 영역만 인쇄된다.

5 한 페이지에 인쇄하기

'판매송장기록부'의 [송장세부정보] 시트를 용지 방향은 [세로]로 한 페이지에 모두 인쇄해보자.

❶ [송장세부정보] 시트를 클릭한다.

❷ [파일]-[인쇄]를 클릭하고 [설정]에서 [세로 방향], [한 페이지에 시트 맞추기]를 클릭한다.

❸ [인쇄]를 클릭하면 한 페이지에 모든 내용이 인쇄된다.

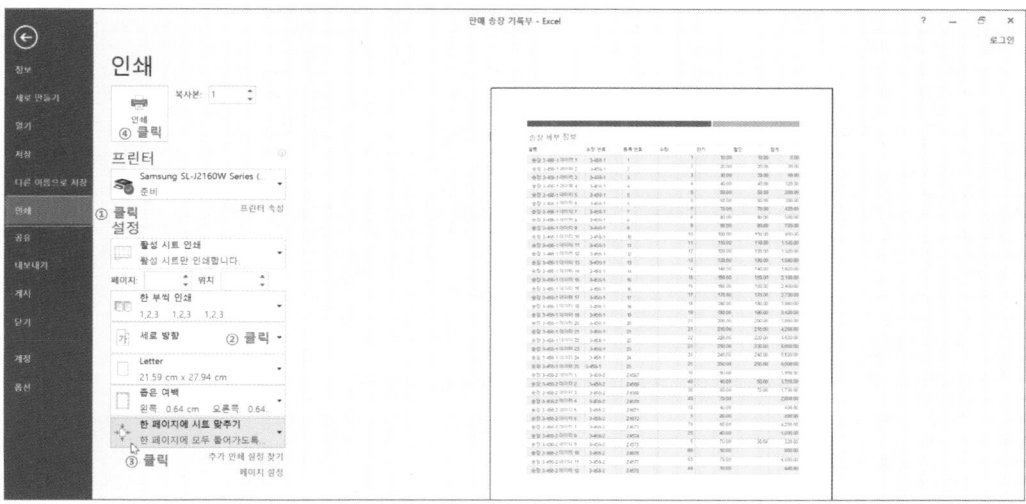

> **TIP**   한 페이지에 인쇄하기
> [페이지레이아웃]-[크기 조정] 그룹의 옵션을 통해서도 인쇄비율을 조정할 수 있다. [너비]와 [높이]에
> 각각 [1페이지]를 입력하면 한 페이지에 모두 인쇄된다.

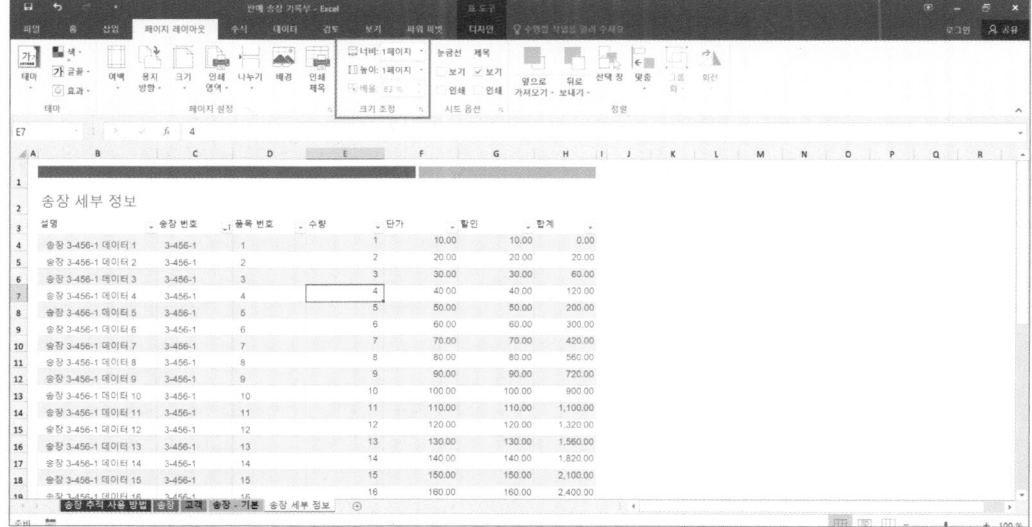

(1) 창 정렬하기
- 화면에 여러 창을 동시에 띄워서 작업할 수 있는 기능이다.
- 정렬방식은 바둑판식, 가로, 세로, 계단식 등이 있다.

(2) 창 나누기
- 셀 포인터가 있는 위치를 기준으로 한 화면을 여러 부분으로 나누어 볼 수 있는 기능이다.

(3) 틀 고정하기
- 특정 제목 행을 고정하여 화면을 스크롤 하더라도 제목 행이 사라지지 않고 항상 표시되게 하는 기능이다.

(4) 페이지 설정하기
- 페이지에 관련된 기본 설정을 변경한다.
- 용지여백, 용지 크기, 용지 방향, 머리글 및 바닥글, 페이지 나누기 등을 지정할 수 있다.

(5) 인쇄하기
- [파일]-[인쇄]를 클릭한다.
- [인쇄] 창 오른쪽에는 미리 보기 창이 있어 설정에서 지정한 대로 보여준다.
- 통합 문서 인쇄, 여러 시트 인쇄, 선택한 영역만 인쇄, 특정 페이지만 인쇄 등 다양한 방법으로 인쇄를 할 수 있다.

기본실습문제

■ 틀 고정 및 인쇄하기

'12장실습문제.xlsx' 파일을 이용하여 다음의 지시 사항대로 작성하시오.

1. 화면을 스크롤 해도 2행의 제목 행이 그대로 표시되도록 고정하고 해제하시오.

2. [A:I] 열이 모두 한 페이지에 나타나도록 하고 [1:2]행은 페이지가 바뀌어도 반복해서 표시되게 설정하시오.

3. 머리글 영역의 왼쪽에 시트명이 표시되게 설정하시오.

4. [1:15] 행만 인쇄하시오.

> TIP   시트에서 [1:15] 행을 선택하고 [인쇄] 창에서 [선택 영역 인쇄] 선택한다.

■ 여러 시트 인쇄하기

엑셀의 서식 파일인 '간단한 월별 예산 시트'를 다운로드 후 다음의 지시 사항대로 하시오.

> **TIP** '간단한 월별 예산 시트' 서식 파일은 [파일]-[새로 만들기] 선택 후 검색어를 '간단한 월별 예산'이라 입력하여 다운로드를 하면 된다.

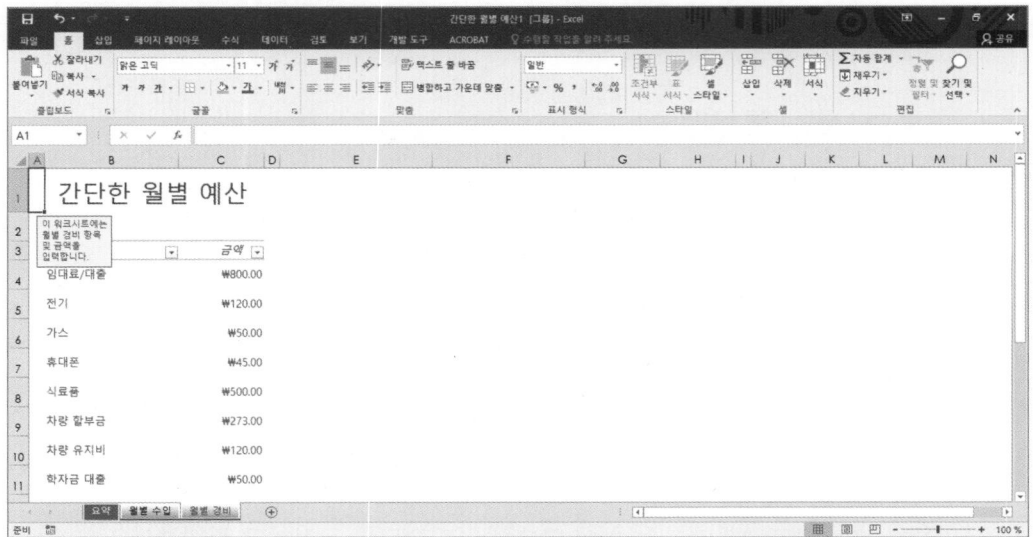

1. [월별수입], [월별경비] 시트만 출력하시오.

> **TIP** [Ctrl]을 누른 채 [월별수입], [월별 예산] 시트를 선택하고 [인쇄] 창에서 [활성 시트 인쇄]를 선택한다.

2. 눈금선, 행/열 머리글이 함께 출력되게 하시오.

> **TIP** [페이지 설정] 창의 [시트]탭-[인쇄]에서 [눈금선], [행/열 머리글]을 선택한다.

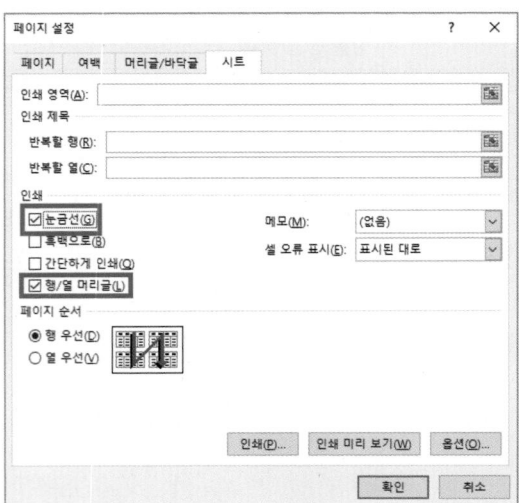

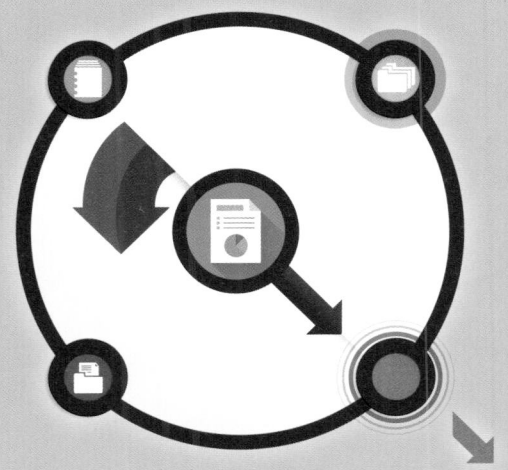

엑셀2016 종합실습

C H A P T E R 13

▶▶ **종합문제 1** '종합문제13_1.xlsx' 파일을 불러온 후 내용을 완성하시오.

◈ **제1작업** 표 서식 작성 및 값 계산

아래의 조건에 맞춰 작성하시오.

번호	이름	구분	상품	대여일	대여수량	금액	대여기간	반납예정일	결제금액
YA2-01	이미경	회원	웨딩용	2019-07-10	5	189,500원	2박3일	2019-07-12	170,550
YA1-01	한수철	비회원	돌잔치	2019-06-20	2	139,400원	1박2일	2019-06-21	139,400
YA2-02	김현수	회원	돌잔치	2019-09-05	3	148,800원	2박3일	2019-09-07	133,920
YA3-01	김진형	비회원	행사용	2019-07-20	10	278,000원	3박4일	2019-07-23	278,000
YA1-02	조태성	비회원	웨딩용	2019-08-10	4	177,700원	1박2일	2019-08-11	177,700
YA3-02	이성진	회원	돌잔치	2019-09-10	5	157,000원	3박4일	2019-09-13	141,300
YA2-03	박미영	회원	웨딩용	2019-06-10	8	204,000원	2박3일	2019-06-12	183,600
YA2-04	박민수	회원	행사용	2019-08-20	7	230,000원	2박3일	2019-08-22	207,000

한복 대여 관리 현황

〈제1작업 - 출력결과〉

1. 모든 데이터의 서식에는 글꼴([굴림], [11pt])을 적용하시오.

2. 모든 데이터에 정렬을 적용하시오. 숫자 및 회계 서식은 [오른쪽 정렬], 나머지 서식은 [가운데 정렬]을 적용하시오.

3. [A] 열 너비는 1로 지정하시오.

4. [배지] 도형을 삽입하고 '한복 대여 관리 현황'을 입력한 후 서식을 적용하시오.

   • 도형 : 바깥쪽 그림자 스타일([오프셋 대각선 오른쪽 아래]), 채우기-[연한 녹색]

   • 텍스트 : 글꼴-[굴림], [24pt], [검정], [굵게]

5. 임의의 셀에 결재란을 작성하여 [카메라] 또는 그림 복사 기능을 이용하여 붙이기를 하시오. (단, 원본 삭제)

참고   그림 복사 기능으로 결재란 만들기

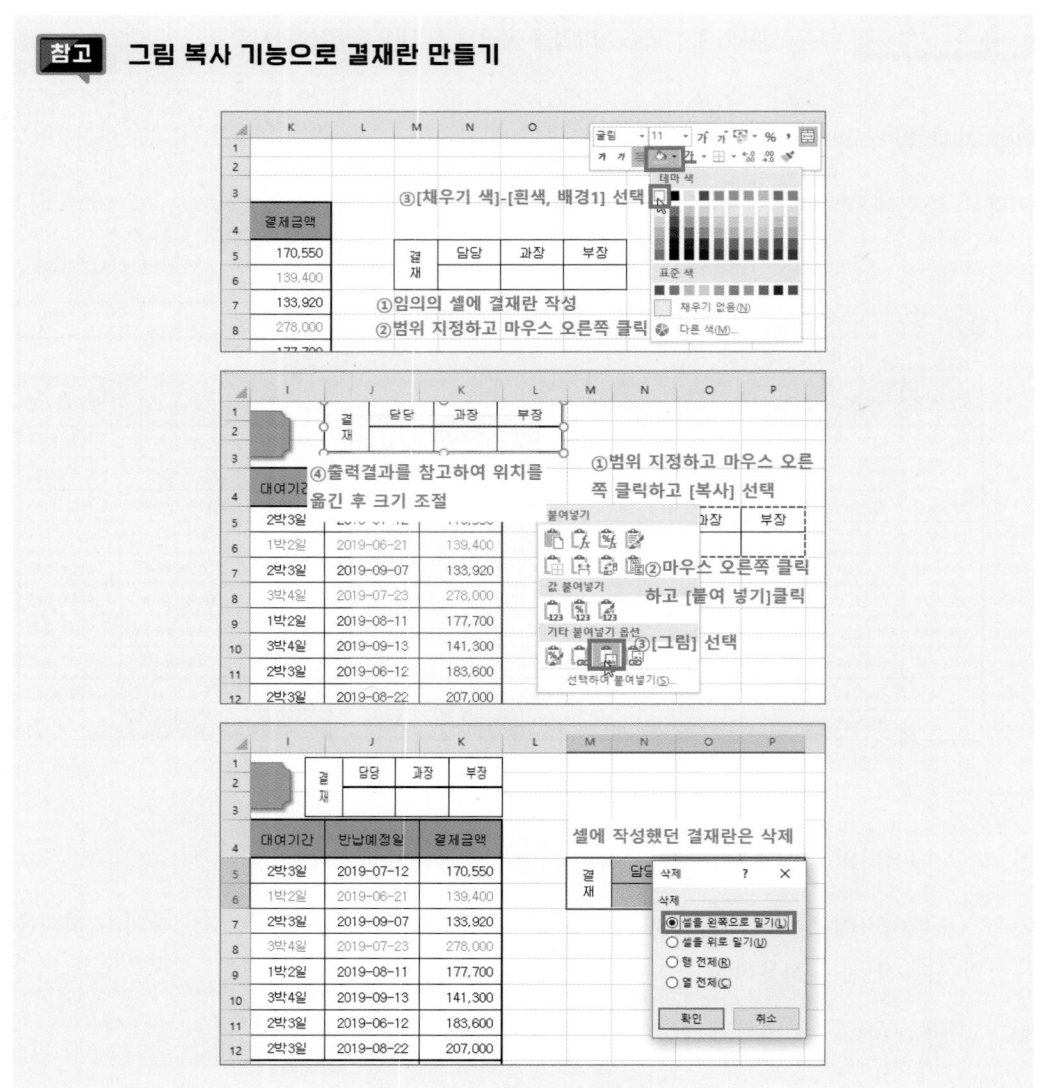

6. [B4:K4], [G14], [I14:J14] 영역은 [연한 녹색]으로 채우기 하시오.

7. 데이터 유효성 검사를 이용하여 [H14] 셀에 이름([C5:C12] 영역)이 선택 표시되도록 하시오.

8. 셀 서식

- [H5:H12] 영역에 셀 서식을 이용하여 숫자 뒤에 '원'을 표시하시오. (예 : 189,500원)

9. [F5:F12] 영역에 대해 '대여일'로 이름 정의를 하시오.

10. 주어진 함수를 이용하여 다음을 작성하시오.

(1) 대여기간 : '번호'의 세 번째 글자가 '1'이면 '1박2일', '2'이면 '2박3일', '3'이면 '3박4일'로 구하시오. (CHOOSE, MID 함수)

(2) 반납예정일 : '대여일' + '번호'의 세 번째 글자를 추출한 값. (MID 함수)

(3) 결제금액 : '금액×할인율'로 구하시오.
- 단, '할인율'은 '구분'이 '회원'이면 '0.9'로 계산하고 그 외는 원래의 '금액'을 적용하시오. (IF 함수)

(4) '웨딩용' 상품의 '대여건수'를 구하시오.
- [E13] 셀에 작성하시오.
- 결과값 뒤에 '건'을 붙이시오. (COUNTIF 함수, & 연산자)(예 : 3건)

(5) 가장 최근 대여일을 구하시오.
- 정의된 이름(대여일)을 이용하여 구하시오. (MAX 함수)(예 : 2019-09-10)

(6) 상품 금액의 평균[K13]
- '상품'이 '웨딩용'인 '금액'의 [평균]을 올림하여 천원 단위까지 구하시오. 단, 조건은 입력데이터를 이용하시오(ROUNDUP, DAVERAGE 함수)(예 : 190,400 → 191,000)

(7) 대여수량[K14] : [H14] 셀에서 선택한 이름에 대한 '대여수량'을 구하시오 (VLOOKUP 함수)

(8) 조건부 서식의 수식을 이용하여 '대여수량'의 값이 최소값이나 최대값인 행 전체의 글자색을 [빨강]으로 적용하시오. (OR, MAX, MIN 함수)

11. 나머지 사항은 〈출력결과〉에 맞게 작성하시오.

⑧ 제2작업 필터 및 서식

[제1작업] 시트의 [B4:K12] 영역을 복사하여 [제2작업] 시트의 [B4] 셀부터 모두 붙여넣기를 한 후 다음의 조건과 같이 작업하시오.

A	B	C	D	E	F	G	H	I	J	K
4	번호	이름	구분	상품	대여일	대여수량	금액	대여기간	반납예정일	결제금액
5	YA2-01	이미경	회원	웨딩용	2019-07-10	5	189,500원	2박3일	2019-07-12	170,550
6	YA1-01	한수철	비회원	돌잔치	2019-06-20	2	139,400원	1박2일	2019-06-21	139,400
7	YA2-02	김현수	회원	돌잔치	2019-09-05	3	148,800원	2박3일	2019-09-07	133,920
8	YA3-01	김진형	비회원	행사용	2019-07-20	10	278,000원	3박4일	2019-07-23	278,000
9	YA1-02	조태성	비회원	웨딩용	2019-08-10	4	177,700원	1박2일	2019-08-11	177,700
10	YA3-02	이성진	회원	돌잔치	2019-09-10	5	157,000원	3박4일	2019-09-13	141,300
11	YA2-03	박미영	회원	웨딩용	2019-06-10	8	204,000원	2박3일	2019-06-12	183,600
12	YA2-04	박민수	회원	행사용	2019-08-20	7	230,000원	2박3일	2019-08-22	207,000
13										
14										
15	상품	대여일	대여일							
16	<>웨딩용	>=2019-9-1	<=2019-9-30							
17										
18										
19	이름	상품	대여일	대여수량	금액					
20	김현수	돌잔치	2019-09-05	3	148,800원					
21	이성진	돌잔치	2019-09-10	5	157,000원					

〈제2작업 - 출력결과〉

1. [A] 열의 너비는 1로 지정하시오.

2. 고급필터 : '상품'이 '웨딩용'이 아니고, '대여일'이 9월(9월 1일 ~ 9월 30일)인 상품일 경우 '이름', '상품', '대여일', '대여수량', '금액'의 데이터만 추출하시오.

   • 조건 위치 : [B15] 셀부터 입력하시오.
   • 복사 위치 : [B19] 셀부터 나타나도록 하시오.

3. 표 서식 : 고급필터의 결과 셀을 [채우기 없음]으로 설정한 후 [표 스타일 밝게 14]의 서식을 적용하시오.

≫ 제3작업 피벗 테이블 작성

[제1작업] 시트를 이용하여 [제3작업] 시트에 조건에 따라 〈출력결과〉와 같이 작업하시오.

구분	월	반납예정일	돌잔치 평균 : 결제금액	돌잔치 합계 : 대여수량	웨딩용 평균 : 결제금액	웨딩용 합계 : 대여수량	행사용 평균 : 결제금액	행사용 합계 : 대여수량
비회원			139,400	2	177,700	4	278,000	10
	6월							
		6월21일	139,400	2				
	7월							
		7월23일					278,000	10
	8월							
		8월11일			177,700	4		
회원			137,610	8	177,075	13	207,000	7
	6월							
		6월12일			183,600	8		
	7월							
		7월12일			170,550	5		
	8월							
		8월22일					207,000	7
	9월							
		9월7일	133,920	3				
		9월13일	141,300	5				
총합계			138,207	10	177,283	17	242,500	17

〈제3작업 – 출력결과〉

1. [A] 열의 열 너비는 1로 지정하시오.

2. 구분 및 반납예정일별 상품별 '결제금액'의 [평균]과 '대여수량'의 [합계]를 구하시오.

3. '반납예정일'은 '월' 단위로 그룹화하시오.

4. [개요 형식으로 표시] 보고서 레이아웃을 적용하시오.

5. 피벗 테이블 스타일은 [피벗 스타일 밝게 17]로 지정하시오.

6. 행의 총합계를 지우고, 나머지 사항은 〈출력결과〉에 맞게 작성하시오.

7. 다음 그림과 같이 '구분' 슬라이서를 작성하고 '비회원' 데이터만 필터링하시오.

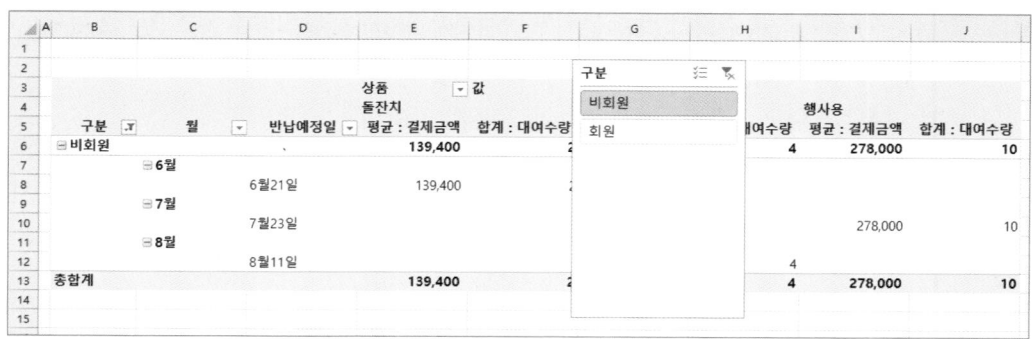

》 제4작업   차트 작성

[제1작업] 시트를 이용하여 조건에 따라 〈출력결과〉와 같이 작업하시오.

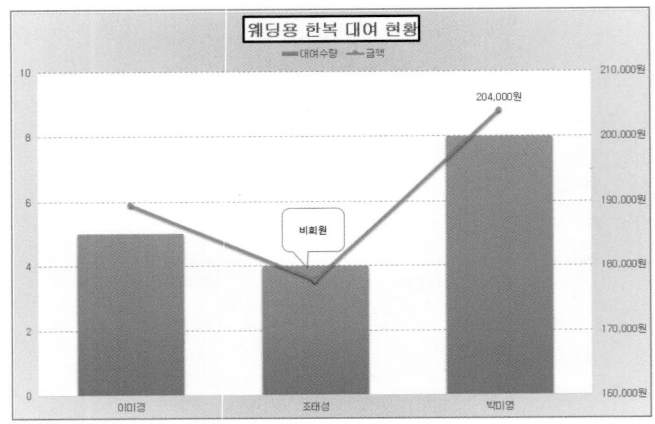

〈제4작업 - 출력결과〉

1. 차트 종류 : 〈묶은 세로 막대형〉으로 작업하시오.

2. 데이터 범위 : [제1작업] 시트의 내용을 이용하여 작업하시오.

3. 위치 : '새 시트'로 이동하고, [제4작업]으로 시트 이름을 바꾸시오.

4. 차트 종류 변경 : '금액' 계열의 차트 종류를 〈표식이 있는 꺾은선형〉으로 변경한 후 [보조축]으로 지정하시오.

5. 차트 디자인 도구 : [레이아웃 3], [스타일 8]을 선택하여 〈출력결과〉에 맞게 작업하시오.

6. 영역 서식

   • 차트 : 글꼴([굴림], [11pt]), 채우기 효과([밝은 그라데이션-가운데에서])
   • 그림 : 채우기([흰색])

7. 제목 서식

   • 차트 제목 : 글꼴([굴림], [굵게], [20pt]), 채우기([흰색]), 테두리

8. 레이블 : '박미영'의 '금액' 계열값을 표시하고, 위치는 〈출력결과〉와 같이 표시하시오.

9. 눈금선 : 선 스타일 - [파선]

10. 축 : 〈출력결과〉를 참조하시오.

11. 범례명은 〈출력결과〉를 참조하여 수정하시오.

> TIP 범례를 선택-마우스 오른쪽 클릭-[데이터 선택]-[데이터 원본 선택] 클릭하여 [데이터 원본 선택] 창에
> 서 다음과 같이 수정

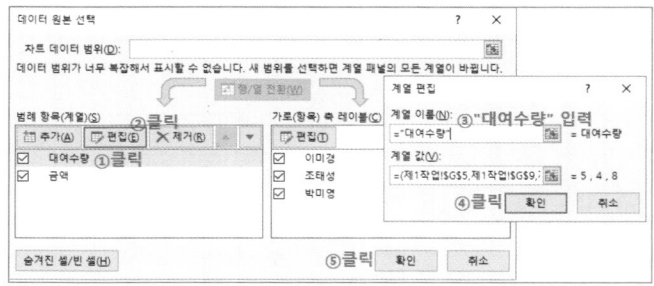

12. 도형 : [모서리가 둥근 사각형 설명선]을 삽입한 후 〈출력결과〉와 같이 내용을 입력하
시오.

13. 나머지 사항은 〈출력결과〉에 맞게 작성하시오.

≫ 제5작업 부분합 작성

[제1작업] 시트의 [B4:K12] 영역을 복사하여 [제5작업] 시트의 [B4] 셀부터 모두 붙여넣기
를 한 후 다음의 조건과 같이 작업하시오.

1. [A] 열의 너비는 1로 지정하시오.

2. 〈출력결과〉와 같이 정렬하고 '대여수량', '결제금액'의 [평균]과 [최대값]을 구하시오.

3. 나머지 사항은 〈출력결과〉에 맞게 작성하시오.

번호	이름	구분	상품	대여일	대여수량	금액	대여기간	반납예절일	결제금액
YA1-01	한수철	비회원	돌잔치	2019-06-20	2	139,400원	1박2일	2019-06-21	139,400
YA2-02	김현수	회원	돌잔치	2019-09-05	3	148,800원	2박3일	2019-09-07	133,920
YA3-02	이설진	회원	돌잔치	2019-09-10	5	157,000원	3박4일	2019-09-13	141,300
			돌잔치 최대값		5				141,300
			돌잔치 평균		3				138,207
YA2-01	이미경	회원	웨딩용	2019-07-10	5	189,500원	2박3일	2019-07-12	170,550
YA1-02	조태성	비회원	웨딩용	2019-08-10	4	177,700원	1박2일	2019-08-11	177,700
YA2-03	박미영	회원	웨딩용	2019-06-10	8	204,000원	2박3일	2019-06-12	183,600
			웨딩용 최대값		8				183,600
			웨딩용 평균		6				177,283
YA3-01	김진형	비회원	행사용	2019-07-20	10	278,000원	3박4일	2019-07-23	278,000
YA2-04	박민수	회원	행사용	2019-08-20	7	230,000원	2박3일	2019-08-22	207,000
			행사용 최대값		10				278,000
			행사용 평균		9				242,500
			전체 최대값		10				278,000
			전체 평균		6				178,934

〈제5작업 – 출력결과〉

» 제6작업 목표값 찾기

[제1작업] 시트의 [B4:K12] 영역을 복사하여 [제6작업] 시트의 [B4] 셀부터 모두 붙여넣기를 한 후 다음의 조건과 같이 작업하시오.

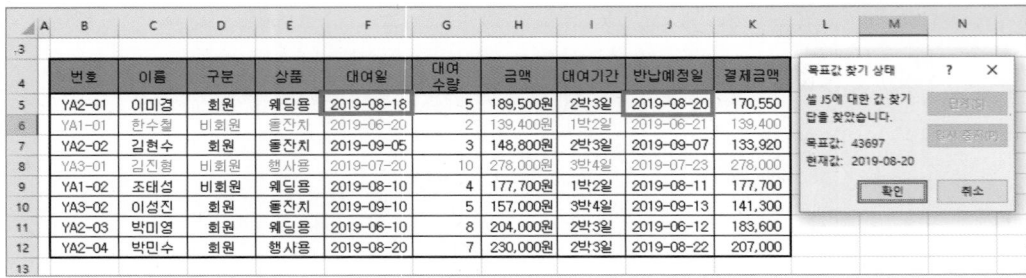

〈제6작업 – 출력결과〉

1. [A] 열의 너비는 1로 지정하시오.

2. '이미경' 회원이 한복을 대여하여 8월 20일에 반납하려고 한다. '대여기간'이 2박3일이라면 한복은 언제 대여해야 할까? 목표값 찾기로 '대여일'을 구하시오.

TIP   [목표값 찾기] 창

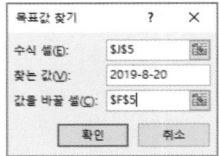

» 제7작업 매크로 작성

[제1작업] 시트의 [B4:K12] 영역을 복사하여 [제7작업] 시트의 [B4] 셀부터 모두 붙여넣기를 한 후 다음의 조건과 같이 작업하시오.

번호	이름	구분	상품	대여일	대여수량	금액	대여기간	반납예정일	결제금액		결제금액최대값	
YA2-01	이미경	회원	웨딩용	2019-07-10	5	189,500원	2박3일	2019-07-12	170,550			
YA1-01	한수철	비회원	돌잔치	2019-06-20	2	139,400원	1박2일	2019-06-21	139,400			
YA2-02	김현수	회원	돌잔치	2019-09-05	3	148,800원	2박3일	2019-09-07	133,920			
YA3-01	김진형	비회원	행사용	2019-07-20	10	278,000원	3박4일	2019-07-23	278,000			
YA1-02	조태성	비회원	웨딩용	2019-08-10	4	177,700원	1박2일	2019-08-11	177,700			
YA3-02	이성진	회원	돌잔치	2019-09-10	5	157,000원	3박4일	2019-09-13	141,300			
YA2-03	박미영	회원	웨딩용	2019-06-10	8	204,000원	2박3일	2019-06-12	183,600			
YA2-04	박민수	회원	행사용	2019-08-20	7	230,000원	2박3일	2019-08-22	207,000			
								결제금액최대값	278,000			

〈제7작업 – 출력결과〉

1. [A] 열의 너비는 1로 지정하시오.

2. 다음의 지시사항에 따라 [현재 통합 문서]에 매크로를 작성하시오

   - [K13]의 위치에 '결제금액'의 최대값을 구하는 매크로를 생성하시오.

   - 매크로 이름은 '결제금액최대값'으로 지정하시오.

   - '결제금액최대값' 매크로는 [M4:N4]에 직사각형 도형을 삽입하여 지정하며 도형의 텍스트는 '결제금액최대값'으로 지정하시오.

     ※ 주의 : 시트명 순서가 차례대로 [제1작업], [제2작업], [제3작업], [제4작업], [제5작업], [제6작업], [제7작업]이 되도록 할 것.

≫ 종합문제 2   '종합문제13_2.xlsx' 파일을 불러온 후, 조건에 맞추어 각 시트별로 내용을 완성하시오.

⧉ 기본작업   '연두은행 대출 고객 관리 명단' 을 이용하여 아래의 조건에 맞춰 작성하시오.

고객명	신용등급	대출액	금리	대출일자	연체기록	년 이자액	순위	비고	신용1등급 고객수	연체기록 고객수

연두은행 대출 고객 관리 명단

날짜	2018-12-13

고객명	신용등급	대출액	금리	대출일자	연체기록	년 이자액	순위	비고	신용1등급 고객수	연체기록 고객수
최유나	1 등급	₩ 100,000,000	3.0%	2017-01-05		3,000,000	2		5	3
이현아	1 등급	₩ 7,000,000	3.0%	2018-03-10		210,000				
김영희	2 등급	₩ 50,000,000	5.0%	2016-09-01	○	2,500,000	3	관리요함		
장철수	3 등급	₩ 17,000,000	7.5%	2016-05-30		1,275,000		관리요함		
유미리	3 등급	₩ 10,000,000	7.5%	2015-06-02	○	750,000		주의관리		
양정아	1 등급	₩ 79,000,000	3.0%	2017-11-01		2,370,000				
성상식	2 등급	₩ 15,000,000	5.0%	2018-01-15		750,000				
윤미소	1 등급	₩ 2,000,000	3.0%	2018-02-10		60,000				
이정하	2 등급	₩ 35,000,000	5.0%	2016-04-25		1,750,000				
최지호	3 등급	₩ 150,000,000	7.5%	2017-09-30	○	11,250,000	1	주의관리		
이정식	1 등급	₩ 12,000,000	3.0%	2016-03-01		360,000				

〈기본작업 – 출력결과〉

1. [B1: J1] 영역은 '연두은행 대출 고객 관리 명단'이라 입력하고 [병합하고 가운데로 맞춤], 셀 스타일은 [제목 1], 행 높이는 '40'을 적용하시오.

2. 오늘의 날짜가 나타날 수 있도록 [C3]에 함수를 이용하여 날짜를 출력하시오.

3. '신용등급'[C5:C15] 영역에 셀 서식은 [사용자 지정]을 이용하여 데이터 뒤에 '등급'을 붙이시오. (예 : 1 –〉 '1 등급')

4. '신용등급' [C5:C15]이 1이면 3%, 2이면 5%, 3이면 7.5%가 되도록 '금리'[E5:E15]를 표시하시오.(CHOOSE 함수 사용)

5. '순위'[I5:I15]에 '년 이자액'이 높은 순서대로 1위를 결정하고, 1, 2, 3위만 표시하시오. (RANK.EQ , IF 함수사용)

   • 년 이자액= 대출액×금리

6. '비고'[J5:J15]에 연체기록 있고, '신용등급'이 '3등급' 이상인 사람은 '주의관리', 두 가지 중 하나라도 해당되면 '관리요함', 나머지는 공백으로 표시하시오. (IF, AND, OR 함수사용)

7. 조건부 서식을 이용하여 '년 이자액'[H5:H15]에 [데이터 막대]-[단색 채우기]-[주황 데이터 막대]를 적용하시오.

8. [조건부 서식]의 수식을 이용하여 '비고'[J5:J15]가 '관리요함'에 해당하면 다음 서식을 적용하시오

   - [글꼴] : '빨강', '굵은 기울임 꼴'
   - [조건부 서식]-[새 규칙]-[수식을 사용하여 서식을 지정할 셀 결정]

9. 신용 1등급인 고객의 수[L5]를 표시하시오. (SUMIF , SUM, COUNTIF 중 알맞은 함수 사용)

10. 연체기록이 있는 고객의 수[M5]를 표시하시오. (COUNT, COUNTBALNK, COUNTA 함수 중 알맞은 함수사용)

» **계산작업** 다음 지시사항에 맞추어 계산을 완성하시오.

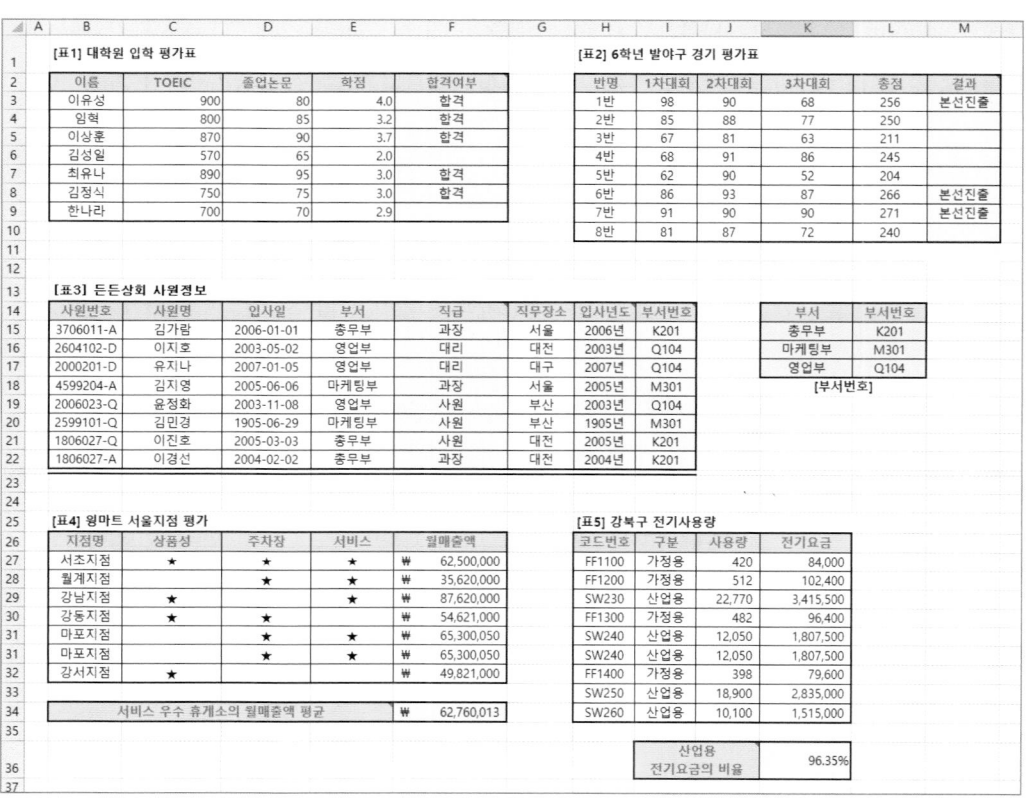

〈계산작업 - 출력결과〉

1. '[표1]대학원 입학 평가표'에서 'TOEIC'[C3:C9]이 '750'점, '졸업논문'[D3:D9]이 '70'점 이상, '학점'[E3:E9]이 '3.0' 이상만 '합격', 나머지는 공백으로 '합격여부' [F3:F9]를 계산하시오.

   • IF, AND 함수 사용

2. [표2]에서 가장 높은 총점을 1위로 계산하고, 1~3위는 '본선진출', 나머지는 공백으로 결과를 [M3:M10] 위치에 표시하시오.

   • IF, RANK 함수 사용

3. [표3]를 이용하여 든든상회 사원들의 '직급'[F15:F22], '입사년도'[H15:H22], '부서번호'[I15:I22]를 구하시오.

   (1) '직급'은 '사원번호' 오른쪽 끝자리가 'A'면 '과장', 'D'면 '대리', 'Q'면 '사원'으로 나타내시오.

   (2) '입사일'[D15:D22]에서 '입사년도'[H15:H22]를 결정하고 '년'을 붙이시오. (예 '2000 년', & 연산자 사용)

   (3) '부서번호'표를 참조하여 부서별 '부서번호'[I15:I22]를 구하시오.

      • IF, VLOOKUP, HLOOKUP, YEAR, DAY, MONTH, RIGHT, MID 중 알맞은 함수사용

4. [표4]에서 '서비스'[E27:E32] 평가가 우수(★)한 휴게소들의 월매출액의 평균[F34]을 구하시오.

   • SUMIF와 COUNTIF 함수사용

5. [표5]에서 '구분'이 '산업용'인 '전기요금'(K27:K34)이 차지하는 전체 전기요금에 대한 비율을 [K36] 셀에 표시하시오.

   • SUMIF, IF, AVERAGE, SUM 중 알맞은 함수를 선택하여 사용

≫ 분석작업 1   '연두은행 대출 고객 관리 명단' 표를 이용하여 아래의 조건에 맞춰 작성하시오.

고객명	신용등급	대출액	금리	대출일자	연체기록	년 이자액	순위	비고		신용등급	대출액		
										<=2	>=50000000		

연두은행 대출 고객 관리 명단

날짜	2019-01-02

고객명	신용등급	대출액	금리	대출일자	연체기록	년 이자액	순위	비고
최유나	1	₩100,000,000	3.0%	2017-01-05		3,000,000	2	
이현아	1	₩ 7,000,000	3.0%	2018-03-10		210,000		
김영희	2	₩ 50,000,000	5.0%	2016-09-01	○	2,500,000	3	관리요함
장철수	3	₩ 17,000,000	7.5%	2016-05-30		1,275,000		관리요함
유미리	3	₩ 10,000,000	7.5%	2015-06-02	○	750,000		주의관리
양정아	1	₩ 79,000,000	3.0%	2017-11-01		2,370,000		
성상식	2	₩ 15,000,000	5.0%	2018-01-15		750,000		
윤미소	1	₩ 2,000,000	3.0%	2018-02-10		60,000		
이정하	2	₩ 35,000,000	5.0%	2016-04-25		1,750,000		
최지호	3	₩150,000,000	7.5%	2017-09-30	○	11,250,000	1	주의관리
이정식	1	₩ 12,000,000	3.0%	2016-03-01		360,000		

고객명	신용등급	대출액		대출일자	연체기록
최유나	1	₩	100,000,000	2017-01-05	
김영희	2	₩	50,000,000	2016-09-01	○
양정아	1	₩	79,000,000	2017-11-01	

〈분석작업1 - 출력결과〉

1. [기본작업] 시트의 [B1:J15]까지의 영역을 복사하여 [분석작업1] 시트의 [A1]에서 붙여넣기를 하시오.

2. '신용등급'이 '2등급' 이하이고, '대출액'이 '50,000,000' 이상인 데이터 값을 고급필터를 사용하여 검색하시오. 고급필터 조건은 [K4:M6] 범위 내에 알맞게 입력하시오.

3. 고급필터 결과 복사 위치는 동일 시트의 [K8] 셀에서 시작하되, '고객명', '신용등급', '대출액',' 대출일자',' 연체기록' 결과만 필터링 되어 나오도록 지정하시오.

>> **분석작업 2** '연두전자 대리점 매출 분석' 표를 이용하여 지시사항에 따라 작업하시오.

데이터 통합 기능을 이용하여 [표1],[표2],[표3]의 '제품명', '입고량', '판매단가', '판매량', '매출액'의 합계를 '[표4] 전 매점 매출 분석' 영역에 계산하시오.

연두전자 대리점 운영분석

[표1] 서초점

제품명	입고량	판매단가	판매량	매출액
노트북KQ120	50	2,000,000	42	84,000,000
노트북KQ160	40	1,500,000	38	57,000,000
모니터 15인치	55	700,000	34	23,800,000
모니터 17인치	30	1,100,000	27	29,700,000
VTR-200	50	1,500,000	47	70,500,000
스피커-K2	45	800,000	32	25,600,000
1년 총 이익 합계	270	7,600,000	220	290,600,000

[표3] 종로점

제품명	입고량	판매단가	판매량	매출액
노트북KQ120	50	2,000,000	42	84,000,000
노트북KQ160	40	1,500,000	38	57,000,000
모니터 15인치	55	700,000	34	23,800,000
모니터 17인치	30	1,100,000	27	29,700,000
VTR-200	50	1,500,000	47	70,500,000
1년 총 이익 합계	225	6,800,000	188	265,000,000

[표2] 노원점

제품명	입고량	판매단가	판매량	매출액
노트북KQ220	50	2,200,000	15	33,000,000
노트북KQ320	40	1,800,000	28	50,400,000
노트북KQ120	55	2,000,000	32	64,000,000
노트북KQ160	60	1,500,000	20	30,000,000
모니터 15인치	40	700,000	11	7,700,000
모니터 17인치	60	1,100,000	25	27,500,000
VTR-200	60	1,500,000	40	60,000,000
스피커-K2	50	800,000	29	23,200,000
스피커-K5	60	880,000	41	36,080,000
1년 총 이익 합계	475	12,480,000	241	331,880,000

[표4] 전 매점 매출 분석

제품명	입고량	판매단가	판매량	매출액
노트북KQ220	50	2,200,000	15	33,000,000
노트북KQ320	40	1,800,000	28	50,400,000
노트북KQ120	155	6,000,000	116	232,000,000
노트북KQ160	140	4,500,000	96	144,000,000
모니터 15인치	150	2,100,000	79	55,300,000
모니터 17인치	120	3,300,000	79	86,900,000
VTR-200	160	4,500,000	134	201,000,000
스피커-K2	95	1,600,000	61	48,800,000
스피커-K5	60	880,000	41	36,080,000
1년 총 이익 합계	970	26,880,000	649	887,480,000

〈분석작업2 - 출력결과〉

>> **분석작업 3** '정기적금 만기 예상금액' 표 이용하여 시나리오 작성하기

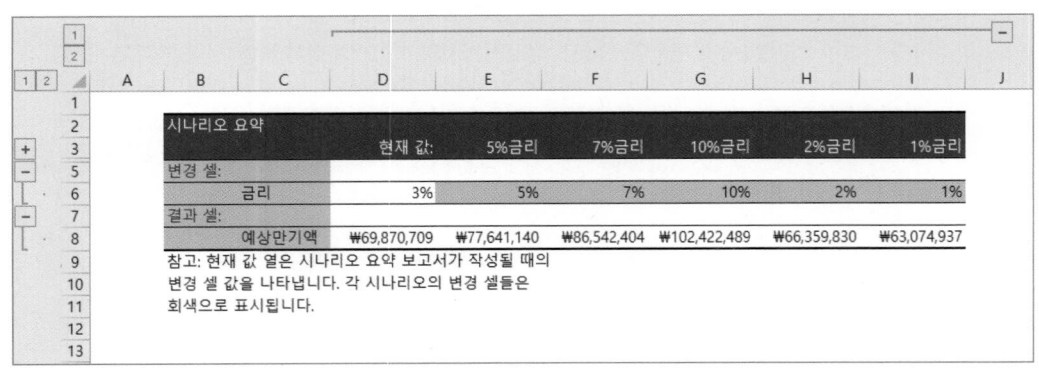

시나리오 요약		현재 값:	5%금리	7%금리	10%금리	2%금리	1%금리
변경 셀:							
금리		3%	5%	7%	10%	2%	1%
결과 셀:							
예상만기액		₩69,870,709	₩77,641,140	₩86,542,404	₩102,422,489	₩66,359,830	₩63,074,937

참고: 현재 값 열은 시나리오 요약 보고서가 작성될 때의
변경 셀 값을 나타냅니다. 각 시나리오의 변경 셀들은
회색으로 표시됩니다.

〈분석작업3 - '시나리오 요약' 출력결과〉

1. 금리[C5]가 다음과 같이 변동하는 경우 만기수령액[C7]의 변동 시나리오를 작성하시오.

- [분석작업3] 시트의 [C5] 셀의 이름은 '금리', [C7] 셀의 이름은 '예상만기액'으로 정의하시오.
- 시나리오1 : 시나리오 이름은 '5%금리', 금리를 5%로 설정하시오.
- 시나리오2 : 시나리오 이름은 '7%금리', 금리를 7%로 설정하시오.
- 시나리오3 : 시나리오 이름은 '10%금리', 금리를 10%로 설정하시오.
- 시나리오4 : 시나리오 이름은 '2%금리', 금리를 2%로 설정하시오.
- 시나리오5 : 시나리오 이름은 '1%금리', 금리를 1%로 설정하시오.

2. '시나리오 요약' 보고서는 [분석작업3] 시트 바로 뒤에 위치시키시오.

» 차트작업   '연두전자 대리점 운영분석' 표를 이용하여 지시사항에 따라 아래 그림과 같이 차트를 작성하시오.

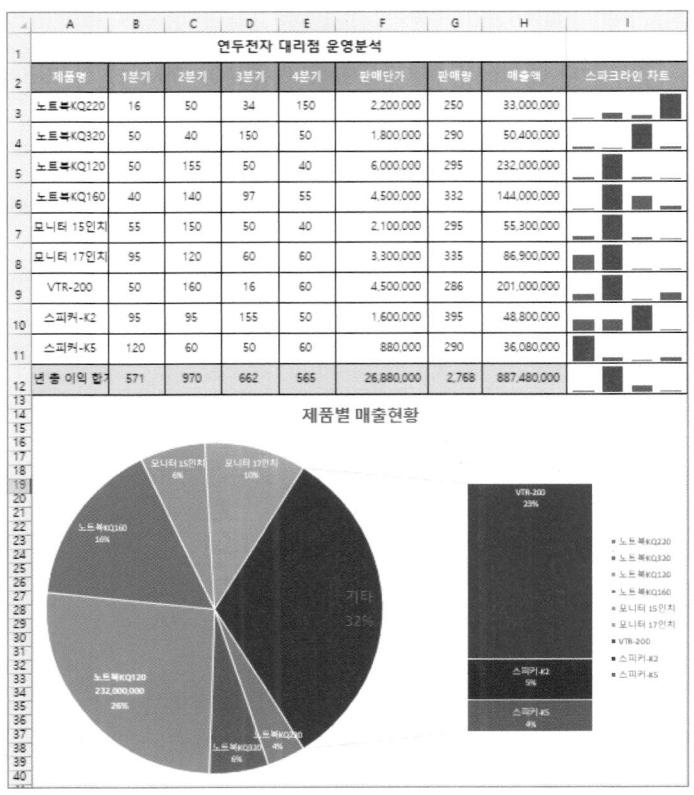

〈차트작업 – 출력결과〉

1. 스파크라인 차트를 [J3:J12] 범위에 표시하시오.

   - 종류 : [열] 형
   - 높은 점 : [진한 빨강], 낮은 점 : [녹색]으로 표시하시오.

2. '제품명', '매출액'이 차트에 표시되도록 데이터 범위를 지정하시오.

   - 차트 종류는 [원형 대 가로막대형]으로 하시오.
   - 차트 제목은 "제품별 매출 현황"을 입력하고, [맑은고딕], [16pt], [진하게]로 지정하시오.
   - 범례의 위치는 [오른쪽], 크기는 [10pt]로 지정하시오
   - 차트의 데이터 레이블은 [항목이름], [값], [백분율]이 표시되도록 지정하시오.
   - '기타' 계열의 데이터 레이블은 그림과 같이 [진한 빨강], [굵게], [14pt]로 지정하여 강조하시오.
   - 차트는 동일 시트의 [A13:I40] 영역에 위치시키시오.

≫ 매크로작업 [연두전자 대리점 운영분석] 표를 이용하여 지시사항에 따라 아래 그림과 같이 매크로를 작성하시오.

	A	B	C	D	E	F	G	H	I	J	K	L
1					연두전자 대리점 운영분석							
2	제품명	1분기	2분기	3분기	4분기	판매단가	판매량	매출액	매출순이익		매출순이익	
3	노트북KQ220	16	50	34	150	2,200,000	250	33,000,000	23,760,000			
4	노트북KQ320	50	40	150	50	1,800,000	290	50,400,000	36,288,000			
5	노트북KQ120	50	155	50	40	6,000,000	295	232,000,000	167,040,000			
6	노트북KQ160	40	140	97	55	4,500,000	332	144,000,000	103,680,000			
7	모니터 15인치	55	150	50	40	2,100,000	295	55,300,000	39,816,000			
8	모니터 17인치	95	120	60	60	3,300,000	335	86,900,000	62,568,000			
9	VTR-200	50	160	16	60	4,500,000	286	201,000,000	144,720,000			
10	스피커-K2	95	95	155	50	1,600,000	395	48,800,000	35,136,000			
11	스피커-K5	120	60	50	60	880,000	290	36,080,000	25,977,600			
12	1년 총 이익 합계	571	970	662	565	26,880,000	2,768	887,480,000	638,985,600			
13												

[I2:I12] 영역에 대하여 '매출 순이익'을 계산하는 '매출순이익' 매크로를 생성하시오.

- 매출순이익 = 매출액*0.72
- [십자가] 도형을 삽입하고, '매출순이익'으로 입력하시오.
- 텍스트 : 세로 맞춤-[정 가운데], 글꼴은 [검정, 텍스트1], [11pt], [굵게]로 지정하시오.
- [K2:L5] 영역에 도형을 위치시키고, 도형을 클릭할 때, '매출순이익' 매크로가 실행되도록 설정하시오.

INDEX